suhrkamp taschenbuch
wissenschaft 2250

In der Zeit zwischen den Weltkriegen geriet die Demokratie in die Krise. Kommunismus und Faschismus boten Modelle einer alternativen Moderne. Anders als der Niedergang des politischen Liberalismus vermuten lässt, gehören die damaligen intellektuellen Debatten über die Grundlagen der Demokratie zum essentiellen Bestand der politischen Theorie. Jens Hackes brillante ideengeschichtliche Studie führt vor Augen, wie seit den 1920er Jahren Ideen entwickelt wurden, die die Welt nach 1945 prägen sollten und im Lichte gegenwärtiger Krisenphänomene neue Aktualität beanspruchen: die Totalitarismustheorie, das Konzept der wehrhaften Demokratie und die Vorstellung von einem gezähmten Kapitalismus.

Jens Hacke lehrt als Privatdozent Politikwissenschaften an der Humboldt-Universität zu Berlin. Für sein Buch *Existenzkrise der Demokratie. Zur politischen Theorie des Liberalismus in der Zwischenkriegszeit* erhielt er den Friedrich-Ebert-Preis 2017.

Jens Hacke

Existenzkrise der Demokratie

Zur politischen Theorie des Liberalismus in der Zwischenkriegszeit

Suhrkamp

In Erinnerung an
Detlef Ahlers (1940-2008)
und
Eberhard Pieper (1937-2015)

Bibliografische Information der Deutschen Nationalbibliothek
Die Deutsche Nationalbibliothek verzeichnet diese Publikation in der Deutschen Nationalbibliografie; detaillierte bibliografische Daten sind im Internet über http://dnb.d-nb.de abrufbar.

3. Auflage 2018

Erste Auflage 2018
suhrkamp taschenbuch wissenschaft 2250

Umschlag nach Entwürfen von Willy Fleckhaus und Rolf Staudt
Druck: Druckhaus Nomos, Sinzheim
Printed in Germany
ISBN 978-3-518-29850-3

Inhalt

I. Einleitung: Zur Problematik liberaler politischer Theorie

Die Ideengeschichte des Liberalismus in Deutschland wird unübersichtlicher, je näher man an die Gegenwart heranrückt. Während der Liberalismus in der angelsächsischen Welt ganz selbstverständlich als konstitutiver Bestandteil einer lebendigen, mindestens aber zu pflegenden Ideentradition behandelt wird und über den politischen Parteiungen steht, ist seine Lage hierzulande wesentlich komplizierter.[1] In Deutschland bleibt die Anrufung des Liberalismus vor allem ein zeitdiagnostisches Phänomen: Entweder warnen die Verteidiger des Wohlfahrtsstaates vor den Exzessen eines neoliberalen Kapitalismus,[2] oder es exponieren sich angesichts der parteipolitischen Malaise des deutschen Liberalismus Intellektuelle, um für eine Aktualisierung liberaler Ideen zu werben. Das kann originell ausfallen wie bei Wolfgang Kerstings »Verteidigung des Liberalismus«, theoretisch reflektiert, aber unbeirrbar wirtschaftsliberal wie bei Rainer Hank, eher appellativ wie bei Ulrike Ackermann oder sozial engagiert wie bei Lisa Herzog.[3]

Es ist jedenfalls bezeichnend, dass sich die meisten Plädoyers für eine Stärkung des Liberalismus entweder auf die angelsächsische

1 Vgl. etwa Alan Bullock/Maurice Shock, »Englands liberale Tradition« (1966), in: Lothar Gall (Hg.), *Liberalismus*, Köln 1976, S. 254-282; Hans Vorländer, *Hegemonialer Liberalismus. Politisches Denken und politische Kultur in den USA 1776-1920*, Frankfurt/M. 1997, sowie klassisch: Louis Hartz, *The Liberal Tradition in America. An Interpretation of American Political Thought since the Revolution. With an Introduction by Tom Wicker*, San Diego/New York/London 1991 (1955).

2 Vgl. z. B. Christoph Butterwegge/Bettina Lösch/Ralf Ptak, *Kritik des Neoliberalismus*, Wiesbaden 2007; Christoph Butterwegge/Bettina Lösch/Ralf Ptak (Hg.), *Neoliberalismus. Analysen und Alternativen*, Wiesbaden 2008. Zum weiten Komplex des Neoliberalismus, dessen Begriffsgeschichte hier nicht weiter aufgerollt werden soll, vgl. Thomas Biebricher, *Neoliberalismus zur Einführung*, Hamburg 2012.

3 Wolfgang Kersting, *Verteidigung des Liberalismus*, Hamburg 2009; Rainer Hank, *Links, wo das Herz schlägt. Inventur einer politischen Idee*, München 2015; Ulrike Ackermann, *Eros der Freiheit. Plädoyer für eine radikale Aufklärung*, Stuttgart 2008; Lisa Herzog, *Freiheit gehört nicht nur den Reichen. Plädoyer für einen zeitgemäßen Liberalismus*, München 2014.

Tradition von Smith bis Hayek beziehen oder aber präsentistisch ihre Argumente aus gegenwärtigen Konfliktlagen beziehen. Diese variierenden Zugänge zum Liberalismus verdeutlichen, dass es an übergreifenden ideengeschichtlichen Forschungen mangelt. Zwar herrscht weitgehender Konsens über die klassische Phase des liberalen Sonderwegs in Deutschland, aber die Ideengeschichte des Liberalismus von der Weimar Republik bis in die Gegenwart bleibt als ein Nachklapp im Ungewissen.

Die wesentliche Ursache für diese merkwürdige Geschichtslosigkeit des bundesrepublikanischen Liberalismus liegt in seiner politischen Schwäche. Der Liberalismus trägt an der Bürde des Gescheiterten, denn das lange vorherrschende Interpretament vom deutschen Sonderweg erklärte vor allem die mangelnde politische Liberalität innerhalb des deutschen Bürgertums sowie die Konzessionen des politischen Liberalismus an Bismarck und die preußischen Eliten zur Ursache der verzögerten und schwach ausgeprägten Parlamentarisierung. Ob man nun seit 1848 die Überforderung des Liberalismus betonte, Einheit und Freiheit gleichzeitig zu verwirklichen, oder einen realpolitisch grundierten Verrat an liberalen Prinzipien beklagte, die der Reichseinigung auf Kosten der Freiheit geopfert wurden – die Ideengeschichte des Liberalismus hat in Deutschland den »Weg in die Katastrophe« stets eindrucksvoll orchestriert.[4] In dieser Beleuchtung war die Weimarer Republik der tragische Endpunkt einer Niedergangsgeschichte, die sich strukturell erklären ließ.

Dieter Langewiesche hat bereits vor einem Vierteljahrhundert betont, dass der Liberalismus, »verstanden als ein Geflecht aus politischen, sozialen und kulturellen Leitbildern und als organisierter Interessenverband, [...] in außerordentlich vielfältiger Weise die deutsche Gesellschaft und ihre Institutionen geprägt« habe.[5] Allerdings hat es seit Langewiesches Studie zum »Liberalismus in Deutschland« auch keine weiteren Versuche gegeben, die Ideengeschichte des Liberalismus über Weimar hinaus zu verfolgen. Auch

4 Eine Summe dieser Sonderwegsdeutungen zieht Heinrich August Winkler, *Der lange Weg nach Westen. Deutsche Geschichte*, 2 Bde., München 2000. Eine pointierte geschichtsdidaktische Rechtfertigung gibt Hans-Ulrich Wehler, »Das Ende des deutschen ›Sonderwegs‹«, in: ders., *Umbruch und Kontinuität. Essays zum 20. Jahrhundert*, München 2000, S. 84-89.

5 Dieter Langewiesche, *Liberalismus in Deutschland*, Frankfurt/M. 1988, S. 11.

die begriffsgeschichtlichen Untersuchungen enden im Wesentlichen mit dem »langen 19. Jahrhundert«, um eine Aufhebung des Liberalismus als historisches Deutungsmuster zu diagnostizieren.[6] Dieser Befund rekurriert auf die verstärkte Dysfunktionalität von maßgeblichen politischen Ideen, deren Substanz und Vokabular dem 18. und 19. Jahrhundert entstammen und die deswegen ihre Geltungskraft verloren haben. Allerdings ist es eine Selbstverständlichkeit, dass Ideologien einen Bedeutungs- und Funktionswandel durchlaufen. Zwar gilt es, sich bewusst zu machen, dass politische Ideen »auf politische Situationen angewendet werden, die sich seit dem Ausbruch des Ersten Weltkrieges vollkommen geändert haben im Vergleich zu denjenigen, auf die sie eine Antwort geben sollten«.[7] Man sollte es jedoch nicht dabei belassen, die Beziehungslosigkeit zwischen den politischen Ideen und der politischen Wirklichkeit zu beklagen, sondern die Aktualisierungsanstrengungen von Intellektuellen untersuchen, die das herkömmliche politische Vokabular auf neue soziale und institutionelle Wirklichkeiten beziehen. Denn die Erklärung, dass eine Idee oder Ideologie erschöpft und mit einer Epoche zu einem Ende gekommen sei, hat bislang selten zu ihrer faktischen Erledigung geführt.[8]

Es liegt in der Konsequenz dieser Deutungsunsicherheit, dass die eigentümliche Schwäche des deutschen Liberalismus stets für die ideenpolitischen und geistesgeschichtlichen Sonderwegsbegründungen herhalten musste, wohingegen das Fortleben des liberalen Denkens in Deutschland und seine Spuren aus der Weimar

6 Siehe etwa Rudolf Vierhaus, Art. »Liberalismus«, in: *Geschichtliche Grundbegriffe. Historisches Lexikon zur politisch-sozialen Sprache in Deutschland*, Bd. 3, Stuttgart 1982, S. 741-785, sowie prononciert: Jörn Leonhard, *Liberalismus. Zur historischen Semantik eines europäischen Deutungsmusters*, München 2001, S. 567-569.

7 Jürgen von Kempski, »Philosophie der Politik« (1959), in: ders., *Recht und Politik. Studien zur Einheit der Sozialwissenschaft*, Frankfurt/M. 1992, S. 186-217, hier S. 189.

8 Dies auch gegen die originellen Thesen von Kondylis, dass mit dem politischen Bedeutungsverlust der Aristokratie zunächst das Ende des Konservativismus besiegelt sei und dann schließlich die massendemokratische Moderne dem Liberalismus ein Ende setze. Vgl. Panajotis Kondylis, *Konservativismus. Geschichtlicher Gehalt und Untergang*, Stuttgart 1986; ders., *Der Niedergang der bürgerlichen Denk- und Lebensform. Die liberale Moderne und die massendemokratische Postmoderne*, Weinheim 1991.

Zeit nach 1945 kaum thematisiert worden sind.[9] Das Fehlen eines »hegemonialen Liberalismus« im Sinne einer die politische Kultur prägenden Kraft sollte nicht darüber hinwegtäuschen, dass weite Teile der deutschen Ideengeschichte des Liberalismus durchaus parallel und vergleichbar zu den westlichen Liberalismen verliefen. Wesentliche Elemente eines neuen demokratischen Liberalismus waren zumindest in Weimar Verfassungsnorm geworden, und die liberale Demokratie avancierte (keineswegs nur in negativer Weise) zum zentralen Bezugspunkt der zeitgenössischen Debatten.

Dilemma des Liberalismus in der Weimarer Republik

Die Ideengeschichte des deutschen Liberalismus ist mehr als die Rekonstruktion seines Scheiterns. Weder spricht die politische Schwäche gegen eine Idee, noch lässt sich der Liberalismus auf bestimmte Parteien und Trägergruppen reduzieren. Die »Selbstpreisgabe der Demokratie«, die »Auflösung des deutschen Bürgertums«, der »Extremismus der Mitte« – mit diesen thesenhaften Zuspitzungen ist die Erosion der liberalen Demokratie in Deutschland beschrieben worden. Dabei ist die Gewichtung der Faktoren, die dazu führten, dass die Weimarer Republik zum explodierenden Laboratorium in den Krisenjahren der klassischen Moderne wurde,[10] ebenso komplex wie umstritten. Die »Verschränkung von wirtschaftlicher Systemkrise und politischer Legitimationskrise« (Peukert) wurde von einer kulturellen, sich gesamtgesellschaftlich auswirkenden Modernisierungskrise massiv verstärkt.[11] Doch einerlei, wohin man den Blick richtet: auf die Talfahrt der Ökonomie, den überforderten Sozialstaat, die fragmentierte Gesellschaft, die Feinde der Republik

9 Dass der Bezug auf Weimar in der Bundesrepublik überwiegend negativ war, arbeitet auf breiter Quellenbasis heraus: Sebastian Ullrich, *Der Weimar-Komplex. Das Scheitern der ersten deutschen Demokratie und die politische Kultur der frühen Bundesrepublik*, Göttingen 2009. – Zu den ideellen Kontinuitätslinien Weimars vgl. auch die Beiträge in Christoph Gusy (Hg.), *Weimars lange Schatten – Weimar als Argument nach 1945*, Baden-Baden 2003; Alexander Gallus/Axel Schildt (Hg.), *Rückblickend in die Zukunft. Politische Öffentlichkeit und intellektuelle Positionen in Deutschland um 1950 und um 1930*, Göttingen 2011.

10 Detlev J. K. Peukert, *Die Weimarer Republik. Krisenjahre der klassischen Moderne*, Frankfurt/M. 1987.

11 Ebenda, S. 243.

links und rechts oder die außenpolitische Lage – stets landet man beim Liberalismus.

Die Geburt der Weimarer Republik als Verwirklichung liberaldemokratischer Verfassungsziele schien sich just in dem Moment zu vollziehen, als die bürgerliche Epoche an ein Ende gelangt war und die Massenmobilisierung des Antiliberalismus unter demokratischen Bedingungen ungeahnte Kräfte entfaltete.[12] Die erstmalige politisch-institutionelle Durchsetzung der liberalen Demokratie mündete in ihre sofortige – auch in den Augen der zeitgenössischen Betrachter – europaweite Existenzkrise. Dass die Gründung der Republik nicht *ex nihilo*, sondern mit Vorbelastungen erfolgte und von »Basiskompromissen« gekennzeichnet war, hat die Forschung immer wieder hervorgehoben. Nicht zuletzt galt die historische und politikwissenschaftliche Aufmerksamkeit lange Zeit den vermeintlichen Konstruktionsfehlern der Verfassung, dem Problem einer »stehengebliebenen« Revolution oder der allzu pfleglichen Behandlung alter Eliten in Wirtschaft, Militär und Verwaltung. All diese Phänomene sind bekanntlich häufig als Geburtsmängel oder richtungsweisende Weichenstellungen diskutiert worden, wobei die Vorstellung von einer fatalen Pfadabhängigkeit deterministischen Deutungsmustern günstige Bedingungen bot.[13]

Die Frage nach der Verantwortung des politischen Liberalismus für den Untergang der Weimarer Republik ist häufig gestellt worden, und wer die Geschichte als Weltgericht begreift, vermag

12 Zu diesem Paradox auch Gangolf Hübinger, »Liberalismus und Protestantismus im Deutschen Kaiserreich«, in: Richard Faber (Hg.), *Liberalismus in Geschichte und Gegenwart*, Würzburg 2000, S. 115-129, hier S. 126.

13 Die Konjunkturen der Weimar-Forschung können an dieser Stelle nicht nachgezeichnet werden. Im Anschluss an Arthur Rosenberg (*Entstehung und Geschichte der Weimarer Republik* [1928/1935], Frankfurt/M. 1955) hat sich vor allem die Sozialgeschichte seit den 1970er Jahren mit den »verpassten« revolutionären Möglichkeiten bzw. »dritten Wegen« beschäftigt und die Handlungsspielräume sozialdemokratischer Politik kritisch ausgeleuchtet. Siehe Eberhard Kolb (Hg.), *Vom Kaiserreich zur Republik*, Köln 1972; Reinhard Rürup, »Demokratische Revolution und ›dritter Weg‹. Die deutsche Revolution 1918/19 in der neueren wissenschaftlichen Diskussion«, in: *Geschichte und Gesellschaft* 9 (1983), S. 278-301; Heinrich August Winkler, *Von der Revolution zur Stabilisierung. Arbeiter und Arbeiterbewegung in der Weimarer Republik 1918 bis 1924*, Bonn 1984; Ulrich Kluge, *Die deutsche Revolution 1918/1919. Staat, Politik und Gesellschaft zwischen Weltkrieg und Kapp-Putsch*, Frankfurt/M. 1985.

eine ganze Anzahl von vermeintlichen Fehlern und Versäumnissen oder auch den Verrat an eigenen Prinzipien erkennen. Das Sündenregister des (zumeist als Entität begriffenen) Liberalismus ist lang: die innere Distanz zur »Massendemokratie«, eine elitäre Politikkonzeption, die (vergebliche) Ausrichtung auf die politische Führerpersönlichkeit, das fehlende Verständnis für die Sozialpolitik als Mittel demokratischer Integration, das Festhalten am Primat nationaler Machtpolitik, die Preisgabe des Parlamentarismus etc.[14] Sogar der vermeintlich naive demokratische Idealismus, der von einem geeinten Europa träumte und meinte, dass die Lehre aus dem Ersten Weltkrieg nur in einer den Nationalismus überwindenden Friedenspolitik liegen könne, ist wegen seiner Weltfremdheit gescholten worden. Die Behauptungen, dass die Schwäche des Liberalismus die Gegner der Republik stark gemacht habe oder dass der Liberalismus durch die Angriffe auf die parlamentarische Demokratie seine Standfestigkeit verloren habe, bieten nur verschiedene Variationen desselben Gedankens, um den rapiden Legitimationsverlust der Weimarer Republik zu erklären.

Die Rolle des politischen Liberalismus, seine Verantwortung und sein Verfall sind zentral für jede Beschäftigung mit Weimar und den europäischen Entwicklungen der Zwischenkriegszeit insgesamt. Wenn es auch stets schwierig ist, aus der Perspektive der Ideengeschichte Zäsuren zu setzen, so können im Blick auf Deutschland und Westeuropa die intellektuellen Orientierungsversuche zwischen den Weltkriegen in einem Zusammenhang betrachtet werden. Dies liegt nicht im Widerspruch zu den wichtigen

14 Als kompakte Problemanalysen für den politischen Liberalismus, d.h. für den Niedergang der Parteien DDP/DStP und DVP seien lediglich genannt: Jürgen C. Heß, »Wandlungen im Staatsverständnis des Linksliberalismus der Weimarer Republik 1930 bis 1933«, in: Karl Holl (Hg.), *Wirtschaftskrise und liberale Demokratie. Das Ende der Weimarer Republik und die gegenwärtige Situation*, Göttingen 1978, S. 46-88; ders., »Die Desintegration des Liberalismus in der Weimarer Republik«, in: Hans Vorländer, *Verfall oder Renaissance des Liberalismus? Beiträge zum deutschen und internationalen Liberalismus*, München 1987, S. 91-116; Lothar Albertin, »Die liberalen Parteien in der Weimarer Republik. Etappen ihres Niedergangs«, in: ebenda, S. 57-89; ders., »Die Auflösung der bürgerlichen Mitte und die Krise des parlamentarischen Systems von Weimar«, in: Eberhard Kolb/Walter Mühlhausen (Hg.), *Demokratie in der Krise. Parteien im Verfassungssystem der Weimarer Republik*, München 1997, S. 59-111; Langewiesche, *Liberalismus in Deutschland*, S. 233-286.

geschichtswissenschaftlichen Werken der letzten Jahre, welche das Zeitalter der Weltkriege 1914-1945/49 im Zusammenhang betrachten.[15] Die Erfahrung der später von George Kennan so apostrophierten »Urkatastrophe« 1914-1918 und das Bewusstsein, in eine neue Epoche eingetreten zu sein, die sich von der bürgerlich geprägten europäischen Welt vor 1914 deutlich unterschied, eröffneten neue Räume des politischen Denkens. Die Monstrosität kriegerischer Gewalt und die Absurdität der opferreichen Materialschlachten im Grabenkrieg ließen zumindest liberale Intellektuelle davon ausgehen, dass eine derartige Abkehr von zivilisatorischen Normen die Lektion lehrte, den Frieden als höchstes Gut zu bewahren. Aus dieser Perspektive gilt für Geistes- und Sozialwissenschaft einerseits sicherlich im Großen und Ganzen der Befund einer »Kriegsverdrängung« (Knöbl/Joas).[16] Andererseits: Wer unter Problemdruck eine politische Nachkriegsordnung entwirft, dem fehlt die Zeit für die sozialtheoretische Aufarbeitung von Krieg und Gewalt. Sehr früh sahen sich aber die intellektuellen Fürsprecher der liberalen Demokratie mit dem Problem konfrontiert, dass die Gewalt – auch als sozialpsychologische Folge des Krieges – in die politischen und ideologischen Kämpfe innerhalb des Staatswesens einwanderte.

Zweifellos wäre es erstrebenswert, eine vergleichende Ideengeschichte des westeuropäischen Liberalismus zu konzipieren, doch eine solche Aufgabe ist mit erheblichen Schwierigkeiten verbunden. Sicherlich hatte die von zeitgenössischen Beobachtern diagnostizierte internationale Krise des Liberalismus in vielerlei Hinsicht verwandte strukturelle Ursachen, und es wäre reizvoll, den Diskurszusammenhang liberaler Intellektueller zu rekonstruieren und ihre Problemwahrnehmung auf Gemeinsamkeiten hin zu prüfen. Dies gestaltet sich aber umso problematischer, sobald man die unterschiedlichen Ausgangslagen, die spezifischen nationalen Traditionen und die Ungleichzeitigkeit verschiedener Krisenmomente in Rechnung stellt, die in Großbritannien, Frankreich, Spanien oder

15 Siehe etwa Lutz Raphael, *Imperiale Gewalt und mobilisierte Nation. Europa 1914-1945*, München 2011; Enzo Traverso, *Im Bann der Gewalt. Der europäische Bürgerkrieg 1914-1945*, Berlin 2008; Heinrich August Winkler, *Geschichte des Westens. Bd. 2: Die Zeit der Weltkriege 1914-1945*, München 2011; Ian Kershaw, *To Hell and Back. Europe 1914-1949*, London 2015.

16 Wolfgang Knöbl/Hans Joas, *Kriegsverdrängung. Ein Problem in der Geschichte der Sozialtheorie*, Frankfurt/M. 2008, S. 212 ff.

Italien zu registrieren sind. Die Divergenzen werden bereits auf der Ebene des parteipolitischen Liberalismus sichtbar. Während sich in Frankreich dem Selbstverständnis und dem Namen nach gar keine liberale Partei fand, erfuhr in England die liberale Partei aufgrund des Mehrheitswahlrechts zwar einen massiven Bedeutungsverlust, der Liberalismus in der politischen Kultur verschwand aber natürlich keineswegs. Dass im faschistischen Italien die liberale Opposition marginalisiert und schließlich unterdrückt wird, in Spanien wiederum die kurze Zeit der Republik einem parteipolitischen Liberalismus kaum Entfaltungsmöglichkeiten bot, verkompliziert einen Vergleich zusätzlich. Berücksichtigt man die Eigenschaft liberaler Intellektueller, vor allem anlass- und problembezogen auf die politische Praxis zu reflektieren, so wird die Komplexität deutlich, die Pluralität der Liberalismen national und international angemessen darzustellen sowie ihre Netzwerke und diskursiven Kontexte zu untersuchen. Daher ist es kaum verwunderlich, dass bisherige Studien sich entweder auf repräsentative Denker beschränken oder selektiv Ähnlichkeiten und Unterschiede benennen.[17]

Legt man einen weiteren Begriff des Liberalismus zugrunde, der verschiedene Strömungen liberalen Denkens berücksichtigt und die Parteinahme für die Weimarer Demokratie als liberale Positionsbestimmung eingemeindet, ergeben sich auch für die deutsche Diskurslandschaft neue Verbindungslinien, die uns helfen, die konstruktiven Aspekte der Debatte um die Demokratie wahrzunehmen. Die liberale Reflexion war umfassender, flexibler und problemsensibler als bisher bekannt; sie registrierte die Gefährdungen der Demokratie relativ früh und fand durchaus Anschluss an europäische Entwicklungen. Nicht umsonst blieben viele exilierte Liberale nach 1933 in den wichtigen politiktheoretischen Debatten einflussreich.

17 Dies unternehmen auf unterschiedliche Art die politiktheoretische Studie von Richard Bellamy, *Liberalism and Modern Society. A Historical Argument*, Pennsylvania 1992, sowie die Überblicksdarstellungen von Edmund Fawcett, *Liberalism. The Life of an Idea*, Princeton 2014, S. 198-283, und Klaus von Beyme, *Liberalismus. Theorien des Liberalismus und Radikalismus im Zeitalter der Ideologien 1789-1945*, Wiesbaden 2013, S. 225-317.

Da es sich bei der Zeit nach 1918 historiographisch um die am besten und am detailliertesten erforschte Epoche der deutschen Geschichte handeln dürfte,[18] wäre es vermessen, mit einer ideengeschichtlichen Studie zum Liberalismus in der Zwischenkriegszeit neue Antworten auf die klassische Frage zu finden, warum Weimar und andere »Lebensversuche moderner Demokratien« (T. Müller) scheiterten.[19] Es kann auch nicht das Ziel sein, die Gewichte für die Verantwortung am Untergang der Republik neu zu verteilen. Lohnend erscheint es stattdessen, einen unbefangeneren Blick auf die intellektuellen Bemühungen um die Stabilisierung der Demokratie zu werfen und neuere Ansätze weiterzuverfolgen, die den Fluchtpunkt des Jahres 1933 nicht zum alles dominierenden Kriterium machen.

In der Geschichtswissenschaft hat sich in den vergangenen Jahren die Tendenz durchgesetzt, die Weimarer Republik nicht nur im Hinblick auf das Ende zu betrachten, sondern neben allen Belastungsfaktoren für die Demokratie auch ein Sensorium für die Potentiale und Chancen dieses Staates und seiner Gesellschaft zu entwickeln, also die Offenheit und die Kontingenz historischer Entwicklung stärker zu berücksichtigen.[20] Das Erkenntnisinter-

18 Es genügt, auf die klassischen Gesamtdarstellungen der jüngeren Zeit zu verweisen: Peukert, *Die Weimarer Republik*; Heinrich August Winkler, *Weimar 1918-1933. Die Geschichte der ersten deutschen Demokratie*, München 1994, 2. Aufl.; Hans Mommsen, *Die verspielte Freiheit. Der Weg der Republik von Weimar in den Untergang 1918 bis 1933*, München 1989; Hagen Schulze, *Weimar. Deutschland 1917-1933*, Berlin 1994; Ursula Büttner, *Weimar. Die überforderte Republik 1918-1933. Leistung und Versagen in Staat, Gesellschaft, Wirtschaft und Kultur*, Stuttgart 2008; Andreas Wirsching, *Die Weimarer Republik. Politik und Gesellschaft*, München 2008, 2. Aufl.

19 Als wichtigste Studie zum Ende Weimars siehe immer noch Karl Dietrich Bracher, *Die Auflösung der Weimarer Republik. Eine Studie zum Problem des Machtzerfalls in der Demokratie*, Düsseldorf 1978, Nachdruck der 5. Aufl. 1971, sowie weiterhin Gotthard Jasper, *Die gescheiterte Zähmung. Wege zur Machtergreifung Hitlers 1930-1934*, Frankfurt/M. 1986; Dirk Blasius, *Weimars Ende. Bürgerkrieg und Politik 1930-1933*, Frankfurt/M. 2008. – Siehe zudem Tim B. Müller, *Nach dem Ersten Weltkrieg. Lebensversuche moderner Demokratien*, Hamburg 2014.

20 Dies forderte bereits frühzeitig in einem mittlerweile klassischen Aufsatz ein: Thomas Nipperdey, »1933 und die Kontinuität der deutschen Geschichte« (1978), in: ders., *Nachdenken über die deutsche Geschichte*, München 1990, S. 225-248.

esse hat sich dementsprechend von den Kausalerklärungen und vom Verstehen politischer und sozialer Entwicklungsverläufe auf die Analyse von Strukturbedingungen der Moderne verlagert. Die Zwischenkriegszeit und in ihr die Weimarer Republik werden dabei in ihrer Krisenhaftigkeit mehr und mehr als konstitutive Epoche einer pluralistischen, demokratischen und nicht zuletzt liberalen Welt, wie wir sie heute kennen, begriffen.

Eine ähnliche Tendenz lässt sich für die ideengeschichtliche und politikwissenschaftliche Forschung zur Zwischenkriegszeit diagnostizieren. Während es früher darum ging, die Verbreitung und Virulenz des antidemokratischen und antiliberalen Denkens kenntlich zu machen sowie die Chancenlosigkeit der verfassungstreuen republikanischen Minderheit unter den intellektuellen Eliten herauszustellen,[21] beginnt man sich in letzter Zeit stärker für die Substanz der politiktheoretischen Vorstellungen der Weimarer Debatte zu interessieren. Schon lange gilt die von dem Historiker Klaus Epstein 1963 geäußerte Befürchtung nicht mehr, dass für eine Abhandlung »über das demokratische Denken (und die demokratische Haltung) der Freunde der Weimarer Republik« womöglich »ein kleiner Aufsatz genügen würde«.[22] Auch Kurt Sontheimer hatte in seiner Pionierstudie zum antidemokratischen Denken, auf die sich Epstein bezog, noch resigniert konstatiert, dass »im geistigen Konzert der Republik [...] die kräftig intonierten Zwischentöne [fehlten]« und es »nur einige wenige große Vertreter einer kämpferischen Mitte« gab.[23] Zwar hatte er in seiner Arbeit bereits auf die Schwierigkeit verwiesen, die Grenze zwischen antidemokratischer und republikanisch-konstruktiver Parlamentarismuskritik präzise zu bestimmen. Aber seine Dichotomie demokratisch/antidemokra-

21 Vgl. Christian Graf von Krockow, *Die Entscheidung. Eine Untersuchung über Ernst Jünger, Carl Schmitt, Martin Heidegger* (zuerst 1958), Frankfurt/M. 1990; Kurt Sontheimer, *Antidemokratisches Denken in der Weimarer Republik. Die politischen Ideen des deutschen Nationalismus zwischen 1918 und 1933* (zuerst 1962), München 1994, 4. Aufl.; Fritz Stern, *Kulturpessimismus als politische Gefahr. Eine Analyse nationaler Ideologie in Deutschland* (zuerst 1963), München 1986; Fritz Ringer, *Die Gelehrten. Der Niedergang der deutschen Mandarine* (zuerst 1969), München 1987.

22 Klaus Epstein, *Vom Kaiserreich zum Dritten Reich. Geschichte und Geschichtswissenschaft im 20. Jahrhundert*, Frankfurt/M./Berlin/Wien 1973, S. 213.

23 Sontheimer, *Antidemokratisches Denken in der Weimarer Republik*, S. 309 f.

tisch wurde in den von Christoph Gusy und anderen angestoßenen Forschungen grundsätzlich beibehalten.[24]

Neuere Ansätze konzentrierten sich darauf, das Potential des demokratischen Denkens in seiner Vielfalt, zuvörderst im Blick auf die Staatsrechtslehre, neu zu entdecken und sich dabei auch vom engeren Demokratiebegriff des Kalten Krieges zu lösen. Schon Michael Stolleis hat in seiner *Geschichte des öffentlichen Rechts* auf den geistigen Rang der damaligen Auseinandersetzungen hingewiesen: »Nie wieder sind seither der politische Charakter des Staatsrechts, der Ausnahmezustand, der Prozeß staatlicher Integration, die Funktionsvoraussetzungen der Demokratie und der Wissenschaftscharakter der Rechtswissenschaft mit solcher intellektuellen Energie und sachlichen Leidenschaft diskutiert worden.« Stolleis konstatiert zu Recht, dass »noch die Staatslehre der Bundesrepublik [...] jahrzehntelang von diesen Texten zehren und die eigenen Positionen in Zustimmung oder Widerspruch mit ihnen ausbilden [sollte]«.[25] Diese Wirkung ist eben auch der Offenheit einer Debatte zu verdanken, die in der Krise der Demokratie keine Denkverbote kannte und sich noch nicht auf einen Konsensbegriff der liberalen Demokratie zurückziehen konnte. Dies hat ebenfalls Christoph Möllers betont, der im Anschluss an Detlev Peukert dafür plädiert, die Weimarer Staatstheorie nicht auf das Scheitern der Republik zu reduzieren, sondern als »Laboratorium einer demokratisch-rechtsstaatlichen Demokratietheorie« zu verstehen, deren »brauchbare Beiträge« sich nicht auf – nach heutigem Maßstab – demokratische Autoren beschränkten.[26]

Trotz dieser Diversifizierung verschiedener Demokratiebegriffe jenseits der repräsentativen parlamentarischen Regierungsform ließ der Anschluss an Sontheimers Gegensatzpaar demokratisches versus antidemokratisches Denken die Frage nach dem Ort dieser Demokratievorstellungen innerhalb des liberalen Denkens erst einmal offen. Dabei erhärtet sich der Eindruck, dass das immer breiter werdende Forschungsfeld zur Geschichte der Demokratie

24 Siehe vor allem den ertragreichen Sammelband: Christoph Gusy (Hg.), *Demokratisches Denken in der Weimarer Republik*, Baden-Baden 2000.

25 Michael Stolleis, *Geschichte des öffentlichen Rechts in Deutschland. Weimarer Republik und Nationalsozialismus*, München 2002, S. 414.

26 Christoph Möllers, *Der vermisste Leviathan. Staatstheorie in der Bundesrepublik*, Frankfurt/M. 2008, S. 26.

sich weitgehend von einer Ideengeschichte des Liberalismus entkoppelt hat.[27] Dies trägt der Tatsache Rechnung, dass die liberale Demokratie nur eine Option unter anderen war und sich viele Liberale selbst schwertaten, die moderne egalitäre »Massendemokratie« zu akzeptieren. Darüber hinaus scheint die Erforschung des Liberalismus und des liberalen Denkens, die auch immer mit der Bürgertumsforschung verbunden war, mit dem Abschied vom Sonderwegstheorem an Bedeutung eingebüßt zu haben. Sie wirkte spätestens nach den großen historischen Forschungsprojekten der 1990er Jahre gewissermaßen abgeschlossen.[28]

Die Ideen-, Gesellschafts- und Institutionengeschichte der Demokratie in ihren epochalen Wandlungsprozessen besitzt dagegen den Vorzug, dass ihr Gegenstand konkret als Genese eines politischen Legitimations- und Ordnungsmodells beschreibbar ist. Das Ringen um Stabilität und die Normalität einer demokratischen Kultur angesichts vielfältiger Belastungsproben prägte dieses »Zeitalter der Extreme«, dessen Geschichte sich im Wesentlichen als Überlebenskampf der Demokratie erzählen lässt.[29]

Diese Dichotomie von Demokratie und Diktatur bzw. die für

27 Vgl. etwa Wilfried Nippel, *Antike oder moderne Freiheit? Die Begründung der Demokratie in Athen und in der Neuzeit*, Frankfurt/M. 2008; John Keane, *The Life and Death of Democracy*, London 2009; Jan-Werner Müller, *Contesting Democracy. Political Ideas in Twentieth-Century Europe*, New Haven/London 2011; Paul Nolte, *Was ist Demokratie? Geschichte und Gegenwart*, München 2012; Pierre Rosanvallon, *Die Gesellschaft der Gleichen*, Hamburg 2013. – Dass an die Zwischenkriegszeit insbesondere während der Diskurshegemonie konsensliberaler Vorstellungen im Kalten Krieg ganz selbstverständlich der Maßstab der »freiheitlichen Demokratie« angelegt wurde, belegt die weiterhin eindrucksvolle Studie von Karl Dietrich Bracher, *Zeit der Ideologien. Eine Geschichte politischen Denkens im 20. Jahrhundert*, Stuttgart 1982, S. 121-252.

28 Lothar Gall (Hg.), *Liberalismus*, Köln 1976; ders., *Bürgertum in Deutschland*, Berlin 1989; ders. (Hg.), *Bürgertum und bürgerlich liberale Bewegung in Mitteleuropa seit dem 18. Jahrhundert* (*Historische Zeitschrift*, Sonderheft 17), München 1997. Vgl. als Überblick zu den diversen Projekten aus dem Bielefelder Kontext: Peter Lundgreen (Hg.), *Sozial- und Kulturgeschichte des Bürgertums. Eine Bilanz des Bielefelder Sonderforschungsbereichs* (1986-1997), Göttingen 2000; Thomas Mergel, »Die Bürgertumsforschung nach 15 Jahren. Für Hans-Ulrich Wehler zum 70. Geburtstag«, in: *Archiv für Sozialgeschichte* 41 (2001), S. 515-538.

29 Siehe etwa Christoph Gusy (Hg.), *Demokratie in der Krise. Europa in der Zwischenkriegszeit*, Baden-Baden 2008; Tim B. Müller/Adam Tooze (Hg.): *Normalität und Fragilität. Demokratie nach dem Ersten Weltkrieg*, Hamburg 2015.

manche Intellektuelle zwingend erscheinende Entscheidung zwischen sozialistisch-republikanischer und faschistischer Parteinahme etwa zu Zeiten des Spanischen Bürgerkrieges marginalisierte den Liberalismus in den 1930er Jahren. Die Behauptung des Historikers und Ex-Trotzkisten Enzo Traverso, dass sich in den 1930er Jahren »das politische Engagement der liberalen Intellektuellen [...] nur noch innerhalb der antifaschistischen Bewegung entfalten« konnte, spiegelt in gewisser Weise eine gängige Auffassung über die Wirkungslosigkeit des Liberalismus in dieser Phase wider.[30] Doch auch wenn damit die Optionen des praktischen politischen Engagements in der schwersten Krise der liberalen Demokratie zutreffend beschrieben sein mögen, verkennt eine solche Sichtweise die Zuständigkeit der Intellektuellen für Reflexion und Kritik. Es drängt sich der Eindruck auf, als ob der »Verrat der Intellektuellen« – »La trahison des clercs« (J. Benda) –, d. h. ihre aktivistische politische Parteinahme gegen die liberale Vernunft und im Bewusstsein, an einer existentiellen Auseinandersetzung teilzuhaben, vor dem Hintergrund eines ideologischen Bürgerkrieges, der sich an nicht immer klaren Fronten zwischen Bolschewismus, Faschismus und Demokratie abspielte, weiterhin eine besondere Faszination auf die Ideen- und Intellektuellengeschichte ausübt.[31]

Es wäre aber unangemessen, aus dem situationsbedingten Tiefstand der politischen Wirksamkeit des Liberalismus auf seine politiktheoretische Irrelevanz bzw. auf die mangelnde Qualität seiner politischen Reflexion zu schließen. Resonanz allein ist kein Kriterium für die Originalität, die Vernünftigkeit oder Praktikabilität einer politischen Idee. Es ist relativ leicht, Belege dafür zu finden, dass wegweisende politiktheoretische Einsichten und Innovationen gerade in Zeiten des Übergangs, der Unsicherheit, Krise und Bedrohung zutage gefördert wurden, als politische Denker marginalisiert und zunächst einmal ohne Einfluss auf die praktische Politik waren. Das gilt für Machiavelli oder Hobbes ebenso wie für Tocqueville oder Marx. Darum darf auch mit Blick auf den Liberalismus an den Umstand erinnert werden, dass Krisenzeiten neue

30 Traverso, *Im Bann der Gewalt*, S. 301.

31 Vgl. Julien Benda, *Der Verrat der Intellektuellen* (1927), Frankfurt/M. 1988. Zu Bendas Verteidigung intellektueller Vernunft gegen die leidenschaftliche intellektuelle Parteinahme für das Irrationale siehe Michel Winock, *Das Jahrhundert der Intellektuellen*, Konstanz 2007, 2. Aufl., S. 248-257.

Kräfte für Reflexion freisetzen können, wenn sie auch zunächst ohne unmittelbare Wirkung bleiben. Fest steht: Selten haben Liberale intensiver über die Bestandsbedingungen und die Fragilität einer demokratischen Ordnung nachgedacht als in der Krise der Zwischenkriegszeit.

Liberales Denken als Reflexions- und Erfahrungsgeschichte

Ist die derzeitige Dominanz der Demokratiegeschichte also ein Beleg dafür, dass der Liberalismus inzwischen als »sekundäres Phänomen« hinter die Demokratie zurückgetreten ist?[32] Dies würde bedeuten, dass er eine vorher bestehende hegemoniale Stellung eingebüßt habe. Davon kann eigentlich keine Rede sein, wurde doch gerade für den politischen Liberalismus in Deutschland stets seine Schwäche ins Feld geführt. Zwar hatten Elemente bürgerlich-liberaler Lebensform durchaus den Rang gesellschaftlicher Leitwerte, und auch Errungenschaften wie der Rechtsstaat und sein Bürgerliches Gesetzbuch (1896/1900) ließen sich allgemein dem Liberalismus zurechnen. Daraus aber eine ideologische Hegemonie abzuleiten, wäre missverständlich, zumal eine solche Rechnung stets auf einem schiefen Vergleich beruht: Während die Demokratie als Idee der Volksherrschaft mit der konkreten Frage nach ihrer institutionellen Implementierung verbunden bleibt, verschränkt der liberale Gedanke einen Modus des Normativen mit bestimmten Forderungen formaler Art. Zwar ging er zunächst von der Sicherung der Freiheit für den Einzelnen aus, die prinzipiell gegen jede Art von Herrschaft, auch die demokratische, zu verteidigen ist, doch erschöpft er sich darin nicht.

Wolfgang Kersting hat den Liberalismus als »Reflexionsform der politischen Moderne« charakterisiert und damit verdeutlicht, dass die demokratische Organisation der Herrschaftsausübung ein wichtiger Aspekt neben anderen ist: Markt, Rechtsstaat, Gewaltenteilung, Gewährung des sozialen Friedens, deliberative Verständi-

32 So Tim Müller in seinem Beitrag »Die liberale und soziale Demokratie als handlungsleitende Ordnungsvorstellung nach dem Ersten Weltkrieg« zu einer von Ernst Wolfgang Becker und mir organisierten Tagung »Liberalismus in der Zwischenkriegszeit. Krise, Reform, Neuansätze« am 19. März 2015 in Stuttgart. Jetzt einsehbar unter: ⟨www.stiftung-heuss-haus.de/heuss-forum_thk2015_müller⟩.

gung in einer offenen Gesellschaft – dies sind heute weitere Kernelemente des Liberalismus.[33] Kersting bietet freilich eine auf die Gegenwart des 21. Jahrhunderts gemünzte »Verteidigung des Liberalismus«, die diese Bestandteile gewissermaßen im ideengeschichtlichen Arsenal der liberalen Klassiker auffindet. Dass die politische Theorie sich aus dem Archiv der Ideengeschichte des Liberalismus bedient und auf alte Bestände zurückgreift, diese aktualisiert, neu kombiniert und für gegenwärtige Problemlagen nutzbar macht, ist legitim.[34] Diese Praxis darf allerdings nicht dazu verleiten, den Liberalismus als ein konstantes und in sich geschlossenes Ensemble von Ideen zu begreifen und seine Wandelbarkeit zu ignorieren. Die vielfältigen Rekonstruktionen eines idealen Liberalismus in der politischen Philosophie und Theorie, die genretypisch im Dialog mit den Klassikern den überzeitlichen Geltungscharakter liberaler Werte und Normen suggerieren, sind zweifellos selbst historisierbare Deutungsversuche, die selektiv auf das »Archiv« zugreifen.

Es bleibt der Befund, dass die Politikwissenschaft sich zwar seit Jahrzehnten in einer andauernden Hochkonjunktur liberaler Theorieproduktion befindet und auch die politische Philosophie mindestens seit John Rawls vom Paradigma des politischen Liberalismus dominiert wird. Man wird kaum gerechtigkeitstheoretische, vertragstheoretische, deliberative, republikanische oder kommunitaristische Konzepte der Demokratie finden, die sich außerhalb des Liberalismus situieren. Doch dies hat keineswegs dazu geführt, sich mit der Ideengeschichte des Liberalismus zu beschäftigen. Im Gegenteil: Es stellt sich der Verdacht ein, dass die weitläufigen liberalen Theoriearchitekturen und Theorierekonstruktionen zunehmend ahistorisch geworden sind und sich vom geschichtlichen Erfahrungshintergrund des Liberalismus abschotten. Die wichtigsten Ausläufer liberaler politischer Philosophie von Rawls' Theorie der Gerechtigkeit über die Kommunitarismusdebatte bis hin zu

33 Kersting, *Verteidigung des Liberalismus*, S. 74 f.

34 Zur Funktion der Ideengeschichte für die Politikwissenschaft siehe Herfried Münkler, »Politische Ideengeschichte«, in: ders., *Politikwissenschaft. Ein Grundkurs*, Reinbek 2003, S. 103-131, sowie im Anschluss daran Marcus Llanque, *Politische Ideengeschichte. Ein Gewebe politischer Diskurse*, München/Wien 2008, S. 1-3. – Für die im angloamerikanischen Raum selbstverständliche Praxis der liberalen Klassikeraktualisierung vgl. z. B. Alan Ryan, *The Making of Modern Liberalism*, Princeton/Oxford 2012; Stephen Holmes, *Passions and Constraint. On the Theory of Liberal Democracy*, Chicago/London 1995.

den verschiedenen Modellen demokratischer Deliberation verzichten auf ideengeschichtliche Sondierungen.[35] Beiträge zu liberalen Standortbestimmungen befassen sich bis heute generell weitaus intensiver mit der Auslegung von Klassikern wie Alexis de Tocqueville oder John Stuart Mill, um eine Rekonstruktion der reinen Lehre anzustreben, als mit der Ideengeschichte des Liberalismus im 20. Jahrhundert.

Die Fixierung auf die großen Texte oder auf die Identifizierung von klassischen Denkern stößt an ihre Grenzen, je näher wir der Gegenwart kommen. Das »Gewebe politischer Diskurse« (Llanque) wird engmaschiger,[36] und es sind nicht unbedingt die herausragenden Einzeldenker, deren Klassizität bestimmte politische Ideen mitdefiniert oder deren große Werke die maßgeblichen Fragen klären. Vielleicht noch stärker als in früheren Epochen prägt die anlass- und problembezogene tagespolitische Reflexion die Produktion, Modifikation oder Revision politischer Ideen. »Die einzige Geschichte der Ideen, die geschrieben werden kann«, formulierte Quentin Skinner, »ist die Geschichte ihrer Verwendungen in bestimmten Argumentationen.«[37] In diesem Sinne wurden und werden auch die liberalen Ideen weiter verwendet und in neue Kontexte eingepasst. Politische Theorie lässt sich deshalb immer besser als Reparaturwerkstatt oder als Modus flexibler Antworten auf neue Herausforderungen begreifen; sie knüpft an Vorgefundenes an und verzichtet immer häufiger darauf, all ihre Grundannahmen explizit zu machen. Dies gilt insbesondere für ein liberales Denken, das pragmatisch und mit realistischen Zielsetzungen den demokratischen Verfassungsstaat zu verteidigen strebt.

Nun wäre es hybrid und vermessen, von politischen Theoretikern und Philosophen ständig ideenhistorische Sensibilität und Kontextualisierung einzufordern. Wenn man aber ernst nimmt,

35 Vgl. John Rawls, *Eine Theorie der Gerechtigkeit*, Frankfurt/M. 1979; ders., *Politischer Liberalismus*, Frankfurt/M. 2003; Jürgen Habermas, *Faktizität und Geltung. Beiträge zur Diskurstheorie des Rechts und des demokratischen Rechtsstaats*, Frankfurt/M. 1998; ders., *Einbeziehung des Anderen. Studien zur politischen Theorie*, Frankfurt/M. 1996, sowie ferner Agathe Bienfait, *Freiheit, Verantwortung, Solidarität. Zur Rekonstruktion des politischen Liberalismus*, Frankfurt/M. 1999. Zur Kritik an Rawls siehe auch Raymond Geuss, *Kritik der politischen Philosophie. Eine Streitschrift*, Hamburg 2011, insbesondere S. 97 ff.

36 Siehe Llanque, *Politische Ideengeschichte*.

37 Quentin Skinner, *Visionen des Politischen*, Frankfurt/M. 2009, S. 60.

dass eine wesentliche Eigenschaft des Liberalismus darin besteht, die Erfahrung gesellschaftlichen und politischen Wandels zu verarbeiten, um sich neuen Wirklichkeiten anzupassen, dann verleitet eine auf reine Normativität verengte Perspektive dazu, Wesentliches zu übersehen, nämlich den ideenhistorischen Wandel liberaler politischer Theorie, bedingt durch den Zwang zur Neuorientierung, durch Lernerfahrungen und innere Reformbemühungen.

»Die Geschichte des Liberalismus« charakterisierte Karl Dietrich Bracher als »die Geschichte seiner Wandlungen und Anfechtungen«.[38] Sicherlich teilt der Liberalismus die Eigenschaft der Wandlungsfähigkeit mit seinen ideologischen Konkurrenten, dem Konservatismus und dem Sozialismus respektive der Sozialdemokratie. Der Konservatismus musste allerdings in einschneidender Weise sukzessive von seinen Leitbildern (Religion, Heimat, Tradition) oder von bestimmten politischen Ordnungsmodellen (Monarchie) Abschied nehmen und ist seit langem vornehmlich als reaktives und relationales Phänomen zu verstehen. Der Sozialismus ist als Ideologie weitgehend obsolet geworden, während die Sozialdemokratie oft in feindlicher Nähe, mindestens aber im engen wechselseitigen Austausch zum Liberalismus stand, was bereits in der Zwischenkriegszeit die Übergänge zwischen pragmatischen Sozialdemokraten und modernisierungsbereiten Sozialliberalen fließend machte. Gleichwohl zeichnet es den Liberalismus in besonderer Weise aus, dass ihm das Moment der Selbstverbesserung und Reformbereitschaft eingeschrieben ist. Der liberale Fortschrittsoptimismus hat von jeher Wandel zum Programm erhoben, und die liberale Idee kann nicht nur über ihre Grundierung in bestimmten Freiheitswerten begriffen werden, sondern auch in ihrer Voraussetzung produktiven Wettbewerbs unterschiedlicher Auffassungen. Der Liberalismus gründete traditionell – deshalb haben ihn seine Gegner vehement bekämpft – im Rationalismus, in einem positivistischen Wissenschaftsverständnis, das Kritik und Prüfung des Bestehenden notwendig vorsah, und in einem mehr oder minder maßvollen Werterelativismus, der letzte Wahrheitsansprüche zugunsten einer Ausbalancierung konkurrierender Freiheitsansprüche suspendierte.

38 Karl Dietrich Bracher, »Liberalismus im Jahrhundert der Ideologien« (1983), in: ders., *Wendezeiten der Geschichte. Historisch-politische Essays*, München 1995, S. 133-142, hier S. 133.

Die häufig ins Feld geführte Anpassungsfähigkeit des Liberalismus, seine Einbeziehung neuer Ideen, konnte an Grenzen stoßen und innere Zerreißproben verursachen. Die »Krisenanfälligkeit des liberalen Verfassungsstaates« beruhte, wie der Historiker Theodor Schieder beobachtete, vor allem »auf mangelnder Anpassung an die massendemokratische Wirklichkeit, einem Mangel allerdings, in dem zugleich ein gutes Stück der geschichtlichen Größe des Liberalismus besteht«.[39] Die für den Liberalismus lange konstitutive Skepsis gegenüber der Massendemokratie und ihren Gefahren einerseits sowie andererseits die geistige Vorbereitung demokratischer Emanzipation und die frühe sozialliberale Bestrebung, Bildung, Wohlfahrt und Lebenschancen in weiten Teilen der Gesellschaft zu verankern, ergab eine Konstellation, die fortwährende Bemühungen um Balance verlangte. Die Rolle eines kritischen Korrektivs für die Demokratie auszufüllen, also in einem Spannungsverhältnis zu ihr zu verharren, machte für Schieder zu einem Teil die »geschichtliche Größe« des Liberalismus aus.

Mit Tony Judt kann man im Rückblick auf das 20. Jahrhundert konstatieren, dass die Demokratie nie Ausgangspunkt war, sondern fast immer zuletzt kam, also auf der vorherigen Verankerung liberaler Ideen aufbaute. Oder anders ausgedrückt: Nur als liberale Demokratie hatte sie bislang Chancen auf Stabilisierung und Dauerhaftigkeit. Zu entscheidenden Kriterien ihres Gelingens werden ihre rechtsstaatliche Verfassung und ihre Garantie liberaler Freiheitsrechte.[40] Kurt Sontheimer hat dies bereits gesehen und folgerichtig ein Demokratieverständnis positiviert, das an den Normen der Weimarer Reichsverfassung und des Grundgesetzes orientiert bleibt: »Zur Idee der Demokratie gehört wesensmäßig die Idee der Freiheit. Demokratie ist nur als Freiheit und Gleichheit [sic]. Eine Demokratie ohne Gewaltenteilung, ohne Rechtsstaatlichkeit, ohne individuelle Freiheitsrechte, ohne die politischen Grundpfeiler des Liberalismus also, ist keine wahre Demokratie, ganz gleich, wie man den Volkswillen interpretieren mag. Die Demokratie ist weder nur ein technisches Verfahrensprinzip politischer Willens-

39 Theodor Schieder, »Die Krise des bürgerlichen Liberalismus. Ein Beitrag zum Verhältnis von politischer und gesellschaftlicher Verfassung« (1954), in: ders, *Staat und Gesellschaft im Wandel unserer Zeit*, München 1958, S. 58-88, hier S. 61.

40 Tony Judt (mit Timothy Snyder), *Nachdenken über das 20. Jahrhundert*, München 2013, S. 308 f.

bildung noch ein Blankoscheck für den vermeintlichen Willen des Volkes. Sie ist eine werterfüllte politische Ordnung mit dem Ziel, einen Zustand geordneter Freiheit für das politische Gemeinwesen zu sichern.«[41]

Insbesondere im Hinblick auf das Bemühen um eine Verbindung zwischen wertegeleiteter Ordnung, demokratischer Funktionalität und Legitimation lässt sich die Epoche der Weltkriege als eine Transformationskrise des Liberalismus beschreiben, die mittlerweile vermutlich als »wichtigste Zeitspanne in der Geschichte des Liberalismus im 20. Jahrhundert« zu verstehen ist.[42] In Ergänzung zu einer formativen Phase der modernen politischen Begrifflichkeit, wie sie Reinhart Koselleck in der sogenannten Sattelzeit von 1750-1850 entworfen hat, lassen sich die Krisenzeiten der 1920/30er Jahre für den Liberalismus möglicherweise als eine zweite Sattelzeit begreifen, in der sich die Bedeutungsgehalte liberalen Denkens noch einmal entscheidend verschieben und sich im Koselleckschen Sinne »die Herkunft zu unserer Präsenz wandelt«.[43] Dies gilt, wie bereits angemerkt, in jedem Fall für eine hart umkämpfte, aber letztlich nachhaltige »Demokratisierung des Liberalismus« (Th. Schieder),[44] denn das allgemeine Wahlrecht und die Akzeptanz der Massendemokratie standen am Ausgang der Krise nicht mehr grundsätzlich zur Disposition; fortan sollte sich der Liberalismus für die entschiedene Verteidigung der Demokratie einsetzen. Während sich das Verhältnis zur Demokratie festigte, lockerte sich das liberale Dogma eines Kapitalismus, der von staatlichen Einflüssen weitgehend freizuhalten war; die Überzeugung von der Gestaltbarkeit der wirtschaftlichen Ordnung, der Wohlfahrtsstaat und die staatliche Verantwortung für Prosperität bzw. den Ausgleich von Konjunkturkrisen gingen in diesen nach 1945 wirksamen Konsensliberalismus ein.[45]

41 Sontheimer, *Antidemokratisches Denken in der Weimarer Republik*, S. 16.

42 So Anselm Doering-Manteuffel/Jörn Leonhard, »Liberalismus im 20. Jahrhundert – Aufriss einer historischen Phänomenologie«, in: dies. (Hg.), *Liberalismus im 20. Jahrhundert*, Stuttgart 2015, S. 13-32, hier S. 21.

43 Reinhart Koselleck, »Einleitung«, in: *Geschichtliche Grundbegriffe. Historisches Lexikon zur politisch-sozialen Sprache in Deutschland*, Bd. 1, Stuttgart 1972, S. XIII-XXVII, hier S. XV.

44 Schieder, »Die Krise des bürgerlichen Liberalismus«, S. 71.

45 Zum mit dem New Deal verbundenen »consensus liberalism« und seiner ideologischen Stabilisierungsfunktion in Westeuropa nach 1945 siehe Anselm Doering-

Liberalismus: Versuch einer Gegenstandsbestimmung

Umstritten bleibt freilich, welcher Begriff von Liberalismus verwendet wird und was dieser bezeichnen soll. Die Historiographie nahm klassischerweise vor allem die Parteien des politischen Liberalismus und die mit ihnen verbundenen Vordenker in den Blick, untersuchte ihre Programmatik und ihre Bindung an die bürgerlichen Milieus. Eine solche politikgeschichtliche Engführung ist zwar plausibel und hat durchaus ihre Berechtigung, aber es ist zweifelhaft, ob sich in dieser Weise der Liberalismus als Idee begreifen lässt. Die Schwierigkeiten beginnen damit, überhaupt erst einmal zu benennen, wer oder was zum Liberalismus zählen soll. Wenn man etwa all diejenigen einbezieht, die sich selbst dem liberalen Lager zurechneten oder von ihren Gegnern als Liberale bekämpft wurden, so ergibt dies noch nicht unbedingt ein aussagekräftiges Bild. Die expliziten Bekenntnisse zum Liberalismus nach 1918 waren auch deshalb rar gesät, weil er vor allem als Feindbegriff unter Beschuss stand; sogar diejenigen Parteien, die sich in einer liberalen Tradition sahen, wichen einer Auseinandersetzung mit dem Begriff aus und vermieden es, ihn prononciert in Anspruch zu nehmen. Diese Zurückhaltung hatte offenkundig ihren Grund darin, dass das zeitgenössische Verständnis und der daraus hervorgehende pejorative Gebrauch des Begriffs vor allem mit dem Kapitalismus, überlebten bürgerlichen Lebensformen und – in zunehmender Weise – mit dem krisenbehafteten Parlamentarismus verbunden wurden. Solche Lesarten reproduzierten Zerrbilder vom Manchesterliberalismus oder vom Parlament als wirklichkeitsfremdem Debattierklub bürgerlicher Honoratioren.

Ein weiteres Problem besteht darin, dass sich liberale Ideen nicht so leicht auf bestimmte Parteien, geistige Strömungen oder intellektuelle Netzwerke beschränken lassen. Charakteristisch für den Liberalismus schien weiterhin die Universalisierbarkeit seiner Ideen, welche zum Teil auch von den politischen Konkurrenten angenommen werden konnten und in alle möglichen Bereiche diffundierten. Diese Eigentümlichkeit erwies sich je nach politischer

Manteuffel, *Wie westlich sind die Deutschen? Amerikanisierung und Westernisierung im 20. Jahrhundert*, Göttingen 1999, S. 75 ff.

Lage als Stärke oder Schwäche – so haben es zeitgenössische Betrachter bereits wahrgenommen, wenn sie darauf beharrten, dass die Liberalen eben nicht nur als Partei von Interessen, sondern gewissermaßen als Anwälte von Freiheit und Vernunft eine wichtige Funktion erfüllten.

Eine ideengeschichtliche Untersuchung zum Liberalismus in der Zwischenkriegszeit muss auswählen, Entscheidungen treffen und ihr Erkenntnisinteresse explizieren. Ansonsten läuft sie Gefahr, sich zu verlieren und zu viele Fäden in der Hand zu halten, denn der Liberalismus war stets eine unübersichtliche »Familie von Ideen und Verhaltensmustern« (Sheehan).[46] Der Anspruch kann nicht darin liegen, eine allen Verästelungen nachspürende Überblicksdarstellung liberalen Denkens in der Zwischenkriegszeit zu liefern. Jede Analyse von Grundlinien liberalen Denkens, die das ganze Spektrum derjenigen Strömungen abdecken, also den Liberalismus insgesamt umfassen wollte, würde schließlich in einer Bestandsaufnahme weitgehender Varianz enden. Legte eine solche Darstellung Wert auf Repräsentativität und Relevanz, wäre hingegen wenig Überraschendes zu erwarten. Stattdessen möchte ich liberale Diskurse identifizieren, die nicht nur den Krisencharakter der Epoche widerspiegeln, sondern zudem Antworten auf akute Herausforderungen suchen. Dabei spielt es eine nachgeordnete Rolle, ob die von liberalen Theoretikern vertretenen Positionen sich ausreichend Gehör verschaffen konnten – das gelang ihnen nachgewiesenermaßen nicht. Wichtiger erscheint mir, auf welche Weise sie neue Entwicklungen und Gefahren wahrnehmen, bisweilen sogar antizipieren, und welche Rezepte sie vorschlagen, um die Republik als liberale Ordnung zu stabilisieren. Anstatt also den liberalen Denkern Weimars ihr Scheitern anzulasten und ihre vermeintlichen Irrtümer aufzulisten, halte ich es mit Arnold Brecht für nützlicher, sich damit auseinanderzusetzen, was dazu beigetragen hat, »daß die demokratische Republik trotz des Widerspruchs zwischen den Spielregeln und den tatsächlichen Machtverhältnissen so lange funktionieren konnte«. Gegen die verbreitete Unart,

46 James Sheehan, *Der deutsche Liberalismus. Von den Anfängen im 18. Jahrhundert bis zum Ersten Weltkrieg 1770-1914*, München 1983, S. 11. Ganz ähnlich spricht Michael Freeden vom Liberalismus als »family with loose connections«. Siehe dazu auch Michael Freeden, »Europäische Liberalismen«, in: *Merkur* 65 (2011), S. 1028-1046.

»der prodemokratischen Minderheit Vorwürfe zu machen, daß sie keine Mehrheit war«,[47] sollen die intensiven Bemühungen liberaler Demokraten um die Festigung der Republik untersucht werden.

Wenn Peter Gay die Weimarer Republik als »eine Idee auf der Suche nach ihrer Verwirklichung« bezeichnet, so hat er damit zugleich die prekäre Situation des deutschen Liberalismus zutreffend beschrieben.[48] Denn eigentlich mussten seine Akteure nicht unbedingt »neue Ideen und Strategien [...] erfinden«, wie Lothar Albertin bemerkte, sondern nur »die vorhandenen [...] berücksichtigen«.[49] Diese Einsicht ist alles andere als trivial, beschreibt sie doch ein liberales Dilemma, das bis heute andauert. Noch nach den Revolutionen in Ost- und Mitteleuropa nahm Ralf Dahrendorf die Vordenker und intellektuellen Beweger des Umbruchs gegen den abschätzigen Befund von Jürgen Habermas in Schutz, es handle sich allenfalls um eine nachholende Revolution, die keine neuen Ideen hervorgebracht habe. Der Originalitätsgehalt von politischen Ideen war für Dahrendorf nebensächlich – die »Bekräftigung alter Ideen« schien ihm verdienstvoll genug, wenn sie denn Freiheit und Demokratie dienten.[50] Es wäre also verfehlt, sich darauf zu kaprizieren, stets nach dem Originalitätsgehalt von politischen Ideen zu fahnden, um dann Innovation zu prämieren. Wichtiger erscheint mir der Rückgriff auf die bereits verfügbare Substanz liberaldemokratischen Ideenguts, ihre Aneignung mit neuen Schwerpunktsetzungen und die Übertragung der Ideen auf die Realität von Industriemoderne und Massendemokratie. Vermutlich ist der *Common-Sense*-Liberale eher ein virtuoser Eklektiker als ein systematischer Theoretiker. Diese Eigenschaft schränkt die Handbuchwürdigkeit und die Klassikertauglichkeit wichtiger

47 Arnold Brecht, *Aus nächster Nähe. Lebenserinnerungen eines beteiligten Beobachters 1884-1927*, Stuttgart 1967, S. 316.

48 Peter Gay, *Die Republik der Außenseiter. Geist und Kultur in der Weimarer Zeit 1918-1933*, Frankfurt/M. 1987, S. 17.

49 Lothar Albertin, *Liberalismus und Demokratie am Anfang der Republik. Eine vergleichende Analyse der Deutschen Demokratischen Partei und der Deutschen Volkspartei*, Düsseldorf 1972, S. 439.

50 Ralf Dahrendorf, *Betrachtungen über die Revolution in Europa in einem Brief, der an einen Herrn in Warschau gerichtet ist*, Stuttgart 1991, 2. Aufl., S. 26f.; Jürgen Habermas, *Die nachholende Revolution. Kleine Politische Schriften VII*, Frankfurt/M. 1990, S. 179-204.

liberaler Denker ein, wie insbesondere ein Blick auf die typischen *Cold War Liberals* wie Raymond Aron, Isaiah Berlin, Karl Popper oder sogar Ralf Dahrendorf belegt: Ideologieskepsis, Kritik und das Sensorium für die Bedrohung freier, offener Gesellschaften waren bei ihnen weit ausgeprägter als die Ambition, positive Grundsätze einer systematischen politischen Theorie zu entwerfen.[51] Diese Präferenz hat sich im Liberalismus langsam ausgeformt, nämlich erst als die liberale Demokratie nach dem Ersten Weltkrieg Verfassungsrang erlangte. Es ist deswegen zu vermuten, dass wir am meisten über den Liberalismus lernen, wenn wir ihn als Modus eines konstellationsabhängigen Denkens betrachten, der in unterschiedlichen Lagen versucht, seine Grundprinzipien zur Geltung zu bringen bzw. zu verteidigen.

Es könnte das Verständnis der Lage des Liberalismus in der Weimarer Republik – und in der Zwischenkriegszeit generell – vertiefen, einen neuen Blick auf diejenigen zu werfen, die mit Common Sense und Pragmatismus die neue Ordnung zu verteidigen suchten. Diese liberalen Demokraten und »Vernunftrepublikaner« konnten sich noch nicht auf eine Rechtfertigung des Status quo zurückziehen, weil die Tradition eines demokratischen (Liberal-)Konservatismus erst zu etablieren war. Gleichwohl gab es Milieus, in denen sich ein moderner, aufgeklärter und demokratischer Liberalismus artikulierte: in der *Frankfurter Zeitung*, im Berliner S. Fischer Verlag und seiner Monatsschrift *Die Neue Rundschau*, in der *Vossischen Zeitung* und im *Berliner Tageblatt*, in der Deutschen Hochschule für Politik oder etwa im Weimarer Kreis verfassungstreuer Hochschullehrer – um nur einige intellektuelle Zirkel zu nennen, deren geistiges und praktisches Engagement im Zusammenhang gesehen werden sollte.[52] Zwar hat sich

51 Zum *Cold War Liberalism* vgl. Anthony Arblaster, *The Rise and Decline of Western Liberalism*, New York 1984, S. 309-332; Jan-Werner Müller, »Fear and Freedom. On ›Cold War Liberalism‹«, in: *European Journal of Political Theory* 7 (2008), Heft 1, S. 45-64; Ralf Dahrendorf, *Versuchungen der Unfreiheit. Die Intellektuellen in Zeiten der Prüfung*, München 2006.

52 Zur ersten Orientierung siehe Peter de Mendelssohn, *S. Fischer und sein Verlag*, Frankfurt/M. 1970; Herbert Döring, *Der Weimarer Kreis. Studien zum politischen Bewußtsein verfassungstreuer Hochschullehrer in der Weimarer Republik*, Meisenheim 1975; zur Hochschule für Politik siehe Erich Nickel, *Politik und Politikwissenschaft in der Weimarer Republik*, Berlin 2004; Manfred Gangl (Hg.), *Das Politische. Zur Entstehung der Politikwissenschaft während der Weimarer Republik*,

das Interesse in den letzten Jahren verstärkt den republikanischen Denkern zugewandt, und es entstanden (abgesehen von den umfassenden Studien zur demokratischen Staatsrechtslehre) wichtige Einzelstudien zu Arnold Brecht, Ernst Fraenkel, Karl Loewenstein, Sigmund Neumann, Helmuth Plessner, Arthur Rosenberg, Alfred Weber u. a.[53] Dabei konnte jedoch der Eindruck entstehen, dass es sich um Solitäre handelte, deren politische Anschauungen sich nur schwer in Debattenkontexte einfügen ließen. Auch die vorliegende Arbeit kann keine umfassende Rekonstruktion der zeitweise zweifellos bedeutenden liberaldemokratischen Netzwerke liefern. Stattdessen unternimmt sie den Versuch, einige wesentliche Motive und Denkfiguren des liberalen Diskurses zu identifizieren.

Als ein herausragender Repräsentant dieser prorepublikanischen Denkhaltung kann der Nationalökonom Moritz Julius Bonn gelten. Beim vorliegenden Versuch, die Spezifika des Weimarer Liberalismus positiv zu konturieren, nimmt er neben vielen anderen in diesem Buch behandelten politischen Denkern eine exemplarische Rolle ein.[54] Bonn war in allen der oben genannten Netzwerke aktiv: Er war Mitgründer der DDP, er engagierte sich in der »Deutschen Hochschule für Politik«, er gehörte zu den Unterzeichnern des Gründungsaufrufes für einen »Bund verfassungstreuer Hochschullehrer«. Vor allem aber war er ein profilierter liberaler Publizist mit besten Kontakten ins politische Berlin; er fungierte als Berater von Reichsregierungen und Ministerien, als Mitglied von diplo-

Frankfurt/M. 2008; Wilhelm Bleek, *Geschichte der Politikwissenschaft in Deutschland*, München 2001, S. 198-228.

53 Vgl. etwa Hannah Bethke, *Das politische Denken Arnold Brechts. Eine transatlantische Ideengeschichte des 20. Jahrhunderts*, Berlin 2013; Markus Lang, *Karl Loewenstein. Transatlantischer Denker der Politik*, Stuttgart 2007; Mario Keßler, *Arthur Rosenberg. Ein Historiker im Zeitalter der Katastrophen (1889-1943)*, Köln 2003; Michael Kunze, *Sigmund Neumann. Demokratielehrer im Zeitalter des internationalen Bürgerkriegs*, Berlin 2015; Eberhard Demm, *Ein Liberaler in Kaiserreich und Republik. Der politische Weg Alfred Webers bis 1920*, Boppard 1990; ders., *Von der Weimarer Republik zur Bundesrepublik. Der politische Weg Alfred Webers 1920-1958*, Düsseldorf 1999; Reinhard Blomert, *Intellektuelle im Aufbruch. Karl Mannheim, Alfred Weber, Norbert Elias und die Heidelberger Sozialwissenschaften der Zwischenkriegszeit*, München/Wien 1999.

54 Zur Bedeutung Bonns vgl. Jens Hacke, »Einleitung: Moritz Julius Bonn – Liberale Krisendiagnostik in der Weimarer Demokratie«, in: Moritz Julius Bonn, *Zur Krise der Demokratie. Politische Schriften in der Weimarer Republik 1919 bis 1932*, hg. von Jens Hacke, Berlin 2015, S. 1-38.

matischen Delegationen – darüber hinaus besaß er als Ökonom und politischer Intellektueller hohe internationale Reputation. Es wäre ein Thema für sich, die vielfältigen Kontakte, Kooperationen und Initiativen dieses Liberalen umfassend zu rekonstruieren. Als progressiver liberaler Demokrat war er nicht nur in der politischen Praxis ein Verteidiger der Weimarer Republik, sondern bemühte sich, ihre ideellen Grundlagen und ihr politisches System auch theoretisch zu begründen. In den Handbüchern politischen Denkens sucht man seinen Namen vergeblich – vermutlich weil sich mit ihm kein Originalitätspatent verbinden lässt. Er gehörte eher zu den »secondhand dealers in ideas« (F. A. Hayek), denen es in erster Linie um die Anwendbarkeit und Angemessenheit politischer Ideen ging.[55] Bonn wollte liberale Politik in der politischen Praxis stärken, indem er die wesentlichen Argumente für die parlamentarische Demokratie, für die liberale Bürgergesellschaft und für einen »demokratischen Kapitalismus« in die öffentliche Debatte einbrachte. Seine kosmopolitische Ausrichtung, die Vertrautheit mit der angelsächsischen Tradition sowie sein politisches und gesellschaftliches Modernisierungsstreben machten ihn zu einem beinahe idealtypischen »Westler«.

Bonn kannte die Schwächen und Schwierigkeiten des deutschen Liberalismus, sah aber offensichtlich genug Chancen dafür, dass die Weimarer Republik sich als Teil des demokratischen Westens etablieren könne. Als Schüler des sozialliberalen Lujo Brentano, als Promotor von John Maynard Keynes' Rezeption in Deutschland, als Grenzgänger zwischen Wissenschaft, Politik, Diplomatie und Publizistik, als Direktor der Münchener und später der Berliner Handelshochschule verkörperte er das Integrationspotential, das der demokratische Liberalismus in der Hochzeit der Weimarer Republik besaß. Dass seine maßgeblichen politischen zeitdiagnostischen Schriften zur Demokratie nicht nur von Staatsrechtlern wie Hans Kelsen, Hermann Heller oder Richard Thoma zur Kenntnis genommen, sondern auch von einer breiten, politisch interessierten Öf-

55 Friedrich August Hayek, »The Intellectuals and Socialism«, in: *University of Chicago Law Review* 16 (1949), S. 417-433, hier S. 417. In der deutschen Übersetzung ist die Rede vom »entscheidenden Einfluß der berufsmäßigen Ideenvermittler« (F. A. Hayek, »Die Intellektuellen und der Sozialismus«, in: *Schweizer Monatshefte* 31 [1949], S. 273-286, hier S. 273). Hayek bezieht sich natürlich auf politisch aktive sozialistische Intellektuelle.

fentlichkeit gelesen wurden, unterstreicht seinen Rang als öffentlicher Intellektueller, der liberale Ideen zu popularisieren wusste.

Zugleich führt das Beispiel von Moritz Julius Bonn vor Augen, wie offen sich die Diskurslandschaft in Weimar präsentiert: Es gab auf intellektueller Ebene kaum klare Fronten, sondern fließende Übergänge in viele Richtungen. Bonns enge Verbindungen zu Carl Schmitt, den er als Mentor förderte und als Kollegen und Diskussionspartner schätzte, oder zu Hjalmar Schacht waren nur ein Beleg für den zunächst einmal undramatischen Pluralismus politischer Positionen, die zumindest bis zur Staatskrise 1930/32 vor einem weitgehend geteilten Erwartungshorizont der liberalen Demokratie koexistierten. Sicherlich lassen sich in die Debatten um die Demokratie stets ihre Gefährdung und ihre Fragilität hineinlesen; allerdings sollte man diesen Krisendiskurs nicht apriorisch überbetonen, denn die Zeitgenossen stritten zukunftsoffen und mit dem Selbstverständnis, dass das Experiment der Demokratie ständige Kritik erforderte. Die vielbeschworene Offenheit der Weimarer Verfassung betonte den Entwicklungsaspekt und die Möglichkeit der Reform; diese Konstitution kannte keine Ewigkeitsklauseln, und ihre Geltungsdauer war zu kurz, um einen Verfassungspatriotismus zu generieren.

Drei Gründe lassen sich nennen, warum der Blick auf Moritz Julius Bonn unser Verständnis des Liberalismus in Weimar und in der Zwischenkriegszeit vertiefen kann: *Erstens* war er kein Solitär, sondern repräsentierte einen urbanen und modernitätsaufgeschlossenen Liberalismus, der einem nüchternen, aber zugleich sozioökonomisch gestaltenden Politikverständnis Geltung verschaffen wollte und dieses gegen die ideologischen Unbedingtheitsansprüche von rechts und links zu verteidigen bestrebt war. *Zweitens* setzte sich Bonn deutlich von einem auf den Nationalstaat und seine Machtinteressen fixierten Liberalismus ab, wie ihn Friedrich Naumann und Max Weber verfochten hatten. Seine Präsenz in der »liberalen Internationale«, sein Einsatz für den Völkerbund und sein Eintreten für europäische Kooperation entsprachen einem Kosmopolitismus, der die Dynamik von Globalisierungs- und Emanzipationsprozessen als Chance verstand. *Drittens* trägt die Erinnerung an Intellektuelle wie Bonn dazu bei, sich die folgenreiche Vertreibung liberalen Geistes, häufig (wie in seinem Fall) deutsch-jüdischer Provenienz, nach 1933 zu vergegenwärtigen. Folgenreich nicht nur im Sinne eines dauerhaften Verlusts und einer verloschenen Welt, sondern auch im Sinne einer Ideenwanderung und bedeutender Transfers von der Epoche der Zwischenkriegszeit in diejenige des Kalten Krieges nach 1945. An liberalen Emigranten wie Bonn lässt sich zeigen, dass wesentliche innerliberale Positionsklärungen über Faschismus und Totalitarismus, die Reform und Verteidigung der parlamentarischen Demokratie oder die politische Rahmung des Kapitalismus im Exil weitergeführt wurden. Daraus lässt sich zwar kein »Weimar Century« (Udi Greenberg) ableiten, aber es lassen sich doch manche Belege für das produktive Nachwirken bestimmter liberaler Denkmotive gewinnen, die sich in dieser Zeit ausformten. Insofern geht der Liberalismus der Weimarer Epoche über Weimar hinaus, nimmt eigene Wege im Exil und kehrt in mancherlei Facetten nach 1945 wieder in die deutschen und westeuropäischen liberalen Diskurse zurück.

Anliegen, Fragestellung, Probleme

Das zentrale Anliegen der vorliegenden Studie ist theoriegeschichtlich. Zwar soll nicht einseitig vorausgesetzt werden, dass die politische Theorie der liberalen Demokratie als eine Geschichte ungebrochenen Fortschritts zu vergegenwärtigen ist. Aber die Evolution hin zur repräsentativen Demokratie liberalen Zuschnitts lässt sich vor dem Hintergrund ihrer späteren Bewährung, ihrer Integrationskraft und ihrer Stabilität als eine konstitutive Errungenschaft der westlichen Moderne begreifen. Die Krisenjahre der Zwischenkriegszeit waren in dieser Hinsicht eine wegweisende Etappe. Wie kontingent und wie wenig selbstverständlich die Konzeptualisierung und die Realisierung der liberalen Demokratie waren, führen die Debatten der 1920/30er Jahre vor Augen. Gegen sie schien vor allem ihre Komplexität, ihr Rechnen auf die Kompromissbereitschaft der Beteiligten und die dafür notwendige Toleranz bzw. Akzeptanz von allseits respektierten Regeln zu sprechen.

Mit resignativer Note hob der spanische Philosoph José Ortega y Gasset die ambitionierte zivilisatorische Ambition des Liberalismus hervor: »Die politische Form, die den höchsten Willen zur Gemeinschaft verkörpert hat, ist die liberale Demokratie. Sie zeigt die Bereitschaft zur Anerkennung des Mitmenschen in vollster Entfaltung und ist das Urbild der indirekten Aktion. Der Liberalismus ist das politische Rechtsprinzip, nach welchem die öffentliche Gewalt, obgleich sie allmächtig ist, sich begrenzt und, sei es auch auf ihre eigenen Kosten, in dem Staat, den sie beherrscht, eine Stelle für jene frei läßt, die anders denken und fühlen als sie, das heißt als die Starken, als die Majorität.« Ortega y Gasset setzte Ende der 1920er Jahre nur wenig Hoffnung auf den Bestand der liberalen Demokratie, denn ihre Praxis gestaltete sich zu »schwierig und verwickelt, als daß sie auf dieser Erde Wurzeln schlagen könnte«.[56] Durch den Befund der praktischen Untauglichkeit, welche die liberale Demokratie trotz aller prinzipiellen Wünschbarkeit zum Scheitern verurteilte, sahen sich progressive Liberale mit einer nahezu unlösbaren Aufgabe konfrontiert. Weitaus schwieriger als eine überzeugende Theorie der liberalen Demokratie (auf die man sich immerhin in der Weimarer Reichsverfassung geeinigt hatte) gestaltete sich der Nachweis, dass diese in der Wirklichkeit einer vielfach segmentierten und zerklüfteten Gesellschaft überhaupt funktionsfähig sein könne.

Edmund Fawcett beschreibt den langwierigen historischen Prozess, der zur liberalen Demokratie geführt hat, im Rückblick als einen »grand bargain« und weist mit vollem Recht auf die Fragilität dieses Arrangements hin: »Liberale akzeptierten das Prinzip der Volkssouveränität. Im Gegenzug akzeptierten demokratische Kräfte liberale Verfahrensregeln, den Schutz des Eigentums und den Respekt vor persönlicher Entscheidung. Der Kompromiss ergab sich nicht reibungslos oder von selbst, sondern er kam widerwillig und hart umkämpft zustande. Keinesfalls war er historisch determiniert oder gedanklich zwingend.«[57] Die harte Auseinandersetzung um die liberale Demokratie steht im Zentrum der vorliegenden Arbeit; sie legt den Schwerpunkt auf jene Theoretiker und Intellektuelle, denen an einer Erneuerung des Liberalismus gelegen war und die zugleich die Weimarer Demokratie stärken bzw. stabilisieren wollten. Die liberale Demokratie zu stützen, das bedeutete vor und auch nach der Krise der europäischen Demokratie in der Zwischenkriegszeit ein Eintreten für den Parlamentarismus, das repräsentative System, Gewaltenteilung, Rechtsstaat, Menschen- und Bürgerrechte. Zieht man dies in Betracht, so öffnet sich einerseits

56 José Ortega y Gasset, *Der Aufstand der Massen* (1929), Stuttgart/Berlin: DVA, o.J. [1931], S. 80 f. Die liberale Demokratie sei darum »die edelste Losung, die auf dem Planeten erklungen ist«.

57 Fawcett, *Liberalism*, S. 21 (Übers. v. J. H.).

das politische Feld hin zur reformistischen Sozialdemokratie. Andererseits ergeben sich gute Gründe, die Vertreter eines ökonomisch verengten Liberalismus kritischer zu sehen. Wir kommen also nicht umhin, die politische Theorie des Liberalismus im Hinblick auf die Weimarer Verfassungsnormen zu beurteilen. Allerdings ging es in den Debatten um die liberale Demokratie nicht allein um Werte und Überzeugungen, sondern auch um akute Bedrohungen und um praktische Argumente für die bestehende politische Ordnung. Ein umfassender systematischer Anspruch oder das Ziel, eine verbindliche politische Theorie des Liberalismus vorzulegen, waren in der Weimarer Debatte nicht zu erkennen, zumal das Spektrum der Positionen vom demokratieskeptischen Nationalliberalismus über einen entschiedenen Wirtschaftsliberalismus bis hin zu demokratisch-sozialliberalen Auffassungen kaum integrierbar erschien. Die Auseinandersetzung um die liberale Demokratie wurde deshalb auch innerhalb des liberalen Lagers kontrovers geführt.[58]

Eine Unterscheidung, die implizit die heutige Wertschätzung einer liberalen, parlamentarischen und repräsentativen Demokratie mitführt, läuft Gefahr, allzu rasch über die Vagheit und Unbestimmtheit des zeitgenössischen Demokratiebegriffs hinwegzusehen.[59] Nicht zuletzt unterlag die Demokratiesemantik in den wenigen Jahren der Weimarer Republik heftigen konjunkturellen Schwankungen: Unmittelbar nach der Kriegsniederlage, im Zuge der Verfassungsgebung, stand die Demokratie – zumindest in der politischen Rhetorik – bis ins Lager der Konservativen hoch im Kurs; späterhin, in den Krisen der Republik, geriet der Demokratiebegriff wieder in Misskredit und drohte im Strudel des virulenten Antiliberalismus zu versinken. Zweifellos ist es viel einfacher, die Gegner der liberalen Demokratie zu identifizieren als die Fürsprecher. Auch lässt sich demokratisches Denken viel besser markieren, wenn es sich in der Opposition befindet; dies unterstreichen die Befunde von Marcus Llanque eindrucksvoll.[60] Es ist deshalb wichtig, daran zu erinnern, dass progressive Liberale wenige Jahre vor der allenthalben beschwo-

58 Siehe dazu v. a. Albertin, *Liberalismus und Demokratie*, S. 197-264.

59 Die Unbestimmtheit des Demokratiebegriffs thematisiert Hans Boldt, »Demokratie in krisengeschüttelter Zeit«, in: Gusy (Hg.), *Demokratisches Denken in der Weimarer Republik*, S. 608-634.

60 Marcus Llanque, *Demokratisches Denken im Krieg. Die deutsche Debatte im Ersten Weltkrieg*, Berlin 2000.

renen Krise des parlamentarischen Systems die Parlamentarisierung als Ziel ausgelobt hatten. Sie wurde von Max Weber, Hugo Preuß und anderen als Vehikel einer Demokratisierung der Politik im Obrigkeitsstaat des Kaiserreiches verstanden. Zwar war das Verhältnis zwischen Demokratisierung und Parlamentarisierung im Kaiserreich spannungsvoll und in mancherlei Hinsicht dysfunktional, weil die liberalen Konzeptionen eher auf die demokratische Auslese und Verantwortlichkeit von politischen Eliten ausgerichtet waren und die Eigendynamik demokratischer Prozesse unterschätzten. Aber bei schwindendem Vertrauen in den Monarchen und angesichts einer De-facto-Diktatur der Obersten Heeresleitung hatte der Konnex von Demokratisierung und Parlamentarisierung in weiten Kreisen die geeignete Reformperspektive geboten.

Diese Zuversicht wurde alsbald nicht nur durch die sich formierenden antiliberalen Republikfeinde erschüttert. Zweifel und Desillusionierung erfassten viele, die sich vorher als Liberale verstanden. Hinzu kam, dass das liberale Selbstverständnis nicht lediglich das politische System und die Haltung zur Verfassung betraf, sondern ebenso die Fragen nach den Möglichkeiten individueller Lebensgestaltung, nach kultureller Identität und nach dem Verhältnis von Ökonomie und Gesellschaft berührte. Auch hier gab es keine Kohärenz und keinen liberalen Konsens. Die Vorstellung, dass eine politische Ordnung Pluralität nicht nur gewährleisten, sondern organisieren und schützen sollte, war angesichts der grassierenden nationalen Homogenitätsvorstellungen weit davon entfernt, liberales Gemeingut zu sein. Im Blick auf die innerliberalen Konflikte lässt sich eine ganze Reihe von umkämpften Themen anführen, die auf einen im Wandel befindlichen liberalen Politikbegriff aufmerksam machen.

Im Kern ging es um die Gestaltungskraft der Politik, um die Rolle eines tätigen Staates, der von nun an nicht nur wachsende Partizipationsbedürfnisse seiner Bürger zu befriedigen hatte, sondern an den zugleich höhere Ansprüche als je zuvor gerichtet wurden. Krisen ergaben sich nicht nur aus Faktoren objektiver sozialer und politischer Problemverschärfung, wie wir sie zweifellos in den ökonomischen, sozialpolitischen und außenpolitischen Herausforderungen der Weimarer Republik beobachten können. Sie wurden zugleich mit einem Gefühl der Überforderung verbunden, das sich im Fall des deutschen Liberalismus an zwei Elementen besonders herausstellen lässt. Zum einen hatten progressive demokratische Liberale einen Rollenwechsel zu absolvieren, der sie aus der lange eingeübten Position der oppositionellen Kritik in die politische Verantwortung katapultierte.

Damit ging zum anderen eine Neujustierung des Verhältnisses zum Staat einher: Zwar hatte sich in den Debatten seit der Jahrhundertwende bereits die Staatsauffassung des Liberalismus vorsichtig gewandelt. Die Transformation des sozial- und wirtschaftspolitisch zurückhaltenden bürgerlichen Rechtsstaats hin zum intervenierenden und planenden Staat vollzog sich jedoch im Ersten Weltkrieg auf irreversible Weise, ohne dass ein neues politisches Ordnungsprinzip schon sichtbar wurde.[61] Deutlich wurde auch, dass es für den Liberalismus kein Zurück zum *Laissez-faire*-Gedanken eines Nachtwächterstaates geben konnte. Liberale kamen nicht umhin anzuerkennen, dass der »welfare state« aus dem bereits erstarkten und keineswegs nachtwächterhaften »warfare state« entstanden war. Sie konnten sich nicht auf ein steril-idealisiertes humanitäres liberales Ideal zurückziehen; auch Nationalismus und Imperialismus gehörten in den Verantwortungsbereich liberalen Denkens.[62]

Die intellektuellen Akteure in den liberalen Selbstverständigungs- und Bewährungsversuchen waren sich der Ambivalenzen der eigenen Positionen häufig nur allzu bewusst. Mit dem Erwartungsüberschuss der Bürger, dass mit der Demokratie alles besser würde, verband sich die Hoffnung auf Entlastung von praktischer Politik, die wiederum kaum mit dem Ideal bürgerlicher Selbstregierung zu vereinbaren war. Das demokratische Prinzip konnte nach Einschränkungen verlangen, sobald die Rechte der unterlegenen Minderheit in Gefahr waren. Verschiedene Modi parlamentarischer oder plebiszitärer Legitimation konnten im Widerstreit miteinander liegen, und mehrere Varianten, die eine gemischte Verfassung zur Handhabung der Regierungsgeschäfte bereitstellten, boten Möglichkeiten zur Aushebelung der demokratischen Ordnung. Für die Aufgaben des Sozialstaates gab es noch kein Maß und Vorbild – und sie gerieten ohnehin unter den Druck der kon-

61 Siehe dazu auch Jörn Leonhard, »Krieg und Krise – Der Liberalismus 1914-18 im internationalen Vergleich«, in: ders./Anselm Döring-Manteuffel (Hg.), *Liberalismus im 20. Jahrhundert*, Stuttgart 2015, S. 69-94, v. a. S. 90-94.

62 Ein ausführliches Sündenregister des Liberalismus erstellt mit ideologischer Brille Domenico Losurdo, *Liberalism. A Counter-History*, London/New York 2011.

junkturellen Verhältnisse und in Konflikt mit den Prinzipien einer auf Privateigentum basierenden Marktwirtschaft.

Aufbau der Arbeit

Die folgende Untersuchung behandelt vier zentrale Aspekte, um die Konturen der liberalen Krisen- und Reformdebatten zu verdeutlichen: 1. die Entwürfe zu einer liberalen Demokratie aus der Kritik am politischen System des Kaiserreiches, 2. die Auseinandersetzung mit dem Faschismus und die damit einhergehende Rückbesinnung auf die parlamentarische Demokratie, 3. die Reflexion der Fragilität der Demokratie und das Ringen um Konzepte zu ihrer Stabilisierung, 4. das Bemühen um die Balancierung von Demokratie und Kapitalismus.

Wegweisende Versuche liberaler Neuorientierung waren bereits im Kaiserreich unternommen worden, als sich insbesondere während des »Großen Krieges« die Debatte um Parlamentarisierung und Demokratisierung dynamisierte und um die Möglichkeiten der liberalen Demokratie in Deutschland gestritten wurde. So schien es, als ob das liberale Denken im Vorfeld der Republikgründung und der Verfassungsgebung von 1919 ideenpolitisch eine führende Rolle eingenommen hatte. Die staatsrechtliche, soziologische und historische Vorratsreflexion, die immer schon auf Defizite der politischen Ordnung innerhalb der konstitutionellen Monarchie abgestellt hatte, ging in die Konzeptionen der Liberalen ebenso ein wie der kritische Vergleich mit den westlichen Demokratien. Bereits die Ausgangslage des Liberalismus war ambivalent: Zum einen standen Liberale unter dem Eindruck, dass die Moderne vom Paradigma eines quasi-deterministischen, unaufhaltsamen Demokratisierungsprozesses beherrscht werde – und diese Entwicklungen schienen auch den eigenen politischen Zielen Auftrieb zu verleihen. Zum anderen wiederum blieben viele Liberale skeptisch hinsichtlich der Auswirkungen einer in Entstehung begriffenen »Massendemokratie«, die die Umsetzung liberaler Politik zu erschweren drohte. Um die Freiheitsräume und politischen Partizipationsmöglichkeiten des Einzelnen innerhalb einer nunmehr auf Gleichheit und soziale Gerechtigkeit verpflichteten Ordnung neu zu konzeptualisieren, mussten Liberale ihre Vorstellung von Bürgerlichkeit überdenken. (Kapitel 1)

Die frühe und intensive Auseinandersetzung mit dem Faschismus verschärfte schließlich die Prüfung eigener Ideenbestände und leitete eine erste Renormativierungsphase ein: die Rückbesinnung auf das Kernanliegen liberaler Freiheitsüberzeugungen, die mit einer Dekonstruktion neuer antiliberaler Gemeinschaftssemantiken einherging. In der Auseinandersetzung mit dem italienischen Faschismus spielte die Kritik an hierarchisch-ständischen und autoritär-korporativistischen Politikmodellen eine beträchtliche Rolle. Denn diese hatten sich in der deutschen Debatte ebenso schnell festgesetzt wie die Hoffnungen auf die krisenüberwindende Kraft diktatorischer Führung. (Kapitel 2)

Die gesamteuropäisch diagnostizierte Wert- und Funktionskrise der liberalen Demokratie beförderte eine intensive Reflexion über die Fragilität der Demokratie, die von der wie auch immer quasi-demokratisch legitimierbaren Liquidation bedroht war. Im Hinblick auf die neuen ideologischen Massenbewegungen, die mit antiliberaler Stoßrichtung und den in der Demokratie verfügbaren Mitteln sich gegen das »demokratische System« selbst wandten, war dieses Phänomen neuartig. Es stellte sich das Problem, wie die Bestandsvoraussetzungen der liberalen Demokratie selbst gesichert werden konnten, um sich gegen ihre Feinde zu wehren. Diese Debatte mündete in den 1930er Jahren in die Vorstellungen von einer »militant democracy«, die sich ganz wesentlich aus dem Erfahrungsraum des Weimarer Endes speiste. (Kapitel 3)

Ein weiterer Aspekt, der die Debatte um die liberale Demokratie prägte, war die Frage nach dem Konnex von Ökonomie und Staat. Die Weimarer Verfassung hatte bekanntlich die Möglichkeit offengelassen, Schlüsselindustrien zu sozialisieren, und damit der in der Phase der Republikgründung breiten Raum einnehmenden Debatte um Sozialisierung und Gemeinwirtschaft Tribut gezollt. Das Problem der politischen Einhegung der kapitalistischen Wirtschaftsordnung, ihrer sozialen Abfederung oder gar die Suche nach dritten Wegen begleitete die Republik und nahm europaweit in der Zwischenkriegszeit einen zentralen Platz ein. Kapitalismus unter den Bedingungen der Demokratie zu denken und damit in der Wirtschaftspolitik eine Legitimationsressource für demokratische Politik zu entdecken, darin zeigten sich neue Herausforderungen. Die Aufgabe, Wirtschaftspolitik und den Rahmen der kapitalistischen Ordnung zu gestalten, war Chance und Belastung zugleich.

Denn die Versuche zur sozialen Einhegung, Krisenbewältigung und Konjunktursteuerung des Kapitalismus wurden am Erfolg gemessen und bescherten der Politik ein bislang ungekanntes Maß an Verantwortung und damit an Möglichkeiten der Haftbarmachung. (Kapitel 4)

Demokratie in Krisenzeiten: eine Wiederkehr Weimarer Muster?

Die Erforschung des Liberalismus bewegt sich stets in einem eigenartigen Spannungsfeld: Aus einer eurozentristisch-westlichen Perspektive wirkt die Beschäftigung mit dem Liberalismus einerseits als eine Vergegenwärtigung des Selbstverständlichen. Konsensliberal scheint es kaum kontrovers, sich mit Werten und der Genese von Normen zu beschäftigen, die zum demokratischen Common Sense gehören und Verfassungsrang besitzen – intellektuell wenig aufregend, mit dem Ruch der Status-quo-Konservierung behaftet. Andererseits steht diese vermeintliche Fraglosigkeit des Liberalismus im Kontrast zu allen rezenten weltpolitischen Entwicklungen, die keineswegs auf die Ausweitung und Stärkung der westlichen Demokratie hindeuten, sondern im Gegenteil ein teils autokratisch, teils religiös fundamentalistisch geprägtes *roll back* signalisieren. Fukuyamas Hoffnung auf ein liberales Ende der Geschichte, nach dem es »keine ideologische Konkurrenz mehr zur liberalen Demokratie« geben sollte[63] – eine repräsentative Stimmungslage nach Beendigung des Kalten Krieges –, erwies sich als ebenso trügerisch wie die Erwartung, dass die kapitalistisch induzierte Globalisierung quasi automatisch die Entwicklung hin zu demokratisch verfassten, offenen Gesellschaften fördern müsse. Viele liebgewonnene Muster aus der Zeit des großen Booms, der *trente glorieuses*, sind mittlerweile fraglich geworden; das institutionelle Arrangement von parlamentarischer Demokratie, kapitalistischer Ökonomie und Wohlfahrtsstaat hat sich als fragiler herausgestellt, als der weitreichende Konsens einer sozialliberalen Reformpolitik suggerierte.[64]

63 Francis Fukuyama, *Das Ende der Geschichte. Wo stehen wir?*, München 1992, S. 291.

64 Siehe die Problemskizze von Anselm Doering-Manteuffel/Lutz Raphael, *Nach dem Boom. Perspektiven auf die Zeitgeschichte seit 1970*, Göttingen 2008.

Der zur Zeit des *Cold War Liberalism* angenommene Konnex zwischen kapitalistischer Marktwirtschaft und liberaler Demokratie ist bezogen auf Russland oder China alles andere als zwingend; der Appeal von Menschen- und Bürgerrechten hat sich auch in einer digital-vernetzten Welt nicht universalisiert; die Intensivierung und Ausweitung des Welthandels hat entgegen liberaler Erwartung nicht unbedingt pazifizierende Wirkung, sondern birgt im Lichte verknappter Energieressourcen und Armutsmigration ganz neue Konfliktlinien. All diese Phänomene verdeutlichen, dass die Bestimmung und die Legitimierung liberaler Politik schwieriger geworden sind, dass sie sich angesichts neuer Problemlagen stetig wandeln und dass deshalb nicht nur ein Bedarf an ideengeschichtlicher Forschung besteht, um sich diesen Wandel zu vergegenwärtigen, sondern auch, um angesichts des gestiegenen Legitimationsdrucks für westliche Demokratien Erfahrungen und Argumente für die liberale demokratische Ordnung zu prüfen. In unübersehbarer Weise werden demokratische Verfassungsordnungen in Mittel- und Osteuropa – Polen und Ungarn liefern hier eindrückliche Beispiele – ausgehöhlt und manipuliert; autoritäre Regierungsformen scheinen auf dem Vormarsch, und auch der Populismus bleibt europaweit ein Dauerthema, während die Klage über die Dysfunktionalität der repräsentativen Demokratie, ihren vermeintlich »postdemokratischen« Charakter und ihre schwindende Legitimation bei den Bürgern nicht nachlässt. Die Soziologen diagnostizieren neue Klassengegensätze und machen auf den sozialen Abstieg und die Exklusion gesellschaftlicher Schichten aufmerksam, die mit der »Neoliberalisierung« der ökonomischen Verhältnisse nicht mehr Schritt halten können.[65] Die globale Finanz- und Wirtschaftskrise in den Jahren 2008 ff. und die Möglichkeit eines erneuten Kollapses tragen periodisch zur Verunsicherung bei und halten die Erinnerung an die verheerenden Folgen des »Black Thursday« von 1929 wach.

Zwar sollte man sich hüten, bei jedem Krisenanzeichen die Wiederkehr Weimarer Verhältnisse zu beschwören oder die Katastrophenszenarien der Zwischenkriegszeit zu bemühen, als ökonomische, staatliche und internationale Ordnungssysteme nach und

65 Eine solche Krisendiagnostik bestimmt die Beiträge in: Heinrich Geiselberger (Hg.), *Die große Regression. Eine internationale Debatte über die geistige Situation der Zeit*, Berlin 2017.

nach zerbrachen. Aber die Selbstverständlichkeit, mit der lange Zeit die Stabilität, Vernünftigkeit und auch die universale Übertragbarkeit der liberalen Demokratie mitsamt ihrer Gesellschafts- und Wirtschaftsordnung angenommen worden ist, hat sich verflüchtigt. Das Misstrauen gegenüber supranationalen Institutionen, die Sehnsucht nach kraftvoller politischer Führung im Nationalstaat, die Kritik am Parteiensystem, die Angst vor dem Fremden – diese nicht nur beiläufigen Phänomene rufen vertraute Problemkonstellationen auf und rücken die liberalen Streiter von damals wieder näher an die Gegenwart.[66] In den damaligen Debatten lassen sich – bei allen situativen Unterschieden – markante Strukturanalogien entdecken, die bei der Suche nach neuen und besseren Begründungen der Demokratie helfen können.

66 Vgl. zu diesem Aspekt auch Philipp Blom, *Was auf dem Spiel steht*, München 2017, S. 103-108.

II. Ausgangslagen: Konstellationen liberalen Denkens nach dem Ersten Weltkrieg

Das Grundproblem, den Liberalismus als politische Idee, Ideologie oder – wie die Zeitgenossen sich auszudrücken pflegten – als »Weltanschauung« zu fassen, liegt in seiner Vieldeutigkeit. Weder bestand bei denjenigen, die sich als Liberale betrachteten, Übereinstimmung darüber, was den Liberalismus als politische Idee ausmachte, noch konnten die Fremdzuschreibungen – zumeist im Sinne antiliberaler Feindbilder – über seine Inhalte Aufschluss geben. Seine akute Situation 1918/19 führte zu einer merkwürdigen Ungleichzeitigkeit der Wahrnehmung, die bisweilen an eine bipolare Störung erinnern konnte: Den einen galt der Liberalismus als abgelebte Legitimationsideologie des vergangenen bürgerlichen Zeitalters, für andere kam er in Deutschland mit dem Untergang der Monarchie erst zum Zuge und konnte sich nun erst als leitende Doktrin für die parlamentarische Demokratie bewähren. Für beide Sichtweisen gab es innerhalb kurzer Zeit starke Argumente: Während die Novemberrevolution, die Übergangsregierung des »Rates der Volksbeauftragten« und tiefgreifende Pläne zur Neuordnung von Staat und Wirtschaft den politischen Einfluss des Bürgertums und des mit ihm assoziierten Liberalismus zu kappen schienen, wirkte der Wahlerfolg der linksliberalen DDP, die bei den Wahlen zur Nationalversammlung vom 19. Januar 1919 beeindruckende 18,5 Prozent der Stimmen erreichte, wie ein Versprechen auf eine gemeinsam mit der SPD die Republik tragende sozialliberale Achse. Mit einiger Plausibilität lässt sich behaupten, dass der liberale Einfluss auf die Weimarer Reichsverfassung und die Gestaltung der politischen Ordnung bestimmend und noch weitaus größer waren, als die politischen Proportionen vermuten ließen. Hugo Preuß war als federführender liberaler Staatsrechtler an der Ausarbeitung des Verfassungswerks beteiligt (auch weil die Sozialdemokratie keine eigene verfassungspolitische Konzeption hatte); Friedrich Naumann, Max Weber, Hugo Preuß oder Ernst Troeltsch zählten zu den prägenden politischen Stimmen in der Entstehungsphase der Weimarer Republik, und mit Walther Rathenau besaß die DDP einen charismatischen und schillernden Politiker in ihren Reihen.

Es hatte also den Anschein, als ob die Startbedingungen für den fortschrittlichen Liberalismus und für die liberale Demokratie insgesamt günstig waren. Angesichts der politischen Mehrheitsverhältnisse und der im Großen und Ganzen relativ breiten Akzeptanz der neuen Republik schienen die Prognosen für den demokratischen Liberalismus nicht schlecht. Freilich fand dieser Aufbruch eines demokratischen Liberalismus statt, während andere alt- und nationalliberale Traditionsbestände weiter wirkten, die in einer sehr ambivalenten, wenn nicht gar gebrochenen Beziehung zur demokratischen Idee standen. Es lässt sich darüber streiten, ob der Liberalismus als Partei in Deutschland immer zu schwach gewesen ist oder ob seine weltanschaulichen Konkurrenten im Gegensatz zur Lage in anderen Staaten illiberaler, wenn nicht in einem stärkeren Sinne offen antiliberal waren. Jedoch gibt es gute Gründe dafür, die Liberalität und Demokratiefähigkeit einer Gesellschaft eher am Maßstab der Diffusion liberaler Werte in verschiedenen politischen Milieus abzulesen als sich lediglich auf diejenigen Kreise zu beschränken, die sich nominell zum Liberalismus bekennen.[1]

Den Liberalen, die wie Weber oder Naumann vor 1918 die Strukturen des Bismarckreiches kritisierten, ging es um eine politische Ermächtigung des Bürgertums und um Verantwortung im »Machtstaat vor der Demokratie« (Nipperdey).[2] Forderungen nach Demokratisierung, die gleiches Wahlrecht, Frauenwahlrecht, parlamentarische Regierung oder gar das Ende der Monarchie beinhaltet hätten, wurden zunächst einmal dem Primat des Nationalen untergeordnet. Auch wenn Linksliberale wie Theodor Barth und Naumann vielfältige, aber insgesamt in ihrer Wirkung begrenzte Initiativen zur Annäherung an die Sozialdemokratie und die Gewerkschaftsbewegung ins Auge fassten, existierte keine nennenswerte liberale Strömung in Theorie und Praxis, die fundamentale liberaldemokratische Werte

1 Siehe dazu Rudolf von Thadden, »Das liberale Defizit in den Traditionen des deutschen Konservatismus und Nationalismus«, in: ders., *Die Krise des Liberalismus zwischen den Weltkriegen*, Göttingen 1978, S. 54-68.

2 Thomas Nipperdey, *Deutsche Geschichte 1866-1918, Bd. 2: Machtstaat vor der Demokratie*, München 1992. Vgl. immer noch den Überblick von Wolfgang J. Mommsen, »Wandlungen der liberalen Idee im Zeitalter des Imperialismus«, in: Karl Holl/Günther List (Hg.), *Liberalismus und imperialistischer Staat. Der Imperialismus als Problem liberaler Parteien in Deutschland 1890-1914*, Göttingen 1975, S. 109-147.

ins Zentrum stellte. Im Blick auf die »innere Verfassung der liberalen Parteien im Jahr 1914« sah der Historiker James Sheehan »keinen Anhaltspunkt dafür, daß eine von ihnen, geschweige denn der Liberalismus als ganzer, auf dem Weg gewesen wäre, die regionalen, sozialen und ideologischen Gegensätze in den eigenen Reihen zu überwinden und eine verbindliche politische Vision zu formulieren, in deren Zeichen sich ihre Gefolgschaft zu einer kraftvollen politischen Bewegung hätte formen können«.[3]

Welche inneren Reformpotentiale im politischen System des Kaiserreiches verborgen lagen und welche Gestaltungsspielräume ein Liberalismus besaß, der sich in vielfacher Weise normativ durch seine Anpassungen an die Postulate der Bismarck'schen Reichseinigungspolitik bis zur Unkenntlichkeit preisgegeben hatte, diese Fragen kulminierten in der Krisendebatte des Ersten Weltkrieges, die katalysatorisch wirkte, weil sich die Gegensätze innerhalb des heterogenen national- und liberal-bürgerlichen Lagers zuspitzten. Die Annexionisten sahen sich den Vertretern eines Verständigungsfriedens gegenüber; trotzige Verfechter der »deutschen Freiheit« bekämpften liberaldemokratische Westler; taktische »Demokratisierer von rechts«, die auf die Nationalisierung der Bevölkerung setzten, waren überkreuz mit den liberalen Unterstützern einer gemäßigten Politik der Regierung Bethmann Hollwegs, die man von eventuell radikalisierenden Einflüssen aus dem Reichstag freihalten wollte.[4]

Die politischen Debatten des Ersten Weltkrieges sind so umfassend aufgearbeitet wie nur wenige Epochen der Intellektuellengeschichte.[5] Bei eingehender Analyse hat sich herausgestellt, dass die sogenannten »Ideen von 1914« keineswegs so feste Wurzeln schlu-

3 Sheehan, *Der deutsche Liberalismus*, S. 318.

4 Zur paradoxen Lage des Liberalismus im Ersten Weltkrieg siehe Langewiesche, *Liberalismus in Deutschland*, S. 227-232.

5 Vgl. aus der Fülle der Literatur Hermann Lübbe, *Politische Philosophie in Deutschland. Studien zu ihrer Geschichte*, München 1974, S. 171-235; Klaus Schwabe, *Wissenschaft und Kriegsmoral. Die deutschen Hochschullehrer und die politischen Grundfragen des Ersten Weltkriegs*, Göttingen 1969; Modris Eksteins, *Tanz über Gräben. Die Geburt der Moderne und der Erste Weltkrieg*, Reinbek 1990; Kurt Flasch, *Die geistige Mobilmachung. Die deutschen Intellektuellen und der Erste Weltkrieg*, Berlin 2000; Steffen Bruendel, *Volksgemeinschaft oder Volksstaat. Die »Ideen von 1914« und die Neuordnung Deutschlands im Ersten Weltkrieg*, Berlin 2003; Peter Hoeres, *Krieg der Philosophen. Die deutsche und die britische Philosophie im Ersten Weltkrieg*, Paderborn 2004.

gen, wie dies eine Geschichte des deutschen Sonderwegs zum Teil suggeriert. Insbesondere für Liberale waren diese vier Jahre eine Periode, die die politische Identität, die normative Orientierung und programmatische Positionierung harten Prüfungen unterzog.[6] Das intellektuelle Engagement variierte zwischen nationaler Begeisterung, patriotischer Pflichterfüllung, zunehmender Desillusionierung und kritischer Selbstprüfung. Innerhalb weniger Jahre durchliefen die liberal-progressiven Denker ihrer Zeit in hohem Tempo ganz verschiedene Stadien politischer Reflexion, die Aufschluss darüber geben, in welchem Maße die Kriegsepoche zur Umwälzung der politischen Ideenlandschaft führte.

Um an die klassische Kontroverse zwischen Ernst-Rudolf Huber und Ernst-Wolfgang Böckenförde anzuschließen, ob die konstitutionelle Monarchie des Kaiserreichs ein selbständiges Legitimitätsmodell war (so Huber) oder ob sie lediglich einen Übergangs- und Zwischenzustand bezeichnete, dem eine eigene politische Formkraft und Legitimität fehlte (so Böckenförde):[7] Bereits die Zeitgenossen diskutierten die Frage, inwiefern die preußisch-deutsche Verfassungsgeschichte mit der konstitutionellen Monarchie eine Sonderentwicklung markierte, die sich von den westlichen Demokratien abgrenzen ließ. Selbst wenn man konstatiert, dass die Gegenüberstellung von westlicher Demokratie und den autokratischen Monarchien der Mittelmächte erst ein Ergebnis des Propagandakrieges war, gehörte die kritische Auseinandersetzung mit

6 Siehe dazu Jörn Leonhard, *Die Büchse der Pandora. Geschichte des Ersten Weltkriegs*, München 2014, S. 758-766.

7 Siehe dazu Ernst-Rudolf Huber, *Deutsche Verfassungsgeschichte seit 1789. Bd. 3: Bismarck und das Reich*, Stuttgart 1963; Ernst-Wolfgang Böckenförde, »Der deutsche Typ der konstitutionellen Monarchie im 19. Jahrhundert« (1967), in: ders., *Staat, Gesellschaft, Freiheit. Studien zur Staatstheorie und zum Verfassungsrecht*, Frankfurt/M. 1976, S. 112-145; Ewald Grothe, *Zwischen Geschichte und Recht. Deutsche Verfassungsgeschichtsschreibung 1900-1970*, München 2005, S. 380-384; Reinhard Mehring, »Das Politikum der Kritik. Geschichtstheorie nach Carl Schmitt«, in: *Die Neue Rundschau* 111 (2000), Heft 3, S. 154-167, hier S. 156-158. Schönberger stellt die originelle These auf, dass Parlamentarisierung und Demokratisierung im Kaiserreich sich gegenseitig behinderten, und gibt damit eine Erklärung für die fortdauernde Paralysierung des Parlamentarismus in Weimar: Christoph Schönberger, »Die überholte Parlamentarisierung. Einflußgewinn und fehlende Herrschaftsfähigkeit des Reichstags im sich demokratisierenden Kaiserreich«, in: *Historische Zeitschrift* 272 (2001), S. 623-666.

einer spezifisch deutschen politischen Tradition, die sich der amerikanischen Demokratie ebenso entgegenstellte wie dem angelsächsischen Liberalismus und dem französischen Republikanismus (um die verbreiteten Stereotypen zu bemühen), bereits sehr früh in den Selbstvergewisserungsdiskurs der deutschen Intellektuellen.[8]

Liberale Suchbewegungen im Ersten Weltkrieg: Hugo Preuß, Leopold von Wiese und Max Weber

Für den politischen Liberalismus war diese Frage nach den Möglichkeiten, das politische System zu verändern, nicht nur theoretisch relevant. Zum einen zählten Parlamentarisierung und Demokratisierung zu den wesentlichen Zielen linksliberaler Reformer; zum anderen hatte sich insbesondere während des Ersten Weltkrieges die Debatte um die Demokratie dynamisiert.[9] Auch unter den Bedingungen der Zensur artikulierten sich inmitten des Propagandakrieges um die »Ideen von 1914« liberale Stimmen, die Korrekturen des politischen Systems forderten und sich nicht auf den Antagonismus zwischen deutschem Obrigkeitsstaat und westlicher Demokratie einließen. Zu den herausragenden liberalen Kriegsschriften zählte Hugo Preuß' *Das deutsche Volk und die Demokratie* (1915), eine couragierte Auseinandersetzung mit dem preußisch-deutschen Sonderweg; mit Leopold von Wieses *Der Liberalismus in Vergangenheit und Zukunft* (1917) und Max Webers berühmter Artikelserie über »Parlament und Regierung im neugeordneten Deutschland« (1917) folgten zwei weitere bemerkenswert kritische Diagnosen der politischen Lage.[10] Die vornehmlichen Themen des Linksliberalismus (der Fortschrittler, Sozialliberale, Nationalsoziale

8 Klassisch zu diesem geistig-politischen Sonderweg-Diskurs Ringer, *Die Gelehrten*; Stern, *Kulturpessimismus als politische Gefahr*. – Aus neuerer Sicht Wolf Lepenies, *Kultur und Politik. Deutsche Geschichten*, München 2006; Ulrich Sieg, *Geist und Gewalt. Deutsche Philosophen zwischen Kaiserreich und Nationalsozialismus*, München 2013.

9 Einen detaillierten Überblick zu den Reformdebatten gibt Llanque, *Demokratisches Denken im Krieg*.

10 Hugo Preuß, *Das deutsche Volk und die Politik*, Jena 1915; Leopold von Wiese, *Der Liberalismus in Vergangenheit und Zukunft*, Berlin 1917; Max Weber, »Parlament und Regierung im neugeordneten Deutschland« (1917/18), in: ders., *Zur Politik im Weltkrieg. Schriften und Reden 1914-1918* (MWS I/15), S. 202-302.

und engagierte Reformer verschiedener Couleur umfasste) waren die spezifischen Bedingungen der verspäteten deutschen Staatsbildung, die Auswirkungen einer Tradition preußischer Reformen von oben sowie die Problematik einer konservativen Modernisierung, die vor allem in der Bismarck'schen Sozialgesetzgebung der 1880er Jahre deutlich wurde.

Die drei erwähnten Schriften nahmen im Wesentlichen und in paradigmatischer Weise eine kritische Aufarbeitung der politischen Fehlentwicklungen seit der Bismarckzeit vor und gehörten damit in den Kontext der Selbstkritiken im deutschen Liberalismus, die insbesondere seit dem Scheitern der 1848er Revolution zum eingeübten Genre liberaler Selbstverständigung avanciert waren.[11]

Demokratische Selbstorganisation und liberale Modernisierungsversuche bei Preuß und Wiese

Bei Hugo Preuß, unbestritten ein Fortschrittsliberaler und Befürworter der Demokratisierung, ging die Bereitschaft zur schonungslosen Inventur des politischen Systems und der politischen Kultur sicherlich am weitesten. Zudem war er – bereits im Jahr 1915 (das Vorwort ist auf Mai datiert) – einer der wenigen Liberalen, die weder den Krieg zum nationalen Gemeinschaftserlebnis verherrlichten noch irgendwelche hegemonialen oder annexionistischen Ziele verfolgten.[12] Der Krieg offenbarte für Preuß die Defizite und die Dysfunktionalität eines politischen Systems, das er wesentlich durch den Dualismus von Obrigkeitsregierung und Verfassungsstaat geprägt sah.[13] »Die verbindungslose Gegensätzlichkeit von

11 Vgl. als bekannte Vorläufer Ludwig August von Rochau, *Grundsätze der Realpolitik. Angewendet auf die staatlichen Zustände Deutschlands* (1853/1869), hg. und eingeleitet von Hans-Ulrich Wehler, Frankfurt/M./Berlin/Wien 1972; Hermann Baumgarten, *Der deutsche Liberalismus. Eine Selbstkritik* (1866), hg. und eingeleitet von Adolf M. Birke, Frankfurt/M./Wien/Berlin 1974.

12 Preuß lehnte den Erwerb neuer Gebiete für das Reich explizit ab, zumal die fehlende Identität von Volk und Staat in Deutschland jede »Assimilierungskraft« vermissen lasse (Preuß, *Das deutsche Volk und die Politik*, S. 173 f.). – Vgl. zum Kontext von Preuß' Schrift Wolfram Pyta, »Hugo Preuß und die Parlamentarisierung der Monarchie im Ersten Weltkrieg«, in: Detlef Lehnert (Hg.), *Hugo Preuß 1860-1925. Genealogie eines modernen Preußen*, Köln/Weimar/Wien 2011, S. 257-277.

13 Preuß, *Das deutsche Volk und die Politik*, S. 72.

Regierung und Volk« hatte aus seiner Sicht »jede wirkliche staatsmännische Verantwortlichkeit« verhindert. Es fehlte, wie Preuß in seiner Schrift fast mantraartig wiederholte, auf politischer Ebene an der »Fähigkeit zur Selbstorganisation« bzw. an »einer anderen regierungsfähigen Potenz, die sich durch Selbstorganisation aus dem Volk heraushöbe«.[14] Gegen den Obrigkeitsstaat stellte Preuß das (ursprünglich sozialdemokratische) Ideal des »Volksstaates«, ein begriffliches Substitut für die Demokratie, die eine Identität von Volk und Staat herstellen sollte.[15]

Zwar blieb Preuß – unter den Bedingungen der Kriegszensur – eher vage, wie dieser Volksstaat institutionell auszusehen habe,[16] aber die grundsätzliche Richtung seiner Reformvorstellungen war unverkennbar: Der honoratiorengeprägte aristokratische Parlamentarismus werde abgelöst, denn »die fortschreitende soziale Demokratisierung demokratisiert auch das parlamentarische System«.[17] Ein »aktionsfähiger politischer Gemeinwille im Volke« war für Preuß nur im Rahmen umfassender Demokratisierungsanstrengungen vorstellbar. Eher als auf den Schlachtfeldern entscheide sich Deutschlands Schicksalsfrage »auf politischem Boden«, wie Preuß ein ums andere Mal betonte. Notwendig war »ein innerlicher Erziehungsprozeß vollkommener Politisierung des Volkes«, um ein Bewusstsein dafür zu erwecken, dass politische Konflikte demokratisch und institutionell geregelt ausgetragen werden müssten.[18] Die

14 Ebenda, S. 9 und S. 75, 160.

15 Ebenda, S. 159, 168. – Der Begriff »Volksstaat« war in den sozialdemokratischen Parteiprogrammen von 1869, 1875 und 1891 enthalten. Siehe Albertin, *Liberalismus und Demokratie am Anfang der Weimarer Republik*, S. 234. Zum Konzept des Volksstaates vgl. weiterhin Bruendel, *Volksgemeinschaft oder Volksstaat*, S. 104-108.

16 Preuß wollte sich nicht auf ein bestimmtes Regierungssystem festlegen und betonte die Vielfalt der Entwicklungen zu modernen parlamentarischen und demokratischen Regierungsweisen (vgl. Preuß, *Das deutsche Volk und die Politik*, S. 183 ff.). Er konstatierte allerdings bereits selbstbewusst, dass es »wahrlich keine schwere Aufgabe« wäre, ein »gesetzgeberisches Programm für eine ›neue Zeit‹ zu entwerfen« (S. 183) – wie er knapp vier Jahre später mit seinem Verfassungsentwurf unter Beweis stellte. Siehe Hugo Preuß, »Denkschrift zum Entwurf des allgemeinen Teils der Reichsverfassung vom 3. Januar 1919«, in: ders., *Staat, Recht und Freiheit. Aus vierzig Jahren deutscher Politik und Geschichte* (1926), Hildesheim 2006 (unveränderter Nachdruck), S. 368-394.

17 Preuß, *Das deutsche Volk und die Politik*, S. 186.

18 Ebenda, S. 187.

im deutschen Bürgertum kultivierte und von Thomas Mann so vehement verteidigte unpolitische Haltung war das Angriffsziel von Preuß. Er kritisierte das »Streben der besten und höchsten Geister unseres Volkes, die Freiheit persönlicher Entwicklung außerhalb des Politischen zu sichern«, und vertrat mit Nachdruck die Idee des Parteienpluralismus, denn: »ohne Parteien, ohne politischen Kampf kein politisches Leben auch für das freieste und einigste Volk«.[19] Sein Ziel war die »Synthese der Gegensätze und Interessen in der gemeinsamen Arbeit und gemeinsamen Verantwortlichkeit für das gemeine Wesen, die *res publica*«.[20]

Der linksliberale Staatsrechtler und Kommunalpolitiker Preuß verzichtet in seinem einflussreichen und vielgelesenen Buch völlig auf den Begriff des Liberalismus; auch die »Demokratie« taucht noch nicht sonderlich prominent auf, sondern wird erst zwei Jahre später bestimmend, wenn Preuß offensiv für eine Demokratisierung durch Parlamentarisierung wirbt.[21] Zunächst einmal etablierte er das Prinzip der Selbstorganisation eines politisch aktiven Staatsvolkes und lancierte die späterhin bereitwillig aufgegriffene Formel vom »Volksstaat« im liberalen Diskurs über Demokratie.[22] Insofern markierte Preuß' mutige Intervention einen wesentlichen Schritt für den Liberalismus in Richtung Demokratie.[23]

19 Ebenda, S. 87, 157.

20 Ebenda, S. 196 (Hervorhebung im Original).

21 Siehe Hugo Preuß, »Deutsche Demokratisierung« (1917), in: ders., *Staat, Recht und Freiheit*, S. 335-344.

22 Siehe etwa Friedrich Naumann, »Auf dem Wege zum Volksstaat« (1917), in: ders., *Werke. Bd. 5: Politische Schriften. Schriften zur Tagespolitik*, Opladen 1964, S. 567-584, v. a. S. 575 f., sowie ders., »Der Kaiser im Volksstaat« (1917), in: ders., *Werke. Bd. 2: Politische Schriften. Schriften zur Verfassungspolitik*, Opladen 1964, S. 461-521; ders., »Der Weg zum Volksstaat« (1918), in: ebenda, S. 521-536. Vgl. zu Naumanns Volksstaatskonzeption (allerdings ohne Hinweis auf Preuß): Jan Röder, »Der Volksstaat als Selbstverständlichkeit. Friedrich Naumann und die Begründung der Weimarer Republik«, in: Hans Vorländer (Hg.), *Demokratie und Transzendenz. Die Begründung politischer Ordnungen*, Bielefeld 2013, S. 391-414. – Siehe weiterhin: Friedrich Meinecke, »Um Freiheit und Vaterland« (1917), in: ders., *Politische Schriften und Reden*, Darmstadt 1979, 4. Aufl., S. 213-221, hier S. 215.

23 Zur Bedeutung von Preuß' Schrift vgl. Llanque, *Demokratisches Denken im Krieg*, S. 68-88; Schwabe, *Wissenschaft und Kriegsmoral*, S. 131-134; Lothar Albertin, »Einleitung«, in: Hugo Preuß, *Gesammelte Schriften. Bd. 1: Politik und Gesellschaft im Kaiserreich*, Tübingen 2007, S. 1-69, hier S. 46-50, sowie jüngst

Diese entschieden demokratische Ausrichtung wird vor allen Dingen deutlich, wenn man seine Schrift mit der Ortsbestimmung des Liberalismus von Leopold von Wiese aus dem Jahr 1917 vergleicht.[24] Zwar versuchte der Kölner Nationalökonom und Soziologe in einer begriffspolitischen Offensive den Liberalismus als eine zukunftsweisende Idee neu zu entwerfen, aber gegen seine Intention offenbarte sein Essay nicht wenige altliberale Vorbehalte. Wieses Ringen um liberale Erneuerung und die dabei sichtbar werdenden Widersprüchlichkeiten boten ein Beispiel für die dilemmatische Lage einer ihrer Selbstwahrnehmung nach fortschrittlichen Position, die ihrerseits überholt zu werden drohte. Während Preuß mit dem Volksstaat als Idee demokratischer Selbstorganisation einen wichtigen Schritt zur liberalen Anerkennung gleichberechtigter Bürger in der Massendemokratie und zum Entwurf einer pluralistischen Gesellschaft ging, äußerte der Soziologe unverhohlene Demokratieskepsis. Diese Tendenz wurde noch verstärkt durch Wieses Ansinnen, »Liberalismus und Demokratie ihrem Wesen nach möglichst scharf voneinander zu trennen«.[25] Einer Ausweitung politischer Partizipation stand er zurückhaltend gegenüber: »Die Teilnahme an der Politik ist an sich ein zweifelhafter Vorteil, ist nur Mittel zum Zwecke, gehört mehr zu den Pflichten und Bedingungen als zu den Rechten. Das, worauf es in der innern Politik ankommt, ist die freie Gestaltung des privaten und des Berufslebens, der gesellschaftlichen Beziehungen, die Versöhnung von Person und Gemeinschaft.«[26] An anderer Stelle artikulierte er seine Demokratievorbehalte noch deutlicher: Die »Minderwertigkeit aller Menschenmasse«, »Leidenschaften des Augenblicks«, »Massenaffekte« und »Nivellierung« zählten zu den Mängeln des demokratischen Systems (das Wiese in einer abstrakt rousseauistischen Form

Tim B. Müller, »Öffnung zur politischen Kultur des Westens«? Hugo Preuß' Weltkriegsschrift aus demokratiegeschichtlicher Perspektive«, 2015, Vortragsmanuskript, 22 Seiten.

24 Das letzte Kapitel seiner Schrift erschien zudem als Vorabdruck in S. Fischers *Neuer Rundschau.* Siehe Leopold von Wiese, »Vom Liberalismus der Zukunft«, in: *Die Neue Rundschau* 28 (1917), S. 865-874. – Auf die heute weitgehend in Vergessenheit geratene Rolle Wieses als eines der maßgeblichen Vordenker des »Neoliberalismus« machte bereits aufmerksam Hermann Heller, *Die politischen Ideenkreise der Gegenwart*, Breslau 1925, S. 89.

25 Wiese, *Der Liberalismus in Vergangenheit und Zukunft*, S. 10.

26 Ebenda, S. 203.

ohne konkreten Wirklichkeitsbezug präsentierte), solange »Reife und Verantwortungsgefühl des Volkes« fehlten.[27]

Leopold von Wieses Inventur des liberalen Denkens, verbunden mit dem Plädoyer für dessen Neubegründung, repräsentierte in vielerlei Hinsicht die bis dato unausgetragenen Widersprüche des Liberalismus zwischen normativen Idealen und sogenannter »Realpolitik«: Im Gegensatz zu Preuß hielt er (wenn auch halbherzig) am Primat der Außenpolitik fest;[28] er sah es als »Aufgabe der politischen Kunst des modernen Liberalismus« an, »mit einem maßvollen Pazifismus einen maßvollen Imperialismus zu vereinigen«.[29] Wiese kämpfte mit den Aporien, in die sich der liberale Imperialismus verstrickt hatte, und schlug vor, den Begriff des Imperialismus insgesamt zu verabschieden. An den welt- und handelspolitischen Interessen Deutschlands wollte er jedoch festhalten – »Kolonien für die Nation ohne Ausbeutung der Kolonisten« lautete eine Formel, die einer Quadratur des Kreises gleichkam.[30]

Wiese, der in seiner Schrift konkrete Bezüge zur politischen Ordnung mied, setzte jedoch auch neue Akzente. Im Gegensatz zur an anderer Stelle artikulierten Demokratieskepsis (die sich nicht zuletzt gegen eine Nationalisierung der Massen richtete, deren Einfluss auf die Außenpolitik Wiese kritisch sah[31]) plädierte er für einen »neuen Liberalismus«, der sich nun auf einmal doch »mehr Mitwirkung aller Bürger und Bürgerinnen [!] am öffentlichen Leben« und eine verstärkte sozialpolitische Orientierung auf die Fahne schreiben sollte.[32] Die Vagheit solcher Äußerungen gab

27 Leopold von Wiese, »Liberalismus und Demokratismus in ihren Zusammenhängen und Gegensätzen«, in: *Zeitschrift für Politik* 9 (1916), S. 407-425, hier S. 418 f.

28 Wiese, *Der Liberalismus in Vergangenheit und Zukunft*, S. 194.

29 Ebenda, S. 221 f.

30 Eine kritische Würdigung Wieses, die die Inkonsequenz seiner außenpolitischen Überlegungen nicht verschweigt, nimmt bereits vor: Friedrich C. Sell, *Die Tragödie des deutschen Liberalismus*, Stuttgart 1953, S. 360 f.

31 »Denn an sich ist die Demokratisierung der Außenpolitik bei dem bisherigen Zustande der öffentlichen Psyche in allen Ländern eher ein Rückschritt als ein Gewinn. Die Volksmassen sind jeder Beeinflussung, die ihnen schmeichelt, zugänglich und jeder vorsichtigen und allseitig prüfenden, weit blickenden und verantwortungsvollen Behandlung dieser Dinge abgeneigt. Der Chauvinismus ist eine vorwiegend demokratische Erscheinung.« (Wiese, *Der Liberalismus in Vergangenheit und Zukunft*, S. 197 f.)

32 Ebenda, S. 244.

zu erkennen, wie unklar die Vorstellungen von Demokratie unter Liberalen waren, zumal wenn es um ihre institutionelle Ausgestaltung ging. »Je breiter die Sphäre der Öffentlichkeit wird«, schrieb Wiese über die künftige Gestalt des Staates, »je mehr Menschen der verschiedensten Anlagen und Fähigkeiten in ihm wirken und leben müssen, desto weitherziger muß seine Gesinnung, desto plastischer müssen seine Formen sein.«[33] Er kritisierte das allzu mechanische und rationalisierte Weltbild des älteren Liberalismus und seinen ökonomisch ausgerichteten Utilitarismus. Als Korrektur des liberalen Individualismus forderte er die Berücksichtigung von »historisch gewordenen Bindungen und Genossenschaften« sowie die Offenheit gegenüber dem Geistesleben von Gemeinschaften – ein Gedanke, der sich im Anschluss an Otto von Gierke und Ferdinand Tönnies (anachronistisch gesprochen) beinahe kommunitaristisch ausdeuten lässt.

Den Liberalismus begriff Wiese als System des Friedens, als Idee der persönlichen Freiheitsentfaltung und als politische Gewaltenteilung. Er schien es als eine liberale Aufgabe anzusehen, die Demokratisierung mit einem politischen Erziehungsprozess zu begleiten und aufzufangen. Überdies ließ er keinen Zweifel daran, dass der »freie Markt« zum Kernbestand der liberalen Idee gehöre.[34] Der Liberalismus sei keineswegs eine überwundene Weltanschauung der Vergangenheit, sondern für die Zukunft gelte es, »ihn überhaupt erst wahrhaft zu verwirklichen«.[35] Seine Überlebensfähigkeit führte Wiese insbesondere auf die Adaptions- und Lernfähigkeit zurück.[36] Seit den Weltkriegsjahren verfolgte Wiese als einer der wenigen das Ziel, den Liberalismus begriffsstrategisch neu zu etablieren und angesichts umfassender gesellschaftlicher Demokratisierungsschübe zu modernisieren, ohne auf seine klassischen Ideenbestände zu verzichten. Ein weiteres Interesse, das er mit anderen Liberalen teilte, dürfte darin bestanden haben, den Demokratiegedanken gegen sozialistische Vereinnahmungen und Forderungen zu immunisieren.

33 Ebenda, S. 233.

34 Zum freien Markt und zur Überlegenheit des kapitalistischen Wirtschaftssystems siehe auch Leopold von Wiese, *Staatssozialismus*, Berlin 1916.

35 Wiese, *Der Liberalismus in Vergangenheit und Zukunft*, S. 233 f. – An anderer Stelle betonte Wiese, dass eine »Gemeinde der Liberalen erst erzogen und geschaffen werden« müsse (S. 240).

36 Ebenda, S. 127 f.

Noch einmal anders liegt der Fall bei Max Weber. So häufig Weber auch als paradigmatischer Vertreter eines macht- und realpolitisch orientierten Liberalismus aufgerufen worden ist, so wenig zeigte er sich daran interessiert, die liberale Idee explizit zu definieren oder den Begriff des Liberalismus überhaupt zu verwenden.[37] Es entsprach seinem Denkstil, von den konkreten institutionellen und gesellschaftlichen Gegebenheiten auszugehen und das Politische nicht vom normativen Standpunkt aus mit Wünschbarkeiten zu überfrachten. Eine Politik der Parlamentarisierung und Demokratisierung musste sich vor allem in ihrem praktischen Nutzen bewähren. Insbesondere Wolfgang J. Mommsen hatte in seiner bahnbrechenden Dissertation die Ambivalenzen von Webers Liberalismus und seines Demokratiebegriffs herausgearbeitet. Webers normative Enthaltsamkeit, die Ausrichtung auf die machtpolitische Bewährung des Nationalstaats, seine – modern politikwissenschaftlich gesprochen – *output*-orientierte Begründung des Parlamentarismus als Auslesestätte für politische Führungspersönlichkeiten und die spätere Wendung zu plebiszitär legitimierten handlungsfähigen demokratischen Führern wirkten problematisch, weil diese Haltungen im Lichte von 1933 »trotz ihres grundsätzlich demokratischen Charakters unverkennbar autoritäre Züge [trugen] und [...] gegen eine totalitäre Umformung nicht immun [waren]«.[38] Im Zuge von Mommsens entmythologisierender Weber-Kritik gewannen politikwissenschaftliche Lesarten an Boden, die vor allem Webers Distanz zum liberaldemokratischen Denken der frühen Bundesrepublik betonten. Dolf Sternberger stellte in Frage, ob Weber aufgrund der generellen Fixierung auf Herrschaft überhaupt ein

37 Zur Spezifik des Weberschen Liberalismus vgl. Mommsen, »Ein Liberaler in der Grenzsituation«, in: ders., *Max Weber. Gesellschaft, Politik und Geschichte*, Frankfurt/M. 1974, S. 21-43; Wilhelm Hennis, »Voluntarismus und Urteilskraft. Max Webers politische Anschauungen im Zusammenhang des Werks«, in: ders., *Max Webers Fragestellung. Studien zur Biographik des Werks*, Tübingen 1986, S. 195-236; Bellamy, *Liberalism and Modern Society*, S. 194-216; Christian Schwaabe, *Freiheit und Vernunft in der unversöhnten Moderne. Max Webers kritischer Dezisionismus als Herausforderung des politischen Liberalismus*, München 2002.

38 Wolfgang J. Mommsen, *Max Weber und die deutsche Politik 1890-1920*, Tübingen 1974, 2. Aufl., S. 440 f.

Verständnis für demokratische Legitimation besaß; ihm fehlte gut aristotelisch die Dimension bürgerlicher Vereinbarung. Jürgen Habermas wiederum wollte in Weber den Vertreter eines »militanten Spätliberalismus« sehen und kam, so das bekannte Diktum, nicht daran vorbei, »daß Carl Schmitt ein legitimer Schüler Max Webers war«.[39]

Je nachdem, in welches Licht man Weber als Übergangsfigur des Liberalismus vom Kaiserreich zur Weimarer Republik taucht, kann man in seinem Denken sowohl die nationalliberalen Denkkategorien von Staatsräson und Machtpolitik erkennen als auch die seinerzeit modernitätsoffenen Forderungen nach Parlamentarisierung und Demokratisierung als Impulse für kommende innerliberale Debatten. Es waren freilich Positionen, die Weber schon vor dem Ausbruch des Ersten Weltkrieges vertrat. Zweifellos ist bei Weber ein »doppelbödiges Demokratisierungspathos« (Radkau) erkennbar, das »linksliberale Ziele am liebsten mit Kraftgesten« anvisierte[40] und »Herrenvolk«-Rhetorik ebenso wenig mied wie die Pose des heroischen Nationalismus. Vieles spricht dafür, dass Weber »den Geist liberalen Bürgertums fast nur noch in Erinnerungen an seine ver-

39 Dolf Sternberger, »Max Weber und die Demokratie« (1964), in: ders., *›Ich wünschte ein Bürger zu sein‹. Neun Versuche über den Staat*, Frankfurt/M. 1967, S. 93-113; Jürgen Habermas, »Diskussionsbeitrag«, in: Otto Stammer (Hg.), *Max Weber und die Soziologie heute. Verhandlungen des fünfzehnten deutschen Soziologentages*, Tübingen 1965, S. 74-81, hier S. 81. Eine Verteidigung Webers gegen die Kritik der Jüngeren legte vor Karl Loewenstein, *Max Webers staatspolitische Auffassungen in der Sicht unserer Zeit*, Frankfurt/M./Bonn 1965. Gegen Sternberger bringt Breuer die Systematik von Webers Herrschaftssoziologie in Stellung, wie sie in Wirtschaft und Gesellschaft entwickelt worden ist. Sternberger habe nicht verstanden, dass die Demokratie nach Weber ein antiautoritäres Prinzip sei und daher notwendig illegitim. Insofern laufe seine Kritik ins Leere. Siehe Stefan Breuer, *Bürokratie und Charisma. Zur politischen Soziologie Max Webers*, Darmstadt 1994, S. 176-187, hier 177 ff. – Wolfgang J. Mommsen hat Weber einen Ehrenplatz in der »an großen demokratischen Persönlichkeiten nicht eben reichen Vorgeschichte der deutschen Demokratie« zugewiesen. Er sah in ihm gar »eine der eindrucksvollsten Persönlichkeiten, die die deutsche Linke je hat aufweisen können« (Wolfgang J. Mommsen, »Zum Begriff der ›plebiszitären Führerdemokratie‹«, in: ders., *Max Weber*, S. 44-71, hier S. 45). Dass Webers politische Einordnung sich herkömmlichen Schablonen und Definitionsbemühungen entzieht, spricht vermutlich am meisten dafür, ihn als Liberalen zu begreifen.

40 Joachim Radkau, *Max Weber. Die Leidenschaft des Denkens* (überarbeitete und aktualisierte Ausgabe) München 2013, S. 719.

gangene Größe repräsentiert« sah, wie Jürgen Kaube hervorgehoben hat.[41] Webers epigonales Bewusstsein als »Spätliberaler« blieb allerdings zwiespältig, weil der liberale Geist, den er in seiner Erinnerung hielt, nicht unbedingt klassische liberale Werte – allenfalls Individualismus und persönliche Freiheit – meinte, sondern sich in erster Linie auf eine gesellschaftlich und kulturell hegemoniale bürgerliche Lebensform bezog. An die Ideale eines politischen und wirtschaftlichen Liberalismus, der politische Selbstorganisation und freie Marktkräfte zu natürlichen Faktoren einer prästabilierten Harmonie verklärte, hatte er ohnehin nie geglaubt.[42] Weber, der sich stets als »Mitglied der bürgerlichen Klassen« empfand und »in ihren Anschauungen und Idealen« dachte, wie er bereits 1895 in seiner akademischen Antrittsrede formulierte, hatte seither die politische Unreife des Bürgertums und der liberalen Parteien beklagt.[43]

Diese Unreife manifestierte sich für Weber auch in der »Feigheit des Bürgertums vor der Demokratie«. Mit dieser Kritik traf Weber ins Mark der liberalen Demokratieskepsis, und es konnte kein Zweifel darüber bestehen, dass er selbst (in seiner Kritik am preußischen Dreiklassenwahlrecht) unbedingt für die »Gleichheit des Stimmrechts« eintrat, die, wie er nüchtern feststellte, »in ihrer ›mechanischen‹ Natur« dem Wesen des modernen Staates und dem Begriff des Staatsbürgers entspreche.[44] Weber wollte zur Begründung der Demokratie keine »Theorie von irgendeiner natürlichen ›Gleichheit‹ der Menschen« bemühen, sondern beschränkte sich auf einen pragmatischen Funktionalismus. Demokratie bedeutete für ihn zunächst, »daß keine formelle Ungleichheit der politischen Rechte zwischen den einzelnen Klassen der Bevölkerung besteht«.[45]

41 Jürgen Kaube, *Max Weber. Ein Leben zwischen den Epochen*, Berlin 2014, S. 328.

42 Die Kritik an jeder Form des liberaldemokratischen Idealismus wird deutlich in: Max Weber, »Zur Lage der bürgerlichen Demokratie in Rußland« (1906), in: ders., *Gesammelte Politische Schriften*, Tübingen 1988, 5. Aufl., S. 33-68, hier S. 63-65.

43 Max Weber, »Der Nationalstaat und die Volkswirtschaftspolitik. Akademische Antrittsrede« (1895), in: ders., *Gesammelte Politische Schriften*, S. 1-25, hier S. 20. – Webers Bekenntnis zu den »bürgerlichen Klassen« macht ebenfalls zum Ausgangspunkt Mommsen, »Ein Liberaler in der Grenzsituation«, hier S. 21.

44 Max Weber, »Wahlrecht und Demokratie in Deutschland« (1917), in: ders., *Zur Politik im Weltkrieg*, S. 155-189, hier S. 155, 170.

45 Max Weber, »Der Sozialismus« (1918), in: ders., *Zur Politik im Weltkrieg*, S. 303-326, hier S. 305.

Weber wusste, dass »Parlamentarismus und Demokratie […] weit davon entfernt« waren, »identisch zu sein«,[46] aber er wollte sie nur zusammen gelten lassen und kritisierte jede »Schwärmerei für die ›Demokratie ohne Parlamentarismus‹«.[47] Demokratisierung war für Weber ein notwendiges Mittel gesellschaftlicher Integration, aber nur in Verbindung mit dem Parlamentarismus konnten demokratische Kräfte ausbalanciert werden. Für die Demokratisierung einzutreten, bedeutete für patriotische Liberale wie Weber und Preuß natürlich auch, erst einmal den Verdacht auszuräumen, Konzessionen an die westalliierten Kriegsgegner zu machen.[48]

Zunächst argumentierte Weber staatspolitisch aus der Krisenlage des Weltkrieges, dass eine Demokratisierung einer Stärkung der »inneren Front« dienlich sein würde und dass es unmöglich sei, »die heimkehrenden Krieger im Wahlrecht zurückzusetzen gegenüber denjenigen Schichten, welche inzwischen daheim ihre soziale Stellung, ihren Besitz und ihre Kundschaft behaupten oder gar vermehren konnten, während jene draußen für deren Erhaltung sich verbluteten«.[49] Des Weiteren nannte Weber – dies ist bislang kaum erörtert worden – einen gesellschaftsstrukturellen und generellen Grund für eine konsequente Demokratisierung und setzte sich damit direkt mit verbreiteten Vorbehalten innerhalb des liberalen Bürgertums auseinander. Er verstand die Demokratie nämlich als notwendigen Ausgleich für soziale Ungleichheiten, die der Kapitalismus verursachte. Die Gewährung der Demokratie gehörte also zum *grand bargain*, den der Liberalismus an die gesellschaftliche Modernisierung zu entrichten hatte.[50] Da weiterhin mit einer »Un-

46 Max Weber, »Deutschlands künftige Staatsform« (1918), in: ders., *Gesammelte Politische Schriften*, S. 448-483, hier S. 471.

47 Weber, »Wahlrecht und Demokratie«, S. 187 f.

48 Ganz ähnlich die Propagandaschrift von Moritz Julius Bonn, *Amerika als Feind*, München/Berlin, 1917, 2. Aufl., S. 107: »Es wäre töricht, den Kampf gegen Amerika dadurch zum Austrag zu bringen, daß Einrichtungen ins öffentliche Leben übernommen werden, die den deutschen Bedürfnissen nicht entsprechen, nur um den Anschluß an diese Demokratie zu gewinnen. Es wäre aber mehr als töricht, die Schaffung von Einrichtungen, die Deutschland haben muß und haben will, deswegen aufzugeben oder zu verhindern, weil man sich vor dem Beifall Amerikas fürchtet.«

49 Weber, »Parlament und Regierung im neugeordneten Deutschland«, S. 275. Siehe dazu auch Mommsen, *Max Weber und die deutsche Politik*, S. 264-288.

50 So die überzeugende These von Fawcett, *Liberalism*, S. 21.

gleichheit der äußeren Lebenslage, vor allem des *Besitzes*« zu rechnen sei und die dadurch bedingten sozialen Abhängigkeitsverhältnisse allenfalls gemildert, jedoch nie ganz beseitigt werden könnten, würden nämlich ohnehin soziale und bildungsbedingte Privilegien fortbestehen. Weber betrachtete deshalb das freie und gleiche Wahlrecht als eine notwendige Maßnahme zur »Gleichstellung der an Masse überlegenen sozial beherrschten gegenüber den privilegierten Schichten zum mindesten bei der Wahl der *kontrollierenden* und als *Auslesestätte der Führer* fungierenden Körperschaft«.[51] Weber war nicht so naiv zu glauben, dass eine politische Demokratisierung eine umfassende gesellschaftliche Demokratisierung, d. h. Egalitarismus zur Folge haben müsse. Das Beispiel Amerikas zeigte ihm, wie sich neue Besitz- und Bildungseliten formierten, und im Austausch mit seinem Schüler Robert Michels reflektierte er über die unvermeidliche Oligarchisierung politischer Parteien am Beispiel der Sozialdemokratie.[52]

Stellt man das Leitmotiv eines *grand bargain*, den der bürgerlich geprägte Liberalismus mit der Demokratie zögerlich einging, ins Zentrum der Überlegung, dann entpuppt sich Weber nicht zwingend als »der überlebte Repräsentant des politischen und wissenschaftlichen ›Liberalismus‹« an der Schwelle zu seinem Niedergang,[53] sondern mindestens ebenso als ein Erneuerer. Weber entfaltet seine realistische Theorie der Demokratie bekanntermaßen in seiner kurz darauf folgenden Schrift über »Parlament und Regierung im neugeordneten Deutschland«, stets geleitet von der Maxime, ihre praktischen Vorteile sichtbar zu machen. Die von Mommsen minutiös rekonstruierten konkreten Vorstellungen einer Verfassungsreform waren zunächst an den praktischen Gegebenheiten der konstitutionellen Monarchie orientiert. Sie taugten

51 Weber, »Wahlrecht und Demokratie in Deutschland«, S. 170 (Hervorhebungen im Original).

52 Ebenda, S. 183 f. – Zum engen Verhältnis von Weber und Michels siehe Wolfgang J. Mommsen, »Robert Michels und Max Weber. Gesinnungsethischer Fundamentalismus versus verantwortungsethischer Pragmatismus«, in: ders./Wolfgang Schwentker (Hg.), *Max Weber und seine Zeitgenossen*, S. 196-215, v. a. S. 200 ff.

53 Diese zeitgenössische Deutung im Anschluss an Paul Honigsheim findet sich bei Karl Löwith, »Max Weber und Karl Marx« (1932), in: ders., *Sämtliche Schriften, Bd. 5: Hegel und die Aufhebung der Philosophie – Max Weber*, Stuttgart 1988, S. 324-407, hier S. 327.

noch nicht zur Blaupause für eine parlamentarische Demokratie. Gleichwohl wurden Webers strukturelle Argumente einflussreich, und aus späteren Schriften, vor allem »Deutschlands künftige Staatsform«, gingen Ideen in den Verfassungsentwurf von Hugo Preuß ein, wie allein aus Webers späterer, vieldiskutierter Modellierung des machtvollen Reichspräsidenten als plebiszitärem Gegengewicht zum Parlament und zum Föderalismus deutlich wurde. Es kann an dieser Stelle nicht noch einmal darum gehen, die Besonderheiten von Webers verschiedenen demokratischen Neuordnungsvorschlägen im Detail zu erörtern: die eigenartig in der Schwebe und in parlamentarischer Verantwortungslosigkeit belassene Stellung des Reichskanzlers, der zugleich vom Reichspräsidenten abhängig blieb; die vielkritisierte cäsaristische Wendung zur »Führerdemokratie« und die damit verbundene, sich verstärkende Relativierung des Parlamentarismus; Webers *Top-down*-Modell einer Demokratie, die Willensbildung und Führung von oben mit Vertrauen von unten zu kombinieren schien; seine einseitige Fixierung darauf, die Macht der Apparate und Bürokratien durch die entscheidungs- und handlungsfähige charismatische Führerfigur aufzuweichen bzw. in Schach zu halten.[54]

So wichtig und richtig diese Kritik an Webers Bild der Demokratie ist, so sehr neigt eine solche Sichtweise dazu, Reformimpulse einer pragmatisch-realistischen Begründung des Parlamentarismus und der Demokratisierung zu überdecken. Im Modus der Sachlichkeit nahm Weber Abschied vom hehren Ideal parlamentarischer Wahrheitsfindung und verstand – mit gewisser Lust an der Provokation – das Parlament als Arena des politischen Kampfes, der durchaus von Leidenschaft und gezielter Demagogie bestimmt sein sollte. Es konnte jedoch kein Zweifel daran bestehen, dass für Weber die Aufwertung des Parlaments ein zentrales Anliegen war: »Wer überhaupt die Zukunftsfrage der deutschen Staatsordnung anders stellt als dahin: *wie macht man das Parlament fähig zur Macht?*[,] der stellt sie von vornherein falsch. Denn alles andere ist Nebenwerk.« Weber hatte die Gefahr für eine kraftlose, führungsschwache und orientierungslose Politik in der Dominanz des Be-

54 Eine pointierte politikwissenschaftliche Interpretation von Webers elitärer Konzeption politischer Führung findet sich bei Grit Straßenberger, *Politische Führung. Zu einem Dilemma der modernen Demokratietheorie*, Habilitationsschrift, HU Berlin 2012, S. 44-76.

amtentums lokalisiert und warb daher für »die Entwicklung eines geeigneten *Berufsparlamentariertums*«.[55]

Er versprach sich von der »aktiven Massendemokratisierung« auch deshalb einen Vitalisierungsschub, weil politische Inhalte durch charismatische Politikerfiguren personifiziert und damit politische Strömungen viel stärker kanalisiert werden könnten.[56] Doch selbst wenn Weber die präzise Bestimmung der parlamentarischen Regierungsverantwortlichkeit im Vagen beließ, schätzte er die Kontroll- und Repräsentationsfunktionen des Parlaments keineswegs gering. Zwar akzentuierte er den »Gegensatz zwischen plebiszitärer und parlamentarischer Auslese der Führer« (und ließ das Verhältnis dieser beiden Ebenen in mancherlei Hinsicht unaufgelöst), aber er hielt doch, mit Blick auf das englische Vorbild, an den unersetzbaren Funktionen des Parlamentarismus fest. Die Existenz des Parlaments sei keinesfalls wertlos, denn sie gewährleiste »gegenüber dem (der Sache nach) cäsaristischen Vertrauensmann der Massen« *erstens* »Stetigkeit«, *zweitens* »die Kontrolliertheit seiner Machtstellung«, *drittens* »die Erhaltung der bürgerlichen Rechtsgarantien gegen ihn«, *viertens* »eine geordnete Form der Bewährung der um das Vertrauen der Massen werbenden Politiker innerhalb der Parlamentsarbeit« und schließlich *fünftens* »eine friedliche Form der Ausschaltung des cäsaristischen Diktators, wenn er das Massen-Vertrauen verloren hat«.[57]

Es ist also irreführend, mit Carl Schmitt Webers Ideal einer demokratischen Führerauslese auf »die einzige starke Ideologie, die für den Parlamentarismus noch vorlag«, zu reduzieren.[58] Schmitt selbst nannte in seiner Verfassungslehre eine ganze Reihe weiterer Gründe für das parlamentarische System, insbesondere seine enge Verklammerung mit der »modernen rechtsstaatlichen Verfassung« und seine Funktionalität als »ein System der Verwertung und Mischung verschiedener Regierungs- und Gesetzgebungsformen im

55 Weber, »Parlament und Regierung im neugeordneten Deutschland«, S. 244 (Hervorhebung i. O.).

56 Siehe ebenda, S. 265 ff. – Übergreifend vgl. Breuer, *Bürokratie und Charisma*. Einen ebenso schwungvollen wie interessanten Versuch der Aktualisierung machte jüngst Julia Encke, *Charisma und Politik. Warum unsere Demokratie mehr Leidenschaft braucht*, München 2014.

57 Weber, »Parlament und Regierung im neugeordneten Deutschland«, S. 267.

58 Carl Schmitt, *Verfassungslehre* (1928). Unveränderter Neudruck, Berlin 1954, S. 341.

Dienste eines labilen Gleichgewichts«.[59] »Vom Standpunkt der bürgerlichen Rechtsstaatlichkeit aus«, so Schmitt, sei das parlamentarische System »in der Tat bewundernswert«.[60] Bekanntermaßen hatte sich Schmitt selbst von diesem »Standpunkt« entfernt. Ihm bedeutete Rechtsstaatlichkeit und Gewaltenteilung nichts mehr, und er hielt den Parlamentarismus – anders als Weber – mittlerweile für unfähig, die Klassen- und Interessengegensätze noch zureichend zu integrieren. Sein Ziel, einen homogenisierenden, identitären Demokratiebegriff gegen Liberalismus und Parlamentarismus zu etablieren, widersprach Webers liberalem Komplexitätsdenken, das den *checks and balances* der Gewaltenteilung und dem Rechtsstaat eng verbunden blieb. Elemente plebiszitärer und charismatischer Führerdemokratie konnten das berüchtigte »stahlharte Gehäuse der Hörigkeit« allenfalls aufweichen und manövrierfähiger machen, keineswegs jedoch grundlegend verändern. Mit Blick auf die politischen Parteien prägte Weber das eindrückliche Bild der »Führerdemokratie mit Maschine«, um die am amerikanischen Vorbild diagnostizierte Notwendigkeit der Gefolgschaftsbildung zu unterstreichen.[61]

Weber legte weiterhin Wert darauf, dass sich die demokratischen Interessen der »Verbraucher« im Parlament zu artikulieren hatten und dass dieses eine unersetzliche »Instanz zur Erzwingung von Verwaltungsöffentlichkeit« bleiben müsse.[62] Auch Webers Lob der rational organisierten Parteien war im Hinblick auf die von ihm vertretene Demokratisierung und Parlamentarisierung nicht gering zu schätzen. Man sollte Webers Demokratietheorie darum als Versuch sehen, die herkömmliche Institution des Parlaments mit den Erfordernissen der Massendemokratie produktiv zu verbinden. In diesem Sinn hat Marcus Llanque Webers Überlegungen pointiert: »Ein Parlament ohne die Fähigkeit zur Führung wird in der Massendemokratie wirkungslos bleiben. Eine Massendemokratie ohne rational verfahrende Institutionen erliegt der Gefahr der unkontrollierten Demagogie.«[63]

59 Ebenda, S. 304 f.

60 Ebenda, S. 306.

61 Max Weber, »Politik als Beruf« (1919), in: ders., *Gesammelte Politische Schriften*, S. 505-560, hier S. 544.

62 Weber, »Parlament und Regierung im neugeordneten Deutschland«, S. 268 f.

63 Siehe Marcus Llanque, »Massendemokratie zwischen Kaiserreich und westlicher

Wie Ernst Troeltsch in seinem Nachruf schrieb, war Weber »kein dogmatischer Demokrat«. Strukturanalog zum Kapitalismus war die Demokratie »ihm lediglich ein Schicksal der modernen Welt«, das man hinzunehmen und mit dem man umzugehen hatte, dessen normative Begründung sich jedoch erübrigte. »Das Moralische verstand sich dabei«, so Troeltsch, ohnehin »von selbst«, und die Ethik besaß bei Weber in der Tat keinen eigenen Stellenwert. Webers Erziehungsprogramm für den bürgerlichen Liberalismus (den er nie so bezeichnet, sondern einem allgemeinen Begriff der Politik untergeordnet hätte) beruhte, wie Troeltsch beobachtete, »in politischen und sozialen Dingen« auf einem vollkommenen Relativismus und kannte »nur zwei absolute Dogmen, den Glauben an die Nation und den kategorischen Imperativ der Menschenwürde und Gerechtigkeit«.[64] Diese zeitgenössische Modellierung eines »heroischen Skeptizismus« (Troeltsch) mag in gewisser Hinsicht stilisiert sein, machte aber auf Webers spannungsvolles Verhältnis zur prinzipiengeleiteten liberalen Tradition aufmerksam. Er vertrat einen »eigenartigen voluntaristischen Liberalismus« (Hennis), der ohne Fortschrittsgewissheit auskam. Karl Mannheim titulierte Weber als »bedeutendste[n] Repräsentanten des spätbürgerlichen Denkens«, das die Einsichten der Gegner verarbeitet hatte, Normfreiheit, Utopielosigkeit und Sachlichkeit kultivierte und zu einem Kriterium der Objektivität erhob. Erstaunlicherweise ordnete Mannheim einen solchen »Desillusionsrealismus« dem konservativen Denken zu.[65]

Richtiger und für die Ideengeschichte des Liberalismus fruchtbarer erscheint es, wenn man Weber – dessen Werterelativismus im philosophischen Sinn ebenso wenig konservativ war wie sein relativ emotionsloser Abschied von der Monarchie in tagespolitischer

Demokratie«, in: Gusy (Hg.), *Demokratisches Denken in der Weimarer Republik*, S. 38-70, hier S. 66.

64 Ernst Troeltsch, »Max Weber. Nachruf vom 20. Juni 1920«, in: ders., *Deutscher Geist und Westeuropa. Gesammelte kulturphilosophische Aufsätze und Reden*, hg. von Hans Baron, Tübingen 1925 (Neudruck Aalen 1966), S. 247-252, hier S. 251.

65 Karl Mannheim, *Konservatismus. Ein Beitrag zur Soziologie des Wissens* (1925), hg. von David Kettler, Volker Meja und Nico Stehr, Frankfurt/M. 1984, S. 210 f. – Zu den Aspekten Antiutopianismus, Skepsis und »Desillusionsrealismus« vgl. auch Joshua Derman, *Max Weber in Politics and Social Thought. From Charisma to Canonization*, Cambridge 2012, S. 117 ff.

Hinsicht[66] – als einen der Wegbereiter einer liberalen Wende zur Skepsis begreift.[67] Das Beharren auf Positivismus, Werterelativismus, Zielgerichtetheit, Pragmatik und auf dem Primat der Verantwortungsethik ging schließlich in Webers Schlüsseltext über »Politik als Beruf« ein, der einen liberalen Realismus mit dem Pathos der Nüchternheit versah und den man fast als Programmschrift einer skeptischen Wende des Liberalismus lesen kann.[68] Dazu passt, dass Weber die Freiheit weder als Mittel noch als Zweck liberaler Politik auffasste, sondern als Restbestand individueller Handlungsfreiheit, der gegen die »unentrinnbaren« Mächte der staatlich-bürokratischen, ökonomischen und sozialen Apparaturen behauptet werden musste. Webers Freiheitsbegriff fügte sich nicht dem bekannten Schema von positiver und negativer Freiheit, weil die Beschränkungen individueller Freiheit keineswegs nur politisch verantwortet wurden. Deshalb war es für ihn illusorisch, der Politik die Kompetenz und den Gestaltungsspielraum zuzumessen, Freiheit zu gewähren oder gar zu garantieren. Vermutlich konnte sich Weber nicht vorstellen, dass von einem plebiszitär legitimierten politischen Führer überhaupt eine ernsthafte Gefahr für die Freiheit ausgehen könne. Die Politik sollte in Gestalt des demokratischen Charismatikers Freiräume und Alternativen gegen die deterministischen Kräfte der Rationalisierung und Bürokratisierung offenhalten. Mommsen erkennt darin auf einer höheren Ebene eine Rückkehr zum Grundprinzip der liberalen Demokratie, nämlich in »der Behauptung der individuellen Freiheit des Individuums« sowie »des Spielraums für individuelle Initiative«.[69]

Diese Tendenz zur Personalisierung der Macht war weit verbreitet und befand sich – vor der Erfahrung des Faschismus – noch im Stadium der Unschuld. Weber bezog die Möglichkeit der Diktatur ganz selbstverständlich in sein Kalkül ein, räsonierte in der unklaren Verfassungslage des Interregnums über die »vielberedte ›Diktatur‹ der Massen« und maß dem Reichspräsidenten mindestens übergangsweise eine solche diktatorische Rolle zu:

66 So vor allem Weber, »Deutschlands künftige Staatsform«, S. 449 f.

67 Vgl. dazu eine erste Skizze: Jens Hacke, »Wende zur Skepsis. Liberale Ideenverteidigung in der Krise der Zwischenkriegszeit«, in: *Zeitschrift für Ideengeschichte* 7 (2013), Heft 2, S. 35-52.

68 Weber, »Politik als Beruf«, v. a. S. 557-560.

69 Mommsen, »Zum Begriff der ›plebiszitären Führerdemokratie‹«, S. 68 f.

als »selbstgewählte[m] Vertrauensmann der Massen, dem diese so lange sich unterordnen, als er ihr Vertrauen besitzt«.[70] Auch ein Zeitgenosse wie Friedrich Meinecke bekundete im Januar 1919 ganz unbefangen: »Unsere Lage schreit nach einer aufgeklärten und energischen auf Volkswillen beruhenden Vertrauensdiktatur. [...] Demokratie und Vertrauensdiktatur sind auch keine Gegensätze, die sich ausschließen, sondern die Demokratie kann sich heute nur dadurch durchsetzen und retten, daß sie, indem sie allen gesetzgeberischen Willen dem Volke und seiner Vertretung vorbehält, rücksichtslos dafür sorgt, daß dieser Wille auch ausgeführt und die gesetzliche Ordnung der Gesellschaft wiederhergestellt werde.«[71] Die Diktatur erschien hier noch als eine Institution des Übergangs, die durch den Willen der Volksvertretung wieder abgelöst würde, um die politische Ordnung der parlamentarischen Demokratie zu restituieren. Diese Vorstellung war noch im Diktaturbegriff einer republikanischen Tradition verwurzelt.[72]

Orientierungsversuche

Es kann kaum der Anspruch erhoben werden, anhand der Standortbestimmungen von Hugo Preuß, Leopold von Wiese und Max Weber das Spektrum des liberalen Denkens am Übergang vom Kaiserreich zur Weimarer Republik in irgendeiner Weise erschöpfend zu vermessen. Aber die Beschäftigung mit diesen drei liberalen

70 Max Weber, »Der Reichspräsident« (1919), in: ders., *Gesammelte Politische Schriften*, S. 498-501, hier S. 499. In diesem Kontext unterstrich Weber allerdings die Notwendigkeit der Rechtsbindung und markierte eine klare Differenz zu späteren Konzeptionen einer souveränen Diktatur, wie sie Carl Schmitt vorsah: »Man sorge dafür, daß der Reichspräsident für jeden Versuch, die Gesetze anzutasten oder selbstherrlich zu regieren, ›Galgen und Strick‹ stets vor Augen sieht.« – Zu Schmitts letztlich gescheitertem Versuch, die souveräne Diktatur als einen kategorialen Begriff einzuführen, vgl. Wilfried Nippel, »Carl Schmitts ›kommissarische‹ und ›souveräne Diktatur‹. Französische Revolution und römische Vorbilder«, in: Harald Bluhm/Karsten Fischer/Marcus Llanque (Hg.), *Ideenpolitik. Geschichtliche Konstellationen und gegenwärtige Konflikte*, Berlin 2011, S. 105-139.

71 Friedrich Meinecke, »Bemerkungen zum Entwurf der Reichsverfassung« (1919), in: ders., *Politische Schriften und Reden*, S. 299-312, hier S. 307.

72 Siehe dazu insgesamt Marcus Llanque, »Die Diktatur im Horizont der Demokratieidee. Zur verfassungspolitischen Debatte der Zwischenkriegszeit«, in: Gusy (Hg.), *Demokratie in der Krise. Europa in der Zwischenkriegszeit*, S. 52-85.

Denkern bietet doch einen Ausgangspunkt dafür, einige Motive der Neuorientierung herauszuarbeiten. Die vergleichende Betrachtung ihrer Kriegs- und Revolutionsschriften ist auch nicht völlig willkürlich. Immerhin galten alle drei als Vertreter eines fortschrittlichen Linksliberalismus und engagierten sich frühzeitig in der DDP.[73] Gleichwohl gibt bereits diese verknappte Zusammenschau einen Eindruck von der Heterogenität liberaler Anschauungen, von unterschiedlichen Suchbewegungen und von der Dynamik, die eine liberale Aneignung des Demokratiebegriffs mit sich brachte.

Wieses Schrift mag theoretisch in vielerlei Hinsicht unergiebig und vage erscheinen. Seine entschlossene begriffspolitische Aneignung des Liberalismus, die Rekonstruktion von dessen normativen Gehalten und die Erinnerung an Menschenwürde, persönliche Freiheit, bürgerliche Selbstverwaltung sowie sein Plädoyer für eine pluralistische, offene Gesellschaft verdienen aber durchaus Respekt, wenn man sich den antiliberalen Zeitgeist der Kriegsgesellschaft, den Konformismus des Burgfriedens und die Machtausweitung des Staates auf allen Ebenen vor Augen führt. Auch hatte Wiese die Kriegsbegeisterung nicht geteilt und gegen den Strom der »Ideen von 1914« im Jahr 1915 seine *Gedanken über Menschlichkeit* veröffentlicht.[74] Er wehrte sich dagegen, mit dem Krieg die zivilisatorischen Werte der bürgerlich-liberalen Welt zu verabschieden. Stattdessen warb er für den Liberalismus, der die Fähigkeit zum reflexiven Lernen, zur Erneuerung, zur Anpassung an veränderte Problemlagen und zur Transformation besitze.[75] Der Liberalismus

73 Preuß und Weber gehörten fraglos zu den prominenten und einflussreichen Mitgliedern der Partei: Preuß avancierte mit seiner langen kommunalpolitischen Erfahrung und seiner staatsrechtlichen Expertise zum ersten Reichsinnenminister des Kabinetts Scheidemann; Weber schlug schließlich trotz zahlreicher Ermutigungen eine Politikerkarriere aus, agierte aber als Berater und in zahlreichen Kommissionen. Zum liberalen parteipolitischen Engagement Wieses siehe Leopold von Wiese, »Selbstdarstellung«, in: *Die Volkswirtschaftslehre der Gegenwart in Selbstdarstellungen*, Leipzig 1929, Bd. 2, S. 187-239, hier S. 222 ff.

74 Leopold von Wiese, *Gedanken über Menschlichkeit*, München 1915.

75 Es ist zudem nicht uninteressant, dass Wiese bereits 1916 einen Sinn für die Begriffsgeschichte nach der später von Koselleck so apostrophierten »Sattelzeit« entwickelt hatte: »Unsere politischen Leitbegriffe sind ja zumeist in der Zeit der Aufklärung und des Naturrechts entstanden, soweit sie nicht schon von der Antike geprägt waren. Jedenfalls knüpft der moderne Sprachgebrauch an die Terminologie der Systeme des 18. Jahrhunderts, die der großen Revolution voraus-

könne dabei immer wieder zur konstitutiven Idee der Freiheit, Gleichheit und Selbstbestimmung des Menschen zurückkehren, weil er im Unterschied zum Sozialismus »seine Forderungen nicht auf äußere (wirtschaftliche) Zusammenhänge gründe, sondern auf innere Kräfte«.[76] In den kommenden Jahren blieb der affirmative Rekurs auf den Liberalismus rar – und Wiese blieb einer der wenigen, die diesen Begriff positiv zu besetzen versuchten.[77]

Während Wiese noch einem eher konventionellen Programm bürgerlicher Erziehung anhing (und sich dementsprechend engagiert für die neuen Volkshochschulen einsetzte[78]), trieb Hugo Preuß die Idee einer liberalen Demokratisierung voran und wollte die Einübung in die Kultur der Demokratie durch praktische bürgerliche Betätigung in demokratischen Institutionen befördern. Preuß selbst hatte die »Verachtung des Liberalismus« als Zeittendenz registriert[79] und schien den Begriff aus diesem Grund zu meiden. Er warb stattdessen für die Demokratie in der für Liberale gewöhnungsbedürftigen Semantik des Volkstaates, der das Prinzip der bürgerlichen Selbstorganisation (als Eindeutschung von *self-government* gedacht) ins Zentrum stellte. Anknüpfend an die Traditionen des stadtbürgerlichen und kommunalen Sozialliberalismus thematisierte Preuß in zeittypischer Weise weniger die negativen, als vielmehr die positiven Freiheiten eines politisch verantwortlichen Liberalismus, der die Nähe zum und Kooperation mit dem sozialdemokratischen Reformismus suchte.[80] Der praxisorientierte

gingen, an und überträgt die damals geschaffenen Begriffe auf die Verhältnisse der Gegenwart, die sich seitdem beträchtlich verschoben und kompliziert haben. Das Begriffskleid von damals ist ihnen zu eng geworden.« (Wiese, »Liberalismus und Demokratismus in ihren Zusammenhängen und Gegensätzen«, S. 410)

76 Wiese, *Der Liberalismus in Vergangenheit und Zukunft*, S. 128.

77 Siehe etwa Leopold von Wiese, »Gibt es noch Liberalismus?«, in: Bonn/Palyi (Hg.), *Wirtschaftswissenschaft nach dem Kriege*, Bd. 1, S. 11-29.

78 Siehe Ringer, *Die Gelehrten*, S. 249 f.

79 Preuß, *Das deutsche Volk und die Politik*, S. 65.

80 Zur wichtigen Rolle des deutschen Kommunalliberalismus vgl. Langewiesche, *Liberalismus in Deutschland*, S. 200-211, sowie ders., »Liberalismus heute – historisch gesehen«, in: ders., *Liberalismus und Sozialismus. Ausgewählte Beiträge*, hg. von Friedrich Lenger, Bonn 2003, S. 206-231, hier S. 220-222. – Zu Preuß' Wendung »gegen das strikt liberale Konzept der vorstaatlichen Freiheiten« und seinem »positiven Freiheitsbegriff« siehe Kathrin Groh, *Demokratische Staatslehrer in der Weimarer Republik. Von der konstitutionellen Staatsrechtslehre zur Theorie des modernen Verfassungsstaats*, Tübingen 2010, S. 34 f.

Staatsrechtler verband seine scharfe Kritik am Obrigkeitsstaat mit der Erkenntnis des neuen Sozialliberalismus, dass liberales Denken nicht mehr Staatsferne oder Freiheit vom Staat anstreben könne, sondern freie, pluralistisch gestaltete Wege zur demokratischen Gestaltung des Gemeinwesens suchen müsse. Preuß machte damit mehr als andere deutlich, dass die demokratische Volkssouveränität ein Ideal war, das nur mit den Mitteln intermediärer Gewalten (Verwaltung, Parteiwesen, Parlament, staatliche Institutionen) verständlich zu machen sei. Preuß' republikanisches Ethos vom Staat als einer »Wir-Gemeinschaft«, verbunden mit dem Ziel, ein Untertanenvolk zu einem positiv politisierten Staatsvolk zu erziehen, lässt sich mit Kathrin Groh dementsprechend als »ein normativ höchst anspruchsvolles, zivilgesellschaftliches Konzept von partizipativer Demokratie« begreifen.[81]

Wenn Preuß die liberalen und demokratischen Wertgrundlagen seiner staatsrechtlichen und politischen Konzeption nicht eigens problematisierte, schien das damit zusammenzuhängen, »daß nämlich gemeinhin nicht so viel über die ›Luft‹ redet, wer sie ohnehin ›atmet‹«.[82] Im Gegensatz zu dieser »input-orientierten« normativen Theorie des demokratischen Verfassungsstaates ging es Max Weber darum, die Effizienz, Praktikabilität und Handlungsfähigkeit demokratischer Regierungsweise unter Beweis zu stellen. Demokratisch gewählte politische Führer besaßen nicht nur Rückhalt und Vertrauen in der Bevölkerung, sie hatten im Wettstreit mit ihren Kontrahenten zudem ihre Kompetenz zu demonstrieren und konnten im Falle ihres Versagens zügig ersetzt werden. Die Personalisierung politischer Inhalte, Parteiorganisation und -disziplin sowie die Konkurrenz durch eine ständige oppositionelle Regierungsalternative – dies waren die dynamischen Faktoren von Webers »realistischer« Elitetheorie der Demokratie, die zur Rationalisierung politischen Handelns führen sollte.

David Beetham schreibt Weber »die wirklich substantielle Erneuerung der liberaldemokratischen Theorie« zu und sieht darin »die dezidierteste und überzeugendste Neuformulierung des Libe-

81 Ebenda, S. 38.

82 Diese Paraphrase verwendete Preuß selbst mit Blick auf England. Siehe Detlef Lehnert, »Der Beitrag von Hans Kelsen und Hugo Preuß zum modernen Demokratieverständnis«, in: Gusy (Hg.), *Demokratisches Denken in der Weimarer Republik*, S. 221-255, hier S. 253.

ralismus in jener Zeit«.[83] In dieser Einschätzung sind ihm nicht wenige Ideenhistoriker gefolgt, auch weil sich die Verdichtung theoriegeschichtlicher Entwicklungsschübe im Werk »großer Männer« anbietet. Webers Einfluss auf die politiktheoretische Debatte der Weimarer Zeit war immens, aber in der Konzentration auf eine von ihm geprägte skeptisch-realistische Wende des Liberalismus, in der eine Abkehr vom Normativen zugunsten der Funktionsimperative demokratischer Politik vollzogen wurde, liegt eine starke Tendenz zur Vereinseitigung. Zwar war sein Einfluss auf die Weimarer Verfassung erheblich, wie sich an der Gestaltung des Reichspräsidentenamtes zeigen lässt,[84] aber der Verfassungsentwurf seines geschätzten Kollegen Preuß, der sich in den Verhandlungen der Nationalversammlung durchsetzte, beinhaltete doch einen ganzen Katalog sozialliberaler Programmpunkte, die sich Weber nicht ohne weiteres zuordnen ließen. Zudem wirkt die Fixierung auf Weber als den wichtigsten liberalen Denker der Weimarer Republik deplatziert, wenn man bedenkt, dass er gerade einmal die ersten anderthalb Jahre ihrer Geschichte miterleben konnte.[85] Die Diskussionen um die Demokratie, ihr Verhältnis zum Liberalismus und zum Parlamentarismus entwickelten eine ganz andere Dynamik, als Weber sich das hatte vorstellen können. Wenn es um die Chancen und vor allem die Gefährdungen und Grenzen der Massendemokratie ging, ließen sich normative Erwägungen und partizipatorische Bedürfnisse nicht ignorieren. Vor allem trat sehr schnell ins Bewusstsein, wie schwierig es auf der Folie eines weberianischen Funktionalismus sein würde, mithilfe der parlamentarischen Demokratie die sich zuspitzenden Ideologie- und Klassenkonflikte auszubalancieren bzw. für Integration zu sorgen.

83 David Beetham, »Geatano Mosca, Vilfredo Pareto und Max Weber. Ein historischer Vergleich«, in: Mommsen/Schwentker (Hg.), *Max Weber und seine Zeitgenossen*, S. 216-241, hier S. 239 f.

84 Vgl. ausführlich Mommsen, *Max Weber und die deutsche Politik*, S. 356-407.

85 Siehe etwa Bellamy, *Liberalism and Modern Society*, S. 165-216; Müller, *Contesting Democracy*, S. 40-46.

Startbedingungen für die Demokratie

Vergegenwärtigt man sich das Verhältnis von Liberalen zur Demokratie, so stößt man in den Debatten der Kriegsjahre auf die verbreitete Auffassung, dass sich Politik und Gesellschaft ohnehin auf dem Weg ins Zeitalter der demokratischen Gleichheit befänden. Spätestens seit Tocquevilles epochalen Studien über die Demokratie in Amerika gewann die Überzeugung an Boden, dass der Demokratisierungsprozess grundsätzlich nicht aufzuhalten, allenfalls zu bremsen oder zu kanalisieren sei. Der Untergang des Kaiserreichs ließ sich als Konsequenz einer natürlichen Tendenz Richtung Demokratie interpretieren. Unabhängig davon, ob man diese Entwicklung für notwendig oder für unvermeidlich hielt, sorgte eine solche deterministische Sicht dafür, dass sich die Empathie für die Demokratie in Grenzen hielt und auf liberaler Seite eher vor der Gefahr einer Entgleisung revolutionärer Demokratieforderungen gewarnt wurde.

Der politische Erdrutsch im Oktober und November 1918 machte vieles obsolet, was über Jahre auf der Reformagenda des fortschrittlichen Liberalismus gestanden hatte und Gegenstand zäher Auseinandersetzungen gewesen war: der Kampf gegen das preußische Dreiklassenwahlrecht, die Kritik an der Prärogative des Kaisers, die Forderung nach parlamentarischer Regierung in der Monarchie. Dies alles war mit der Novemberrevolution und der Einsetzung des Rates der Volksbeauftragten Makulatur geworden. Einen lebendigen Eindruck von dieser tektonischen politischen Verschiebung und den damit einhergehenden liberalen Neuorientierungsversuchen gibt der Theologe Ernst Troeltsch. Seine »Spectator-Briefe«, die er über drei Jahre (1919-1922) in der Kulturzeitschrift »Kunstwart« publizierte, erlangten große Aufmerksamkeit im liberalen Bürgertum und werden »zu den eindringlichsten Zeugnissen einer liberalen Werthaltung« in der Republikgründungsphase gezählt.[86] Wie nicht wenige andere »Vernunftrepublikaner« oder »Vernunftdemokraten« versuchte Troeltsch, sich umgehend auf neue Verhältnisse einzustellen.[87] Einen ersten öffentlichen Orien-

86 Gangolf Hübinger, »Einleitung«, in: Ernst Troeltsch, *Spectator-Briefe und Berliner Briefe. Kritische Gesamtausgabe*, Bd. 14, hg. von Gangolf Hübinger in Zusammenarbeit mit Nikolai Wehrs, Berlin/Boston 2015, S. 1-20, hier S. 19.

87 Troeltsch war laut Selbstauskunft kein »eigentlicher Demokrat«, sondern emp-

tierungsversuch dokumentiert ein Vortrag über »Demokratie«, den er im Dezember 1918 vor dem Demokratischen Studentenbund hielt. »Über Nacht« sei Deutschland »zur radikalsten Demokratie Europas geworden«, und die Anerkennung der Weltkriegsniederlage nötige zur »Angleichung an die übrige politische Welt«.[88] Um welchen Angleichungsprozess es sich handeln sollte, stand freilich unter unsicheren Vorzeichen, wie man Troeltschs tastenden begrifflichen Sondierungen anmerkte. Es war kaum zufällig, dass er in einer Phase der Revolutionsparolen jeden Bezug zum Liberalismus mied. Die Demokratie, deren Siegeszug Troeltsch für unaufhaltsam hielt, war die Losung der Stunde. Dabei war er zu weitgehenden Zugeständnissen bereit: Es könne sich jedenfalls »nicht bloß um eine rechtlich und ethisch gedachte Formaldemokratie handeln«, sondern es müsse zugleich um eine »Neuordnung der Besitz- und Erwerbsverhältnisse« gehen, kurz: alles musste auf »eine soziale Demokratie« hinauslaufen.[89]

Damit artikulierte Troeltsch ein Leitmotiv der kommenden Jahre: das Plädoyer für eine Entwicklung von der bürgerlichen oder »formalen« Demokratie zur sozialen Demokratie. Von Thomas Mann bis Hermann Heller wurde dieser Übergang in der Krisenphase der Republik gefordert, ohne allerdings hinreichend Kriterien aufbieten zu können, wann der Zustand einer »sozialen Demokratie« erreicht sein könnte.[90] Überdies hatte es die klassische bürgerliche Demokratie in Deutschland bis dato gar nicht gegeben, allenfalls demokratische Elemente; trotzdem galt die Weimar Republik bereits als demokratische Staatsform einer postbürgerlichen Epoche.

fand sich als »Vernunftdemokrat«, wie er in einem Brief aus dem September 1919 äußerte. Zitiert bei Hans-Georg Drescher, *Ernst Troeltsch. Leben und Werk*, Göttingen 1991, S. 466.

88 Ernst Troeltsch, »Demokratie« (1918), in: ders., *Schriften zur Politik und Kulturphilosophie (1918-1923). Kritische Gesamtausgabe*, Bd. 15, Berlin/New York 2012, S. 211-224, hier S. 211, 216. Der Text ist nahezu deckungsgleich mit Ernst Troeltsch, »Die deutsche Demokratie«, in: ders., *Spektator-Briefe. Aufsätze über die deutsche Revolution und die Weltpolitik 1918/22*, hg. von Hans Baron, Tübingen 1924 (Neudruck Aalen 1966), S. 301-313.

89 Troeltsch, »Demokratie«, S. 218 f.

90 Siehe etwa Thomas Mann, »Gruß an das Reichsbanner« (1929), in: ders., *Essays. Bd. 3: Ein Appell an die Vernunft 1926-1933*, hg. von Hermann Kurzke und Stephan Stachorski, Frankfurt/M. 1994, S. 161-164; ders., »Sieg deutscher Besonnenheit« (1932), in: ebenda, S. 343 f.

Troeltschs Stellungnahme akzeptierte die Hegemonie der Demokratie als »einzig denkbare Voraussetzung«, betonte aber den deutschen Aufhol- und Lernbedarf, um das politische Leben mit demokratischem Geist zu erfüllen.[91] Es war unübersehbar, wie Troeltsch um die Rettung liberaler Vorstellungen rang, wenn er in der Demokratie »nicht mehr eine rein politisch-moralische Prinzipienfrage und ein Kampfmittel aufstrebender Schichten« erkennen wollte, sondern eine praktische Notwendigkeit, ohne jeden »Doktrinarismus«. Im Anschluss an die Topoi der Weltkriegsdebatten sollte die Demokratie »große Volkskreise zu ungeheurer Produktivität zusammenfassen«, »Liebe und Hingabe an den gemeinsamen Staat begründen, die menschliche Würde und Persönlichkeit jedes Bürgers zu größerer Geltung bringen, Verantwortung und Initiative in die einzelnen Willen einpflanzen« und »eine zweckmäßige Auslese neuer frischer Talente« bewirken.[92] Es war Troeltschs Anliegen, die »alte aristokratische Geisteskultur und Freiheit« zu bewahren und gegen die revolutionäre Zeitstimmung das »Ideal einer konservativen Demokratie« aufzurichten.[93] Das Stichwort »konservative Demokratie« – von Troeltsch gewählt, um einen »deutschen Weg« mit eigener ideengeschichtlicher Linie zu begründen, konnte sich (wie so viele historische Herleitungsversuche) nicht durchsetzen.

Wie sein Heidelberger Freund Max Weber verzichtete Troeltsch auf eine explizite Stellungnahme zur Lage des Liberalismus.[94] Im Unterschied zu Weber widmete er allerdings dem Verhältnis von Parlamentarismus und Demokratie keine gesonderte Aufmerksamkeit. Zwar verteidigte er die parlamentarische Demokratie, aber sie war für ihn »nur das erste, nicht das letzte Wort dieser neuen Entwicklungen bei uns«, wie er im Juni 1920 schrieb.[95] Aus Troeltschs um Orientierung bemühten und besorgten Zeitanalysen spricht

91 Troeltsch, »Demokratie«, S. 220.

92 Ebenda, S. 217 f.

93 Ebenda, S. 222, 224.

94 Weber hatte sich mit Troeltsch im Herbst 1915 zerstritten, weil er dessen kriegspolitisches Engagement für die »Ideen von 1914« scharf kritisierte. Im Frühjahr 1919 muss allerdings eine Versöhnung stattgefunden haben, und es gab ohnehin das gemeinsame parteipolitische Engagement für die DDP. Siehe zum Verhältnis der beiden Friedrich Wilhelm Graf, »Fachmenschenfreundschaft. Bemerkungen zu Max Weber und Ernst Troeltsch«, in: Mommsen/Schwentker (Hg.), *Max Weber und seine Zeitgenossen*, S. 313-336, hier S. 316-321.

95 Ernst Troeltsch, *Spektator-Briefe*, S. 149.

das Bestreben, einen neuen Standpunkt der Mitte zu finden. Die bürgerliche Mitte und damit die soziale und kulturelle Trägerschicht einer stabilen Republik sah er existentiellen Gefährdungen ausgesetzt. Obwohl er von der starken »Weltstellung der Demokratie trotz allem Sozialismus« ausging,[96] beschäftigten ihn (nach Revolution, bürgerkriegsähnlichen Zuständen und Kapp-Putsch) an erster Stelle die Bedrohungen der fragilen Demokratie durch den Links- und Rechtsextremismus. Sorge und Kritik beanspruchten so viel Raum und intellektuelle Energie, dass für die konstruktive Programmatik eines demokratischen Liberalismus kaum Raum blieb. Insofern verkörperte Troeltsch, der ja selbst als parlamentarischer Staatssekretär im preußischen Wissenschafts- und Kultusministerium wirkte, die schwierige Lage eines überforderten Liberalismus, der sich ideell an die Interessen eines Bürgertums gebunden sah, dessen Konturen immer schwerer zu bestimmen waren.[97]

Gegen den pejorativen Gebrauch der Bezeichnung »Vernunftrepublikanismus« hat der Jurist Christoph Gusy jüngst mit Recht geltend gemacht, dass eine Parteinahme für die Republik aus Vernunft und Einsicht kaum tadelnswert sein dürfte, weil vor allem in der Staatsrechtslehre (oder in der politischen Theorie) »vernünftige« Argumente mehr zählen sollten als jeder noch so gut gemeinte »Herzensrepublikanismus«.[98] In der Tat ließ die zögerliche Ak-

96 Ebenda, S. 148.

97 Zu Troeltschs politischer Publizistik und seinem politischen Engagement siehe Drescher, *Ernst Troeltsch*, S. 454-481.

98 Christoph Gusy, »Vernunftrepublikanismus in der Staatsrechtswissenschaft der Weimarer Republik«, in: Wirsching/Eder (Hg.), *Vernunftrepublikanismus in der Weimarer Republik*, S. 195-217. – Wie ungewöhnlich eine vernunftrepublikanische Berufung auf Immanuel Kant war, zeigt die relativ isolierte Stellung des Neukantianers Ernst Cassirer, dessen anspruchsvolle Herleitung einer republikanisch-liberalen Tradition in Deutschland kaum Anklang fand. Siehe dazu Thomas Meyer, »›Vorrede zur Magna Charta der Deutschen Republik‹. Ernst Cassirer, der Kreis um Aby Warburg und der Vernunfrepublikanismus«, in: ebenda, S. 109-128. Cassirers geistesgeschichtliche Rekonstruktion des Republikanismus findet sich v. a. in Ernst Cassirer, »Die Idee der republikanischen Verfassung. Rede zur Verfassungsfeier am 11. August 1928«, in: ders., *Aufsätze und Kleine Schriften. Gesammelte Werke*, Bd. 17, Hamburg 2004, S. 291-307; ders., »Wandlungen der Staatsgesinnung und der Staatstheorie in der deutschen Geschichte. Festansprache aus Anlaß des Verfassungstages am 22. Juli 1930«, in: Pressestelle der Universität Hamburg (Hg.), *Zum Gedenken an Ernst Cassirer (1874-1945). Ansprachen auf der akademischen Gedenkfeier am 11. Mai 1999*, Hamburg 1999, S. 52-72.

zeptanz der Republik innerhalb der älteren Generation, die ihre wesentlichen Prägungen im Kaiserreich erhalten hatte, die Bereitschaft »zu immer neuer Erweiterung und Umbildung« des Weltbildes erkennen, wenn man Friedrich Meinecke folgt: »Wir wurden Demokraten, weil wir uns klar machten, daß auf keinem anderen Wege die nationale Volksgemeinschaft und zugleich die lebensfähigen aristokratischen Werte unserer Geschichte würden erhalten werden können.«[99] Dass diese »Umbildung des Weltbildes« auch Konstanten brauchte, zeigte sich in der Übertragung aristokratischer Überzeugungen auf die politische Ordnung. Dazu zählte Webers Theorie einer demokratischen Elitenbildung, die eine besondere Scharnierfunktion besaß und Vorstellungen von demokratischer Kultur und Lebensform zunächst überwölbte.[100]

Es war offen, inwiefern die Demokratie zu Integration, Kompromissfindung und konstruktiver Problemlösung in der Lage sein würde. Zunächst schien sie für die meisten Liberalen der Generation Meinecke/Troeltsch/Weber eher Schicksal und Aufgabe, als dass emphatische Hoffnungen und Versprechen mit ihr verbunden waren. Die Rhetorik der Illusionslosigkeit dominierte.

Wenn man 1918/19 von einem Triumph der Demokratie sprechen kann, dann war dieser kurzlebig – und vor allem löste er gerade unter den besiegten Nationen wie Deutschland keine den späteren Epochenjahren 1945 und 1989 vergleichbaren Befreiungsgefühle aus. Zwar schienen den Sozialdemokraten und den Liberalen langgehegte verfassungspolitische Ziele nun in den Schoß zu fallen. Zugleich waren allerdings die Novemberrevolution und der politische Umbruch mit dem Stigma von Niederlage und Verlust belegt. Die politische Erbschaft des Kaiserreichs wurde in bedrängter außenpolitischer Lage sogleich zu einer Aufgabe, die, gemessen

99 Friedrich Meinecke, »Einleitung«, in: Ernst Troeltsch, *Spektator-Briefe*, S. IVf.

100 So auch bei Troeltsch, *Spektator-Briefe*, S. 201: »Und die demokratisch-politische Technik bleibt auf alle absehbare Zeit doch die einzige uns zur Verfügung stehende politische Maschinerie; sie aber schließt doch jede volle und eigentliche Reaktion aus [...]. Was überhaupt nicht mehr ist, kann nicht wieder hergestellt werden. So kann man doch vielleicht hoffen, daß eine Politik der kaltblütigen illusionslosen Bilanz möglich wird, die auf Zerstörtes verzichtet, neue Kräfte aufnimmt und die alten den neuen Verhältnissen anpaßt, die aus der schicksalsmäßig gewordenen Demokratie wenigstens das politische Verantwortungs- und Solidaritätsgefühl sowie die Willigkeit zur Führer-Auslese herausläutert, ohne welche die Demokratie nur ein spießbürgerlicher Größenwahnsinn ist.«

an den durch Kriegsagitation und nationale Selbstüberhebung über Jahre gesteigerten Erwartungen nur scheitern konnte.

Es kam hinzu, dass der überhitzte ideologische Gegensatz zwischen liberaler Demokratie und monarchischer Autokratie sich erst in jüngster Zeit gebildet hatte und in seinen Verzerrungen auch die unmittelbare Nachkriegszeit vergiftete. Die Alliierten waren gegen die Mittelmächte noch gar nicht im Namen der Demokratie angetreten; die Idee der westlichen Demokratie hatte sich erst im Propagandakrieg herausgebildet. Möglicherweise war das »Wilsonian Moment«, der Kriegseintritt der USA im Jahr 1917 mit dem bald darauf folgenden 14-Punkte-Plan, der Höhepunkt einer demokratischen Verheißung.[101] Es war der britische Jurist und Politiker James Bryce, der in seinem Standardwerk über »Modern Democracies« im Jahr 1921 die »universelle Akzeptanz der Demokratie als normale und natürliche Form der Regierung« diagnostizierte und die Hoffnung auf eine umfassende Demokratisierung in Europa ausdrückte.[102] Er wies aber zugleich darauf hin, dass dies nicht unbedingt deswegen der Fall war, weil man die Demokratie für die beste politische Ordnung hielt oder die von ihr verkörperten Werte absolut setzte, sondern weil sich die meisten von der Demokratie versprachen, dass sie das Mittel für eine bessere Zukunft sei: »Sie wird nicht für das geschätzt, was sie ist, sondern für das, was sie für die Massen zu erreichen verspricht.«[103] Die Demokratie war also eher ein Erwartungs- als ein Erfahrungsbegriff der Praxis, jedenfalls für all jene Staaten, die nach dem Großen Krieg einen politischen Systemwechsel vornahmen. Welches politische Ordnungsmodell damit verbunden war, blieb in vielerlei Hinsicht unklar. Bryce wurde im Nachkriegsdeutschland sehr breit rezipiert, und sein liberaler Optimismus repräsentierte in gewisser Weise den Stand der Demokratieforschung.[104]

101 Siehe zu dieser Hochphase auch G. John Ikenberry, *After Victory. Institutions, Strategic Restraint and the Rebuildung of Order after Major Wars*, Princeton/Oxford 2001, S. 155-160.

102 James Bryce, *Modern Democracies*, Vol. 1, New York 1921, S. 4.

103 James Bryce, *Modern Democracies*, Vol. 2, New York 1921, S. 603 (Übers. v. J. H.).

104 Die deutsche Übersetzung von Bryces voluminösem Werk besorgte Karl Loewenstein. Grundsätzlich zustimmende Aufnahme fand Bryce bei Ernst Troeltsch, »Naturrecht und Humanität in der Weltpolitik« (1922), in: ders., *Deutscher Geist und Westeuropa. Gesammelte kulturphilosophische Aufsätze und*

Bryce wusste als Brite, wie sehr eine funktionierende Demokratie auf die Verankerung in einer freiheitlichen politischen Kultur angewiesen war. Auch die Preisgabe der Demokratie und der Rückfall in oligarchische oder autokratische Regierungsformen geschahen nie ohne aktive oder passive Zustimmung der Bevölkerung. So beobachtete er bereits 1921: »Die Oligarchie schießt überall aus dem Boden, als ob ein Naturgesetz dahinter stünde. Überhaupt passieren in diesen Zeiten so seltsame Dinge, dass nichts für unmöglich erklärt werde kann. Rar sind die demokratischen Länder, in denen die Freiheit für die kommenden ein bis zwei Jahrhunderte gesichert erscheint.«[105]

In Europa gab es zweifellos große Hoffnungen, dass aus dem Krieg die richtigen zivilisatorischen und politischen Lehren gezogen würden – zu ihnen sollte die Demokratie gehören. Aber es stellte sich auch bald heraus, dass die Gewalterfahrung des Krieges schwere sozialpsychologische Folgeschäden in den Nachkriegsgesellschaften hinterlassen hatte und eine Verrohung der politischen Kultur nach sich zog. Politische Gegensätze formierten sich an kampfbereiten Bürgerkriegsfronten. Die politische Auseinandersetzung zielte nicht auf Überzeugung durch rationale Argumentation und Kompromiss, sondern auf die gewaltsame Schwächung, wenn nicht sogar die Vernichtung des Gegners. Insofern bedeutete die Epochenwende 1918/19 einen unsicheren Aufbruch, der ganz verschiedene Richtungen einschlagen konnte. Der Kulturhistoriker Wolfgang Schivelbusch weist mit Recht darauf hin, dass nach dem »ersten Schock der Niederlage« ein lagerübergreifender »kurzlebiger Konsens« nur über die notwendige Beseitigung des wilhelminischen Systems bestand. Die weiter reichenden Ziele waren dagegen völlig verschieden: Während die radikale Linke den Ausbruch der Weltrevolution erwartete, setzte die liberale Mitte auf eine re-

Reden, hg. von Hans Baron, Tübingen 1925 (Neudruck Aalen 1966), S. 3-27, hier S. 3 f., 12, 19; Richard Thoma, »Der Begriff der modernen Demokratie in seinem Verhältnis zum Staatsbegriff«, in: Melchior Palyi (Hg.), *Hauptprobleme der Soziologie. Erinnerungsgabe für Max Weber*, München/Leipzig 1923, Bd. 2, S. 37-64, hier S. 40; Moritz Julius Bonn, *Die Krisis der europäischen Demokratie*, München 1925, S. 15; Ferdinand Tönnies, »Zur Soziologie des demokratischen Staates«, in: ders., *Soziologische Studien und Kritiken*, Bd. 2, Jena 1926, S. 304-352; Schmitt, *Verfassungslehre*, S. 223 f.

105 Bryce, *Modern Democracies*, Vol. 2, S. 603 (Übers. v. J. H.).

formistische »Einführung westlicher Verhältnisse«, und eine sich formierende revolutionäre Rechte erhoffte sich die »Wiedergeburt der Nation«.[106] Schivelbuschs idealtypische Dreiteilung des politischen Spektrums kann kaum überdecken, dass auch die der liberalen Mitte zuneigenden Befürworter einer »Verwestlichung« eine sehr heterogene Gruppe bildeten. Wenn es auch vage politische Gemeinsamkeiten und geteilte Grundüberzeugungen gab wie das Ziel eines gerechten Friedens, die Herstellung einer funktionsfähigen demokratischen Ordnung, die Bewahrung von Privateigentum und Marktwirtschaft (mit Konzessionen an Sozialisierungsbestrebungen), so standen doch pragmatische Machbarkeitsüberlegungen und politisch-strategische Erwägungen anfangs häufig im Vordergrund.[107]

Liberale befanden sich in einer eigenartig ambivalenten Situation. Zum einen herrschte das Gefühl einer nationalen Niederlage und der Eindruck, dass ein Grund für die Unterlegenheit nicht nur dem Versagen des politischen Systems anzulasten war und man die Schuld nicht einfach auf die ehemaligen Führungseliten abwälzen konnte. Die Gesellschaft selbst musste nach den strukturellen Ursachen für Kontrollverluste und politische Irrwege suchen. In der selbstkritischen Aufarbeitung von Niederlagen hat Reinhart Koselleck bekanntermaßen »ein unausschöpfbares Potential des Erkenntnisgewinns« sehen wollen.[108] Denn die Primärerfahrung des Besiegten, »daß alles anders gekommen ist als geplant oder erhofft«,[109] gibt stets Anlass zu besonderen Reflexionsbemühungen, bringt konsequente Ernüchterungseffekte mit sich und erzwingt damit Realismus. Zum anderen waren »Erfahrungswandel und Methodenwechsel« (Koselleck) nicht nur für Historiker vonnöten (auf die sich Kosellecks Überlegungen primär bezogen), sondern

106 Siehe Wolfgang Schivelbusch, *Die Kultur der Niederlage. Der amerikanische Süden 1865 – Frankreich 1871 – Deutschland 1918*, Berlin 2001, 2. Aufl., S. 273.

107 Das Verhalten liberaler Gelehrtenpolitiker war eher pragmatisch als ideologisch geprägt, urteilte in einer immer noch lesenswerten Studie Walter Bussmann, »Politische Ideologien zwischen Monarchie und Weimarer Republik. Ein Beitrag zur Ideengeschichte der Weimarer Republik«, in: *Historische Zeitschrift* 190 (1960), S. 55-77, hier S. 61.

108 Siehe den klassischen Text von Reinhart Koselleck, »Erfahrungswandel und Methodenwechsel. Eine historisch-anthropologische Skizze«, in: ders., *Zeitschichten. Studien zur Historik*, Frankfurt/M. 2000, S. 27-77, hier S. 77.

109 Ebenda, S. 68.

stellten ganz neue Herausforderungen an das liberale Denken. Der Liberalismus musste die gewohnte oppositionelle Rolle aufgeben und sah sich auf einmal mit gestaltenden und verantwortlichen Staatsaufgaben konfrontiert, als der lange dominante preußische Konservatismus politisch entmachtet worden war. Nach den revolutionären Unübersichtlichkeiten schien ein unverhoffter politischer Sieg für das liberale Bürgertum, das in Koalition mit der reformistischen Sozialdemokratie und dem katholischen Zentrum eine staatstragende Rolle einnehmen konnte, in greifbarer Nähe. Dieser Rollenwechsel traf den Liberalismus (ebenso wie die Sozialdemokratie) unvorbereitet, da man nicht auf eine republikanische Tradition zurückgreifen konnte und nur unzureichende Erfahrungen parlamentarischer Praxis besaß.[110]

Das »Traumland der Waffenstillstandsperiode« (Troeltsch)[111] und die unübersichtlichen Startbedingungen der Republik boten in ihren Hoffnungen und Befürchtungen Raum für eine beachtliche Bandbreite politiktheoretischer Reflexion – zwischen Selbstüberschätzung und Desillusionierung auf Seiten der Liberalen. In jedem Fall gab es keine einhellige »Kultur der Niederlage«, sondern vielfältige Erkenntnisschübe, die aus dem schmerzhaften Abschied von der alten Welt, der Sehnsucht nach politisch-moralischer Erneuerung und aus der Konfrontation mit ganz neuen Problemen ideologischer Auseinandersetzung hervorgingen.[112]

Schwierigkeiten mit der liberalen Demokratie

Wenn man die Epoche nach 1918 als eine Krisen-, Umbruchs- und Neuorientierungsphase begreift, dann standen Liberale vor der Herausforderung, den Kern ihres Denkens zeitgemäß zu definieren

110 Zu diesem Aspekt die vergleichenden Überlegungen von Stefan Grüner, »Zwischen Einheitssehnsucht und pluralistischer Massendemokratie. Zum Parteien- und Demokratieverständnis im deutschen und französischen Liberalismus der Zwischenkriegszeit«, in: Horst Möller (Hg.), *Demokratie in Deutschland und Frankreich 1918-1933/40. Beiträge zu einem historischen Vergleich*, München 2002, S. 219-249, hier S. 247 f.

111 Troeltsch, *Spektator-Briefe*, S. 69.

112 Siehe dazu das eindrucksvolle Ideenpanorama bei Schivelbusch, *Die Kultur der Niederlage*, S. 272-336.

und gegen den Trend der alles überwölbenden Debatten um Sozialismus und Demokratie herauszustellen, wofür der Liberalismus gebraucht und was sein Beitrag innerhalb der neuen politischen Landschaft sein werde. Die Demokratisierungsforderungen der Progressiven waren im Kaiserreich innerhalb des heterogenen bürgerlichen Lagers stets umstritten, auch weil die Demokratie den Liberalen in der politischen Praxis selten genützt hatte – Konservative, Sozialdemokraten und Zentrum hatten bei jeder Ausweitung des Wahlrechts weitaus stärker profitiert. Dementsprechend blieb der elitenorientierte, bürgerlich-wirtschaftsnahe Liberalismus weiterhin skeptisch gegenüber einer vollständigen Identifizierung der liberalen Idee mit der Demokratie.[113] Vor dem Hintergrund der Erfahrung im Bismarckreich schien das allgemeine und gleiche Wahlrecht vielen als »ein Instrument plebiszitärer und damit antiliberaler Politik«.[114] Dieses Misstrauen gegenüber der Demokratie war der Tatsache geschuldet, dass man bis dato mit einem sehr schematischen rousseauistischen Begriff von Demokratie operierte, der praktische demokratische Prozeduren weitgehend ignorierte und sich an einer eher unrealistischen Vorstellung von Volkssouveränität orientierte, deren unvermittelte Direktheit und massenemotionale Stimmungsabhängigkeit zumeist als Schreckensszenario dienten. Im Nachhinein erscheint es merkwürdig, wie wenig verbreitet einigermaßen realistische Auffassungen von einer gemischten Verfassung waren, die aristokratische, republikanische, demokratische und liberale Elemente vereinen konnte – zumal diese tatsächlich in der Weimarer Verfassung auffindbar waren.

Risse im parteipolitischen Liberalismus

Die »liberale Demokratie« war weit davon entfernt, ein allgemein akzeptiertes Modell zu sein, sondern genaugenommen nur eine unter anderen stark umkämpften Positionen. Um das Verhältnis von Demokratie und Liberalismus wurde hart gerungen; Carl Schmitts von vielen geteilte, heute bekannteste Entgegensetzung der beiden Begriffe, die er in seiner einflussreichen Schrift *Die geistesgeschicht-*

113 Zum Liberalismus als Demokratisierungsverlierer vgl. Sheehan, *Der deutsche Liberalismus*, S. 168-189, S. 315 f.; Langewiesche, *Liberalismus in Deutschland*, S. 211 ff.

114 Llanque, *Demokratisches Denken im Krieg*, S. 77.

liche Lage des heutigen Parlamentarismus niederlegte, war in der Grundlinie keineswegs besonders originell.[115] Darin pointierte er nur verbreitete Stereotype. Während Schmitt jedoch die Demokratie gegen den Parlamentarismus (und den mit ihm identifizierten Liberalismus) ausspielte, zogen Rechtsliberale aus der vermeintlichen Dysfunktionalität des Parlamentarismus unter massendemokratischen Bedingungen andere, nämlich kulturkritisch-antidemokratische Konsequenzen. Für sie drohten mit der Absolutsetzung von Demokratie und Volkssouveränität ein nivellierender Egalitarismus sowie die Herrschaft der Mittelmäßigkeit. »Die Demokratie haßt die Genies, sie wird von ihnen leicht, wie Napoleon gezeigt hat, gemeistert. Aber der Liberalismus ersehnt die Genies«, proklamierte der Jurist und DVP-Politiker Eugen Leidig in seiner Schrift zum Verhältnis von »Liberalismus und Demokratie«. Er bekräftigte damit eine elitär-romantische Haltung zum Problem der Führerauslese, die die liberale Anfälligkeit für die Sehnsucht nach dem charismatischen Einzelnen illustrierte.[116] In seiner Broschüre stellte er auf symptomatische Weise den Wert der Persönlichkeit und die Bedeutung des Nationalen gegen eine neue demokratische Politik, der er sich gleichwohl nicht völlig entzog. Staatlicher Interventionismus in wirtschaftlichen und sozialen Verhältnissen sowie die »Fürsorge für die wirtschaftlich Schwachen« erkannte Leidig ebenso an wie gewisse Maßnahmen zur Sozialisierung. Er legte allerdings Wert darauf, solche Konvergenzen mit sozialistischen Ge-

115 Wesentliche Aspekte der von Schmitt vorgebrachten Parlamentarismuskritik fanden sich z. B. in einem frühen Aufsatz von Joseph A. Schumpeter, wenngleich dieser nicht auf die leitenden Prinzipien (bei Schmitt Diskussion und Öffentlichkeit), sondern auf die ständische Herkunft des Parlaments verweist. Die Kritik an der Dysfunktionalität der parlamentarischen Demokratie, die Schumpeter im Blick auf eine mögliche Realisierung von Rätesystem und Sozialisierung vornimmt, nahm allerdings Schmitts Motive vorweg: die Unvereinbarkeit mit dem demokratischen Gedanken, die Grenzen der Deliberation, die Unfähigkeit zum Kompromiss, die »Phraseologie des politischen Lebens«, die Beschränkung durch Fraktionszwang, die Verlagerung der Willensbildungsprozesse in den außer- bzw. vorparlamentarischen Raum. Siehe Joseph A. Schumpeter, »Sozialistische Möglichkeiten von heute« (1920), in: ders., *Aufsätze zur ökonomischen Theorie*, Tübingen 1952, S. 455-510, hier S. 474-481.

116 Eugen Leidig, *Liberalismus und Demokratie. Vortrag, gehalten im Politischen Ausbildungskursus der Deutschen Volkspartei*, Berlin 1919, S. 14. – Leidigs Schrift wird bereits erwähnt bei Langewiesche, *Liberalismus in Deutschland*, S. 255.

danken nicht auf Marx oder Lassalle zurückzuführen, sondern auf das Ethos der preußischen Reformen und auf Lorenz von Steins Idee des sozialen Königtums.[117]

Leidig klagte darüber, dass »die Worte Liberalismus und Demokratie sehr häufig durcheinandergeworfen« würden, und beharrte darauf, dass sie in Wahrheit gegeneinander stünden und »voneinander scharf zu trennen« seien. Demokratie fasste er als einen abstrakten Schematismus und ein realitätsfremdes rousseauistisches Ideal auf; dem sich abzeichnenden institutionellen, gewaltenteiligen Arrangement der parlamentarischen Demokratie widmete er kaum Aufmerksamkeit.[118] Mit dem Habitus der formellen Anerkennung der nun gegebenen Verhältnisse zeigten die Erbwalter des Nationalliberalismus zugleich den Willen, diese zu bekämpfen. Dabei reklamierten sie einen ganz eigenen, antiwestlichen Liberalismusbegriff preußischer Tradition für sich. Die Persistenz dieser Überlieferung und ihre Wirkungsmacht in der Weimarer Republik sind – neben den liberalen Reformbemühungen – ebenfalls nicht zu unterschätzen.[119]

Parteipolitisch fand die Bruchlinie zwischen Liberaldemokraten und demokratieskeptischen Nationalliberalen bereits mit den Neugründungen von DDP und DVP ihren Niederschlag. Es ging dabei in entscheidender Weise um die Profilierung des Liberalismus auf Kosten der Demokratie. Grundsätzlich galt Sigmund Neumanns zeitgenössische Charakterisierung der DVP-Politiker: »Sie sind vor allem liberal, aber nicht demokratisch. Sie sind Anhänger des Konstitutionalismus und nicht des Parlamentarismus.«[120] Im publizistischen Organ der DVP, den *Deutschen Stimmen*, folgte man der scharfen Gegenüberstellung von Liberalismus und Demokratie, die bereits Gustav Stresemann in seinem programmatischen Beitrag »Liberalismus oder Demokratie« aus dem Dezember 1918 vorgezeichnet hatte, als er die Enttäuschung über die gescheiterte parteipolitische Einigung im liberalen Lager verarbei-

117 Leidig, *Liberalismus und Demokratie*, S. 12 f.

118 Zum Rekurs auf Rousseau siehe ebenda, S. 9.

119 Vgl. etwa die Broschüre des DVP-Politikers Wilhelm Spickernagel, *Der deutsche Liberalismus in Vergangenheit und Gegenwart*, Berlin 1926. Der Autor gibt darin einen gerafften Überblick des nationalliberalen Geschichtsbildes.

120 Sigmund Neumann, *Die Parteien der Weimarer Republik* (1932). Mit einer Einführung von Karl Dietrich Bracher, Stuttgart u. a. 1986, 5. Aufl., S. 57.

tete.[121] Er sprach von Wesensunterschieden zwischen beiden Ideen und lehnte es ab, dass Liberale eine Entscheidung zwischen Monarchie und Republik zu treffen hätten. Im Gegensatz zu seinem Parteifreund Leidig verzichtete Stresemann weitgehend auf Ideologiekritik an den liberalen Demokraten, kritisierte jedoch deren Selbstgerechtigkeit und ihren hypertrophen Anspruch auf eine »neue Ethik«.[122]

Stresemann warb für einen realpolitischen nationalen Standpunkt, der keine Lossagung von der Vergangenheit des Kaiserreiches zur Bedingung haben müsse.[123] Dennoch fand unter seinem Einfluss die DVP in den kommenden Jahren zu mehr Pragmatismus und Offenheit. Man bemühte sich, die Demokratie nicht als übergreifende »Idee, auf der sich Weltanschauung aufbaut«, wie der Parteikollege Leonhardt 1925 schrieb, sondern als einen »staats- und verfassungsrechtliche[n] Organisationsrahmen« anzusehen, »innerhalb dessen sich verschiedene politische Weltanschauungen treffen können, mit deren Grundidee dieser Rahmen nicht kollidiert«.[124] Die Akzeptanz der Demokratie als »Organisationsrahmen« be-

121 Gustav Stresemann, »Liberalismus oder Demokratie« (1918), in: ders., *Schriften. Mit einem Vorwort von Willy Brandt*, hg. von Arnold Harttung, Berlin 1976, S. 200-210.

122 Stresemann beklagte sich im selben Kontext über »Herrn Professor Weber«, dessen »Brutalität« in der Verhandlungsführung, als es um eine vereinigte liberale Partei ging, »nicht gut zu übertreffen« gewesen sei (ebenda, S. 202). Er meinte dabei wohl Max Weber; tatsächlich jedoch handelte es sich um dessen Bruder Alfred, der gemeinsam mit Theodor Wolff die Verhandlungen über die neu zu gründende liberale Partei geführt hatte und – wie er Harry Graf Kessler berichtete – ihm »in der verletzendsten Weise den Stuhl vor die Tür gesetzt habe« (Harry Graf Kessler, *Tagebücher 1918-1937. Politik, Kunst und Gesellschaft der zwanziger Jahre*, Frankfurt/M. 1979, 4. Aufl., S. 140). Zur federführenden Rolle von Theodor Wolff und Alfred Weber in der Phase der Parteigründung vgl. Werner Stephan, *Aufstieg und Fall des Linksliberalismus 1918-1933. Geschichte der Deutschen Demokratischen Partei*, Göttingen 1973, S. 22-31. Siehe weiterhin zum Nicht-Verhältnis zwischen Max Weber und Stresemann (das sich freilich hätte ändern können, wenn Weber einige Jahre länger gelebt hätte): Gangolf Hübinger, »Gustav Stresemann und Max Weber. Interessenpolitik und Gelehrtenpolitik«, in: Mommsen/Schwentker (Hg.), *Max Weber und seine Zeitgenossen*, S. 448-461, hier S. 459 f.

123 Zur mitunter schwer fassbaren Ambivalenz Stresemanns siehe jüngst Karl Heinrich Pohl, *Gustav Stresemann. Biografie eines Grenzgängers*, Göttingen 2015.

124 Leonhardt, »Liberalismus und Demokratie«, in: *Deutsche Stimmen* 37 (1925), S. 325-330, hier S. 325.

deutete einerseits eine Annäherung, andererseits hielt eine solche technizistische Auffassung Distanz zu normativen liberalen Modellen, die für die Demokratie als Lebensform warben. Stresemann selbst wurde als Reichskanzler und Außenminister immerhin zum entschiedenen Verfechter des Parlamentarismus, den er trotz aller »Zuckungen und Kinderkrankheiten« verteidigte.[125]

Im intellektuellen Umfeld der DDP, im »Hilfe«-Kreis der Naumannianer oder etwa in Bildungsinstitutionen wie der Hochschule für Politik mühte man sich um eine liberale Erschließung des Demokratiebegriffs. Auf den Spuren von Hugo Preuß und Max Weber versuchten Publizisten wie Theodor Heuss oder Gertrud Bäumer zur demokratischen Erziehung beizutragen.[126] Zwar blieb die von Heuss favorisierte Idee der »Demokratie als Lebensform« vage, und die politischen Vorstellungen der Naumann-Epigonen kreisten nach wie vor um die Freiheit von Volk und Nation – eine originelle liberale Theorie der Demokratie ließ sich daraus kaum rekonstruieren.[127] Aber im »Hilfe«-Kreis wurden doch neue republikanische Akzente gesetzt. Vor allem ging es darum, die Spannung

125 Gustav Stresemann, »Die Gegenwartsaufgaben des nationalen Liberalismus«, in: *Stimmen der Zeit* 38 (1926), S. 553-558, hier S. 556 f. In diesem Text verurteilte er scharf den Hang zur »unverantwortlichen Opposition« im Reichstag. Man könnte in dieser Kritik bereits die Forderung nach einem konstruktiven Misstrauensvotum sehen: »Uns fehlen die ungeschriebenen Gesetze des wirklichen parlamentarischen Systems. Sonst könnte es nicht kommen, daß man einmal eine Regierung stürzt durch zwei gegnerische Parteien, die selber nicht in der Lage sind, anstelle der gestürzten Regierung zu treten, und daß weiter ein Sturz oft eintritt, in einer Situation, in der keine der siegenden, das heißt, der die Regierung stürzenden Parteien in der Lage ist, etwa in die Regierung einzutreten oder die Auflösung des Parlaments herbeiführen zu wollen.« (Ebenda, S. 557.)

126 Siehe vor allem die grundlegenden Schriften Theodor Heuss, *Die neue Demokratie*, Berlin 1920; Gertrud Bäumer, *Grundlagen demokratischer Politik*, Karlsruhe 1928, sowie insgesamt das parteioffiziöse Kompendium der DDP von Anton Erkelenz (Hg.), *Zehn Jahre Deutsche Republik. Ein Handbuch für republikanische Politik*, Berlin 1929.

127 Vgl. die politiktheoretisch instruktive Studie von Thomas Hertfelder, »›Meteor aus einer anderen Welt‹. Die Weimarer Republik in der Diskussion des Hilfe-Kreises«, in: Wirsching/Eder (Hg.), *Vernunftrepublikanismus in der Weimarer Republik*, S. 29-55, sowie weiterhin Jürgen Frölich, »National-sozial versus nationalsozialistisch? Die ›Hilfe‹ und der Aufstieg des Nationalsozialismus 1923-1933«, in: Philippe Alexandre/Reiner Marcowitz (Hg.), *Die Zeitschrift »Die Hilfe« 1894-1944. Ein Ideenlabor in Deutschland*, Frankfurt/M. u. a. 2011, S. 317-339; Joachim Radkau, *Theodor Heuss*, München 2013, S. 131 f.

zwischen Liberalismus und Demokratie abzubauen. Selbstkritisch hieß es bei Gertrud Bäumer: »In Deutschland haben wir bis zur Revolution außerhalb der Sozialdemokratie mehr Liberalismus als Demokratie gehabt. Der deutsche Liberalismus war so wenig mit ›demokratischem Öl gesalbt‹, daß die Bevölkerung heute noch den Begriff Demokratie vor allem in der Gedankenverbindung Sozialdemokratie kennt.«[128] Ihr schwebte die Öffnung des Liberalismus hin zu einem positiven demokratischen Freiheitsbegriff der Mitbestimmung und Selbstverwaltung vor. Demokratie definierte sie schließlich als »die soziale Form des Liberalismus« und verstand unter einer »Demokratisierung des Lebens« das Bemühen darum, der Gefahr »sozialer und wirtschaftlicher Zerklüftung« mit einer demokratischen Wirtschaftspolitik zu begegnen.[129]

Der linksliberale Naumann-Kreis, eine einflussreiche Strömung innerhalb der DDP, verband nationales Gemeinschaftspathos mit einer pragmatischen Begründung der Demokratie. Neben dem einschlägigen Argument demokratischer Führerauslese wurde die Fähigkeit der Demokratie zur gesellschaftlichen Integration und Einheitsstiftung ebenso betont wie die durch sie ermöglichte Selbstkritik und Reform des politischen Systems.[130] Überdies schien man die Alternativlosigkeit der demokratischen Republik auch deswegen anzunehmen, weil der Ausbau der industriellen Produktionsweise quasi automatisch in Richtung einer sozialen, kulturellen und wirtschaftlichen Demokratie wirken musste. Hierin zeigte sich, worauf Thomas Hertfelder hingewiesen hat, der Anschluss an »ein hartes strukturgeschichtliches Theorem Naumanns«, das bereits modernisierungstheoretische Züge trug.[131] Man mag darüber streiten, inwiefern die Republik den an die Monarchie gewöhnten Linksliberalismus theoretisch unvorbereitet traf und ob eine pluralismusskeptische, auf Gemeinschaft und nationale Integration fixierte Haltung viele Naumannianer die gesellschaftliche

128 Bäumer, *Grundlagen demokratischer Politik*, S. 19.

129 Ebenda, S. 24, 66. – Dass Bäumer in ihrem politischen Entwurf kruden Theoremen wie dem »Volk ohne Raum« aufsitzt (S. 68) und auch sonst kaum den nationalsozialen Horizont ihrer intellektuellen Vaterfigur Naumann verlässt, hat sie späterhin in die Nähe des Nationalsozialismus geführt. Siehe dazu auch Radkau, *Theodor Heuss*, S. 203 f.

130 Siehe dazu Hertfelder, »Meteor aus einer anderen Welt«, S. 40-42.

131 Ebenda, S. 44.

Realität verkennen ließ. Möglicherweise führten allerdings überfrachtete Erwartungen an eine Demokratie, die Integration ohne Parteienstreit, soziale Gerechtigkeit und politisch-kulturelle Transformationsprozesse gleichzeitig bewerkstelligen sollte, zu zwangsläufigen Enttäuschungen von Parteipolitikern, deren bildungsbürgerlicher Erziehungsauftrag nur auf schwacher sozialer Basis stand. Der liberaldemokratische Universalisierungsanspruch zielte auf Konsensbildung und führte natürlicherweise zu einer Erosion der Wählerschaft, wenn der Linksliberalismus, wie Ernst Lederer klug beobachtete, insgesamt die Verleugnung von legitimen gesellschaftlichen Interessen verlangte. Anstatt eine sozialliberale Welt des Ausgleichs zu visionieren, wäre die Bemühung um die Austragungsmodi von sozialen Konflikten realistischer gewesen.[132]

Konkurrierende Demokratievorstellungen: Richard Thoma und Ferdinand Tönnies

Reduzierter und klarer skizzierte der Staatsrechtler Richard Thoma die unverbrüchliche Verbindung zwischen Liberalismus und Demokratie als liberale Demokratie.[133] Ob er »die eindringlichste bürgerlich-liberale Demokratietheorie der Weimarer Staatsrechtslehre« vorlegte, wie Christoph Schönberger behauptet, ist im Vergleich zu Hugo Preuß, Hans Kelsen oder Gerhard Anschütz schwer zu entscheiden.[134] Wichtiger erscheint im vorliegenden Zusammenhang,

132 Vgl. Emil Lederer, »Probleme des deutschen Parlamentarismus« (1929), in: ders., *Kapitalismus, Klassenstruktur und Probleme der Demokratie in Deutschland 1910-1940*, Göttingen 1979, S. 186-198, hier S. 190 f.

133 Vgl. vor allem Thoma, »Der Begriff der modernen Demokratie«. – Zu Thomas politischer Theorie der parlamentarischen Demokratie siehe Groh, *Demokratische Staatsrechtslehrer in der Weimarer Republik*, S. 70-105.

134 Christoph Schönberger, »Elitenherrschaft für den sozialen Ausgleich. Richard Thomas ›realistische‹ Demokratietheorie im Kontext der Weimarer Diskussion«, in: Gusy (Hg.), *Demokratisches Denken in der Weimarer Republik*, S. 156-190, hier S. 156. Siehe zu Thoma weiterhin Horst Dreier, »›Unbeirrt von allen Ideologien und Legenden‹ – Notizen zu Leben und Werk von Richard Thoma«, in: Richard Thoma, *Rechtsstaat – Demokratie – Grundrechte. Ausgewählte Abhandlungen aus fünf Jahrzehnten*, hg. von Horst Dreier, Tübingen 2008, S. XIII-LXXXI. – Scharfe Kritik an Thomas unhistorischer Sichtweise, nach der nicht berücksichtigt würde, dass auch die alten Demokratien z. T. erst seit 1918 dem Thoma'schen Maßstab des freien und gleichen Wahlrechts genügten, übte Tönnies, »Zur Soziologie des demokratischen Staates«, S. 344 f.

dass »Thomas an Weber geschultes Programm systematischer Ernüchterung« (Schönberger) das Junktim zwischen Demokratie und Parlamentarismus bekräftigte, ohne »starke und wesentliche aristokratische […] Einbauten« zu verleugnen. Er verteidigte also die moderne Demokratie als »gemischte Verfassung«, ein Verfassungsdenken, das bei allen Vertretern eines realistischen demokratischen Liberalismus auftauchte.[135] Zwar hielt Thoma an der Vielfalt aller möglichen Demokratiemodelle fest, de facto war für ihn jedoch die »unmittelbare Demokratie […] aus wirtschaftlichen und politischen Gründen längst eine praktische Unmöglichkeit geworden«.[136] Deshalb lehnte er es ab, die radikale, egalitäre Demokratie als Reinform zu betrachten, um die Demokratie insgesamt abzuwerten. In Wahrheit hielt er eine liberale Prägung für bestimmend, d.h. die Einrichtungen der repräsentativen Demokratie, den Parlamentarismus, langfristige Amtsperioden, Beamtenernennung durch die Regierung, freies Mandat des Abgeordneten etc., »wenn nur das Fundament des Ganzen das demokratische Stimmrecht ist«.[137]

Eine solche Demokratie ist gekennzeichnet durch die Abwesenheit von Privilegien, durch gleiche persönliche und politische Freiheitsrechte der Staatsbürgerinnen und -bürger; ihre Staatsrechtsnormen verleihen also dem ganzen Volk politische Freiheit und Gleichheit – sie ist »die politische Emanzipation der Unterschicht«.[138] Thomas Theorie der liberalen Demokratie stand ohne Zweifel unter dem Eindruck von Weber, wie der Publikationsort seines Schlüsseltextes (nämlich in der »Erinnerungsgabe« für Weber) ebenso deutlich macht wie der Rekurs auf dessen gedankliche Grundlinien hinsichtlich der politischen »Führerauslese« und einer generellen Top-down-Orientierung politischer Prozesse. So formuliert er im Anschluss ganz weberianisch: »Die legitime Herrschaft in der Demokratie beruht auf einer Eroberung der staatlichen Betriebsdirektion mit den gesetzlich erlaubten Mitteln des Zusammenschlusses und der Stimmenwerbung.«[139]

In Thomas Analytik der Demokratie stachen vier Aspekte be-

135 Thoma, »Der Begriff der modernen Demokratie«, S. 45; Schönberger, »Elitenherrschaft für den sozialen Ausgleich«, S. 186.

136 Thoma, »Der Begriff der modernen Demokratie«, S. 45.

137 Ebenda, S. 41.

138 Ebenda, S. 42 f.

139 Ebenda, S. 58.

sonders hervor: *Erstens* spielten bei ihm plebiszitäre Elemente keine besondere Rolle, schon gar nicht zur Legitimierung politischer Führung. Thoma distanzierte sich also zumindest implizit von Webers Fixierung auf das Charisma des plebiszitären Führers. *Zweitens* kombinierte er – wenn auch zurückhaltend – grundlegende normative Elemente der Demokratie mit ihren formalen Aspekten und beharrte auf einem Pluralismus der Weltanschauungen, der für die Demokratie als Staatsordnung konstitutiv bleiben müsse.[140] *Drittens* nahm er die Rolle der politischen Parteien überaus ernst und wertete »feste, parteimäßige Organisationen« als »ein wichtigstes Aktivum der staatlichen Zivilisation«, denn: »Die moderne Demokratie mit ihrem Massenwahlrecht könnte gar nicht leben ohne Parteien. Sie würde zerflattern und hilflos zwischen emotionalen Zufallswahlen, -parlamentsbeschlüssen und -abstimmungen hin- und hertaumeln, wenn nicht organisierte Parteien wenigstens die überwiegende Menge des Flugsandes der Wählermillionen zu festen Betonblöcken zusammenbacken würden.«[141] *Viertens* schließlich räumte Thoma mit der Illusion auf, dass »unter ›Volkswille‹ eine bewußte positive Initiative« verstanden werden könne. Das positive Wollen sei »Sache der wenigen politischen Aktiven«. Daher etablierte er das Prinzip der Mehrheitsgewinnung von oben gegen jede Vorstellung von identitärer demokratischer Homogenität. Mit Verweis auf Schumpeter verstand Thoma »die breite Masse der Stimmberechtigten« als »das zu organisierende, zu überzeugende, zur Wahlurne zu rufende Material planmäßiger suggestiver Bearbeitung«.[142]

140 Sein Argument gegen Kelsen, dass der für die Demokratie vermeintlich konstitutive Relativismus als Weltanschauung nicht gelte, weil der Relativismus keine Weltanschauung sei, scheint mir in diesem Kontext eher ein Streit um Worte zu sein. Beide Staatsrechtler berührten sich wiederum in ihrer liberalen und positivistischen Grundhaltung. Vgl. ebenda, S. 42, Anm. 5.

141 Ebenda, S. 63. Vgl. zu diesem Aspekt auch Frank Schale, »Die Arbeiten von Richard Thoma zur Parteiforschung«, in: Gangl (Hg.), *Das Politische*, S. 359-385, sowie bereits Kurt Düwell, »Die geistigen Verteidiger des Weimarer Parteienstaats in der Schlusskrise der Republik«, in: Helmut Berding u. a. (Hg.), *Vom Staat des Ancien Regime zum modernen Parteienstaat. Festschrift für Theodor Schieder zu seinem 70. Geburtstag*, München 1978, S. 423-437.

142 Thoma, »Der Begriff der modernen Demokratie«, S. 62 f. – Es ist in diesem Kontext bemerkenswert, dass Thoma bereits auf den frühen, parlamentarismusskeptischen Text von Schumpeter (»Sozialistische Möglichkeiten von

Inwieweit eine solche Konzeption mit dem Verständnis demokratischer Selbstregierung normativ in Einklang zu bringen ist und ob es sich nicht eigentlich um eine »Demokratie ohne Selbstherrschaft« (Schönberger) handle, diese Fragen sind mit guten Gründen aufgeworfen worden. Thoma rückt die Herrschaftsebene und die Leistungen des politischen Systems in den Mittelpunkt, nicht in erster Linie liberale Werte und die demokratische Legitimation von politischen Entscheidungen. Bedeutsam bleibt demgegenüber die entschiedene Verteidigung der repräsentativen Demokratie und die – im allgemeinen Sinne – vernunftrepublikanische Begründung eines weiten, aber auch für das liberale Bürgertum akzeptablen Begriffs der liberalen Demokratie. Zudem lässt sich bei Thoma eine deutliche liberaldemokratische und pro-republikanische Entwicklung festmachen, wenn man auf spätere Texte blickt, in denen frühere normative Leerstellen gefüllt wurden und die elitäre Komponente in den Hintergrund trat.

In einem maßgeblichen Text des von ihm selbst gemeinsam mit Gerhard Anschütz herausgegebenen *Handbuch des deutschen Staatsrechts* vertiefte Thoma die Idee des »responsible government« als »›parlamentarisch‹ regierte Demokratie«, die zugleich »eine in origineller Weise gewaltenteilende Demokratie« sei, da »dem Nationalparlament ein ganzes System von Gegengewichten« gegenüberstehe.[143] Zudem hatte Thoma den inneren Zusammenhang

heute«, S. 478-481) hinweist, in dem dessen später entwickelte wettbewerbsorientierte elitäre Demokratietheorie schon angedeutet ist. Thoma stellt demokratietheoretisch also eine Verbindung zu Weber her, die Schumpeter selbst für seine Konkurrenztheorie demokratischer Führung nie suchte, die aber nahegelegen hätte. Vgl. zum Aspekt der »erstaunlichen Unter-Rezeption Webers« bei Schumpeter sehr scharfsichtig Jürgen Osterhammel, »Spielarten der Sozialökonomik. Joseph A. Schumpeter und Max Weber«, in: Mommsen/Schwentker (Hg.), *Max Weber und seine Zeitgenossen*, S. 147-195, hier S. 154, sowie zum vergleichbaren Konzept politischer Führung ebenda, S. 190. Ausgearbeitet findet sich »eine andere Theorie der Demokratie« schließlich in: Joseph A. Schumpeter, *Kapitalismus, Sozialismus, Demokratie* (1942), Bern 1950, 2. Aufl., S. 427-450.

143 Richard Thoma, »Das Reich als Demokratie«, in: Gerhard Anschütz/Richard Thoma (Hg.), *Handbuch des deutschen Staatsrechts*. Erster Band, Tübingen 1930, S. 186-200, hier S. 194. In einem weiteren Schlüsseltext findet sich eine grundlegende Verteidigung des »liberalen Demokratismus« als parlamentarisches System der »Checks and Balances«, das Thoma vor allem unter dem Aspekt demokratischer Herrschaftsorganisation betrachtet: Richard Thoma, »Sinn

zwischen Liberalismus und Demokratie erkannt, denn es genüge »offensichtlich nicht, allen erwachsenen Männern und Frauen das gleiche Wahlrecht zu verleihen«, vielmehr müssten die Grundrechte gewährleistet sein, um »in politisch-sozialer Freiheit der Rede und der Presse, der religiösen, wissenschaftlichen und künstlerischen Betätigung, der Versammlungen, Vereine und Koalitionen, des Rechts der Petitionen und Beschwerden, der freien Selbstverwaltung ihrer Gemeinden das nationale Leben aus sich selbst heraus zu gestalten«. Thoma verband dies mit einem klaren Bekenntnis zur westlichen Demokratie, die sich als Verwirklichung jener Prinzipien des Liberalismus erweise, denen »die englische, die amerikanische und die französische [sic] Revolution Bahn gebrochen haben«.[144]

Anachronistisch gesprochen gab Thoma den Sinn für die positiven Freiheiten des Einzelnen in der Zivilgesellschaft zu erkennen und plädierte republikanisch für »ein Gemeinwesen, an dem alle Bürger teilhaben«.[145] Wenn er den in der Weimarer Reichsverfassung (WRV) entfalteten Katalog von Grundrechten und Grundpflichten als »eine umfassende inhaltliche Determinierung und Legitimierung des neugeordneten Staatswesens« interpretierte, dann ließ er keinen Zweifel an seiner Parteinahme für die liberale Demokratie Weimars.[146] Die entschieden liberale und demokrati-

und Gestaltung des deutschen Parlamentarismus« (1929), in: ders., *Rechtsstaat – Demokratie – Grundrechte*, S. 231-257. – Thoma blieb auch in der Staatskrise der Verfassungsordnung treu: »Ich bin weit davon entfernt, das zur Zeit bestehende System für unerträglich oder auch nur für leistungsunfähig und Gewaltkuren der angedeuteten Art für unvermeidlich oder gar wünschenswert zu halten.« (Richard Thoma, »Die Funktionen der Staatsgewalt. Grundbegriffe und Grundsätze« [1932], in: ebenda, S. 301-368, hier S. 339)

144 Richard Thoma, »Die juristische Bedeutung der grundrechtlichen Sätze der deutschen Reichsverfassung im allgemeinen« (1929), in: ders., *Rechtsstaat – Demokratie – Grundrechte*, S. 173-230, hier S. 180 f. Auf diese Passage wird ebenfalls hingewiesen bei Groh, *Demokratische Staatsrechtslehrer in der Weimarer Republik*, S. 425; Robert Chr. van Ooyen, »Relativismus, Positivismus und Demokratie. Kelsen, Thoma, Radbruch als politische Theoretiker der Wiener und Weimarer Republik – und ihre randständige Rezeption in der deutschen Staatslehre«, in: Manfred Gangl (Hg.), *Die Weimarer Staatsrechtsdebatte. Diskurs- und Rezeptionsstrategien*, Baden-Baden 2011, S. 239-257, hier S. 247 f.

145 Thoma, »Das Reich als Demokratie«, S. 186.

146 Ebenda, S. 197. Dass Thoma zu den »vehementesten Verfechtern der repräsentativen Demokratie Weimars« zählte, bekräftigt Groh, *Demokratische Staatslehrer in der Weimarer Republik*, S. 105.

sche Grundhaltung Thomas verband sich mit einem verfassungstreuen Rechtspositivismus, der – wie Ernst-Wolfgang Böckenförde hervorgehoben hat – auf die Friedensfunktion des positiven Rechts zielte und die Gegebenheiten einer »sozial und weltanschaulich nicht mehr homogenen Gesellschaft« reflektierte.[147]

Thomas Apologie der liberalen Demokratie ist auch deswegen bemerkenswert, weil der Rigorismus einer begrifflichen Trennung zwischen Demokratie und Liberalismus auch unter denjenigen verbreitet blieb, die eigentlich vernunftrepublikanisch, demokratisch oder liberal gesinnt waren. Ein der Sozialdemokratie nahestehender Soziologe wie Ferdinand Tönnies bekräftigte in seiner Auseinandersetzung mit Carl Schmitt, dass Liberalismus und Demokratie nur als Gegensatz zu begreifen seien, weil der Liberalismus »seiner politischen Tendenz nach aristokratisch« blieb. Damit meinte Tönnies den unverändert sozialkonservativen Charakter des Liberalismus, der interessenmäßig an die »Herrschaft der Eigentümer« bzw. an »die Inhaber und Anwälte des großen und konzentrierten Kapitals« gebunden sei. Als Klassenideologie müsse der Liberalismus »das gleiche und vollends das geheime Wahlrecht« ablehnen, und wenn das Parlament zum Liberalismus gehöre »wie das Hirn zum Menschen«, so nur als Erneuerung der Ständeversammlungen im Rahmen einer monarchischen Ordnung. Das Prinzip der parlamentarischen Regierung und die vielbeschworene Funktion parlamentarischer Führerauslese gingen für Tönnies bereits über den Liberalismus hinaus.[148]

Demokratie dachte Tönnies vom Primat der Gleichheit aus: zum einen im Bestreben, »jeden Staatsbürger, jede Staatsbürgerin [...] als seinesgleichen, als der gleichen Ehre teilhaftig anzuerkennen«; zum anderen hinsichtlich der Angleichung materieller sozialer Lebensverhältnisse.[149] Insofern empfand der über Siebzigjährige »das Problem der Demokratie als wirklicher Staatsverfassung in der heutigen Gesellschaft [...] noch ungelöst«. Denn die »Lebensfähigkeit der modernen Demokratie« erwies sich darin, »eine systematische Sozialreform, insbesondere eine planmäßige Sozial-

147 Siehe Ernst-Wolfgang Böckenförde, »Entstehung und Wandel des Rechtsstaatsbegriffs« (1969), in: ders., *Staat, Gesellschaft, Freiheit*, S. 65-92, hier S. 75 f.

148 Ferdinand Tönnies, »Demokratie und Parlamentarismus« (1927), in: ders., *Soziologische Studien und Kritiken*, Bd. 3, Jena 1929, S. 40-84, hier S. 40-45.

149 Ebenda, S. 78 f.

politik, in großem Stile« durchführen zu können: »In jeder dieser Beziehungen wird er [der demokratische Staat] seinen Beruf darin finden, vom Liberalismus und dem liberalen Staat sich so scharf als möglich abzuheben.« Tönnies wollte nicht nur den liberalen schwachen Staat überwinden, sondern auch die parlamentarische Verfassung der Gegenwart hinter sich lassen und stattdessen »eine unmittelbare Wahl der Regierung« etablieren.[150] Wie das geschehen sollte, blieb freilich undeutlich. Das Beispiel des mit Schmitts Parlamentarismus- und Liberalismuskritik sympathisierenden Tönnies, der ja keineswegs zu den Republikgegnern zu zählen war, macht offensichtlich, wie scharf der Wind den Verteidigern der liberalen Demokratie ins Gesicht blies. Vor diesem Hintergrund gewannen die von den demokratischen Staatsrechtlern vorgenommenen Begründungen der liberalen parlamentarischen Demokratie eine besondere Bedeutung. Sie hielten sich an die von Hugo Preuß vorgezeichnete Linie und wandten sich gegen »falsche Propheten, die den prinzipiellen Gegensatz von Parlamentarismus und Demokratie lehren«.[151]

Liberale Bürgerlichkeit und bürgerlicher Antiliberalismus

Zu den Identifikationsgrößen des Liberalismus zählten neben der parlamentarischen Regierungsweise und der kapitalistischen Wirtschaftsform vor allem das Bürgertum als soziale Klasse, bildungsbürgerliche Werte und das Bekenntnis zum Individualismus. Welche Eigenschaften sich mit dem Bürger verbinden ließen und welche Rolle der Staatsbürger in der Demokratie zu spielen hatte, war in der sogenannten »Massengesellschaft« Gegenstand der De-

150 Ebenda, S. 66 f. – Tönnies misstraute in seiner an Klasseninteressen orientierten Lesart dem Liberalismus auch deswegen, weil der liberale Staat im Sinne der besitzenden Schichten stets arm und schwach gedacht sei (ebenda, S. 74).

151 Preuß, »Denkschrift zum Entwurf des allgemeinen Teils der Reichsverfassung vom 3. Januar 1919«, S. 386. – Zur Staatsrechtslehre von Anschütz, Heller, Kelsen, Preuß und Thoma vgl. Groh, *Demokratische Staatsrechtslehrer in der Weimarer Republik*. Hinzuzufügen wäre natürlich Gustav Radbruch. Eine kritische Würdigung der grundlegenden Arbeit von Kathrin Groh habe ich versucht in: Jens Hacke, »Staatsrecht und politische Theorie in der Zwischenkriegszeit. Das Erbe der Weimarer Republik«, in: *Politisches Denken. Jahrbuch 2011*, S. 321-336, hier S. 324-329.

batte. Die allgemeine Affinität zu Modellen politischer Führung und die Herkunftsgeschichte apolitischer, innerlicher deutscher Bürgerlichkeit wiesen zunächst einmal auf die Schwierigkeiten hin, die etwaigen Konzeptionen demokratischer Staatsbürgerlichkeit im Weg standen. Das Bürgertum und seine Rolle in der deutschen Politik, verknüpft mit dem bürgerlichen Liberalismus, war seit langem das wichtigste Streitthema der intellektuellen Debatte um den deutschen Obrigkeitsstaat bzw. seine mögliche Überwindung.

Hugo Preuß brachte das Dilemma des Bürgerbegriffs zum Ausdruck, als er im Herbst 1918 den »üblich gewordenen engen Sinn« des Wortes Bürgertum in sozialer Hinsicht beklagte und zugleich die Schuld dieses Bürgertums am gegenwärtigen Zusammenbruch markierte, zu dem »seine politischen Unterlassungssünden, seine Schlappheit und Servilität« beigetragen hätten.[152] Zum einen bemühten sich liberale Demokraten um ein modernes Verständnis von politischer Bürgerlichkeit, das auf universale Weise den Staatsbürger jenseits der Klassengrenzen umfassen sollte, zum anderen hatten sie es mit dem soziokulturellen Milieu eines Bürgertums zu tun, das zwar herkömmlich als Trägerschicht des Liberalismus galt, dessen Haltung zur Demokratisierung, zur Ausweitung partizipativer Möglichkeiten und zu liberalen Werten aber distanziert bis ambivalent blieb. Friedrich Meinecke beobachtete in den letzten Kriegsmonaten eine innere Spaltung des Bürgertums. Während die »geistig regsamen, nach Kultur bedürftigen Elemente der Arbeiterschaft« bereits »in unsere alte bürgerliche Kultur« hineinwuchsen und die bürgerlichen Fürsprecher der Demokratisierung [...] in Wahrheit nicht gegen, sondern für das Bürgertum« kämpften, witterten die »beschränkten Angehörigen ihrer Klasse« darin den Verrat an die »Masse«. Ihre Gedankenwelt verschloss sich dabei »entwicklungsgeschichtlicher Einsicht«.[153]

Meinecke kombinierte also den Anspruch auf die Hegemonie einer bürgerlichen Kultur mit dem Telos der Demokratisierung und entwarf damit eine Synthese, die im progressiven Linksliberalismus seiner Zeit offenbar verbreitet war. Meinecke realisierte noch nicht den tiefen Einschnitt, der darin bestand, dass das »Bil-

152 Hugo Preuß, »Volksstaat oder verkehrter Obrigkeitsstaat« (1918), in: ders., *Staat, Recht und Freiheit*, S. 365-368, hier 365 f.

153 Friedrich Meinecke, »Das deutsche Bürgertum im Kriege« (1918), in: ders., *Politische Schriften und Reden*, S. 247-251, hier S. 250.

dungsbürgertum« entgegen den eigenen Erwartungen die kulturelle Deutungshoheit nach dem Ersten Weltkrieg verlor. Die rapide Erosion von kulturellem Prestige und Selbstbewusstsein erschütterte eine hegemoniale Stellung, die Max Weber wenige Jahre zuvor noch ganz selbstverständlich vorausgesetzt hatte. Herfried Münkler hat diese Entwicklung jüngst noch einmal pointiert: »Dem Bürgertum war zwar ein Teil der politischen Macht zugefallen, diese war ihm jedoch infolge des geschwundenen Fortschrittsvertrauens nicht mehr viel wert.« Es hatte »sich angeschickt, die politische Macht zu übernehmen und zur politisch führenden Schicht der Gesellschaft aufzusteigen. Das Gegenteil trat ein.«[154] Diese Krise hatte mit der ökonomischen Auszehrung der bürgerlichen Mitte durch Kriegsanleihen und Inflation, die zur Vernichtung von Vermögen führte, ebenso viel zu tun wie mit der ideellen und politischen Desorientierung, denn zweifellos blieb das Verhältnis der bürgerlichen Mittelschichten zu Liberalismus und Demokratie gespalten. Damit verschärfte sich ein sozialer und geistiger Auflösungsprozess des Bürgertums, der bereits Ende des 19. Jahrhunderts begonnen hatte.[155]

Wie unterschiedlich, umstritten und unbestimmt die Auffassungen von Bürgerlichkeit waren, darüber belehrt immer noch das in weiten Teilen fast unlesbare Selbstgespräch, das Thomas Mann in seinen *Betrachtungen eines Unpolitischen* führte. Mann verstrickte sich bei seinen Bemühungen, einen unpolitischen Begriff bürgerlicher Liberalität als machtgeschützte Innerlichkeit im Obrigkeitsstaat gegen den westlichen Demokratismus und die Zumutungen der politischen Zivilisation zu verteidigen, in unzählige Widersprüche. »Bin ich liberal, so bin ich es im Sinne der Liberalität und nicht des Liberalismus«, formulierte Thomas Mann in seinem ausufern-

154 Herfried Münkler, *Der Große Krieg. Die Welt 1914-1918*, Berlin 2014, 4. Aufl., S. 796 f.

155 »Die Aushöhlung bürgerlicher Wertvorstellung« und die »fortschreitende moralische Indifferenz«, wie Hans Mommsen in einem klassischen Aufsatz konstatierte, waren Symptome einer »Lebensunfähigkeit der bürgerlichen Republik von Weimar, aus der große Teile des Bürgertums auswanderten«. Siehe Hans Mommsen, »Die Auflösung des Bürgertums seit dem späten 19. Jahrhundert«, in: ders., *Der Nationalsozialismus und die deutsche Gesellschaft. Ausgewählte Aufsätze*, hg. von Lutz Niethammer und Bernd Weisbrod, Reinbek 1991, S. 11-38, hier S. 28 f.

den Kapitel über Bürgerlichkeit.[156] Sein Plädoyer für den »geistigen Bürger«, der sich nicht auf den Bourgeois reduzieren lasse, sondern in Menschlichkeit, Freiheit und Bildung abseits von Staat und Politik aufgehe, empfand er selbst als Akt der Vergeblichkeit, wusste er doch, dass »der Vormarsch der Demokratie [...] sieghaft und unaufhaltsam« war: »Nur Massenpolitik, demokratische Politik, eine Politik also, die mit dem höhern geistigen Leben der Nation wenig oder nichts zu tun hat, ist heute noch möglich, – das ist die Erkenntnis, zu der die Regierung des Deutschen Reiches im Lauf des Krieges gelangt ist.«[157] Manns im Weltkrieg verfasster, verunglückter Großessay, in dem liberal-bürgerliche Künstlerfreiheit mit dem Ressentiment gegen moralisch-begründete Politikentwürfe rang, liest sich als eine verzweifelt-aussichtslose Selbstbehauptung, der die Argumente ausgingen.[158]

Die Inkonsistenz (und Inkontinenz) dieser ausufernden Betrachtungen bot ihm allerlei Anknüpfungsmöglichkeiten für seine spätere republikanisch-demokratische Konversion, die er schließlich 1922 in seiner Rede »Von deutscher Republik« das erste Mal öffentlich machte.[159] Von nun an betonte er das Fortschreiten des deutschen Bürgers »von der Innerlichkeit zum Objektiven, zum Politischen, zum Republikanertum«.[160] Fast in allen politischen Äußerungen und intellektuellen Interventionen der Folgezeit berief sich Mann auf einen universalistisch gewendeten Begriff der Bürgerlichkeit, mit dem er nun die vormals geschmähte Zivilisation bejahte und den er gegen neurechte Gemeinschaftsideologien verteidigte.[161]

156 Thomas Mann, *Betrachtungen eines Unpolitischen* (1918). Große kommentierte Frankfurter Ausgabe, Frankfurt/M. 2009, S. 127.

157 Ebenda, S. 148-151, 272.

158 Vgl. dazu Hermann Kurzke, »Kommentar«, in: Thomas Mann, *Betrachtungen eines Unpolitischen*, Bd. 2, S. 9-144.

159 Thomas Mann, »Von deutscher Republik« (1922), in: ders., *Essays. Bd. 2: Für das neue Deutschland 1919-1925*, hg. von Hermann Kurzke und Stephan Stachorski, Frankfurt/M. 1993, S. 126-166. – Friedrich Meinecke hatte einen ganz ähnlichen Weg wie Mann zurückgelegt und beanspruchte wie dieser, seinen politischen Grundgedanken nicht untreu geworden zu sein.

160 Thomas Mann, »Geist und Wesen der deutschen Republik« (1923), in: ders., *Essays*. Bd. 2, S. 217-224, hier S. 219.

161 Ganz ausführlich wurde dieser Bürgerlichkeitsbegriff entwickelt in Thomas Mann, »Lübeck als geistige Lebensform« (1926), in: ders., *Essays. Bd. 3: Ein Appell an die Vernunft 1926-1933*, hg. von Hermann Kurzke und Stephan Stachorski, Frankfurt/M. 1994, S. 16-39, hier besonders S. 35-38.

In der Tat gelang es Thomas Mann, einen neuen politischen Begriff von Bürgerlichkeit zu entwerfen, der nach und nach zum Republikanismus seines politisch in dieser Zeit weitsichtigeren Bruders Heinrich aufschloss. Heinrich Manns bereits 1914 fertiggestellter satirischer Roman *Der Untertan* wurde nach dem Ersten Weltkrieg das Buch der Stunde, und die darin enthaltene politische Kritik am deutschen Bürgertum brachte er mit seinem Essay »Kaiserreich und Politik« noch einmal auf den Punkt. Eigenschaften des Untertanen waren es, worauf das Reich gegründet war, und deshalb trug aus Manns Sicht nicht der Kaiser die Hauptschuld an der deutschen Misere, sondern ein Bürgertum, das die Demokratie bekämpfte, sich dem Gewaltkult und der Machtanbetung hingab und politische Verantwortung scheute.[162] Heinrich Mann blieb während der Lebensdauer der Weimarer Republik ein Advokat des republikanischen Bürgertums, ein Fürsprecher der »sozialen Demokratie« und ein Sympathisant von DDP und Sozialdemokratie.[163]

Eine Begriffs- und Ideengeschichte der Bürgerlichkeit ist für die Weimarer Republik noch nicht geschrieben, aber sie wäre ein lohnendes Unterfangen, weil sich um den Bürgerbegriff Bedeutungs- und Auslegungskämpfe ereigneten, die seine Krise in mehrerlei Hinsicht widerspiegelten: als Krise der Individualität in der Konfrontation mit der Massengesellschaft; als Gegenbegriff zum ideologisch dominant werdenden Gemeinschaftsgedanken, der eine komplexe moderne und arbeitsteilige Gesellschaft bekämpft; als vergeblicher Versuch, ein modernes politisches Bürgerbewusstsein zu etablieren. Der Bürger, ohnehin als ein Auslaufmodell allen möglichen endzeitlichen Betrachtungen ausgesetzt, wurde verdrängt von der auf dynamische Vergemeinschaftung hindeutenden Wendung »Genosse«; sei es in der Variante des linkssozialistischen Gebrauchs, sei es in der Form des nationalsozialistischen »Volksgenossen«.[164]

162 Siehe Heinrich Mann, *Der Untertan. Roman* (1918), München 1968; ders., »Kaiserreich und Republik« (1919), in: ders., *Macht und Mensch. Essays*, hg. von Peter Paul Schneider, Frankfurt/M. 1989, S. 173-230, hier S. 180-196. Die Mannsche Dichotomie von Untertan und Bürger schlug sich auch im Staatsrecht nieder; vgl. Thoma, »Das Reich als Demokratie«, S. 187.

163 Das demokratisch-republikanische Engagement ist dokumentiert in zahlreichen politischen Essays und Reden. Siehe Heinrich Mann, *Macht und Mensch*; ders., *Sieben Jahre*; ders., *Das öffentliche Leben. Essays* (1932), Frankfurt/M. 2001.

164 Vgl. zu dieser Entwicklung den knappen Ausblick bei Manfred Riedel, Art.

Die fehlende Attraktivität des Bürgerbegriffs war auch in seiner diffusen Klassenbindung begründet, denn es schien ein allgemein geteiltes Vorverständnis zu herrschen, dass es sich beim Bürger um den Angehörigen einer eher satten, immobilen, auf ökonomische Sekurität bedachten Schicht handelte, die in erster Linie ihre Besitzstände verteidigte und an Privilegien in Bildung und Wirtschaftsleben festhielt. Mit der Fragmentierung und Differenzierung des Mittelstands insgesamt steigerte sich die Unübersichtlichkeit der Lage, als der Angestellte zu einem neuen Sozialtypus wurde, der vielfältigen Abstiegsängsten ausgesetzt war bzw. in »Panik« (Th. Geiger) geriet.[165] Der Bürger galt in Deutschland, so die Kritik der Linksliberalen, vor allem als Bourgeois und politisch als Nachfahre des Untertanen, ohne das Selbstbewusstsein des zur Teilhabe und politischen Mitgestaltung befähigten Staatsbürgers. Sicherlich war eine derartige Hervorhebung der Untertanenmentalität ihrerseits eine Übertreibung, denn immerhin bot die bürgerliche Gesellschaft im Kaiserreich Räume für kulturelle Liberalität, bürgerliche Assoziation und politische Kritik; sie war, wie Thomas Nipperdey festgestellt hat, trotz ihrer politisch-kulturellen Defizite »auf dem Weg zum modernen Pluralismus« und hatte »aus sich auch das wachsende Potenzial einer kommenden Demokratie« entwickelt.[166] Gleichwohl blieb eine politische Konzeption des Bürgers theoretisch schwach entwickelt.

Staatsrechtliche Perspektiven auf den Bürger

Diese politisch-kulturelle Disposition ist lagerübergreifend erörtert und beklagt worden, insbesondere in der Schlussphase der Weimarer Republik. Es ist auffällig, dass ganz verschiedene Staatsrechtler wie Hermann Heller, Gerhard Leibholz und Rudolf Smend 1932/33 zu ähnlichen Befunden gelangen. »Daß es mit dem Bürgertum zu Ende geht«, resümierte der Sozialdemokrat Hermann Heller, »ist

»Bürger«, in: *Geschichtliche Grundbegriffe. Historisches Lexikon zur politisch-sozialen Sprache in Deutschland*, Bd. 1, Stuttgart 1972, S. 672-725, hier S. 724.

165 Siehe Theodor Geiger, »Panik im Mittelstand«, in: *Die Arbeit* 7 (1930), S. 638-654.

166 Thomas Nipperdey, »War die wilhelminische Gesellschaft eine Untertanen-Gesellschaft?« (1985), in: ders., *Nachdenken über die deutsche Geschichte*, S. 208-224, hier S. 224.

eine der wenigen Ansichten, in der die öffentliche Meinung nicht nur Deutschlands durchaus einig zu sein scheint.« Übereinstimmend wurde die Dominanz des unpolitischen Bourgeois über den politischen Bürger beklagt. Leibholz hielt die »staatsbürgerliche und zugleich bourgeoise Doppelstellung« des Einzelnen in Deutschland für schlichtweg unauflösbar, während Smend bedauerte, dass Bürgerlichkeit weitgehend mit dem »Typus unlebendiger, häßlicher, unsittlicher Erstarrtheit und Abgeschlossenheit einer anscheinend absterbenden sozialen Schicht« assoziiert werde.[167]

Bei Leibholz und Smend schienen der liberale Relativismus, der Pluralismus und die Unfähigkeit zur Einheitsbildung bzw. zu gesellschaftlicher Integration verantwortlich für den Niedergang der Bürgerlichkeit, wenngleich sie gewisse Restbestände liberaler Errungenschaften zu bewahren strebten. Insbesondere Smend war bemüht, in seiner Rede über »Bürger und Bourgeois« (die er zum – nicht unbedingt republikanischen – Reichsgründungstag am 18. Januar 1933 hielt) frühere antiliberale Ausfälle zu mildern, hielt aber daran fest, die Kontinuität des Reiches als politisches Gemeinwesen seit 1871 zu betonen. Er kritisierte, dass der bürgerliche Rechtsstaat weiterhin als »System der unpolitischen Abwehr und Distanzierung eines innerlich unpolitischen und staatsfremden Bürgertums gegenüber dem Staat« aufgefasst werde. In Wahrheit entspreche dies nicht dem geltenden Staatsrecht der in der WRV dargelegten Grundrechte und Grundpflichten der Einzelnen, denen gesellschaftlich der Status als »freie aktive demokratische Staatsbürger« zuerkannt worden sei.[168]

Sicherlich lässt sich diese Rede als »Einsatz für den bestehenden demokratischen Staat« (R. Mehring) betrachten.[169] Wenn Smend nun »vor den geschlossenen Toren einer neuen und anderen Zeit« das politische und sittliche Erbe des Bürgertums bewahren wollte und »den heute allzu sehr geschmähten Liberalismus« in Schutz

167 Hermann Heller, »Bürger und Bourgeois« (1932), in: ders., *Gesammelte Schriften, Bd. 2: Recht, Staat, Macht*, Tübingen 1992, 2. Aufl., S 625-641, hier S. 627; Gerhard Leibholz, *Die Auflösung der liberalen Demokratie in Deutschland und das autoritäre Staatsbild*, München/Leipzig 1933, S. 45 f.; Rudolf Smend, »Bürger und Bourgeois im deutschen Staatsrecht« (1933), in: ders., *Staatsrechtliche Abhandlungen und andere Aufsätze*, Göttingen 1968, 2. Aufl., S. 309-325, hier S. 312.

168 Ebenda, S. 314, 319.

169 Reinhard Mehring, »Integration und Verfassung. Zum politischen Verfassungssinn Rudolf Smends«, in: *Politisches Denken. Jahrbuch 1994*, S. 19-35, hier S. 25 f.

nahm, dann wusste er allerdings genau, wovon er sprach.[170] Smends Integrationslehre hatte dem Liberalismus bekanntlich »Staatsfremdheit«, »ethische Skepsis«, fehlenden »Wertgeltungsanspruch« und mangelnde »legitimierende Kraft« attestiert.[171] Als bildungsbürgerlicher Protestant und Hochschullehrer entdeckte Smend erst im Ernstfall der Weimarer Endkrise Gründe, seine Kritik am Liberalismus zurückzunehmen.[172] Ein ähnlicher Eindruck entstand, wenn sich Gerhard Leibholz über »ein unwirkliches Zerrbild vom Bürger« beschwerte, das Faschismus und Nationalsozialismus vermittelten. Allerdings blieben beide auf Distanz zur Weimarer Verfassung. Diese empfanden sie als eine ungenügende »Organisation des Pluralismus« (Smend), der gegenüber »ein Volk in die Form zu bringen« war, um als »handelnde Einheit [...] seine geschichtliche Aufgabe« zu erfüllen. Gegen den Pluralismus beschwor Smend das Leitbild des »sittlich gebundenen Bürgers«.[173]

Ein solchermaßen positiv politisierter Bürgerbegriff zielte demnach auf Integration, Wertegemeinschaft und Einheitsbildung, wohingegen die Identifikation von liberaler Bürgerlichkeit mit der Akzeptanz des gesellschaftlichen Pluralismus weitaus seltener zu finden war – am ehesten, wie Kathrin Groh herausgearbeitet hat, in der explizit republikanisch-demokratischen Staatslehre, die auf den verantwortungsbereiten Bürger setzte und von »einer pluralistischen konflikttheoretischen Basis« aus argumentierte.[174] Hermann Heller löste dabei in sozialdemokratisch-revisionistischer Entschiedenheit den Bürgerbegriff aus milieu- und klassenspezifischen Kontexten, um die Bürgerlichkeit zur Zielnorm und die Sozialdemokratie als Hüterin derselben zu erklären: Einordnung in

170 Smend, »Bürger und Bourgeois im deutschen Staatsrecht«, S. 324.

171 Rudolf Smend, »Verfassung und Verfassungsrecht« (1928), in: ders., *Staatsrechtliche Abhandlungen*, S. 119-276, S. 122 f.

172 Dafür spricht auch sein Bemühen, im Protestantismus einen stabilisierenden Faktor des demokratischen Staates zu sehen. Siehe Rudolf Smend, »Protestantismus und Demokratie« (1932), in: ders., *Staatsrechtliche Abhandlungen*, S. 297-308. Diese Sicht war freilich allzu optimistisch und blendete ganz wesentliche nationalkonservative und antidemokratische Kräfte der evangelischen Kirche aus, die wenige Monate später die »nationalsozialistische Revolution« emphatisch begrüßten.

173 Leibholz, *Die Auflösung der liberalen Demokratie*, S. 58; Smend, »Bürger und Bourgeois im deutschen Staatsrecht«, S. 323.

174 Siehe Groh, *Demokratische Staatsrechtslehrer in der Weimarer Republik*, S. 579.

gesellschaftliche Konvention, bürgerliche Sekurität, Bürgertugend, aber auch der Pluralismus von politischen Willensbildungen gehörten zu jenen Bestandteilen des Bürgerbegriffs, die aus Hellers Sicht von antiliberalen bourgeoisen Intellektuellen selbst mittlerweile nachhaltig diskreditiert und bekämpft wurden. »Zur bürgerlichen Einordnung« fehle »diesen Halbnaturen sowohl das Pflichtgefühl wie die Bescheidenheit und die Einsicht in die Notwendigkeiten eines jeden gesellschaftlichen Zusammenhangs«, ätzte Heller. Der Bourgeois zweifle »an seinen Göttern«, und seine »gesamte bürgerliche Gesellschaftsordnung einschließlich der sie stützenden Wirtschaft, Wissenschaft und Technik beginnen ihm problematisch zu werden«.[175]

Hellers entschiedene Verteidigung des Bürgerbegriffs gegen seine Verächter im Bürgertum markierte noch einmal die innere Spaltung des Liberalismus. Wenn es gute Gründe gibt, diesen demokratischen Denker in einen liberalen Diskurs einzugemeinden, so vor allem aufgrund seiner klaren Positionierung zugunsten der repräsentativen Demokratie, des Parlamentarismus, der pluralistischen Gesellschaft und des sozialen Rechtsstaats. Heller machte die Sozialdemokratie zum Erbwalter und zum Fortsetzer der liberalen Idee. Der von ihm gewürdigte »liberale Ideenkreis« hatte »durch seinen Schutzanspruch des selbsttätigen Individuums eine große Zahl von staatlich-rechtlichen und gesellschaftlichen Einrichtungen bewirkt, die zweifellos so fest in unserer Gesamtkultur wurzeln, daß sie nur mit ihr zugleich verschwinden können«. Insofern setzte er durchaus Hoffnungen auf einen demokratischen und »kraftvollen Neoliberalismus«, der »faschistischen und bolschewistischen Knüppelmethoden [...] vornehmlich auf kulturpolitischem Gebiet« entgegenwirken sollte.[176] Wenn Heller die Aktualität liberaler Freiheits- und Grundrechte betonte, so sah er doch auch die schwindende Attraktivität des politischen Liberalismus, der sich im Kampf der Ideologien und Klasseninteressen nicht mehr hinreichend profilieren konnte.

175 Siehe Heller, »Bürger und Bourgeois«, S. 638-641. Zu seinem Pluralismusverständnis vgl. Hermann Heller, »Politische Demokratie und soziale Homogenität« (1928), in: ders., *Gesammelte Schriften*, Bd. 2, S. 421-433; ders., *Staatslehre*, hg. von Gerhart Niemeyer, Leiden: Sijthoff's Uitgeversmaatschappij, 1934, S. 163 f.

176 Heller, *Die politischen Ideenkreise der Gegenwart*, S. 88 f.

Eine solche Diffusionsthese, welche die Idee variierte, dass der Liberalismus aufgrund seines Erfolges und der Akzeptanz seiner wesentlichen Ideen an Distinktionsfähigkeit eingebüßt habe und Gefahr laufe, sich totzusiegen, war relativ verbreitet. Bereits im Jahr 1905 hatte Friedrich Naumann dies im Hinblick auf liberale Emanzipationsziele beobachtet: »Bewegungen mit dem Ziel der Rechtsgleichheit sind keine ewigen Bewegungen, sie sterben an ihren eigenen Erfolgen und entleeren sich in dem Maße, als sie Fortschritte machen, weil sie sich im Laufe der Entwicklung nicht weiter steigern können.«[177] Andere Liberale wie Friedrich Meinecke und Moritz Julius Bonn nahmen diesen Gedanken auf. Im Blick auf das »moderne Staats- und Kulturleben« hatte der Liberalismus »so vollständig gesiegt«, meinte Meinecke noch 1927, »daß er sich überflüssig gemacht zu haben« schien.[178] Gleichwohl warnte Meinecke vor neuen Gefährdungen der Demokratie und warb dafür, dass der Liberalismus sich als politische Kraft reorganisiere und die Demokratie reformiere. Wie Heller stand Meinecke auf dem Boden der Weimarer Verfassung, um von dort aus neue Wege zu finden. Anders als bei Heller besaßen seine Reformüberlegungen allerdings eine parlamentarismuskritische Stoßrichtung. Zwar hielt er den alten Streit über »einen wesenhaften Unterschied von Liberalismus und Demokratie« für »erledigt«; wie diese liberale Demokratie jedoch institutionell zu gestalten sei (im Sinne einer Überwindung des »reinen Parlamentarismus«), ließ er – abgesehen von einem unspezifischen Plädoyer für stärkere Führung – jedoch im Unklaren.[179]

Weitaus transparenter im Hinblick auf die eigenen politischen Präferenzen bewertete Moritz Julius Bonn den Umstand, dass sich der Liberalismus »in der praktischen Gestaltung des gesellschaft-

177 Friedrich Naumann, »Das Ideal der Freiheit« (1905), in: ders., *Werke, Bd. 5: Kleine politische Schriften*, Köln/Opladen 1967, S. 351-368, hier S. 356. – Zum Problem der liberalen Selbstauflösung siehe u. a. Hans Vorländer, »Hat sich der Liberalismus totgesiegt? Deutungen seines historischen Niedergangs«, in: ders. (Hg.), *Verfall oder Renaissance des Liberalismus? Beiträge zum deutschen und internationalen Liberalismus*, München 1987, S. 9-34.

178 Friedrich Meinecke, »Einige Gedanken über Liberalismus« (1927), in: ders., *Politische Schriften und Reden*, S. 414-417, hier S. 414.

179 Ebenda, S. 417.

lichen Lebens sieghaft durchgesetzt« hatte. Zum einen nahm die Bedrohung menschlicher Freiheit aus Bonns Sicht nicht ab, nachdem wichtige liberale Emanzipationsziele erreicht worden waren, hatten sich doch neue Feinde der Freiheit formiert. Zum anderen konnten die liberalen Ideen keineswegs mehr mit einer Partei oder einer Klasse identifiziert werden, sondern diffundierten in alle Parteien und Milieus. Dementsprechend wurde es zur wesentlichen Aufgabe der Demokratie, eine liberale politische Kultur und ein gesellschaftliches Bewusstsein der Freiheit zu befestigten, insbesondere in einer Situation, da sich das Bedürfnis nach starker Führung und Diktatur ausweitete.[180] Bonn universalisierte in seinen zahlreichen publizistischen Interventionen das Verständnis politischer Bürgerlichkeit, indem er für »Methoden bürgerlicher Selbstregierung« warb, das Individuum als selbständigen und verantwortungsfähigen Staatsbürger ernst nahm und zugleich die Bedürfnisse des Bürgers als Konsument von Leistungen wie von Gütern ins Blickfeld rückte.

Sein Politikverständnis überwand die honoratiorenliberale Ausrichtung traditioneller Konzeptionen, weil er die Ansprüche der Bürger auf gleiche Rechte, auf Meinungsfreiheit und auf Lebenschancen im geistigen und materiellen Sinne gleichermaßen anerkannte.[181] Sein abgeklärter Pragmatismus und das Wissen um die Notwendigkeit von politischen Kompromissen, die das Ergebnis langwieriger Aushandlungsprozesse waren, machten Bonn immun gegen elitäre Konzeptionen einer Führerdemokratie, für die andere liberale Intellektuelle anfällig wurden.[182] Gegen den Außerordentlichkeits- und Unbedingtheitsbedarf der Zeitgenossen, die sich nach Genius und Charisma sehnten, stellte er die Berechenbarkeit und heilsame Durchschnittlichkeit des demokratischen Common Sense. Bonn verteidigte die Nüchternheit der liberalen bürgerlichen Demokratie gegen den Mythos des Staates einerseits und ge-

180 So vor allem die kurze, aber wegweisende Positionsbestimmung: Moritz Julius Bonn, »Die Zukunft des deutschen Liberalismus«, in: *Europäische Revue* 2 (1926), S. 260-268, Zitat S. 260.

181 Vgl. den Ertrag seiner politischen Grundschriften in Bonn, *Die Auflösung des modernen Staats*, Berlin 1921; ders., *Die Krisis der europäischen Demokratie.*

182 Vgl. u. a. Alfred Weber, *Die Krise des modernen Staatsgedankens in Europa*, Stuttgart 1925; Friedrich Meinecke, »Das Reich der Zukunft« (1931), in: ders., *Politische Schriften und Reden*, S. 446-452.

gen einen neuen ideologischen Kollektivismus andererseits. Er verstand eine »Entseelung der Politik« positiv als neue Hinwendung zu Rationalität und Pragmatismus. Bürger und Parteien müssten nun lernen, »dass die praktischen Möglichkeiten der Politik heute weiter und größer sind, als sie je zuvor waren, und dass die Aufgabe, den eigenen Volksgenossen und den Bürgern dieser Welt ein menschenwürdiges Dasein zu schaffen – nicht durch bloßes Vertrauen auf die Wunderleistung einer Idee, sondern in zäher, praktisch gestaltender Arbeit – eine Aufgabe ist, die die politische Betätigung wohl lohnt. Mit innerer Hingebung ausgeübt, kann sie vollen Ersatz für die Leidenschaftlichkeit bieten, mit der man einmal Politik als Teil des Glaubens betrieb.«[183] In einer Mischung aus Vertrauen und Hoffnung beschwor Bonn die Fähigkeit der Bürger, sich und ihre Institutionen durch Einsicht und Vernunft selbst zu verbessern. Der Staat war nicht mehr ein reiner »Anstaltsstaat«, der sich durch technische Verwaltungsleistungen legitimierte, sondern Instrument zur Selbstorganisation der Staatsbürger. Bonn wurde damit zum Vertreter eines modernen Liberalismus, für den die parlamentarische Demokratie mit ihren gewaltenteiligen Institutionen die einzig mögliche Garantie für Bürgerfreiheiten blieb.

Indem Bonn Bürgerlichkeit als individuelles Erwerbsstreben, Anrecht auf gesellschaftliche Teilhabe und als politisch verantwortliche Initiative des Einzelnen mit dem Sinn für sozialen Pluralismus und Minderheitenschutz auffasste, kodifizierte er eigentlich nur die normativen Vorgaben der Weimarer Verfassung. Gleichwohl war eine solche Akzeptanz demokratischer Gleichheit in liberalen Kreisen keineswegs die Regel. Auch wenn man im Zeitalter der »Massendemokratie« und des Kollektivismus am Ideal des liberalen Individuums festzuhalten bereit war und die Vorzüge der modernen arbeitsteiligen Gesellschaft verteidigte, musste dies nicht unbedingt eine Absage an elitäre Vorstellungen bedeuten. Mit seiner Schrift über die *Grenzen der Gemeinschaft* setzte der mit Bonn gute bekannte Helmuth Plessner sozialphilosophische Impulse zur Verteidigung und Begründung der modernen liberalen und mithin

183 Moritz Julius Bonn, »Die Entseelung der Politik«, in: *Frankfurter Zeitung*, 15.5.1928, S.1. Vgl. auch den ganz ähnlichen Appell: ders., »Die Krise des Parlamentarismus«, in: Interparlamentarische Union (Hg.), *Die gegenwärtige Entwicklung des repräsentativen Systems. Fünf Antworten auf eine Rundfrage der Interparlamentarischen Union*, Berlin 1928, S.95-106., hier S.106.

in spezifischer Weise »bürgerlichen« Gesellschaft.[184] Gleichzeitig waren für Plessner der »Zwang zur Führung« und die »Pflicht zur Macht« grundsätzliche Gegebenheiten, die alle Ideale bürgerlicher Vereinbarung von vornherein illusionär machten.[185] So trug Plessners »liberales Gesellschaftsethos« nicht allein agonale, sondern auch deutlich »aristokratische Züge«.[186] Es bleibt aber hervorzuheben, dass er einen positiven Begriff von pluralistischer Öffentlichkeit etablierte. In seiner soziologischen Zeitdiagnose verzichtete er zwar auf klare Stellungnahmen zum politischen System und zur politischen Theorie. Jedoch bestand kein Zweifel daran, dass er die institutionelle Ordnung einer komplexen modernen Gesellschaft bejahte und die »entfremdete« Existenz guthieß, um sie gegen das zeitgenössische Verlangen nach Unmittelbarkeit, Unbedingtheit und Gemeinschaftserfahrung zu verteidigen. Insbesondere in den Anfangsjahren der Weimarer Republik warb Plessner ausdrücklich für die Ausbildung einer neuen politischen Kultur. Er kritisierte den »Platonismus unserer politischen Romantik« und forderte dazu auf, »Politik als eine durchaus eigene, in sich ruhende Sphäre zu begreifen, die als ein selbständiges Glied in das System der Kultur aufgenommen zu werden verdient«. Die Sehnsucht nach der starken Führergestalt verstand Plessner 1921 lediglich als »ein Symptom dafür, daß man alles politische Heil von überall her, nur nicht von seiner eigenen Entschlußfähigkeit erwartete«. In der Arbeit am Staat und im politischen Engagement für die Republik sah er die notwendige »Erziehung zur Wirklichkeit«.[187]

Die bürgerliche Gesellschaft war für Plessner Angelpunkt seines

184 Plessner wirkte als Sekretär für Bonn, der während der Münchner Revolutionszeit im »Rat der geistigen Arbeiter« fungierte. Auch im Exil hatten beide zumindest noch kursorischen Kontakt. Siehe dazu Carola Dietze, *Nachgeholtes Leben. Helmuth Plessner 1892-1985*, Göttingen 2006, S. 40 f., 125.

185 Helmuth Plessner, *Grenzen der Gemeinschaft. Eine Kritik des sozialen Radikalismus* (1924), Frankfurt/M. 2002, hier S. 121.

186 So Andreas Kuhlmann, »Deutscher Geist und liberales Ethos. Die frühe Sozialphilosophie Helmuth Plessners«, in: Eßbach/Fischer/Lethen (Hg.), *Plessners »Grenzen der Gemeinschaft*, S. 15-20, hier S. 18.

187 Helmuth Plessner, »Politische Kultur. Vom Wert und Sinn der Staatskunst als Kulturaufgabe« (1921), in: ders., *Politik – Anthropologie – Philosophie. Aufsätze und Vorträge*, hg. von Salvatore Giamusso und Hans-Ulrich Lessing, München 2001, S. 51-56, hier S. 54-56. Siehe ebenfalls Helmuth Plessner, »Politische Erziehung in Deutschland« (1921), in: ebenda, S. 57-70.

politischen Denkens und zugleich die seiner philosophischen Anthropologie angemessene Sozialformation. Nur in ihr gibt es Raum für die »natürliche Künstlichkeit« des Menschen, der auf Vermittlung, Maskerade, Distanz, Takt und Konventionen angewiesen ist, um vor sich und seinen Mitmenschen geschützt zu werden. Plessner hält einen gewissen Grad der Entfremdung für unabdingbar und jeden Authentizitätskult der Gemeinschaftsideologien für gefährlich. Er stellt sich damit ohne jede Einschränkung auf den Boden der aufgeklärten Moderne: »Gesellschaft bejahen um der Gesellschaft willen, die ihr eigenes Ethos, ihre eigene der Gemeinschaft überlegene Größe hat, und einsehen lernen, dass eine unendlich zu steigernde Anspannung des Intellekts für die steigende Vollendung gesellschaftlichen Lebens, für die immer größere Souveränität gegenüber der Natur verlangt ist, die Maschinen bejahen, an deren Sozialfolgen die Gegenwart leidet, die ganze Pflichtenlast der Zivilisation, wie sie das Abendland erfunden hat und ausbildet, um der wachsenden Spielmöglichkeiten, die sie bringt, auf sich nehmen, das ist die wahrhafte Stärke, auf welche es ankommt.« Freilich blieb auch Plessner in mancherlei Hinsicht ambivalent, maß er doch in diesem Kontext dem bürgerlichen politischen Engagement und den partizipatorischen Möglichkeiten in der Demokratie keine tragende Bedeutung mehr zu, wenn er sich in nietzscheanischer Manier auf das Ethos der Herrscher und Führer kaprizierte und für die Mehrheit, die im Unbewussten verharren sollte, nur eine dienende Rolle vorsah.[188]

Die Linie der »Grenzschrift« führte Plessner schließlich in »Macht und menschliche Natur« (1931) weiter, indem er weniger eine inhaltliche oder normative Bestimmung des Politischen leistete als vielmehr eine Haltung beschrieb, die das Politische prägen sollte. Zum einen betonte er die zentrale Rolle der Ordnungsstiftung durch Recht und den unbedingten Vorrang des Rechtsstaates. Zum anderen berief er sich auf grundlegende, für sein Verständnis von Bürgerlichkeit konstitutive Traditionen der antiken Polis, des Christentums, des Humanismus und der Reformation. Plessner rekurrierte auf eine Haltung, die »die Werte der Selbständigkeit, der erkämpften Einsicht, der Entwicklung zu immer höherer Souveränität über das Dasein, der Bereitschaft, immer

188 Plessner, *Grenzen der Gemeinschaft*, S. 38 f.

wieder von vorn anzufangen in freier Übernahme für verbindlich erklärt«.[189]

Plessner betonte die offene Haltung einer bürgerlichen »vie expérimentale«, die sich der »Zerbrechlichkeit ihrer sozialen, ethnischen, ökonomischen Basis« bewusst war und entschlossen ihre Existenzgrundlagen verteidigte.[190] Seine Nähe zum Schmittianischen Dezisionismus und seine Anleihen bei nationaler Rhetorik stehen dabei im Kontrast zu seiner feinsinnigen Rollensoziologie des Individuums, das im Zustand der Entfremdung und abseits von Authentizitätszumutungen die Freiheit findet. Plessner mochte politisch etwas nach rechts gerückt sein, aber er vollzog eher eine Wende zur Skepsis, als dass ihm eine Abwendung von der Republik zu unterstellen wäre.[191] Allerdings ist unübersehbar, dass Plessner in der Krise seiner Zeit nach Wegen wehrhafter Selbstbehauptung für das Bürgertum suchte und sozialphilosophische Erwägungen zurückstellte. Von Schmitt hatte er gelernt, das Politische zu identifizieren und mit dem Feind zu rechnen, um der Gefahr zu entgehen, die sachliche Dimension und die konkrete Bedingtheit politischer Phänomene zu übersehen: »Wissen wir denn, ob es möglich ist, voraussetzungslos zu denken, ohne uns damit bereits für eine politisches Kategoriensystem: die politische Diskussionsbasis des Liberalismus entschieden zu haben, dessen polemisches Apriori eben diese naiv zum Ansatz genommene Voraussetzungslosigkeit ist? Man sollte sich um der Theorie willen hüten, in einer Epoche, in der die Diktatur eine lebendige Macht geworden ist, in der Rußland und Italien den Tod der Göttin der Freiheit verkündet haben, nach den Prinzipien des klassischen Liberalismus über Politik zu denken.«[192]

In Plessners Standortbestimmung war eine klare Kritik an der

189 Helmuth Plessner, »Macht und menschliche Natur. Ein Versuch zur Anthropologie der geschichtlichen Weltsicht« (1931), in: ders., *Macht und menschliche Natur. Gesammelte Schriften V*, Frankfurt/M. 2003, S. 135-234, hier S. 218 f.

190 Ebenda, S. 219.

191 Zur politischen Verortung Plessners, der 1932 gemeinsam mit Kelsen an der Kölner Universität Seminare gab, vgl. die abgewogene Darstellung von Dietze, *Nachgeholtes Leben*, S. 76-83. Zur Bedeutung von Plessners Schrift »Macht und menschliche Natur« im Diskussionszusammenhang der philosophischen Anthropologie siehe auch Joachim Fischer, *Philosophische Anthropologie. Eine Denkrichtung des 20. Jahrhunderts*, Freiburg/München 2008, S. 117-122.

192 Plessner, »Macht und menschliche Natur«, S. 141.

Wirklichkeitsfremdheit und Abstraktheit altliberaler Positionen eingebettet. Er machte klar, dass der Mensch sich als Bürger schon immer in der politischen Sphäre befinde und dass die Notwendigkeit politischen Handelns für ihn konstitutiv sei.[193] Gleichzeitig setzte er sich dem Risiko aus, mit der Ausklammerung der normativen Kernelemente eines demokratischen Liberalismus diesen selbst zu diskreditieren, zumal sein zur Vagheit neigender Dezisionismus der Selbstbehauptung wenig praktische Anknüpfungspunkte erkennen ließ. Immerhin ließ sich seine Intervention als Aufforderung zum Engagement an jene Intellektuellen verstehen, die sich der Politik entzogen hatten. Die »Gleichgültigkeit der Geistigen gegen die Politik« und ihre »Bagatellisierung durch die Philosophie« waren für Plessner mitschuldig an der politischen Akzeptanzkrise Weimars.[194]

Kulturkritik, Demokratieskepsis, bürgerlicher Antiliberalismus

Es gehörte zur damaligen Zwangslage bürgerlicher Liberaler, dass sie in der Krise einerseits darüber nachdachten, eigene Grundsätze über Bord zu werfen – bei Plessner führte dies zu einer anthropologischen Existentialisierung des Politischen –, und dass sie andererseits vor allem gegen den politischen Attentismus sowie den latenten und offenen Antiliberalismus innerhalb der bürgerlichen Milieus argumentieren mussten. Welches philosophische Milieu des politischen Eskapismus Plessner gemeint hatte, lässt sich erahnen, wenn man sich die Ignoranz gegenüber der Politik in der Existenzphilosophie vergegenwärtigt. Heidegger und Jaspers bewegten sich geistig in Distanz zur Weimarer Demokratie und übten eine starke Anziehungskraft auf eine Schülerschaft aus, die dem parlamentarischen System und der modernen Gesellschaft indifferent bis ablehnend gegenüberstand und die in vielen Fällen erst durch den Untergang der Weimarer Republik politisiert wurde.[195] Unverkennbar wurzelten Günther Anders, Hannah Arendt,

193 Siehe zu diesem Aspekt auch Dietze, *Nachgeholtes Leben*, S. 75.

194 Plessner, »Macht und menschliche Natur«, S. 234.

195 Zur Schülergeneration Heideggers und ihrer Gleichgültigkeit gegenüber der Weimarer Demokratie siehe die Studie von Richard Wolin, *Heidegger's Children. Hannah Arendt, Karl Löwith, Hans Jonas, and Herbert Marcuse*, Princeton

Hans Jonas, Karl Löwith, Herbert Marcuse oder Leo Strauss tief in der Weimarer Kultur, deren Offenheit und Freiheitsräume sie für ihr Philosophieren benötigten, während sie selbst nach ganz unterschiedlichen Alternativen suchten, sei es im Zionismus, Skeptizismus, Sozialismus oder Platonismus. Ihr Denken und Philosophieren war nur in der liberalen pluralistischen Gesellschaft möglich, richtete sich aber zunächst im Lichte eines Verlangens nach Unbedingtheit, Entscheidung und existentiellen Wahrheiten gegen einen liberalen und pluralistischen Relativismus.[196] Öffentlichkeitswirksam wurden Mitglieder dieser Weimarer Generation erst im Kampf gegen den Totalitarismus – und mögen sie auch im Habitus freiheitliche Individualisten und von der Heideggerschen »absoluten Selbstischkeit« fasziniert gewesen sein: Ausdrücklich bekannte sich auch später niemand von ihnen zum Liberalismus. Der Ideenhistoriker Steven Aschheim hat den grenzüberschreitenden Nonkonformismus dieser mittlerweile ikonisierten jüdischen *Weimar Intellectuals* (zu denen er auch den Umkreis des Frankfurter Instituts für Sozialforschung zählt) »at the edges of Liberalism« situiert.[197] Unübersehbar existierte in diesem akademischen Milieu ein hohes Maß an Sensibilität für die Aporien der bürgerlich-kapitalistischen Ordnung und für die Überforderung des liberalen Denkens angesichts beschleunigter Modernisierungsprozesse. Dieser Umstand belegte einmal mehr, dass ein liberaler Habitus und die Sympathie für liberale Lebensformen keinen Bekenntniszwang zum Liberalismus auslösten. Die Heterogenität liberaler Denkmotive und die Offenheit liberalen Denkens schlossen eine ideologisch begründete Gefolgschaft eigentlich aus.

2001. »Ein auffälliges Kennzeichen des Kreises, der sich in diesen Jahren meiner Promotion in Marburg um Heidegger scharte«, schrieb Hans Jonas rückblickend, »bestand darin, daß wir alle apolitisch waren.« (Hans Jonas, *Erinnerungen. Nach Gesprächen mit Rachel Salamander*, Frankfurt/M./Leipzig 2003, S. 122)

196 Die interessante Frage, warum Denker, »die dem Liberalismus derart kritisch – oder bestenfalls indifferent – gegenüberstanden«, in einem Milieu, das sich als liberal versteht, mehr zu faszinieren vermögen als Common-Sense-Liberale, wirft auf: Steven E. Aschheim, »Grenzüberschreitende Kultfiguren. Das Vermächtnis des deutsch-jüdischen Geistes zu Beginn des 21. Jahrhunderts«, in: *Mittelweg 36*, 19. Jg., Heft 6, S. 3-25, hier S. 23.

197 Steven E. Aschheim, *At the Edges of Liberalism. Junctions of European, German, and Jewish History*, New York 2012.

Zeitdiagnostisch und mit dem Anspruch, »die geistige Situation der Zeit« zu erfassen, exponierte sich schließlich 1931 Karl Jaspers.[198] Auch hier handelte es sich um den Ausdruck eines »Unbehagens in der Kultur«, um die Freudsche Wendung aufzugreifen;[199] nicht zuletzt erstaunt immer noch die Politikferne von Jaspers' Schrift.[200] Sie ist, ungeachtet ihrer teilweise hellsichtigen Beobachtungen zu den Phänomenen einer sich globalisierenden Moderne oder der staatlichen »Daseinsfürsorge«, das Dokument tiefer politischer Verunsicherung eines liberalen Bürgertums, das angesichts massendemokratischer Verhältnisse keine politische Handlungsmöglichkeiten sah. Gestaltende Politik war aus Jaspers' Perspektive kaum möglich, denn entweder nehme der Einzelne »das geschichtliche Menschenschicksal in nur passiver Duldung hin«, oder man stürze sich »in ein *blindes politisches Wollen*«.[201] Die »Mächte der öffentlichen Meinung« waren von »Tumult« gekennzeichnet, und Jaspers litt unter der »Unfaßlichkeit des Ganzen« bzw. der fehlenden »Daseinsordnung«.[202] Zweifellos stand Jaspers im Bann von Max Webers Modernediagnose, nach welcher der Mensch in selbstgeschaffene Ordnungssysteme und Riesenapparate gezwungen und allgemeiner Nivellierung preisgegeben wurde. Die »Geschichte des

198 Karl Jaspers, *Die geistige Situation der Zeit.* Achter Abdruck der im Sommer 1932 bearbeiteten 5. Auflage, Berlin/New York 1979.

199 Es ließen sich eine ganze Reihe von parallelen Beobachtungen zwischen den fast zeitgleich entstandenen Zeitdiagnosen ausmachen. Die Analyse Freuds versammelt verwandte kulturkritische Befunde, zeichnet sich aber nicht nur durch einen methodisch definierten Zugriff auf Kulturphänomene aus, sondern vor allem durch die weitaus differenzierteren Wertungen und den Verzicht auf pathetische Krisenbeschwörung. Jaspers fehlte anders als Freud jeder Sinn für Ironie – auch dies eine liberale Tugend, die das Verhältnis zu Gegenwartskrisen entspannt. Siehe Sigmund Freud, *Das Unbehagen in der Kultur* (1931), Stuttgart 2010.

200 Siehe zu diesem Aspekt auch Hermann Lübbe, »Die Masse, der Nationalsozialismus und die Atombombe. Karl Jaspers als politischer Moralist«, in: Reinhard Schulz/Giovanni Bonanni/Matthias Bormuth (Hg.), *»Wahrheit ist, was uns verbindet«. Karl Jaspers' Kunst zu philosophieren*, Göttingen 2009, S. 391-410, hier S. 395. – Den Versuch, Jaspers' politische Philosophie zu rekonstruieren, unternimmt Norbert J. Schürgers, *Politische Philosophie in der Weimarer Republik. Staatsverständnis zwischen Führerdemokratie und bürokratischem Sozialismus*, Stuttgart 1989, S. 220-236.

201 Jaspers, *Die geistige Situation der Zeit*, S. 83.

202 Ebenda, S. 94, 100-104.

Menschen« erschien Jaspers wie »ein vergeblicher Versuch [...], frei zu sein«.[203]

Wenn Jaspers in raunender Unbestimmtheit vom Sich-Aufraffen am Rande des Untergangs sprach und die Erstehung des »unabhängigen Menschen« beschwor, »der faktisch die Dinge in die Hand nehmen und das eigentliche Sein bedeuten würde«, so meinte er damit wohl eher eine geistig-existentielle Revolution in jedem Einzelnen als das Erscheinen eines bestimmten politischen Führers.[204] Jaspers ging von der Alternativlosigkeit des demokratischen Staates aus, denn niemand vermochte mehr, »ohne Duldung durch die Masse das, was sie tun soll, nach einem erdachten Plan gewaltsam zu bestimmen«.[205] Die Herrschaft einer Minderheit hielt er in der modernen Gesellschaft trotz aller Möglichkeiten, die Öffentlichkeit propagandistisch zu kontrollieren, für sehr unwahrscheinlich, auch wenn er nicht ausschloss, dass eine selbsternannte Elite sich über eine »augenblickliche Zustimmung der Massen« hinter einem Führer zusammenschließen und »die Macht im Staate« ergreifen könnte.[206] Allerdings wirkt dies bei Jaspers eher wie ein Gedankenspiel, nicht wie ein von ihm präferiertes Programm. Der liberale Kern seiner Anschauungen lässt sich in seiner Fixierung auf die freie Entscheidung des Individuums und in dem Bestreben ausmachen, »den Menschen an sich selbst zu erinnern«.[207]

In einer ausführlichen zeitgenössischen Rezension kritisierte Karl Löwith bereits sehr klar die Vagheit und Unbestimmtheit dieser Krisenschrift. Jaspers' Denken bewege sich »in einer bestän-

203 Ebenda, S. 192.

204 Ebenda, S. 193. Dies relativierend gegenüber der ansonsten ebenso klugen wie kritischen Jaspers-Deutung von Ulrich Raulff, »Wo es langgeht. Geistige Situationen zwischen Heidelberg und Frankfurt«, in: *Zeitschrift für Ideengeschichte* 7 (2013), Heft 1, S. 65-80, hier S. 73. – Auch im Abschnitt zum Führertum (Jaspers, *Die geistige Situation der Zeit*, S. 48-52) ist im Plural von Führern (»Menge der Zufallsführer«) und vom Typus des Führers als Exponent der Masse allgemein die Rede: »Er ist im Grunde so ohnmächtig wie jeder Einzelne, Vollstrecker dessen, was Widerhall im Durchschnittlichen des Massenwillens finden muß. Verläßt ihn dieser, so ist er nichts.« (Ebenda, S. 50) Wenn Jaspers konstatiert: »Massen kommen erst in Bewegung durch Führer, die ihnen sagen, was sie wollen; Minoritäten machen Geschichte« (ebenda, S. 179), so wirkt diese Feststellung angesichts der nachfolgenden Relativierungen phrasenhaft.

205 Ebenda, S. 33.

206 Ebenda, S. 180.

207 Ebenda, S. 194.

digen Abwehr bestehender Alternativen« und führe ihn »zu einer unablässigen kritischen Auflockerung aller öffentlich fixierten Positionen«.[208] In einer solchen »Krise ohne Alternative« (Chr. Meier) verwarf der Heidelberger Philosoph (repräsentativ für viele, die sich um eine Position bürgerlicher Vernunft bemühten) einerseits die radikalen antidemokratischen Infragestellungen der Republik. Andererseits scheute er davor zurück, sich für die bestehende Ordnung – d. h. angesichts des Präsidialsystems: für eine Rückkehr zu dieser – klar auszusprechen. Jaspers' Wille zum Staat war an dessen ordnungsstiftende Kraft gebunden, und in der Interpretierbarkeit der Weimarer Reichsverfassung und im liberalen gesellschaftlichen Pluralismus konnte er eben nur eine unterbestimmte »Stätte der Ermöglichung« sehen.[209] Hier schienen wahre Entscheidungen unmöglich; stattdessen herrschten Unklarheit, Verschleierung, Kompromiss. Bei Jaspers blieb noch nebliger als bei den politisch weiter rechts situierten Dezisionisten seiner Epoche wie Schmitt, Heidegger oder Jünger,[210] wofür man sich überhaupt entscheiden sollte. Seine »Verdunkelung der allgemeinen Daseinsbedingungen, u. a. der sozial-politischen durch die Erhellung der Existenz«, bemerkte Löwith mit der nötigen Bissigkeit, »ließe sich unschwer verkehren in eine Erhellung von jenen durch eine Verdunkelung von dieser«.[211] Kurz: Die kulturkritische Politisierung der wahren Existenz hatte gar keine Chance, einen Bezug zur politisch-institutionellen und sozialen Realität zu gewinnen. Gleichzeitig verkörperte Jaspers' Haltung selbst in hohem Maße die relativistische Unentschiedenheit, die dem Liberalismus so häufig zum Vorwurf gemacht wurde. Die Sehnsucht nach dem Substantiellen, nach dem »Umgreifenden« und dem »Selbstsein« des Einzelnen, betraf Sphären, die sich dem Politischen offensichtlich entzogen.[212]

208 Karl Löwith, »Die geistige Situation der Zeit« (1933), in: ders., *Heidegger – Denker in dürftiger Zeit. Zur Stellung der Philosophie im 20. Jahrhundert* (Sämtliche Schriften 8), Stuttgart 1984, S. 19-31, hier S. 24.

209 Vgl. Jaspers, *Die geistige Situation der Zeit*, S. 76 und S. 78 ff., sowie dazu Löwith, »Die geistige Situation der Zeit«, S. 24 f.

210 Es hatte vermutlich auch geschichtspolitische Gründe, dass frühe Untersuchungen zum Thema Jaspers aussparten. Siehe z. B. Krockow, *Die Entscheidung*.

211 Löwith, »Die geistige Situation der Zeit«, S. 29.

212 Umso bemerkenswerter ist der Moralismus und Alarmismus des späten Jaspers, der sich als demokratisch motivierter Kritiker der frühen Bundesrepublik profilierte. Vgl. Karl Jaspers, *Wohin treibt die Bundesrepublik? Tatsachen – Gefahren –*

Dolf Sternberger kritisierte rückblickend diese Form der Kulturkritik scharf. In ihr erkannte er ein »Vokabular von Schicksal, Gefahr, Kampf, Herrschaft und Entscheidung, welches hier alles gegen Masse, Nivellierung, Anonymität, Kompromiß und Anpassung ausgespielt war«.[213] Sternberger, der ähnlich wie seine Freundin Hannah Arendt erst durch die Weimarer Staatskrise politisiert wurde und dies in späteren Jahren als ein Manko empfand, erkannte das Defizit der Jaspersschen Philosophie darin, dass »alles Licht auf den einzelnen und seine Entscheidung« fiel, um die individuelle Existenz kreise und das »öffentliche Dasein im Schatten« blieb.[214] Für den Philosophie-Doktoranden und späteren liberalen Gründungsvater der Politikwissenschaft in der Bundesrepublik war Jaspers' politisches Denken ein Grund, sich in der Weimarer Endkrise (zumindest vorübergehend) von seinem Lehrer abzuwenden.

Es ist mehr als eine Fußnote wert, dass der spätere Aristoteliker und Fürsprecher liberaler Bürgerlichkeit bei einem anderen Emphatiker der Entscheidung, Paul Tillich, promoviert wurde und zeitweise mit dessen religiösem Sozialismus sympathisierte.[215] Während die liberale Gesellschaft der Gegenwart bei Jaspers die Existenz und das Substantielle verdunkelte, machte sie zum Leidwesen von Tillich Transzendenz ebenso unmöglich wie solidarische Gemeinschaft. Gleichwohl legte Tillich (im Kontrast zu seiner mythisch aufgeladenen religiösen Sozialismusprophetie, die mit dem Marxismus nur am Rande etwas zu tun hatte) eine radikale Kritik des bürgerlichen Liberalismus vor. Es lag in der »Dämonie des bürgerlichen Geistes«, mit dem System der kapitalistischen Wirtschaft die Existenzvoraussetzungen politischer Vergemeinschaftung zu zerstören: Die natürlichen und geistigen »Lebensbeziehungen« und »Gemeinschaften« wurden dem individualistischen Erwerbsstreben geopfert, das individuelle Bedürfnis nach Transzendenz

Chancen, München 1966. Siehe dazu auch Jens Hacke, *Die Bundesrepublik als Idee. Zur Legitimationsbedürftigkeit politischer Ordnung*, Hamburg 2009, S. 24 f.

213 Dolf Sternberger, »Karl Jaspers. Blicke in seine Existenz und seine Philosophie« (1983), in: ders., *Gang zwischen Meistern. Schriften VIII*, Frankfurt/M. 1987, S. 132-149, hier S. 141 f.

214 Dolf Sternberger, »Jaspers und der Staat« (1963), in: ders., *Staatsfreundschaft. Schriften IV*, Frankfurt/M. 1980, S. 159-170, hier S. 161.

215 Zu Sternbergers intellektueller Entwicklung siehe Claudia Kinkela, *Die Rehabilitierung des Bürgerlichen im Werk Dolf Sternbergers*, Würzburg 2001.

und Lebenssinn blieb auf der Strecke, wie Tillich in seinem vielbeachteten programmatischen Aufsatz »Kairos« konstatierte. (Seine Werbung für einen »gläubigen Realismus« dürfte allerdings jenseits der Eingeweihten kaum auf Resonanz gestoßen sein.)[216]

Der analytische Teil seiner noch im Januar 1933 erschienenen Schrift *Die sozialistische Entscheidung* kondensierte schließlich in beeindruckender Weise ganz wesentliche Motive der Kritik an den »bürgerlich-liberalen Prinzipien«.[217] Die Krise des Liberalismus führte er im Wesentlichen auf drei miteinander zusammenhängende Elemente zurück: a) auf die Erschütterung des liberalen Harmoniegedankens, b) auf die Selbstüberforderung der liberalen Demokratie im Glauben an die Möglichkeit vernünftig-rationaler Selbstbestimmung und c) auf die Abhängigkeit der liberalen bürgerlichen Gesellschaft von moralischen Ressourcen, die außerhalb ihrer Prinzipien liegen und die zugleich von ihr verzehrt werden.[218] Die bürgerliche Gesellschaft müsse, um sein zu können, »sich von Seiendem tragen lassen, das nicht von ihr gestaltet, sondern von ihr vorgefunden ist. Sie muß sich ideologisch und gesellschaftlich mit den ursprünglich tragenden Kräften verbinden.« Liberale waren also dazu gezwungen, Abstand von jedem liberalen Doktrinarismus zu nehmen und zu erkennen, dass die liberale Idee lediglich »Korrektiv, nicht Normativ« sei. Aus dieser Perspektive konnte Tillich die Klassik, den Idealismus, den Historismus und die Pflege religiöser Lebensformen als zeitweilig gelingende Versuche deuten, die Sinndefizite der bürgerlichen Gesellschaft durch Mythen, Ideen, Tradition und Kontingenzbewusstsein zu kompensieren. Für Tillich gehörte die Hinwendung zum Irrationalen und der bürgerliche

216 Paul Tillich, »Kairos. Ideen zur Geisteslage der Gegenwart« (1926), in: ders., *Hauptwerke. Bd. 4: Religionsphilosophische Schriften*, Berlin/New York 1987, S. 171-181. Den Hinweis auf Tillichs Liberalismuskritik verdanke ich Martin Bauer. Siehe dazu seinen Vortrag auf der gemeinsam von Heinz Bude und mir veranstalteten Tagung »Intellektuelle Einsätze in der Zwischenkriegszeit. Neubestimmungen von Modernität aus der Erfahrung der Krise« am Hamburger Institut für Sozialforschung, 16./17. Juni 2011: Martin Bauer, *Paul Tillichs sozialistische Entscheidung*, 2011, MS, 11 Seiten. – Zu Tillich vgl. weiterhin Schürgers, *Politische Philosophie in der Weimarer Republik*, S. 155-172; Alexander Schwan, »Zeitgenössische Philosophie und Theologie in ihrem Verhältnis zur Weimarer Republik«, in: Erdmann/Schulze (Hg.), *Weimar*, S. 259-285, hier S. 278-281.

217 Paul Tillich, *Die sozialistische Entscheidung* (1933). Neuauflage, Berlin 1980.

218 Ebenda, S. 49-59.

Nationalismus (»der großartigste Versuch dieser Art«) zum Wesen »innerbürgerlicher Kritik«, und er lehnte die marxistische Vorstellung vom »falschen Bewusstsein des Bürgertums« ausdrücklich ab. Allerdings schienen angesichts der kapitalistischen Dynamik und der autodestruktiven Wirkungen einer durchgebildeten rationalen Marktwirtschaft die bisherigen Kompensationsmechanismen nicht mehr zu funktionieren.[219] Tillich sah die Ausweglosigkeit des in seiner ökonomisch-politischen Selbstsicherheit erschütterten Bürgertums (von ihm quasi marxistisch als Trägergruppe liberaler Ideologie definiert) darin, dass es sich in der derzeitigen Krise entweder darauf zurückzog, für die Störungen des *Laissez-faire* andere Kräfte verantwortlich zu machen, oder verzweifelte Versuche unternahm, »sich selbst durch den Übergang zu vorbürgerlichen feudalen Strukturen [zu] sichern«.[220]

Es würde zu weit führen, Tillichs eigenes, von endzeitlichen Erwartungen getriebenes Aktionsprogramm, das Revolutionshoffnung, Einheitsstiftung und gesamtgesellschaftlichen Erweckungsglauben verknüpfte, näher darzustellen. Seine hier relevante Liberalismuskritik von links fügte sich in eine geistige Atmosphäre radikaler Infragestellung ein, die den weiteren Umkreis von Existenzphilosophie oder auch das Frankfurter Institut für Sozialforschung prägte.[221] Rationalismus, Positivismus, liberaler Fortschrittsgedanke – dies waren angesichts der zu beobachtenden Gesellschaftskrise keine philosophischen Optionen, die nahegelegen hätten. An der radikalen Ablehnung der liberalen Demokratie hielt Leo Strauss, der Sympathien für die andere Seite des politischen Spektrums hegte, auch im Mai 1933 fest, als er die ersten Gewaltaktionen und antisemitischen Ausfälle des Nationalsozialismus schon hatte zur Kenntnis nehmen müssen. Er schrieb aus Paris an Karl Löwith: »Und was die Sache betrifft: daraus, dass das rechtsgewordene Deutschland uns nicht toleriert, folgt schlechterdings nichts gegen rechte Prinzipien. Im Gegenteil: nur von den rechten

219 Ebenda, S. 54 f.

220 »Beide Wege werden zur Zeit beschritten«, bemerkte Tillich zur Jahreswende 1932/33, »der erste nur noch in theoretischer Form von kleinen Gruppen, der zweite als tatsächlicher Weg der spätkapitalistischen Mächte.« (Ebenda, S. 52)

221 Zum Umfeld siehe auch Friedrich Wilhelm Graf, »Februar 1932, Party bei den Tillichs. Reale Dialektik in Frankfurt«, in: *Zeitschrift für Ideengeschichte* 9 (2015), Heft 4, S. 111-120.

Prinzipien aus, von den fascistischen, autoritären, *imperialen* Prinzipien aus lässt sich mit Anstand, ohne den lächerlichen und jämmerlichen Appell an die droits imprescriptibles de l'homme gegen das meskine Unwesen protestieren. [...] Es gibt keinen Grund zu Kreuze zu kriechen, auch nicht zum Kreuz des Liberalismus, solange noch irgendwo in der Welt ein Funke des *römischen* Gedankens glimmt. Und auch dann: lieber als jegliches Kreuz das Ghetto.«[222] Löwiths Antwort war ebenso aufschlussreich. Er machte seine Distanz gegenüber »rechten Prinzipien« sehr deutlich und identifizierte diese als ein krudes Gemisch aus völkisch-rassistischen und nationalistischen Ideen, die den »Geist der Wissenschaft« und das Judentum nicht tolerierten. Aber auch Löwith versicherte seinem Adressaten, dass er »keineswegs die ›liberale‹ und menschenrechtliche ›Geistesfreiheit‹« vertrete.[223]

Welche politischen Anschauungen Löwith allerdings selbst im positiven Sinne vertrat, war zunächst einmal unklar. Seine Domäne blieb die Kritik aus skeptischer Warte, und das von ihm gepflegte intellektuelle und philosophische Ethos machte ihn immun gegen autoritäre Versuchungen, aber umso sensibler für die Verführungen von Heilsversprechen und die Inkonsistenzen ihrer ideologischen Rechtfertigungsversuche. Löwiths Skepsis war eine Reaktion auf bürgerliches Sekuritätsdenken und einen geschichtsphilosophisch grundierten Fortschrittsglauben, der sich zunehmend als naiv erwies. Aus dem Verlust des Glaubens und der Tendenz zum Nihilismus, die Teile der Existenzphilosophie ergriffen hatte, durfte man keine irrationalistischen Konsequenzen ziehen, sondern musste sich auf den Menschen besinnen. Löwiths Denkweg erhellte somit den Zustand eines von Selbstzweifeln geplagten Bürgertums, dem die Prämissen des Liberalismus fremd geworden waren. Dass Löwith seine Distanz zum Liberalismus betont hatte, änderte nichts daran, dass er am liberalen Freiheitsbegriff und an einem Verständnis von politischer Verantwortung festhielt, welches auf der Grundlage des Rechts und der Vernunft beruhte. Seine im japanischen Exil verfasste Schrift über den »europäischen Nihilismus«, die die

222 Leo Strauss, »Korrespondenz Leo Strauss – Karl Löwith«, in: ders., *Gesammelte Schriften Bd. 3: Hobbes' politische Wissenschaft und zugehörige Schriften – Briefe*, Stuttgart/Weimar 2008, 2. Aufl., S. 607-687, hier S. 625 (Hervorhebungen i. O.).

223 Ebenda, S. 627.

normative Entkernung der Philosophie im Anschluss an Nietzsche nachzeichnete, fügt sich später in die Reihe der bedeutenden Studien zum Totalitarismus ein.[224]

Die Übergänge zwischen einer Haltung der Skepsis gegenüber der liberalen Demokratie, angereichert mit kapitalismuskritischen und kulturpessimistischen Volten, und einem offenen Antiliberalismus, der sich gegen das »Weimarer System« wandte, waren bekanntermaßen fließend. Mit Staunen, aber auch mit gewisser Faszination beobachteten bürgerliche Gelehrte die politische Mobilisierungskraft des neuen Nationalismus, der eine »scharfe Frontstellung gegen den Bürger« (W. Gurian) bezog und sich mit revolutionärer Attitüde gegen das politische System auflehnte.[225] Der politische Extremismus dieser konservativ-revolutionären Strömungen wurde zwar registriert und auch kritisiert, gleichzeitig aber verharrten bürgerlich-liberale Intellektuelle häufig in einer unpoli-

224 Karl Löwith, »Der europäische Nihilismus. Betrachtungen zur geistigen Vorgeschichte des europäischen Krieges« (1940), in: ders., *Weltgeschichte und Heilsgeschehen. Zur Kritik der Geschichtsphilosophie* (Sämtliche Schriften Bd. 2), Stuttgart 1983, S. 473-540.

225 Walter Gerhart [pseudonym von Waldemar Gurian], *Um des Reiches Zukunft. Nationale Wiedergeburt oder politische Reaktion?*, Freiburg 1932, S. 63. Gurian stellte den neuen Nationalismus in manchen Passagen in allzu einfühlender Weise dar, wenn er die antiliberalen Gedanken paraphrasierte: »Am Liberalismus gehen die Völker zu Grunde, weil der Liberalismus das Elementare zersetzt, die Spannungen und Entscheidungen, die zur Politik und Selbstbehauptung notwendig sind, unmöglich macht.« (Ebenda, S. 63) Gleichzeitig war Gurians Analyse des »neuen Nationalismus« bzw. des »revolutionären Konservatismus« vermutlich die beste zeitgenössische Darstellung, in der bereits alle wesentlichen ideologischen Versatzstücke untersucht wurden. Vor allem arbeitete Gurian die Heterogenität im Lager einer politischen Rechten heraus, die in der Negation des Weimarer »Systems«, des Parlamentarismus und der liberalen Gesellschaft verbunden war, aber kaum über gemeinsame positive Zielsetzungen verfügte (ebenda, S. 111 ff.). Gurian selbst warnte davor, das Parlament »durch eine angeblich unmittelbare, plebiszitär begründete oder auf Akklamation beruhende unliberale Demokratie« zu ersetzen. »Ein autoritärer Staat ohne Parlament und Parteien« sei »ein Traum jenseits aller Wirklichkeit«. Die von ihm favorisierte »autoritäre Demokratie«, welche »die Kräfte der Selbstverwaltung« stärke und »die Achtung der traditionellen Ordnungen« ermögliche, blieb in ihren Konturen freilich ebenfalls unscharf. Wie eine solche autoritäre Demokratie »die Antithese Volksstaat-Obrigkeitsstaat [...] überwinden und »an die Stelle eines liberalen Gesellschaftsatomismus organische Bindungen« setzen sollte, ließ der Liberalismuskritiker Gurian offen (ebenda, S. 207 f.).

tischen Beobachterposition, die sich bewusst über die Tagespolitik und die Institutionen der Demokratie hinwegsetzte.

Ein exemplarischer Vertreter dieser Bürgerlichkeit war der Romanist Ernst Robert Curtius, der primär den deutschen Geist in Gefahr wähnte, aber eine »Restauration der Vernunft« nicht auf die politische Ordnung bezog.[226] Curtius pflegte den verbreiteten intellektuellen Aristokratismus, der sich zwar gegen die Kulturfeindlichkeit und das Plebejertum der Nationalsozialisten wandte, aber mit einem demokratischen Liberalismus nicht viel im Sinn hatte. Zur Krise des deutschen Geistes zählte eben auch der pathologische Zustand der Intelligenz, die »der Einbruch der Demokratie in das Reich des Seelischen« erst bewirkt hatte.[227] Gegen die Gefahr einer »Revolution von rechts« (Hans Freyer) stellte Curtius einen protestantisch getönten Kulturnationalismus, der ähnlich, wie es Rudolf Smends Vorstellungen entsprach, Integration bewerkstelligen und den Pluralismus überwinden sollte: »Was im August 1914 möglich war – keine Parteien, nur noch Deutsche – das muß auch im Frühling 1932 möglich sein. [...] Also Nationalismus gegen Parteihader, aber auch Nation gegen Revolution.«[228] Von den drei politischen Leitzielen des 19. Jahrhunderts, Nationalstaat, Demokratie und Sozialreform, hatte die Demokratie enttäuscht, und nun müsse man »das Nationale und das Soziale mit eisernem Willen zusammenbiegen«.[229] Curtius, der kein Nationalsozialist war und auch den Tat-Kreis scharf verurteilte, war in seinem antiliberalen und antidemokratischen Vokabular kaum vom rechten Nationalismus zu unterscheiden. Sein Versuch, geistige Traditionen im Sinne eines humanistischen Kulturnationalismus wiederzubeleben, fand keinen Kontakt mehr zur politischen Wirklichkeit.[230]

Die Ausweglosigkeit dieser Argumentation wurde spätestens in Curtius heftiger Ablehnung von Karl Mannheims Wissenssoziologie deutlich, die zum einen die »Seinsgebundenheit« alles

226 Siehe Ernst Robert Curtius, *Deutscher Geist in Gefahr*, Stuttgart 1932.

227 »Unsere kulturelle Lage ist angewandter Parlamentarismus«, schrieb Curtius bereits in einem kulturkritischen Essay 1927 und meinte damit Desintegration und Pluralismus. Siehe Ernst Robert Curtius, »Restauration der Vernunft«, in: *Neue Schweizer Rundschau* 20 (1927), 856-862, hier S. 859.

228 Curtius, *Deutscher Geist in Gefahr*, S. 35.

229 Ebenda, S. 37.

230 Vgl. zu Curtius auch Jasper, *Die gescheiterte Zähmung*, S. 211-214.

Wissens betonte und zum anderen an der »Bedeutung der Konkurrenz im Gebiete des Geistigen« festhielt, also keinen bestimmten kulturellen Zugang zum Wissen privilegierte.[231] Mannheims Skepsis gegenüber ideologischen Heilsgewissheiten und sein Relativismus, der in Zuspitzung von Max Webers Position die kritische Revision zum konstitutiven Moment der Moderne erklärt, reizte Curtius zu scharfem Widerspruch, der in seiner Vehemenz vermutlich eher Ausdruck von Verzweiflung war.[232] Die Rekonstruktion eines »deutschen Geistes« erwies sich als Schimäre und war überdies angesichts des grassierenden Radikalnationalismus kaum trennscharf zu artikulieren.[233] Gleichwohl blieb der problematische Konnex zwischen Bürgertum und deutschem Geist bestimmend dafür, die politische Schwäche und Desintegration der bürgerlichen Mitte ideengeschichtlich ausgreifend zu interpretieren, wie der Blick auf die berühmt gewordenen Bemühungen der Exilanten Helmuth Plessner und Thomas Mann belegt.[234] Die Verbrämung eines idealisierten »deutschen Geistes«, der eine Verbindung mit lutherischem Obrigkeitsdenken eingegangen war, hatte in politische Aporien geführt, deren fatale Wirkungen als geistiger Irrweg beschrieben und an verklärenden Gegenprojektionen gemessen wurden. Das profane gesellschaftliche Leben des Bürgers und die Möglichkeiten politischer Selbstorganisation, die zweifellos existiert hatten, spielten dabei kaum eine Rolle. So spiegelte

231 Siehe v.a. Karl Mannheim, *Ideologie und Utopie* (1929), Frankfurt/M. 1952, 3. Aufl., sowie ders., »Die Bedeutung der Konkurrenz im Gebiete des Geistigen« (1928), in: ders., *Wissenssoziologie. Auswahl aus dem Werk*, Berlin 1964, S. 566-613.

232 Curtius, *Deutscher Geist in Gefahr*, S. 88-102.

233 Zu Curtius und Mannheim siehe vor allem Dirk Hoeges, *Kontroverse am Abgrund: Ernst Robert Curtius und Karl Mannheim. Intellektuelle und »freischwebende Intelligenz« in der Weimarer Republik*, Frankfurt/M. 1994. Vgl. weiterhin Hans Manfred Bock, »Ernst Robert Curtius und die Aporien des ›unpolitischen Intellektuellen‹«, in: Manfred Gangl/Gérard Raulet (Hg.), *Intellektuellendiskurse in der Weimarer Republik. Zur politischen Kultur einer Gemengelage*, Frankfurt/M. 1994, S. 233-244.

234 Helmuth Plessner, »Die verspätete Nation. Über die politische Verführbarkeit des bürgerlichen Geistes« (1935/1959), in: ders., *Die Verführbarkeit des bürgerlichen Geistes. Politische Schriften. Gesammelte Schriften VI*, Frankfurt/M. 2003, S. 7-223; Thomas Mann, »Deutschland und die Deutschen« (1945), in: ders., *Deutschland und die Deutschen. Essays. Bd. 5: 1938-1945*, hg. von Hermann Kurzke u. Stephan Stachorski, Frankfurt/M. 1996, S. 260-281.

sich die Klage über die defizitäre Bedeutung des Bürgers und seine Politikferne in ebendiesen immanenten Kritiken wider, die für die demokratische Gesellschaft noch kein hinreichendes Sensorium entwickelt hatten und denen eine sozialphilosophische Dimension liberaler Bürgerlichkeit fehlte.

Bei bürgerlichen Intellektuellen wie Curtius oder Jaspers ging die Sehnsucht nach einer »geistigen Erneuerung« und die kulturkritische Trauer um den Verlust bürgerlicher Ordnung eine enge Verbindung mit Vorbehalten gegenüber der liberalen Demokratie ein. Das eigene gesellschaftliche Ordnungsmodell blieb undeutlich, zumal die Handlungsspielräume für die Etablierung einer idealisierten Führerdemokratie, die sich über einen blockierten Parlamentarismus hinwegsetzen und zugleich die Bürgerfreiheiten des Rechtsstaates bewahren könnte, geschwunden waren. Da der politische Liberalismus keine Rolle mehr spielte, schien nur noch die Alternative zwischen einem dynamisierten Radikalnationalismus und einer konservativen Reaktion zu bestehen. Auch dies waren Manifestationen des Umstandes, dass das Bürgertum einen »Kampf gegen sich selbst« (von Krockow) führte.[235] Nicht die Arbeiterbewegung oder der Marxismus waren die zentralen Feindbilder der radikalen intellektuellen Rechten, sondern der bürgerliche Liberalismus und die parlamentarische Demokratie.[236] Ein derartiger ideologischer Feldzug gehorchte den bekannten Regeln eines Selbsthasses, der sich mit revolutionärer Attitüde autoaggressiv gegen das Herkunftsmilieu richtete.

Der Komplex dieses bürgerlichen Antiliberalismus ist unter wechselnden Etiketten wie Konservative Revolution, antidemokratisches Denken oder neuer Nationalismus gut erforscht und viel beschrieben; er war der Ausdruck einer Krise der Autorität, der entwerteten Tradition und eine Reaktion auf unbewältigte Modernisierungsschübe.[237] Gleichzeitig war diese konservativ-revolutionäre

235 Krockow, *Die Entscheidung*, S. 28 ff.

236 Siehe zu diesem Aspekt Stefan Breuer, *Anatomie der Konservativen Revolution*, Darmstadt 1995, 2. Aufl., S. 49-59; Kurt Lenk, *Deutscher Konservatismus*, Frankfurt/M./New York 1989, S. 160-164.

237 Vgl. zum neuen Antiliberalismus von rechts neben Breuer, *Anatomie der Konservativen Revolution* immer noch Sontheimer, *Antidemokratisches Denken in der Weimarer Republik*; Raimund von dem Bussche, *Konservatismus in der Weimarer Republik. Die Politisierung des Unpolitischen*, Heidelberg 1998; Martin

Position eine Überwindung der bürgerlichen Kulturkritik und eine Hinwendung zur Aktion und zur Zukunftsgestaltung. Während Curtius und Jaspers sich nach der idealisierten Werteordnung einer bürgerlichen Vergangenheit sehnten, öffneten sich die Intellektuellen von Ernst Jünger bis zum »Tat«-Kreis der Industriemoderne und der Massengesellschaft.[238] Im Antiliberalismus trafen sich eine Reihe von Motiven: Antikapitalismus, Gemeinschaftssehnsucht, Nationalismus, Überdruss an den Konventionen einer bürgerlichen Gesellschaft – und nicht zuletzt konnten die Affekte gegen die Versailler Friedensordnung ideologisch abgeleitet werden, wenn man sie als Ordnung eines liberalen Systems begriff, das den Deutschen von außen aufgezwungen worden war.[239] Dieses äußere Feindbild korrespondierte mit einem nach Homogenität strebenden Nationalismus, der sich gegen soziale, ethnische und kulturelle Pluralität wandte, und machte zugleich die Angriffe auf jene möglich, die sich im liberalen Sinn für die sogenannte »Erfüllungspolitik« und die Verständigung mit den Siegermächten einsetzten.

Oswald Spenglers frühe Attacke gegen den »artfremden«, weil angelsächsischen Liberalismus illustriert diese Haltung, für die es in den Weimarer Jahren mehr als genug Belege gab. Sein Antiliberalismus ließ sich an Schlichtheit kaum unterbieten, traf aber den Nerv der Zeit. In *Preußentum und Sozialismus* (gedacht als die beiden deutschen Alternativen zum Liberalismus) formulierte Spengler: »Der Liberalismus ist eine Sache für Tröpfe. Er beschwatzt, was er nicht besitzt. [...] Jeder für sich: das ist englisch; alle für alle: das ist preußisch. Liberalismus aber heißt: Der Staat für sich, jeder für sich. Das ist eine Formel, nach der sich nicht leben lässt, sofern man nicht in liberaler Weise das eine sagt und das andere zwar nicht will und tut, aber schließlich geschehen läßt.«[240] Gegen den

Greiffenhagen, *Das Dilemma des Konservatismus in Deutschland*, Frankfurt/M. 1986, S. 241 ff.

238 Zum Tat-Kreis vgl. weiterhin: Klaus Fritzsche, *Politische Romantik und Gegenrevolution. Fluchtwege in der Krise der bürgerlichen Gesellschaft: Das Beispiel des ›Tat‹-Kreises*, Frankfurt/M. 1976. – Die prägenden Werke dieses neuen, der Moderne zugewandten Nationalismus waren Hans Freyer, *Revolution von rechts*, Jena 1931; Ernst Jünger, »Der Arbeiter. Herrschaft und Gestalt« (1932), in: ders., *Essays II. Werke*, Bd. 6,, Stuttgart 1964, S. 9-329.

239 Siehe dazu auch Breuer, *Anatomie der Konservativen Revolution*, S. 53 ff.

240 Zitiert nach Oswald Spengler, »Preußentum und Sozialismus« (1919), in: ders., *Politische Schriften*, München/Berlin 1934, S. 1-105, hier S. 35.

Individualismus in einer komplexen Gesellschaft wurde der Kollektivismus der Gemeinschaft mobilisiert, gegen die parlamentarische Diskussion die Dezision eines charismatischen Führers, gegen Pluralität und Heterogenität Vorstellungen von Homogenität, ob ideell oder biologistisch-rassistisch.

Das zeitgenössische intellektuelle Ressentiment gegen den Liberalismus hat Carl Schmitt in seinen Schriften über *Die geistesgeschichtliche Lage des heutigen Parlamentarismus* (1923) und den *Begriff des Politischen* (1927) am nachhaltigsten gebündelt.[241] Schmitt erklärte bekanntlich Öffentlichkeit und Diskussion zu den leitenden, nun dysfunktional gewordenen Prinzipien des mit dem Liberalismus identifizierten Parlamentarismus. Der relativierende Rationalismus der liberalen Welt sei wirkungslos geworden in der von Klassenkampf und Heterogenität geprägten modernen Gesellschaft, deren widerstreitende Interessengruppen sich feindlich gegenüberstehen und nicht mehr für Kompromisse bereit sein würden. Schmitt stellte dem Liberalismus die Vorstellung einer identitären Demokratie gegenüber und zielte nicht nur auf eine scharfe Trennung der beiden Begriffe, sondern verwarf gleichzeitig die normative Basis eines emanzipatorischen Demokratiestrebens, das seit der Aufklärung in unterschiedlichen Begründungen Freiheit, Gleichheit und Gerechtigkeit als Kernforderungen beinhaltete. »Pluralismus«, »Menschheitsdemokratie«, »individualistisch-humanitäre Moral« – das war für Schmitt das Vokabular einer handlungsschwachen »Sozial-Liberal-Demokratie«, welche weder die Kraft zur notwendigen Distinktion zwischen Freund und Feind

241 Schmitt verstand den Liberalismus als »konsequenten Idealismus«, der niemals zu einer eigenen positiven Theorie von Staat und Politik« führe; deshalb gebe es »immer nur eine liberale Kritik der Politik«. »Alles liberale Pathos«, so Schmitt, »wendet sich gegen Gewalt und Unfreiheit. [...] Was dieser Liberalismus von Staat und Politik noch gelten läßt, beschränkt sich darauf, die Bedingungen der Freiheit zu sichern und die Störungen der Freiheit zu beseitigen.« Siehe Carl Schmitt, *Der Begriff des Politischen.* Text von 1932 mit einem Vorwort und drei Corollarien, Berlin 1996, 6. Aufl., S. 69 f. (Eine erste Fassung des Textes war bereits 1927 im *Archiv für Sozialwissenschaft und Sozialpolitik* erschienen.) Schmitt hatte das Problem des Liberalismus damit sehr konzise beschrieben, und man konnte sich diese Analyse auch dann zunutze machen, wenn man seine antiliberalen Aversionen nicht teilte. Vgl. dazu Hermann Lübbe, »Carl Schmitt liberal rezipiert«, in: Helmut Quaritsch (Hg.), *Complexio Oppositorum. Über Carl Schmitt*, Berlin 1988, S. 427-440.

noch diejenige zur politischen Führung besitze.[242] Schmitts gleichzeitige Aufhebung des Gegensatzes zwischen Demokratie und Diktatur, die sich im Modus der durch Massenakklamation legitimierten Führungsspitze treffen, richtete sich gegen liberale Grundüberzeugungen von guter Regierung, die die Gewaltenteilung, *checks and balances* sowie Repräsentation, Amt und Verantwortung zum Inhalt hatten.

Schmitts Schüler Ernst Forsthoff, der neben seiner juristischen Ausbildung eine äußerst schweflige Karriere als rechtsnationaler Publizist absolvierte – bezeichnenderweise pseudonym, um im Kampf gegen den Staat seine bürgerliche Karriere als Staatsrechtler nicht zu gefährden –, brachte den virulenten Antiliberalismus im Gefühl der siegesgewissen nationalen Revolution im Jahr 1933 auf den Punkt: »Das bürgerliche Zeitalter wird liquidiert, und es ist die Verheißung einer besseren Zukunft, dass es mit rücksichtsloser Entschlossenheit und dem Mut zu äußerster Konsequenz geschieht.«[243] Ein solches politisches Denken artikulierte ein für die »Generation des Unbedingten« (M. Wildt) charakteristisches Selbstverständnis. Hier waren antiliberale Abbruchunternehmer am Werk, die einer neuen Essentialisierung bzw. Vereinfachung das Wort redeten und ganz im Sinne eines radikalnationalistischen Dezisionismus mit den herkömmlichen Vorstellungen von Politik aufräumen wollten.[244]

Aporien liberaler Bürgerlichkeit

Dass die Gemeinsamkeit eines bürgerlichen Antiliberalismus vor allem in der Negation des Bestehenden und im Ressentiment gründete, aber auf keine artikulierbaren politischen Ordnungsalternativen zurückgreifen konnte, war bereits vor 1933 beobachtet

242 Carl Schmitt, *Die geistesgeschichtliche Lage des heutigen Parlamentarismus*, 8. Aufl., Nachdruck der 1926 erschienenen 2. Aufl., Berlin 1996, siehe besonders S. 18-22. Siehe zu Carl Schmitt auch Reinhard Mehring, »Liberale Demokratie als Paradoxon? Carl Schmitts Beisetzung des klassischen Liberalismus«, in: Grothe/Sieg (Hg.), *Liberalismus als Feindbild*, S. 203-227.

243 Zitiert nach Florian Meinel, *Der Jurist in der industriellen Gesellschaft. Ernst Forsthoff und seine Zeit*, Berlin 2011, S. 32.

244 Vgl. Michael Wildt, *Generation des Unbedingten. Führungskorps des Reichssicherheitshauptamtes*, Hamburg 2003.

worden. Die pathetischen Forderungen nach »nationaler Erneuerung«, »Wiedergeburt«, »Erhebung« oder nach einer »geistigen Revolution« markierten im desorientierten und politisch radikalisierten Bürgertum eine Illusionsbereitschaft, die einer Realitätsflucht gleichkam.[245] Antiliberalismus, Demokratie- und Parlamentarismuskritik waren zweifellos keine auf Deutschland beschränkten Phänomene, sondern prägten europaweit die intellektuellen Debatten. Auch in Deutschland wiesen Autoren wie Alfred Weber und Moritz Julius Bonn frühzeitig auf die internationale Dimension einer politischen Modernisierungskrise hin, die zugleich als Bewährungsprobe für den Liberalismus angesehen wurde.[246]

Der Italiener Guido de Ruggiero, ein Schüler Benedetto Croces, favorisierte in der Zwischenkriegszeit eine synthetisierende Sicht des Liberalismus, um Gemeinsamkeiten herauszuarbeiten. Dass die Lage kritisch war, hielt ihn nicht davon ab, den Höhepunkt der zivilisatorischen Entwicklung im »liberalen Staat« zu sehen, der bürgerliche, soziale und politische Freiheiten gewährte. Ruggiero glaubte weiterhin an den Sieg der Vernunft und an die »Dauer der liberalen Formen, Methoden, Institutionen, die beim gegenwärtigen Stand unserer Kultur noch als das Beste dastehen, das der menschliche Geist im Bereich der politischen Beziehungen hat schaffen können«.[247] Gleichwohl hatte der Liberalismus in seinen nationalen Einfärbungen sehr verschiedene Ausprägungen, die ganz unterschiedlichen politisch-kulturellen Voraussetzungen geschuldet waren. Zwar ließ sich die Krise der liberalen Demokratie und des Parlamentarismus gesamteuropäisch deuten, aber die bewegten politischen Zeitläufte und Ungleichzeitigkeiten in den verschiedenen Staaten erschwerten eine Synchronisierung der Diskussion über strukturelle Probleme erheblich.[248] Hinzu kam, dass

245 Siehe dazu Jens Hacke, »Die Rechte und die Revolution. Erwartung und Deutung der ›Zeitenwende‹ von 1933«, in: Heinrich August Winkler (Hg.), *Griff nach der Deutungsmacht. Zur Geschichte der Geschichtspolitik in Deutschland*, Göttingen 2004, S. 160-184.

246 Weber, *Die Krise des modernen Staatsgedankens*; Bonn, *Die Krisis der europäischen Demokratie.*

247 Guido de Ruggiero, *Geschichte des Liberalismus in Europa*, München 1930, S. 418.

248 Dies wird deutlich, wenn man beispielsweise die heterogenen Beiträge im Blick auf England, die Schweiz, Frankreich, Italien und Deutschland in den Blick nimmt, die von Harold Laski, Charles Borgeaud, Ferdinand Larnaude, Gaetano Mosca und Moritz Julius Bonn vorgelegt wurden. Siehe Interparlamentarische

die generelle Fragilität der Demokratie und die vielfältigen Attacken gegen alles, was mit dem Liberalismus identifiziert werden konnte – Parlamentarismus, kapitalistische Wirtschaftsordnung, Industriemoderne, Individualismus etc. –, weit eher eine Dramatisierung bewirkte, die zu Resignation oder Schicksalsergebenheit führte, als dass in dieser Atmosphäre eine konstruktive und international vergleichende Debatte geführt werden konnte.

Der vieldiagnostizierte Niedergang des Liberalismus hatte ganz unterschiedliche Auswirkungen und lässt sich eben kaum auf die Krise der liberalen Parteien beschränken. Wenn beispielsweise in England die Liberal Party starke Einbußen in der Wählergunst hinnehmen musste, wurde dadurch die liberale politische Kultur kaum erschüttert, weil die Konservativen und die Labour Party generell weniger ideologisch als pragmatisch mit Blick auf die politische Mitte agierten.[249] Umgekehrt musste es überraschen, wenn der italienische Philosoph und Historiker Benedetto Croce angesichts des Mussolini-Regimes weiterhin an einem relativ weiten Verständnis des Liberalismus als »Partei der Kultur« festhalten konnte, um ihn für unzerstörbar zu erklären.[250] Gerade der Hegelianer Croce und sein Schüler Ruggiero suchten Halt in der Überzeugung, dass sich Freiheit und liberale Vernunft letztlich durchsetzen würden, auch weil der Faschismus nicht fähig sei, »sich neue konstitutionelle Formen zu schaffen«. So blieben sie der Auffassung, dass der »nationale Staat« keine wirkliche Neuschöpfung sei, sondern sich weiterhin im Paradigma des liberalen Staates bewege, lediglich »von einer politischen Partei regiert und bisweilen vergewaltigt«. »Während der Liberalismus der Zukunft entgegenschreitet«, schrieb Croce 1925, »ist jedem einzelnen Schritt des Autoritarismus der Charakter des Transitorischen und Provisorischen aufgeprägt.«[251] Aus dieser Perspektive war die »Rückkehr zur Vernunft« nur eine Frage der Zeit,

Union (Hg.), *Die gegenwärtige Entwicklung des repräsentativen Systems. Fünf Antworten auf eine Rundfrage der Interparlamentarischen Union*, Berlin 1928. – Als Überblick zur Krise der parlamentarischen Demokratie vgl. Mark Mazower, *Der dunkle Kontinent. Europa im 20. Jahrhundert*, Frankfurt/M. 2002, S. 32-51.

249 Siehe etwa Peter Clark, *Liberals und Social Democrats*, Cambridge 1978; Michael Freeden, *Liberalism Divided. A Study in British Political Thought 1914-1939*, Oxford 1986.

250 Benedetto Croce, »Liberalismus«, in: *Europäische Revue* 1 (1925), S. 97-101.

251 Ebenda, S. 100.

und man neigte dazu, die Freisetzung von Gewalt, die Gefahr einer dauerhaften Aushebelung des Rechtsstaats und die Bedrohung der Bürgerfreiheiten durch den Faschismus zu unterschätzen.[252]

Das ambivalente und in vielerlei Hinsicht ungeklärte Verhältnis eines verunsicherten bürgerlichen Liberalismus zur Demokratie ließ sich auf ein ganzes Bündel geistiger Dispositionen zurückführen. Vom Elitedenken und von der inneren Distanz zum modernen egalitären »Massenzeitalter« war ebenso die Rede wie von einem eng damit verbundenen Kulturpessimismus. Die Weltanschauung des Bürgertums war in dem Moment in die Krise geraten, als sich das Verständnis des Bürgers vom Klassen- zum normativ anspruchsvollen egalitären Staatsbürgerbegriff wandelte. Das Bürgertum in der Demokratie war eine vielfach fragmentierte Erscheinung und suchte nach Identifikationsgrößen. Nation, Bildungsambition oder wirtschaftliches Erfolgsstreben hatten ihren Rang als verbindendes Werteensemble verloren, und die liberalen Traditionen, auf die man sich historisch berief, waren brüchig geworden.

Die Bereitschaft, sich auf die Demokratie einzulassen und eine neue politische Kultur zu etablieren, war unter liberalen Vernunftrepublikanern zunächst durchaus vorhanden. Angesichts der Belastungen der jungen Republik und der vielfältigen politischen und ökonomischen Bewährungsproben wurde das Vertrauen in die Demokratie allerdings zusehends erschüttert. Die Frustration über die parlamentarischen Selbstblockaden trug dazu bei, dass das repräsentative System in Zweifel gezogen und über alternative politische Ordnungsmodelle nachgedacht wurde. Die Vision einer bürgerlichen Gesellschaft, die Idee demokratischer Selbstorganisation und die Hoffnung auf kompromissorientierte Schlichtung von Konflikten zwischen verschiedenen Interessengruppen verloren an Boden, so dass zentrale liberale Überzeugungen vielen einstigen Sympathisanten der Republik zweifelhaft wurden. Auch der vom badischen Liberalismus geprägte Historiker Franz Schnabel, der den zweiten, 1933 erschienenen Band seiner *Deutschen Geschichte im neunzehnten Jahrhundert* zum Ausgangspunkt einer Problemskizze des Liberalismus machte, artikulierte diese Verunsicherung.

252 Zu Ruggiero vgl. Richard Bellamy, »An Italian ›New Liberal‹ Theorist – Guido De Ruggiero's History of European Liberalism and the Crisis of Idealist Liberalism«, in: ders., *Rethinking Liberalism*, London/New York 2000, S. 47-66, sowie zu Croce: Bellamy, *Liberalism and Modern Society*, S. 140-156.

In sein Bekenntnis zum liberalen Staat mischten sich unüberhörbar kritische Töne, die den antiliberalen Grundton seiner Zeit repräsentieren und sich kaum von den Angriffen der Republikgegner zu unterscheiden vermochten. Schnabel beklagte die Unfähigkeit des Liberalismus, das Problem gesellschaftlich-kultureller Integration zu lösen, markierte die sozialethischen Defizite im liberalen Denken und wandte sich (als Katholik) gegen dessen religionsfeindliche Tendenz. Angesichts dieser moderne- und kulturkritischen Haltung, die eine Degeneration des Liberalismus seit der Hochzeit im 19. Jahrhundert diagnostizierte, wirkte seine Verteidigung von Rechtsstaat und Parlamentarismus seltsam formal und weltlos. Sein Biograph Thomas Hertfelder, der die Ambivalenz und die Distanzierung vom Liberalismus in Schnabels Denken gezeigt hat, arbeitet sehr klar Schnabels Überzeugung heraus, dass das liberale Denken sich durch seine einseitig reflexive, rationale und wissenschaftliche Konstitution von traditionalen Lebenswelten abzuschneiden drohe, d. h. seine eigenen Grundlagen untergrabe.[253]

Schnabel hatte die spezifische Krisenanfälligkeit des Liberalismus auch in der »Fragilität des liberalen Menschen- und Gesellschaftsbildes« und in der »Überschätzung des kollektiven Willens zur individuellen Freiheit« (Hertfelder) geortet: War es einst undenkbar, dass aufgeklärte Subjekte ihre Freiheitsrechte zurückweisen könnten, so schien es nun möglich, wie Schnabel schrieb, »daß seelische und soziale Zerrissenheit in ihnen eine Sehnsucht erwecken könnte nach einer Autorität, die ihnen die Verantwortung abnehmen und ihnen einen festen Halt verleihe«.[254] Damit artikulierte Schnabel ein Problem, das subkutan in den Debatten der erneuerungswilligen und modernitätsaufgeschlossenen liberalen Theoretiker präsent blieb.

Liberale Selbstzweifel und die damit einhergehende Wende zur Skepsis stellten auch Weimarer Liberale vor ein Dilemma und verlangten nach neuen Ansätzen politischen Denkens. Solche Neuansätze waren leicht zu übersehen in einer Phase, als der Ruf nach einem ordnungsstiftenden starken Staat und das Bedürfnis, den Parteienstreit zu überwinden und eine effizientere Exekutive

253 Thomas Hertfelder, *Franz Schnabel und die deutsche Geschichtswissenschaft. Geschichtsschreibung zwischen Historismus und Kulturkritik (1910-1945)*, Göttingen 1998, S. 580-597.

254 Zitiert nach ebenda, S. 583.

zu schaffen, die Debatten um eine mögliche Revitalisierung des Liberalismus und eine neue demokratische Bürgerlichkeit marginalisierten. Es konnte sich nicht um eine selbstbezogene theoretische Reparaturarbeit innerhalb des Liberalismus handeln, sondern vor allem um die Reaktion auf neue Herausforderungen, um die Abwehr neuer politischer Bedrohungen – und in diesen Auseinandersetzungen mit den politischen Gegnern ließen sich möglicherweise die normativen Leitlinien und Überzeugungen des Liberalismus wiederentdecken.

III. Der Feind von rechts: Auseinandersetzung mit dem Faschismus

Das liberale Denken und die Verteidiger der parlamentarischen Demokratie waren in der Krise der Moderne nicht nur scharfen Angriffen von den neu erstarkten politischen Ideologien links und rechts ausgesetzt, sondern dem Liberalismus wurde prinzipiell sein Existenzrecht abgesprochen. Er galt als überlebtes Relikt der *belle epoque*, das zum Europa des 19. Jahrhunderts gehörte und im Zeitalter des demokratischen Massenstaates keinerlei Funktion mehr besaß. Wären die Idee, die Konzeption und die Werte, die zur liberalen Demokratie gehören, lediglich in Einzelheiten kritisiert oder wäre ihr fehlender Niederschlag in der politischen Praxis moniert worden, dann hätte sich eine Debatte um den Liberalismus konstruktiv als gehegter Diskurs zur Selbstverbesserung entwickeln können, wenn es denn geteilte gemeinsame ethische Grundlagen gegeben hätte. Das war nicht der Fall, und diese angespannte Situation wurde gerade für Liberale zum Dilemma, deren ideelle Durchsetzungsfähigkeit auf Überzeugung und friedlichem Wettstreit beruhte. Angesichts der grundsätzlichen Negation der liberalen Demokratie in weiten Kreisen ging es aber nicht allein darum, die Überlegenheit und die Ausbaufähigkeit eines modernen Liberalismus zu beweisen. Es war auch nötig, sich mit dem politischen Gegner grundsätzlich auseinanderzusetzen, und zwar sowohl mit dem Sozialismus, der bereits seit Mitte des 19. Jahrhunderts eine theoretische und praktische politische Herausforderung darstellte, aber durch die russische Oktoberrevolution und die Wirren der deutschen Novemberrevolution neue Schubkraft gewonnen hatte, als auch mit dem europäischen Faschismus und dem Aufkommen weiterer rechtsnationalistischer politischer Bewegungen.

Die Einwände von Liberalen gegenüber sozialistischer Theorie und Praxis waren erwartbar und lange eingeübt; sie gehörten zum Kernbestand der immer noch jungen Disziplinen der Nationalökonomie und Soziologie, die sich an Marx abzuarbeiten hatten. So wie es für sozialistische Theoretiker zum Standardrepertoire zu gehören schien, sich mit dem Christentum kritisch auseinanderzusetzen, zählte es zum Pflichtprogramm »bürgerlicher« Denker, die Idee des Sozialismus als Herausforderung, mit der zu rechnen wäre, anzunehmen.[1] Die bolschewistische Machteroberung, die räterepublikanischen Experimente in den Nachkriegsmonaten sowie die tagesaktuelle Frage nach einer Sozialisierung von Schlüsselindustrien verschärften die Debattenlage, ohne jedoch unbedingt inhaltlich neue Argumente für Liberale zu liefern. Für den Soziologen Leopold von Wiese stand bereits 1916, also inmitten des Ersten Weltkrieges fest, »daß jedes praktisch durchgeführte sozialistische System nicht nur – was selbstverständlich [sic!] – unliberal, sondern auch undemokratisch sein muß«. Jede sozialistische Ordnung könne »sich nur durch undemokratische Grundsätze und Methoden auf Dauer behaupten«, denn sie verlange »einen mit großer Macht und Verantwortung ausgestatten Beamtenapparat, sehr viel Autorität der Zentralbehörden, Uniformierung, Anordnung, Kontrollen«.[2]

War aus der bald ersichtlichen Rücksichtslosigkeit leninistischer Politik theoretisch kaum Neues zu gewinnen, so blieb andererseits der Sozialismus als Idee in sozialphilosophischer Hinsicht eine Herausforderung. Schon Max Weber war der Auffassung, dass es kein Mittel gebe, »die sozialistische Überzeugung und die sozialistischen Hoffnungen aus der Welt zu schaffen«. Er wusste aber auch, dass »noch keine proletarische Herrschaft, wie etwa die der Kommune in Paris oder jetzt die der Bolschewiki, ohne das Standrecht ausgekommen« sei.[3] Insofern stand der Liberalismus vor der Aufgabe, in der »Auseinandersetzung mit überzeugten Sozialisten und Revolutionären« (die »immer eine missliche Sache« sei, da man sie nie überzeugen könne) diese dazu zu nötigen, »vor ihren eigenen Anhängern Farbe zu bekennen, [...] was die Revolution eigentlich bringen soll«, also die konkrete Programmatik samt der politischen Mittel offenzulegen.[4] Darüber hinaus blieb für jede liberale Politik die Herausforderung, sich den sozialen Problemen und Forderungen der Zeit zu stellen. Die zahlreichen Ansätze zu einer moderaten sozialliberalen Öffnung reflektierten dabei den Willen zu einer Modernisierung des Liberalismus und die Abkehr von

1 Dies bemerkt auch Axel Honneth, *Die Idee des Sozialismus*, Berlin 2015, S. 11 f.

2 Wiese, »Liberalismus und Demokratismus in ihren Zusammenhängen und Gegensätzen«, S. 413 f.

3 Weber, »Der Sozialismus«, S. 326.

4 Ebenda, S. 325.

orthodox-altliberalen Positionen. Darin setzt sich eine Linie fort, die bis weit ins 19. Jahrhundert zurückreicht, als in England von John Stuart Mill zu Leonard Trelawny Hobhouse, in Frankreich bei Emile Durkheim und in Deutschland bei Friedrich Naumann die Beschäftigung mit dem Sozialismus für eine fortwährende Stimulanz bzw. für theoretische Reformansätze gesorgt hatte.[5] Insofern blieb es für Linksliberale verpflichtend, sich dem alten Problem zu stellen, wie der Liberalismus mit sozialpolitischen Erfordernissen und demokratisch artikuliertem Verlangen nach Chancengleichheit und sozialer Gerechtigkeit umzugehen habe. Dazu war vor allem eine aktivere Rolle des Staates nötig, der nicht nur gesellschaftliche Verwerfungen ausgleichen, sondern im Rahmen umfassender Planungs- und Steuerungsmaßnahmen einen neuen Begriff von Freiheit verwirklichen sollte.

Die Konfrontation mit dem Faschismus und den Strömungen einer »Konservativen Revolution« war anders geartet, weil sie kaum auf bekannte Muster rekurrieren konnte, sondern eine genuin neue Konstellation betraf. Allenfalls die Auseinandersetzung mit dem Bonapartismus bot einen vergleichenden Bezugspunkt, der allerdings Gefahr lief, das Neuartige des Faschismus als Massenideologie zu verkennen. Der Faschismus und die sich formierenden gewaltbereiten radikalnationalistischen Bewegungen erteilten dem Rationalismus und jeder Form von konturierter politischer Programmatik eine Absage. Sie setzten auf die Beschwörung von Mythen; ihre Integrationsfähigkeit und ihr Massen-Appeal beruhten auf Performanz, Inszenierung und Führerkult.[6] Damit lagen sie quer zu bis dato bekannten politischen Lagerbildungen. Sie wurden zu einem politischen Gegner, den die liberal und sozialdemo-

5 Siehe im Sinne einer vergleichenden historischen Perspektive Detlef Lehnert (Hg.), *Sozialliberalismus in Europa. Herkunft und Entwicklung im 19. und frühen 20. Jahrhundert*, Wien/Köln/Weimar 2012, sowie mit Blick auf die Weiterentwicklung des Liberalismus als politische Theorie: Bellamy, *Liberalism and Modern Society*.

6 Aus der mittlerweile unübersehbaren Forschungsliteratur seien lediglich angeführt Stanley Payne, *Die Geschichte des Faschismus. Aufstieg und Fall einer europäischen Bewegung*, München/Berlin 2001; Jerzy W. Borejsza, *Schulen des Hasses. Faschistische Systeme in Europa*, Frankfurt/M. 1999; George Mosse, *The Fascist Revolution. Toward a General Theory of Fascism*, New York 1999; Ernst Nolte, *Die faschistischen Bewegungen. Die Krise des liberalen Systems und die Entwicklung der Faschismen*, München 1977, 6. Aufl.

kratisch orientierten Intellektuellen zwar analysieren und argumentativ widerlegen konnten, gegen den der politische Liberalismus aber bald chancenlos schien.

Es wäre verfehlt, die Schwäche der liberalen Parteien zum Anhaltspunkt dafür zu machen, dass der intellektuelle Liberalismus geistig wehrlos bzw. ohne Sinn für die drohenden Gefahren gewesen sei. Wenn bisherige Untersuchungen zum liberalen politischen Denken oft die Unterschätzung des Faschismus respektive des Nationalsozialismus durch Liberale kritisierten, so wäre erst einmal nach dem Maßstab für eine solche Bewertung zu fragen. Oft ist herausgestellt worden, wie anfällig eine erodierende bürgerliche Mitte und ein verunsicherter Liberalismus für autoritäre Lösungen wurden. Es mag zur Disposition eines elitär geprägten bürgerlichen Liberalismus gehören, Massenbewegungen nur im Modus der verächtlichen Kulturkritik wahrzunehmen bzw. sie durch eine starke Führung disziplinieren zu wollen. Diese Geisteshaltung knüpfte an die klassisch-liberale Furcht vor der »Tyrannei der Mehrheit« an, wie sie etwa bei John Stuart Mill oder Alexis de Tocqueville zu finden ist,[7] und weckte unter Bedingungen des latenten Bürgerkrieges Ängste und Ressentiments, die zur Entfernung vom liberalen Werteensemble führten. Am Niedergang des geistigen und parteipolitischen Liberalismus ließ sich so die »Selbstpreisgabe einer Demokratie« (Erdmann/Schulze) beispielhaft skizzieren.[8] Eine solche in der Tendenz schwer zu widerlegende Thesenführung ist aber nicht ohne jene Vereinseitigungen zu haben, die die meisten Darstellungen der Weimarer Republik prägen.

Insgesamt drängt sich der Eindruck auf, dass die Forschung den Bemühungen liberaler Denker, die neue politische Rechte, ihre

7 Tocqueville und Mill argumentierten bekanntlich für den Schutz von Minderheiten und warnten im altliberalen Sinne vor einer Verflachung der öffentlichen Debatte durch die Beteiligung der *lower classes*. Vgl. Alexis de Tocqueville, *Über die Demokratie in Amerika* (1835/1840). Beide Teile in einem Band, München 1984, 2. Aufl., hier Bd. 1 (1835), Teil 2, Kap. 7-8, insbesondere S. 289 ff.; John Stuart Mill, *Über die Freiheit* (1859), Stuttgart 2008, S. 9 f.; ders., *Betrachtungen über die Repräsentativregierung* (1861), Berlin 2013, S. 112-136 (Kap. VII). Siehe dazu Wolfgang Jäger, Art. »Mehrheit, Minderheit, Majorität, Minorität«, in: *Geschichtliche Grundbegriffe. Historisches Lexikon zur politisch-sozialen Sprache in Deutschland*, Bd. 3, Stuttgart 1982, S. 1021-1062, hier S. 1050 f.

8 Karl Dietrich Erdmann/Hagen Schulze (Hg.), *Weimar. Selbstpreisgabe einer Demokratie. Eine Bilanz heute*, Düsseldorf 1980.

Ideologien und ihr Ideenumfeld zu analysieren und zu bekämpfen, bislang wenig Aufmerksamkeit geschenkt hat. Dies lässt sich zum einen mit der Unübersichtlichkeit des Liberalismus in dieser Epoche erklären, denn von liberalen und reformistischen Sozialdemokraten bis hin zu nationalliberalen und industriefreundlichen Vertretern der DVP ließen sich viele mögliche Positionen liberal nennen. Davon abgesehen verzichteten diejenigen Intellektuellen, die man retrospektiv durchaus einer liberalen Grundhaltung zuordnen könnte, von Thomas Mann bis Ernst Robert Curtius, von Karl Jaspers bis Karl Mannheim oder Helmuth Plessner (um nur einige zu nennen), auf eine Selbsttitulierung als Liberale. Neben überzeugten Liberalen wie dem Nationalökonom Moritz Julius Bonn gab es die weithin bekannten Vernunftrepublikaner, die sich als vormalige Anhänger der Monarchie wie Meinecke oder Mann auf den Boden der demokratischen Republik stellten, ebenso wie die Vertreter einer realistisch-pragmatischen Sozialdemokratie, die sich für eine Emanzipation des Arbeiters zum Bürger einsetzten.[9]

Hinzu kommt ein weiterer Aspekt: Die Auseinandersetzung mit dem Faschismus und dessen Sympathisanten einer neunationalistischen Rechten war aus mehreren Gründen schwer vorherzusehen: *Erstens* hatten Liberale den Konservatismus in seiner traditionsverhafteten, der Monarchie und der Religion verbunden Form als Exponent der politischen Rechten deutlich geschwächt vermutet und sich im Zuge der Oktoberrevolution und verschiedener sozialistischer Umsturzversuche vor allem mit der politischen Linken beschäftigt; von ihr schien am ehesten Gefahr für das politische System und die Wirtschaftsordnung auszugehen. *Zweitens* waren viele Liberale zum Ende des Ersten Weltkrieges geneigt, den Beginn eines friedlichen Zeitalters anzunehmen; dies war für sie die Lehre aus der Sinnlosigkeit der Materialschlachten im Stellungskrieg. Darüber hinaus gab es Anlass zur Hoffnung für eine Neuordnung Europas im Geist der Kooperation. Damit hängt *drittens* zusammen, dass zunächst kaum jemand mit der dauerhaft mentalitätsprägenden, zum Teil traumatisierenden Wirkung der Gewalterfahrung rechnete, die eine geistige Demobilisierung erschwerte. Auch innenpolitische bzw. ideologische Auseinandersetzungen wurden

9 Vgl. insgesamt Andreas Wirsching/Jürgen Eder (Hg.), *Vernunftrepublikanismus in der Weimarer Republik. Politik, Literatur, Wissenschaft*, Stuttgart 2008.

fortan in der Logik des Bürgerkrieges ausgetragen, und die Militarisierung richtete sich nun gleichsam nach innen und führte zum Straßenkampf zwischen politischen Gegnern, zu Terror und zur Kompromisslosigkeit im Umgang mit den konkurrierenden Parteien, praktisch und rhetorisch. *Viertens* schließlich fiel es den Verteidigern liberaler Politik schwer, mit den neuen irrationalen und ästhetisierenden Momenten des Politischen umzugehen, erwartete man doch eine Rückkehr zum pazifizierend-rationalen Modus des Verhandelns und des Interessenausgleichs. Der Marsch auf Rom und der Erfolg des Faschismus demonstrierten ein bis dato ungekanntes Phänomen: eine politische Verheißung von Dynamik und Macht, deren Ziel und Zweck nicht zu dechiffrieren waren.

Neben die Notwendigkeit einer liberalen Politik, um die gute soziale Ordnung neu zu konzipieren und rationale Lösungsvorschläge für drängende politische Probleme zu entwerfen (was beides für sich genommen angesichts des Tempos, in dem der soziale Wandel sich vollzog, Aufgabe genug gewesen wäre), trat die Herausforderung, die in vorher nicht gekanntem Ausmaß wirksam werdenden psychosozialen Faktoren von Gewalt und Massenmobilisierung zu verstehen und ihrer politischen Instrumentalisierung zu begegnen. Politik konnte nicht mehr allein über Ziele, Zwecke, Ideale oder Leitideen begriffen werden, die in einem argumentativen und überwiegend sozialmilieubezogenen Wettstreit miteinander standen. Vielmehr bedienten sich gerade die Exponenten einer neuen Rechten, vorneweg Mussolini, bestimmter psychosozialer Projektionen, erschlossen neue Dimensionen gesellschaftlicher Mobilisierung und stimulierten bewusst spezifische Affekte ihrer Anhängerschaft.

Wie neu und unvorhergesehen, wie schwierig klassifizierbar und intellektuell begreifbar das Aufkommen faschistischer, neu-nationalistischer und konservativ-revolutionärer Bewegungen aus einer ideologisch klar konturierten Perspektive des politisch formativen 19. Jahrhunderts war, offenbart ein Blick in Hermann Hellers kleine Schrift *Die politischen Ideenkreise der Gegenwart* (1926). Darin finden sich fünf Ideenkreise – Monarchie, Demokratie, Liberalismus, Nationalismus und Sozialismus –, aber noch keine systematische Erfassung der neuen Rechten. Mussolinis »Persönlichkeitsdiktatur« findet lediglich im Demokratiekapitel eine kurze Erwähnung: als neuer Versuch einer »Verfassung, die auf immanenter Legitimation beruht« und von der man noch nicht wisse, wohin sie führe. Heller deutet schon hier die Substanzlosigkeit an, die sich hinter der Rede von der »wahren Verfassung« und vom »Mythus der Nation« verberge.[10] Drei Jahre später legt Heller mit *Europa und der Fascismus* dann allerdings eine der eindrucksvollsten systematischen Analysen des Faschismus vor, die Theorie und Praxis in dieser Diktatur neuen Formats gleichermaßen untersucht.[11] Auch dies ist ein Indikator für die Dynamik von Reflexionsprozessen.

Es wäre ein eigenes Kapitel, die Rezeption des Faschismus in der Weimarer Republik einmal in ihren Auswirkungen auf das politische Denken zu erforschen. Dass die Faszination durch Mussolini als Prototyp der kraftvollen Führerpersönlichkeit einer Stärkung des Antiparlamentarismus in die Hände spielte, steht dabei außer Frage. Noch immer staunt man über die hingebungsvolle Begeisterung, mit der Carl Schmitt durch die Brille George Sorels zeitnah dem Faschismus Mussolinis als alternative »irrationalistische Theorie unmittelbarer Gewaltanwendung« huldigte und dessen mythosstiftende Kraft beschwor.[12] Allerdings hat man sich vor Augen zu führen, dass das Phänomen Mussolini auch in den gefestigteren westlichen Demokratien nicht nur auf starkes Interesse, sondern auch auf große Sympathien stieß.[13]

Die interessiert-sympathisierende Rezeption des Faschismus sorgte zweifellos für »die Erosion des Liberalismus in der liberalen Intelligenz der zwanziger Jahre«, wie Timm Genett in seiner Biographie über einen der einflussreichsten Mittler und Werber faschistischen Gedankenguts, den Soziologen Robert Michels,

10 Heller, *Die politischen Ideenkreise der Gegenwart*, S. 70.

11 Hermann Heller, »Europa und der Fascismus« (1929/1931), in: ders., *Gesammelte Schriften*, Bd. 2, S. 463-609.

12 Siehe Schmitt, *Die geistesgeschichtliche Lage des heutigen Parlamentarismus*, S. 77-90, sowie ders., »Die politische Theorie des Mythus« (1923), in: ders., *Positionen und Begriffe im Kampf mit Weimar – Genf – Versailles 1923-1939*, Berlin 1994, 3. Auflage, S. 11-21.

13 Vgl. etwa John P. Diggins, *Mussolini and Fascism. The View from America*, Princeton 1972; Wolfgang Schivelbusch, *Entfernte Verwandtschaft. Faschismus, Nationalsozialismus, New Deal 1933-1939*, München 2005; Jens Petersen, »Mussolini: Wirklichkeit und Mythos eines Diktators«, in: Karl Heinz Bohrer (Hg.), *Mythos und Moderne. Begriff und Bild einer Rekonstruktion*, Frankfurt/M. 1983, S. 242-260, hier S. 253 ff.; Hans Woller, *Mussolini. Der erste Faschist. Eine Biographie*, München 2016, S. 112 ff.

treffend beobachtet.[14] Sicherlich lässt sich der vormals überzeugte Sozialist Michels, der noch in der zweiten Auflage seiner *Soziologie des Parteiwesens* (1925) die Demokratie prinzipiell verteidigte, zu keiner Zeit als liberaler Denker begreifen. Er hatte lange die Sache des Sozialismus und der syndikalistischen Linken vertreten. Aber als ehemaliger Intimus von Max Weber und als ein zum Faschismus konvertierter Autor, dessen Apologien des neuen Italiens in Deutschland weite Verbreitung fanden, wirkte er weit ins bürgerliche Lager hinein.[15] Sogar erklärte Liberale wie der Soziologenkollege Leopold von Wiese schätzten seine Arbeiten weiterhin und pflegten enge Kontakte.[16] Auch in der liberalen Publizistik war die Grenze zwischen Mussolini-Kritik und -Bewunderung nicht immer klar zu ziehen. Der Chefredakteur des *Berliner Tageblatts* Theodor Wolff und der populäre Schriftsteller Emil Ludwig konnten kaum verbergen, wie beeindruckt sie vom Duce waren, und präsentierten in ausführlichen Interviews »den Menschen« Mussolini einer breiten Öffentlichkeit. Das machte sie noch lange nicht zu Protofaschisten, zeigt aber an, dass der kategoriale Rahmen für eine Kritik am Faschismus keineswegs gesichert war.[17]

Diese spezifisch autoritäre Überformung einer vormals mit dem Liberalismus verbundenen Bürgerlichkeit war ein wichtiger Faktor in den politischen Debatten der 1920er Jahre. Die Anfälligkeit gewisser Liberaler für autoritäre Lösungen steht außer Frage. Sie steht im Zusammenhang mit einer ausgeprägten Vorliebe für gesteigerte Individualität, die sich im Genie- und Charisma-Kult der 1920er Jahre Bahn brach.[18] Wenn man im liberalen Sinne von der

14 Timm Genett, *Der Fremde im Kriege. Zur politischen Theorie und Biographie von Robert Michels 1876-1936*, Berlin 2008, S. 732.

15 Vgl. vor allem Robert Michels, *Sozialismus und Faschismus in Italien*, 2 Bde., München 1925, sowie ders., *Italien heute. Politische und wirtschaftliche Kulturgeschichte von 1860 bis 1930*, Zürich/Leipzig 1930.

16 Siehe dazu Genett, *Der Fremde im Kriege*, S. 740 f., 745.

17 Vgl. Emil Ludwig, *Mussolinis Gespräche mit Emil Ludwig*, Berlin 1932. Zu Theodor Wolffs Einschätzung von Mussolini siehe Bernd Sösemann, *Theodor Wolff. Ein Leben mit der Zeitung*, München 2000, S. 263-266.

18 Ein Beispiel für den grassierenden Charisma-Kult ist sicherlich der George-Kreis, dessen Angehörige einem Bildungsbürgertum entstammten, das die vermeintliche Profanität der bürgerlichen Gesellschaft hinter sich lassen wollte. Vgl. dazu Stefan Breuer, *Ästhetischer Fundamentalismus. Stefan George und der deutsche Antimodernismus*, Darmstadt 1995; Robert Norton, *Secret Germany. Stefan George*

Perfektibilität des Einzelnen ausging, dann wurde eben auch der Aufstieg einer außergewöhnlich talentierten politischen Führungsfigur vorstellbar. Die Rückseite dieses Sehnsuchtsmoments war die vorgestellte bereitwillige Anerkennung durch die Masse, die als Gefolgschaft ihre demokratischen Kontrollrechte zu vernachlässigen hat, weil sie auf die überlegene Einsicht des Führers vertraut.

Nicht zu unterschlagen ist jedoch die vielfältige, durchaus klarsichtige Kritik am Faschismus, die im sozialdemokratischen und liberalen Lager zu finden war. Mag man auch auf der Ebene der Gesellschaftsplanung, des Führercharismas oder des ökonomischen Dirigismus späterhin von einer »entfernten Verwandtschaft« (Schivelbusch) zwischen dem Faschismus und neueren beispielsweise im New Deal erprobten Methoden sozialliberalen Regierungshandelns sprechen, so können diese vermeintlichen Parallelen doch schwerlich über den grundlegenden ideologischen Graben hinwegtäuschen, der die Ideen des Rechtsnationalismus von denen der liberalen Demokratie trennte.[19]

Als wesentliches Problem erwies sich die Beschreibung des eigentlich Neuen, das sich im Sieg des Faschismus und seiner politischen Etablierung manifestierte, denn es war neben der bis dato unbekannten Dimension der Massenmobilisierung vor allem die Suche nach einer politischen Form und nach deren ideologischer Begründung, die diese Diktatur qualitativ von vorherigen autokratischen Regierungsweisen unterschied. So ist denn auch vielfach der Vorwurf aufgetaucht, Linke und Linksliberale hätten den Systemcharakter des Faschismus nicht ernst genug genommen und diesen für eine relativ gewöhnliche Diktatur gehalten, der sie »in erster Linie auch nur die Unterdrückung der Meinungs- und Versammlungsfreiheit sowie die Unterdrückung der politischen Gegner anlasteten«. Mit Blick auf die Entwicklung in Deutschland wurde,

and his Circle, Ithaca/London 2002; Thomas Karlauf, *Stefan George. Die Entdeckung des Charisma*, München 2007. – Vgl. außerdem Klaus Schreiner, »Wann kommt der Retter Deutschlands? Formen und Funktionen von politischem Messianismus in der Weimarer Republik«, in: *Saeculum* 49 (1998), S. 107-160.

19 Dies relativierend gegenüber dem suggestiven Zugang von Schivelbusch, *Entfernte Verwandtschaft*. Die notwendige Differenzierung zwischen vordergründig ähnlichen politischen und sozialtechnischen Maßnahmen auf der einen Seite und den ganz unterschiedlichen sie begleitenden normativen Konzepten bietet Kiran Klaus Patel, *Soldaten der Arbeit. Arbeitsdienste in Deutschland und in den USA 1933-1945*, Göttingen 2003.

wie Wolfgang Schieder urteilt, »die Gefahr der Übertragbarkeit des Faschismus weitgehend verkannt«.[20] Schieder zitiert und kritisiert dabei auch die häufig beispielhaft herangezogene vermeintliche »Fehleinschätzung« Hermann Hellers, der bekanntlich in seiner 1931 in zweiter Auflage erschienenen Schrift *Europa und der Fascismus* »Hitlers schlechte Mussolinikopie« aufs Korn nahm, die zeige, »dass die europäische Staatenwelt schon deshalb nichts Positives vom Fascismus lernen kann, weil die Diktatur auf einer Person beruht und keine zu übernehmende Institution ist«.[21] Womöglich ist der Staatsrechtler Heller, der in seiner Faschismusanalyse vor allem den fragmentarischen und widerspruchsvollen Verfassungsumbau thematisiert, in seinem Urteil gar nicht so leicht zu widerlegen, denn in der Tat lässt sich der institutionelle Aufbau des faschistischen Italiens schwerlich als Vorlage verwenden, zumal die Monarchie auch unter dem Faschismus nicht beseitigt wurde.[22] Dass es ideologische Ähnlichkeiten, insbesondere im eklektizistischen und opportunistischen Zugriff auf gewisse Ideen und weltanschauliche Versatzstücke ebenso gibt wie analoge Techniken der Massenmobilisierung und der Parteiorganisation, bestreitet Heller nicht. Im Gegenteil, er arbeitet die Gemeinsamkeiten einer antiparlamentarischen, autoritären und von opportunistischem Machtkalkül geprägten Politikauffassung so überzeugend heraus wie niemand vor ihm. Es ist Heller deshalb kaum anzulasten, dass er sich eine nationalsozialistische Machtübernahme nicht hatte vorstellen können; diese Einschätzung teilte er 1931 mit vielen seiner Zeitgenossen – und später anders verlaufende politische Ereignisgeschichte muss nicht unbedingt ein Argument gegen eine ideengeschichtlich begründete politische Theorie sein. Dies hieße, die Kontingenz der historischen Verläufe zu ignorieren.

Zwei Faktoren beeinflussen die Beurteilung dieser frühen Faschismusrezeptionen der 1920er Jahre: zum einen die Suche nach den Zeichen für eine faschistische Bedrohung in Deutschland, zum anderen die Kontextualisierung einer beschreibenden Analyse des

20 Wolfgang Schieder, »Das italienische Experiment. Der Faschismus als Vorbild in der Krise der Weimarer Republik« (1996), in: ders., *Faschistische Diktaturen. Studien zu Italien und Deutschland*, Göttingen 2008, S. 149-184, hier S. 153.

21 Heller, »Europa und der Fascismus«, S. 606.

22 Vgl. zum Prozess der Konsolidierung der faschistischen Herrschaft Hans Woller, *Geschichte Italiens im 20. Jahrhundert*, München 2010, S. 95-131.

Faschismus im Rahmen der sich später herausbildenden Faschismustheorien. Beides ist unmittelbar miteinander verknüpft, denn die Beobachter jener Jahre erkannten übereinstimmend den Faschismus als ein neues Phänomen, das als Krisenerscheinung eine übergreifende europäische Bedeutung besaß. So war man bestrebt, die neuartigen, mithin spezifisch modernen Elemente der faschistischen Bewegung zu erklären, um darzulegen, inwiefern sich darin generalisierende Lehren bzw. Antworten auf die Krise der europäischen Demokratie finden ließen.

Der Italien-Historiker Jens Petersen hat in einer frühen Studie bereits darauf hingewiesen, dass Deutschland in den 1920er Jahren das Land mit dem größten Interesse an den Vorgängen in Italien war. Dies lag nicht so sehr an allgemeiner Neugier, sondern bezog »seine Aktualität und seinen existentiellen Bezug aus der innerpolitischen Situation Deutschlands«, wo rechtsgerichtete Gruppierungen ebenfalls Gewalt gegen die parlamentarische Republik anzuwenden bereit waren.[23] Es ist bekannt, dass der Nationalsozialismus und die Exponenten einer Konservativen Revolution zu weiten Teilen bewundernd über die Alpen blickten; sie erkannten in Mussolinis Weg zur Macht ein nachahmungswürdiges Beispiel. »Italia docet« – so lautete die Überschrift eines Artikels, den Arthur Moeller van den Bruck in der Woche nach dem Marsch auf Rom publizierte. Die Mussolini-Begeisterung von Oswald Spengler und Carl Schmitt war überschwänglich: Während der eine mit dem Duce das cäsaristische Zeitalter anbrechen sah, bewunderte der andere die mobilisierende Kraft des Mythos und wollte die Suprematie des Staates gegenüber dem gesellschaftlichen Pluralismus und der Wirtschaft wiederhergestellt wissen. Stefan Breuer hat herausgearbeitet, dass der Philofaschismus der politischen Rechten zumeist auf Wunschvorstellungen beruhte, die von keinerlei näheren Kenntnissen getrübt waren.[24] Der Blick auf den Faschismus war rechts wie links von den eigenen ideologischen Vorstellungen geprägt und deswegen zumeist politisch konditioniert. So erfahren wir oft mehr über die politischen Vorstellungen des Rezipienten und Deutenden als über den Gegenstand der Betrachtung. Das gilt

23 Jens Petersen, »Der italienische Faschismus aus der Sicht der Weimarer Republik« (1976), in: ders., *Italienbilder – Deutschlandbilder. Gesammelte Aufsätze*, Köln 1999, S. 212-248, hier S. 213.

24 Vgl. Stefan Breuer, *Die Anatomie der Konservativen Revolution*, S. 124-135.

natürlich ganz besonders für die sich alsbald ausbildenden sozialistischen Faschismustheorien.

Gerade weil die bislang eher stiefmütterlich behandelten frühen liberalen Interpretationsversuche des Faschismus von den Intentionen des jeweiligen Beobachters bestimmt waren, sind sie aufschlussreich.[25] Sie geben – zumindest in einigen Fällen – überraschend klare Auskunft darüber, wie liberale Denker die Defensivsituation der parlamentarischen Demokratie verarbeiteten, welche Gründe sie für die Krise sahen und auf welche Weise man dem Gegner standzuhalten hatte. Darüber hinaus haben sich manche Interpretamente des Faschismus bis in die Gegenwart erstaunlich gut gehalten, denn neben dem zweifellos existenten schleichenden Verrat liberaler Prinzipien und der Anfälligkeit für den Faschismus hat es auch überraschend klarsichtige Deutungen des Faschismus gegeben, die vorschnell in Vergessenheit geraten sind.

Es ist deshalb irreführend, Wolfgang Schieders in Auseinandersetzung mit der linksliberalen Publizistik gewonnene Auffassung zu generalisieren, dass man dort den Faschismus auf eine gewöhnliche Diktatur reduzierte und den faschistischen Systemcharakter nicht besonders ernst nahm. Laut Schieder lieferte fast ausschließlich der sozialdemokratische Journalismus ernstzunehmende Analysen des Phänomens, die trotz kenntnisreicher Kritik unter einer Blickverengung litten, weil sie die »entwicklungsbedingte Schwäche der italienischen Arbeiterbewegung« in den Mittelpunkt stellten, »von der man Deutschland nicht betroffen sah«.[26] Schieder liegt sicher richtig, dass die Beschäftigung mit dem Faschismus in allen politischen Lagern gleichermaßen zu finden war und sich keineswegs auf die linken Kritiker innerhalb der Faschismustheorie-Diskussion oder auf die rechtsgerichteten Sympathisanten beschränkte. Den Beweis für eine ausgewogene Rezeption tritt er aber nicht an, da er sich hauptsächlich auf das philofaschistische bürgerliche Mili-

25 Eine jüngere Studie widmet sich materialreich der Rezeption des Faschismus in den verschiedenen politischen Lagern, stützt sich dabei hauptsächlich auf die Tagespresse und Publizistik und vergleicht dabei die verschiedenen politischen Lager (Kommunisten, Sozialdemokraten, bürgerliche Mitte, politischer Katholizismus, politische Rechte, Nationalsozialismus). Die Befunde bleiben aber aufgrund ihrer schematischen Starrheit in theoretischer Hinsicht unbefriedigend. Vgl. besonders zur »bürgerlichen Mitte« Matthias Damm, *Die Rezeption des italienischen Faschismus in der Weimarer Republik*, Baden-Baden 2013, S. 170-231.

26 Schieder, »Das italienische Experiment«, S. 152-154.

eu beschränkt oder die liberalen Blindstellen herausstreicht.[27] Eine solche Sicht verkennt das ursprüngliche Interesse liberaler Kommentatoren: Sie waren in den 1920er Jahren weniger von der Idee des Transfers oder der Übertragungsmöglichkeit des Faschismus berührt, die in Ermangelung eines populistischen Führers kaum zwingend erscheinen konnte, sondern beschäftigten sich vor allem mit der Frage, was das Aufkommen des Faschismus über die Krise des Parlamentarismus in Europa aussagte und wie sich die Abkehr von rational geprägten demokratisch-parlamentarischen politischen Formen hin zu Gewalt, Intoleranz und Nationalismus erklären ließ.

Sensible liberale Kommentatoren des Zeitgeschehens setzten sich frühzeitig mit der Tatsache auseinander, dass die Hoffnungen auf ein Zeitalter der Demokratie und des Völkerfriedens in den revolutionären Wirren der Nachkriegszeit bald Makulatur wurden. Die intellektuellen Lerneffekte des Weltkrieges ließen sich nicht auf gesellschaftspolitische Prozesse übertragen; zugleich ordnete sich das politische Feld in unvorhergesehener Weise neu. Während sich auf der Linken Teile der Arbeiterbewegung nach dem Vorbild des Bolschewismus radikalisierten, entstanden auf der Rechten Bewegungen eines neuen Nationalismus, die den Platz der monarchistischen Reaktion besetzten und sich zugleich auf eine bisher ungekannte Massenbasis in einer militarisierten Gesellschaft stützten. Diese Entwicklung hat Alfred Weber bereits 1925 erkannt: Er sah im »Prinzip der prätorianischen Machtausübung« den »einzig sichtbaren Ersatz des alten Autoritätssystems« und somit den »Sammelpunkt aller früher von dem Legitimismus garantierten und gehegten geistigen Kräfte und Besitzinteressen«. Weber beobachtete deswegen ein neues Gegensatzpaar, das an die Stelle der früheren »Kontrapunktik zwischen Demokratie und Legitimismus« getreten sei, nämlich »demokratische Majoritätsprinzipien« einerseits und andererseits »ganz bewusste Minoritäts- und Gewalttendenzen, teils proletarischer, teils national-fascistischer Art«.[28]

Eine solche Deutung, die auf die Gewaltbereitschaft einer Minderheit abhob, konterkarierte von Beginn an alternative Interpre-

27 Eine ausgewogenere Akzentsetzung findet sich bei Gerhard Schulz, *Faschismus – Nationalsozialismus. Versionen und theoretische Kontroversen 1922-1972*, Frankfurt/M./Berlin/Wien 1974, S. 30-55.

28 Alfred Weber, *Die Krise des modernen Staatsgedankens in Europa*, S. 122.

tationen wie z. B. Carl Schmitts Auffassung, die faschistische Diktatur als plebiszitär begründete demokratische Herrschaftsform zu verklären und dem liberalen Parlamentarismus gegenüberzustellen.[29] Webers nicht ungewöhnliche Parallelisierung »proletarischer« und »national-fascistischer Minoritäts- und Gewalttendenzen« gibt gleichzeitig einen guten Eindruck von einem liberalen Denken, das von Beginn an mit – avant la lettre und anachronistisch gewendet – totalitarismustheoretischen Vorstellungen operierte. Denn die vergleichende kritische Betrachtung des Phänomens muss nicht zwingend mit der Schöpfung und Konturierung des Totalitarismusbegriffs einsetzen, der bekanntlich erst Jahre später Verwendung fand. Es ist vielmehr so, dass sich im Zuge einer vergleichenden Betrachtung erst eine Semantik ausbildete, die das neuartige Phänomen totalitärer Herrschaft zu beschreiben suchte. Dabei verwundert es nicht, dass zunächst mit den zur Verfügung stehenden Begriffen der politischen Theorie wie Tyrannis, Diktatur oder Bonapartismus operiert wurde.[30]

Jens Petersen hat die These gut belegt, dass es in Italien antifaschistische, d. h. sozialdemokratische und liberale Oppositionelle waren, die die Bezeichnung »totalitär« für den Faschismus vor den Faschisten selbst verwandten und mit ihrer klarsichtigen Kritik sogar zu dessen Selbstbeschreibung beitrugen. Damit begegnet Petersen der verbreiteten Meinung, dass der Faschismus von seinen Gegner verkannt worden sei oder dass eine Unterschätzung logisch zum Untergang der Demokratie führen müsse. Im Gegenteil: Die Einsicht in die politische Zwangslage findet sich »innerhalb der Teile der italienischen Gesellschaft, bei denen das Staats- und Verfassungsproblem auf besondere Aufmerksamkeit stieß und bei denen der Gegensatz von Rechtsstaat und Diktatur und der drohende Verlust des parteistaatlichen Pluralismus, der Grundrechtsgarantien und der Gewaltenteilung besonders intensiv empfunden wurde«.[31]

29 So die wesentliche Botschaft von Schmitt, *Die geistesgeschichtliche Lage des heutigen Parlamentarismus*.

30 Siehe zu diesem Problem bereits Hans Maier, »›Totalitarismus‹ und ›Politische Religionen‹. Konzepte des Diktaturvergleichs«, in: Eckhard Jesse (Hg.), *Totalitarismus im 20. Jahrhundert. Eine Bilanz der internationalen Forschung*, Bonn 1996, S. 118-134, hier S. 118 f.

31 Jens Petersen, »Die Entstehung des Totalitarismusbegriffs in Italien«, in: Jesse (Hg.), *Totalitarismus im 20. Jahrhundert*, S. 95-117, hier S. 99.

Man kann einen Gefahrenherd also sehr wohl intellektuell begreifen, ohne deswegen über die Mittel zu verfügen, ihm angemessen zu begegnen. In Ergänzung zur berühmten Denkfigur, dass die Verlierer klarer sehen als die Sieger, lässt sich anfügen, dass dies nicht nur für die Zeit »nach dem Spiel« gilt, sondern häufig schon für die entscheidenden Phasen der Auseinandersetzung, d. h., bevor die Niederlage feststeht.[32]

Freilich waren in den bewegten Jahren der Weimarer Republik die Lager der Sieger und Besiegten nicht immer so leicht zu identifizieren. Umgekehrt wurde den Fürsprechern der liberalen Demokratie eine hegemoniale Position zugesprochen, während die Republikfeinde gleichzeitig den Zeitgeist zu dominieren schienen, sich aber als radikale Außenseiter gebärdeten. Wenn man mit Koselleck anzunehmen bereit ist, dass »im Besiegtsein [...] das unausgeschöpfte Potential des Erkenntnisgewinns [liegt]« und dies vor allem mit einem durch Erfahrungswandel forcierten Methoden- und Perspektivwechsel zusammenhängt, dann bieten die intellektuellen Diskurse der Zwischenkriegszeit in der Tat reiches Anschauungsmaterial, insbesondere vor dem Hintergrund, dass sich eigentlich alle geistigen Strömungen von der Niederlage bedroht und in der Krise wähnten. Kosellecks auf die Einsichtsfähigkeit des Historikers gemünzter Befund mag deswegen einer Überprüfung unterzogen werden, wenn man ihn auch auf ein Krisendenken im Angesicht der Niederlage anzuwenden bereit ist. Die Überlegenheit der Liberalen gegenüber dem Fatalismus, Aktivismus und Radikalismus einer krisengeschüttelten Rechten lag in der Bereitschaft zur Selbstreflexion und -kritik, gepaart mit dem Willen, an überkommenen Werten festzuhalten, d. h., auf Evolution und Reform zu setzen.

Eine frühe liberale Deutung des Faschismus – Fritz Schotthöfer

Auch in Deutschland fanden sich liberale Denker, die die neue Gefahr für die parlamentarische Demokratie in ihren Wesenselementen reaktionsschnell analysierten. Es unterstreicht den politi-

32 Zur Figur des Verlierers als klarsichtigem Analytiker vgl. Koselleck, »Erfahrungswandel und Methodenwechsel«.

schen Sinn für die neuen Bedrohungen, wenn der Redakteur der *Frankfurter Zeitung* Fritz Schotthöfer (1871-1951) innerhalb eines Jahres gleich zwei Bücher aus unmittelbarer Beobachterperspektive veröffentlichte: eines über *Sowjet-Rußland im Umbau*, das andere über *Il Fascio. Sinn und Wirklichkeit des italienischen Fascismus.*[33] Schotthöfer war ein erfahrener Journalist, der schon vor dem Ersten Weltkrieg als Korrespondent aus den westeuropäischen Hauptstädten Paris, London und Madrid berichtet hatte und seit 1918 das außenpolitische Ressort leitete. Aus seinen Schilderungen der politischen Entwicklungen in Russland und Italien, die auf mehrmonatigen Reiseerfahrungen im Land beruhten, geht auch hervor, dass er ein politiktheoretisch und nationalökonomisch versierter Chronist der Zeitläufte gewesen ist. Schotthöfer hatte bei Lujo Brentano studiert, und seine liberal grundierte politische Urteilskraft genoss (auch in den Jahren der NS-Herrschaft) in der Redaktion der *Frankfurter Zeitung* hohen Respekt.[34]

Der lange vergessene Schotthöfer gab sein Manuskript über die politische Lage in Italien bereits Ende 1923 in den Druck, also gerade 13 Monate nach dem »Marsch auf Rom« und noch bevor Mussolini seine Herrschaft konsolidierte. Seine immerhin 220-seitige Schrift zählt also zu den frühesten und umfangreichsten deutsch-

33 Fritz Schotthöfer, *Sowjet-Russland im Umbau. Eindrücke und Studien von einer russischen Reise*, Frankfurt/M. 1923; ders., *Il Fascio. Sinn und Wirklichkeit des italienischen Fascismus*, Frankfurt/M. 1924. – Schotthöfers heute weitgehend vergessene Analyse des Faschismus in seiner Formationsphase wurde von den Zeitgenossen anerkennend rezipiert. Der Liberale Hermann Martin beruft sich auf ihn in seiner Streitschrift für die parlamentarische Demokratie (Hermann Martin, *Demokratie oder Diktatur?*, Berlin 1926, S. 142). Auch bei Robert Michels, der trotz seiner philofaschistischen Disposition doch als einer der besten Kenner der Materie galt, fand Schotthöfer bereits Erwähnung. Michels verwendet Schotthöfers Studie und lobt sie als »sehr klug«, wenn sie dem Faschismus auch »vielleicht nicht völlig gerecht« werde, weil sie sich allzu sehr auf dessen »undemokratischen Charakter« konzentriere (Michels, *Sozialismus und Faschismus in Italien*, Bd. 2, S. 278, 299). Der Staatsrechtler Gerhard Leibholz zählte Schotthöfers Schrift ebenfalls zu den wichtigsten Arbeiten über den Faschismus. Siehe Gerhard Leibholz, *Zu den Problemen des fascistischen Verfassungsrechts. Akademische Antrittsvorlesung*, Berlin/Leipzig 1928, S. 47. – Matthias Damm hält Schotthöfer ohne Angabe von Gründen für einen Sozialdemokraten. Siehe Damm, *Die Rezeption des italienischen Faschismus in der Weimarer Republik*, S. 131.

34 Siehe Günther Gillessen, *Auf verlorenem Posten. Die Frankfurter Zeitung im Dritten Reich*, Berlin 1986, S. 100.

sprachigen Darstellungen der faschistischen Machtübernahme.[35] Darin kommt er bereits in einem mit »Moskauer Muster« überschriebenen Kapitel zu dem Schluss, Bolschewismus und Faschismus seien »Brüder im Geiste der Gewaltsamkeit« und glichen sich »wie zwei feindliche Heere«.[36] In beiden Fällen beruhe der Erfolg auf dem Terror einer Minderheit, der es durch »die Organisation von illegalen bewaffneten Verbänden mit Milizcharakter« gelang, den Staat mit Gewaltmitteln zu beherrschen.[37] Mit dieser Einsicht stand Schotthöfer nicht allein. Besonders markant formulierte diese Frühform der Totalitarismustheorie bereits der antifaschistische Politiker der *Partito Popolare Italiano*, Journalist und katholische Priester Luigi Sturzo: »Insgesamt kann man zwischen Rußland und Italien nur einen einzigen Unterschied feststellen, dass nämlich der Bolschewismus eine kommunistische Diktatur oder ein Linksfascismus ist und der Fascismus eine konservative Diktatur oder ein Rechtsbolschewismus ist.«[38] Für Sturzo handelte es sich um »zwei Phänomene«, die »das Interesse Europas auf sich ziehen, schon weil sie eine ähnliche Geistesverfassung in mehr oder weniger bedeutenden Einflußzonen der anderen Länder hervorrufen«. Er plädierte deshalb für einen Vergleich der beiden Regierungssysteme.[39] Es spricht für die wache und interessierte Rezeption der politischen Entwicklung in Italien, dass Sturzos kämpferische Abrechnung mit dem Faschismus bereits 1926 in deutscher Übersetzung erschien, ebenso übrigens wie die Kritik des ehemaligen Ministerpräsidenten Francesco Nitti, der 1924 ins Schweizer Exil gegangen war. Nitti sah in Faschismus und Bolschewismus »die Verleugnung derselben

35 Die einzige mir bekannte Würdigung findet sich bei Michael Funk, »Das faschistische Italien im Urteil der Frankfurter Zeitung (1920-1930)«, in: *Quellen und Forschungen aus italienischen Archiven* 69 (1989), S. 255-311, hier S. 273-275. Funk spricht von einer »der frühesten seriösen und noch heute lesenswerten Faschismus-Analysen in deutscher Sprache« (273). – Als biographische Porträts des angesehenen Journalisten Fritz Schotthöfer sind mir bekannt: Robert Haerdter, »Fritz Schotthöfer« [Nachruf], in: *Die Gegenwart. Sonderheft zum 100. Geburtstag der Frankfurter Zeitung*, 1956, S. 32-34; Hans Bütow, »Beobachten, Berichten, Deuten. Der Journalist ›Senex‹« [i. e. Fritz Schotthöfer], in: ders., *Spur von Erdentagen. Eine Porträtgalerie*, Frankfurt/M. 1958, S. 31-37.

36 Schotthöfer, *Il Fascio*, S. 142.

37 Ebenda, S. 192 f.

38 Luigi Sturzo, *Italien und der Fascismus*, Köln 1926, S. 213.

39 Ebenda, S. 215.

Grundsätze von Freiheit und Ordnung, der Grundsätze von 1789«. Sie seien »also die Verleugnung aller Grundlagen der modernen Zivilisation, die Rückkehr zur Moral der absoluten Monarchie und der Auffassung des Krieges als die selbstverständlichste Hantierung einer Nation«.[40] Nittis Kennzeichnung des Faschismus als »neuer Absolutismus«, der nicht mehr in sich selbst – also im Legitimitätsanspruch – seine Verteidigung finde, sondern in der »Moral der Gewalt«, im »Prinzip der Diktatur«, »was nur Revolution und Krieg zur Folge haben« könne, lässt sich in der Deutung Hans Maiers als eine Etappe auf dem Weg zu einer neuen Semantik begreifen, um den Totalitarismus als ein neues Phänomen beschreiben zu können.[41]

Diese Beobachtung sowie die Einsicht in die europäische Dimension des Faschismus finden sich ähnlich oder abgewandelt in den meisten seriösen Abhandlungen zum Thema. Es entsprach einer weithin geteilten Auffassung, dass der Faschismus nur in Relation zu gesamteuropäischen Konfliktlagen zu begreifen ist.[42] Auch das Staatslexikon der Görresgesellschaft beschrieb den »Faszismus« als »eine europäische Nachkriegserscheinung«, der »allgemeine europäische Strömungen zu Grunde« liegen: »eine politische: das Erstarken des Nationalismus; eine staatsrechtliche: das aus einer Entartung des Parlamentarismus geborene Bedürfnis nach einer starken Staatsgewalt; eine soziologische: die Erkenntnis, dass wirtsch.[aftliche] Gegensätze von Kapital u. Arbeit nicht in der Form von parteipolitisch beeinflussten Klassenkämpfen ausgetragen werden können, sondern im Rahmen des übergeordneten Staatswohls ausgeglichen werden müssen«.[43] Im Gegensatz zum Verfasser des Lexikonartikels, der sich aus katholischer Perspektive bei allem Bemühen um Objektivität den Entwicklungen in Italien gegenüber doch sehr aufgeschlossen zeigte und auf eine kirchliche

40 Nitti beschreibt den Faschismus als »weißen Bolschewismus«. Siehe Francesco Nitti, *Bolschewismus, Fascismus und Demokratie*, München 1926, S. 45-55, hier S. 53.

41 Ebenda, S. 44. Vgl. Hans Maier, »›Totalitarismus‹ und ›Politische Religionen‹«, S. 118 f.

42 Diese europäische Perspektive findet sich u. a. bei Weber, *Die Krise des modernen Staatsgedankens in Europa*, sowie bei Bonn, *Die Krisis der europäischen Demokratie*.

43 Fred B. Hardt, Art. »Faszismus«, in: *Staatslexikon*, 5. Aufl., Freiburg 1926, Bd. 1, S. 1804-1812, hier S. 1804.

bzw. monarchische Zähmung Mussolinis hoffte, ließ Schotthöfer keinen Zweifel an seiner uneingeschränkten Ablehnung des Faschismus.

Obgleich Schotthöfers Arbeit journalistisch geprägt ist, sehr szenische Passagen enthält und auf jeglichen Anmerkungsapparat oder Quellennachweise verzichtet, kann man ihr durchaus einen wissenschaftlich-erklärenden Charakter zuerkennen, weil der Autor seine Argumente sehr klar strukturiert präsentiert. In seiner Darstellung lässt sich eine Typologie faschistischer Herrschaft erkennen, die vier neuartige Elemente einer Diktatur unter Bedingungen der modernen Massengesellschaft in den Blick nimmt.

1. »Geist der Gewalttätigkeit« als Wesensmerkmal des Faschismus: Für Schotthöfer steht außer Frage, dass der Faschismus ein »Nebenprodukt des Krieges« ist. In ihm spiegelt sich die »Kriegsatmosphäre, in der die Rechtsbegriffe vor der Verehrung der Kraft und des Krafterfolges schwinden«. Mit der Mentalität eines »hinter die Front verpflanzte[n] Sturmtrupps« ist er auf Kampf und Aktion ausgerichtet; Terror und Rechtsbruch sind inhärente Bestandteile seiner Machteroberungs- und Erhaltungsstrategie. Schotthöfer beobachtet den »physischen Zwang gegen Personen« in Formen, »die an die derben Farcen des Mittelalters erinnerten«. Sie waren Ausdruck einer »rechtlichen und moralischen Vergewaltigung«, die umso schwerer wog, da »[h]eute, wo wir die Gewissensfreiheit als das Höchste betrachten, was der Staat dem Staatsbürger zu sichern hat, wo im Volke das Gefühl für die Freiheit der politischen Anschauung entwickelt ist, […] auch ein unblutiger Zwang schon wie eine Folterung« wirke.[44] In Mussolinis Versuchen, die Gewalt als »chirurgische Notwendigkeit« zu rechtfertigen oder sie durch eine höhere Moral bzw. ideale Zwecke zu legitimieren, offenbarten sich lediglich »mühsame Sophismen«, die bewiesen, »dass ihre Urheber das Widerrechtliche und Unmoralische der Gewalttätigkeit schwer empfinden«.[45] Einer solchen Unterstellung moralischer Sensibilität auf Seiten des Faschismus haftet zwar im Rückblick eine gewisse Bereitschaft zur einfühlenden Gutgläubigkeit an; die Beobachtung an sich bewies aber einen ungetrübten diagnostischen Blick.

2. »Der innere Dualismus des Systems«: Schon lange bevor Ernst Fraenkel und Franz Neumann das ungeklärte Nebeneinan-

44 Schotthöfer, *Il Fascio*, S. 76, 80.

45 Ebenda, S. 79-81.

der von Staat und Partei im Nationalsozialismus mit der Formel vom »dual state« bzw. des »Behemoth« charakterisierten,[46] erfasste Schotthöfer die Gemengelage eines »inneren Dualismus« als bestimmendes Merkmal für die Dynamik und den politischen Stil des Faschismus. Zum einen richtete sich der faschistische Terror »gegen den Staat selbst«, zum anderen suchte er die staatlichen Institutionen zu durchdringen: »Er gebärdete sich als Staat im Staate«, zeigte sich aber bis dato nicht in der Lage, eine überzeugende neue politische Form zu finden.[47] In einem kurze Zeit später publizierten Aufsatz diagnostizierte Schotthöfer, dass »Italien nach sechzehn Monaten der Faszistenherrschaft noch immer im verhaltenen Bürgerkrieg« lebe und dass es Mussolini nicht gelungen sei, das Nebeneinander von Parteimiliz und Heer zu klären, denn in einem Staat »ist etwas nicht in Ordnung, wenn zwei bewaffnete Gewalten nebeneinanderstehen«.[48]

3. »Mussolinismus« und Führerkult: Wie andere zeitgenössische Beobachter hegt Schotthöfer keine Zweifel an der zentralen Bedeutung Benito Mussolinis für die Genese und den Erfolg des Faschismus (»Wo es keinen Mussolini gibt, da kann es auch keinen Faschismus geben«[49]). Sein Führungswille, sein politischer Instinkt und seine opportunistische Rücksichtslosigkeit ebneten den Weg zur Macht. Gleichzeitig nahm Schotthöfer die Techniken zur Inszenierung des Duce als zentrale Führergestalt genau wahr. Mussolini trage ein »wohl überlegter, beinahe wissenschaftlich begründeter Heroenkult«; seine Macht beruhe »auf dem Kultus, der um ihn getrieben wird, auf dem Glauben und dem Vertrauen der Gefolgschaft auf seine Energie«. Dass Schotthöfer Distanz zu Mussolinis Massenappeal bewahrte, geht aus seinen Schilderungen hervor, die eher das Lächerliche des Auftritts und die Grenzen von Mussolinis Rhetorik betonen. Für ihn ist Mussolini eher ein »Organisator, nicht eine durch inneren Reichtum fesselnde Persönlichkeit«.[50] Es

46 Ernst Fraenkel, »Der Urdoppelstaat« (1938), in: ders., *Gesammelte Schriften, Bd. 2: Nationalsozialismus und Widerstand*, Baden-Baden 1999, S. 267-473; Franz L. Neumann, *Behemoth. Struktur und Praxis des Nationalsozialismus 1933-1944* (1944), Frankfurt/M. 1984.

47 Schotthöfer, *Il Fascio*, S. 81.

48 Fritz Schotthöfer, »Mussolini«, in: *Die Neue Rundschau* 35 (1924), S. 417-427, hier S. 418 f.

49 Schotthöfer, *Il Fascio*, S. 192.

50 Ebenda, S. 10-14.

geht dem Autor vor allem darum, hinter die Fassade der Mythisierung zu blicken und die Grenzen des Mussolinismus aufzuzeigen. Schotthöfer bezweifelt, dass die Popularität Mussolinis und der Glaube an seine Fähigkeiten auf Dauer eine demokratisch gesicherte Legitimität zu ersetzen in der Lage seien. Überdies gebe es »einen doppelten Mussolinismus«: »den einen als einen Faktor der Zersetzung im Fascio, den anderen als eine persönliche Machtbestrebung in der italienischen Politik, die kaum minder auflösend wirkt«. Damit problematisiert Schotthöfer die Einschränkung, die von Mussolinis Angewiesenheit auf seine faschistische Gefolgschaft ausgeht, und die Zwänge, die in der dynamisierenden Perpetuierung der persönlichen Machtstellung liegen. Sie folgten laut Schotthöfer einer Logik der Macht und des Schicksals, denn »was immer Mussolini planen mag, steht unter dem Druck der ersten Gewalttat«, die es ihm unmöglich mache, »in die Wege des Rechts zurück[zu]kehren«.[51]

4. Ideenlosigkeit und fehlende Staatstheorie: Für einen dem Rationalismus verpflichteten Liberalen wie Fritz Schotthöfer manifestierte sich die wesentliche Schwäche des Faschismus in seinem eklatanten »Mangel an eigenen schöpferischen Ideen, noch mehr dem Mangel an schöpferischer Kraft« sowie dem Fehlen jeglicher staatstheoretischer Vorstellungen.[52] Der geistige Gehalt des Faschismus reduzierte sich, so Schotthöfer, »auf die agitatorische Verneinung des Liberalismus«, dessen essentielle Gedanken noch nicht einmal begriffen worden seien, weil die Faschisten unbewusst sogar wesentliche wirtschaftspolitische Forderungen von ihm übernommen hätten wie zum Beispiel die Privatisierung von Post und Bahn.[53] Mit Schotthöfer kommt man zu dem Schluss, dass die improvisierte und opportunistische Politik des Faschismus ihren Ursprung darin habe, »dass ihm der Zentralgedanke eines politischen Systems« fehle.[54] Dementsprechend neigte Mussolini dazu, Planlosigkeit durch nicht selten widersprüchlichen Aktionismus zu kompensieren. Letztlich bleibt der Faschismus aus Schotthöfers Sicht ein Anachronismus, da er gegen die Demokratie nur das »Prinzip der politischen Energie« zu setzen weiß: »Der Fascio

51 Ebenda, S. 206 f.

52 Ebenda, S. 95.

53 Ebenda, S. 101.

54 Ebenda, S. 98.

kämpft mit Waffen gegen Ideen. Das ist das tiefste Merkmal seiner Gewaltsamkeit.« Seinen eigenen bruchstückhaften Ideen – Autorität, Hierarchie, Disziplin – traue »er nicht die Kraft zu, von selbst zu siegen«.[55] In seinem Vertrauen auf die »Entwicklung der modernen politischen Lebensformen« kann Schotthöfer den Faschismus nur als Atavismus und als einen temporären Rückschritt begreifen: »Er ist ein Fremdkörper in ihrem [i. e. dem demokratischen, J. H.] Regenerationsprozeß, der entweder assimiliert oder ausgestoßen wird. Wie lange dieser Prozeß dauern wird, hängt von vielen Umständen ab. Die Demokratie hat sich nicht überlebt. Sie hat sich nach dem Kriege neue Gebiete erobert. Der breite mächtige Strom fließt nicht rückwärts, wenn jemand gegen ihn schwimmt.«[56]

In dieser hegelianisch anmutenden Zuversicht auf den Fortschritt zur politischen Freiheit verwendet Schotthöfer den nach wie vor beeindruckenden Schlussteil des Buches darauf, den »Sinn des Phänomens« und die Beharrungskräfte der Demokratie zu erörtern. Das Ergebnis ist eine entschiedene Verteidigung der liberalen Ordnung und ihrer normativen Grundlagen. Er zeigt damit exemplarisch, dass der Faschismus unter Liberalen nicht nur als Bedrohung oder Verunsicherung wirken konnte, sondern dazu Anlass gab, sich noch einmal auf das Wertegerüst und die Leistungsfähigkeit der parlamentarischen Demokratie zu besinnen. Schotthöfer lässt keinen Zweifel an der destruktiven Kraft des faschistischen Angriffs auf die westliche Demokratie, die der Faschismus »als Weltanschauung, als Prinzip des politischen Lebens eines Volkes und der Menschheit« bekämpft; »er erklärt sie für überholt, für veraltet, für unfähig sich weiter zu entwickeln, für unfähig vor allem, die Aufgaben der Gegenwart zu lösen«.[57]

Dagegen stellt Schotthöfer ein Lob der »Freiheit des Individuums« als »höhere schöpferische Kraft«: »In der Freiheit liegt der Wettbewerb, die natürliche Weckung und Entfaltung der leben-

55 Ebenda, S. 215. Die »theoretische Gedankenwelt« des Faschismus hatte für Schotthöfer »nichts Gewinnendes, Bezauberndes, nichts was die Grenzen leicht überschreiten könnte. Seine Gewalttätigkeit schafft ihm überall Hindernisse. [...] Der Fascismus hat keine Idee in sich, die durch ihre Tiefe oder die Kraft ihres idealen Schwungs von selbst die Menschheit eroberte.« (Ebenda, S. 196)

56 Ebenda, S. 224.

57 Ebenda, S. 215.

digen Energie. Ueber den manchesterlichen Begriff der Freiheit sind wir längst hinweggeschritten.« Um sich von einem altliberalen Freiheitsverständnis abzusetzen, führt er gleichwertig »Freiheit und Organisation« als »die schaffenden Prinzipien« eines modernen Demokratieverständnisses ein. Demokratisch legitimierte Rechtsstaatlichkeit bleibt für ihn die einzige Möglichkeit, »die Organisation der politischen Freiheit« zu verwirklichen. Im direkten Vergleich mit der faschistischen Herrschaftsmethodik macht Schotthöfer vier Gründe für die Überlegenheit der liberalen Demokratie aus.[58]

Erstens gewährt sie, anders als die personale Zuspitzung auf eine mythisch überhöhte Führerfigur, eine bessere, weil freie Auslese des politischen Personals, das die Schule der parlamentarischen Institutionen zu absolvieren hat. »Die große Führungspersönlichkeit, die vom freien Vertrauen des Volkes oder einer Mehrheit getragen wird, ist stärker als jeder Diktator, der auf einem Verfassungsbruch steht«, konstatiert Schotthöfer. Ein führender Politiker in der Demokratie trete »nicht aus der Verfassung heraus«, sondern gebe ihr vielmehr »durch die Konzentration aller Kräfte in seiner Persönlichkeit höchsten Ausdruck«. Gleichzeitig laufe er nicht Gefahr, von der Last der Verantwortung erdrückt zu werden, weil er sie teile.[59] *Zweitens* stellt Schotthöfer gegen die Auffassung, dass der Parlamentarismus in seinen Entwicklungsmöglichkeiten erschöpft sei, die Überzeugung von dessen besonderer Anpassungsfähigkeit: »Die Demokratie bietet die größte Elastizität für die Verteilung der inneren Kräfte.« Diese fast luhmannesk klingende Formel begegnet auch den demokratischen Homogenitätspostulaten und Gemeinschaftsvorstellungen. Anstelle der politischen Manifestation von Einheitlichkeit plädiert Schotthöfer für eine notwendige Repräsentation der Vielheit politischer Stimmen, die nach Kompromissen streben müssen. *Drittens* erzeugt die parlamentarische Demokratie durch verfassungsmäßige legale Verfahren und periodische Rückkopplung an den politischen Wählerwillen Legitimität und Kontinuität; beides fehlt dem Faschismus. *Viertens* schließlich strebe die Demokratie in ihrem Wesen danach, »das Geistige und Ethische in der Politik zum Ausdruck zu bringen«. Nicht Gewalt, sondern »innere Überzeugung und die Hingabe an das, was man für richtig

58 Ebenda, S. 219.

59 Ebenda, S. 220.

und notwendig hält«, sind die Triebkräfte einer Politik, die ihre Ziele und Mittel begründen muss.[60]

Es soll an dieser Stelle nicht die Behauptung erhoben werden, dass Schotthöfers Skizzierung liberaler Politik exzeptionelle Originalität beanspruchen könne. In seinen Beiträgen spiegelt sich vielmehr die herrschende Lehre eines normativ ausgerichteten, auf die Praxis der Vernunft setzenden Liberalismus. Interessant bleibt, dass die Haltung dieses liberalen Journalisten sich nicht in der Kritik des Faschismus erschöpfte, sondern diesem selbstbewusst begegnete. Schotthöfer nahm die Ereignisse in Italien zum Anlass, noch einmal eine Apologie der Weimarer Verfassungsordnung und der westlichen Demokratie zu verfassen. Wie in vielen Fällen lässt sich eine Position, die im Common Sense eines Autors ohne wissenschaftlichen oder theoretischen Anspruch gründet, klarer bestimmen als manche Stellungnahme im hochaggregierten staatstheoretischen Diskurs. Gleichwohl spürt man den Widerhall der einflussreichen Denker der Zeit. Max Webers Betrachtungen über »Parlament und Regierung im neugeordneten Deutschland« – bekanntlich 1917 zuerst als Artikelserie in der *Frankfurter Zeitung* erschienen – haben bei Schotthöfer deutliche Spuren hinterlassen, wenn er sich über Führerauslese, Parlamentarismus und Beamtentum äußert.[61] Im Unterschied zu dem auf Effizienz, Rationalität und Leistungsfähigkeit bedachten Weber, der vor allem die Position des nach seinen eigenen Überzeugungen kämpfenden Politikers gegenüber der Beamtenherrschaft stärken wollte, legte Schotthöfer allerdings ebenso starkes Gewicht auf die normativen Grundlagen liberalen Denkens. Sein Vertrauen in die Freiheit des Einzelnen, die politische Selbstbestimmung und »das Recht des Bürgers auf freie

60 Ebenda, S. 223.

61 Vgl. Weber, »Parlament und Regierung im neugeordneten Deutschland«. Diese Form der impliziten Weber-Rezeption, die sich Denkmotive ohne namentliche Nennung des Urhebers aneignet, lässt sich übrigens auch bei Moritz Julius Bonn nachweisen, gerade in seiner Verteidigung des Parlamentarismus (Bonn, *Die Krisis der europäischen Demokratie*, S. 15-40; ders., »Die Krise des Parlamentarismus«). Dieses Einsickern Weberscher Argumente in den allgemeinen Demokratiediskurs kann womöglich den Befund einer eher vermeintlich schwächeren wissenschaftlichen Rezeption des Werkes in der Weimarer Republik, wie von Marcus Llanque diagnostiziert, auf allgemeiner Ebene korrigieren. Vgl. Marcus Llanque, »Der Einfluß von Max Weber auf die Weimarer Politikwissenschaft«, in: Gangl (Hg.), *Das Politische*, S. 193-215.

Meinung« und »freie Mitarbeit an der Führung der öffentlichen Geschäfte« paart sich mit einem unerschütterlichen Fortschrittsvertrauen.[62] Nicht zufällig halten die Nationen, welche die Demokratie als Erste ausgebildet haben, »stärker daran fest wie je«.[63] Für Italien stellt er mit geschichtsphilosophisch grundierter Gewissheit die Prognose, dass die »Unterdrückung der politischen Freiheit« ihren Preis haben werde: »Es hilft wenig, die Unterdrückung so menschenfreundlich wie möglich zu gestalten. Im Laufe der Jahre sammelt sich eine innere Spannung an, die sich irgendwie entladen muß. [...] Lange Jahre der Unterdrückung klingen nicht mehr in Versöhnung aus.«[64]

Schotthöfers Deutung und Einschätzung des Faschismus war mehr als die Stimme eines vereinzelten »unbestechlichen Liberalen der lautersten Art« (Hans Bütow),[65] wenn man sich vor Augen hält, dass er als führender Experte für internationale Politik galt, das Renommee eines erfahrenen Auslandskorrespondenten genoss und überdies seit 1918 die außenpolitische Redaktion der *Frankfurter Zeitung* leitete. Michael Funk bezeichnet ihn in seiner sorgfältigen Studie über die Faschismus-Rezeption der *FZ* als »besten Italienkenner der Redaktion«.[66] Führt man sich vor Augen, dass sich die *Frankfurter Zeitung* in jenen Jahren einer einmütigen liberalen Haltung verpflichtet fühlte und der einzelne Journalist in den zumeist ungezeichneten politischen Beiträgen für die Zeitung sprach, so gewinnt Schotthöfers Schrift an Bedeutung.[67] In ihr finden sich die wesentlichen Merkmale, welche die liberale Sicht auf den Faschismus bestimmten und welche nach der Ermordung Giacomo Matteottis im Juni 1924 und der damit einhergehenden Radikalisierung und Festigung des Regimes an Schärfe gewannen: Auch wenn die Berichterstattung der *Franfurter Zeitung* den Faschismus weiterhin als Antwort auf gravierende Funktionsstörungen der parlamentarischen Demokratie und auf das Bedürfnis nach Transzen-

62 Schotthöfer, *Il Fascio*, S. 128.

63 Ebenda, S. 224.

64 Ebenda, S. 211.

65 Bütow, *Spur von Erdentagen*, S. 32.

66 Funk, »Das faschistische Italien im Urteil der Frankfurter Zeitung«, S. 256.

67 Zur Corporate Identity der *Frankfurter Zeitung* siehe Gillessen, *Auf verlorenem Posten*, sowie Wolfgang Schivelbusch, *Intellektuellendämmerung. Zur Lage der Frankfurter Intelligenz in den zwanziger Jahren*, Frankfurt/M. 1985, S. 53-76.

denz und Sinnstiftung in einer rationalisierten Moderne interpretierte (wie vor allem der Verleger Heinrich Simon), so lassen sich seit Mitte der 1920er Jahre in der *Frankfurter Zeitung* »Konturen einer Totalitarismustheorie« (Funk) finden. Die Einschätzung der faschistischen Gefahr konkretisierte sich mit den Septemberwahlen 1930. Ein Übergreifen des Faschismus auf Deutschland, das viele Beobachter vorher mit Verweis auf das im Vergleich zu Italien höhere politisch-kulturelle Niveau für unwahrscheinlich gehalten hatten, wurde nun zu einer bedrohlichen Option. Ein Leitartikel warnte die Leser vor dem Faschismus als einer »Kriegserklärung gegen die geistig-sittlichen Werte, auf denen die Menschheitsleistung Europas durch die Jahrhunderte beruhte«, und forderte, dass »Deutschland vor allem [...] heute sein Rüstzeug gegen die Knechtung des Geistes, gegen die Zerstörung aller bürgerlichen Freiheiten wieder zu schmieden« habe.[68]

Abgesehen davon, dass die Geschichte des Faschismus respektive des Nationalsozialismus gemessen an ihrem verheerenden Ausgang notwendigerweise eine Geschichte seiner jeweiligen Unterschätzung sein musste, bietet die liberale Perzeption doch ein relativierendes Beispiel. Eine auffällige Tendenz zur Verharmlosung dieses neuen politischen Phänomens lässt sich unter Liberalen nicht feststellen. In ihrer klaren politischen Abgrenzung und in der deutlich akzentuierten Alternative zwischen Faschismus und Parlamentarismus, den man verteidigte, zeigten liberale Journalisten frühzeitig ein waches Sensorium für die Gefahr, die der Faschismus heraufbeschwor. Schon zu Weihnachten 1923 war in der *Frankfurter Zeitung* die warnende Prognose des italienischen Führers der Populari Don Sturzo zu lesen: »Aber wehe Deutschland, wenn in ihm der Geist der nationalistischen Rechten siegt, wenn der alte preußische Militarismus wiederkehrt, wenn ein verdeutschter Faschismus den Rassenfanatismus aufheizt: dann würde Deutschland für sich und für Europa eine neue Katastrophe vorbereiten.«[69] Insgesamt waren die frühen Analysen des Faschismus, ob von Journalisten oder Wissenschaftlern vorgenommen, so die hier vorgeschlagene Lesart, weit weniger blauäugig, als es so manches Pauschalurteil über liberale Sympathisanten des autoritären Antiparlamentarismus nahe-

68 Zitiert nach Funk, »Das faschistische Italien im Urteil der Frankfurter Zeitung«, S. 295.

69 Ebenda, S. 304.

legt. Auch deswegen scheint es gerechtfertigt, auf die Existenz einer sensiblen und wertgeleiteten liberalen Kritik am Faschismus hinzuweisen, wie sie idealtypisch der frühe Versuch Schotthöfers verkörpert.

Moritz Julius Bonn: Faschismus als Tyrannei der primitiven Demokratie

Zwischen Fritz Schotthöfer und Moritz Julius Bonn eröffnen sich zahlreiche Verbindungslinien: Sie entstammten derselben Generation, hatten enge Verbindungen zu Frankfurt, studierten beide bei Lujo Brentano – und teilten gemeinsame liberale Überzeugungen. Nicht ohne Grund widmete Bonn der *Frankfurter Zeitung* in seinen Erinnerungen ein gesondertes Kapitel, worin er bekennt, dass sie als liberale Institution seinen »gesunden politischen Instinkt« geprägt habe.[70] In der *Frankfurter Zeitung* veröffentlichte er 1897 einen seiner ersten Artikel[71] und blieb ein gefragter Beiträger für dreieinhalb Jahrzehnte, insbesondere für Themen der Kolonial-, Außen-, Finanz- und Wirtschaftspolitik, aber auch für politische Grundsatzfragen. Es ist nicht nur davon auszugehen, dass Bonn mit Schotthöfers Faschismusstudie und mit dessen journalistischer Arbeit insgesamt vertraut war, sondern aller Wahrscheinlichkeit nach dürften sich die beiden persönlich gekannt haben, zumal Bonns prominente Kommentare zur Außenpolitik Wilsons und zum Versailler Friedensvertrag unmittelbar in den Verantwortungsbereich des Ressortchefs Schotthöfer fielen.

Auch Bonn zählt zu denjenigen liberalen Intellektuellen, die

70 Moritz Julius Bonn, *So macht man Geschichte? Bilanz eines Lebens*, München 1953, S. 43. – Der Nimbus der *Frankfurter Zeitung*, beruhend auf der uneingeschränkt liberalen Haltung, wird greifbar im Rückblick eines ehemaligen Mitarbeiters, der das Blatt als eine Institution würdigte, »die nie aus dem einzelnen, der in ihr tätig war, auch nicht aus den publizistischen Leistungen des einzelnen gelebt« habe, sondern immer nur »als geschlossener Klangkörper« verstanden werden müsse. Vgl. Karl Appel, »In den zwanziger Jahren. Erinnerungen an die Frankfurter Zeitung«, in: *Archiv für Frankfurts Geschichte und Kunst* 55 (1976), S. 235-253, hier S. 235.

71 Moritz Julius Bonn, »Edmund Burke (Gestorben am 9. Juli 1797)« (I und II), in: *Frankfurter Zeitung*, 10./12. Juli 1897.

sich frühzeitig mit dem Phänomen linker und rechter politischer Gewalt, mit dem Bolschewismus und mit dem Faschismus befassten. Ihn beschäftigte vor allem der Einzug der Gewalt in Theorie und Praxis der Politik, eine Tatsache, die er als die schwerwiegendste Folge des Ersten Weltkrieges ansah. Bereits 1920 konstatierte Bonn eine Brutalisierung der politischen Auseinandersetzungen und zog Parallelen zwischen einer bolschewistischen und einer konservativ-revolutionären Gewaltbereitschaft. Gewalt wurde nicht nur ausgeübt, sondern Theorien der Gewalt fanden politisch links wie rechts »volle Anerkennung«. Seitdem im November 1918 »die Gewalt von unten die alte Ordnung hinweggefegt hat«, beobachtete Bonn, habe »ein Teil des deutschen Volkes, insbesondere auch ein Teil der konservativen Intelligenz, die Revolution in Permanenz erklärt«. Sie stehe »auf dem Standpunkt, daß das, was durch Gewalt zustande gekommen« sei, »auch jederzeit durch Gewalt wieder zerstört werden« müsse. Bonn charakterisierte die Gemeinsamkeit dieses paramilitärischen Paradigmas in einer Weise, die späterhin Eingang in einen totalitarismustheoretischen Diskurs fand: bolschewistische Methoden, Prätorianertum, Vernichtungswille, Gegnerschaft zur Formaldemokratie und zum Parlamentarismus. »In der inneren Politik hält die militärische Gewalt«, so Bonn, »wenn sie einmal in Uebung kommt, selten an einer bestimmten Richtung fest. Wer heute Kappist ist, ist morgen Bolschewist.«[72]

In seiner Abhandlung über die *Krisis der europäischen Demokratie* nimmt die Beschäftigung mit dem Faschismus breiten Raum ein; sein abschließender Beitrag zum Sammelband *Internationaler Faschismus* (dessen Publikation Ernst Nolte als ein »wissenschaftliches Ereignis« wertete[73]) war wegweisend. Bonn begnügte sich nicht damit, ganz ähnlich übrigens wie Schotthöfer, den Faschismus in seinen Eigenschaften zu erörtern, sondern begriff ihn als Herausforderung für die parlamentarische Demokratie, um auch

72 Moritz Julius Bonn, »Die drei Gefahren. Der deutsche Bürger und der Bolschewismus« (I. und II.), in: *Berliner Tageblatt*, 2./3. Juni 1920, hier Teil I, 2. Juni 1920, S. 1-2.

73 Ernst Nolte, »Vierzig Jahre Theorien über den Faschismus«, in: ders. (Hg.), *Theorien über den Faschismus*, Köln 1972, 3. Aufl., S. 15-75, hier S. 48. Die Bedeutung dieses Unternehmens sowie die Qualität von Bonns Beitrag hebt ebenfalls heraus Schulz, *Faschismus – Nationalsozialismus*, S. 45-49.

die antiliberalen Sympathisanten des Faschismus in Deutschland sachlich zu widerlegen.[74] Analog zu Hermann Hellers ausführlicher Studie *Europa und der Faschismus* interessiert sich Bonn aus politiktheoretischer Perspektive für diese neue politische Strömung, um ihren Irrationalismus und ihre Gegnerschaft zur westlichen Demokratie klar herauszuarbeiten. Was sich in Italien zeigte, war von gesamteuropäischer Bedeutung, weil sich in der Ideologie des Faschismus verallgemeinerbare Denkbewegungen zeigten. Dies war nicht zuletzt aus dem Umstand ersichtlich, dass sich alsbald eine beachtliche Zahl an intellektuellen Sympathisanten bildete, deren antiliberale Affekte neuen Zündstoff enthielten. Aus diesem Grund war Bonns Blick weniger auf die konkrete politische Situation in Italien als vielmehr auf die ideologische Auseinandersetzung insgesamt gerichtet. Auch wenn der Name Carl Schmitts (der später für Heller der entscheidende intellektuelle Bezugspunkt ist) von Bonn kein einziges Mal genannt wird, kann Bonns Auseinandersetzung mit dem Faschismus implizit als Entgegnung auf Schmitts Liberalismuskritik gelesen werden, zumal ein Briefwechsel der beiden die Differenzen kenntlich macht.[75] Dabei sollte man sich vergegenwär-

74 Moritz Julius Bonn, »Schlusswort«, in: Carl Landauer/Hans Honegger (Hg.), *Internationaler Faschismus. Beiträge über Wesen und Stand der faschistischen Bewegung und über den Ursprung ihrer leitenden Ideen und Triebkräfte*, Karlsruhe 1928, S. 127-150. – Die Bedeutung von Bonns Aufsatz wird auch daraus ersichtlich, dass sein Beitrag als einzige deutsche Stimme des Liberalismus in Noltes Band für einen Wiederabdruck aufgenommen worden ist.

75 Das hat schon Ernst Nolte beobachtet, der diese Antwort allerdings erst auf 1928, also mit dem Erscheinen von Bonns Faschismus-Aufsatz datiert (Nolte, »Vierzig Jahre Theorien über den Faschismus«, S. 48 f.). Schmitts häufige Bezugnahmen auf Bonn in der zweiten Auflage der *Geistesgeschichtlichen Lage* sowie sein persönlicher Austausch mit Bonn selbst machen aber deutlich, dass dieser Dialog schon Mitte der 1920er Jahre geführt worden ist, nämlich in Bonns Schrift *Die Krisis der europäischen Demokratie*. Immerhin avancierte Bonn in der zweiten Auflage der *Geistesgeschichtlichen Lage* zum meistzitierten zeitgenössischen Autor. Außerdem kamen die unterschiedlichen Auffassungen der beiden schon in Gesprächen und Briefen zum Ausdruck. Siehe dazu zum Verhältnis zwischen Bonn und Schmitt allgemein: Jens Hacke, »Moritz Julius Bonn – ein vergessener Verteidiger der Vernunft. Zum Liberalismus in der Krise der Zwischenkriegszeit«, in: *Mittelweg 36* (2010), 17. Jg., Heft 6, S. 26-59, hier insbesondere S. 39-46. Vgl. »Briefwechsel Moritz Julius Bonn – Carl Schmitt 1919-1932«, hg. von Jens Hacke in: *Schmittiana. Neue Folge. Beiträge zu Leben und Werk Carl Schmitt*,. Bd. III, Berlin 2016, S. 233-250.

tigen, dass Schmitts Liberalismuskritik keineswegs so originell war, wie die häufige Bezugnahme auf diese Schrift nahelegt, sondern die antiparlamentarischen Ressentiments der Zeit allenfalls in geschickt vereinfachender Weise auf den Punkt brachte.[76]

In einer Vielzahl von Aufsätzen und ausführlichen Zeitungsartikeln bezog Bonn Stellung zum Faschismus, späterhin auch im Zuge des nationalsozialistischen Aufstiegs nach 1930. Hier soll in erster Linie Bonns Beitrag zu einer politiktheoretischen Erfassung des Faschismus gewürdigt werden, insbesondere dort, wo er über Schotthöfers Befunde hinausreichte. Dass Bonn die Herausforderung des Faschismus zum Anlass nahm, die Überlegenheit der liberalen Demokratie noch einmal zu begründen, zeigt seinen situativ-problembezogenen Denkstil, der nicht untypisch für einen Common-Sense-Liberalen war. Das Selbstverständliche musste erst eigens verteidigt und begründet werden, als es zur Disposition stand.

Wie andere zeitgenössische Beobachter sieht Bonn den Faschismus ganz wesentlich als ein Produkt des Ersten Weltkrieges; seine politischen Erfolge verdanken sich einem »Geist der Gewalttätigkeit«, der die unzureichend demobilisierten und von den psychischen Folgeschäden des Krieges deformierten Massen prägt.[77] Im Faschismus und seinen verwandten Strömungen präsentiert sich der »Glaube an die physische Gewalt als grundlegendes Mittel zur Gestaltung und Leitung des Gemeinwesens«.[78] Dass Bonn im Faschismus lediglich ein regressives Phänomen erkennen kann, verdeutlicht sein Rekurs auf die fehlende Idee und den Rückfall hinter zivilisatorische Standards zu Genüge. Bonn streicht vor allem den Dezisionismus und die diktatorische Willkürherrschaft heraus, wie eine Passage über Mussolini illustriert: »Seine Gewalttätigkeit entspringt nicht bloß einem gewalttätigen Temperament; sie beruht auf der Überzeugung, dass regieren [sic] ohne die Zustimmung der Regierten eine zweckmäßige, legitime Methode ist, um die Menschen zu beherrschen. Seine Theorie und seine Praxis sind die

76 Siehe bereits die hellsichtige Kritik von Richard Thoma, »Zur Ideologie des Parlamentarismus und der Diktatur«, in: *Archiv für Sozialwissenschaft und Sozialpolitik* 53 (1925), S. 212-217. Zum Antiliberalismus Carl Schmitts vgl. insgesamt Reinhard Mehring, »Liberale Demokratie als Paradoxon«.

77 Bonn, *Die Krisis der europäischen Demokratie*, S. 68.

78 Bonn, »Schlusswort«, S. 128.

Lenins. Während aber Lenin eine deutliche Vorstellung einer idealrichtigen sozialen Welt besaß, der er mit rücksichtslosem Wollen zustrebte, kennt Mussolini kein scharfumrissenes Ziel. Ihm genügt der Wille zur Tat und der Wille zur Bildung der Gemeinschaft, deren die Menschheit bedarf, und die ganz anders aussehen wird, als die soziale Ordnung, nach vorgefaßten festen Plänen, vernunfterdacht. Wozu bedarf es eines Plans, wenn in der Stunde der Entscheidung die fertige Welt dem Haupte des Schöpfers entsteigt?«[79]

Bonn ironisierte einen Personenkult, der sich aus dem Glauben an die übermenschlichen Fähigkeiten eines politischen Führers speiste, und identifizierte einen kruden Machiavellismus als leitendes politisches Prinzip respektive als Prinzipienlosigkeit.[80] Die unter Zeitgenossen verbreitete Hypostasierung der politischen Tat, die den langwierigen parlamentarischen Aushandlungsprozessen und Begründungsanforderungen entgegengestellt wird, war gängiger und wiederkehrender Gegenstand liberaler Kritik. Karl Löwith dekonstruierte später den »okkasionellen Dezisionismus« bei Carl Schmitt als »Entscheidung für die Entschiedenheit« und decouvrierte damit die Inhaltslosigkeit eines solchen Denkens.[81] Bonn hingegen machte darauf aufmerksam, dass die faschistische Überhöhung des Führerwillens sich in Widersprüche verstrickte, leugnete der Faschismus doch ansonsten die liberale Prämisse des freien individuellen Willens. Andererseits sollte es wiederum zu einer von oben angeleiteten einheitlichen Willensbildung kommen, was nur als Oktroy bzw. als mechanisierte »Massenwillensbildung« vorstellbar war: »Selbst wo die Willensbildung eine personale ist, ist also zu ihrer Durchführung eine unpersönliche Willensverbreiterung notwendig.«[82] Die Verwirklichung des Willens – egal ob der Duce vorgab, den Willen der Nation zu exekutieren, oder ob die

79 Bonn, *Die Krisis der europäischen Demo*kratie, S. 143.

80 Ein typisches Beispiel für Bonns ironischen Zugriff bietet sein Kommentar zum Nachfolgeproblem in der faschistischen Diktatur: »Das einzig Positive, was der Faschismus zur Lösung des Führerproblems beiträgt, ist seine Bereitschaft, einem Führer zu folgen, wenn ein solcher geboren wird. Methoden, die nicht nur die einmalige, sondern die wiederholte Geburt eines Führers verbürgen, hat er bis jetzt nicht ausgearbeitet.« (Bonn, »Schlusswort«, S. 142)

81 Karl Löwith, »Der okkasionelle Dezisionismus von Carl Schmitt« (1935), in: ders., *Heidegger – Denker in dürftiger Zeit*, S. 32-71.

82 Bonn, »Schlusswort«, S. 133 f.

Masse sich dem Willen ihres Führers fügte – blieb also in jedem Fall eine hohle Phrase.

Der regressive Charakter des Faschismus ließ sich für Bonn daran festmachen, dass er als Sammelbezeichnung nur negatorische Elemente beinhaltete. Die fortschrittsfeindlichen Gehalte (Antiparlamentarismus, Antiliberalismus, Antipluralismus) werden zum Ventil für bestimmte Gruppen, die durch Modernisierungskrisen verunsichert sind. Bonns Hinweis auf den Ku-Klux-Klan zeigt an dieser Stelle, dass er den irrationalistischen Charakter faschistischer Ideologien durchaus ernst nimmt und den Faschismus nicht lediglich als autoritäre Regierungstechnik begreift, sondern als Konglomerat aus radikalnationalistischen und rassistischen Weltanschauungen. So hinterließ die Mobilisierungskraft des Ulster-Nationalismus einen derart starken Eindruck bei Bonn, dass er in seiner Analyse des internationalen Faschismus immer wieder auf Irland respektive Nordirland zurückkam, um in der »Freiwilligenbewegung Ulsters vom Jahre 1912 [...] das Urbild des Fascismus in ganz Europa« zu erkennen.[83]

Bonn machte sich keine Illusionen über den »gewalttätigen Gemeinschaftsbegriff«, der dem Faschismus zugrunde lag: »Der Faschismus erstrebt bewusst eine Volksgemeinschaft der Gleichgesinnten. Er hat weitgehendes Verständnis für die Tyrannei der primitiven Demokratie gegen stammesfremde Bestandteile, die vertrieben oder wesensgleich gemacht werden müssen.«[84] In diesem Vorgang war die antiliberale Aneignung des Demokratiebegriffs beobachtbar; sie wird von Bonn nicht vorgeführt, um in schmittianischer Manier Demokratie und Liberalismus voneinander zu trennen, sondern um auf die Gefahren dieser Auseinanderentwicklung aufmerksam zu machen. »Die Minderheit«, so legte Bonn die faschistische Strategie offen, »wird also ganz organisch zur Mehrheit werden, die störende Elemente unterdrückt oder einschmilzt und eine wahrhaft nationale Demokratie darstellt.«[85] Die Selbstprivilegierung einer Minderheit, einhergehend mit der Unterdrückung der Mehrheit oder der zumindest durch Auffassungsunterschiede oder sonstiges Anderssein abweichenden Minderheiten, identifizierte Bonn als Wesenszug des Faschismus, dem er die liberale Ver-

83 Bonn, *Die Krisis der europäischen Demokratie*, S. 51.

84 Bonn, »Schlußwort«, S. 145.

85 Ebenda, S. 145.

teidigung eines »sozialen Pluralismus«, der Minderheiten schütze und Toleranz fordere, entgegensetzte.

»Wo der Liberalismus Gesetz und Freiheit verlangt, fordert der Faschismus Willkür und Gewalt«, pointierte Bonn seine unverrückbare Position. Die Gewalt drückte sich einerseits im Terror und Rechtsbruch aus, wurde andererseits aber auch zu einem kulturellen Bestandteil des Systems. So sah Bonn den entscheidenden Gegensatz zum Parlamentarismus im Militarismus, der zur »politischen Methode« avancierte in einem »System«, »bei dem ein Wollender oder eine Gruppe Wollender den ander[e]n an den Folgen dieser Entscheidung Beteiligten Willensziele und Willenswege vorschreibt«.[86] Dieses System des Regierens operiere mit Befehlen, nicht durch Besprechen und Verhandeln, während es sich gleichzeitig jeder Begründungspflicht und Verantwortlichkeit entledige. »Die militaristische Auffassung geht bewusst von der Vorstellung der unverantwortlichen Regierung aus«, analysierte Bonn und fügte ironisch hinzu: »Der Usurpator, der die Macht an sich gerissen hat, ist nur seinem Gewissen verantwortlich, eine Instanz, die der Berufung meist noch weniger zugänglich ist als die Vorsehung.« Zudem arbeitete Bonn den Aspekt des Klientelismus heraus, denn der Führer blieb auf die unmittelbare Unterstützung seiner Anhänger angewiesen, die »ihm blind ergeben sind, weil sie von ihm leben oder an ihn glauben«.[87]

Anachronistisch blieb aus Bonns Sicht das den Faschismus prägende Leitbild einer »heroisch-militärischen Auffassung« vom Krieger angesichts der unübersehbaren Tatsache, dass das Zeitalter des heroischen Krieges mittlerweile von einer Praxis der industriellen Massenvernichtung abgelöst worden sei. Das militaristische Element wertete er allerdings keinesfalls nur als Staffage. Zum einen erkannte Bonn in der »Organisation einer politischen Miliz zu Regierungszwecken [...] eine der Voraussetzungen dieses Systems«. Zum anderen erwecke »die Anwendung einer militaristischen Theorie auf die eigentliche Politik« den Anschein einer Notwendigkeit, »wenn das Leben der Völker Krisencharakter annimmt und mehr oder minder breite Schichten das Gefühl haben, sich in einer Dauerkrise zu befinden«. Das Bestreben, »das Volk im bürgerli-

86 Ebenda, S. 137.
87 Ebenda, S. 139.

chen Leben wie ein Heer zu organisieren«,[88] folge dabei einer Logik der Gleichschaltung und Uniformierung, die allerdings nicht auf innenpolitische Belange beschränkt sei: »Eine Lehre, die in der inneren Politik militaristisch denkt, kann selbstverständlich nach außen nicht pazifistisch gesinnt sein.«[89] Bonn nahm den Radikalnationalismus des Faschismus durchaus ernst und betrachtete ihn als Bedrohung für eine liberale (von ihm favorisierte) Politik der internationalen Kooperation.

Bonns Theorie des Faschismus beinhaltete überdies die Reflexion seiner Entstehungsbedingungen, die er naheliegenderweise mit dem Interesse verband, den faschistischen Erfolg einzudämmen bzw. zu verhindern. Drei Aspekte begünstigten seiner Auffassung nach den Aufstieg des Faschismus: *Erstens* könne sich der Faschismus »nur dort entwickeln, wo in den breiten Massen ein Bedürfnis nach Selbstregierung nicht besteht, sondern wo die Unterordnung unter einen fremden Willen historische Gewohnheit ist, dieses Gehorchen dem Einzelnen die Last der Selbstverantwortlichkeit abnimmt und ihm eine Sicherheit vor dem Sich-entschließenmüssen verleiht, die ihm bei einem selbsttätigen Wollen-müssen fehlt«.[90] Das Fehlen demokratisch-republikanischer und rechtsstaatlicher Traditionen leistet dem Erfolg faschistischer Bewegungen deshalb Vorschub. *Zweitens* wuchsen dem Faschismus aus der Demobilisierungskrise nach dem Ersten Weltkrieg Kräfte aus jenen Gruppen zu, deren durch die Kriegspropaganda und Massenmobilisierung angeheizte Erwartungshaltung enttäuscht wurde und die weiterhin – paradoxerweise – auch nach den schlimmsten Erfahrungen der Schützengräben einer Kriegsromantik anhingen bzw. sich nicht mehr in Alltagsnormalitäten einer Zivilgesellschaft eingliedern wollten. Nach Italien sieht Bonn vor allem Deutschland gefährdet. Dabei ist bemerkenswert, dass er auf die verbreitete Argumentationsfigur, der Faschismus habe eine bolschewistische Revolution verhindert, gar nicht eingeht. Vielmehr hebt der liberale Nationalökonom für Deutschland die rettende Rolle der Sozialdemokratie hervor.[91] *Drittens* schließlich diagnostiziert Bonn die

88 Ebenda, S. 138.

89 Ebenda, S. 146.

90 Ebenda, S. 138.

91 »Nach der Niederlage der deutschen Bolschewisten war das demokratische System, zum mindesten vorübergehend, in Westeuropa gesichert. Die Mehrheit

bis ins Maßlose gesteigerten Ansprüche der Bürger an die Politik, die einem überbordenden Etatismus gekoppelt mit blindem, von Eigenverantwortung entlastendem Staatsvertrauen Vorschub leisten: »Es würde um die Politik viel besser stehen, wenn man sich zu der bescheidenen Erkenntnis durchgerungen hätte, daß Regierungen durchaus imstande sind, ihre Völker totunglücklich [sic] zu machen, daß aber, einerlei, welches ihre Zusammensetzung ist, die Beglückungsmöglichkeiten sehr gering sind. Der Glaube an die unbegrenzten Möglichkeiten des Regierens überhaupt ist die tiefste Ursache für die Kritik an den begrenzten Möglichkeiten der bestehenden Regierungen.«[92] So ist es denn auch für Bonn wenig überraschend, wenn der italienische Faschismus nach seiner etatistischen Wende zum sozial und korporativ durchorganisierten Staat der Bevölkerung in Aussicht stellt, »von der Tätigkeit des Staates absolute wirtschaftliche Sicherheit erwarten zu können«.[93]

Anders als manch anderer Kollege in der Nationalökonomie hatte Bonn nicht das Geringste für die faschistische Anlehnung an die Ideen des Korporatismus oder des Ständestaates übrig. Den wirtschaftspolitischen Dilettantismus des Faschismus kritisierte er heftig und sah darin die rückwärtsgewandte Ideologie eines geschlossenen Handelsstaates, der sich von der Weltwirtschaft abkopple. In Bonns Augen machte Mussolini den untauglichen »Versuch, in die privatwirtschaftliche Welt der Gegenwart einen staatssozialistischen Staat zu stellen, der ständemäßig gegliedert« sei.[94] Bonn musste darin ein Experiment sehen, dass nicht nur gegen

hatte über die Minderheit, Gesetz hatte über Gewalt gesiegt. Das Verdienst hieran gebührt ausschließlich der deutschen Arbeiterklasse. Hätten die organisierten Sozialdemokraten und die deutschen Gewerkschaftler nicht ihre ganze Macht aufgeboten, so hätte der Bolschewismus gesiegt. Die deutsche Arbeiterschaft, und sie allein, hat Europa vor dem Bolschewismus gerettet. Sie hat wenig Unterstützung bei den damals völlig machtlosen bürgerlichen Schichten gefunden.« (Bonn, *Die Krisis der europäischen Demokratie*, S. 78)

92 Moritz Julius Bonn, »Die Krise des Parlamentarismus. Schwierigkeiten der Mehrheitsbildung und das Problem des Minderheitenschutzes«, in: *Neue Freie Presse* (Wien), 3. Januar 1926, S. 2-4, hier S. 2.

93 Moritz Julius Bonn, »Die Zukunft der Demokratie in Europa. Das Problem des Verhältnisses von Mehrheit und Minderheit«, in: *Neue Freie Presse* (Wien), 15. Januar 1929, S. 2.

94 Bonn, »Schlusswort«, S. 147-149. Wenn Bonn den Faschismus in diesem Kontext als »ein sehr interessantes soziales Experiment der Weltgeschichte« bezeichnet, kann dies nur skeptisch-ironisch gemeint sein.

das Freiheits- und Gleichheitspostulat des Liberalismus gerichtet war, sondern auch gegen jede ökonomische Vernunft verstieß. Als Wissenschaftler und öffentlicher Intellektueller, der zugleich Rationalist und Pragmatiker war, sah er seine Aufgabe darin, die Widersprüche des Faschismus und die von ihm ausgehenden Gefahren offenzulegen. Als ironischer Skeptiker wusste er, dass in Zeiten kriseninduzierter ideologischer Überhitzung die Chancen sachlicher Argumentation schwanden. Letztlich zielte Bonns Ernüchterungspragmatismus darauf ab, mit einer klugen und umsichtigen Wirtschaftspolitik (an der er beratend Anteil zu nehmen suchte) eine stabile Konjunktur zu sichern und somit auf Dauer den wirksamsten Schutz gegen den Faschismus aufzubieten. Der Ruf nach der Diktatur bedeutete für Bonn keinesfalls einen Anlass zur Resignation. Fest im Fortschrittsglauben des liberalen Denkens wurzelnd, konnte er die Aufgabe bisweilen auch kämpferisch formulieren: »Der Sieg der Diktatur hätte nur die Folge, dass der Liberalismus die Aufgaben, die er schon einmal gelöst hat, noch einmal lösen müsste. Mussolini und Lenin sind daher nicht die Überwinder des parlamentarischen Liberalismus, sie geben ihm im Gegenteil neue Ziele und neues Leben.«[95]

Im Hinblick auf den Nationalsozialismus setzte sich Bonn späterhin durchaus mit der Macht der Ideologie und mit der Empfänglichkeit depravierter Bevölkerungsschichten für Versprechen auseinander, die irrationalistischen Heilsglauben und Radikalnationalismus mit antikapitalistischen bzw. antibürgerlichen Ressentiments verbanden. Sicherlich wirkte seine Deutung des Nationalsozialismus »als eine im höchsten Grade konjunkturempfindliche politische Erscheinung« in mancherlei Hinsicht allzu funktionalistisch. Doch auch Bonn wusste, dass die nationalsozialistische Bewegung nicht »ausschließlich aus der Konjunktur zu begreifen« ist.[96] Darüber darf man nicht vergessen, dass Bonn den Rassenantisemitismus des Nationalsozialismus ausführlich thematisierte. Er deutete den Nationalsozialismus einerseits als eine Protest- und Jugendbewegung, die vom Furor gegen die bestehenden Verhältnisse getrieben wurde und deren Ablehnung der bürgerlich-kapitalisti-

95 Bonn, »Die Zukunft des deutschen Liberalismus«, S. 263.

96 Moritz Julius Bonn, »Die Psychologie des Nationalsozialismus. Seine Wurzeln und sein Weg« (I und II), in: *Neue Freie Presse* (Wien), 5. April 1931, S. 5-6; 12. April 1931, S. 3-4, hier Teil I, S. 5.

schen Welt angesichts der Fehlleistungen der Vätergeneration eine gewisse Berechtigung besaß; auch in der für eine nationale Radikalisierung anfälligen, wirtschaftlich perspektivlosen Studentenschaft erkannte schon Bonn einen wesentlichen Motor der Bewegung.[97] Andererseits ordnete Bonn den Nationalsozialismus durchaus in einen internationalen Zusammenhang ein und erkannte in ihm das Phänomen einer tieferen Modernisierungskrise. Seine Seitenblicke auf den Ku-Klux-Klan und verwandte rassistische Strömungen dienen ihm dazu, den Nationalsozialismus im Kontext der verschiedenen grassierenden irrationalistischen und biologistischen Ideologeme seiner Zeit einzuordnen. Darüber hinaus hatte sich Bonn mit Hitlers politischem Weltbild auseinandergesetzt und markierte frühzeitig dessen Wiener Herkunftsprägungen, vor allem den populären Antisemitismus, der von Karl Hermann Wolf, Georg von Schönerer und dem Bürgermeister Karl Lueger vertreten worden war.

Auch wenn in Rechnung zu stellen ist, dass Bonn den Nationalsozialismus und seinen politischen Erfolg – aus heutiger Sicht – sehr freihändig und eklektizistisch interpretierte, lässt sich dieser zeitgenössischen Deutung noch einiges abgewinnen. In nuce finden wir bei Bonn die Stationen eines deutschen Sonderwegs – der Feudalismus, eine protestantische Staatsvergottung, der Widerstand gegen das römische Recht, aber auch der Nationalismus des deutschen Liberalismus und die »Deutschtümelei« der Achtundvierziger waren für Bonn Faktoren, die auf das Ideenkonglomerat des Nationalsozialismus wirkten. Mit Hintersinn rekurrierte Bonn auf Heinrich Heine und reproduziert nicht zuletzt dessen ironischen Ton, um die Absurdität nationalsozialistischer Ideologeme vorzuführen: »Die Idee des auserwählten Volkes ist, um in der Sprache der Nationalsozialisten zu reden, eigentlich eine jüdische Erfindung, ebenso wie die Führersehnsucht und die Vorstellung eines Stammesgottes. Die Nationalsozialisten haben nur einen altjüdischen Jehova ins Germanische übersetzt und seinen Bart blond gefärbt.«[98] Bonns mokant vorgetragene These, die »Rassenlehre als

97 Moritz Julius Bonn, »Die Radikalisierung der deutschen Jugend. Die Politisierung der Intellektuellen«, in: *Neue Freie Presse* (Wien), 19. Juni 1932, S. 2. Siehe zu diesem Aspekt Konrad Jarausch, *Deutsche Studenten 1800-1970*, Frankfurt/M. 1984, S. 117-164.

98 Bonn, »Die Psychologie des Nationalsozialismus«, Teil I, S. 6.

Stammbaum der Demokraten« bzw. als Demokratisierung aristokratischer Arroganz zu verstehen, verrät aber auch das Selbstbewusstsein des liberalen Bürgers, der in der Tradition von Tocqueville und Mill zur Massendemokratie und zum Demokratiebegriff insgesamt ein ambivalentes Verhältnis pflegte: Demokratisierung, verstanden als bloßer Ausdruck von Begehrlichkeiten der Masse, ohne institutionelle Vermittlung und Repräsentation, ohne Verbindung zu liberalen Ideen trug stets die Gefahr des geistlosen Konformismus und einer Tyrannei der Mehrheit in sich.

Rechtsliberale Sympathien für den Faschismus? Der Fall Erwin von Beckerath

Die bislang dominante Interpretationslinie hat vor allem die Anfälligkeit der bürgerlichen Mitte – und eben auch ihrer Vordenker – für die Ideologie des Faschismus herausgearbeitet. Es ist symptomatisch, dass in diesem Kontext stets derselbe Kronzeuge bemüht wird, nämlich der Nationalökonom Erwin von Beckerath. Sein Buch über *Wesen und Werden des Faschismus* gilt als Dokument einer kaum verhohlenen Bewunderung rechtsliberaler Kreise für den Faschismus; Carl Schmitt lobte es in einer zeitgenössischen Besprechung überschwänglich, und aufgrund ihres vermeintlichen wissenschaftlichen Wertes wurde Beckeraths Studie sogar noch in bundesrepublikanischen Zeiten nachgedruckt.[99] Seither dient das Werk, das laut Ernst Nolte »ein wegweisender deutscher Beitrag zu der jungen Wissenschaft vom Faschismus« war, als Zeugnis »für die tiefe Hoffnungslosigkeit und die Selbstaufgabe des deutschen Liberalismus am Ausgang der Weimarer Republik« (Petersen).[100] Wolfgang Schieder hat allerdings zu Recht die Frage gestellt, inwiefern der mit Autoritarismus und Antiparlamentarismus liebäugelnde

99 Erwin von Beckerath, *Wesen und Werden des fascistischen Staates*, Berlin 1927 (ND Darmstadt 1979). Vgl. dazu die bekannte Rezension von Carl Schmitt, »Wesen und Werden des faschistischen Staates« (1929), in: ders., *Positionen und Begriffe*, S. 124-130.

100 Nolte, »Vierzig Jahre Theorien über den Faschismus«, S. 48; Petersen, »Der italienische Faschismus aus der Sicht der Weimarer Republik«, S. 219-226, hier 226. Die Bedeutung von Beckeraths Schrift unterstreicht ebenfalls Schulz, *Faschismus – Nationalsozialismus*, S. 34-36.

Beckerath überhaupt als Liberaler klassifizierbar ist. Er sieht – und darin wird man ihm zustimmen – keinen Anlass, Beckerath noch als Liberalkonservativen zu begreifen; für Schieder gehört Beckerath »eindeutig ins Lager der Republikgegner«, denn »sein Interesse am Faschismus entsprang ganz offensichtlich der Erwartung, dass dem ›autoritären Staat‹ in Europa die Zukunft« gehöre.[101]

Sich mit Beckerath als einem Exponenten bürgerlich-liberalen Denkens zu befassen, heißt, eine soziale Einordnung mit einer politischen Haltung zu verwechseln, die nur noch Residuen liberalen Denkens mit sich trägt. Denn es ist kein Geheimnis, dass der Antiliberalismus vor allem im Selbsthass des Bürgertums wurzelte, das seinerseits als Sozialformation nur eine lose Bindung zum Liberalismus besaß. Beckeraths Faschismusanalyse bietet allerdings ein ambivalentes Bild: Einerseits kommt sein virulenter Antiliberalismus und seine Gegnerschaft zur parlamentarischen Demokratie klar zum Ausdruck. Andererseits findet man vielfältige Belege für sein Unbehagen angesichts der faschistischen Gewalt, die er offen als Terror bezeichnet. Hierin mag man zumindest Restbestände rechtsstaatlichen Bewusstseins erkennen – eine gespaltene Haltung, die auch Robert Michels' Apologie des Faschismus bestimmt. Beide Autoren, die sich übrigens kollegial verbunden waren, störten sich nicht an der Beseitigung der parlamentarischen Demokratie und erlagen der Faszination Mussolinis.[102]

Für Beckerath war es »das Charisma des geborenen Führers, welches den Absolutismus Mussolinis legitimiert«.[103] Zwar sparte er die »Nachtseite des neuen Systems« mit der »langen Liste der fascistischen Gewalttaten«, dem »Wahlterror«, der »Vernichtung der Preßfreiheit« und dem Abschied von den »Rechten des Einzelnen«

101 Schieder, »Faschismus für Deutschland. Erwin von Beckerath und das Italien Mussolinis«, in: ders., *Faschistische Diktaturen*, S. 203-221, hier S. 207. Eine eher moderate Bewertung Beckeraths, die sich auf den analytischen Gehalt seiner Faschismusinterpretation konzentriert, nimmt vor: Schulz, *Faschismus – Nationalsozialismus*, S. 34 ff.

102 Michels' Wendung zum Faschismus behandelt ausführlich Genett, *Der Fremde im Kriege*, S. 722 ff. Siehe weiterhin Jens Hacke, »Selbsttäuschung aus Enttäuschung. Robert Michels' Parteiensoziologie auf dem Weg von der Demokratie in den Faschismus«, in: Bluhm/Krause (Hg.), *Robert Michels' Soziologie des Parteiwesens*, S. 114-131.

103 Beckerath, *Wesen und Werden des fascistischen Staates*, S. 111.

nicht aus.[104] Dass Beckerath den Angriff auf die Institutionen des liberalen Rechtsstaates bedauerte, wird man seinem Text jedoch nicht entnehmen können. Für ihn stand die unbedingte »Negation des parlamentarischen Systems« nicht in Frage.[105] Zum einen sei der liberal-demokratische Gedanke in Italien ohnehin nur Fassade gewesen, denn der Faschismus habe lediglich »ein oligarchisches System beseitigt, welches im Namen des Liberalismus und der Demokratie in Italien regierte«, wobei »der demokratisch-liberale Gedanke [...] überdies wenig tief ins Land eingedrungen« sei.[106] Zum anderen begrüßte er als Nationalökonom das »italienische Experiment« vor dem Hintergrund gesamteuropäischer Entwicklungen. Aus Begeisterung für den vom Faschismus propagierten korporativen Gedanken empfand er große Sympathie für den Versuch, »die Suprematie des Staates einer neu organisierten Wirtschaft gegenüber zu festigen«. Damit unternehme man das Wagnis, »das Verteilungsproblem, weil sich aus ihm Interessenkämpfe entwickeln, die politische gefährlich werden können, durch staatliche Instanzen zu lösen«.[107]

Legt man also den Maßstab kernliberaler Überzeugungen wie Bürgerrechtsgarantien, Öffentlichkeit, Parlamentarismus und kapitalistische Marktwirtschaft an, so kann keinerlei Zweifel darüber bestehen, dass Beckerath dem Liberalismus fernsteht – auch hier sind die Parallelen zu Michels deutlich zu erkennen. Allenfalls mit dem Maßstab von Leo Strauss' berühmter Kritik an Carl Schmitt, dem Strauss vorhielt, trotz seines vehementen Antiliberalismus noch in der Ideenwelt des Liberalismus verhaftet zu sein,[108] wird man Beckerath »liberale Inkonsequenzen« vorwerfen können. Wenn Beckerath nämlich die prinzipielle Programmlosigkeit des Faschismus und den flexiblen Opportunismus Mussolinis, dessen Selbstbeschreibung vom »intuitiven Relativismus« er zitiert, erklärt und als Machttechnik verteidigt, so kommt dies einem freiwilligen Verzicht auf übergeordnete Ziele und Werte gleich.[109] Eine solche

104 Ebenda, S. 62, 78, 106, 146.
105 Ebenda, S. 44.
106 Ebenda, S. 85.
107 Ebenda, S. 154.
108 Vgl. Leo Strauss, »Anmerkungen zu Carl Schmitt, Der Begriff des Politischen« (1932), in: ders., *Gesammelte Schriften Bd. 3: Hobbes' politische Wissenschaft und zugehörige Schriften – Briefe*, Stuttgart 2008, 2. Aufl., S. 217-238.
109 Beckerath, *Wesen und Werden des fascistischen Staates*, S. 42 f.

programmatische Unentschiedenheit, die den vielgescholtenen liberalen Relativismus durch einen radikalen Voluntarismus ersetzte, konnte kaum den Absolutheitsansprüchen eines antiliberal-autoritären Denkens genügen. Wie konnte man den faschistischen »Mythus« preisen, wenn dessen Inhalt ohne weiteres auswechselbar war und es einzig darauf ankam, die »Handlungen der Jünger« nach ihrem Führer auszurichten?[110]

Mit Blick auf den gescheiterten Rechtsliberalismus in Italien sah Beckerath schließlich keinen Anlass zur Hoffnung, von liberaler Seite »eines Tages den Fascismus zu absorbieren«.[111] Im etatistischen Sinne befürwortet er die Subordination unter die »Notwendigkeiten des nationalen Staates« und verortet den faschistischen Staat als »typischen Wohlfahrtsstaat« in der Nachfolge des fürstlichen Absolutismus aus dem 18. Jahrhundert.[112] Man muss darin nicht, wie Ernst Nolte, einen Akt der Resignation oder Pessimismus vermuten.[113] Im Gegenteil, insbesondere die letzten Sentenzen des Buches deuten darauf hin, dass Beckerath den Aufstieg des Faschismus aus der Logik historischer Entwicklung zu begreifen suchte und deshalb auf seinen Erfolg setzte: »Wenn, wie anzunehmen, die wirtschaftlichen und politischen Spannungen, unter denen das Europa des 20. Jahrhunderts steht, weiter wachsen, so ist es wahrscheinlich, dass, zugleich mit einer Umformung der politischen Ideologie, der autoritäre Staat innerhalb der abendländischen Kulturgemeinschaft Terrain zurückgewinnt.«[114] Mit dieser Prognose verabschiedet Beckerath die Idee der liberalen Demokratie ohne eine erkennbare Regung des Bedauerns. Gleichwohl ist seine Faschismusanalyse im Bemühen um Objektivität immer noch lehrreich und trägt zu einer schonungslosen Bestandsaufnahme des faschistischen Aufstiegs bei, gerade auch in ihren – avant la lettre – totalitarismustheoretischen Seitenblicken, die trotz (oder vielleicht auch wegen) der normativen Enthaltsamkeit des Verfassers ein scharfes Bild der Lage zeichnen. Mit dem Verzicht auf moralisch-politische Maßstäbe und in seiner Frontstellung gegen humanitär-liberales Gedankengut fügt sich Beckerath in die von

110 Ebenda, S. 43.
111 Ebenda, S. 85 f.
112 Ebenda, S. 151.
113 Nolte, »Vierzig Jahre Theorien über den Faschismus«, S. 49.
114 Beckerath, *Wesen und Werden des fascistischen Staates*, S. 155.

dem Literaturwissenschaftler Helmut Lethen so benannten »Verhaltenslehren der Kälte« ein, die den Zeitgeist antiliberal imprägnierten.[115] Es gibt deshalb, aus den erwähnten Gründen, keinen Anlass, Beckerath dem Lager der Liberalen zuzuordnen. Vielmehr wird die Haltung zum Faschismus selbst zu einem Gradmesser, inwiefern der politische Liberalismus sich noch auf seine elementaren Ideen zu berufen vermochte und bereit war, sie gegen den Angriff von rechts zu verteidigen.

Ludwig von Mises: Faschismus als Antimarxismus

Die Frage der liberalen Verteidigungsbereitschaft beschäftigt vor allem Ludwig von Mises, dessen Liberalismusschrift 1927, also im selben Jahr wie Beckeraths Italienstudie, erscheint. Auch Mises misst dem Aufkommen des Faschismus, dem er ein kurzes, aber vielzitiertes Kapitel einräumt, erhebliche Bedeutung bei und versucht, den liberalen Standpunkt in Relation zu den ideologischen Bewegungen links und rechts neu zu bestimmen.[116] Anders als Beckerath bezieht Mises eine klare Frontstellung gegen den Faschismus, den er aus liberaler Überzeugung bekämpft. Darüber können auch die oft zitierten und aus dem Kontext gerissenen Sentenzen nicht hinwegtäuschen, in denen Mises dem Faschismus das Verdienst zuschreibt, durch sein »Eingreifen für den Augenblick die europäische Gesittung gerettet« zu haben – nämlich gegen die drohende Bolschewisierung. Der Faschismus sei allerdings, stellt Mises klar, nur ein »Notbehelf des Augenblicks; ihn als mehr anzusehen, wäre ein verhängnisvoller Irrtum«.[117]

Die Triumphe des Faschismus sind seiner Analyse zufolge auf »die allgemeine Entrüstung über die Schandtaten der Sozialisten und Kommunisten« zurückzuführen, die ihm im Gegenzug »die

115 Helmut Lethen, *Verhaltenslehren der Kälte. Lebensversuche zwischen den Kriegen*, Frankfurt/M. 1994.

116 Ludwig von Mises, *Liberalismus*, Jena 1927, S. 41-45.

117 Ebenda, S. 45. Das Interpretament eines Liberalismus, dem »der Gedanke der Diktatur und der autoritären Staatsführung [...] durchaus nicht fremd« sei, bzw. die Unterstellung der Nähe zum Faschismus – mit ausdrücklichem Bezug auf Ludwig von Mises – findet sich prominent bei Herbert Marcuse, »Der Kampf gegen den Liberalismus in der totalitären Staatsauffassung«, in: *Zeitschrift für Sozialforschung* 3 (1934), S. 161-195, hier S. 166.

Sympathien weiter Kreise verschafft« hätten.[118] Unabhängig davon, ob Mises in diesem Zusammenhang selbst der faschistischen Propaganda erlag, hielt er doch merkliche Distanz zu Ideologie und Praxis der faschistischen Politik. Seine Argumente blieben im liberalen Denken verwurzelt, da er – wie andere Kritiker des Faschismus auch – Gewalt und Unterdrückung als Kernelemente dieser aufstrebenden politischen Bewegung erkannte. Sein Urteil war klar: »Die gewaltsame Unterdrückung ist immer das Eingeständnis der Unfähigkeit, mit den besseren, weil allein den Enderfolg versprechenden Waffen des Geistes anzutreten. Das ist der Grundfehler, an dem der Faszismus krankt und an dem er schließlich zugrundegehen wird. Der Sieg des Faszismus in einer Reihe von Ländern ist nur eine Episode in der langen Reihe von Kämpfen um das Eigentumsproblem.« Vor diesem Hintergrund erwartete er als »nächste Episode« den »Erfolg des Kommunismus«, dessen Ideologie für ihn die wesentliche Bedrohung der Epoche darstellte.[119] Bemerkenswert bleibt der materialistische Grundzug in Mises' Interpretation, die Horkheimers später berühmt gewordenen Ausspruch – »Wer aber vom Kapitalismus nicht reden will, sollte auch vom Faschismus schweigen« – vorweg-, d. h. vielmehr die frühen sozialistischen Faschismustheorien ernst zu nehmen scheint.[120]

Verglichen mit dem Sozialismus war der Faschismus nach Mises ein ideell unerhebliches Reaktionsphänomen. Es scheint nicht zu weit hergeholt, hier bereits eine Vorform der späterhin Berühmtheit erlangenden These Ernst Noltes vom kausalen Nexus zu erkennen, wie die folgende Passage belegt: »Nur unter dem frischen Eindruck der von den Anhängern der Sowjets verübten Morde und Untaten konnten Deutsche und Italiener die Erinnerung an die überkommenen Schranken des Rechtes und der Moral ausschalten und den Elan zu blutiger Gegenaktion finden. Die Taten der Faszisten und der ihnen entsprechenden anderen Parteien waren Reflex- und Affekthandlungen, hervorgerufen durch die Empörung über die Taten der Bolschewiken und Kommunisten.«[121] Es ist kaum erkenntnisfördernd, über den ideellen Ursprung von Ge-

118 Mises, *Liberalismus*, S. 44.

119 Ebenda, S. 45.

120 Vgl. Max Horkheimer, »Die Juden und Europa«, in: *Zeitschrift für Sozialforschung* 8 (1939), S. 115-137, hier S. 115.

121 Mises, *Liberalismus*, S. 43.

walttaten zu spekulieren, wie Ernst Nolte dies im Hinblick auf die »asiatische Tat« und die Rolle der Gulags getan hat.[122] Nicht von der Hand weisen lässt sich jedoch die Beobachtung, dass die Eskalation der politischen Gewalt nach dem Ersten Weltkrieg in einem sich gegenseitig verschärfenden Wechselverhältnis stand. Ludwig von Mises erkannte eine solche Interdependenz, auch wenn er dies mit der Begriffswahl »Empörung« in einfühlend-suggestiver Weise (d. h. mit der Tendenz zur Rechtfertigung) formulierte. Generell fügt sich diese Interpretation in die Vielzahl der Deutungen ein, die den Faschismus als Antimarxismus begreifen.[123]

Die intellektuelle Geringschätzung des Faschismus führte Mises dazu, entweder auf dessen Mäßigung bzw. Normalisierung zu hoffen oder gar sein Verschwinden aufgrund substantieller Leere zu prognostizieren. Entscheidend war für ihn, dass nur der Liberalismus eine Idee biete, »die man dem Sozialismus wirksam entgegenstellen« könne. Hierin zeigt sich naheliegenderweise eher die Sicht des Ökonomen als die des politischen Theoretikers, denn der Ökonom musste als Verfasser eines Grundlagenwerks über die Gemeinwirtschaft im Sozialismus den Hauptgegner erblicken. Der überzeugte *Laissez-faire*-Liberale wollte den Nachweis erbringen, dass in Wahrheit die vom Sozialismus verheißene Ordnung und Planung der Wirtschaft ins Chaos führe, wohingegen allein der Kapitalismus Innovation, Rationalität, zuverlässige Ermittlung und Deckung des Konsumbedarfs ermögliche.

Auch wenn Mises, der die Stichhaltigkeit der politischen und ökonomischen Idee zum Bewertungsmaßstab einer Ideologie machte, rückblickend die Gefahr des Faschismus nicht sehen konnte, so blieb er, anders als andere Nationalökonomen (z. B. Beckerath, Müller-Armack u. a.) doch gegen den Faschismus immun, aus politischen wie aus wirtschaftlichen Gründen. Seine unbedingte Verteidigung des marktliberalen Standpunktes, aber auch der untrennbaren Verbindung von parlamentarischer Demokratie und Kapitalismus prägte Friedrich August von Hayek, dessen *Road to Serfdom* (1944) freilich unter dem Rubrum des Kollektivismus Sozialismus und Faschismus/Nationalsozialismus als zwei Seiten

122 Am nachhaltigsten und dann kontrovers zum Auftakt des Historikerstreits.

123 So bekanntlich Ernst Nolte, *Der Faschismus in seiner Epoche. Action française – Italienischer Faschismus – Nationalsozialismus*, München 1995, 9. Aufl., S. 61, 515 (u. ö.).

derselben Medaille behandelte.[124] Auch dieser Perspektivwechsel – unter Beibehaltung der eigenen liberalen Prämissen – signalisiert die Varianz der Einschätzungen, die Liberale im Hinblick auf den Faschismus vornahmen. Es wäre jedoch allzu bequem, diese aus einem intellektuellen Überlegenheitsgefühl resultierende geistige Disqualifikation des Faschismus einseitig mit dem Vorwurf der Unterschätzung zu belegen. Trotz der durch den Nationalsozialismus ausgelösten Katastrophe erwies sich zumindest die Voraussage als richtig, dass der Faschismus als Stückwerk-Ideologie Episode bleiben sollte, denn er verschwand nach 1945 von der Bildfläche. Allein die liberale Prämisse, dass sich in der Politik als einem freien Wettbewerb der Ideen über kurz oder lang Rationalität und Vernunft durchsetzen müsse, ließ sich kaum mehr mit Überzeugung halten.

Staatsrechtliche Perspektiven: Gerhard Leibholz und Hermann Heller

Einen wesentlichen Anteil an der Diskussion und Rezeption des Faschismus hatten die Staatsrechtler, die versuchten, den Bewegungscharakter des Faschismus, seine vielfachen Kursschwenks sowie seine institutionelle Machtbefestigung systematisch zu erfassen. Eine der frühesten staatsrechtlichen Betrachtungen legte der erst 27-jährige Gerhard Leibholz vor, der bereits 1929 einen Lehrstuhl in Greifswald erhalten hatte und 1931 mit nicht einmal 30 Jahren nach Göttingen wechselte. Seine politische Haltung kann allenfalls als »auffällig uneindeutig« oder »ambivalent« bezeichnet werden, weil sich antiliberale Überzeugungen mit z. T. scharfsichtiger rationaler Analyse mischten.[125] Leibholz' Ambivalenzen, die

124 Friedrich August Hayek, *The Road to Serfdom*, London 1944.

125 Siehe dazu John Philipp Thurn, »Ambivalenzen in der Beobachtung. Gerhard Leibholz und das Verfassungsrecht des italienischen Faschismus«, in: Anna-Bettina Kaiser (Hg.), *Der Parteienstaat. Zum Staatsverständnis von Gerhard Leibholz*, Baden-Baden 2013, S. 73-85; ebenfalls die innere Gespaltenheit und die Schwankungen »zwischen einer mehr autokratischen und einer modernen demokratischen Staatssicht« betonend: Manfred Wiegandt, »Zwischen antiliberalen und demokratischen Vorstellungen – Gerhard Leibholz in der Weimarer Republik«, in: Gusy (Hg.), *Demokratisches Denken in der Weimarer Republik*,

sich im Schwanken zwischen Rechtsstaat und individueller Freiheit einerseits sowie der Sehnsucht nach politischer Integration und Einheit andererseits manifestieren, sind exemplarisch für einen Denker, der in vielerlei Hinsicht als typischer Exponent der »antiliberalen Bewegung« seiner Zeit erscheint.[126] Zu den »Problemen des fascistischen Verfassungsrechts« (Leibholz) zählten vor allem dessen Unrechtscharakter und der Umstand, dass die staatlichen Umwälzungen nur unzureichend mit juristischen Kategorien zu fassen waren. Voluntarismus und Aktivismus führten laut Leibholz dazu, dass sich der Faschismus »primär in der faktischen und nicht in der normativen Sphäre« bewegte; Rechtsbrüche und Umbauten im Staatsaufbau wurden allenfalls nachträglich notdürftig legalisiert.[127] Leibholz ließ keinen Zweifel daran, daß »der Fascismus in seiner cäsaristisch repräsentativen Gestalt trotz seines plebiszitären Fundamentes nicht eine Demokratie«, sondern eine Diktatur sei. Es fehle ihr das Freiheitselement der Volkssouveränität.[128] Leibholz erkannte auch, dass die residualen Staatsorgane, Parlament und Monarch, nunmehr lediglich »dekorative Bedeutung« hätten,[129] und sah in der »Anwendung von Zwang und Gewalt gegen Andersdenkende« ein konstitutives Merkmal der Diktatur; ihm war klar, dass »ein nicht geringer Teil der Bevölkerung […] den fascistischen Staat nur zwangsmäßig und widerwillig« tolerierte.[130] Allerdings hielt er diesen Umstand bei der verfassungsrechtlichen Beurteilung demokratischer Legitimität für belanglos.

Überhaupt blieben Leibholz' politische Wertungen von antili-

S. 326-364, hier S. 357 f. – Auf Leibholz' Nähe zum Faschismus wies bereits hin: Susanne Benöhr, »Gerhard Leibholz' Parteienstaatslehre im Spiegel des faschistischen Verfassungsrechts«, in: *Quellen und Forschungen aus italienischen Archiven* 81 (2001), S. 504-528.

126 So das abgewogene Urteil von Frieder Günther, »›Eine in jede Richtung veränderte Wirklichkeit‹. Gerhard Leibholz und die antiliberale Bewegung«, in: Anna-Bettina Kaiser (Hg.), *Der Parteienstaat. Zum Staatsverständnis von Gerhard Leibholz*, Baden-Baden 2013, S. 23-42.

127 Leibholz, *Zu den Problemen des fascistischen Verfassungsrechts*, S. 10.

128 Ebenda, S. 23.

129 Ebenda, S. 25. Bei diesem Urteil blieb es. Siehe auch Gerhard Leibholz, *Das Wesen der Repräsentation unter besonderer Berücksichtigung des Repräsentativsystems. Ein Beitrag zur allgemeinen Staat- und Verfassungslehre*, Berlin/Leipzig 1929, S. 190 f.

130 Leibholz, *Zu den Problemen des fascistischen Verfassungsrechts*, S. 37, 39.

beralen Vorbehalten getragen: Er würdigte die Etablierung der PNF (Partito Nazionale Fascista) als klassenübergreifende Volkspartei, erkannte »die tatsächliche und nun auch rechtliche Unifizierung von Staat und Partei« an und betonte den legalen Charakters des Faschismus (»ein typisches rechtsstaatliches Gepräge«). Der Faschismus war für Leibholz eine folgerichtige Reaktion auf Positivismus und Versachlichung. Somit kann es kaum Zweifel daran geben, dass der junge Staatsrechtler vielfache Sympathien für Mussolinis Italien hegte.[131] An der liberalen Moderne missfiel Leibholz, dass eine »weitgehende Entpersönlichung zugleich eine Vernichtung der wichtigsten Lebenskräfte« bewirke.[132] Er kam schließlich zu der abenteuerlichen Deutung, dass der Faschismus die »Befreiung der Individualität von einem universalistischen Historismus transpersonalistisch« wende: »Das allgemeine Streben nach Scheidung, Besonderung, Individualität wird vom Fascismus auf sich selbst, das Ganze projiziert.«[133]

Auch wenn Leibholz den italienischen Faschismus für ein »auf andere Verhältnisse nicht übertragbares Produkt« hielt, ließe sich aus seinem Beispiel – so legte er nahe – Verschiedenes für die Überwindung eines in der Krise befindlichen Liberalismus lernen: eine neue und wirkungsvolle Art der politischen Legitimation, der klassenübergreifenden Integration und der dezisionistischen Überwindung politischen Stillstands. Relativ objektive und sachliche staatsrechtliche Analyse konnte einhergehen mit erkennbarer Faszination, die Leibholz dem faschistischen Erfolg entgegenbrachte. Wie viele andere schien der Staatsrechtler der Überzeugung, dass das Zeitalter der liberalen Demokratie an ein Ende gelangt war und die Herausbildung neuer Regierungsformen quasi-geschichtsphilosophischen Gesetzmäßigkeiten folgte.

Dass Leibholz schwerlich dem liberaldemokratischen Lager zugerechnet werden konnte, belegte auch seine spätere Schrift über die *Auflösung der liberalen Demokratie in Deutschland und das autoritäre Staatsbild*.[134] Es scheint doch zweifelhaft, ob es, wie

131 Ebenda, S. 22, 39 f. Siehe dazu auch Benöhr, »Gerhard Leibholz' Parteienstaatslehre«, S. 505, 519 f.

132 Leibholz, *Zu den Problemen des fascistischen Verfassungsrechts*, S. 40.

133 Ebenda, S. 40.

134 Leibholz, *Die Auflösung der liberalen Demokratie in Deutschland und das autoritäre Staatsbild*. – Zu Leibholz' liberalismuskritischer Haltung siehe auch Franz

Jens Petersen urteilt, »in der Konsequenz« eines »genuin liberalen und prinzipienfesten Denkens« lag, daß Leibholz 1933 »warnend auch in Deutschland den Übergang zum totalitären Staat diagnostizierte«.[135] Als »genuin liberal« und »prinzipienfest« lässt sich Leibholz' Haltung kaum beschreiben, wenngleich er noch an Restbeständen des liberalen Denkens festhält. Die Ambivalenzen seiner Position zeigen sich noch deutlicher im Blick auf seine spätere Lagebeschreibung aus dem März 1933, insbesondere hinsichtlich der Unsicherheit, inwiefern Diktatur und Demokratie noch zu unterscheiden sind. Bei seiner Analyse des faschistischen Verfassungsrechts hatte er, wie bereits erwähnt, daran festgehalten, das Regime Mussolinis in Anlehnung an Carl Schmitt als »Spitzendiktatur mit souveränem Charakter« zu bezeichnen, sich aber zugleich von Schmitts Versuch distanziert, den Gegensatz zwischen Demokratie und Diktatur aufzuheben.[136]

Fünf Jahre später war er sich nicht mehr so sicher: »Die Gegensätzlichkeit von Demokratie und Diktatur ist aber letzten Endes nicht eine unbedingte und absolute. Vielmehr kann sich zum mindesten potentiell auch die Diktatur mit der Demokratie verbinden.« Anders als Schmitt, und dieser Unterschied bleibt hervorzuheben, konnte eine Kombination von demokratischen und diktatorischen Elementen aus Leibholz' Sicht nie dauerhaft sein. »In der Gegenwart« müsse »ein totaler Staat, auch wenn er auf dem Boden der Demokratie erwächst, sich zwangsläufig zu einer Diktatur entwickeln. Denn ein totaler Staat kann sich heute gar nicht konstituieren, ohne daß diffentierende [sic] Minderheitsgruppen und Gegenkräfte physisch oder geistig vernichtet werden.«[137] Spätestens hier konnte sich Leibholz aus seinen begrifflichen Unschärfen nicht mehr befreien. Man mag konzedieren, dass der Text wohl erst in der zweiten Märzhälfte 1933 entstand, als die Lage nach der Reichstagswahl und dem Ermächtigungsgesetz immer noch unübersichtlich

Walter, *Vom Milieu zum Parteienstaat. Lebenswelten, Leitfiguren und Politik im historischen Wandel*, Wiesbaden 2010, S. 225-231.

135 So Petersen, »Der italienische Faschismus aus der Sicht der Weimarer Republik«, S. 238.

136 Leibholz, *Zu den Problemen des fascistischen Verfassungsrechts*, S. 23. – Für Schmitt war die Diktatur »ebensowenig der entscheidende Gegensatz zu Demokratie wie Demokratie der zu Diktatur« (Schmitt, *Die geistesgeschichtliche Lage des heutigen Parlamentarismus*, S. 41).

137 Leibholz, *Die Auflösung der liberalen Demokratie*, S. 77.

und zugleich bereits von politischen Pressionen bestimmt war;[138] Leibholz versteckte vermutlich eigene Auffassungen in optimistisch getönten Prognosen, auch um der drohenden Zensur zu entgehen. So tendierte der Nationalsozialismus aus seiner Sicht zwar einerseits dazu, »mit Hilfe einer souverän diktaturförmig gehandhabten Demokratie den Einparteienstaat zu verwirklichen«.[139] Andererseits hielt er am provisorischen Status der Diktatur fest – und billigte dem Faschismus ebenso wie dem Nationalsozialismus die Intention zu, »ein zwar antiliberales, aber doch demokratisches Staatsbild von total-autoritärer Prägung herzustellen«.[140]

Schließlich hielt Leibholz Faschismus und Bolschewismus – »unbeschadet ihrer inhaltlich wesensmäßigen Gegensätzlichkeit« – »in ihrer grundsätzlichen Tendenz, trotz ihrer jedenfalls ursprünglich antidemokratischen Haltung«, für »demokratiebetont«. Leibholz' Mutmaßungen über künftige Entwicklungen gaben zu erkennen, wie sehr er um eine Entdramatisierung der politischen Situation bemüht war. Eine »radikale Kollektivierung des Individuums und eine Vermassung des Geistes« sei »nicht wahrscheinlich«, auch weil sich »die große individualistische Entwicklung der letzten Jahrhunderte [...] weder politisch noch kulturell auslöschen« ließen.[141] Insofern blieb Leibholz in seinen politischen Anschauungen zwiegespalten: Zum einen beharrte er auf dem Rechsstaatsgedanken, den er nicht auf den Liberalismus beschränken, sondern gleichsam universalisieren wollte.[142] Leibholz sah, dass auch künftige Regierungsformen nicht ohne das Repräsentations-

138 Leibholz datiert sein Vorwort auf den März 1933, erwähnt in einer Fußnote aber noch Hitlers Regierungserklärung nach dem Ermächtigungsgesetz vom 23. März 1933 (ebenda, S. 57, Anm. 145a).

139 Ebenda, S. 78.

140 Ebenda, S. 79. Die Ambivalenzen des Demokratiebegriffs und der Verlust des normativen Maßstabes zeigt sich allerdings in der vorhergehenden Passage, in der Leibholz »die grundsätzliche Tendenz nicht demokratisch unterbauter souveräner Diktaturen in der Gegenwart« als »eine demokratische« [!] bestimmt: »Das Ziel solcher Diktaturen ist die Demokratie, und zwar entweder in der traditionellen Gestalt, bei der sich eine bestimmte Art Liberalismus mit der Demokratie verbindet – so etwa, wenn die parlamentarische Form der Demokratie, weil nicht mehr von der Mehrheit gebilligt, im Namen der Demokratie suspendiert wird und der Diktator die Gestalt des Fichteschen Zwingherrn zur Freiheit annimmt – oder in Form der totalen Demokratie.« (Ebenda, S. 79)

141 Ebenda, S. 72 f.

142 Vgl. ebenda, S. 32 f.

prinzip in der einen oder anderen Form auskommen könnten.[143] Zum anderen reproduzierte er auf der Linie von Schmitts Liberalismuskritik die gängigen antiparlamentarischen Ressentiments, die er in einer Mischung aus situativ-objektivierender Analyse und validierender Niedergangserzählung präsentierte. Das Parlament habe sich nunmehr lediglich »aus einer ursprünglich repräsentativen Körperschaft zu einem plebiszitären Hilfsorgan« entwickelt, das mit seinem Verhältniswahlsystem »im wesentlichen nur noch statistisch-registrierende Funktionen« erfülle und »nicht mehr zur Überwindung der im Volk vorhandenen Gegensätze« führe;[144] die parlamentarische Demokratie und mit ihr der Liberalismus seien »glaubenslos« geworden.[145]

Die Abwesenheit eines totalitarismustheoretischen Deutungsmusters und die Zurückhaltung, die parlamentarische Demokratie gegen die Diktatur in Schutz zu nehmen, rückten Leibholz zu diesem Zeitpunkt näher an Beckerath und Schmitt als an seinen Fachkollegen Hermann Heller. Leibholz ging es kaum noch um die Verteidigung der parlamentarischen Demokratie, sondern um die Deutung des neuen »massendemokratischen Parteienstaates«, zu dessen Phänomenen er eben auch den Faschismus zählte. Indem Leibholz den italienischen Faschisten die »Intention zur Volkspartei« zubilligte, die jeder modernen Partei immanent sei, machte er die Integrationsfähigkeit zum Prüfstein für ihren demokratischen Legitimationsanspruch – die demokratische Binnenstruktur von Parteien wurde für ihn erst nach 1945 relevant.[146] Zwar findet sich in Leibholz' Schriften der Weimarer Republik durchaus der Versuch, eine positive Rollenbeschreibung der Parteien zu entwerfen; auch hielt er eine Parteienvielfalt für geeignet, das Volksganze zu repräsentieren.[147] Von pluralistischen Auffassungen und einer grundsätzlichen Anerkennung des politischen Konflikts als Produktivkraft des Politischen blieb er allerdings weit entfernt. Sein Denken war auf Einheitsstiftung und Integration gerichtet, ganz auf der Linie des von ihm bewunderten Rudolf Smend, dessen Integrationslehre Urheber und Schüler anfällig für philo-

143 Siehe auch Leibholz, *Das Wesen der Repräsentation.*
144 Ebenda, S. 52 f.
145 Ebenda, S. 50.
146 Vgl. Thurn, »Ambivalenzen in der Beobachtung«, S. 82 f.
147 Siehe dazu Benöhr, »Gerhard Leibholz' Parteienstaatslehre«, S. 515-521.

faschistische Neigungen machte, wie man rückwirkend feststellen muss.[148]

Die Beschäftigung mit den italienischen Verhältnissen geschah also in unterschiedlicher gegenwartsdiagnostischer Absicht, schien der Faschismus doch Antworten auf aktuelle Problemlagen zu geben, die auch die deutsche Diskussion beherrschten – die Ablösung des pluralistischen Parteienstaates, die Installation eines Diktators, der das gesellschaftliche Bedürfnis nach Führung befriedigte, die unerbittliche Bekämpfung des Sozialismus, die neue hierarchische »organische« Gliederung der Gesellschaft, die vermeintlich korporative Ordnung der Wirtschaft. Die Zeitgenossen waren Zeugen einer politischen, institutionellen und staatsrechtlichen Transformation von bis dato ungekannter Dimension, und dieser Wandel verlief trotz aller Repression und Unterdrückung des politischen Gegners ohne die Exzesse eines Bürgerkrieges, wie sie in Russland zu beobachten waren. Hier ist nicht der Ort, eine staatsrechtliche Fachdebatte über den Faschismus umfassend zu resümieren. Zu fragen ist vielmehr, welche Konsequenzen ein liberaldemokratisches Denken aus dem Erfolg des Faschismus zog. Oder, um es in den Worten von Hermann Heller auszudrücken: »Wir haben allen Grund, uns die Frage vorzulegen, was der Fascismus dem politisch erkrankten Europa zu sagen hat.«[149]

Hellers Analyse des Faschismus übertrifft in ihrer Tiefenschärfe und Systematik alle übrigen zeitgenössischen Versuche. So sah schon Waldemar Gurian in Hellers Buch »das bei weitem Beste, was gegen den Faschismus geschrieben wurde«.[150] Er bemüht sich nicht nur um eine umfassende theorie- und ideengeschichtliche Herleitung des Faschismus, sondern gibt eine empirisch gesättigte Beschreibung der politischen und gesellschaftlichen Entwicklungen in Italien. Seine Kenntnisse über den italienischen Faschismus waren dabei nicht lediglich angelesen, sondern Hellers Studie beruhte auf den Erfahrungen und Beobachtungen eines halbjährigen

148 Leibholz' enge Verbindung zu Smend stellt heraus Frieder Günther, *Denken vom Staat her. Die bundesdeutsche Staatsrechtslehre zwischen Dezision und Integration 1949-1970*, München 2004, S. 188-191.

149 Heller, »Europa und der Fascismus«, S. 465.

150 Waldemar Gurian, »Der Faschismus«, in: *Das Heilige Feuer* 16 (1929), S. 507-518, hier S. 512.

Italienaufenthalts im Jahr 1928.[151] Ganz im Sinne der von ihm formulierten Fragestellung ging es ihm um mehr als eine Kritik der italienischen Verhältnisse; vor allem wollte er die Selbstbehauptungskräfte der parlamentarischen Ordnung unter den Bedingungen der Massendemokratie eruieren. Wenn der Faschismus auch »die Mängel unseres Staats- und Gesellschaftszustandes in vielen Punkten sehr scharf gesehen« habe, wie er konzediert, so könne Europa »nur von seinen Negationen, kaum etwas von seinen Positionen lernen«.[152]

In der zweiten Auflage seines Buches häuften sich bei Heller überdies die Seitenblicke auf den Nationalsozialismus, dessen Bedrohung für die Weimarer Demokratie zu diesem Zeitpunkt offensichtlich geworden war. Eine kritische Lesart will erkennen, dass Heller die Gefahren des Faschismus einerseits verharmloste, andererseits dessen Dynamik ideell nichts entgegenzusetzen wusste – und dies habe unter anderem, so der Politikwissenschaftler Frank Schale, an der negativen Faszination gelegen, die der Faschismus auf Heller vermeintlich ausübte, und am virulenten Antiliberalismus des Sozialisten Heller, der eine Affinität zu Nationalismus und Diktaturmodellen besessen sowie einen starken Begriff von Souveränität favorisiert habe.[153] Die ideengeschichtliche Forschung zu Heller ließ sich anscheinend nachhaltig durch sein politisches Vokabular irritieren: Volksgemeinschaft, nationaler Sozialismus, Homogenität, Dezision und die vorurteilslose Prüfung der Diktatur, die »wie jede andere politische Organisationsform weder gut noch schlecht« sei.[154] Daraus (wie Hans-Peter Schneider) jedoch abzuleiten, dass Heller den Faschismus nur abgelehnt habe, weil er letztlich kein Konzept zur Krisenüberwindung habe und Scheinlösungen biete, und eine geistige Nähe zum politischen Gegner zu insinuieren, geht völlig an Hellers Intention, an seinem normativen

151 So die Auskunft Hellers in seinem Vorwort, ebenda, S. 465. Vgl. insbesondere die Würdigung Hellers bei Nolte, »Vierzig Jahre Theorien über den Faschismus«, S. 33 f.; Petersen, »Der italienische Faschismus aus der Sicht der Weimarer Republik«, S. 239-248.

152 Ebenda, S. 604.

153 Vgl. Frank Schale, »Hermann Heller und die Weimarer Faschismusdebatte«, in: Marcus Llanque (Hg.), *Souveräne Demokratie und soziale Homogenität. Das politische Denken Hermann Hellers*, Baden-Baden 2010, S. 137-165, hier S. 139, 161 f.

154 Heller, »Europa und der Fascismus«, S. 607.

Anliegen und an seiner ebenso qualifizierten wie scharfen Kritik an der faschistischen Diktatur vorbei.[155] Deshalb soll Hellers Argumentation im Kontext eines liberaldemokratischen Krisendiskurses verortet werden, dem es vor allem um Reform und Stärkung der parlamentarischen Demokratie zu tun war.

Hellers Kernanliegen war die Entwicklung hin zum sozialen Rechtsstaat. »Heller ist Sozialist«, schreibt Wolfgang Schluchter,[156] und so klar sich diese aus dem Bekenntnis des Staatsrechtlers gewonnene politische Selbstverortung anhört, so individuell und erklärungsbedürftig ist Hellers nationaler Sozialismus. Es ist ein Sozialismus, der den Historischen Materialismus, den Internationalismus und den Bolschewismus grundsätzlich ablehnt, gleichzeitig die SPD auf eine realistische Anerkennung von Nation und Staat als entscheidende politische Strukturelemente festlegen möchte. Nebenbei bemerkt ist Hellers Begriffsverwendung häufig okkasionalistisch und aufgrund rhetorischer Erfordernisse unscharf; das zeigt sich sowohl in seiner changierenden Rede vom »sozialistischen« respektive »sozialen Rechtsstaat« wie auch in seiner unklaren Qualifizierung der Diktatur, die er einerseits dichotomisch dem Rechtsstaat gegenüberstellte, andererseits als Verfassungsinstitut zur Überwindung der Krise auch für die parlamentarische Demokratie in Betracht zog.[157] Insofern ist es gerade bei Heller notwendig, die Ideen hinter den Begriffsfassaden aufzuspüren.

Im Folgenden sollen deswegen einige Argumente gesammelt werden, die dafür sprechen, den erklärten Sozialdemokraten Heller

155 Siehe Hans-Peter Schneider, »Positivismus, Nation und Souveränität. Über die Beziehungen zwischen Heller und Radbruch«, in: Christoph Müller/Ilse Staff (Hg.), *Staatslehre in der Weimarer Republik. Hermann Heller zu ehren*, Frankfurt/M. 1985, S. 176-193, hier S. 189 f.

156 Wolfgang Schluchter, »Hermann Heller – ein wissenschaftliches und politisches Portrait«, in: Christoph Müller/Ilse Staff (Hg.), *Staatslehre in der Weimarer Republik. Hermann Heller zu ehren*, Frankfurt/M. 1985, S. 24-42, hier S. 28. – Zugleich fällte Heller, wie Schluchter bereits in seiner Dissertation betonte, »ein differenziertes Urteil über Positivismus und Liberalismus, so daß er in der Lage war, die fruchtbaren Seiten dieser theoretischen und politischen Bewegungen in seinen eigenen Entwurf zu übernehmen«. (Wolfgang Schluchter, *Entscheidung für den sozialen Rechtsstaat. Hermann Heller und die staatstheoretische Diskussion in der Weimarer Republik*, Köln/Berlin 1968, S. 14)

157 Vgl. zu diesem Problem vor allem Groh, *Demokratische Staatsrechtslehrer in der Weimarer Republik*, S. 514-535.

in einen liberalen Diskurs einzugemeinden, und solche Argumente finden sich zahlreich in seiner Faschismusstudie. *Erstens* bewegt sich Heller auf einem völlig anderen Argumentationsniveau als die damals gängigen sozialistischen Faschismustheorien[158] – weder teilt er ihre Fixierung auf die Verbindung von Faschismus und Kapitalismus, noch implementiert Heller vergleichbare teleologische Verlaufsmuster, die den Faschismus als ein historisches Durchgangsstadium begreifen. *Zweitens* blieb Hellers politisches Denken – und hier darf man sich von der zeittypisch abschätzigen Begriffsverwendung des Liberalismus nicht irreleiten lassen – tief in den normativen Grundüberzeugungen verankert, welche konstitutiv für die parlamentarische Demokratie der Weimarer Republik und eben auch für einen modernen Liberalismus waren.

Zwar bleiben »liberale Formaldemokratie«, »autoritärer Liberalismus« und »manchesterlicher Liberalismus« von Heller gern gebrauchte politische Kampfbegriffe. Soweit zu sehen ist, hat Hermann Heller sogar als Erster die ordnungspolitisch-etatistische Variante eines Denkens, das den starken Staat zum Hüter kapitalistischer Wirtschaftsinteressen macht und gleichzeitig den Rückzug aus der Sozialpolitik anstrebt, mit dem effektvollen Oxymoron »autoritärer Liberalismus« bezeichnet. Ungeachtet dessen, dass für die Idee des Liberalismus eigentlich der Kampf gegen staatliche Autorität und für bürgerliche Freiheit konstitutiv war und dass Heller dieses liberale Erbe grundsätzlich zu würdigen wusste, wollte der Staatsrechtler mit dem Paradoxon vom »autoritären Liberalismus« die politischen Entwicklungen während der Regierung von Papen charakterisieren: »Rückzug des autoritären Staates aus der Sozialpolitik, Entstaatlichung der Wirtschaft und diktatorische Verstaatlichung der politisch-geistigen Funktionen«.[159] Die von ihm mit nachvollziehbaren Gründen vorgenommene Ausklammerung des normativen Gehalts liberalen Denkens mag zeitdiagnostisch und aktuell politisch zur Jahreswende 1932/33 eine wichtige Beobachtung und dem Verhalten eines Teils der politischen Elite adäquat gewesen sein. Es spricht für die Persistenz scharfer Liberalismuskritik, dass der Begriff des »autoritären Liberalismus« häufig wiederverwendet worden ist, sowohl im Blick auf Carl Schmitt als auch

158 Vgl. Nolte, »Vierzig Jahre Theorien über den Faschismus«, S. 21 ff., 35 ff.

159 Hermann Heller, »Autoritärer Liberalismus« (1933), in: ders., *Gesammelte Schriften*, Bd. 2, S. 643-653, hier S. 652 f.

auf die Ursprünge des Ordoliberalismus.[160] Verallgemeinert man diesen Befund allerdings für den Liberalismus der Weimarer Jahre, kommt dies einer Entkernung der Substanz gleich. Es kann im Umkehrschluss aber kein Zweifel darüber bestehen, dass Heller die Errungenschaften liberalen Denkens verteidigt und zu bewahren bestrebt war: Parteiendemokratie, Prinzip der Repräsentation, Parlamentarismus, Rechtsstaat, Grund- und Freiheitsrechte.

Versucht man Hellers Position von der rein semantischen Seite zu bestimmen, unterliegt man sehr schnell dem Eindruck, er bewege sich im Rahmen eines antiliberalen Diskurses. Sein von ihm gelegentlich (den zeitgenössischen Gepflogenheiten entsprechend) verwendeter Epochenbegriff des Liberalismus sollte allerdings nicht kurzgeschlossen werden mit einer Ablehnung der elementaren Inhalte des liberalen Denkens. Bereits 1925 gibt er zu bedenken, dass »man die Aufgaben, die ein kraftvoller Neoliberalismus faschistischen und bolschewistischen Knüppelmethoden gegenüber vornehmlich auf kulturpolitischem Gebiet zu erfüllen hätte, sicherlich nicht wird gering einschätzen dürfen«.[161] Auch Hellers engagierte Beiträge für das repräsentative Organ eines intellektuellen Liberalismus, nämlich für die *Neue Rundschau* des S. Fischer-Verlages, in denen er für verantwortliche politische Führung plädiert, für das parlamentarische Repräsentativsystem wirbt und den Bürger gegen den Bourgeois verteidigt, sind durchaus als zutiefst liberal grundierte politische Parteinahmen zu lesen.[162] In der Faschismusschrift selbst konstatiert er, dass der Liberalismus zwar jede politische Werbekraft in der jungen Generation eingebüßt habe, hielt aber eine Auffassung für »höchst mißverständlich«, »welche alle Freiheitsrechte mit manchesterlichem Liberalismus« identifiziere.[163]

Worauf es Heller ankommt, ist – anachronistisch gesprochen – die Entscheidung für einen sozialen und normativ standfesten Liberalismus, der sich einerseits von der Variante eines Liberalismus

160 Vgl. etwa Dieter Haselbach, *Autoritärer Liberalismus und soziale Marktwirtschaft. Gesellschaft und Politik im Ordoliberalismus*. Baden-Baden 1991; Richard Faber, »Autoritärer Liberalismus. Von Thomas Hobbes zu Carl Schmitt«, in: ders. (Hg.), *Liberalismus in Geschichte und Gegenwart*, Würzburg 2000, S. 59-77.

161 Heller, *Die politischen Ideenkreise der Gegenwart*, S. 89.

162 Vgl. Heller, »Genie und Funktionär in der Politik« (1930), ders., »Bürger und Bourgeois« (1932), sowie ders., »Autoritärer Liberalismus« (1933).

163 Heller, »Europa und der Fascismus«, S. 544.

unterscheidet, die er im Blick auf seinen Lieblingsgegner Hans Kelsen als leeren Formalismus, Positivismus und weltfernen Rationalismus brandmarkt, und der andererseits die Übel des Kapitalismus und der sozialen Konflikte überwindet. Das ist der Hintergrund, vor dem Hermann Heller argumentiert – und sein wiederholter Vorwurf gegen einen normativ entleerten Liberalismus, dessen Materialismus eine Orientierungskrise der liberalen Demokratie heraufbeschworen hat, ist stets verbunden mit dem Bestreben, die verschütteten geistigen Ursprünge des Liberalismus wieder zu revitalisieren.

Hellers genaue Analyse des Faschismus, den er aus seinen ideengeschichtlichen Wurzeln, seiner Ideologie und der politischen Praxis verstehen möchte, fokussiert die Neuartigkeit dieses Herrschaftstyps. Dabei ist zu berücksichtigen, dass Heller die Phänomene der faschistischen Diktatur inmitten eines semantischen Wandels zu beschreiben versucht. Sein Gespür für die Entstehungsbedingungen, die Dynamik des Faschismus, die ideologischen Schwenks und die neuartigen Techniken der Herrschaftsabsicherung bzw. des Machtausbaus macht seine Schrift auch heute noch zu einer erhellenden Lektüre. Systematisch interessant ist Hellers Deutung aufgrund einer Reihe von Beobachtungen, mit denen er die Krisensymptome der liberalen Demokratie zu den faschistischen Scheinantworten und Lösungsversprechen in Beziehung setzt. Daraus lassen sich belastbare Befunde gewinnen, die faschismus- und totalitarismustheoretisch relevant sind.

Erstens sieht Heller den Aufstieg des Faschismus begünstigt durch die Tendenz zur Desintegration in der liberalen Demokratie und zur Selbstaufgabe parlamentarischer Befugnisse. Zum einen warnt er vor einem »Exzeß der Freiheit«, der auch vor dem Angriff auf die Verfassungsordnung sowie vor der Verunglimpfung der sie prägenden Überzeugungen nicht haltmache. Er identifiziert hier die Möglichkeit, die Demokratie mit deren eigenen Mitteln zu beseitigen. Der fehlende Schutz der Verfassung und die mangelnde Befestigung eines normativen demokratischen Grundkonsenses ermöglichte es dem Faschismus, »die Demokratie mit der Demokratie zu überwinden, sie immer wieder mit Worten zu bejahen und dem tatsächlichen Inhalt nach zu vernichten«.[164] Zum anderen leis-

164 Heller, »Rechtsstaat oder Diktatur?« (1929), in: ders., *Gesammelte Schriften*, Bd. 2,,S. 443-462, hier S. 457.

tete das Parlament in Krisensituationen seiner eigenen Selbstentmachtung Vorschub, indem es nach und nach »einer immer umfassenderen Ermächtigungs- und Dekretgesetzgebung« zustimmte, damit »schon vor dem Faschismus seine Existenzberechtigung neben der Exekutive in Frage stellte und sein selbstmörderisches Ende vorbereitete«.[165]

Diese Symptomatik ließ sich späterhin genauso in der Endkrise der Weimarer Republik wiedererkennen wie die Strategien faschistischer Machteroberung in vielerlei Hinsicht – *zweitens* – als Praxis einer scheinlegalen Revolution im Nationalsozialismus Nachahmung fanden. »Als Mussolini nach Rom marschierte, war der italienische Rechtsstaat so weit ausgehöhlt, daß der Fascismus sich sogar unter Wahrung des legalen Scheines in ihm wohnlich einrichten konnte«, konstatiert Heller. »Mussolini machte seine Revolution mit der Verfassung gegen die Verfassung« und beruhigte das Bürgertum durch den »Schein der Legalität« und eine symbolisch überfrachtete Fassadenpolitik, indem er weder die Verfassung noch die Monarchie antastete.[166] In diesem Punkt ist auch ein bedeutender Unterschied zum revolutionären Selbstverständnis des Bolschewismus zu markieren; anstelle einer politischen *tabula rasa* und eines Umsturzes der politischen Institutionen verlagerte der Faschismus das revolutionäre Moment auf eine formal schwer einzuholende Gefühlsebene und einen Aktivismus vermeintlich notwendiger Rechtsbeugungen, die einem nie präzisierten höheren Ziel dienten. Heller verabschiedet sich bemerkenswerterweise von einem normativ-westlichen Revolutionsbegriff und billigt dem Faschismus durchaus den Charakter einer Revolution zu, allerdings einer Revolution der Zerstörung: »Das Objekt, gegen das sich die Aktivität der fascistischen Revolution richtete, das, was sie vernichtet hat, ist heute klar: es ist der Rechtsstaat, seine Gewaltenteilung und seine Grundrechtsgarantien.«[167] Recht und Gesetz löste der Faschismus durch eine dezisionistische Gewaltideologie ab, in deren Rahmen der Akt stets der Norm vorausgehe und in deren Zentrum auch nach Mussolinis Selbstaussagen »Aktion und Gefühl« stünden.[168]

165 Heller, »Europa und der Faschismus«, S. 538.
166 Ebenda, S. 528.
167 Ebenda, S. 524.
168 Vgl. ebenda, S. 501.

Wie andere liberale Kritiker verwendet Heller *drittens* einigen Aufwand darauf, die ideologischen Inkonsistenzen und Selbstwidersprüche des Faschismus bloßzustellen. Effektvollerweise konzentriert er sich darauf, die opportunistischen Kurswechsel, die logischen Brüche und die intellektuelle Dürftigkeit der faschistischen Ideologieproduktion (Giovanni Gentile, Mussolini u. a.) herauszuarbeiten, anstatt sofort immanente moralische Kritik zu üben. Ob in seiner ursprünglichen Haltung zur Kirche, zum Staat oder zur kapitalistischen Wirtschaft – auf jedem Gebiet modifizierte der Faschismus seine radikale Feindschaft hin zu einer ausgleichenden Position, und es fällt Heller leicht, diese Kehrtwenden innerhalb weniger Jahre zitatenreich nachzuweisen. Darüber hinaus entlarvt er die Phraseologie des Faschismus, dessen Losungen »Ordnung, Hierarchie, Disziplin« und Opfer lediglich Worthülsen ohne inhaltliche Festlegung markierten.[169] Den der Lebensphilosophie abgewonnen Kult alles Dynamisch-Lebendigen, das der Faschismus dem »Zeitalter einer ertötenden Rationalistik und Mechanistik« entgegensetzt, kritisiert er vom Standpunkt des Humanismus: »Leben und richtiges Leben bleibt aber für uns Menschen, ganz besonders aber für uns durch das Christentum hindurchgegangene Europäer, der Unterschied, auf den so gut wie alles ankommt.«[170] Im Faschismus erkennt er lediglich einen »normfreien Irrationalismus«, der von einer heroisch antibourgeoisen Lebensstimmung getragen werde und auf eine »irrationale Illusion der rational Desillusionierten« hinauslaufe.[171]

Die Unwahrhaftigkeit faschistischer Ideologie veranschaulicht Heller im Blick auf das Trugbild von einem korporativen Staat, dessen Ironie darin bestehe, dass er de facto ohne Korporationen auskommen müsse, und dessen Leistungsbilanz bei sinkenden Löhnen und grassierender Korruption negativ bleibe. Heller charakterisiert den Faschismus (durchaus mit späteren liberalen Deutungen verwandt) als »absolutistischen Wohlfahrtsstaat«.[172] Weiterhin destruiert er den faschistischen Mythos von einer elitentheoretisch grundierten Auslese der Besten. Zum einen werde dies durch die Pfründewirtschaft und Korruption innerhalb der faschistischen

169 Ebenda, S. 556.
170 Ebenda, S. 491.
171 Ebenda, S. 484, 488, 493.
172 Ebenda, S. 568.

Partei konterkariert, zum anderen bleibt das Pathos kriegerischer Bewährung für eine moderne Gesellschaft hohl: »Wie soll aber die Auslese der fascistischen Elite in Zukunft stattfinden? Will Mussolini zu diesem Zwecke periodische Kriege veranstalten?«[173]

Wie andere liberaldemokratische Kritiker des Faschismus erkennt Heller im Faschismus keine grundlegenden Ideen, sondern im Unterschied zu den wertebasierten Ideologien ein neues Phänomen der politischen Massenbewegung, die ihren Herrschaftsanspruch »in einem religiösen Kunstgewerbe, einer Als-Ob-Mythologie und einer geschickten Propagandatechnik« artikuliert. Hellers Urteil ist deswegen vernichtend: »Solange man aber nur Bajonette ohne Ideen besitzt, ist man keine Elite, sondern ein bewaffneter Parteiklüngel.«[174] »Geistesgeschichtlich« sei der Faschismus deshalb »nur zu begreifen als das Ergebnis eines oppositionellen Ressentiments und als eine politische Methode, die ihren Gewaltcharakter im Rutenbeil [sic] symbolisiert, Sinn und Ziel aber von außerhalb empfängt«.[175]

Viertens schließlich arbeitet Heller die wesentlichen Merkmale des Faschismus als einer Diktatur neuen Typs heraus: das Führerprinzip eines »Mussolinismus« und der Dualismus von Partei und Staat etablieren sich als konstitutive Elemente der faschistischen Herrschaft. Die zentrale Bedeutung der Person Mussolinis sieht Heller als Schlüssel zum Verständnis des Faschismus an, dessen Geschichte mit der Biographie des Duce untrennbar verbunden bleibt.[176] Für Heller steht es allerdings außer Frage, dass die angestrebte Integration von Partei und Staat unter der Führung des Duce kein stabiles institutionelles Arrangement zulässt: »Diktatur war, ist und bleibt immer die Staatsform der Anarchie.«[177] Insofern lag es in der Natur des faschistischen Regimes, das auf die Exekutivmacht des Diktators zugeschnitten war, jede institutionelle und rechtliche Festlegung zu vermeiden und die Relikte der alten Ordnungen zumindest als Fassaden fortexistieren zu lassen. Der »Parteistaat«, der eine »Gleichsetzung von Partei und Staat« suggerierte, beförderte in Wahrheit – nicht nur juristisch – eine nicht

173 Ebenda, S. 511. Zum Problem der Korruption vgl. S. 594.

174 Ebenda, S. 604

175 Ebenda, S. 500.

176 Ebenda.

177 Ebenda, S. 606.

mehr zu durchschauende »Verwischung der Grenzen zwischen beiden«. Die Diktatur lasse sich »nicht anders organisieren als dadurch, daß mindestens die obersten Organe der Partei zugleich die obersten Staatsorgane« seien und auf Mussolini als Repräsentanten einer vorgeblichen Einheit angewiesen blieben.[178] Das ungeklärte Nebeneinander von Staats- und Parteiorganen hat nicht nur eine gegenseitige Überwachung zur Folge, sondern auch ungeklärte Kompetenzen unterhalb der politischen Spitze, denn: »Über Ziel und Wege der fascistischen Politik entscheidet einzig und allein der Duce. [...] An die Stelle der staatlichen Rechtsnorm ist der militärische Befehl getreten.«[179] Es ist nicht überraschend, dass der Linkshegelianer Heller diese improvisierte, die Rechtsordnung suspendierende Eroberung der Staatsmacht kaum mit einem Begriff vom starken Staat in Verbindung bringen konnte. »Als Staatsreligion der formalen Totalintegration des Individuums« bewirke der Faschismus darum »keineswegs eine Stärkung des Staates, sondern das Gegenteil«.[180]

Man kann – wie der Italienhistoriker und Faschismusexperte Jens Petersen – in Hellers Analyse einen Vorgriff auf Ernst Fraenkels These vom »gespaltenen Staat« erkennen; jedenfalls gibt auch Heller genügend Hinweise auf die Entscheidungsmechanismen und das Kompetenzgerangel, das für den improvisierten Charakter faschistischer Politik bezeichnend ist. Seine Studie machte vor allem plausibel, dass der Aufstieg des Faschismus in erster Linie von der Krise eines verunsicherten Parlamentarismus und einer in ihren Wertorientierungen erschütterten liberalen Demokratie profitierte. Die didaktische Pointe Hellers lag in der Verknüpfung des Faschismus mit den in Europa verbreiteten antiliberalen Strömungen. Insofern waren die Seitenblicke auf das politische Denken der Konservativen Revolution und auf den Nationalsozialismus in Deutschland stets vom Impuls getrieben, die Gefahren für die Weimarer Republik in den Blickpunkt zu rücken. Von einer Verharmlosung des Faschismus und der Beschränkung seines Wirkungskreises auf Italien konnte keine Rede sein. Wenn Heller auch die Spezifika der politisch-kulturellen Bedingungen in Italien herausarbeitete, so erkannte er in ihnen doch ein Mus-

178 Ebenda, S. 559.
179 Ebenda, S. 562.
180 Ebenda, S. 606.

ter autoritärer Herrschaft, das zwar nicht direkt übertragbar, aber doch als Zeittendenz variierbar eine Bedrohung für ganz Europa darstellte.

Dabei ist es nicht nur eine Fußnote wert, dass Heller seinen Staatsrechtler-Kollegen Carl Schmitt ins Visier nimmt und dessen politische Vorstellungen im Lager der Faschismussympathisanten und des Antiliberalismus verortet. Mit sicherem Gespür erkennt Heller in Schmitts Kontrastierung von Demokratie und Liberalismus den entscheidenden Kniff, der dessen Verfassungsdenken den normativen Rahmen der Weimarer Verfassung überschreiten lässt. »Daß Schmitt und Mussolini sich höchst persönliche Begriffe von Demokratie bilden, kann vielleicht der Diktatur, bestimmt aber nicht der Wissenschaft förderlich sein«, hält Heller fest und fügt mokant hinzu: »Für den Theoretiker [...] bleibt es immerhin peinlich, wenn er z.B. einerseits den Einparteienstaat des Fascismus demokratisch nennt und auf der anderen Seite erklärt: ›Es gibt keine Demokratie ohne Parteien‹.«[181] Für Heller bestand deshalb lange vor dem Reichsgerichtsprozess um den sogenannten »Preußenschlag« im Oktober 1932, in dem er als Vertreter Preußens dem Verteidiger des Reiches und Parteigänger Papens begegnen sollte, kein Zweifel an Schmitts ablehnender Haltung gegenüber der parlamentarischen Demokratie. Daher kann er die normative Leere, den okkasionellen Dezisionismus und die Anleihen bei einem substanzlosen Demokratiebegriff im Faschismus Mussolinis und bei Schmitt in enger Verwandtschaft analysieren und als Zeitphänomene aufeinander beziehen.[182] Eine Demokratie ohne liberale Werte verdiente deshalb im Faschismus den Namen nicht, da sie nur als Legitimationsbeschaffung verstanden wurde; die nachträgliche Erhebung eines vermeintlichen Volkswillens konnte nur die Fassade einer demokratischen Autorisierung der Diktatur liefern.[183]

Es ist allenfalls ironisch zu verstehen, wenn der Hegel-Exeget

181 Ebenda, S. 541. Heller zitiert an dieser Stelle Schmitt, *Verfassungslehre*, S. 247.

182 Dass Carl Schmitt mit anderen Rechtsintellektuellen in diesem Kontext zu sehen ist, hat auch Stefan Breuer immer wieder betont. Breuer ist darum bemüht, Schmitts Wirken in völkischen und ultranationalistischen Kreisen im Sinne einer gemäßigten Haltung zu verstehen, um ihn zwar nicht zum Retter der Republik, aber zum Realisten mit politischem Augenmaß zu stilisieren. Siehe Stefan Breuer, *Carl Schmitt im Kontext. Intellektuellenpolitik in der Weimarer Republik*, Berlin 2012, insbesondere S. 249.

183 Vgl. Heller, »Rechtsstaat oder Diktatur?«, S. 457.

Heller über die List des Weltgeistes und den geschichtsphilosophischen Sinn des Faschismus spekuliert (ohne freilich die sozialistische Antwort eines spätkapitalistischen Endstadiums geben zu wollen). Entscheidend ist für Heller die Herausforderung, die in der Entstehung und im Erfolg des Faschismus liegt und den Anlass dafür bietet, über die Defizite des Liberalismus und die Versäumnisse des demokratischen Parlamentarismus zu reflektieren. Auch hier wird also die Bekämpfung des Gegners mit Selbstkritik und Verpflichtung zur Selbstverbesserung der liberalen Demokratie gekoppelt, denn der Faschismus habe, gesteht Heller ein, »die Mängel unseres Staats- und Gesellschaftszustandes in vielen Punkten sehr scharf gesehen«.[184] Die Vergegenwärtigung liberaler Werte und Normen gelingt umso effektvoller, je drastischer sich ihre Beseitigung im faschistischen Italien nachweisen lässt. Der Zwang zur »geistig-politischen Selbstaufgabe« der Einzelnen, die Beseitigung der Meinungs- und Pressefreiheit, die Beschneidung bürgerlicher Freiheitsrechte, die Ablösung einer Zivilgesellschaft durch ein allumfassendes Miliz-, Polizei- und Spitzelwesen – dies alles zerstört jede Illusion faschistischer Harmlosigkeit.[185]

Hellers Distanz zur sozialistischen Faschismustheorie wird vor allem in seiner Parteinahme für die Werthaltungen des bürgerlichen Rechtsstaates offenbar. Das hindert ihn nicht, den Faschismus als Verrat des Bürgertums an sich selbst zu begreifen und damit eine generalisierende Ineinssetzung vom Bürgertum als Klasse und Bürgerlichkeit als Verhaltensnorm zu riskieren. Doch auch hier sollte man den Autor vor seiner eigenen semantischen Nachlässigkeit in Schutz nehmen. Spätestens sein Aufsatz »Bürger und Bourgeois« privilegiert gewisse Bürgertugenden – und explizit auch die »bürgerliche Sekurität« – als Zielnormen, die nachdrücklich vom Klassenbegriff des Bürgertums getrennt werden, und bewegt sich im Kontext eines sozialistischen Revisionismus Bernsteinscher Manier, der die Erhebung des Proletariers zum Bürger anstrebt.[186] Die Degeneration des Bürgers zum Bourgeois bzw. seine Reduktion auf die ökonomischen Selbstinteressen unterscheidet Heller scharf vom liberalen Wertekatalog. Besonders deutlich wird dies in seinem unmissverständlichen Lob des parlamentarischen Reprä-

184 Heller, »Europa und der Fascismus«, S. 604.
185 Ebenda, S. 595.
186 Heller, »Bürger und Bourgeois«, S. 639.

sentativsystems: »In jeder, erst recht in einer derart gespaltenen Gesellschaft wie der unsrigen, kann die lebensnotwendige politische Einheit nur durch Repräsentation, d.h. durch eine von den Gegensätzen der koalierten Massen relativ verselbständigte Entscheidungsgewalt der Regierung hergestellt werden. In der Diktatur ist diese Repräsentation eine souveräne, d.h. von den Beherrschten völlig verselbständigte, ihnen mit Gewalt aufgezwungene und von ihnen nicht abberufbare. In der Demokratie ist die repräsentative Stellung und Bestellung der Regierung eine magistratische.« Das Problem, das Heller sieht, besteht in der Unzurechenbarkeit von Führungsverantwortung, in dem defensiven Umgang mit demokratischer Entscheidungsgewalt, die den Mut zur Rechenschaftslegung haben sollte und in der Schwäche des Parlaments, nicht aber im Prinzip der Repräsentation: »Unser Parlamentarismus kennt bisher weder ein volles Mißtrauensvotum, noch eine ausdrückliche Vertrauenserklärung; man begnügt sich mit allerlei Halbheiten, mit beschränkten ›Billigkeitserklärungen‹, Stimmenthaltungen, Koalitionen ohne Koalitionsbindungen usw.«[187]

Hellers Vorstellungen von einer Reform und Verbesserung des politischen Systems in Weimar sind in anderen Kontexten zu diskutieren. Hervorzuheben bleibt aber seine unbedingte Parteinahme für die Weimarer Verfassungsordnung und seine klare Gegenüberstellung von parlamentarischer Demokratie und Diktatur. Jens Petersen hat zu Recht darauf hingewiesen, dass die sozioökonomische Ebene in Hellers Faschismusstudie »nur sporadisch« in den Blick gerät. Weder ist es vor dem Hintergrund seiner Analyse der Autokratie Mussolinis plausibel, wenn er bisweilen die Herrschaft des Kapitals im Faschismus verwirklicht sieht, noch wird deutlich, was er mit der Charakterisierung des Faschismus »als die der kapitalistischen Gesellschaft entsprechende Form der Diktatur« genau meint.[188]

Die marxistisch klingenden Wertungen Hellers wirken in seiner Analyse merkwürdig deplatziert,[189] denn viel eher als die Kategorien der sozialistischen Faschismustheorie findet sich bei ihm das Paradigma einer – avant la lettre – totalitarismustheoretischen

187 Heller, »Genie und Funktionär in der Politik«, S. 618 f.

188 Heller, »Europa und der Faschismus«, S. 585.

189 So auch das Urteil von Petersen, »Der italienische Faschismus aus der Sicht der Weimarer Republik«, S. 247.

Perspektive, die sich auf dem Weg zum sozialen Rechtsstaat aus dem Selbstverständnis einer Position der die republikanische Verfassung verteidigenden Mitte heraus gleichermaßen gegen den Radikalismus rechts und links wendet. Dies wird auch in anderen Arbeiten deutlich. In der bemerkenswert kämpferischen Rede »Freiheit und Form der Verfassung« vor dem deutschen Studentenverband aus dem Jahr 1930 greift er die »ästhetisch-heroischen Revolutionsromantiker links und rechts« scharf an und markiert ihre Gemeinsamkeiten: »Weil beide eine, wenn auch in ihrem Inhalt sehr verschiedene Diktatur anstreben, erklären sie in merkwürdiger Übereinstimmung Gewaltenteilung und Grundrechte der Verfassung für überlebte Vorurteile eines bourgeoisen Rechtsstaats. Ihr Ideal ist die unkontrollierte Gewalt, die hemmungslos, deshalb aber auch willkürlich auf den Staatsbürger einwirken kann, in Gericht und Verwaltung an keine Gesetze gebunden ist und ohne Gesetz und Richter dem Bürger vorschreiben will, was er denken, reden, schreiben und lesen darf. Sie behaupten, Gewaltenteilung und Grundrechte hinderten sie an der radikal gewalttätigen Durchsetzung ihres neuen politischen Formideals.«[190]

Trotz seiner klaren Parteinahme beschränkte sich Heller nicht – und dies unterschied ihn von bürgerlichen Liberalen – auf die Verteidigung des Status quo. Im Bewusstsein der gesellschaftlichen Modernisierungskrisen, die ganz Europa erfasst hatten, wurde das Aufkommen und der Erfolg des Faschismus für ihn zu einem Phänomen, das man erklären musste, wenn man die Unzufriedenheit der Bürger mit der parlamentarischen Demokratie einerseits und das verbreitete Gefühl einer Unregierbarkeit von komplexen pluralistischen Gesellschaften andererseits verstehen wollte. Zwar bot der Faschismus nur Scheinlösungen, aber er hatte jene Probleme und Massenbedürfnisse klar artikuliert, auf welche traditionell liberale Politikentwürfe noch keine zustimmungsfähigen Antworten besaßen: die Sehnsucht nach a) Gemeinschaftsstiftung und nationaler Stärke/Souveränität, nach b) politischer Führung und starker Exekutive sowie nach c) moralischer Orientierung und Sinnstiftung. Hellers eigene, noch zu explizierende Antworten, die im Rahmen der bestehenden Verfassungsordnung zu realisieren waren, lauteten bekanntlich a) das Streben nach zumindest relativer sozi-

190 Heller, »Freiheit und Form in der Verfassung« (1929), in: ders., *Gesammelte Schriften*, Bd. 2, S. 371-377, hier S. 376.

aler Homogenität innerhalb des Nationalstaats, b) die Aufwertung einer allein parlamentarisch verantwortlichen Regierung und c) die Transformation des bürgerlichen Rechtsstaats zum sozialen Rechtsstaat, was (nirgends genauer erläuterte) staatliche Lenkungs- und Interventionsmaßnahmen ins Wirtschaftsleben einschloss.

Aus Hellers Sicht waren es aber nicht allein die ungeklärten inhaltlichen Fragen, die die liberaldemokratischen Kräfte in die Defensive zwangen. Das Beispiel des Faschismus hatte zudem gezeigt, dass »vor allem der Appell an die vom Liberalismus vernachlässigten emotionalen und kämpferischen Kräfte« sowie »der absolute Machtwille der Führer und ihr massenpsychologisches Verständnis für den integrierenden Wert von Marschmusik, Fahnen und Uniformen«, kurz: neue Mobilisierungs- und Propagandaformen, den politischen Erfolg brachten.[191] Auch auf dieser Ebene, so die implizite Folgerung, habe das demokratische Lager nur eine Chance, wenn es den radikalen Kräften kämpferisch auf Augenhöhe begegne und sich nicht allein auf die Macht des besseren Arguments verlasse. Heller verknüpfte also seine Darstellung und Kritik des Faschismus mit einer Defizitanalyse der parlamentarischen Demokratie, wie er sie in der Weimarer Republik vorfand. Es reichte nicht mehr, in der Theorie und im Hinblick auf den normativen Standpunkt recht zu behalten, sondern Heller hielt es für essentiell, mit Mitteln des Verfassungsschutzes, polizeilicher Gewalt und republikanischer Zivilcourage gegen die politischen und intellektuellen Erscheinungsformen des Faschismus vorzugehen. Dabei machte er deutlich, dass die Gefahr des Faschismus sich nur bannen ließ, wenn die bürgerlichen Klassen selbst die Republik zur ihrer politischen Sache erklärten. Als liberaler Sozialdemokrat am rechten Flügel der Partei hatte er ein präzises Sensorium für die Anfälligkeit des nationalen Bürgertums und seiner Intellektuellen, die als Sympathisanten autoritärer Politik zur Destabilisierung der Weimarer Verhältnisse wesentlich beitrugen. Insofern war sich Heller durchaus klar darüber, dass für den Erfolg des Faschismus nicht lediglich eine radikale revolutionäre Minderheit verantwortlich sein könne und dass es nichts nütze, die nationalsozialistische Anhängerschaft als Pöbel zu verunglimpfen. Vielmehr stehe jeder politisch Denkende vor der Entscheidung zwischen Rechtsstaat und Diktatur.

191 Heller, »Europa und der Fascismus«, S. 605.

Liberales Denken und der Faschismus – eine Neubewertung

Aus der Fülle der Stellungnahmen zum Faschismus von liberaler Seite sind in diesem Kapitel nur die markanten und theoretisch bedeutsamen ausgewählt worden. Keineswegs geht es darum, die verschiedenen bürgerlichen Milieus oder deren politische Eliten vom Vorwurf zu entlasten, in vielerlei Hinsicht doch eine sympathetische Haltung gegenüber dem Faschismus vertreten zu haben. Dass sich antiliberale Ressentiments und zunehmend parlamentarismusfeindliche Positionen mit einer Offenheit für faschistische Politik, mit der Sehnsucht nach dem charismatischen Führer und nach gesellschaftlicher, zumeist national definierter Homogenität verbanden, ist vielfach dokumentiert. Weniger bekannt scheint bislang der Umstand, dass es parallel zum Philofaschismus eine analytisch-kritische Rezeption des Faschismus nicht nur auf Seiten der Linken, sondern vor allem unter liberalen Intellektuellen gegeben hat.[192] Die Dringlichkeit, sich intensiv mit dem Faschismus auseinanderzusetzen, war auch dem Umstand geschuldet, dass den liberalen Demokraten die Anfälligkeit des eigenen bürgerlichen Milieus für die Versuchungen des Faschismus sehr bewusst war. Während die Ablehnung des Sozialismus keiner neuen elaborierten Argumentation bedurfte und sich aus einer Perspektive bürgerlicher Besitzstandswahrung von selbst verstand, verlangte die Analyse und Kritik autoritär-korporativistischer Konzeptionen, die sich gleichzeitig antisozialistisch, antiliberal und antiparlamentarisch profilierten, besondere Aufmerksamkeit, weil sie desillusionierten und z. T. depravierten bürgerlichen Kreisen so attraktiv erschienen.

Die bisherigen knappen Ausführungen haben deswegen nur die eine Hälfte der totalitarismustheoretischen Orientierungen auf liberaler Seite beleuchtet, nämlich ausgehend vom Faschismus. Die unmittelbare bolschewistische Revolutionsgefahr schien Anfang der 1920er Jahre für die meisten in Mittel- und Westeuropa gebannt, der Faschismus war das eigentlich Neue; er wurde trotz seiner spezifisch italienischen Entstehungsbedingungen als gesamt-

192 Siehe dazu eine Vorstudie zu diesem Kapitel: Jens Hacke, »›Volksgemeinschaft der Gleichgesinnten‹. Liberale Faschismusanalysen in den 1920er Jahren und die Wurzeln der Totalitarismustheorie«, in: *Mittelweg 36*, 23. Jg. (2014), Heft 4, S. 53-73.

europäisches Phänomen ernst genommen. Einig waren sich die liberalen Kommentatoren im theoretischen Niveauunterschied: Die Überlegenheit der politischen Theorie des Sozialismus wurde auch im Lichte der leninistischen Revolutions- und Machtbehauptungspraxis allgemein anerkannt. Dies führte so weit, dass jemand wie Ludwig von Mises im Sozialismus weiterhin den Hauptgegner sehen wollte. Das sichere Gefühl intellektueller Überlegenheit gegenüber dem Faschismus befeuerte bei Mises noch die idealistische Auffassung, dass »in dem Kampfe der Gewalt mit der Idee [...] immer die Idee« siege.[193] Diese Gewissheit, die Seite der Vernunft zu vertreten und sich deshalb auch durchzusetzen, schwand zusehends. Wenn Liberale die faschistische Ideen- und Programmlosigkeit diagnostizierten, seine inhaltliche Inkohärenz belegten und die illegalen Methoden der Herrschaftsetablierung kritisierten, so waren dies zwar notwendige Wege der Auseinandersetzung. Eine wirksame politische Strategie, wie man dem Faschismus und dem verwandten Nationalsozialismus begegnen könne, ging daraus jedoch noch nicht hervor.

Es war der Soziologe Karl Mannheim, der in seinem klassischen Werk *Ideologie und Utopie* (1929) schon frühzeitig auf die emotiven und mobilisierenden Elemente im Faschismus verwies und sich gar nicht mehr eingehend mit einer vermeintlichen Programmatik beschäftigen wollte.[194] Die gedankliche Geschlossenheit des Faschismus als Ideologie war für ihn weder ein Kriterium für die Auseinandersetzung noch ein Anhaltspunkt, die Entwicklung des Faschismus zu prognostizieren. Er stimmte mit anderen liberalen

193 Mises, *Liberalismus*, S. 44.

194 Es ist erstaunlich, dass die ausführliche Passage über den Faschismus als Ideologie in den Debatten um Faschismus und Faschismustheorie überhaupt keine Spuren hinterlassen hat. Siehe Mannheim, *Ideologie und Utopie*, S. 116-128. Wenn Wilhelm Hofmann in seiner kundigen Einführung Mannheims Analysen zum Faschismus und Nationalsozialismus zu den schwächsten Teilen seines Werkes zählt, bezieht er dies hauptsächlich auf seine Exilschriften und eben auf die Auseinandersetzung mit dem NS. Der erwähnte Abschnitt zum italienischen Faschismus, der die Geschichtslosigkeit und die fehlende utopische Dimension faschistischer Ideologie problematisiert, bleibt unberücksichtigt. Siehe Wilhelm Hofmann, *Karl Mannheim zur Einführung*, Hamburg 1996, S. 161-171. – Zu Mannheims Situierung als liberaler Denker siehe David Kettler/Volker Meja/Nico Stehr, *Politisches Wissen. Studien zu Karl Mannheim*, Frankfurt/M. 1989, S. 12-33.

Beobachtern überein, den Faschismus als »Apotheose der Tat« zu charakterisieren: »Nicht Programme sind wichtig, sondern die unmittelbare Unterwerfung unter den Führer.« Ideen seien für den Faschismus, wie man schon den Äußerungen Mussolinis entnehmen könne, »etwas völlig Sekundäres«.[195] In einer erhellenden Passage begriff er den Faschismus als »aktivistischen Intuitionismus«, der in »Gestalt einer Ideologie putschistischer Gruppen« den geeigneten Moment einer »Transformationsperiode der modernen Gesellschaft« und den damit gebotenen »irrationalen Spielraum« ausnutzte, um die Macht zu erobern.[196] Mannheim machte den Faschismus als Reaktion auf eine blockierte Situation in der modernen Gesellschaft plausibel. Nüchterner und klarer als die meisten konstatierte Mannheim aus soziologischer Perspektive, dass aufstrebende faschistische Eliten, die noch sozial »frei schwebten«, ihren sozialen Ort erst schaffen mussten: »Ihnen kommt es nicht primär auf Umsturz, Umformung oder Erhaltung sozialer Strukturen, sondern auf eine Verdrängung der vorhandenen führenden Eliten durch andere an.«[197] Mannheim wies auf das Gemeinsame zwischen Faschismus und Leninismus insoweit hin, als es sich in beiden Fällen »um den Aktivismus zugreifender Minderheiten« handle.[198] In seiner Analyse variierte Mannheim einen verbreiteten Topos liberaler Selbstkritik, wenn er den Erfolg des politischen Irrationalismus aus dem mangelnden Sensorium des Liberalismus für politische Emotionen und Leidenschaften erklärte. Das liberale Denken habe mit »einem unbeirrbaren Optimismus danach« gestrebt, ein »von Irrationalismen völlig bereinigtes Feld zu gewinnen«, und dabei »emotional gebundenes, wertendes Denken« nicht geduldet.[199]

Mannheims Berücksichtigung des Faschismus als einer von fünf

195 Mannheim, *Ideologie und Utopie*, S. 117, 120.

196 Ebenda, S. 123.

197 Ebenda, S. 124.

198 Ebenda, S. 126f. Erstaunlicherweise spricht Mannheim gegen die chronologische Abfolge davon, »daß auch der Leninismus einen fascistischen Einschlag in sich enthält«. Insgesamt betonte er freilich die Unterschiede zwischen beiden Ideologien, indem er die Utopie des an historischen Gesetzmäßigkeiten orientierten Marxismus dem Mythos des Faschismus gegenüberstellte, der sich von der Geschichte abgewandt habe und jedem evolutionären und utopischen Gedanken fernstehe.

199 Ebenda, S. 107.

modernen Ideologien in seinem Grundlagenwerk signalisierte, dass er die Neuartigkeit dieser politischen Bewegung zu erfassen suchte und in ihr keineswegs nur eine Variation bekannter autoritär-diktatorischer Regierungsformen sah. Insgesamt lässt sich deshalb nicht von einer dominanten Tendenz zur Verharmlosung dieser neuen politischen Phänomene sprechen. Indem sie sich klar vom Faschismus abgrenzten und die parlamentarische Demokratie gegen ihn verteidigten, zeigten liberale Intellektuelle und Journalisten frühzeitig ein waches Sensorium für die Gefahr, die der Faschismus heraufbeschwor. Freilich fehlte in den 1920er Jahren noch die Vorstellungskraft, dass eine dem italienischen Faschismus vergleichbare Strömung in Deutschland Erfolg haben könnte. »Faschistische Methoden sind aber für uns in Deutschland ausgeschlossen, aus mehr als einem Grunde; darum sollten wir einen Edel-Individualismus nicht verlästern, denn er ist die einzige moralisch-politische Kraftquelle, die uns in unserer gegenwärtigen Lage geblieben ist«, befand der Historiker Otto Hintze, als er 1928 klar gegen Rudolf Smends dem Faschismus zuneigende Integrationslehre Stellung bezog.[200] Hintze hatte bereits zwei Jahre zuvor den Liberalismus zur »Forderung des Tages« erklärt. Er sei »Ausdruck deutschen Kultur- und Freiheitsstrebens, im unbeugsamen Widerstand gegen fremde Unterdrückung, aber auch gegen völkischen und kommunistischen Terror«, da in ihm die Hoffnungen auf wirtschaftlichen Wiederaufbau, nationales Selbstvertrauen und auf eine neue Rolle in einer veränderten Staatenwelt gebündelt werden könnten.[201]

Einer liberalen Position lag daran, die unauflösliche Verbindung zwischen Demokratie und Parlamentarismus zu betonen; gegen das geistige und ethnische Homogenitätspostulat stellten Liberale wie Bonn die Idee eines »sozialen Pluralismus«. Sogar angesichts der Staatskrise artikulierte der Staatswissenschaftler Ludwig Bernhard 1931 seine grundsätzliche Unterstützung für den Parlamentarismus und verwarf die zeitgenössisch verbreitete Alternative der faschistischen Diktatur.[202] Bernhard sah es als gefährliche Täuschung an,

200 Otto Hintze, »Rez. Rudolf Smend, Verfassung und Verfassungsrecht« (1929), in: ders., *Soziologie und Geschichte*, S. 232-238, hier S. 238.

201 Otto Hintze, »Liberalismus, Demokratie und auswärtige Politik« (1926), in: ders., *Soziologie und Geschichte*, S. 200-204, hier S. 204.

202 Bernhard war eine schillernde Figur, hatte er doch zum einen in der Polenfrage mit Max Weber die Klingen gekreuzt, weil er die vermeintliche Überlegenheit

»wenn man glaubt, im Faschismus ein ›System‹ gefunden zu haben, welches den Parlamentarismus ersetzen könnte«. Denn: »Ein gut funktionierender Parlamentarismus ist einem gut geleiteten Faschismus vorzuziehen, weil der Parlamentarismus mit geringerem Zwange auskommt und weniger Lebensfreiheit verschlingt als der Faschismus, und ein schlecht funktionierender Parlamentarismus ist nicht annähernd so grauenhaft als ein schlecht geleiteter Faschismus, der die ganze Nation der Willkür eines Menschen oder einer Horde preisgibt.«[203] Bernhard empfahl stattdessen, den Blick

der Polen im »Kampf um den Boden« nicht auf primitive Bedürfnislosigkeit, sondern auf die Effizienz ihres Genossenschaftswesens zurückführte (vgl. dazu auch Radkau, *Max Weber*, S. 130 f., 629). Zum anderen galt er als Vertrauter des rechtsnationalen Medienunternehmers Alfred Hugenberg, dessen Konzerngeschichte er verfasste und im zugehörigen Scherl-Verlag publizierte. Allerdings wäre es zu einfach, diesen Nachkommen einer assimilierten und evangelisch konvertierten jüdischen Familie der politischen Rechten zuzuordnen. Aus seiner Ablehnung des Faschismus und des Nationalsozialismus machte er Anfang der 1930er Jahre keinen Hehl, wenngleich er den Nationalsozialismus als eine nur äußerliche Nachahmung des italienischen Vorbilds deutete; der NS besitze »ein starkes Empfinden für den Wirklichkeitswert des Irrationalen«, und die Unvernunft seines Wirtschaftsprogramms und seiner Rassendoktrin sei viel eindeutiger zu belegen. Bernhard machte ebenfalls klar, dass das »liberalistisch-parlamentarische System« mit dem NS unvereinbar sei, während das Präsidialregime Brünings nach überstandener Staatskrise weiterhin die Rückkehr zur parlamentarischen Demokratie offenhalte (Ludwig Bernhard, »Nationalsozialismus«, in: *Krisis. Ein politisches Manifest*, hg. von Oscar Müller, Weimar 1932, S. 209-216).

203 Ludwig Bernhard, *Der Staatsgedanke des Faschismus*. Berlin 1931, S. 42. In seiner instruktiven Kritik des faschistischen Systems finden sich die bekannten liberalen Argumente, um die Scheinwirklichkeit des italienischen Faschismus zu dekonstruieren: Der Korporativismus sei »nur dem Anschein nach ein berufsständischer Aufbau«, in der Realität aber »eine polizeiliche Konstruktion, welche zur völligen Beherrschung der Massen berufliche Gruppenbildungen« benutze; der Faschismus sei weit davon entfernt, ein »in sich selbst ruhendes Staatssystem« zu sein, sondern lässt sich nur als »ein geschickt geformtes Instrument der einfachen Diktatur« verstehen (Ebenda, S. 42). Bernhard modifizierte damit seine anfänglich durchaus von Faszination und Bewunderung geprägte Sicht auf Mussolini, die noch seine erste gut informierte Analyse von 1924 prägte. Allerdings hatte er schon damals den Vorbehalt geäußert, dass sich der Wert einer Diktatur erst erweise, wenn die Diktatur beendet sei: »Solange der Staat auf den Schultern eines einzigen Mannes ruht, muß man fürchten, daß der Sturz des Mannes den Staat in eine Katastrophe reiße.« (Ludwig Bernhard, *Das System Mussolini*, Berlin 1924, S. 132). – Zu Bernhards Analyse des Faschismus vgl. bereits Schulz, *Faschismus – Nationalsozialismus*, S. 52-55.

auf die Demokratien der angelsächsischen Welt zu richten, deren Parlamentarismus Modi der Selbstbeschränkungen kenne, um die Exekutive in Krisenzeiten zu stärken, ohne dafür gleich den Ausnahmezustand und die Diktatur ausrufen zu müssen.

Es ist bemerkenswert, dass Bernhard das gesicherte Funktionieren des Repräsentativsystems an eine pragmatische Einschränkung parlamentarischer Kompetenzen band, d. h. im englischen Premierminister sowie im amerikanischen Präsidenten jeweils eine institutionalisierte »Position« sah, »in der neben den mächtigen Kollektivorganen der Demokratie ein einzelner Mann kraftvoll wirken« könne. Darin erkannte er praktizierte Gewaltenteilung und versuchte so, die zeitgenössische Diskussion um Diktatur und starke Führung zu entschärfen, indem er persönliche Führung als inhärentes Element der alten Demokratien auffasste. Deshalb wandte er sich gegen die Alternative zwischen Parlamentarismus oder Diktatur und stellte stattdessen die Weisheit der gemischten Verfassungen heraus: »Was man heute Krise des Parlamentarismus nennt, ist die halb empfundene, halb begriffene Notwendigkeit, der Teilung der Gewalten von neuem Aufmerksamkeit zuzuwenden.« Die derzeitige politische Lage erforderte, »daß eine Teilung der demokratischen Gewalt anerkannt werde, welche neben das kollektive Machtorgan eine persönliche Macht setzt«.[204] Offen ließ Bernhard, ob mit diesem Befund eine Verfassungsreform nötig sei, aber jedem Leser musste klar sein, dass das Dilemma des politischen Systems der Weimarer Republik darin bestand, keine Entscheidung getroffen zu haben, welches personale Gegengewicht den Parlamentarismus ausbalancieren sollte – der Reichspräsident oder der Reichskanzler, oder unter erschwerten Bedingungen: die Abhängigkeit des Reichskanzlers vom Reichspräsidenten.

Jenseits aller operativen Zugeständnisse und realpolitischer Erwägungen, die die Überlegungen jener bewegten, die sich dem Liberalismus zurechneten, berührte es den Kern des liberalen Politikverständnisses, wenn die normativen Grundlagen der liberalen Demokratie angegriffen wurden. Ein wacher Beobachter von Mussolinis Aufstieg, Harry Graf Kessler, der sich zugleich mit den fragilen politischen Verhältnissen der Weimarer Republik auseinandersetzte, sah im Marsch auf Rom sofort »ein geschichtliches

204 Bernhard, *Der Staatsgedanke des Faschismus*, S. 44.

Ereignis, das nicht bloß für Italien, sondern auch für ganz Europa unabsehbare Folgen haben kann. Der erste Zug der Gegenrevolution.« Damit komme »ganz offen eine antidemokratische, imperialistische Regierungsform wieder zur Macht«, konstatierte Kessler bereits am 29. Oktober 1922 und deutete zum frühestmöglichen Zeitpunkt eine Perspektive an, die auf die Ähnlichkeit und den Vergleich links- und rechtsrevolutionärer Regime abhob: »In einem gewissen Sinne kann man Mussolinis Staatsstreich mit dem Lenins im Oktober 1917 vergleichen, natürlich als Gegenbild. Vielleicht leitet er eine Periode neuer europäischer Wirren und Kriege ein.«[205]

Dies wird deutlich auch mit Blick auf andere bedeutende Intellektuelle, die die Belange der liberalen Demokratie – wie Thomas Mann – gegen eine »mit finsteren Brauen vollzogene Wendung zur Diktatur und zum Terror« verteidigen wollten. Für Mann stand außer Frage, daß im »Fascismus Italiens [...] das genaue Gegenstück zum russischen Bolschewismus« zu erkennen sei. Der Humanitätsfeindlichkeit, dem Nationalismus und der Gewalt stellt er in seiner Rede »Deutschland und die Demokratie« aus dem Februar 1925 die Werte des Westens – Demokratie, Parlamentarismus, Humanismus und Kosmopolitismus – gegenüber.[206] Bereits 1923 hatte der zur Republik konvertierte Schriftsteller in Russland und Italien gleichermaßen die Auswirkungen einer »Stimmung der Rückschlägigkeit und der Antihumanität« ausgemacht – »und die diktatorisch-terroristische Tendenz eben ist es, was diese Weltbewegung als Ganzes kennzeichnet«.[207] Ebenso ließ sich Helmuth Plessners Essay über die »Grenzen der Gemeinschaft« in seiner Kritik am sozialen Radikalismus als eine der ersten liberalen Positionsbestimmungen begreifen, die von einem Standpunkt der Mitte und der modernen zivilisatorischen Vernunft die ideologischen politischen Extreme links und rechts auf ihre Strukturähnlichkeiten hin prüfte, um im utopischen Überschuss die Wurzel der Gewaltrechtfertigung auszumachen. »Mit der Wirklichkeit rechnen heißt mit dem Teufel

205 Kessler, *Tagebücher 1918-1937*, S. 343.

206 Thomas Mann, »Deutschland und die Demokratie. Die Notwendigkeit der Verständigung mit dem Westen« (1925), in: ders., *Essays Bd. 2: Für das neue Deutschland 1919-1925*, hg. von Hermann Kurzke und Stephan Stachorski, Frankfurt/M. 1993, S. 243-252, hier S. 244.

207 Mann, »Geist und Wesen der deutschen Republik«, S. 222.

rechnen«, wusste Plessner[208] – und man wird ihm wie auch Thomas Mann, Moritz Julius Bonn, Fritz Schotthöfer oder Hermann Heller nicht vorhalten können, dass sie die Gefahr von »Diktatur und Terror« für »Freiheit und Menschlichkeit« (Th. Mann) gering veranschlagten.[209]

Auch für jene Liberale, die wie Richard Nikolaus Graf Coudenhove-Kalergi der Utopie eines geeinten Paneuropas anhingen, war der Vergleich der neuen Diktaturen in Russland und Italien eine naheliegende und wirklichkeitsaufschließende Operation, erst recht nachdem sich Stalin an der Macht etabliert hatte. »Kein Regierungssystem des Abendlandes ist dem Stalinismus so ähnlich wie der Faschismus«, schrieb Coudenhouve-Kalergi im Jahr 1931. Zu den Gemeinsamkeiten zählte er »die unumschränkte Herrschaft einer Partei, einer Oligarchie, eines Mannes«, die »Unabhängigkeit von der öffentlichen Meinung«, ihr »pyramidenförmiger Aufbau«, ihr »Gewaltprinzip« und ihre »Polizeiherrschaft«. »Der wesentliche Unterschied zwischen diesen beiden Systemen« liege »nicht in der Politik, sondern in der Wirtschaft«, befand Coudenhove-Kalergi und ließ die zeittypische semantische Verwirrung erkennen, wenn er den »Sowjetismus« als »einen Faschismus höheren Grades« zu beschreiben suchte. Es sei »ein Zeichen politischer Beschränktheit, in diesen beiden Staatsformen extreme Gegensätze zu sehen, statt verwandter Tendenzen«. Die Passage, die in Coudenhove-Kalergis Broschüre *Stalin & Co.* von »Stalinismus und Faschismus« handelt, offeriert noch einmal die Frontstellung eines zivilisatorischen Liberalismus gegenüber den neuen Autokratien. Typischerweise beschwor hier ein Liberaler die Kultur des Abendlandes, und im Kontext des klassischen Kulturgedankens avancierte nun der Stalinismus zur »Ultra-Reaktion«, »weil der italienische Untertan immer noch ein freier Mann ist, verglichen mit dem russischen«.[210]

Die analoge Betrachtung von Faschismus und Bolschewismus war natürlich kein Privileg von Liberalen, sondern in der zeitdiagnostischen Publizistik weit verbreitet, vor allem unter denjenigen,

208 Plessner, *Grenzen der Gemeinschaft*, S. 126.

209 Siehe Mann, »Geist und Wesen der deutschen Republik«, S. 222.

210 R. N. Coudenhouve-Kalergi, *Stalin & Co.*, Leipzig/Wien 1931, S. 13 f. – Joachim Radkau bezeichnet dieses kämpferische Pamphlet, das zur Werbung für die Paneuropa-Union diente, als »eine der hellsichtigsten Publikationen über den Stalinismus« zu jener Zeit. Siehe Radkau, *Theodor Heuss*, S. 150.

die sich für die gemeineuropäischen Krisensymptome der parlamentarischen Demokratie interessierten. Das konnte im Hinblick auf die liberale Ordnung in unterstützend-konstruktiver Absicht geschehen, aber natürlich auch – wie im Fall Carl Schmitts – durch antiliberal-destruktive Gründe motiviert sein. Schmitts Schüler, der katholische Publizist und Politikwissenschaftler Waldemar Gurian, der als »Urheber der deutschen Totalitarismustheorie« gilt,[211] liefert den interessanten Fall einer modernitäts- und liberalismuskritischen Position, die trotzdem Distanz zu linken und rechten Ideologien bewahrt. Gurian, dessen wacher Geist ihn davon abhielt, »auf dem Wege der Ablehnung von Bürgertum und Liberalismus zur Bejahung autoritärer oder gar diktatorischer Systeme fortzuschreiten« (H. Hürten),[212] war aber bloß einer der Ersten, der den modernitätskritischen Vergleich zwischen den beiden »Spielarten der Reaktion gegen die moderne Entleerung der Welt von Zwecksetzungen«[213] zum Titelthema (und daher leicht bibliographierbar) machte. »Fascismus und Bolschewismus«, schrieb Gurian 1928, »sollen nicht als italienische oder russische Phänomene, sondern als Erscheinungen europäischer Gegenwart behandelt werden, die manches europäische Rätsel durch die Tatsache lösen, daß sie manchen verborgenen Strömungen und Tendenzen einen extremen und darum erkennbaren Ausdruck geben.«[214] Gurian versuchte, »ihre prinzipielle Struktur zu analysieren«,[215] und arbeitete in seiner Skizze Gemeinsamkeiten und Unterschiede gleichermaßen

211 So Maier, »›Totalitarismus‹ und ›Politische Religionen‹«, S. 122. – Zu Gurians Bedeutung für die Ideenwelt des Kalten Krieges und der Totalitarismustheorie vgl. mittlerweile Udi Greenberg, *The Weimar Century. German Émigrés and the Ideological Foundations of the Cold War*, Princeton/Oxford 2014, S. 120-168. Erstaunlicherweise spielt Gurians früher totalitarismustheoretischer Zugang keine Rolle im Nachruf von Hannah Arendt, »Waldemar Gurian. 1902-1954«, in: dies., *Menschen in finsteren Zeiten*, hg. von Ursula Ludz, München/Zürich 1989, 2. Aufl., S. 310-323.

212 Heinz Hürten, »Modernitätskritik und Totalitarismustheorie im Frühwerk Waldemar Gurians«, in: Alfons Söllner/Ralf Walkenhaus/Karin Wieland (Hg.), *Totalitarismus. Eine Ideengeschichte des 20. Jahrhunderts*, Berlin 1997, S. 25-34, hier S. 27.

213 Waldemar Gurian, »Fascismus und Bolschewismus«, in: *Das Heilige Feuer* 15 (1928), 197-203, hier S. 201.

214 Ebenda, S. 198.

215 Ebenda, S. 197.

heraus. Gurian, der übrigens auch eine der frühen umfangreichen Untersuchungen zum Bolschewismus vorlegte,[216] beschäftigten die Berührungspunkte dieser entgegengesetzten Ideologien in der Wahl ihrer Mittel und Strategien. »Trotz verschiedener Zielsetzungen des nationalstaatlichen durch die jeweilige Eliteminderheit beherrschten Staats- und Gesellschaftsapparates bei Fascismus und Bolschewismus stimmen beide in ihrer Innen- und Wirtschaftspolitik weitgehend überein«, konstatierte er.[217] Sie setzten nämlich auf zentrale Lenkung sowohl der öffentlichen Meinung als auch der Ökonomie, wobei dirigistische Methoden und die Unterdrückung jeder Dissidenz mit pragmatischer Duldung im Einzelfall einhergehen könnten. Der entscheidende Gegensatz von Faschismus und Bolschewismus zur damaligen Welt und zum normativ vorherrschenden Paradigma der »humanitären Demokratie« offenbarte sich für Gurian in ihrer Außenpolitik, denn beide rechneten »mit dem Kriege, dem Aufheber der bisherigen Ordnung, als einem entscheidenden Faktor«: Der Bolschewismus sah im Weltkrieg »die Lokomotive der Weltrevolution«, mit dem Ziel, den Krieg durch den Krieg, der eben zur Weltrevolution führe, abzuschaffen. Demgegenüber blieb der Krieg für den Faschismus eine »wesensnotwendige gegebene Tatsache«, die die Existenz der Nationen und ihren Überlebenskampf bestimmte.[218]

Gurians klare Sicht auf die politischen Gefahren für die »humanitäre Demokratie« bedeutete allerdings (noch) keine Parteinahme für diese. Vielmehr kreidete er dem Liberalismus im gleichen Maße eine Auszehrung transzendentaler Sinn- und Legitimationsstiftung an, wie er Bolschewismus und Faschismus vorwarf, in ihrem Konkretismus und Materialismus ebenso in der modernen Epoche verhaftet zu bleiben, »für welche die Säkularisierung aller über den Menschen und die Menschheit hinausgehenden geistlichen Realitäten charakteristisch ist«. Daher hätten beide, so die Auffassung des Katholiken Gurian, »trotz ihrer Kampfhaltung gegen die moderne Welt nicht die Kraft, sie zu überwinden«.[219] Im Vorwort seiner Studie über den Bolschewismus hatte Gurian bereits über

216 Waldemar Gurian, *Der Bolschewismus. Einführung in Geschichte und Lehre*, Freiburg 1931.

217 Gurian, »Fascismus und Bolschewismus«, S. 200.

218 Ebenda, S. 201 f.

219 Ebenda, S. 203.

die Vergleichbarkeit mit dem Faschismus reflektiert und die verschiedenen »totalen« Staatskonzeptionen umrissen. Zwar besaß der italienische Faschismus gewissermaßen das Urheberrecht auf den Begriff, aber der faschistische Staat, so beobachtete Gurian im Einklang mit der späteren Forschung, sei »lange nicht so total wie der bolschewistische«. Dies ließ sich am Umgang mit Religion und Glaubensfragen festmachen, denn das Konkordat mit der katholischen Kirche schien zu belegen, dass der Faschismus »einen Bereich der Religion anerkennt, den inhaltlich zu bestimmen er nicht den Anspruch erhebt«. Demgegenüber übe der Bolschewismus religiöse Toleranz nur aus taktischen und vorübergehenden Zweckmäßigkeitserwägungen, weil er in Wahrheit ein »alles bestimmender, alles erfassender Staat« sein wolle und die »Verwirklichung der totalen Mobilmachung« anstrebe.[220]

Die Haltung zum Faschismus wird zwar nicht allein zum Lackmustest der wahren Gesinnung; sie gibt aber häufig Auskunft darüber, wie liberale Denker die Defensivsituation der parlamentarischen Demokratie verarbeiteten, welche Gründe sie für die Krise sahen und auf welche Weise man dem Gegner standzuhalten hatte. Ein schleichender Verrat liberaler Prinzipien und die Anfälligkeit für den Faschismus innerhalb der bürgerlichen Klassen (um aufgrund der Heterogenität des Bürgertums einmal den Plural zu bemühen) waren zweifellos zeittypische Erscheinungen und lassen sich in ihren fatalen Folgen kaum beschönigen. Daneben gab es aber auch nicht wenige klarsichtige und aufrechte liberale Intellektuelle, die sich vor allem durch eine normative Festigkeit und Prinzipientreue in den wesentlichen Fragen, die die politische Freiheit betreffen, auszeichneten. Indem sie die liberale Demokratie normativ gegen die totalitären Regime behaupteten, fühlten sie sich gleichzeitig aufgefordert, die moralischen und institutionellen Voraussetzungen der krisenbehafteten parlamentarischen Demokratie auf den Prüfstand zu stellen. Neben der Notwendigkeit, offensiv für die Verfassungsordnung einzustehen und sie gegen Verfassungsfeinde zu verteidigen, sahen progressive Liberale der Zwischenkriegszeit vielfältigen Bedarf für Selbstkritik und Reformen, um die Frage sozialer Gerechtigkeit voranzubringen. Nicht zuletzt sind

220 Gurian, *Der Bolschewismus*, S. VII. Mit Bedacht wählte Gurian Ernst Jüngers Formel von der »totalen Mobilmachung«, um die Verwandtschaftsverhältnisse zwischen links und rechts zu verdeutlichen.

der sozialliberale Gedanke des Wohlfahrtsstaates, die Idee breiter politischer Partizipation mit gleichen Bürgerrechten (klassen- und geschlechterübergreifend) sowie die demokratische Einhegung des Kapitalismus eine Erbschaft dieser Epoche, die sich nicht ohne die ideelle Herausforderung neuer Sozialutopien und die gewaltsame Bedrohung durch den politischen Radikalismus verstehen lässt.

IV. Verteidigung der parlamentarischen Ordnung: Nachdenken über die »wehrhafte« Demokratie

Die Ideengeschichte der Demokratie hat (mindestens) mit zwei ganz unterschiedlichen Perzeptionen zu tun. Zum einen ist die Demokratie als Selbstregierung des Volkes seit der griechischen Antike eine von drei kategorialen Regierungsformen (neben der Monarchie und der Aristokratie); und von Beginn an sind ihre Vorzüge und Risiken sowie die Bedingungen für ihre Stabilität wie auch die Ursachen ihrer Gefährdung diskutiert worden, häufig als Theorie einer zyklischen Abfolge verschiedener Verfassungsformen. Zum anderen wurde die Demokratie in der Neuzeit – um mit Reinhart Koselleck zu sprechen – zu einem »universellen Erwartungsbegriff«.[1] Damit ging einher, dass sich das Verständnis von Demokratie immer mehr von seiner verfassungspolitischen Bedeutung löste und sich im Sinne einer »Demokratisierung« des gesamten gesellschaftlichen Lebens zu einem Richtungsbegriff wandelte, der einen tendenziell unabschließbaren Prozess bezeichnete.

Es ist hier nicht der Ort, das komplexe Verhältnis von Demokratie und liberalem Denken – insbesondere in Deutschland – zu diskutieren. Sicherlich dominierten im (Links-)Liberalismus des Kaiserreichs Auffassungen, die in der Tradition der Mischverfassungtheorie Modelle beschränkter und repräsentativer Demokratie favorisierten, während das Schlagwort der Demokratisierung überwiegend von der Sozialdemokratie verwendet wurde. Allerdings gab es spätestens mit Friedrich Naumanns im Jahr 1900 erstmals erschienener Schrift *Demokratie und Kaisertum* auch eine linksliberale Strömung, die über die Forderung nach Demokratisierung eine Annäherung an die Arbeiterbewegung erstrebte und die den Begriff der Demokratisierung uneingeschränkt positiv, d. h. progressiv und modernisierend auffasste.[2]

Ihre Kritik an der konstitutionellen Monarchie artikulierten

1 Reinhart Koselleck, »Demokratie IV.1: Öffnung des geschichtsphilosophischen Horizonts«, in: *Geschichtliche Grundbegriffe. Historisches Lexikon zur politisch-sozialen Sprache in Deutschland*, Bd. 1, Stuttgart 1972, S. 848-853, hier S. 850.

2 Friedrich Naumann, *Demokratie und Kaisertum. Ein Handbuch für innere Politik*, Berlin-Schöneberg 1905, 4. Aufl.

Liberale aber überwiegend durch die Forderung nach »Parlamentarisierung«, d. h. nicht nur das Budgetrecht, sondern auch die Kontrolle der Exekutive und später darüber hinausgehend die Regierungsbildung sollten parlamentarische Aufgaben werden. Dies richtete sich gegen die Unverantwortlichkeit des monarchischen Regiments und sollte der besonders von Max Weber eindringlich beschworenen politischen Erziehung des Bürgertums dienen.[3] Für die im folgenden Kapitel ausgebreiteten Debatten um die Stabilität, Bewährungsfähigkeit und schließlich Wehrhaftigkeit der parlamentarischen Demokratie reicht die Feststellung, dass die Reflexion über die Existenzbedingungen der Demokratie schon deswegen nicht sehr ausgeprägt war, weil diese bis zum Ende des Ersten Weltkrieges noch gar nicht in Reichweite schien.[4]

Robert Michels' Soziologie des Parteiwesens: Selbstgefährdungen der Demokratie

Ein interessantes Beispiel für die Problematisierung der Demokratie bot Robert Michels' *Soziologie des Parteiwesens* (1911), insbesondere weil darin die Sozialdemokratie als Partei am normativen Anspruch innerparteilicher Demokratie gemessen wird, ohne dass Michels die sozialdemokratische Binnensicht ausreichend zur politischen Umwelt des Kaiserreichs, das noch weit von demokratischen Zuständen entfernt war, in Beziehung setzte.[5] Obwohl man

3 Siehe vor allem Weber, »Parlament und Regierung im neugeordneten Deutschland« sowie zum allgemeinen Zusammenhang Llanque, *Demokratisches Denken im Krieg*.

4 Am Vorabend des Weltkrieges findet sich bei dem Nationalökonomen und Staatswissenschaftler Wilhelm Hasbach eine zeittypisch skeptische Sicht auf die Demokratie und ihre »Fehler«, die der Autor vor allem in der zur Schrankenlosigkeit neigenden Volksherrschaft, in einer versteckten »Oligarchisierung«, der Dominanz der Parteiinteressen und der vermeintlichen Aufhebung der Gewaltenteilung erkannte. Hasbach plädierte letztlich für den Erhalt der konstitutionellen Monarchie. Vgl. Wilhelm Hasbach, *Die moderne Demokratie. Eine politische Beschreibung*, Jena 1912, v. a. S. 579-607. Hasbach beharrte während der Debatten des Ersten Weltkriegs auf seiner Kritik an der parlamentarischen Demokratie. Vgl. Llanque, *Demokratisches Denken im Krieg*, S. 130-132.

5 Zur weiteren Diskussion vgl. die Beiträge in Harald Bluhm/Skadi Krause (Hg.), *Robert Michels' Soziologie des Parteiwesens. Oligarchien und Eliten – die Kehrseiten moderner Demokratie*, Wiesbaden 2012.

im verfassungsrechtlichen und gesellschaftspolitischen Sinne also noch gar nicht von Demokratie sprechen konnte, sah Michels also »die Demokratie, als Bewegung wie als Gedankenwelt«, bereits »im Zeichen einer Krisis [...], aus der sie nicht heil hervorgehen« könne: »Sie ist auf Hemmungen, auf Barrieren, nicht nur vor sich, sondern in sich gestoßen, die zu überwinden nur bis zu einem gewissen Grade möglich sein dürfte.«[6]

Welche Hemmungen und Barrieren hatte Michels im Sinn? Ihm ging es nicht – wie man meinen könnte – um die schwierige Aufgabe der Sozialdemokratie, das Maß ihrer Wählerzustimmung in tatsächliches politisches Gewicht umzumünzen. Der antiliberale Michels war auch nicht interessiert an formaldemokratischen Prozeduren und hatte kaum Sympathien für einen den gesellschaftlichen Pluralismus organisierenden und auf Kompromiss angelegten Parlamentarismus. Vielmehr beschäftigte ihn das Paradoxon, dass aller parteimäßigen Organisation (und damit der Parteiendemokratie prinzipiell) elitenbildende, ja aristokratische Elemente innewohnten. Trotz ihrer programmatischen Forderung nach Demokratie und sozialer Gerechtigkeit im autoritären Kaiserreich bildete die Sozialdemokratie nach Michels' Lesart ihrerseits einen Staat im Staat aus. Die Parteiführung etablierte sich tendenziell als eine Oligarchie, die sich zunehmend vom Willen der Basis unabhängig machte. Michels erkannte darin einen Mechanismus, dem jede parteimäßige Organisationsstruktur unterliege, um im Zuge einer Bürokratisierung führungs- und damit handlungsfähig zu bleiben. Gerade an der Sozialdemokratie, die als einzige Parteiorganisation im Kaiserreich den modernen demokratischen Ansprüchen einer Volkspartei genügte, ließ sich dieser Befund belegen. Sie wird deshalb zu einem interessanten Untersuchungsobjekt, weil sich an ihr – wider die eigenen Prinzipien – »die oligarchischen Tendenzen in einer antioligarchischen Bewegung« feststellen lassen.[7]

Es ist leicht zu sehen, dass Michels' Demokratieverständnis rousseauistisch eingefärbt war und dass er jede Form der Selbstre-

6 Robert Michels, *Soziologie des Parteiwesens in der modernen Demokratie. Untersuchungen über die oligarchischen Tendenzen des Gruppenlebens*, Leipzig 1911, S. VII.

7 Robert Michels, »Die oligarchischen Tendenzen der Gesellschaft. Ein Beitrag zum Problem der Demokratie« (1908), in: ders., *Masse, Führer, Intellektuelle. Politisch-soziologische Aufsätze 1906-1933*, Frankfurt/M./New York 1987, S. 133-181, hier S. 144.

gierung als direkte Artikulation eines homogenen Volkswillens auffasste. Repräsentation und Delegation – die Grundlagen des Parlamentarismus – blieben Michels verdächtig. Trotzdem ist in ihm kein naiver Vertreter identitärer Demokratie zu sehen, denn er war sich durchaus im Klaren darüber, dass auch demokratische Politik Eliten und Führung benötige. Michels wusste um die »Impotenz der direkten Demokratie«[8] und hatte begriffen, dass Demokratie ohne Organisation »nicht denkbar« war.[9] Aber es entsprach seinem Impetus, die Sinnverkehrung demokratischer Ambitionen vorzuführen und zu einer »Theorie von den Grenzen der Demokratie« beizutragen.[10] Dabei wollte Michels die demokratischen Prinzipien einer scharfen Kritik unterziehen, um die Demokratie selbst in der Konsequenz zu stärken.

Es lag erklärtermaßen in Michels' Absicht, »an einigen allzu leichten und oberflächlichen demokratischen Illusionen zu rütteln, durch welche die Wissenschaft getrübt und die Massen getäuscht werden«.[11] Er hoffte, dass »wenn auch nicht die Heilung, so doch eine gewisse Milderung der oligarchischen Krankheit in dem Prinzip der Demokratie selbst« liege.[12] Seine Vorstellung von Demokratie legte keinen Wert auf Institutionen und blieb emanzipatorisch geprägt: »Erhöhte Bildung bedeutete erhöhte Fähigkeit zur Kontrolle, wie denn schon heute bereits beobachtet werden kann, daß der Führer der Reichen weniger unumschränkte Macht über den Kreis seiner Klassengenossen hat als der Führer der Armen, die ihrem Führer als Masse genommen zumeist in völliger Hilflosigkeit gegenüberstehen, weil ihre geringe formale Bildung sie nicht befähigt, ihn richtig zu werten und die Tragweite seiner Handlungen vorahnend abzuschätzen.«[13] Er sah das »Wesen der Demokratie« darin, »die geistige Fähigkeit zur Kritik und zur Kontrolle im Ein-

8 Michels, *Soziologie des Parteiwesens*, S. 26.

9 Ebenda, S. 21.

10 Robert Michels, *Soziologie des Parteiwesens in der modernen Demokratie. Untersuchungen über die oligarchischen Tendenzen des Gruppenlebens* (1925), Stuttgart 1989, 4. Aufl., S. 130. Dieser Hinweis auf eine »Theorie von den Grenzen der Demokratie« fehlt in der Erstauflage. – Zur Sinnverkehrungsthese siehe Genett, *Der Fremde im Kriege*, S. 411 ff.

11 Michels, *Soziologie des Parteiwesens* (1925), S. 389.

12 Ebenda.

13 Ebenda, S. 390.

zelnen zu stärken und anzuspornen, wenn auch andererseits die Bureaukratisierung ihrer Formen dieser Fähigkeit wieder in hohem Maße Abbruch tut«.[14] Darum empfand Michels die Notwendigkeit, den Geist der Demokratie mit den Mitteln der »sozialen Pädagogik«, also durch Erziehung zur Demokratie im Rahmen politischer Bildungsarbeit, zu stärken. Auch wenn er in erster Linie die Genossen der Sozialdemokratie im Sinn hatte, deren Aufgabe es sein sollte, sich gegen die Verselbständigung ihrer Parteiführung zu einer oligarchischen Elite zur Wehr zu setzen, war in dieser Denkfigur doch zugleich das Idealbild des mündigen, selbständigen Bürgers angelegt, das zur Stabilisierung der Demokratie ganz wesentlich gehörte.

Die aus der Soziologie des Parteiwesens gewonnenen Einsichten über die Demokratie weisen damit in ambivalenter Weise auf die Weimarer Debatte um die Stabilität der Demokratie voraus: Zum einen wirbt Michels aus skeptischer Warte dafür, die Demokratie als etwas Unvollendbares, als »das geringere Übel« anzunehmen. Er steht für ihre Prinzipien ein und verteidigt die Demokratie – jedenfalls als Ideal – im Wissen um ihre immanente Imperfektibilität.[15] Zum anderen kann sich der »Bewegungstheoretiker« (T. Genett) und Rousseauist Michels nicht mit dem Institutionenarrangement der parlamentarischen Parteiendemokratie anfreunden. Das zeigt sich darin, dass er vor allem die Binnenorganisation von Parteien in den Blick nimmt und dazu neigt, die moderne Volkspartei – ob die Sozialdemokratie, die Faschisten oder die Bolschewisten – als Kampfformation zu begreifen; ihr gehe es in erster Linie um Machteroberung. Michels' idealistisch durchsetzter Demokratiebegriff legte in merkwürdiger Verkehrung seines realistischen Ansatzes den Maßstab so hoch an, dass real existierende parlamentarisch-

14 Ebenda.

15 Den Standpunkt des überzeugungsstarken Demokraten pflegt Michels auch nach der Annäherung an den Faschismus, als er in der zweiten Auflage von 1925 weiterhin das Streben nach wahrer Demokratie angesichts der Vergeblichkeit der Anstrengung verteidigt: »Die Aufgabe des Einzelnen wird also die des Schatzgräbers sein müssen, der von seinem sterbenden Vater einen Schatz angezeigt erhielt: der Schatz ist zwar nicht auffindbar, aber die an die Suche nach ihm gesetzte Arbeit des Sohnes machte den Acker fruchtbarer. Die Suche nach der Demokratie wird keine anderen Früchte liefern.« (Robert Michels, *Soziologie des Parteiwesens* (1925), S. 376 f.)

demokratische Verhältnisse späterhin als Demokratie kaum einer Verteidigung wert schienen. Sicherlich war diese ambivalente Haltung – Verteidigung demokratischer Prinzipien, Verdacht gegen die Institutionen des Parlamentarismus – insgesamt typisch für eine sozialistische Auffassung, die sich gegen die »bürgerliche« formale Demokratie im Namen der »wirklichen« sozial(istisch)en Demokratie wandte. Seine Analyse unterschied sich aber ganz wesentlich von der klassischen sozialistischen Position, indem er die Entfremdung und Manipulation des vermeintlichen Volkswillens durch die Notwendigkeit personaler Herrschaft als im Kern unlösbares Problem der Demokratie formuliert. Ironischerweise wird für ihn die demokratische Legitimation des politischen Führers ein Quell der Oligarchisierung und damit quasi-autokratischer und manipulativer Tendenzen, wohingegen die Weimarer Demokratiekritik in breiter Front vornehmlich die Unfähigkeit zur Führung und das Fehlen echter Führungspersönlichkeiten in den politischen Parteien beklagte.

Michels' Diagnose einer Selbstgefährdung der Demokratie beschränkte sich also auf die ihr eingeschriebenen Widersprüche, vor allem auf die Unmöglichkeit, die Utopie der Herrschaftsfreiheit unter den Zwängen von Rationalisierung und Organisation zu verwirklichen. Es ging ihm darum, die Schwächung des demokratischen Gleichheitspostulats unter den Erfordernissen der Machtbehauptung aufzuzeigen. Die Verwirklichung der Demokratie war für den rousseauistisch geprägten Sozialwissenschaftler, der den Parlamentarismus kaum berücksichtigte,[16] schon aus ihren eigenen Prinzipien heraus so unwahrscheinlich, dass er noch nicht einmal auf die Angriffe ihrer Gegner reflektieren musste, um das Scheitern zu imaginieren. Demokratisierung, auch wenn Michels für sie eintrat, war mit der Tendenz zur Sozialdisziplinierung, Bürokratisierung und mit der Genese der Massengesellschaft verbunden. Prinzipiell stimmte Michels mit der Diagnose Max Webers überein. Weber sah »das Entscheidende« in der »Nivellierung der Beherrschten gegenüber der herrschenden, bürokratisch gegliederten

16 Für die Sozialdemokratie sah Michels den Parlamentarismus im Kaiserreich als Abweg von den wahren sozialistischen Zielen an. Vgl. dazu auch Siegfried Weichlein, »Robert Michels' Oligarchiethese und die historische Demokratieforschung«, in: Bluhm/Krause (Hg.), *Robert Michels' Soziologie des Parteiwesens*, S. 23-37, hier S. 34-36.

Gruppe, welche dabei ihrerseits sehr wohl faktisch, oft aber auch formal, eine ganz autokratische Stellung besitzen kann«.[17] Weber und Michels betonten also die Risiken und Nebenwirkungen der Demokratie, während sie gleichzeitig die Entwicklung hin zur Demokratie für unaufhaltsam hielten. Da für sie die Demokratisierung überdies ein integrales Moment des Modernisierungsprozesses war, verschwendeten sie verständlicherweise nicht allzu viele Gedanken daran, inwiefern die späterhin einmal durchgesetzte parlamentarische Demokratie sich gegen ihre Gegner zu wehren hätte.

Parlamentarismus in der Weimarer Republik: Herausforderer und Verteidiger

Zieht man in Betracht, dass die Frage der Bestandsvoraussetzungen der Demokratie unmittelbar mit der für sie konstitutiven Ausbildung einer politischen Kultur verbunden ist, so relativiert sich die Bedeutung von »Vorratsreflexionen« (Heinz Bude) sehr theoretischer Art, die aus dem Kaiserreich stammen. Dies gilt gerade mit Blick auf die auch von Zeitgenossen deutlich empfundene Zäsur der Novemberrevolution 1918, die nicht nur als Eintritt ins demokratische Massenzeitalter wahrgenommen wurde, sondern auch – wie im vorigen Kapitel expliziert – politisch-ideologische Bürgerkriegsfronten ganz neuer Art schuf. Es ist deswegen keine Übertreibung, eine Mehrfachüberforderung zu konstatieren. Folgende Probleme standen gleichzeitig auf der Tagesordnung: a) die Notwendigkeit, in der Tabula-rasa-Situation von Kriegsniederlage und innerem Aufruhr eine demokratische Verfassungsordnung erst einmal zu entwerfen; b) die neue Republik nicht nur mit Legitimität und Dignität zu versehen, sondern mit ihr eine integrationsfähige politische Kultur zu gestalten; c) die parlamentarische repräsentative Demokratie gegen einen bis dato ungekannten politischen Extremismus von links und rechts zu verteidigen – einen Radikalismus, der jeweils für sich die »wahre« Demokratie reklamierte und sich auf Massenbewegungen stützte; d) diese Verteidigung sowohl argumentativ als auch mit Mitteln des entschlossenen

17 Max Weber, *Wirtschaft und Gesellschaft. Grundriss der verstehenden Soziologie.* Studienausgabe, Tübingen 1976, 5. Aufl., S. 568.

Verfassungsschutzes aufzunehmen, und schließlich e) die Demokratie als angemessene Ordnung für eine komplexe arbeitsteilige Industriegesellschaft, in der die wirtschafts- und sozialpolitischen Steuerungsaufgaben des Staates angewachsen waren, zu stärken.

Vor dem Hintergrund der im Folgenden darzustellenden theoretischen Debatten ist zu vergegenwärtigen, dass die Weimarer Demokraten sich dabei nicht auf eine geregelte Austragung politischer Konflikte und nur selten auf die »Kraft des besseren Arguments« verlassen konnten, sondern dass politischer Terrorismus und gewalttätig geführte Auseinandersetzungen von Beginn an die erste deutsche Demokratie überschatteten. Allerdings wäre es in diesem Zusammenhang auch irreführend, die vermeintliche Wehrlosigkeit der Weimarer Republik vorschnell auf defizitäre Bestimmungen zum Verfassungs- und Republikschutz zurückzuführen. Wie Christoph Gusy überzeugend herausarbeitet, hatte »[d]ie aus der Not bürgerkriegsähnlicher Unruhen geborene Verfassung [...] der Notwendigkeit eines Schutzes der demokratischen Republik Rechnung getragen«. Und wenn auch »das politische Ziel der Änderung oder Abschaffung der Demokratie durch die WRV nicht verboten« war, so waren doch die Wege der Änderung »allein auf das Verfahren der demokratischen Entscheidung begrenzt«.[18] Zu konstatieren war allerdings eine »Transformation vom Republikschutz zum Staatsschutz«, worin die strukturellen Defizite einer adäquaten Umsetzung, aber nicht unbedingt die Versäumnisse der Verfassungsschöpfer deutlich wurden: »Je schwächer die politische Mitte und damit die Parteien der Weimarer Koalition, umso schwächer wurde der gesetzliche Republikschutz.«[19] Dass die Weimarer Republik zudem im liberalen bürgerlichen Spektrum und in der Sozialdemokratie überdies einen ansehnlichen Kreis von intel-

18 Christoph Gusy, *Weimar – die wehrlose Republik. Verfassungsschutzrecht und Verfassungsschutz in der Weimarer Republik*, Tübingen 1991, S. 92 f. – Der Politikwissenschaftler Michael Dreyer stützt Gusys These und weist ebenfalls darauf hin, dass die Vorstellung, der Weimarer Republik habe es verfassungsmäßig an Wehrhaftigkeit gefehlt, irrig sei, weil sich nahezu alle Staats- und Verfassungsschutzbestimmungen des Grundgesetzes bereits in der WRV finden lassen. Siehe Michael Dreyer, »Weimar als wehrhafte Demokratie – ein unterschätztes Vorbild«, in: *Die Weimarer Verfassung. Wert und Wirkung für die Demokratie*, hg. von der Friedrich-Ebert-Stiftung, Erfurt 2009, S. 161-190.

19 Gusy, *Weimar – die wehrlose Republik*, S. 218, 367.

lektuellen Unterstützern fand, wird in der neueren Forschung zu Recht betont.[20]

Zur »Krisis der europäischen Demokratie« (M. J. Bonn), die in den 1920er Jahren allenthalben diagnostiziert wurde, gehörte eine Vielzahl von Ursachen, welche oft nur ungenau voneinander geschieden wurden. Die erste, eher oberflächliche zeitgenössische Bestandsaufnahme konstatiert die politische Instabilität insbesondere der jungen, neu installierten parlamentarischen Demokratien. Eine zweite Deutung verband die parlamentarische Demokratie insgesamt mit der Idee des Liberalismus, die als überaltertes Relikt der Vorkriegsepoche galt. Die dritte, analytisch interessanteste Problematisierung fragte nach den wesentlichen Belastungsfaktoren und Bedrohungen für die Demokratie, um neue Rezepte für ihre Konsolidierung zu entwickeln.[21]

Die liberalen Verteidiger der Demokratie machten gegenüber konkurrierenden Konzepten identitärer Demokratie geltend, dass der Parlamentarismus und das Repräsentationsprinzip die Volkssouveränität als nützliche Fiktion behandelten,[22] keinesfalls jedoch als leitendes materiales Prinzip. Hans Kelsen brachte dieses liberale Selbstverständnis in einer Weise, der wohl auch sein Antagonist Hermann Heller zugestimmt hätte, auf den Punkt: »Man kann heute wohl kaum über Demokratie sprechen, ohne das Problem des Parlamentarismus zu berühren. Denn die moderne Demokratie ist eine parlamentarische[,] und der Parlamentarismus scheint mir, wenigstens nach den bisherigen Erfahrungen, die einzig mögliche Form zu sein, in der Demokratie innerhalb der sozialen Welt von heute realisierbar ist. Wenn darum auch Demokratie und Parlamentarismus keineswegs identische Begriffe sind, so empfindet

20 Siehe dazu Gusy, *Demokratisches Denken*; Groh, *Demokratische Staatsrechtslehrer in der Weimarer Republik*; Dreyer, »Weimar als wehrhafte Demokratie«; Müller, *Nach dem Ersten Weltkrieg*.

21 Eine Übersicht gibt Horst Möller, »Parlamentarismus-Diskussion in der Weimarer Republik. Die Frage des ›besonderen‹ Weges zum parlamentarischen Regierungssystem«, in: Manfred Funke u. a. (Hg.), *Demokratie und Diktatur. Geist und Gestalt politischer Herrschaft in Deutschland und Europa*, Bonn 1987, S. 140-157.

22 Die »Fiktion der Volkssouveränität« im Parlamentarismus und ihren politischen Zweck behandelt Kelsen, *Allgemeine Staatslehre* (1925), § 43 C, auszugsweise wiederabgedruckt in: ders., *Verteidigung der Demokratie. Abhandlungen zur Demokratietheorie*, hg. von Matthias Jestaedt und Oliver Lepsius, Tübingen 2006, S. 34-114, siehe hier S. 40-47.

man doch ganz mit Recht, daß die immer stärker werdende Bewegung gegen den Parlamentarismus sich letztlich gegen die Demokratie richtet.«[23]

Dass diese Haltung keineswegs den Common Sense eines »Vernunftrepublikanismus« repräsentiert, wird in der Parlamentarismusskepsis eines Friedrich Meinecke deutlich. Wenn Meinecke für die Demokratie eintrat und sie als Staatsform anerkannte, »in der heute, alles in allem erwogen, das größte Maß an Freiheit möglich ist«, wollte er zwar den »alten Streit« beilegen, »ob es einen wesenhaften Unterschied von Liberalismus und Demokratie gibt«. Meineckes Plädoyer für einen »Liberalismus in der Demokratie« und seine Forderung nach Reformen artikulierte jedoch auch ein Unbehagen an der parlamentarischen Parteiendemokratie und enthielt deutliche Konzessionen an den antiliberalen Zeitgeist: »Es wäre an der Zeit«, schrieb Meinecke 1927, »daß sich eine solche starke liberale Reformbewegung heute entwickelte und der bedenklichsten der demokratischen Konventionen, dem Glauben, daß der reine Parlamentarismus die beste Freiheitsbürgschaft sei, den Krieg erklärte.«[24] Diese Äußerung Meineckes zeigt an, wie vage sein Verständnis von Demokratie – abgesehen vom vielfach geteilten Ressentiment gegen den Parlamentarismus – gewesen ist. So war er in der Lage, gleichzeitig das parlamentarische Regierungssystem abzulehnen, die Parteien zu bejahen und darüber hinaus für eine den Pluralismus überwindende Volksgemeinschaft einzutreten.[25]

Kelsen hingegen hat in seinen Arbeiten der 1920er Jahre die Demokratie theoretisch zu begründen versucht, indem er ihre Angewiesenheit auf das parlamentarische Prinzip vorführte und ihre Funktionsweise gegen mythische Vorstellungen von Volkssouveränität abgrenzte. Er gehörte zu den klügsten und reflektiertesten Verteidigern der Demokratie. Gleichwohl entzündete sich an dem normativ vermeintlich enthaltsamen Relativismus und Positivismus seiner Rechtstheorie ein Streit um die – anachronistisch gesprochen – Wehrhaftigkeit der Demokratie. Kelsen wurde vehement kritisiert, nicht nur von antiliberalen Theoretikern wie Carl Schmitt und Rudolf Smend, sondern auch im Lager der demo-

23 Hans Kelsen, »Demokratie« (1926), in: ders., *Verteidigung der Demokratie*, S. 121 f.

24 Friedrich Meinecke, »Einige Gedanken über Liberalismus«, S. 417.

25 Vgl. dazu auch Bussmann, »Politische Ideologien zwischen Monarchie und Weimarer Republik«, S. 76.

kratischen Republikaner. Hermann Hellers Polemiken gegen Kelsen hatten – neben markanten methodischen Divergenzen – ihren Grund im Streit um die Frage der demokratischen Selbstbehauptung.[26]

Auch die schwelende staatsrechtliche Debatte über den möglichen Gegensatz von Legalität und Legitimität demokratisch-rechtsstaatlicher Entscheidungen, die Kontroverse um den »Hüter der Verfassung« sowie zahlreiche mit der Demokratie verbundene Krisenthemen belegen die Allgegenwart des Streits um das Problem einer fragilen politischen Ordnung. Schon deshalb wäre es irreführend, die Idee einer »wehrhaften Demokratie«, wie dies bisweilen geschieht, allein und rein begrifflich auf Karl Loewensteins respektive Karl Mannheims Überlegungen zu einer »militant democracy« zurückzuführen. Die Politikwissenschaft und die Staatsrechtslehre neigen dazu, die Idee der »streitbaren Demokratie« als ein praxisorientiertes Modell zu behandeln, dessen Erfolg schließlich im Grundgesetz der Bundesrepublik zu besichtigen sei.[27] Die entscheidenden Stichworte, die der Charakterisierung einer »streitbaren Demokratie« dienen, sind dann »wachsam«, »wertgebunden«, »abwehrbereit«; ihre Mittel sind die des Verfassungsschutzes, des Parteienverbots, der Bekämpfung von Verfassungsfeinden und die Festschreibung von Normen durch Unabänderlichkeits- oder

26 Die Literatur zur Auseinandersetzung um Kelsen in der Staatsrechtslehre ist mittlerweile unübersehbar. Vgl. für einen ersten Überblick: Matthias Jestaedt (Hg.), *Hans Kelsen und die deutsche Staatsrechtslehre. Stationen eines wechselvollen Verhältnisses*, Tübingen 2013.

27 Vgl. etwa Markus Thiel (Hg.), *Wehrhafte Demokratie: Beiträge über die Regelungen zum Schutze der freiheitlichen demokratischen Grundordnung*, Tübingen 2003; Andras Sajo (Hg.), *Militant Democracy*, Utrecht 2004; Giovanni Capoccia, »Militant Democracy. The Institutional Bases of Democratic Self-Preservation«, in: *Annual Review of Law and Social Science* 9 (2013), S. 207-226. – Differenzierter, d. h. im Wissen um die weitaus tiefere Dimension des Themas, führen in die Problematik ein: Hella Mandt, »Demokratie und Toleranz – Zum Verfassungsgrundsatz der streitbaren Demokratie« (1977), in: dies., *Politik in der Demokratie. Aufsätze zu ihrer Theorie und Ideengeschichte*, Baden-Baden 1998, S. 29-56; Uwe Backes, *Schutz des Staates. Von der Autokratie zur streitbaren Demokratie*, Opladen 1998; Kathrin Groh, »Zwischen Skylla und Charybdis. Die streitbare Demokratie«, in: Gusy (Hg.), *Weimars lange Schatten*, S. 425-454; Dreyer, »Weimar als wehrhafte Demokratie«; Jan-Werner Müller, »Militant Democracy«, in: Michel Rosenfeld/Andras Sajo (Hg.), *The Oxford Handbook of Comparative Constitutional Law*, Oxford 2012, S. 1253-1269.

Ewigkeitsklauseln. So wichtig dieser praxisbezogene Kontext verfassungspolitischer Maßnahmen ist, so sehr läuft man Gefahr, die politikwissenschaftliche Diskussion auf Anwendungswissen zu reduzieren und damit die demokratietheoretische, normative und politisch-philosophische Debatte um die Selbstbehauptung der Demokratie zu ignorieren. Es war in Zeiten ideologischer Bürgerkriege mindestens ebenso wichtig, gute Gründe und Argumente für die liberale Demokratie zu entwickeln wie über ihre institutionellen Schutzmaßnahmen und über die Abwehr ihrer Feinde nachzudenken.

Loewensteins Mitte der 1930er Jahre entwickeltes Konzept bündelte bereits die Erfahrungen des Scheiterns und des Zusammenbruchs demokratischer Ordnungen in der Zwischenkriegszeit. Seine Zuspitzung im Sinne demokratischer Militanz ließ sich überdies aus der Verschränkung innen- und außenpolitischer Motive erklären, die angesichts des nationalsozialistischen Erfolges, die internationale Ordnung des Versailler Vertrages zu revidieren, sofort plausibel wird. Es wäre eine Überbewertung, wollte man Loewenstein, auf dessen im amerikanischen Exil ausgearbeitetes Konzept noch genauer einzugehen ist, die Urheberschaft einer Idee zusprechen, deren Verfassungsrang im Grundgesetz schließlich manifest wurde. Schon die Genese von Loewensteins Denkfigur lässt sich auf die Krisendebatten in der Endphase der Weimarer Republik zurückführen.

Die wesentlich neue Qualität, die sich im Nachdenken über die Stabilität und die Selbstgefährdung der Demokratie zeigte, lag in der Neuartigkeit der Herausforderung. Die klassische politische Theorie hatte sich vor allem auf die Degenerationserscheinungen und auf die immanenten Risiken demokratischer Entscheidungsfindung konzentriert. Das Abgleiten in eine »Tyrannei der Mehrheit«, der Irrationalismus emotionalisierter Massen, die Erweckung kollektiver Leidenschaften und die Manipulation durch geschickte Demagogen gehörten von jeher zum Repertoire einer Demokratiekritik, die (konstruktiv gewendet) das Moment von Rationalität, Vernunft und Berechenbarkeit einforderte: konstitutionelle Bindung, Gewaltenteilung, Institutionen, verantwortliche Führung, parlamentarische Repräsentation lauteten die Heilmittel, die als Elemente einer gemischten Verfassung gegen das demokratische Dogma wirken sollten. Die europäischen Demokratien der 1920er

Jahre hatten zwar auch mit systemimmanenten Problemen zu tun: die fehlende Integrationskraft des Parlamentarismus, resultierend aus gesellschaftspolitischer Fragmentierung, die Kurzlebigkeit von komplizierten Koalitionsregierungen und die damit verbundene politische Entscheidungs-/Führungsschwäche etc. Neu war jedoch ein politischer Radikalismus, der sich demokratischer Mittel bediente, d. h. durch Wahlen Zustimmung fand, um sich gegen die Verfassungsordnung der parlamentarischen Demokratie selbst zu wenden. Angesichts dieser neuen Bedrohung links- und rechtsideologischer Massenbewegungen, die nach demokratischer Legitimation ihres gegen die parlamentarische Demokratie gerichteten politischen Kurses strebten, stellte sich die entscheidende Frage, wie der Rechtsstaat bzw. wie die liberalen Demokraten diesem Angriff begegnen sollten. Sollten die Leitwerte Freiheit und Toleranz kurzfristig außer Kraft gesetzt werden, um sie langfristig zu bewahren? Mit welchen Mitteln und auf welcher rechtsstaatlichen Grundlage konnte der demokratische Staat gegen seine Feinde vorgehen?

Die Neuartigkeit dieser Problemlage wird offensichtlich, wenn man sich die innerhalb weniger Jahre massiv verschobenen politischen Lager und Parteikonstellationen vor Augen führt. Bis 1918 war der Parlamentarismus im Rahmen der konstitutionellen Monarchie noch das allgemein akzeptierte formale Medium der politischen Auseinandersetzung, aber das Parlament hatte kaum Einfluss auf die Exekutive und war ihr im Wesentlichen gegenübergestellt: Parlamentarisierung bedeutete im Rahmen des politischen Bedeutungszuwachses eines aus Wahlen hervorgegangenen Abgeordnetenhauses zugleich Demokratisierung, um deren Ausbau und Regelung zwar von links bis rechts gestritten wurde, die aber zugleich als eine unumkehrbare Entwicklung akzeptiert schien. Parteien, deren Abgeordnete als Parlamentarier den Parlamentarismus selbst bekämpften, waren unbekannt, denn auch die Sozialdemokratie war schon lange eine Kraft der Reform, nicht der Revolution – und selbst die marxistische Parlamentarismuskritik sah cum grano salis den instrumentellen Nutzen parlamentarischen Machtzuwachses.[28] Konservative akzeptierten im Großen und Ganzen das Parlament

28 Siehe dazu Wolfgang Durner, *Antiparlamentarismus in Deutschland*, Würzburg 1997, S. 47-55, 71-91. »Die breite Mehrheit der Partei [SPD]«, schreibt Durner, »war wohl von Anfang an eher parlamentarisch und befürwortete jedenfalls eine taktisch begrenzte Reichstagsarbeit.« (Ebenda, S. 73)

auf der Grundlage der konstitutionellen Monarchie, fürchteten allerdings aus evidenten Gründen den wachsenden Einfluss der Sozialdemokratie. Der Antiparlamentarismus war im Kaiserreich zwar verbreitet, speiste sich aber aus den bekannten Quellen altkonservativen Ressentiments. Diejenigen wiederum, die innerhalb der Arbeiterbewegung revolutionär agieren wollten, waren eine zu vernachlässigende Minderheit. Insofern bestimmten die um Parlamentssitze konkurrierenden politischen Parteien und das Prinzip der Repräsentation den allgemeinen Erwartungshorizont. Demokratisierung war eben bis dato nur als Parlamentarisierung, als Stärkung der Legislative und Ausbau der parlamentarischen Befugnisse vorstellbar, einhergehend mit einer Ausweitung des freien und gleichen Wahlrechts.

Der Begriff der Demokratie verlor in den 1920er Jahren theoretisch und praktisch weiter an Kontur; er wurde von antiliberalen Kritikern aus seinem engen Zusammenhang mit dem Parlamentarismus und dem Liberalismus gelöst. Die Verflüssigung der politischen Terminologie, die spätestens in dieser Phase das bekannte dualistische Ordnungsgefüge zwischen progressiv und konservativ hinter sich ließ, machte die Debattenlage selbst unübersichtlich. Die Demokratie – »dieser mißbrauchteste aller politischen Begriffe« – nahm, wie Hans Kelsen früh diagnostizierte, »einander oft sehr widersprechende Bedeutungen an«.[29] Es machte nun einen Unterschied, ob man theoretisch die Idee der sozialistischen Demokratie verteidigte (ob als Rätemodell oder anderweitig direkt begründet), sich konkret für die real-existierende parlamentarische Demokratie verwandte (mit sozialer oder bürgerlich-liberaler Ausrichtung), für die Homogenität einer »nationalen« bzw. »volksgemeinschaftlichen« Demokratie eintrat oder eine plebiszitäre Führerdemokratie avisierte.[30] Vor diesem Hintergrund lässt sich ein zugegebenermaßen weit gefasstes liberales politisches Spektrum nur insoweit bestimmen, als die unbedingte Unterstützung des Parlamentarismus und das Festhalten am Prinzip der Repräsentation, an den Bürger- und Freiheitsrechten und am Rechtsstaat als den Grundpfeilern einer parlamentarischen Demokratie darin

29 Hans Kelsen, »Vom Wesen und Wert der Demokratie« (1920), in: ders., *Die Verteidigung der Demokratie*, S. 1-33, hier S. 1.

30 Auf »ein halbes Dutzend Versionen von ›Demokratie‹ in der Weimarer Diskussion« kommt Boldt, »Demokratie in krisengeschüttelter Zeit«, S. 609 f.

ihren Platz finden mussten. Freilich war den liberalen Theoretikern klar, dass das Parlament die Schlüsselinstitution der modernen Demokratie war und dass der funktionierende Parlamentarismus die Voraussetzung für die Lebensfähigkeit der Demokratie blieb.[31]

Kelsen benannte denn auch folgerichtig seine Schlüsselschrift von 1926 *Das Problem des Parlamentarismus*. Er erkannte, dass die veränderte Haltung zum Parlamentarismus und die damit einhergehenden Anfeindungen der parlamentarischen Regierungsweise das wesentliche Kennzeichen einer neuen geistespolitischen Lage waren. Die »Zweifel an der Güte des parlamentarischen Prinzips« hätte es zwar schon im 19. Jahrhundert gegeben; »solche parlamentsfeindlichen Tendenzen« konnten jedoch »unter der Herrschaft der konstitutionellen Monarchie [...] begreiflicherweise keine große Bedeutung annehmen«. »Etwas ganz anderes« sei es aber, so Kelsen, »wenn der Parlamentarismus unter der vollen und uneingeschränkten Herrschaft des parlamentarischen Prinzips selbst, wie dies heute der Fall ist, in Frage gestellt wird«, denn »innerhalb der demokratisch-parlamentarischen Republik« sei dann »das Problem des Parlamentarismus eine Schicksalsfrage«.[32]

Kelsen machte deutlich, dass Demokratie und Parlamentarismus im Sinne einer liberalen Selbstregierung unbedingt zusammengehörten und aufeinander angewiesen blieben. Mit seiner im Positivismus und Relativismus der »reinen Rechtslehre« wurzelnden Position, die einen pragmatischen Funktionalismus der normativen Begründung vorzog, wurde er zur Reizfigur einer Debatte um die Selbstbehauptungsfähigkeit der modernen Demokratie. Von rechts (z. B. Carl Schmitt, Rudolf Smend) wie von links (z. B. Hermann Heller, Otto Kirchheimer) erreichte ihn der Vorwurf, der Repräsentant eines liberalen Wertrelativismus zu sein und damit gleichsam eine Haltung der Unentschiedenheit und des haltungslosen Positivismus zu repräsentieren, die gemeinhin als Malus der Epoche angesehen wurde. Aber auch Vertreter des liberalen Lagers

31 Vgl. etwa die zahlreichen wichtigen Beiträge im *Handbuch des Deutschen Staatsrechts*. Dass es sich dabei nicht lediglich um ein deutsches Problem handelte, verdeutlichte ein internationales Sammelwerk: Interparlamentarische Union (Hg.), *Die gegenwärtige Entwicklung des repräsentativen Systems. Fünf Antworten auf eine Rundfrage der Interparlamentarischen Union*, Berlin 1928 (darin Beiträge von Harold J. Laski, Ch. Borgeaud, F. Larnaude, Gaetano Mosca, M. J. Bonn).

32 Hans Kelsen, *Das Problem des Parlamentarismus*, Wien/Leipzig 1926, S. 4 f.

identifizierten in Kelsens Demokratietheorie und Staatsrechtslehre ein Defizit, das sie zu überwinden suchten. Nicht zuletzt nach der Machtübernahme des Nationalsozialismus und während des Niedergangs der Ersten österreichischen Republik mehrten sich die theoretischen Anstrengungen um eine »wehrhafte Demokratie«. Dabei taten sich Juristen hervor, die sich zwar nicht ausschließlich, aber in besonderer Weise mit Hans Kelsen auseinandersetzten, unter ihnen der Prager Zionist Felix Weltsch und der bereits erwähnte Karl Loewenstein.

Hans Kelsen als Theoretiker der Demokratie

Warum war es ausgerechnet Hans Kelsen, der aus allen politischen Lagern derart scharfe Anfeindungen auf sich zog? Die Kritik an ihm überschritt vielfach das Maß üblicher wissenschaftlicher Auseinandersetzung; es fand geradezu ein »Kelsen-Bashing« (Volker Neumann) statt, dessen negative Auswirkungen bis in die staatsrechtliche (und politikwissenschaftliche) Debatte in der Bundesrepublik reichten.[33] Es muss bis heute irritieren, dass Kelsen als

33 Volker Neumann, »Hans Kelsen und die deutsche Staatsrechtslehre«, in: *Humboldt Forum Recht* 9/2012, S. 149-166, hier S. 150 f. Eine bemerkenswerte Ausnahme ist die ausdrückliche Würdigung von Kelsens Demokratietheorie und seinem innovativen Beitrag zum liberalen Denken bei Albertin, *Liberalismus und Demokratie am Anfang der Weimarer Republik*, S. 434-438. – Ein Beispiel für die schroffe Ablehnung Kelsens lieferte der Smend-Schüler Wilhelm Hennis, der offensichtlich die Haltung seines Lehrers verinnerlicht hatte. In einem Brief an Roman Schnur aus dem Jahr 1963 lehnte er eine Beschäftigung mit Kelsen rundweg ab und wollte nicht einsehen, »was ein Kelsen-Band in einer Reihe für politische Wissenschaft [gemeint war die Schriftenreihe »Politica« im Luchterhand Verlag] zu suchen hat«. Hennis war der Auffassung, »jemanden, der sich schon vor fünfzig Jahren selbst überholt hatte«, nicht »frisch auflegen« zu müssen. Zitiert nach Günther, *Denken vom Staat her*, S. 222. Zu Hennis und Kelsen vgl. auch Stephan Schlak, *Wilhelm Hennis. Szenen einer Ideengeschichte der Bundesrepublik*, München 2008, S. 37-39, 77. – Siehe zur ignoranten Haltung der Staatsrechtslehre und Politikwissenschaft gegenüber Kelsen in den ersten Jahrzehnten der Bundesrepublik jetzt auch Frieder Günther, »›Jemand, der sich schon vor fünfzig Jahren selbst überholt hatte‹. Die Nicht-Rezeption Hans Kelsens in der bundesdeutschen Staatsrechtslehre der 1950er und 1960er Jahre«, in: Jestaedt (Hg.), *Hans Kelsen und die deutsche Staatsrechtslehre*, S. 67-83; Raphael Gross, »Hans Kelsen: Rückkehr unerwünscht«, in: ders./Monika Boll (Hg.), *»Ich staune, dass*

einer der wenigen, »die sich offensiv zur liberal-parteienstaatlichen Demokratie (auch in ihrer labilen Weimarer Variante) bekannten, paradoxerweise zum Paria der deutschen Staatsrechtslehre« wurde, denn bis in die 1980er Jahre wurde er nur spärlich und überwiegend negativ rezipiert.[34]

In der Frontstellung gegen den Wiener Staatsrechtler kam es zu einer spektakulären Koalition, die sich in einer gemeinsamen Gegnerschaft Hermann Hellers, Rudolf Smends und Carl Schmitts zu Kelsen artikulierte. Es verwundert noch heute, mit welcher Selbstverständlichkeit sich jene drei ostentativ aufeinander bezogen, wenn man ihre gegensätzlichen Konzepte – sozialer Rechtsstaat, Integration, dezisionistische Freund/Feind-Bestimmung – berücksichtigt. Verbindend war – auch bei Heller – ein antipositivistischer Affekt, der sich vor allem gegen Kelsens Dekonstruktion der herkömmlichen Semantik von Staat, Souveränität und nationaler Gemeinschaft richtete. Die sonst zwischen ihnen bestehenden Differenzen wurden erst einmal hintangestellt.

Der Sozialdemokrat Heller sah in Kelsen den Vollender des »liberalen Rechtsformalismus«, »für den jeder Staat ein Rechtsstaat ist, weil das Recht unabhängig von Wert und Wirklichkeit eine Form für jeden beliebigen Inhalt darstellt«.[35] »Staatslehre ohne Staat«, »Positivismus ohne Positivität«[36] – so lautete das Verdikt des Normativisten und Souveränitätstheoretikers Heller, der Kelsen (immerhin ebenfalls der Sozialdemokratie nahestehend, wenn auch kein Parteimitglied) vorwarf, die Rechtswissenschaft zu entpolitisieren und die Frage nach der guten Ordnung geopfert zu haben. Absichtsvoll greift Heller Kelsens theoriegeschichtliche Bestimmung des Demokratiebegriffs heraus, die ein Ideal der »Führerlosigkeit« voraussetze, um ihm dann den weltfremden Glauben »an eine entleerte Nomokratie« und »die Utopie des ewigen Friedens durch endgültige Vergesetzlichung aller Individualität« zu

Sie in dieser Luft atmen können«. Jüdische Intellektuelle in Deutschland nach 1945, Frankfurt/M. 2013, S. 299-316.

34 Matthias Jestaedt/Oliver Lepsius, »Der Rechts- und Demokratietheoretiker Hans Kelsen – eine Einführung«, in: Kelsen, *Verteidigung der Demokratie*, S. VII-XXIX, hier S. X.

35 Heller, »Europa und der Fascismus«, S. 475 f.

36 Hermann Heller, »Die Krisis der Staatslehre« (1926), in: ders., *Gesammelte Schriften*, Bd. 2, S. 3-30, hier S. 23.

unterstellen. Eine heute kaum nachvollziehbare Schärfe erlangte sein Angriff noch einmal dadurch, dass er ihm überdies vorwarf, wenn auch contra intentionem, »gerade unter einer nach sittlichen Begründungen suchenden und wirklichkeitshungrigen Jugend den Diktaturgedanken zu befördern«.[37] Es bleibt dabei irritierend, dass Heller sich mit Kelsens Demokratieauffassung niemals detailliert auseinandersetzte und gar nicht erst versuchte, prinzipielle Übereinstimmungen mit dem Kollegen, der ebenfalls die parlamentarische Demokratie verteidigte, herauszustellen.[38]

Rudolf Smend indes hielt die »Allgemeine Staatslehre« Kelsens für eine »Sackgasse ohne Zweck und Ziel« und warf ihm vor, »die Wirklichkeit dieser Welt als Gegenstand der Staatstheorie [...] überhaupt zu bestreiten«. Kelsen verfolge das Ziel, »geistige Wirklichkeit möglichst weitgehend in Fiktion, Illusion, Verschleierung und Betrug aufzulösen«.[39] Carl Schmitt wiederum kokettierte damit (wenn auch zunächst »ganz erschrocken vor einer solchen Aufgabe«, wie er im Oktober 1927 an Rudolf Smend schrieb), mit seiner Verfassungslehre »dem Liberalismus die Totenmaske

37 Hermann Heller, »Rechtsstaat oder Diktatur?«, S. 451. – An anderer Stelle schreibt Heller auf Kelsen gemünzt: »Die Staatslehre der liberalen Formalnomokratie wird logisch nie in Verlegenheit kommen, politische aber, wenn auch ungewollt, immer die beste Schrittmacherin der Diktatur sein.« (»Europa und der Faschismus«, S. 529.)

38 Vgl. Michael Henkel, *Hermann Hellers Theorie der Politik und des Staates*, Tübingen 2011, S. 334f. Wenn Henkel freilich eine Rekonstruktion von Kelsens Demokratietheorie aus der Perspektive Hellers vornimmt, läuft er Gefahr, dessen Affekte gegen Kelsen lediglich zu reproduzieren. Kelsens Plädoyer für den Werterelativismus als Kern der Demokratie mag man kritisieren, aber seine Argumente für den Parlamentarismus, den Minderheitenschutz und das Repräsentativsystem sollte man nicht ignorieren. Ob Hellers Vorwurf an Kelsen, »sittlich gefährlich« (S. 348) zu wirken, stichhaltig ist, lässt sich doch bezweifeln. Außerdem leuchtet der Vorwurf der »nicht-praktischen Theorie« kaum ein, zumal wenn Henkel bestimmte Schlüsseltexte Kelsens gar nicht in seiner Analyse berücksichtigt, z. B. Kelsen, *Das Problem des Parlamentarismus*; ders., *Der Staat als Integration. Eine prinzipielle Auseinandersetzung*, Wien 1930, sowie ders., *Staatsform und Weltanschauung*, Tübingen 1933. Vgl. insgesamt Henkel, *Hermann Hellers Theorie der Politik und des Staates*, S. 333-349.

39 Smend, »Verfassung und Verfassungsrecht«, S. 124, 137f., 204. – Kelsen antwortete wiederum mit einer intellektuell wahrhaft »wehrhaften« Antikritik, die unter dem Gesichtspunkt eines geistigen Kräftemessens eigentlich ein Desaster für Smend bedeutete. Siehe Kelsen, *Der Staat als Integration*.

abzunehmen«.[40] Der wichtigste Repräsentant dieses siechen Liberalismus war in Schmitts Augen der Wiener Staatsrechtslehrer: Kelsen versuche mit seiner Staats- und Demokratietheorie lediglich, wie Schmitt unterstellte, die »leere Hülle dieser Art Liberalismus [...] noch eine Zeitlang zu konservieren«. Doch sei »es nicht mehr der alte liberale Glaube an die ›Souveränität der Vernunft‹, sondern eine widerspruchsvolle Position: einerseits die souveräne ›Verfassung‹, andrerseits ihre Relativierung und Auflösung in einzelne, in einem bestimmten Verfahren abänderbare verfassungsgesetzliche Einzelnormierungen [sic!]«.[41]

Für Heller und Schmitt repräsentierte Kelsen die Unentschiedenheit eines Liberalismus, der sich scheut, politische Zwecke und Zielbegründungen zu liefern, und stattdessen den Rückzug in Pluralismus, Relativismus und handlungshemmende Toleranz angetreten hatte. Beide setzten dagegen – freilich in unterschiedlicher, letztlich gegensätzlicher politischer Ausrichtung – Dezisionismus, Souveränitätsdenken und Etatismus. Besonders provokant wirkte auf sie zudem Kelsens rational-pragmatischer Staatsbegriff, der sogar Webers der Sachlichkeit verpflichteten »Anstaltsstaat« noch einmal unterbot und daher für eine obrigkeitsgeprägte Tradition der deutschen Staatslehre eine besondere Herausforderung bedeutete. Die mit harten Bandagen geführte Auseinandersetzung, in der sich methodische und politische Gesichtspunkte überschnitten, ist bereits häufig und ausführlich dargelegt worden.[42] Im Rahmen der Debatte um die »wehrhafte Demokratie« bleibt jedoch zu analysieren, auf welche Weise Kelsen die Demokratie verteidigte und zugleich ihre Selbstabschaffung als Preis für die theoretische Stringenz seiner Position in Kauf nahm. Kelsens Stellungnahme zum demokratischen Paradox, dass die Demokratie in der Lage sein könne, sich selbst abzuschaffen, provozierte ebenso heftigen Widerspruch, wie sie kritisches Weiterdenken und damit eine mögliche konzeptionelle Überwindung anregte.

40 Carl Schmitt an Rudolf Smend (17. Oktober 1927), in: Reinhard Mehring (Hg.), *»Auf der gefahrenvollen Straße des öffentlichen Rechts«. Briefwechsel Carl Schmitt – Rudolf Smend 1921-1961.* Mit ergänzenden Materialien, Berlin 2010, S. 65.

41 Schmitt, *Verfassungslehre*, S. 55.

42 Vgl. als Überblick Stolleis, *Geschichte des öffentlichen Rechts in Deutschland*, S. 153-202; Sontheimer, *Antidemokratisches Denken in der Weimarer Republik*, S. 63-92; Jestaedt (Hg.), *Hans Kelsen und die deutsche Staatsrechtslehre.*

In seiner Demokratietheorie versuchte Kelsen zweierlei: Zum einen wollte er als Zeitdiagnostiker und Anwalt der modernen Demokratie ihre Funktionsprinzipien erklären und Gründe geltend machen, warum die parlamentarische Demokratie anderen Staatsformen vorzuziehen sei. Zum anderen machte er deutlich, dass die Suche nach der idealen Demokratie und die Verwirklichung einer wie auch immer gearteten »reinen Lehre« ein zweckloses Unterfangen sei. Vielmehr ging es Kelsen darum, die Illusionen eines demokratischen Purismus ebenso aufzubrechen wie gleichzeitig die stabilisierenden Elemente einer gemischten Verfassung hervorzuheben. Im Kontext der Frage nach den Bestandsvoraussetzungen der Demokratie sollen im Folgenden Kelsens Argumente für die parlamentarische Demokratie in Erinnerung gerufen werden. In einem weiteren Schritt ist schließlich zu erörtern, inwiefern die von Kelsen thematisierte Weltanschauung des Relativismus zum Auslöser um die Debatte demokratischer Wehrhaftigkeit wird.

Zwar sind fast alle Staatsrechtler der Weimarer Republik als Theoretiker der Demokratie zu begreifen – immerhin war die demokratische Staatsform die wesentliche Referenzgröße ihrer Arbeit. Aber es zeigt sich doch, dass das Verständnis von Demokratie in einem hohen Maße divergierte. Als Demokratietheoretiker, so die Ausgangsthese, steht Kelsen dem heutigen Verständnis einer pluralistischen Parteiendemokratie mit parlamentarischem Repräsentativsystem am nächsten.[43] Seine Demokratietheorie, die eine normative Standortbestimmung mit praktischen Effizienzkriterien verbindet, liefert den lange vernachlässigten Kontrapunkt zum Positivismus der »reinen Rechtslehre«. Kelsens demokratietheoretische Argumentation baut auf klaren Wertvorstellungen und festen normativen Leitlinien auf, ohne die Paradoxien widerstreitender Wertvorstellungen – Freiheit/Gleichheit, Pluralismus/soziale Homogenität, demokratische Selbstregierung/politische Führung – zu negieren oder aufzulösen. Stattdessen ist es ihm darum zu tun, einen aus liberaler Perspektive moralischen wie pragmatischen Mehrwert parlamentarisch-demokratischer Regierungsweise herauszuarbeiten.

Kelsen erkannte, dass dem Demokratiebegriff die Distinktionsfähigkeit abhandengekommen war, weil die Demokratie im

43 So auch das Urteil von Jestaedt/Lepsius, »Der Rechts- und Demokratietheoretiker Hans Kelsen«, S. XXVI.

19. und 20. Jahrhundert zum »fast allgemein beherrschende[n] Schlagwort« avancierte.[44] Gegen rousseauistisch geprägte Auffassungen von direkter Demokratie sammelte er wichtige Argumente, gestand jedoch ein, dass sich die praktizierten Formen der parlamentarischen Demokratie nicht mit den weithin verbreiteten demokratischen Idealen in Einklang bringen ließen. Er konstatierte: »Zweifellos bedeutet das Repräsentativsystem eine Verfälschung des demokratischen Gedankens. Die reine Demokratie ist die unmittelbare, bei der die Souveränität des Volkes nicht erst durch das Medium des Parlaments zur Geltung kommt.«[45] In der Tradition der Mischverfassungstheorie stehend, wies Kelsen darauf hin, dass weder der Gedanke der Repräsentation (»Repräsentationsfiktion«) noch die Idee der Gewaltenteilung demokratischen Ursprungs sind, sich aber als nützliche Residuale in der Institutionenordnung der parlamentarischen Demokratie erhalten haben.[46] Den darin versteckten Hegelianismus, mit dem die historische Entwicklung von vernünftigen, weil erprobten und praktikablen Institutionen und Praktiken verteidigt werden konnte, mag man als ein wichtiges Element des skeptisch-realistischen Liberalismus erkennen. Eine solche Haltung rekurrierte nicht selten auf die angelsächsische Rechtsgeschichte und das *common law*.[47]

Zu den Wesensmerkmalen moderner Demokratien zählt Kelsen in diesem frühen Text von 1920 bereits a) die Fähigkeit zu einer Politik des Kompromisses, b) die Möglichkeit, dass eine Minderheit jederzeit zur Mehrheit werden könne, c) die Abhängigkeit von arbeitsteiliger Bürokratie und Verwaltung, d) die zuverlässige Gewährleistung einer Führerauslese durch politischen Konkurrenz-

44 Kelsen, »Vom Wesen und Wert der Demokratie«, S. 1.

45 Ebenda, S. 11.

46 Vgl. etwa Wilfried Nippel, *Mischverfassungstheorie und Verfassungsrealität in Antike und früher Neuzeit*, Stuttgart 1980.

47 Paradigmatisch ist eine solche Auffassung für die englische Verfassungs- und Rechtsgeschichte, aber bei ganz unterschiedlichen Vertretern eines historisch sensiblen Liberalismus gehört die Absage an theoretische Neuschöpfung und revolutionären Wandel gewissermaßen zum ideellen Inventar. Zur englischen Rechtsgeschichte vgl. Martin Kriele, »Hobbes und die englischen Juristen« (1970), in: ders., *Recht, Vernunft, Wirklichkeit*, Berlin 1990, S. 239-290; Hans-Christoph Schröder, »Ancient Constitution. Vom Nutzen und Nachteil der ungeschriebenen Verfassung Englands«, in: Hans Vorländer (Hg.), *Integration durch Verfassung*, Wiesbaden 2002, S. 137-212.

kampf und Wahlen. Sicherlich ist die Demokratie für Kelsen ganz wesentlich ein »Problem sozialer Technik«.[48] Man würde ihn jedoch missverstehen, hielte man ihn im Sinne seiner Rechtslehre für einen innerlich unbeteiligten Positivisten. Im Zentrum des demokratischen Gedankens stehen für Kelsen die Menschen- und Bürgerrechte »als ewiger Quell kontinentaler Demokratie«: »Sie dienen vor allem als Schutzwall gegen den Herrschaftsmißbrauch, der seitens eines absoluten Monarchen nicht mehr zu befürchten ist als seitens der Majorität, dem König der Demokratie. So fungieren die Grundrechte der Demokratie als Minoritätenschutz und sichern die Gleichberechtigung auch demjenigen, der nicht die politische, religiöse oder nationale Ueberzeugung der Mehrheit teilt.«[49] Es fällt auf, dass Kelsen sich in diesem Kontext einer Metaphorik der Verteidigung bedient: Die Demokratie gewährt Menschen- und Bürgerrechte und schützt sich durch ihre Garantie gleichzeitig vor Machtmissbrauch.

Diese normative Festlegung, in der der zu schützende Kernbereich der individuellen Freiheitsrechte zu einem Zweck der demokratischen Ordnung erklärt wird, belegt mit aller Deutlichkeit, dass Kelsen die Demokratie nicht allein formal und funktional verstehen möchte, sondern auch die rezenten Entwicklungen zur Diktatur des Proletariats im Blick hat: »Gerade gegenüber solcher Diktatur enthüllt die Demokratie ihr tiefstes Wesen, zeigt sie ihren höchsten Wert. Weil sie den politischen Willen jedermanns gleich einschätzt, muß sie auch jeden politischen Glauben, jede politische Meinung, deren Ausdruck ja nur der politische Wille ist, gleichermaßen achten.« Sie verzichte »auf die Erkenntnis eines absoluten Wertes«, daher sei der »Relativismus [...] die Weltanschauung, die der demokratische Gedanke« voraussetze.[50] Kelsens Verknüpfung der Demokratie mit dem »Freiheitswert« (der stärker gewichtet wird als materielles Gleichheitsstreben), mit dem Parlamentarismus und einer Weltanschauung, die er als Relativismus im Sinne pluralistischer Toleranz bestimmt, hebt ihn deutlich von einer funktional-formalen Demokratietheorie ab, benennt er doch ein (normativ gehaltvolles) Minimum liberaler Werte, die die Grundlage der parlamentarischen Demokratie bilden sollen.

48 Kelsen, »Vom Wesen und Wert der Demokratie«, S. 22.

49 Ebenda, S. 9.

50 Ebenda, S. 31.

Zu diesem Zeitpunkt beschäftigt ihn zwar bereits die Problematik, dass »die Erstarkung des demokratischen Gedankens und die zunehmende Opposition gegen den Parlamentarismus [...] auf das Innigste« zusammenhängen,[51] aber die Gefahr einer Aushebelung der parlamentarischen Ordnung mit demokratischen Mitteln wird von ihm noch nicht explizit thematisiert. Als Demokratietheoretiker warnt er allerdings bezeichnenderweise davor, die Bedeutung des Staatsrechts überzubewerten: »Es ist ein Irrtum, wenn auch ein weitverbreiteter, daß die Erzeugung des Rechtes – oder was dasselbe ist: die Realisierung des Staates – mit der Gesetzgebung abgeschlossen oder gar in ihr allein beschlossen sei. Dieser Irrtum hat mit zu der Ueberschätzung dieser Funktion beigetragen.«[52] Hier mag man eine Kontinuität zu seiner heroisch-resignierten »Verteidigung der Demokratie« erkennen, als er zwölf Jahre später die Selbstpreisgabe der Demokratie aus Gründen der Prinzipientreue hinnahm. Kelsen wusste, dass die »Erziehung zur Demokratie [...] eine der praktischen Hauptforderungen der Demokratie selbst« sein würde und dass es auf die Ausbildung einer politischen Kultur der Demokratie ankam.[53]

Kelsen vertraute auf die pazifizierende und integrierende Wirkung der parlamentarischen Demokratie. So konstatierte er 1926: »Und wenn es überhaupt eine Form gibt, die die Möglichkeit bietet, diesen gewaltigen [Klassen-]Gegensatz, den man bedauern, aber nicht leugnen kann, nicht auf blutig-revolutionärem Wege zur Katastrophe zu treiben, sondern friedlich und allmählich auszugleichen, so ist es die Form der parlamentarischen Demokratie, deren Ideologie zwar die in der sozialen Realität nicht erreichbare Freiheit, deren Realität aber der Friede ist.«[54] Eine solche normative Orientierung auf den in fortwährender Anstrengung zu wahrenden gesellschaftlichen Frieden rekurrierte auf liberale Traditionen, die Mittel und Zweck der Politik an die Herbeiführung und Erhaltung des Friedens banden.[55] Die Achillesferse einer solchen Posi-

51 Ebenda, S. 11.

52 Ebenda, S. 17.

53 Ebenda, S. 25.

54 Kelsen, »Demokratie«, S. 142. Nahezu wortgleich findet sich dieser Gedanke auch in Kelsen, *Das Problem des Parlamentarismus*, S. 27.

55 Der Friede als Mittel und Zweck der Politik prägt das liberale Denken klassischerweise von der Aufklärung bis in die Gegenwart. Vgl. etwa Immanuel Kant,

tion besteht allerdings darin, dass die Spielregeln der Konfliktaustragung von den beteiligten Parteien anerkannt werden müssen; die Friedlichkeit des Friedens bleibt gewissermaßen tautologisch. Um den gesellschaftlichen Frieden zu wahren, müssen die sich befehdenden Gruppen vorab friedliche Mittel akzeptieren und haben damit schon die Vernünftigkeit von Kompromissbildungen eingesehen. Eine solche nüchterne Einsicht stellte Kelsen – als Vertreter einer liberalen politischen Theorie – gegen »das heroische Pathos der Diktatur«. Denn »die Freiheit der Demokratie« bedeutete in seinem Sinne notwendigerweise »die Freiheit des Kompromisses« und »die Freiheit des sozialen Friedens« – »schließlich und endlich bleibt uns Menschen ja doch nichts anderes übrig, als daß wir uns, wie in unserem Erkennen bescheiden, so in unserem sozialen Streben vertragen«.[56]

Mit einem solchen Plädoyer für Nüchternheit und für die Deflationierung politischer Ansprüche mutete Hans Kelsen den Bürgern möglicherweise ein Maß an Einsichtsfähigkeit zu, dass insbesondere in ideologisch überhitzten Zeiten einer Überforderung gleichkam. Demgegenüber verstand er die Erkenntnisleistung einer »Reinen Rechtslehre« darin, dass sie als »normative Staatstheorie« die »Eigengesetzlichkeit des Sozialen im allgemeinen und des Staates oder Rechtes im besonderen« berücksichtigte und diese Sphären sorgfältig voneinander zu trennen wusste.[57] Während er sich dem Recht normlogisch und positivistisch näherte, um Objektivierung und Neutralität bemüht, entfaltete er in seiner Demokratietheorie wiederum sehr klar die Argumente, welche die parlamentarische Demokratie gegenüber diktatorischen und bolschewistischen Ordnungsentwürfen zur überlegenen Staatsform machten.

Kelsens Verteidigung der parlamentarischen Regierungsform

Dass es völlig verfehlt wäre, Hans Kelsen als unpolitischen Positivisten oder als Fatalisten anzusehen, zeigten sein Wille und seine

Zum ewigen Frieden. Ein philosophischer Entwurf (1794), Stuttgart 1984, und Dolf Sternberger, *Die Politik und der Friede*, Frankfurt/M. 1986.

56 Kelsen, *Das Problem des Parlamentarismus*, S. 43 f.

57 Kelsen, *Der Staat als Integration*, S. 6.

Fähigkeit zur kämpferischen Auseinandersetzung mit dem wissenschaftlichen und notwendigerweise auch politischen Gegner. In der pointierten, bisweilen ätzenden, in weiten Passagen ironisch-bissigen Auseinandersetzung mit Rudolf Smends Integrationslehre aus dem Jahr 1930 begriff Kelsen decouvrierende Ideologiekritik als Mittel der Aufklärung und profilierte dagegen eine eigene Haltung zur Verteidigung der parlamentarischen Demokratie.

Indem Kelsen Smends Begriffsnebel, die immanenten Widersprüche seiner Integrationslehre, seine Sympathien für Diktatur und Faschismus als Formen vermeintlich gelungener Integration und seine Gegnerschaft zum Parlamentarismus und zur Weimarer Reichsverfassung bloßstellte, markierte er gleichzeitig die wesentlichen Positionen, die er als Parteigänger des demokratischen Verfassungsstaates vertrat. Es ist hier nicht der Ort, diese 90-seitige Smend-Demontage ausführlich zu würdigen, aber zum Verständnis für Kelsens kämpferischen Standpunkt auf Seiten der parlamentarischen Demokratie und für seine »intellektuelle Wehrhaftigkeit« ist diese Schrift unentbehrlich.[58] Dabei darf man sich nicht dadurch irritieren lassen, dass Kelsen für sich reklamierte, »die libe-

58 Stefan Korioth neigt in seinen Arbeiten immer wieder dazu, vor allem Kelsens polemischen Stil zu kritisieren, und verteidigt Smend gegen den von Kelsen erhobenen Vorwurf des Philofaschismus. Immerhin hält er Kelsens Schrift für »die bis heute eingehendste und schärfste Kritik der Integrationslehre«. Korioths Argumentation kann auch deshalb nicht überzeugen, weil er zur Entlastung Smends einzig dessen nach 1945 vorgenommene Selbstauslegung anführt, um ihm den Versuch zuzubilligen, »zu einer Legitimität der Weimarer Staatsordnung zu gelangen«. Siehe hier Stefan Korioth, »Kelsen im Diskurs – die Weimarer Jahre«, in: Jestaedt (Hg.), *Hans Kelsen und die deutsche Staatsrechtslehre*, S. 29-46, hier S. 39, 43. Der Autor hat selbst eine Dissertation zu Smend vorgelegt: Stefan Korioth, *Integration und Bundesstaat. Ein Beitrag zur Staats- und Verfassungslehre Rudolf Smends*, Berlin 1990. Die Politikwissenschaft ist Korioths Deutung weitgehend gefolgt und hebt vor allem als Verdienst hervor, dass Smends Staatslehre die politische Kultur berücksichtige. Vgl. etwa Marcus Llanque, »Die Theorie politischer Einheitsbildung in Weimar und die Logik von Einheit und Vielheit (Rudolf Smend, Carl Schmitt, Hermann Heller)«, in: Andreas Göbel/ Dirk van Laak/ Ingeborg Villinger (Hg.), *Metamorphosen des Politischen. Grundfragen politischer Einheitsbildung seit den 20er Jahren*, Berlin 1995, S. 157-176; Karsten Malowitz, »Was den Staat im Innersten zusammenhält. Rudolf Smend als Antipode Hans Kelsens in der staatstheoretischen Grundlagendiskussion der Weimarer Staatslehre«, in: Manfred Gangl (Hg.), *Die Weimarer Staatsrechtsdebatte. Diskurs- und Rezeptionsstrategien*, Baden-Baden 2011, S. 69-100.

ralen Werturteile aus der Staatslehre ausgemerzt« zu haben, mithin die »Reine Rechtslehre« nicht dem Liberalismus verpflichtet sah. Er fasste sie als eine »objektive Theorie des Staates« auf.[59] Seine politische Haltung, die Wertmaßstäbe seiner Ideologiekritik, die er in der Auseinandersetzung mit Smend anlegte, sind aber zweifellos im oben definierten Sinne liberal zu nennen.

Um die Stoßrichtung seiner Kritik deutlich zu machen, sollen die relevanten Vorwürfe gegen Smend wenigstens sehr knapp benannt werden. Das scheint nicht zuletzt deshalb notwendig, weil die einflussreichen Schüler von Rudolf Smend alles getan haben, um die Integrationslehre ihres Lehrers nachträglich mit einem demokratischen Verfassungsverständnis zu garnieren.[60] Aus Kelsens im Großen und Ganzen zutreffender Dekonstruktion lässt sich wiederum als Positivum dessen eigene Position klarer bestimmen, deshalb seien im Folgenden die drei wichtigsten Argumentationslinien nachgezeichnet:

1. Kelsen zufolge betreibe Smend Staatstheologie statt Wissenschaft und verkleide Ideologie als Wirklichkeit, wenn er die verschiedenen Formen von Einheitsstiftung, Homogenisierung oder einfach nur von Verbindungen als Integration überhöhe. Zudem erkennt Kelsen in Smends Staatsdenken eine starke antipluralistische Tendenz, womit Differenz und Heterogenität als natürliche Gegebenheiten aus dem politischen Prozess eskamotiert würden. Für Opposition und Konflikte gebe es angesichts der alles dominierenden Forderung nach Integration gar keinen Platz, und diese Sichtweise sei der Politik in modernen Gesellschaften nicht angemessen: »Denn daß ein Staatsvolk im Zeichen irgendeiner Regie-

59 Kelsen, *Der Staat als Integration*, S. 32.

60 So vor allem die Juristen Konrad Hesse, Alexander Hollerbach und Wilhelm Häberle. Hennis kritisierte diese normativistische Smend-Rezeption und plädierte stattdessen dafür, »den politischen Wirklichkeitssinn und das ›praktische‹ Erbe« der Integrationslehre zu pflegen. Siehe Schlak, *Wilhelm Hennis*, S. 119 f. Vgl. weiterhin Wilhelm Hennis, »Integration durch Verfassung? Rudolf Smend und die Zugänge zum Verfassungsproblem nach 50 Jahren unter dem Grundgesetz«, in: Hans Vorländer (Hg.), *Integration durch Verfassung*, Wiesbaden 2002, S. 267-290. – Hennis war es aber, der für eine unkommentierte Wiederauflage von Smends Schrift »Verfassung und Verfassungsrecht« sorgte. Zur »normativistischen Umdeutung« und zur Anpassung der Smendschen Integrationslehre im Sinne einer demokratischen Verfassungstheorie siehe Günther, *Denken vom Staat her*, S. 265-274.

rungspolitik wirklich eins ist, dürfte, wenn überhaupt, wohl nur äußerst selten vorkommen.«[61]

2. »Aus allen Poren dieser Staatstheorie spritzt das politische Ressentiment«,[62] wirft Kelsen seinem Kontrahenten vor und belegt diese Anschuldigung, indem er Smends durchscheinenden Philofaschismus und seine Sympathie für die Diktatur offenlegt, ja ihm eine »Apologie der Diktatur« attestiert.[63] Smend billige dem Faschismus und seiner Ideologie die Integrationskraft zu, die er eigentlich für den Verfassungsstaat reserviert habe, statte also eine den Rechtsstaat und die parlamentarische Demokratie destruierende politische Kraft mit der Eigenschaft aus, die er ursprünglich dem Verfassungsrecht hatte vorbehalten wollen.[64]

3. Smends Abneigung richte sich aber vor allem – wie Kelsen betont – gegen den Liberalismus und gegen den mit ihm identifizierten Parlamentarismus. Weil er den Parlamentarismus als formlos und damit liberal klassifiziere, spreche er ihm – auf gleicher Linie mit Carl Schmitt – jede staatsformprägende Kraft ab. Smend ist in Kelsens Augen in Wahrheit ein Antidemokrat, denn er halte die Demokratie mit der Diktatur für vereinbar. Seine Lehre diene daher dem »Kampf gegen die Verfassung der deutschen Republik«.[65]

Gegen Smend machte Kelsen die guten Gründe für einen modernen Demokratiebegriff geltend, der nur in parlamentarischer Form zu verwirklichen sei: »Jedermann weiß, daß Parlamentarismus und Demokratie nicht identische Begriffe sind, weil die parlamentarische eine bestimmte Form der mittelbaren Demokratie ist, die durch den modernen, sich über weite Flächen erstreckenden, ein Millionenvolk umfassenden Staat erzwungen wird. Und jedermann weiß, daß für diesen modernen Staat der Parlamentarismus,

61 Kelsen, *Der Staat als Integration*, S. 52.

62 Ebenda, S. 54.

63 Ebenda, S. 77.

64 Die »Fruchtbarkeit« des Smendschen Integrationsbegriffs für das Verständnis des Faschismus bzw. seiner Verfassungsentwicklung konstatiert bereits Leibholz, *Zu den Problemen des fascistischen Verfassungsrechts*, S. 7. Der Historiker Otto Hintze kommt in seiner zeitgenössischen Rezension zu einem nüchternen Urteil: »Der Verfasser ist ein abgesagter Feind des Liberalismus, den er gern mit dem Epitheton ›staatsfremd‹ brandmarkt; seine Neigungen gehen mehr nach der faschistischen Seite.« (Hintze, »Rez. Rudolf Smend, Verfassung und Verfassungsrecht«, S. 238).

65 Kelsen, *Der Staat als Integration*, S. 91.

der natürlich mannigfache Variationen aufweisen kann, die einzig mögliche Form der Demokratie ist.«[66] Kelsen wehrte sich auch gegen die von Smend und Schmitt gleichermaßen insinuierte Identifikation des Liberalismus mit dem Parlamentarismus und beharrte stattdessen darauf, dass die Freiheitsideologie des Liberalismus direkt zur Demokratie geführt habe. Den Parlamentarismus indes habe »das liberale Bürgertum nur als die einzig mögliche Form der Demokratie als der politischen Selbstbestimmung« akzeptiert.[67] Insofern hielt Kelsen es für unsinnig, mit dem Parlamentarismus eine Ideologie zu verbinden. Er habe seinen Wert als »spezifisches sozialtechnisches Mittel zur Erzeugung der staatlichen Ordnung«.[68]

Kelsen verteidigte die Demokratie nicht nur als Wertidee, sondert strich überdies ihre funktionalen Vorteile heraus. So sei sie einerseits in der Lage, »die Illusion der in der sozialen Wirklichkeit unrettbaren Freiheit aufrecht zu erhalten«,[69] andererseits stelle sie »das Problem der Führerkreation« in den Mittelpunkt, jedoch nicht um der Führerschaft einen absoluten, sondern ihr einen relativen Wert zuzumessen.[70] Die Demokratie mache es unmöglich, dass ein Führer »amovibel« würde. Die Elementardefinition der Demokratie als Form des raschen und friedlichen Führerwechsels, die auch später zum Repertoire eines skeptischen Liberalismus zählen sollten (Mises, Popper, Hayek), erweiterte Kelsen um die Kritikbedürftigkeit und Rechenschaftspflichtigkeit der Führung und unterstrich, dass der demokratische Staat die Publizität der Herrschaftsakte voraussetze.

Kelsens geistige Positionierung auf Seiten der parlamentarischen Demokratie war zu keiner Zeit zweifelhaft, am wenigsten in dem beeindruckenden Text zur »Verteidigung der Demokratie« (1932), der kurioserweise in den *Blättern der Staatspartei* erschien. Wenngleich dieses Engagement Kelsens Standfestigkeit bezeugte, beinhaltete dieser Aufsatz auch den resigniert wirkenden Abgesang auf die Demokratie, dessen Wirkungen auf die Debatte um die »wehrhafte Demokratie« in den 1930er Jahren vor allem in Exil-

66 Ebenda, S. 82.

67 Ebenda, S. 83.

68 Hans Kelsen, »Vom Wesen und Wert der Demokratie« (2. Aufl. 1929), in: ders., *Verteidigung der Demokratie*, S. 149-228, hier S. 178.

69 Ebenda, S. 210.

70 Ebenda, S. 216.

kreisen mit den Händen zu greifen sind. Kelsen würdigt darin noch die Demokratie als »die politische Form des sozialen Friedens, des Ausgleichs der Gegensätze, der gegenseitigen Verständigung auf mittlerer Linie«.[71] Er hält ihren intellektuellen Widersachern vor, durch den Missbrauch der Freiheit, »den Ast ab[zu]sägen, auf dem sie sitzen, sie werden die Diktatur, die sie rufen, wenn sie erst unter ihr leben müssen, verfluchen, und nichts mehr ersehnen als die Rückkehr zu der von ihnen so verlästerten Demokratie«.[72]

Seine intellektuelle Verteidigung der Demokratie geht allerdings mit der Weigerung einher, das demokratische Paradox aufzulösen, welches bekanntlich darin besteht, dass per Mehrheitsentscheid demokratische Prinzipien und Freiheiten abgeschafft werden können. Die Demokratie sei »diejenige Staatsform«, so Kelsen, »die sich am wenigsten gegen ihre Gegner wehrt. Es scheint ihr tragisches Schicksal zu sein, daß sie auch ihren ärgsten Feind an ihrer eigenen Brust nähren muß. Bleibt sie sich selbst treu, muß sie auch eine auf Vernichtung der Demokratie gerichtete Bewegung dulden, muß sie ihr wie jeder anderen politischen Ueberzeugung die gleiche Entwicklungsmöglichkeit gewähren.«[73] Die Frage, »[o]b die Demokratie sich nicht selbst verteidigen soll, auch gegen das Volk, das sie nicht mehr will, auch gegen eine Majorität, die in nichts anderem einig ist, als in dem Willen, die Demokratie zu zerstören«, muss Kelsen aus der Konsequenz seiner theoretischen Position verneinen: »Eine Demokratie, die sich gegen den Willen der Mehrheit zu behaupten, gar mit Gewalt sich zu behaupten versucht, hat aufgehört, Demokratie zu sein. Eine Volksherrschaft kann nicht gegen das Volk bestehen bleiben.« Kelsen will sich, anders als zeitweise Hermann Heller und viele Liberale seiner Zeit, »nicht in den verhängnisvollen Widerspruch verstricken lassen und zur Diktatur greifen, um die Demokratie zu retten«.[74]

Dieser »verhängnisvolle Widerspruch« blieb für Kelsens Denken ausschlaggebend, und damit gab er auch zu erkennen, dass die moderne Demokratie sich in ihrer Staatsform und ihren Legitimationsmodi grundlegend von den klassischen republikanischen Verfassungen entfernt hatte, die das Institut der Diktatur zur Über-

71 Kelsen, »Verteidigung der Demokratie«, S. 233.

72 Ebenda, S. 236 f.

73 Ebenda, S. 237.

74 Ebenda, S. 237.

windung einer Krise und mithin als ein Instrument der Rettung vorsahen. Kelsen wollte – und darin zeigt sich ein typisch liberaler Zug – den Ausnahmezustand nicht zum Maßstab des politischen Denkens machen. Dass er hingegen das Mehrheitsprinzip als Kern des Demokratischen für sakrosankt erklärte, um eine mögliche Selbstabschaffung der Demokratie gegebenenfalls in Kauf zu nehmen, erscheint in diesem Licht als übertrieben prinzipientreuer Rigorismus. Aus heutiger Sicht wirkt es befremdlich, Kelsens »Verzicht auf politisch-praktische Selbstverteidigung der Demokratie [...] zum Identitätskriterium eines wahrhaft demokratisch verfaßten Gemeinwesens« zu erklären.[75] Er könnte zwar zu Recht für sich reklamieren, dass jede noch so entschlossene Verteidigung der Demokratie zu Lasten der theoretischen Stringenz ihrer Begründung geht, aber es bleibt hervorzuheben, dass sein Begriff der Demokratie, der (wie gezeigt) durchaus Einsicht in die politisch-kulturellen Bestandsvoraussetzungen eines demokratischen Gemeinwesens besitzt, weitaus formaler und gleichzeitig idealer gedacht ist, als dies später zur Gewohnheit wurde. Kelsen formulierte Geltungs- und Funktionsbedingungen, sah es aber nicht als seine Aufgabe an, gegen Dysfunktionalität und öffentliche Legitimationsverluste zu argumentieren.

So plausibel Kelsens Haltung als Einsicht in die vermeintliche Unabwendbarkeit wirken mag, um die politischen Theoretiker und Analytiker der Lage daran zu erinnern, dass Reflexion allein keine Linderung der Krise herbeiführen kann, so irritierend bleibt seine heroische Resignation im Licht seiner Demokratietheorie, die – wie dargelegt – gute Gründe für die Verteidigung der Errungenschaften der parlamentarischen Demokratie liefert. Zudem bleibt sein letzter Text vor dem Ende der Weimarer Republik selbst merkwürdig unpräzise, was die vorstellbaren Mittel zur Verteidigung der Demokratie anbelangt. Weder thematisiert er Notverordnungen noch Verfassungsreformen oder gesetzgeberische Maßnahmen, vielmehr bleibt er bei der Absage an die Diktatur stehen, die im Fall Weimars nach Auffassung vieler Interpreten bereits seit zwei Jahren praktiziert wurde.[76]

75 Klaus Schreiner/Gerhard Besier, Art. »Toleranz«, in: *Geschichtliche Grundbegriffe. Historisches Lexikon zur politisch-sozialen Sprache in Deutschland*, Bd. 6, Stuttgart 1990, S. 445-605, hier S. 591.

76 So lässt Arthur Rosenberg seine 1935 verfasste Geschichte der Weimarer Republik

Kelsens offensives Eintreten für den Relativismus, für die »Weltanschauung des Kritizismus, Positivismus und Empirismus«, welche er einer demokratischen Haltung zuordnete,[77] bot das willkommene Angriffsziel seiner Kritiker. Die Verteidigung des Kompromisses als politische Tugend, die Berufung auf den Pazifismus und das Ziel der Friedenswahrung sowie die Einsicht in den provisorischen Charakter alles politischen Handelns – dies alles missfiel nicht nur den antiliberalen Denkern, die im Parlamentarismus Autorität, politische Führungskraft und die Fähigkeit zur Überwindung von ideologischen Gegensätzen vermissten. Einheit, Souveränität, Integration, Homogenität – das waren bis ins Lager der Demokraten hinein die positiven Leitbegriffe, entlang derer die Defizite der parlamentarischen Demokratie in der Weimarer Republik diskutiert wurden.

Der wichtigste Vorwurf, den sich ein sogenannter liberaler Relativismus einhandelte, wie ihn beispielsweise Hans Kelsen oder Gustav Radbruch vertraten,[78] richtete sich gegen das Unvermögen der parlamentarischen Demokratie, ihre eigenen Bestandsgrundlagen zu sichern. Dass verfassungsmäßig verbriefte Freiheiten dazu missbraucht werden konnten, die demokratische Ordnung selbst zu beseitigen, war ein Paradoxon, das die Staatsrechtslehre im Besonderen und das politische Denken allgemein beschäftigen musste. Kelsen und Radbruch verfochten mit der relativistischen Grundhaltung bei weitem keine isolierte Meinung; auch Richard Thoma, einer der führenden Kommentatoren der Reichsverfas-

im Jahr 1930 enden und bezeichnete Brüning als »Kanzler einer gegenrevolutionären Diktatur-Regierung«. Siehe Rosenberg, *Entstehung und Geschichte der Weimarer Republik*, S. 475.

77 Vgl. etwa Kelsen, *Staatsform und Weltanschauung*, S. 24 f.

78 »Der Relativismus ist die Weltanschauung, die vom demokratischen Gedanken vorausgesetzt wird«, schreibt Gustav Radbruch zustimmend mit Verweis auf Kelsen im maßgeblichen *Handbuch des deutschen Staatsrechts*. Siehe Gustav Radbruch, »Die politischen Parteien im System des deutschen Verfassungsrechts«, in: Gerhard Anschütz/Richard Thoma (Hg.), *Handbuch des deutschen Staatsrechts*. Erster Band, Tübingen 1930, S. 285-294, hier S. 289. – Vgl. zu Radbruch weiterhin Ralf Poscher, »Vom Wertrelativismus zu einer pluralistischen Demokratietheorie. Gustav Radbruchs rechtsphilosophisch begründete Parteienstaatslehre«, in: Gusy (Hg.), *Demokratisches Denken in der Weimarer Republik*, S. 191-220.

sung, hielt es für unausweichlich, dass »Freiheit demagogisch missbraucht werden« könne, denn: »wie wäre sie sonst eine Freiheit?«. Er erachtete es aber »vom Standpunkte des Demokratismus und des Liberalismus« als unmöglich, »das, was die entschiedene und unzweifelhafte Mehrheit des Volkes auf legalem Wege will und beschließt (und stürzte es selbst die Grundsäulen der gegenwärtigen Verfassung um), als Staatsstreich oder Rebellion« zu beurteilen.[79] Dies wurde auch von ihm als Preis der Freiheit toleriert und gehörte zu der »in ihrer Folgerichtigkeit großartige[n] Erfassung der Idee der freien demokratischen Selbstbestimmung«. Das Einfallstor für einen Umsturz der Verfassungsordnung – die Befugnisse des Reichspräsidenten – vermochte der Staatsrechtler allenfalls zu erahnen.[80] Weitaus bedeutsamer erschienen ihm die Schutzmechanismen des Verfassungsrechts: »Bei allen Arten der, nicht selten den Gegnern der Demokratie zugute kommenden, Minderheitsrechte, Grundrechtsnormen und Rechtsschutzeinrichtungen handelt es sich um Hemmungen der Mehrheitsherrschaft, die ein Demokratismus liberaler Prägung aus idealistischen Beweggründen zum Schutze der bürgerlichen und politischen Freiheit und im Dienste der Rechtsstaatsidee sich selber bereitwillig auferlegt. Die Erschwerung der Verfassungsänderung – doktrinär schwer zu rechtfertigen, praktisch einleuchtend – dient zugleich der Stetigkeit des Staatslebens.«[81]

Die verbreitete Polemik gegen den Positivismus und den Wertrelativismus, verbunden mit der weithin geteilten Diagnose einer Krise der Staatslehre, verdeutlicht einen Konflikt, der die Zwischenkriegszeit intellektuell beherrschte: die Schwierigkeit, sich mit Unentschiedenheit, Ambivalenz und Pluralität zu arrangieren. Der vermeintlich dilatorische Basiskompromiss der Weimarer Verfassung, die Offenheit ihrer Interpretation, präsentierte sich für die meisten weniger als Chance denn als Problem. Wenn die Frage nach der Stabilität und der Zukunft der Weimarer Republik ge-

79 Thoma, »Das Reich als Demokratie«, S. 193 f.

80 »Zu selbständiger politischer Tat könnte er sich erheben, indem er mit der Entlassung der Mehrheitsregierung die gleichzeitige Auflösung des Reichstags (Art. 25) und die Ernennung eines Reichskanzlers seiner Wahl – der die ganze Aktion gegenzeichnet – kombiniert. Vom Ergebnis der Neuwahl hängt es dann ab, ob der neue Reichskanzler sich halten kann.« (Ebenda, S. 196).

81 Ebenda, S. 198.

stellt wurde, so war nicht immer ganz klar, worum es gehen sollte: um die parlamentarische Demokratie in ihren verfassungsmäßigen Grundzügen, um die Republik oder um das Reich bzw. den Staat an sich. Die Debatte um die Verteidigung der Demokratie ließ sich nur sinnvoll führen, wenn man den ihr gebührenden Schutz auf das System parlamentarischer Repräsentation mit übertrug. Für liberale Demokraten war die moderne Demokratie nur parlamentarisch und repräsentativ denkbar. Es ist deswegen konsequent, dass sich die Fürsprecher der parlamentarischen Demokratie durchaus einer gemeinsamen Sache verpflichtet sahen. So zitierte Hans Kelsen ganz selbstverständlich und zustimmend in seinen politiktheoretischen Schriften Moritz Julius Bonn, dessen Argumente gegen berufsständische Kammern – ein Modethema dieser Jahre – er bereitwillig übernahm.[82] Beide – Kelsen und Bonn – verteidigten den Parlamentarismus mit Common Sense und Pragmatismus. Sie beschränkten sich dabei auf wenige Aspekte, um seine prinzipiellen Vorzüge hinsichtlich des Minderheitenschutzes, der Führerauslese, der Gewaltenteilung und der Kompromissfähigkeit hervorzuheben. Aber sie waren weit davon entfernt, Defensivstrategien für die Demokratie zu entwerfen, die über den von der Verfassung garantierten institutionellen Rahmen hinausgingen.

Die »Krise der Demokratie« (und damit diejenige des Parlamentarismus) hatte für Bonn in erster Linie soziale, ökonomische und geistige Ursachen, denen man begegnen musste.[83] Es hätte für ihn – ganz ähnlich wie für Kelsen – aber keinen Sinn ergeben, vor einer Problembewältigung in der politischen Praxis verfassungsrechtliche Maßnahmen zu fordern. Zu einem auf Vernunft und Rationalität bedachten Liberalismus gehörte es zunächst, die konkrete Lage zu reflektieren, aber es fehlte das Sensorium dafür, demokratietheoretische Schlüsse aus den Krisenphänomenen zu ziehen. Offenbar verspürten diejenigen, die vom Parlamentarismus der Weimarer Demokratie grundsätzlich überzeugt waren, wenig Neigung, deren Bestand in Frage zu stellen und eine Zerstörung der bestehenden Ordnung zum Gegenstand weiterführender Überlegungen zu machen. Anstatt dem drohenden Scheitern der Demokratie mit der

82 Kelsen, *Das Problem des Parlamentarismus*, S. 21, 24.

83 Dies wird auch deutlich in Moritz Julius Bonn, »Zur Krise der Demokratie«, in: *Die Neue Rundschau* 36 (1925), S. 337-351.

Reflexion ihrer Schutzmechanismen zu begegnen, befasste sich Bonn mit den konkreten sozialen, ökonomischen und mentalitätsgeschichtlichen Krisenerscheinungen und wollte den Zweiflern die Sinn- und Zweckhaftigkeit, aber auch die Praktikabilität einer parlamentarisch-demokratisch legitimierten Politik plausibel machen. Wenn Liberale wie Bonn oder Kelsen den Untergang der Demokratie imaginierten, so schien dies gleichsam im zyklischen Lauf der Dinge zu liegen. Die Möglichkeit des Scheiterns gab aber nicht unbedingt den Anstoß dazu, demokratietheoretisches Neuland zu erschließen. Hinzu kam, dass die Alternative Diktatur oder Demokratie, die Wahl zwischen neuen totalitären Massenbewegung und parlamentarischer Zivilität, eher als schicksalhafte Konfrontation gedeutet wurde. Der Ausgang dieses Kampfes schien kaum beeinflussbar, und das Bewusstsein für die Notwendigkeit einer Strategie, den Gegner wirksam zu bekämpfen, war unter Demokraten schwer auszumachen. Hinzu kam das liberale Unbehagen, sich auf das Pathos politischer Machtbehauptung überhaupt einzulassen: Souveränität, Entscheidung, Ausnahmezustand, Staatsraison – dem begrifflichen Arsenal der Antipositivisten und Liberalismuskritiker begegneten Kelsen und Bonn überwiegend aus einer Position des zivilisatorischen Überlegenheitsgefühls mit den Mitteln der Ironie, um die intellektuelle Schlichtheit der Republikgegner offenzulegen.

Diskursstrategisch war es für Liberale von Nachteil, dem kollektivistischen Zeitgeist mit seinem kompromisslosen Streben nach Einheit und einer Haltung der Unbedingtheit distanziert und ironisch zu begegnen. Zudem verzichteten sie weitgehend auf eine Auseinandersetzung mit dem republikanischen Gedanken. Moritz Julius Bonn bekannte in seinen Memoiren offen, dass er sich nicht als Republikaner verstand.[84] Eine solche Distanzierung mochte mit der zeittypischen Entleerung des Republikanismusbegriffs insgesamt zu tun haben, denn auch das Staatsrecht der Weimarer Republik reduzierte die Definitionsbemühungen darauf, die Republik

84 Bonn grenzte sich in seinem emphatischen Liberalismus deutlich vom Republikanismus ab, dessen Daseinsberechtigung er vor allem in kleineren politischen Einheiten, den Stadtrepubliken, sah. »Ich bin kein leidenschaftlicher Republikaner gewesen«, bekannte er. »Gleich Millionen Deutschen hätte ich 1918/19 eine parlamentarische Monarchie nach britischem Muster der Republik vorgezogen.« (Bonn, *So macht man Geschichte?*, S. 14)

lediglich als »Nichtmonarchie« zu verstehen.[85] Diese Begriffsreduktion diagnostizierte auch Carl Schmitt in seiner *Verfassungslehre* aus dem Jahr 1928: Republik bezeichne »heute nicht mehr (gleich Politie) den im Sinne von Aristoteles und Thomas idealen Staat«, sondern »das Wort Republik« treffe »vielmehr seit Machiavelli nur negativ einen Gegensatz zur Monarchie«.[86] In seiner Ignoranz der Founding Fathers und anderer wichtiger republikanischer Denker dürfte Schmitt mit dieser begriffsgeschichtlichen Deutung zwar eine theorie- und ideengeschichtlich schwer haltbare Position vertreten. Untypisch für die Zeit war sie jedoch nicht, denn die Reanimierung eines engagierten Republikanismus gehörte mitnichten zu den Reaktionen auf die allenthalben wahrgenommene Krise der liberalen Demokratie.[87]

Liberale schraken davor zurück, eine Annäherung an den Re-

85 Wolfgang Mager, Art. »Republik«, in: *Geschichtliche Grundbegriffe. Historisches Lexikon zur politisch-sozialen Sprache in Deutschland*, Bd. 5, Stuttgart 1984, S. 549-651, hier S. 648. Siehe weiterhin Emanuel Richter, *Republikanische Politik. Demokratische Öffentlichkeit und politische Moralität*, Reinbek 2004, S. 114. – Der Verzicht auf jede Beschäftigung mit dem Republikanismus ist erstaunlich, denn immerhin hieß es prominent im Artikel 1 der WRV: »Das Deutsche Reich ist eine Republik.«

86 Schmitt, *Verfassungslehre*, S. 223.

87 Das bedeutet keineswegs, dass die Republik nicht zum »Parteibegriff« taugte. Immerhin gab es das Reichsbanner Schwarz-Rot-Gold, das sich 1924 als überparteilicher Verband der Weimarer Koalition (SPD, DDP, Zentrum) zum Schutz der Republik gründete und zeitweilig über drei Millionen Mitglieder zählte. Die Befürworter der Weimarer Demokratie verwendeten den Begriff der Republik bewusst und mit Anklängen an den Republikanismus, wie in der Publizistik von Heinrich und Thomas Mann. Bei Thomas Mann hat man zudem den Eindruck, dass der unbestimmte Begriff der Republik ihm zunächst attraktiver als derjenige der Demokratie erscheint. Siehe etwa Thomas Mann, »Von deutscher Republik«; ders., »Geist und Wesen der deutschen Republik«. Heinrich Manns emphatisches Bekenntnis, von seiner Sympathie für Frankreich geprägt, beinhaltet zudem den Kern der staatsrechtlichen Debatte Weimars und macht ihn zum positiven Identitätskriterium: »Die Republik ist, kurz gesagt, der Staat, der Gedanken offen ist. Er hat kein Dogma, darf keins haben; denn dieser Staat ist gerade der Ausdruck relativer Menschen und einer veränderlichen Ordnung. Ihm fehlt die Erblichkeit der Macht. Er hat dafür das Recht der Idee. [...] Nein, die Republik muß offenen Sinn behalten. Sie soll frei bleiben, in jede neue geistige oder wirtschaftliche Ordnung hineinzuwachsen.« (Heinrich Mann, »Der tiefere Sinn der Republik« [1927], in: ders., *Sieben Jahre. Chronik der Gedanken und Vorgänge*, Berlin/Wien/Leipzig 1929, S. 356-364, hier S. 359)

publikanismus zu versuchen. Eine produktive Aneignung republikanischen Gedankenguts hätte den Weg ebnen können, nicht nur bürgerschaftliches Engagement, zivilgesellschaftliche Kräfte und moralische Ressourcen für demokratische Politik zu stärken, sondern auch die emotiven und affektiven politischen Energien für die Republik zu mobilisieren. Offensichtlich war es einem liberalen Denken zuwider, die integrierenden und gemeinschaftsstiftenden Elemente des Politischen eigens zu thematisieren; republikanische Tugend, Patriotismus und nationale Sehnsüchte waren für Bonn oder Kelsen politische Faktoren, die in den Bereich irrationaler Leidenschaften gehörten und wenig mit vernünftiger Politik zu tun hatten. Ein gutes Beispiel für diese geistige Haltung bietet Helmuth Plessners liberale Positionsbestimmung in seiner zu spätem Ruhm gelangenden Schrift *Grenzen der Gemeinschaft*. Plessners Plädoyer für Zivilität und Zeremoniell, sein Werben für die freiheitsgarantierende Funktion von Masken und sozialen Rollen, verbunden mit der Warnung vor Gemeinschaftskult und Authentizitätszumutungen, trugen einen defensiven Charakter. Es ging ihm um die Bejahung der Gesellschaft »um der Gesellschaft willen«, um die Einsicht in die Notwendigkeit, »die ganze Pflichtenlast der Zivilisation« auf sich zu nehmen.[88] Eine solche »Kritik des sozialen Radikalismus«, die lediglich dazu aufforderte, den Status quo der Verfassungsordnung und der bestehenden Gesellschaftsordnung zu akzeptieren, weil dies den Komplexitätsanforderungen der Moderne entsprach, befand sich in gehöriger Distanz zu jeder vorstellbaren republikanischen Position, die auf aktive Mitwirkung der Bürger ausgerichtet war. Auf einen republikanischen Geist war Plessners heruntergekühlte Apologie moderner Zivilität nicht angewiesen. Im Gegenteil: Es findet sich ein unverhohlen elitärer Zug in seiner Argumentation, wenn er konstatiert: »Die Mehrzahl bleibt unbewußt und soll es bleiben, nur so dient sie.«[89] Manche Liberalismuskritiker unter den Staatsrechtlern wie Rudolf Smend, Carl Schmitt oder Gerhard Leibholz haben dieses Defizit an Republikanismus – ohne es so zu nennen – deutlich wahrgenommen und so umschrieben, dass sie zumindest

88 Plessner, *Grenzen der Gemeinschaft*, S. 38.

89 Ebenda, S. 38 f. – Zur Würdigung von Plessners Schrift vgl. Wolfgang Eßbach/Joachim Fischer/Helmut Lethen (Hg.), *Plessners »Grenzen der Gemeinschaft«. Eine Debatte*, Frankfurt/M. 2002; Sieg, *Geist und Gewalt*, S. 171-186.

im Nachhinein prorepublikanisch interpretiert werden konnten.[90]

Hermann Heller hat diese Schwäche des Liberalismus, das republikanische Defizit, klar gesehen. Sein republikanischer Impuls zeigte sich in dem unbedingten Willen, die parlamentarische Demokratie gegen ihre Feinde zu verteidigen, und in der Bereitschaft, an die »vom Liberalismus vernachlässigten emotionalen und kämpferischen Kräfte« zu appellieren. Heller war nicht bereit zuzusehen, wie die Demokratie mit vermeintlich demokratischen Mitteln überwunden wurde, sondern setzte auf resolute Verteidigung, deren Ernsthaftigkeit durch den eigenen couragierten Einsatz gegen den Kapp-Putsch beglaubigt war.[91] In seiner Rede zum zehnten Verfassungstag forderte er die Studenten zur republikanischen Wehrhaftigkeit auf: »Wir geloben, die Weimarer Verfassung gegen alle Angriffe von Gewaltideologen zu verteidigen. Wenn diese Angreifer immer wieder ironisch von Wahlzetteldemokratie sprechen, so wollen wir ihnen eines ganz deutlich sagen: Wir wissen sehr genau, daß man einen Staat nicht allein mit Wahlzetteln sichert, und wir werden ihnen dieses Wissen in dem Augenblick praktisch beweisen, wo sie einen Gewaltangriff versuchen sollten. Dann werden wir die Weimarer Verfassung verteidigen, wenn es sein muss mit der Waffe in der Hand.«[92]

Heller schärfte seinen Sinn für die Gefährdung der Republik – wie die meisten Fürsprecher der parlamentarischen Demokratie – in der Auseinandersetzung mit den neuen totalitären Ideologien, dem Bolschewismus und dem Faschismus. Diese galt es geistig zu

90 Smend zählt etwa zu einer »Voraussetzung sinngemäßer Integrationswirkung des Verfassungslebens [...] die innere Beteiligung aller daran« und betont allgemein die emotive Beteiligung der Bürger (Smend, »Verfassung und Verfassungsrecht«, S. 156). Wenn Leibholz den unpolitischen Bürger beklagt und der Demokratie vorhält, dass sie »glaubenslos geworden« sei, so lässt sich dies auch als ein Defizit an Republikanismus deuten (Leibholz, *Die Auflösung der liberalen Demokratie in Deutschland*, S. 45, 50). Auch Schmitts wiederholte Thematisierung des fehlenden »Glaubens« an den liberalen Staat und sein Insistieren auf die Stabilisierungsfunktion der »Gesinnung« lassen sich als Mängelanalyse lesen, die die Schwäche der Republik erklären sollte.

91 Über Hellers mutiges Eintreten gegen die Kapp-Putschisten in Kiel, wodurch er fast zum Opfer eines Standgerichts wurde, siehe Schneider, »Positivismus, Nation und Souveränität«, S. 179 f.

92 Hermann Heller, »Freiheit und Form in der Verfassung«, S. 377.

bekämpfen, gerade weil die meisten Beobachter in dem Gefühl lebten, dass es sich keineswegs nur um lokal begrenzte, also auf Russland und Italien beschränkte, sondern europaweit relevante Phänomene handelte. Insofern bereiteten die kritische Beschäftigung mit den neuen antiliberalen Radikalismen und die daraus resultierende Genese der Totalitarismustheorie schon die entscheidenden Argumente für ein Modell der »wehrhaften Demokratie« vor. Im Gegensatz zu Kelsen, der die demokratische Staatsform mit der Weltanschauung des Relativismus in Verbindung brachte und als Modus einer gesellschaftlichen Verständigung betrachtete, stand bei Heller die kämpferische Selbstbehauptung im Vordergrund. Die Demokratie der Weimarer Republik verstand er vor allem als Staat, dessen Souveränität und Handlungsfähigkeit bewahrt werden musste. In diesem Punkt war er Carl Schmitt nahe, denn er favorisierte die Erhaltung politischer Einheit und plädierte im Unterschied zu Kelsens Gebot der Toleranz und Vielheit wenigstens für eine abgeschwächte Variante »relativer Homogenität«: »Alle Politik besteht nun in der Gestaltung und Erhaltung dieser Einheit. Alle Politik muß im Ernstfall den Angriff auf diese Einheit letztlich durch physische Vernichtung des Angreifers beantworten«, so fasste er den »richtigen Kern« der Schmittschen Unterscheidung von Freund und Feind zusammen. »Wo nicht mehr die Bereitschaft ist, den inneren oder äußeren Angreifer der politischen Einheit im Ernstfalle zu vernichten«, führte Heller Schmitts Gedanken weiter, »dort wird jede Politik grundsätzlich negiert. Ein Staat, der den tödlichen Waffengebrauch unter allen Umständen verbieten würde, der nicht schießen lässt, wenn auf seine Repräsentanten von drinnen oder draußen geschossen wird, hebt sich selbst auf.«[93]

Es ist kaum zu übersehen, dass Heller in diesem Kontext nicht nur eine vehemente Kritik an Kelsens Staatsbegriff übte, sondern ihm überhaupt absprach, politisch zu denken. Anders als Schmitt, dessen Freund/Feind-Unterscheidung okkasionell bzw. formal gedacht ist, d.h. ohne inhaltliche Festlegungen auskommt, ergriff Heller kategorisch Partei für die Weimarer Republik und verband dieses Bekenntnis mit einer bisweilen martialisch wirkenden Rhetorik. Hellers unbedingtes Eintreten für einen im Wortsinn wehrhaften Staat war vermutlich eher dem Umstand geschuldet, dass

93 Heller, »Politische Demokratie und soziale Homogenität«, S. 424 f.

sich de facto jenseits des Bürgerkriegsszenarios kaum eine konkrete Situation denken ließ, in welcher der Staat »Angreifer« wirksam bekämpfen konnte. Zudem wurde die Frontlinie zunehmend unübersichtlich, wenn die Repräsentanten dieses Staates selbst eine Überwindung der republikanischen Verfassung anstrebten, ohne dass klarwurde, was überhaupt noch einer Verteidigung wert sein sollte und wer eigentlich im Namen der Demokratie die ursprüngliche Verfassungsordnung schützen konnte.

In der Auseinandersetzung mit dem rechten Antiliberalismus und dem Faschismus der 1920er Jahre hatte die Reflexion über die Bedrohung dominiert, die eine revolutionäre und gewaltbereite Minderheit für eine demokratisch verfasste Mehrheitsgesellschaft bedeutete. Die aus der Wirtschaftskrise resultierende Staatskrise, zugleich eine Abkehr vom Prinzip der parlamentarischen Regierung, rückte schließlich eine Gefahr in den Mittelpunkt, die eine antidemokratische Mehrheit von NSDAP und KPD für den Bestand der Weimarer Republik bedeutete. Nicht nur musste eine solche negative Mehrheit jede konstruktive Regierungsmöglichkeit blockieren; sie konnte – wie Heller bereits am Faschismus in Italien beobachtete – danach trachten, »die Demokratie mit der Demokratie zu überwinden, sie immer wieder mit Worten zu bejahen und dem tatsächlichen Inhalt nach zu vernichten«.[94]

Carl Schmitt hatte schon einige Jahre früher prägnant das Kelsen-Dilemma beschrieben und auf die Möglichkeit einer Selbstaufhebung der Demokratie aufmerksam gemacht: »Für den radikalen Demokraten hat die Demokratie als solche einen eigenen Wert, ohne Rücksicht auf den Inhalt der Politik, die man mit Hilfe der Demokratie macht. Besteht aber die Gefahr, daß die Demokratie benutzt wird, um die Demokratie zu beseitigen, so muß der radikale Demokrat sich entschließen, auch gegen die Mehrheit Demokrat zu bleiben oder aber sich selbst aufzuheben.«[95] Schmitt folgerte daraus: »Sobald die Demokratie den *Inhalt* eines in ihr selbst ruhenden Wertes bekommt, kann man nicht mehr (im formalen Sinne) Demokrat um jeden Preis sein.« Seine Argumentationsstrategie war darauf angelegt, einen formalen Demokratiebegriff dem Liberalismus bzw. liberalen Wertüberzeugungen gegenüber-

94 Heller, »Rechtsstaat oder Diktatur?«, S. 457.
95 Schmitt, *Die geistesgeschichtliche Lage des heutigen Parlamentarismus*, S. 37.

zustellen. Dass ihm jedoch diese Entkopplung der Demokratie von normativen Gehalten nicht ganz gelingt, wird schon in der unmittelbar anschließenden Textpassage deutlich. Dort spekuliert Schmitt über die Dialektik der Demokratie, die sich beispielsweise in dem Augenblick zeige, wenn Demokraten »aus vermeintlich demokratischen Grundsätzen für das Frauenstimmrecht eintreten und dann die Erfahrung machen, daß die Frauen in ihrer Mehrheit nicht demokratisch wählen«.[96] Zum einen spielte Schmitt mit dieser Aussage vermutlich auf den Umstand an, dass nicht alle Frauen »demokratische«, d.h. in diesem Fall: die Republik bejahende Parteien (z.B. DDP, SPD) wählten. Zum anderen ließ sich aber nicht übersehen, dass Schmitt mit der Demokratie werthaltige Überzeugungen verband: den Grundsatz politischer Gleichheit der freien Bürger. Auch sonst erkannte Schmitt in seiner Verfassungslehre durchaus an, dass bestimmte normative Gleichheitspostulate »aus dem politischen Prinzip der Demokratie« folgten.[97] In seiner Verfassungslehre hatte Schmitt jedenfalls die Demokratie als das die Gegenwart bestimmende Paradigma akzeptiert.

Der antiliberale Schmitt war bekanntlich ein scharfer Kritiker des von ihm als »arithmetisch« verunglimpften Mehrheitsprinzips. Nicht die revidierbare Entscheidung der Mehrheit gehörte für ihn zum Prinzip der Demokratie, sondern die Identität von Regierenden und Regierten. Aus dieser kritischen Haltung entwickelte er ein scharfes Sensorium für die Abgründe des Mehrheitsprinzips, denn – wie er in seiner Abhandlung *Legalität und Legitimität* darlegt – der demokratischen Ordnung drohte nicht in erster Linie Gefahr von Seiten einer »antidemokratischen Mehrheit«. Vielmehr war bereits der legale Zugriff auf staatliche Macht in der Lage, die Legitimität eines demokratischen Willens auszuhebeln. Schmitt betonte zu Recht einen zentralen Aspekt der parlamentarischen Demokratie: das »Offenhalten der *gleichen Chance*, die Mehrheit, das heißt *die politische Macht zu gewinnen*«. Hellsichtig erkannte er, dass »der bloße Besitz der staatlichen Macht einen zur bloß normativistisch-legalen Macht hinzutretenden zusätzlichen politischen Mehrwert« bewirke, nämlich »eine über-legale Prämie auf den legalen Besitz der legalen Macht und auf die Gewinnung der Mehrheit«.[98]

96 Ebenda.

97 Schmitt, *Verfassungslehre*, S. 252 ff.

98 Carl Schmitt, *Legalität und Legitimität* (1932), Berlin 1996, 8. Aufl., S. 32 f.

Für Schmitt lag die Gefährdung der Weimarer Republik eben nicht einfach darin, dass ihre Verfassung per Mehrheitsentscheid außer Kraft gesetzt und damit die demokratische Ordnung beseitigt werden konnte, sondern darin, dass Verfassungsgegner in einem gezielten Angriff konkurrierende legale Mittel ausnutzen würden, um ein neues Regime zu etablieren. Schmitt wusste sehr genau, dass für die Stabilität der Weimarer Demokratie weithin geteilte republikanische Überzeugungen ebenso wichtig waren wie ein ausgeprägtes Rechtsempfinden: »Sobald die zur Legalität dieses Systems gehörende Voraussetzung einer beiderseitig gleich legalen Gesinnung entfällt, gibt es keinen Ausweg mehr.«[99] Insofern könne man die gleiche Chance »selbstverständlich nur demjenigen offenhalten, von dem man sicher ist, daß er sie einem selber offenhalten würde; jede andere Handhabung eines derartigen Prinzips wäre nicht nur im praktischen Ergebnis Selbstmord, sondern auch ein Verstoß gegen das Prinzip selbst«.[100] Wenn schließlich »das Prinzip der gleichen Chance und damit die Legalitätsgrundlage des parlamentarischen Gesetzgebungsstaates jeden Glauben« verloren habe, komme es nur noch darauf an, »wer zuletzt, wenn es wirklich soweit ist, in dem Augenblick, in dem das ganze Legalitätssystem beiseite geworfen wird, die legale Macht in der Hand hat und dann seine Macht auf neuer Grundlage konstituiert«.[101] Schmitt hatte vor allem den Artikel 76 der WRV im Sinn, der eine (schrankenlose) Verfassungsänderung mit Zweidrittelmehrheit erlaubte, und nahm den liberalen Relativismus der herrschenden Staatslehre ins Visier, der »die Wertneutralität eines nur noch funktionalistischen Legalitätssystems bis zur absoluten Neutralität gegen sich selbst« treibe. »Wenn das die herrschende und die ›alte‹ Lehre ist«, folgerte Schmitt, »so gibt es keine verfassungswidrigen Ziele. Jedes noch so revolutionäre oder reaktionäre, umstürzlerische, staatsfeindliche, deutschfeindliche oder gottlose Ziel ist zugelassen und darf der Chance, auf legalem Wege erreicht zu werden, nicht beraubt werden.«[102]

Gegen diesen Missbrauch des parlamentarischen »Legalitätssystems« setzte Schmitt auf die plebiszitäre Legitimität als »einzige

99 Ebenda, S. 35.
100 Ebenda, S. 34.
101 Ebenda, S. 37.
102 Ebenda, S. 47.

Art staatlicher Rechtfertigung, die heute allgemein als gültig anerkannt sein dürfte«.[103] Die von Schmitt favorisierte Simplifizierung demokratischer Willensäußerung,[104] einhergehend mit einer vernichtenden Kritik am »pluralistischen Parteienstaat«, bedeutete freilich den Abschied von der Weimarer Republik – und nicht ihren Rettungsversuch, wie bis heute einige Apologeten meinen.[105] Auch seine Aufwertung des Reichspräsidenten zum demokratisch legitimierten »Hüter der Verfassung«, der »im Mittelpunkt eines ganzen auf plebiszitärer Grundlage aufgebauten Systems von parteipolitischer Neutralität und Unabhängigkeit« stehe, ist als eine Verfassungsauslegung mit deutlich autoritärer Schlagseite anzusehen.[106]

Dennoch hat Schmitt die Gefahren, die dem politischen System der Weimarer Republik drohten, klarer analysiert als viele liberale Demokraten. Schmitt erkannte, dass die Auseinandersetzung um die parlamentarische Ordnung keineswegs in erster Linie als Weltanschauungsfrage entschieden werde, sondern dass es um Machtstrategien ging. Es handelte sich darum, unter dem Anschein der Legalität Bastionen des Staates zu sichern, um mit Berufung auf den Ausnahmezustand neue politische Grundlagen zu schaffen. Die Gefahr für die Demokratie ging dabei nicht nur von den sie bekämpfenden links- und rechtsradikalen Bewegungen aus. Vielmehr ergriffen verfassungsfeindliche Funktionsträger unter den Bedingungen des Präsidialregimes politische Maßnahmen, die keinerlei demokratische Legitimation besaßen und das parlamentarische Repräsentativsystem aushöhlten. Wenn man auch nicht so weit gehen muss, das Scheitern Weimars aus dem »dilatorischen

103 Ebenda, S. 87.

104 Schmitts auf Identität und Homogenität abhebendes Verständnis von Demokratie kommt in der folgenden Passage prägnant zum Ausdruck: »Das Volk kann nur Ja oder Nein sagen; es kann nicht beraten, deliberieren oder diskutieren; es kann nicht regieren und nicht verwalten; es kann auch nicht normieren, sondern nur einen ihm vorgelegten Normierungsentwurf durch sein Ja sanktionieren.« (Ebenda, S. 86)

105 Siehe etwa Gabriel Seiberth, *Anwalt des Reiches. Carl Schmitt und der Prozess »Preußen contra Reich« vor dem Staatsgerichtshof*, Berlin 2001. – Zu Schmitts Profilierung als vermeintlicher Retter der Verfassung vgl. auch Breuer, *Carl Schmitt im Kontext*, S. 249, sowie Reinhard Mehring, *Carl Schmitt. Aufstieg und Fall. Eine Biographie*, München 2009, S. 281-302.

106 Carl Schmitt, *Der Hüter der Verfassung* (1931), Berlin 1996, 4. Aufl., hier S. 158.

Formelkompromiß« seiner Verfassungslage ursächlich zu folgern, so lässt sich doch mit Schmitt argumentieren, dass die »Nebeneinanderstellung« verschiedener Legalitäts- und Legitimitätsmodi den Verfassungsgegnern in die Hände gearbeitet hat. Noch einmal in Schmitts Worten: »Legalität und Legitimität werden dann taktische Instrumente, deren sich jeder bedient, wie es im Augenblick vorteilhaft ist, die er beiseite wirft, wenn sie sich gegen ihn selber richten, und die einer dem andern fortwährend aus der Hand zu schlagen sucht. Weder die parlamentarische Legalität, noch die plebiszitäre Legitimität, noch irgendein anderes denkbares Rechtfertigungssystem kann eine solche Herabwürdigung zum technisch-funktionalistischen Werkzeug überdauern.«[107]

Karl Loewenstein: »Militant Democracy«

Die Erkenntnis Carl Schmitts, dass aufgrund verschiedener in der Weimarer Verfassung angelegter Legalitätsmodi auch verschiedene Legalitätsstrategien möglich waren, die Verfassung selbst unter Berufung auf den Ausnahmezustand auszuhebeln, verbreitete sich in der Staatskrise 1930-1933 rasch. Nicht nur das vielzitierte Goebbels-Diktum vom Witz der Demokratie, deren »Dummheit« darin bestand, »daß sie ihren Todfeinden die Mittel selbst stellte, durch die sie vernichtet wurde«,[108] beschrieb rückwirkend die Gefahr, die durch die politischen Mobilisierungskapazitäten der antirepublikanischen Parteien drohte. Aufgrund dieser gefährlichen Lage war die Diskussion um eine notwendige Verfassungsreform allgegenwärtig. Der sozialdemokratische Staatsrechtler Ernst Fraenkel brachte den »paradox-tragischen Charakter« der Verfassungslage auf den Punkt: »Wäre mit dem bestehenden Reichstag eine Verfassungsreform möglich, so wäre diese Verfassungsreform überflüssig. Aus der Unmöglichkeit, die Verfassungsreform durch das Parlament durchführen zu lassen, ergibt sich deren Notwendigkeit.«[109]

107 Schmitt, *Legalität und Legitimität*, S. 90.

108 Joseph Goebbels, *Der Angriff. Aufsätze aus der Kampfzeit*, München 1935, S. 61.

109 Ernst Fraenkel, »Verfassungsreform und Sozialdemokratie«, in: *Die Gesellschaft* 9 (1932), Bd. 2, S. 486-500, hier S. 499. – Ähnlich hatte dieses Paradoxon bereits Alexander Rüstow behandelt, der zu Fragen der Verfassungsänderung grundsätzlich bemerkte: »Wenn wir einen Reichstag hätten, bei dem so etwas denkbar

Die Aufsätze des Juristen und Politikwissenschaftlers Karl Loewenstein zur »militant democracy«, das meistzitierte Beispiel für den neuen Weg zu einer demokratischen Wehrhaftigkeit, war nur eine Version eines omnipräsenten Gedankens – dass nämlich die demokratische Staatsform ihre inneren und äußeren Feinde entschlossen bekämpfen müsse.[110] Loewenstein, ein Schüler Max Webers, hatte bereits 1931 auf der Tagung der Deutschen Staatsrechtslehrer in Halle an die Pflicht des demokratischen Staates zur Selbsterhaltung erinnert: »Der Staat, der von zwei radikalen Flügelparteien bewußt bedroht wird, muß sich entschlossen dagegen zur Wehr setzen.«[111] Loewenstein verstand »das Organisationsproblem des demokratischen Massenstaates« auch als ein »staatstechnisches Problem« und forderte im Oktober 1931 dazu auf, die vorhandenen Mittel zu nutzen, »um die aufgetretenen Stockungen und Fehlleistungen der Volkswillensbildung zu überwinden«: »Der Staat, der sie erkennt und nicht benutzt, ist wert, zugrunde zu gehen.«[112]

Die gesamte Passage verdient es, etwas ausführlicher zitiert zu werden: »Der Staat hat die Pflicht zur Selbsterhaltung, sich dagegen zu wehren, daß gerade den Parteien der parlamentarische Ap-

wäre, dann wäre der Vorschlag ja vielleicht gar nicht nötig [...].« (Alexander Rüstow, »Diktatur in den Grenzen der Demokratie« (1929), in: Dokumentation. Zur Frage der Staatsführung in der Weimarer Republik, in: *Vierteljahrshefte für Zeitgeschichte* 7 (1959), S. 87-102, hier S. 100. Zu analogen Schlussfolgerungen, allerdings sehr resignativ getönt und den Schwerpunkt auf das grundlegende Problem sozialer und ideeller Heterogenität legend, kommt Gerhard Leibholz, »Die Wahlrechtsreform und ihre Grundlagen«, in: *Veröffentlichungen der Vereinigung der Deutschen Staatsrechtslehrer*, Heft 7: Verhandlungen der Tagung der Deutschen Staatsrechtslehrer zu Halle am 28. und 29. Oktober 1931, Berlin/Leipzig 1932, S. 159-190, insbesondere S. 183-186.

110 Karl Loewenstein, »Militant Democracy and Fundamental Rights« (I + II), in: *American Political Science Review* 31 (1937), S. 417-432, 638-658. – Loewensteins begriffsprägender Aufsatz überdeckt die Allgegenwärtigkeit dieser Idee, und die Forschungsliteratur scheint seine Originalität doch zu überschätzen. Siehe etwa Müller, »Militant Democracy«; Markus Thiel (Hg.), *The ›Militant Democracy‹ Principle in Modern Democracies*, Farnham 2009. – Vgl. zu Loewenstein insgesamt die abgewogene Darstellung von Lang, *Karl Loewenstein*.

111 Karl Loewenstein, »Diskussionbeitrag«, in: *Veröffentlichungen der Vereinigung der Deutschen Staatsrechtslehrer*, Heft 7: Verhandlungen der Tagung der Deutschen Staatsrechtslehrer zu Halle am 28. und 29. Oktober 1931, Berlin/Leipzig 1932, S. 192-194, hier S. 193.

112 Ebenda, S. 192.

parat zur Verfügung gestellt wird, die sich zum Programm gemacht haben, diesen Apparat zu zerschlagen. Die gewöhnlichen Mittel gegen parlamentarische Obstruktion reichen nicht aus. Die Parteien, welche programmatisch und durch die Tat den Parlamentarismus verwerfen, müßten von seiner Benutzung überhaupt ausgeschlossen werden [...].«[113] Loewenstein argumentiert hier noch im Blick auf eine Wahlrechtsreform – wohl wissend, dass jede Reformdebatte fruchtlos bleibt, wenn parlamentarische Mehrheiten dafür unerreichbar erscheinen. Es geht ihm hier (und auch später) um staatstechnische, rechtliche Maßnahmen zur Sicherung der Demokratie. Ohne auf deren Details im Einzelnen einzugehen (Änderung der parlamentarischen Geschäftsordnung, Bestrafung von Hochverrat, Verbot staatsfeindlicher Organisationen, Verbot von Waffenbesitz, Gesetze gegen die Verbreitung von Hass etc.) ist entscheidend, dass sich Loewenstein ausdrücklich von einer Untergangsstimmung distanzieren wollte und davor warnte, die »deutschen Erfahrungen der letzten Jahre zu generalisieren«. Möglicherweise werde sich zeigen, so seine Hoffnung, »daß selbst bei uns die Verfallserscheinungen nicht so grundlegender Natur sind, wie es uns im Augenblick der nächsten Distanz erscheinen mag«.[114]

Rückblickend urteilte Loewenstein vier Jahre später (1935) drastischer. Aus der Perspektive des Exils schrieb er angesichts der faschistischen und nationalsozialistischen Machtaneignung in Italien und Deutschland: »Die Demokratie war von Beginn an zum Scheitern verurteilt, da sie pazifistisch und nicht wehrhaft gesinnt war.«[115] In seine europäisch-vergleichende Betrachtung über den Vormarsch autokratischer Regierungsformen griff er jedoch die 1931 bereits skizzierten Faktoren demokratischer Vulnerabilität wieder auf: *Erstens*, so Loewenstein, habe die Demokratie *contra intentionem* ihren Feinden die Instrumente zur Beseitigung ihrer wesentlichen konstitutionellen Elemente, des Parlamentarismus und des Rechtsstaates, geliefert, indem sie den Missbrauch von Meinungs- und Versammlungsfreiheit für eine gewaltsame Mobilisierung zulasse: »Die Demokratie schärfte das Messer, mit dem

113 Ebenda, S. 193.

114 Ebenda, S. 193 f.

115 Karl Loewenstein, »Autocracy versus Democracy in Contemporary Europe« (I + II), in: *American Political Science Review* 29 (1935), S. 571-593, 755-784, hier S. 580 (Übers. v. J. H.).

sie von hinten erdolcht wurde.«[116] *Zweitens* machte Loewenstein die Schwäche demokratischer und parlamentarischer Traditionen als wesentlichen Grund für die Destabilisierung und den Umsturz der nach 1918 geschaffenen Demokratien aus: »Es ist offensichtlich, dass Länder ohne demokratische Erfahrung der Gefahr des Faschismus in ganz anderer Weise ausgesetzt sind als die Nationen, die eine Tradition demokratischer Regierungsform besitzen.«[117]

Abgesehen von der Tschechoslowakei seien alle »jungen« Demokratien durch autokratische Regime ersetzt worden, wohingegen Großbritannien, Frankreich, Skandinavien und die Benelux-Staaten trotz ökonomischer Krisen an der parlamentarischen Demokratie festhielten. Die Stabilität dieser Demokratien führte er auf die Existenz von demokratischen Traditionen und längere Erfahrungen mit »Selbstregierung« zurück; darin müsse das machtvollste Versprechen für den Fortbestand der Demokratie gesehen werden. Ihr Beispiel, verbunden mit legislativen Maßnahmen gegen subversive Propaganda und den Missbrauch von demokratischen Freiheitsrechten, zeige, »dass Demokratien, die sich wehren, gerettet werden können; und wenn der Faschismus ungestraft demokratische Institutionen missbraucht, um die Macht zu erlangen, dann ist es unangebracht, die Demokratie zu beschuldigen, sobald sie von einem rücksichtslosen Feind lernt und ein wenig von dem Zwang anwendet, den die Autokratie gegen die Demokratie aufbietet«.[118] Für Loewenstein offenbart sich hier das Recht, vom Feind zumindest in dem Maße zu lernen, als man ihn mit derselben Unnachgiebigkeit bekämpfen müsse.

Strenge Maßnahmen waren nach Loewenstein auch deswegen gerechtfertigt, weil es unmöglich sei, die neuen Formen faschistischer Autokratie auf ideeller Ebene zu bekämpfen – mit ihnen lasse sich nämlich gar keine neue Idee verbinden. Insofern musste er sich nicht die Mühe machen, die Ideologie von Faschismus und Nationalsozialismus zu analysieren; er betrachtet diese Bewegung lediglich als eine »politische Technik mit ideologischem Schein«.[119] Loewenstein bekannte offen, dass sein Urteil über den Faschismus an einen bestimmten politischen Glauben gebunden war, dessen

116 Ebenda, S. 580 (Übers. v. J. H.).
117 Ebenda, S. 588 (Übers. v. J. H.).
118 Ebenda, S. 593 (Übers. v. J. H.).
119 Loewenstein, »Militant Democracy«, S. 432.

geschichtsphilosophische Linie hegelianisch geprägt war: »Die moderne Geschichte ist gekennzeichnet von einer unerbittlichen revolutionären Entwicklung von der Autokratie hin zur Demokratie, wobei jeder rückläufigen Bewegung wiederum ein Voranschreiten hin zum höchsten Ziel folgt.«[120] Vor dieser Hintergrundüberzeugung waren die Diktaturen der 1930er Jahre lediglich als schädliche Nebenfolgen von Weltkrieg und Wirtschaftskrise zu verstehen, die den Fortschritt der Geschichte aber nicht weiter beeinträchtigen dürften.

Ähnlich wie für Moritz Julius Bonn, der vom selbstgewissen Standpunkt des Liberalismus Anfang der 1930er Jahre nicht von einer »Gedankenkrise«, sondern von einer »Empfindungskrise« sprach,[121] erforderte auch für Loewenstein die Auseinandersetzung mit dem politischen Gegner eher operative Maßnahmen als eine eingehende Analyse der demokratiefeindlichen Ideologien oder gar eine Revision eigener Ideen. Zwar weist Augustin Simard mit Recht darauf hin, dass Loewenstein keineswegs einen Angriff auf den verfassungsrechtlichen Positivismus anstrebte, weil er »darauf verzichtet, Ideen, Doktrinen und Absichten als verfassungsfeindlich zu beurteilen«, sondern lediglich an einem Mittelverbot festhalte, um eine Militarisierung der Opposition zu verhindern.[122] Aber es ging ihm doch um die kämpferische Machtbehauptung der Demokratie mit den robusten Mitteln eines aktiven Verfassungsschutzes.

Diesen Gedanken formte Loewenstein dann zwei Jahre später zu einem Plädoyer für »militant democracy and fundamental rights«: »Wenn die Demokratie realisiert, dass sie noch nicht ihre Bestimmung erfüllt hat, muss sie eine politische Methode, die nur die Macht als Selbstzweck kennt, auf gleicher Ebene bekämpfen. Demokratie muss kampfbereit werden.«[123] Aus diesen Worten sprach die Überzeugung von der Legitimität der parlamentarischen Demokratie ebenso wie die Weigerung, den Faschismus als eine

120 Loewenstein, »Autocracy versus Democracy«, S. 783 (Übers. v. J. H.).

121 Moritz Julius Bonn, »Sinn und Bedeutung der amerikanischen Krise«, in: *Die Neue Rundschau* 42 (1931), S. 145-159, hier S. 153.

122 Augustin Simard, »Das Erbe von Weimar aus transatlantischer Perspektive. Der Schutz der Demokratie bei Karl Loewenstein und Carl J. Friedrich«, in: Manfred Gangl (Hg.), *Die Weimarer Staatsrechtsdebatte. Diskurs- und Rezeptionsstrategien*, Baden-Baden 2011, S. 259-287, hier S. 267.

123 Loewenstein, »Militant Democracy«, S. 423 (Übers. v. J. H.).

Ideologie anzuerkennen – eine Weigerung, die auch damit zu erklären ist, dass Loewenstein keine ideellen Gemeinsamkeiten der verschiedenen faschistischen Strömungen festzustellen vermochte.[124] Loewenstein empfand den Faschismus als eine Bewegung, deren Erfolg lediglich auf einem »perfect adjustment to democracy« basierte und die Schwächen demokratischer Toleranz ausnutzte.[125]

Die besondere Anfälligkeit der Demokratie lag für Loewenstein darin, dass sie als rationales System dem Emotionalismus des Faschismus nichts entgegenzusetzen hatte. Weder seien die Menschen bereit, für die Freiheit ihr Leben zu opfern, noch sei die Demokratie, die lediglich mit sozialen und zivilisatorischen Errungenschaften aufwarten könne, in der Lage, eine »emotional counter-attack« zu lancieren bzw. aus sich heraus eine »demokratische Romantik« zu kreieren.[126] Das Festhalten an einem der Demokratie eigenen Rationalismus offenbart auf den ersten Blick Loewensteins Nähe zu Kelsen. Bei genauerer Betrachtung entdeckt man allerdings hinter Loewensteins Kritik am »demokratischen Fundamentalismus«, den er als Hindernis und Fehlkonzeption rügt, einen scharfen Angriff auf Kelsens Position und die deutliche Weigerung, die fundamentalen Rechte der freien Meinungsäußerung, der freien Rede und des politischen Wettstreits auch den Gegnern der demokratischen Ordnung zu gewähren.[127]

Undeutlich bleibt, welche Rolle Loewenstein den »fundamentalen Rechten« bzw. Grundrechten zuwies, die er immerhin im Titel seiner Aufsatzfolge herausstellte, die aber zugleich in gewisser Weise mit seiner Kritik an einem »demokratischen Fundamentalismus« konfligierten. Die überragende Bedeutung der Grundrechte wurde von ihm konstatiert, aber nicht genauer expliziert. Loewenstein verzichtete zugunsten einer binären Freund/Feind-Codierung auf die philosophische Kohärenz der Argumentation, die noch für Kelsen Richtschnur gewesen war. Er schien eine Quadratur des Kreises anzustreben, nämlich »fundamentale Prinzipien« der Demokratie zu verletzen, um die »fundamentalen Rechte« zu schützen: »Wenn die Demokratie an die Überlegenheit ihrer unabdingbaren Werte gegenüber den opportunistischen Plattitüden des Faschismus

124 Ebenda, S. 421 f.
125 Ebenda, S. 423.
126 Ebenda, S. 428.
127 Ebenda, S. 430.

glaubt, muss sie den Forderungen der Stunde gerecht werden, und jede erdenkliche Anstrengung zur ihrer Rettung ist notwendig, sogar mit dem Risiko und um den Preis, grundlegende Prinzipien zu verletzen.«[128] Vor diesem Hintergrund lässt sich Loewensteins Engagement eher als Deklaration des Kriegsrechts für im Belagerungszustand befindliche Demokratien verstehen, hingegen kaum als eine ausgereifte theoretische Konzeption. Diesen Eindruck bestätigt auch folgende Feststellung Loewensteins: »Der Faschismus hat den Demokratien den Krieg erklärt. Praktisch sind die europäischen Demokratien mit einem Belagerungszustand konfrontiert. Ein solcher Belagerungszustand bedeutet für demokratische Verfassungsstaaten die notwendige Machtkonzentration in den Händen der Exekutive und die Aussetzung der Grundrechte.«[129]

Strukturell knüpfte Loewenstein an das republikanische Verfassungsinstitut der Diktatur an: die temporäre Suspendierung der Grundrechte, um die Verfassungsordnung im Ausnahmezustand vor Bedrohung zu schützen. Seine Innovation bestand jedoch gerade darin, sich nicht auf den verbreiteten Diskurs über die Diktatur einzulassen und in der Konzentration der Macht auf eine Person, den Diktator, die Lösung zu suchen, sondern die Exekutive als bestehende Regierung zu stärken, um die Krise zu überwinden.[130] Auch war bei ihm nirgends von der temporären Übertragung der Exekutive an das Militär die Rede oder von einem Belagerungszustand, der eine Diktatur notwendig mache. Demokratische Führung blieb bei ihm kollektive Führung. Zwar plädierte er für eine disziplinierte und autoritäre Demokratie, aber er vermied die zeittypische Personalisierung und Konzentration der Herrschaft auf eine Führungsfigur. Stattdessen spricht er vom »Einsatz disziplinierter Autorität, durch liberale Männer [sic], im Dienst für die wirklichen Ziele einer liberalen Regierung: menschliche Würde und Freiheit«.[131] Wohlgemerkt ging es Loewenstein um »liberale

128 Ebenda, S. 432 (Übers. v. J. H.).

129 Ebenda (Übers. v. J. H.).

130 Dies in Abweichung zu Llanque, der Loewensteins Konzept der »militant democracy« als Rückgriff auf die republikanische Diktatur und damit als eine »klassische Lösung« wertet. Siehe Llanque, »Die Diktatur im Horizont der Demokratieidee«, S. 84.

131 Loewenstein, »Militant Democracy«, S. 657. Dass Loewenstein hier noch nicht an Frauen denkt, mag dem Geist der Zeit geschuldet sein!

Männer« im Plural, also um eine Stärkung parlamentarischer Regierung.

Es gibt einen weiteren Unterschied zur klassischen republikanischen Theorie der Diktatur: Zwar betonte Loewenstein die Notwendigkeit, gewisse Freiheiten zum Schutz der Freiheit zu suspendieren, aber in Bezug auf die Zeitspanne der Suspendierung war er sich unsicher. Eine Rückkehr zum *status quo ante* schien ihm unwahrscheinlich, denn es war durchaus möglich, dass die liberale Demokratie an sich nur für den »politischen Adel unter den Nationen« geeignet sei, sie aber insgesamt ihr Momentum im Zeitalter der erwachenden Massen verloren habe. Gegenwärtig hatte für Loewenstein auf jeden Fall der »wehrhafte Wille zur Selbsterhaltung« Vorrang. Als Aufgabe für die Zukunft sprach er eher vage davon, Demokratie neu zu definieren und »die geistige Struktur des Massenzeitalters und der rationalisierten Emotion« zu verändern.[132]

Die von Loewenstein in Aussicht gestellte Transformation der Demokratie blieb schemenhaft, auch weil sie in einem zwiespältigen Verhältnis zum Liberalismus stand: Zum einen sah er die bisherige Form der liberalen Demokratie, die er als demokratischen Fundamentalismus begriff, als weitgehend gescheitert an – jedenfalls in Staaten, die sich nicht auf eine demokratische Kultur berufen konnten. Zum anderen blieben die liberalen Werte – Menschenwürde und Freiheit – der Zweck aller Politik. Auch wenn man Loewensteins »Verfassungsrealismus« (Ernst Fraenkel) als einen eigenständigen Versuch würdigt, »den Kelsenschen Neo-Rechtspositivismus zu überwinden, ohne Carl Schmitts Dezisionismus ›in die Arme zu laufen‹«, wie dies Robert Chr. van Ooyen vorschlägt,[133] so kommt man doch nicht umhin, auf die Grenzen seiner Konzeption, die zweifellos der zeithistorischen Konstellation geschuldet sind, aufmerksam zu machen. Vielleicht handelte es sich bei Loewenstein tatsächlich um den »rigorosesten Ansatz«, wie eine parlamentarische Elite mit verfassungsschützenden Kompetenzen auszustatten sei.[134]

132 Ebenda.

133 Robert Chr. van Ooyen, »Ein moderner Klassiker der Verfassungstheorie: Karl Loewenstein. Eine Skizze«, in: *Zeitschrift für Politik* 51 (2004), Heft 1, S. 68-86, hier S. 70 f. – Von Verfassungsrealismus spricht Ernst Fraenkel, »Geleitwort«, in: Karl Löwenstein, *Beiträge zur Staatssoziologie*, Tübingen 1961, S. IX-XVI, hier S. XV.

134 Vgl. Llanque, »Die Diktatur im Horizont der Demokratieidee«, S. 79.

Ein entscheidendes Manko bestand allerdings in der begrifflichen Unschärfe, denn de facto verstand Loewenstein unter Demokratie nunmehr alle intakten Verfassungsordnungen, in denen der Parlamentarismus als maßgeblicher Faktor des politischen Prozesses noch wirksam war. Die Dichotomie Demokratie versus Autokratie, mit der er im Blick auf den Faschismus operierte, suggerierte eine klare Unterscheidung zwischen Freund und Feind der Verfassung, die in jeder Lage mit Bestimmtheit zu treffen sei. Der Blick auf die Endphase von Weimar zeigt, dass die Übergänge zwischen nominell demokratischem und antidemokratischem Denken fließend waren bzw. verfassungsfeindliche Absichten hinter vermeintlich staatserhaltenden Legitimationsstrategien verborgen werden konnten.

Loewensteins Positionierung beeindruckt weitaus mehr durch ihre klare Parteinahme und Entschlossenheit, den antiparlamentarischen Kräften mit »wirksamem Widerstand« zu begegnen, als durch eine theoretisch stichhaltig Begründung der Maßnahmen für den Republikschutz im Sinne einer »militant democracy«. Überdies verstand er seine Ausarbeitung als Rechtfertigung einer bereits ohnehin wirksamen Praxis, mit der sich die verbliebenen Demokratien gegen extremistische Gegner verteidigten, nicht jedoch als einen konzeptionellen Vorgriff, der künftige Verfassungsneuerungen ausarbeitete.[135] »Die europäische Demokratie hat den demokratischen Fundamentalismus hinter sich gelassen und sich zur Militanz erhoben«, so lautete die Bestandsaufnahme Loewensteins, der bereits getroffene rechtliche Maßnahmen als *faits accomplis* guthieß.[136] Die Konsequenz, die er für die Demokratie zog, war in jeder Hinsicht kämpferisch, weil auf die Ausnahmesituation einer existentiellen Bedrohung ausgerichtet. Die Demokratien müssten sich aus einem Zustand der »legalistischen Selbstzufriedenheit und selbstmörderischen Lethargie« lösen.[137] Während die liberale Demokratie mit der Normalität gerechnet habe, sei es nun notwendig, Feuer mit Feuer

135 Zu diesem Urteil kommt auch Simard, »Das Erbe von Weimar aus transatlantischer Perspektive«, S. 264.

136 Loewenstein, »Militant Democracy«, S. 656 (Übers. v. J. H.). Loewenstein (ebenda, S. 645-656) schildert die umfassenden Initiativen zur »anti-extremist legislation« in den verbliebenen Demokratien der 1930er Jahre (u. a. Belgien, Dänemark, Finnland, Frankreich, Großbritannien, Niederlande, Norwegen, Schweiz, Tschechoslowakei).

137 Ebenda, S. 431.

zu bekämpfen. Loewensteins Intervention ist vor allem deswegen so eindrucksvoll, weil er sein Plädoyer mit kraftvollen rhetorischen Volten unterlegte und auf appellative Wirkung zielte. Wenn die Demokratie sich nun von liberalem Fortschrittsoptimismus lösen und einen unbeugsamen Überlebenswillen zeigen müsse,[138] dann trug diese Forderung verständlicherweise eher den Charakter einer geistigen Mobilmachung als den eines konzeptuellen Neuentwurfs.

Loewenstein machte sich also keine Illusionen über die Chancen einer verfassungsrechtlichen Korrektur in der Krise; wichtig war für ihn die Prävention, solange sie möglich war und noch die Mehrheit der parlamentarisch vertretenen Parteien fand. Darum sah er den besten Schutz gegen eine autokratische Usurpation in einer lebendigen demokratischen politischen Kultur, wie er im bereits zitierten Aufsatz von 1935 schon betont hatte: »Die Existenz einer demokratischen Tradition muss als wichtigste Sicherung für die Erhaltung der Demokratie in denjenigen europäischen Ländern gelten, die immer noch an der parlamentarischen Regierungsform festhalten.«[139] Den Kern einer streitbaren Demokratie sah er – wie sein Biograph Markus Lang zutreffend schreibt – also nicht nur »in bestimmten verfassungsrechtlichen Befugnissen und Zwangsmaßnahmen, [...] sondern in der Verwurzelung demokratischer Traditionen in den Verhaltensweisen ihrer Bürger und Politiker«.[140] Oder noch pointierter gesagt: Nur eine Demokratie, deren politische Kultur vital und mehrheitsfähig ist, findet sich in der Lage, die nötigen Maßnahmen zu ihrem Schutz zu ergreifen.

Das deskriptive Moment von Loewensteins »militant democracy« wird in der Rückschau besonders deutlich, denn auch in seiner Ende der 1950er Jahre erschienenen *Verfassungslehre*, die wesentliche Gedanken der Zwischenkriegszeit wieder aufgreift, geht es Loewenstein weniger um eine theoretische Konzeption als vielmehr um eine Beschreibung tatsächlich erfolgter Maßnahmen zur Verteidigung der Demokratie. Darin heißt es: »Mit dem *vestigia terrent* der schwächlichen Kapitulation Italiens und Weimars vor dem Totalitarismus vor Augen entschloß sich die Demokratie schließlich aus Gründen der Selbsterhaltung zur Militanz. Auf der Stre-

138 Ebenda, S. 657.

139 Loewenstein, »Autocracy versus Democracy«, S. 588 (Übers. v. J. H.).

140 Lang, *Karl Loewenstein*, S. 210 f.

cke blieben die Grundfreiheiten.«[141] Die fortwährende Bekämpfung »subversiver« Gruppen – im Kalten Krieg vornehmlich auf der politischen Linken – markierte aus seiner Sicht den negativen Umstand, dass das, was »früher auf isolierte Fälle des gewalttätigen Nonkonformismus beschränkt war, zum dauernden Bestandteil des politischen Repertoires auch der konstitutionellen Demokratie geworden« war. Loewenstein mag hier im zeitgenössischen Kontext vor allem die Auswüchse des McCarthyismus wie auch den westeuropäischen Antikommunismus generell vor Augen gehabt haben. Jedenfalls zeigte sich für ihn in aller Deutlichkeit, wie heikel eine vermeintlich temporäre Aussetzung der Grundfreiheiten im Blick auf politische Überzeugungen war. Solche Maßnahmen führten geradewegs in eine »Krise der Freiheitsrechte«, weil sie als politisches Mittel kaum vor Missbrauch zu schützen waren.[142]

Moralische Aufrüstung der liberalen Demokratie

Es wäre ein uferloses Unterfangen, die Ubiquität dieser Denkfigur demokratisch »militanter« Selbstbehauptung für die 1930er Jahre erschöpfend dokumentieren zu wollen. Allerdings ist es nötig, zumindest darauf hinzuweisen, dass der Diskurs über eine demokratische Wehrhaftigkeit zur kritischen Bestandsaufnahme derjenigen gehörte, die den Liberalismus und mithin die liberale Demokratie zu retten, zu stabilisieren und z. T. zu erneuern strebten. Wenn in vielen politikwissenschaftlichen Arbeiten lediglich der Hinweis auf Karl Loewenstein oder Karl Mannheim als Urheber von Begriff und Idee auftaucht,[143] verstellt dies den Blick für die Breite einer Debat-

141 Karl Loewenstein, *Verfassungslehre*, Tübingen 1959, S. 349.

142 Ebenda, S. 348 f.

143 Vgl. aus der Fülle der Beispiele etwa Gereon Flümann, *Streitbare Demokratie in Deutschland und den Vereinigten Staaten. Der staatliche Umgang mit nichtgewalttätigem politischem Extremismus im Vergleich*, Wiesbaden 2015, S. 97-100; Markus Thiel, »Germany«, in: ders. (Hg.), *The ›Militant Democracy‹ Principle in Modern Democracies*, S. 109-145, hier S. 109 f.; Müller, »Militant Democracy«, S. 1256-1258; Karrin Hanshew, *Terror and Democracy in West Germany*, Cambridge 2012, S. 27-33; Svetlana Tyulkina, *Militant Democracy. Undemocratic Political Parties and Beyond*, New York 2015, S. 13 f., 27 f. – Der Verweis auf Mannheim ist vermutlich eher der Bekanntheit des Autors geschuldet, zumal er in seinem Vortrag aus dem Jahr 1941 (1943 veröffentlicht) erst relativ spät –

te, die als Medium einer moralischen Selbstverständigung weitaus wichtiger erscheint denn als konkrete Diskussion über verfassungstechnische Maßnahmen zum demokratischen Selbstschutz.

Einen lebhaften Eindruck davon, wie sich Intellektuelle um eine geistige Revitalisierung der Demokratie bemühten, erhält man, wenn man einen Blick auf einige Denker der »zweiten Reihe« wirft, denen es nicht in erster Linie um einen staatsrechtlichen oder politikwissenschaftlichen Beitrag, sondern um die grundsätzliche Frage moralischer Bewährung ging. Außerordentlich interessante Beispiele dafür lieferten zwei unkonventionelle Autoren, die eine entschiedene Verteidigung der liberalen Demokratie mit lebensphilosophisch-synthetisierenden Denkansätzen verbanden und heute weitgehend vergessen sind: der Prager Zionist, Jurist,

und, wie wir sehen werden, keineswegs als Innovator – seine Überlegungen zur »militant democracy« vorlegte. Gleichwohl fasst seine Definition die wesentlichen Elemente, die aus der Debatte der 1930er Jahre bekannt sind, sehr konzise zusammen: »Our democracy has to become militant if it is to survive. Of course, there is a fundamental difference between the fighting spirit of the dictators on the one hand, who aim at imposing a total system of values and a strait-jacket social organization upon their citizens, and a militant democracy on the other, which becomes militant only in the defence of the agreed right procedure of social change and those basic virtues and values – such as brotherly love, mutual help, decency, social justice, freedom, respect for the person, etc. – which are the basis of the peaceful functioning of social order. The new militant democracy will therefore develop a new attitude to values. It will differ from the relativist laissez-faire of the previous age, as it will have the courage to agree on some basic values which are acceptable to everybody who shares the traditions of Western civilization.« (Karl Mannheim, *Diagnosis of our Time. Wartime Essays of a Sociologist*, London 1943, S. 7. – In der deutschen Übersetzung heißt es dann bereits interessanterweise »streitbare Demokratie«. Siehe Karl Mannheim, *Diagnose unserer Zeit. Gedanken eines Soziologen*, Zürich 1951, S. 13 ff.) – Bereits vorher – in seinem Mitte der 1930er Jahre verfassten Werk *Man and Society in an Age of Reconstruction* – hatte Mannheim über die notwendige Verteidigung von demokratischen Werten reflektiert: »Eine demokratisch geplante Gesellschaft muß die neuen Möglichkeiten der Freiheit bis ins einzelne entfalten, sobald dies jedoch geschehen ist, muß sie sie mit demselben Eifer verteidigen, den jede Gesellschaft in der Verteidigung ihrer Grundprinzipien zeigt. Die Demokratie sollte ihre Mitglieder in ihren eigenen Werten unterrichten und nicht schwächlich so lange warten, bis ihr System von innen her durch Privatarmeen aufgelöst wird. Toleranz bedeutet nicht, daß man den Intoleranten dulden soll.« (Diese Passage ist 1940 zuerst auf Englisch erschienen und hier zitiert nach Karl Mannheim, *Mensch und Gesellschaft im Zeitalter des Umbaus*, Darmstadt 1958, S. 410 f.)

Philosoph und Journalist Felix Weltsch (1884-1964), ein Freund von Franz Kafka und Max Brod, sowie der litauisch-deutsche Publizist Wladimir Astrow (1885-1944), ein Adept des panidealistischen Philosophen Rudolf Maria Holzapfel und 1935 aus Berlin in die Schweiz emigriert. Beide Autoren scheint zunächst wenig miteinander zu verbinden, zumal sie nicht ins etablierte liberale Intellektuellenmilieu gehören. Sie teilen jedoch einen wesentlichen Grundimpuls: nämlich den Vorbehalt gegen einen rein auf Vernunft, Rationalismus und Werterelativismus setzenden Liberalismus. So ist es kein Zufall, dass sowohl Weltsch als auch Astrow sich mit Hans Kelsen kritisch auseinandersetzten und sich zugleich für die antitotalitäre Haltung einer liberalen Demokratie, die linken und rechten Extremismus gleichermaßen bekämpfen müsse, stark machten.

Felix Weltsch veröffentlichte sein Buch *Das Wagnis der Mitte* bereits 1936 und begründete darin den untrennbaren Zusammenhang von Demokratie und Liberalismus, denn die Demokratie sei »ein Ausfluß des Prinzips des Liberalismus«. Dieser verlange »Freiheit des Individuums – auch innerhalb der Bildung des Gemeinschaftswillens« und messe die Liberalität einer Gesellschaft daran, »inwieweit das Individuum Persönlichkeit ist«. Die Demokratie indes behandle das Individuum von vornherein als entscheidungs- und urteilsfähige Persönlichkeit.[144] Demokratie war dementsprechend nicht lediglich eine Regierungsmethode, sondern beruhte auf Erziehung und Bildung, um eine »Kultur der Demokratie« zu festigen.[145] Weltschs Beitrag wurde in Exilkreisen und in der Schweiz durchaus wahrgenommen: Klaus Mann begrüßte die Schrift in einer Rezension als eine »starke Stimme der Vernunft«,[146] und der Herausgeber einer repräsentativen Anthologie zum deutschen Liberalismus, die 1944 konzipiert wurde und zwei Jahre später im Züricher Artemis Verlag erschien, wählte hinsichtlich der künftigen Perspektiven des Liberalismus unter den zeitgenössischen Denkern neben Thomas Mann und Wilhelm Röpke einen Abschnitt aus Weltschs *Wagnis der Mitte* aus, der dessen wichtigste

144 Felix Weltsch, *Das Wagnis der Mitte. Ein Beitrag zur Ethik und Politik der Zeit*, Ostrau o.J. [1936], S. 82.

145 Ebenda, S. 85.

146 Klaus Mann, *Das Wunder von Madrid. Aufsätze, Reden, Kritiken 1936-1938*, Reinbek 1993, S. 224f.

Überlegungen zu den »Abwehrmaßnahmen« der Demokratie wiedergab.[147]

Weltschs aristotelisches Eintreten für eine anspruchsvolle Sittlichkeit der Mitte, die er den gängigen Ressentiments einer Diffamierung des Mittelmaßes gegenüberstellt, verdiente eigentlich ebenfalls Aufmerksamkeit.[148] An dieser Stelle soll es aber nur um seine Konzeption einer abwehrbereiten Demokratie gehen, die bis dato – außer in der erwähnten Anthologie – nirgends Beachtung gefunden hat.[149] Weltschs Analyse deckte sich in den wesentlichen Punkten mit derjenigen Loewensteins (ohne dass er dessen Arbeiten gekannt haben dürfte, zumal Loewensteins einschlägige Aufsatzfolge erst im darauffolgenden Jahr erschien); sie ging jedoch hinsichtlich der zentralen Rolle einer demokratischen Kultur über ihn hinaus und benannte das Dilemma einer prinzipienverletzenden Selbstbehauptung präziser und deutlicher, als der empirisch arbeitende Jurist und Politikwissenschaftler dies vermochte. Die vier wesentlichen Elemente, die Weltschs Argumentation ausmachen, sollen kurz benannt werden:

Erstens konstatierte Weltsch im impliziten Bezug auf Kelsen die Selbstaufhebung der Demokratie als moralische und nicht lediglich technische Herausforderung.[150] Es handelte sich nämlich um eine

147 Federico Federici (Hg.), *Der deutsche Liberalismus. Die Entwicklung einer politischen Idee von Immanuel Kant bis Thomas Mann*, Zürich 1946, S. 431-442.

148 Vgl. dazu Jens Hacke, »Jewish Liberalism in the Weimar Republic? Reconsidering a Key Element of Political Culture in the Interwar Era«, in: Steven Aschheim/Vivian Liska (Hg.), *The German-Jewish Experience Reconsidered: Contested Interpretations and Conflicting Perceptions*, Berlin / New York 2015, S. 155-170. – Zur aristotelischen Konzeption der Mitte siehe weiterhin: Herfried Münkler, *Mitte und Maß. Der Kampf um die richtige Ordnung*, Berlin 2010.

149 Auch in einer verdienstvollen literaturwissenschaftlichen Biographie wird der politische Gehalt des Buches nicht diskutiert und nur von einigen positiven Resonanzen (u. a. Stefan Zweig, Hans Kohn, Klaus u. Golo Mann) berichtet. Siehe Carsten Schmidt, *Kafkas unbekannter Freund. Leben und Werk von Felix Weltsch. Zionist, Journalist und Philosoph*, Würzburg 2010, S. 210 f. An der ausgebliebenen Rezeption hatte auch eine Neuauflage im Stuttgarter Kohlhammer Verlag im Jahr 1965 nichts ändern können.

150 Auch Kelsen hatte sich ausführlich und kritisch mit Weltschs Überlegungen zu einer organischen Demokratie (Felix Weltsch, »Organische Demokratie«, in: *Die Neue Rundschau* 29 [1918], S. 433-454) auseinandergesetzt und stieß sich vor allem an dessen Überhöhung des parlamentarischen Kompromisses als »schöpferischer Synthese«. Siehe Kelsen, *Das Problem des Parlamentarismus*, S. 31-33.

Existenzfrage. »Die Geschichte der letzten Jahre«, so Weltsch, habe »bis zur Groteske gezeigt, daß die Demokratie, indem sie sich zu Leugnern der Demokratie demokratisch verhält – indem sie also ihre Grundsätze auf Fragen ihrer eigenen Existenz anwendet – ihren eigenen Ruin herbeiführt«. Sie müsse sich deshalb ihrer logischen Grenzen bewusst werden und diese Selbstaufhebung »mit sittlicher Überzeugung ablehnen«, denn »es ist für die Demokratie sittlicher, sich selbst im Detail und vorübergehend aufzuheben, um sich im Ganzen für die Zukunft zu erhalten, als sich selbst im Detail und in jedem Augenblick konsequent zu erhalten, um sich im Ganzen und für die Zukunft aufzuheben«.[151]

Mit Blick auf die Demokratie als Methode galt es daher *zweitens*, »die sittliche Grenze der Demokratie« anzuerkennen, d. h., es verlange die Einsicht, »daß die Demokratie nicht der höchste Wert« sei,[152] einem abweichenden Willen der Mehrheit in zentralen Wertfragen also nicht stattgegeben werden könne.

Die legitimatorische Substanz der Demokratie bezog sich *drittens* für Weltsch nicht auf einzelne Maßnahmen und Entscheidungen, sondern auf die Erhaltung der Rahmenbedingungen für eine demokratische Kultur. Diese »Kultur der Demokratie« war geprägt durch Aufklärung, Wissen, Bildung, Öffentlichkeit, Diskussion, Kritik und blieb zugleich evolutiv angelegt, weil sie »erst allmählich durch Erkenntnis, Erziehung und wohl auch gefährliches Schicksal der Demokratie und Begegnung mit dem Faschismus sich entwickelt«.[153] In Weltschs Fortschrittsoptimismus tauchte die altliberale Hoffnung wieder auf, dass sich das moralisch Gute angesichts neuer Bewährungsproben durchsetzen würde.

Viertens schließlich kam Weltsch nicht umhin anzuerkennen, dass die Aporien der liberalen Demokratie theoretisch unauflösbar blieben. Die Tyrannei der Mehrheit war ebenso wenig auszuschließen, wie die Güte, Weisheit oder Wahrheit von Mehrheitsentscheidungen auf irgendeinem Weg bewiesen werden könnte. Vielmehr war es eine Sache des Glaubens, »daß es unter verantwortlich wählenden Individuen keine Majorität des Bösen in der Welt« gebe. Überdies gehe die Demokratie davon aus, »daß die Wahrscheinlichkeit, daß jemand, der durch Gewalt und List herrscht, auch

151 Weltsch, *Das Wagnis der Mitte*, S. 87.
152 Ebenda, S. 88.
153 Ebenda, S. 85.

ein sittlicher Segen für die Menschheit sein werde, weit geringer ist, als daß das Gegenteil der Fall ist«.[154] Insofern leitete Weltsch aus der moralischen Reflexion über die Güte demokratischer Lebensbedingungen eine Überlegenheit der Demokratie gegenüber der Diktatur ab, die zur Einsicht in unbedingte Bewahrungswürdigkeit des demokratischen Rechtsstaats und zur geistigen Verteidigungsbereitschaft führen sollte. Es handelte sich hier freilich um eine bescheidene Wertschätzung der Demokratie, deren Vorzug Weltsch daran festmachte, dass sie Schlimmeres zu verhindern vermöge: »Die Demokratie ist nicht der Weg zum Guten; sie ist ungenügend; sie ist negativ; sie ist nur ein Hilfswert; sie ist rationalisierend [...]; aber sie ist eine Errungenschaft; eine der wenigen festen Stützpunkte auf dem Wege der Menschheit [...].« Darum gab es für Weltsch »keinen Fortschritt der Menschheit gegen die Demokratie oder ohne Demokratie«.[155] Gleichzeitig betonte der Prager Jurist und Philosoph, dass die Demokratie nie Selbstzweck sein könne, sondern auf liberale Ziele angelegt sei, um der Freiheit des Einzelnen zu dienen.

Sicherlich irritieren in Weltschs Konzeption die idealisierenden Passagen über eine schöpferische Mitte, die in der Lage sein müsse, nicht lediglich sachliche Kompromisse zu schließen, sondern die gesellschaftlichen Antagonismen im Sinne eines kreativen synthetischen dritten Weges zu versöhnen. Diese Metaphysik der Harmonisierung von Gegensätzen hat fraglos hegelianische Dimensionen. Gleichwohl entwickelte Weltsch ein Sensorium für reale Gefahren, und seine Prägung als Prager Jude und seine Stellung als Herausgeber der zionistischen Zeitschrift *Selbstwehr* sorgten dafür, dass er politische Bedrohungen früh erkannte. Auch bei ihm findet sich die Forderung, in der Krise der Demokratie »Schutzvorkehrungen und Abwehrmaßnahmen gegen Verirrungen« herbeizuführen: »Die Demokratie bedarf einer durchdachten und systematischen Abwehr aller jener durchdachten und systematischen Methoden, welche dazu dienen sollen, das Individuum zu entpersönlichen und es zu einem bloßen Massenteilchen zu machen. Hier müßte ein ganzes Arsenal von Abwehrmaßmitteln [sic!] gefunden werden, ebenso reichhaltig wie das ganze große Gegenarsenal.«[156] Es wäre

154 Ebenda, S. 78.

155 Ebenda, S. 94.

156 Ebenda, S. 84.

verfehlt, Weltschs Rede von den »Massenteilchen« einer kulturpessimistischen Haltung zuzuschlagen. Vielmehr ging es ihm darum, dem Kollektivismus und Antiliberalismus der totalitären Massenströmungen entgegenzutreten, die das Individuum tatsächlich in ein konformes Element der ideologisch begründeten Gemeinschaft zu verwandeln strebten. Deshalb war für Weltsch – wie für andere Liberale auch – der »Kampf gegen die Demokratie« gleichzusetzen mit einem »Kampf gegen die Humanität«.[157]

Wladimir Astrows achtzigseitiger Essay über die *Grenzen der Freiheit in der Demokratie* (das Vorwort datiert vom Oktober 1939, also unmittelbar nach Ausbruch des Zweiten Weltkriegs) bietet ebenfalls in vielerlei Hinsicht interessante Einblicke in die Debatte über die Wehrhaftigkeit der liberalen Demokratie.[158] Zum einen ist er sehr darum bemüht, die Allgegenwart und die Dringlichkeit der Frage nach dem Überleben der liberalen Demokratie zu belegen; er zitiert andere zeitgenössische Problematisierungen ausführlich. Von Astrow wissen wir auch, dass in der *Neuen Zürcher Zeitung* bereits am 13. April 1937 ganz im Sinne Loewensteins (aber vor Veröffentlichung von dessen Artikelserie) von einer »Entwicklung zur militanten Demokratie« die Rede war.[159] Dieses Fundstück gibt auch einen Hinweis darauf, woher Thomas Mann (der übrigens auch ein guter Bekannter Loewensteins war und ihn im Schweizer Exil häufig traf bzw. mit ihm korrespondierte) als regelmäßiger Leser der *NZZ* den Begriff nahm, den er selbst prominent im Januar 1939 in seiner großen Rede über »Das Problem der Freiheit« verwendete.[160]

157 Ebenda, S. 108. Diese Gleichsetzung von Humanität und Demokratie wurde spätestens in den 1930er Jahren zum Erkennungsmerkmal des liberalen Intellektuellen, der sich weiterhin mit den westlichen parlamentarischen Demokratien identifizierte und sich damit auch von sozialistischen, moskauaffinen Antifaschisten absetzte. Zur verbreiteten antiliberalen »Kultur des Antifaschismus« siehe insbesondere François Furet, *Das Ende der Illusion. Der Kommunismus im 20. Jahrhundert*, München 1999, 2. Aufl., S. 341-400.

158 Wladimir Astrow, *Grenzen der Freiheit in der Demokratie. Zur geistigen Neuorientierung des Liberalismus*, Zürich 1940.

159 Ebenda, S. 29 f. Dieser Hinweis findet sich bereits bei Mandt, »Demokratie und Toleranz«, S. 31, Anm. 8. Mandt konstatiert ebenfalls, dass der Terminus »militante Demokratie« seit Ende der dreißiger Jahre sowohl in der Politikwissenschaft als auch in der politischen Publizistik geläufig sei (ebenda, S. 31), ohne allerdings genauer auf gegenseitige Bezüge einzugehen.

160 Siehe dazu weiter unten.

Zum anderen macht Astrow darauf aufmerksam, dass es sich bei der Frage, wie die liberale Demokratie wirksam zu verteidigen sei, gleichermaßen darum handle, dem Totalitarismus entgegenzutreten wie auch den Liberalismus geistig zu erneuern. Dass der Text passagenweise von panidealistischen Schwärmereien und esoterisch anmutenden Psychologisierungen durchsetzt ist, schwächt den Gehalt der empirischen und konkret politischen Teile (die klar überwiegen) kaum.

Astrow pointiert die wesentlichen Aspekte liberaler Selbstkritik: die Schwäche und Vagheit des Freiheitsbegriffs;[161] »die Lücke im System des Liberalismus«, welche zum Einfallstor der Meinungs- und Organisationsfreiheit missbrauchenden Demokratiefeinde wird;[162] das Festhalten an einer Doktrin der Toleranz, die sich auf die natürliche Durchsetzung des Guten und Wahren verlasse, kurz: die »relativistische Rückgratlosigkeit«.[163] Die Schwäche der Weimarer Republik hatte für Astrow darin bestanden, »dass sie vor Gewalt auch dort zurückscheute, wo nur Gewalt die Zukunft der Freiheit sichern konnte«.[164] Astrows Betonung der diametralen Entgegensetzung von Demokratie und Diktatur verwies sehr deutlich darauf, dass spätestens im Laufe der 1930er Jahre der Begriff der Diktatur seine Verbindung zur republikanischen Verfassung eingebüßt hatte und zumeist mit Totalitarismus identifiziert wurde. »Es dürfte nicht mehr vorkommen«, so Astrow, »dass Bekämpfung des Strebens nach Diktatur in Widerspruch zum demokratischen Gewissen und zum demokratischen Rechtsbewusstsein gerät. Es dürfte weder moralisch noch juridisch möglich sein, dass Einzelne oder Gruppen unter dem Schutz der Geistesfreiheit an der Vernichtung der Geistesfreiheit ›legal‹ arbeiten.«[165]

Auch zu Astrows Konzeption einer wehrhaften Demokratie gehörte eine Verschärfung der demokratischen Gesetzgebung gegenüber denjenigen, die versuchten, »die geistigen Freiheitsrechte des gesamten Volkes zugunsten einer Einzelperson oder einer Minderheit unwiderruflich zu usurpieren«.[166] Die Entschiedenheit des Plä-

161 Vgl. Astrow, *Grenzen der Freiheit,* S. 13, 15.

162 Ebenda, S. 21.

163 Ebenda, S. 73.

164 Ebenda, S. 26.

165 Ebenda, S. 59

166 Ebenda.

doyers für eine »militante« Neubesinnung des Liberalismus überdeckte zwar die Schwierigkeit, inwiefern solche antidemokratischen »Handlungen und Bestrebungen« immer genau zu erkennen seien, aber sein Referenzobjekt – die NSDAP-Führungsriege mit ihren Bekundungen einer Legalitätstaktik vor der »Machtergreifung«[167] – verliehen der Argumentation hinreichende Plausibilität. Astrow hielt an der fortschrittsoptimistischen Perspektive fest, dass der Liberalismus seine Rolle »als Schutz und Schirm des Kulturaufstiegs« übernehmen werde,[168] wenn er sich von seinen Mängeln befreie und sich in die Lage versetze, Geistesfreiheit mit Gemeinschaftssinn zu verbinden, d. h. dafür sorge, daß die liberale Demokratie ein Wir-Gefühl entwickle und Identifikation möglich mache.[169]

Um einen abschließenden Blick auf die Thematisierungen demokratischer Wehrhaftigkeit unter liberalen Auspizien zu werfen, ist es hilfreich, sich einem der wortmächtigsten Intellektuellen der Zeit zuzuwenden: Thomas Mann. Lange Zeit gehörte es zum Standardrepertoire der Mann-Kritik, sein politisches Denken als weltfremd, widersprüchlich, oberflächlich und ohne jedes Verständnis für die Demokratie abzuqualifizieren: ein »unwissender Magier« und unpolitischer Betrachter, dessen Vernunftrepublikanismus und demokratische Wende in der Weimar-Ära halbherzig und vom Willen zur Repräsentation motiviert gewesen seien.[170] Diese Auffassung scheint in historisierender Perspektive nicht mehr haltbar und gilt in der jüngeren Thomas-Mann-Forschung aus guten Gründen als überholt. Zum einen ist in Betracht zu ziehen, dass der vermeintlich defizitäre Demokratiebegriff Manns an einem pluralistischen Verständnis gemessen wird, das damals noch lange nicht kanonisch war. Zum anderen lässt sich das Vorurteil von der vermeintlichen Politik- und Realitätsfremdheit Thomas Manns leicht ausräumen, wenn man sich vor Augen führt, wie gut informiert, diskursiv eingebunden und intellektuell engagiert Thomas Mann sich mit den politischen Fragen seiner Zeit auseinandersetzte.[171]

167 Ebenda, S. 28 f.

168 Ebenda, S. 75.

169 Ebenda, S. 71 f.

170 Vgl. etwa Joachim Fest, *Die unwissenden Magier. Über Thomas und Heinrich Mann*, Frankfurt/M. 1993, sowie Manfred Görtemaker, *Thomas Mann und die Politik*, Frankfurt/M. 2005.

171 Zur neuen Perspektivierung Manns vgl. vor allem Hermann Kurzke, *Thomas*

Es ist wenig ergiebig, Thomas Mann in seinen politischen Äußerungen im Exil – nach dem zunächst hinausgezögerten öffentlichen Bruch mit dem NS-Regime 1936 – besondere Originalität zuzuschreiben, seine Hellsichtigkeit und Urteilskraft zu loben oder seine Irrtümer retrospektiv zu markieren. Wichtiger dürfte sein, seine Witterung für intellektuelle Zeitströmungen und Ideenkonjunkturen ernst zu nehmen. Seine Tagebücher und Korrespondenzen geben Aufschluss darüber, wie intensiv er sich über die politische Lage in kulturpolitischen Zeitschriften, in Tageszeitungen oder auch im direkten Austausch mit Zeitgenossen informierte und wie gründlich er politische Fragen reflektierte.

Immerhin erscheint es bemerkenswert, dass Mann bereits im März 1935 seine ungehaltene, erst ein Jahr später veröffentlichte Rede »Achtung, Europa« mit dem Plädoyer für einen »militanten Humanismus« beschließt. Dieser müsse von der Einsicht erfüllt sein, »daß das Prinzip der Freiheit, der Duldsamkeit und des Zweifels sich nicht von einem Fanatismus, der ohne Scham und Zweifel ist, ausbeuten und überrennen lassen darf«. Wenn Mann anschließend den »europäischen Humanismus« zu einer »streitbaren Wiedergeburt seiner Ideen« aufruft, offenbart sich eine weitere Variation der Denkfigur von einer kämpferischen Bewährung der westlichen Zivilisation.[172] Auch der deutsche Nobelpreisträger hatte, übrigens mit Verweis auf José Ortega y Gassets *Der Aufstand der Massen*, erkannt, dass die totalitären Massenbewegungen »die liberale Demokratie zertrampeln, genauer gesagt, sie benützen, um sie zu zerstören«.[173]

Thomas Manns unbedingte Parteinahme für die westliche Demokratie und sein Appell an ihre Kraft zur kämpferischen Verteidigung ihrer Werte wird nicht dadurch gemindert, dass er in Tagebü-

Mann. Das Leben als Kunstwerk. Eine Biographie, München 1999; Heinrich Detering, *Thomas Manns amerikanische Religion. Theologie, Politik und Literatur im kalifornischen Exil.* Frankfurt/M. 2012; Hans Rudolf Vaget, *Thomas Mann, der Amerikaner. Leben und Werk im amerikanischen Exil, 1938-1952*, Frankfurt/M. 2011; Reinhard Mehring, *Das »Problem der Humanität«. Thomas Manns politische Philosophie*, Paderborn 2003.

172 Thomas Mann, »Achtung, Europa!« (1935), in: ders., *Essays. Bd. 4: Achtung, Europa! 1933-1938*, hg. von Hermann Kurzke u. Stephan Stachorski, Frankfurt/M. 1995, S. 147-160, hier S. 159.

173 Ebenda, S. 151.

chern und Briefen bisweilen Zweifel am Überleben der Demokratie äußert oder den Übergang zu autoritären Modellen durchspielt. Ausschlaggebend bleibt die Konstanz seiner öffentlichen Stellungnahmen zur Demokratie, die er – freilich ohne Präzisierung ihrer tatsächlichen institutionellen Beschaffenheit – als Lebensform der Freiheit bedingungslos gegen den Nationalsozialismus und Faschismus unterstützte. In welcher Weise der prominenteste deutsche Exilant an die liberalen Reformdiskurse der Zwischenkriegszeit anknüpfte, belegt insbesondere seine Rede »Vom zukünftigen Sieg der Demokratie« (1938). Darin plädierte er für eine »tiefe und kraftvolle Besinnung der Demokratie auf sich selbst, die Erneuerung ihres geistigen und moralischen Selbstbewußtseins« sowie für eine »Reform der Freiheit«.[174] Für diese Reform der Freiheit markierte er drei Veränderungen: *erstens* einen Abschied vom liberalen *Laissez-faire* und die Ausgestaltung einer sozialen Demokratie, um »dem Faschismus und auch dem Bolschewismus den Wind aus den Segeln zu nehmen«; *zweitens* einen Abschied von liberalen pazifistischen Illusionen, die der Schriftsteller mit einer scharfen Kritik an der Appeasement-Politik und deren Motivation verband, »den Krieg um keinen Preis zu wollen«, womit sie ihn aber herbeiführe, »statt ihn zu bannen«; *drittens* schließlich die bereits angesprochene »Humanität des Willens und der kämpferischen Entschlossenheit zur Selbsterhaltung«.[175]

In seiner am Vorabend des Zweiten Weltkriegs gehaltenen Rede »Das Problem der Freiheit« sprach Mann schließlich explizit von einer »militanten Demokratie«, »die sich des Zweifels an sich selbst entschlägt, die weiß, was sie will, nämlich den Sieg, welcher der Sieg der Gesittung ist über die Barbarei«, denn: »der Freiheitsbegriff der Demokratie darf nicht auch die Freiheit umfassen, die Demokratie ums Leben zu bringen, er darf nicht den Todfeinden der Demokratie freies Wort und freie Hand geben«.[176] Manns Rückführung der militanten Demokratie auf die *ecclesia militans*, »die kämpfende Kirche, die der triumphierenden, der ecclesia trium-

174 Thomas Mann, »Vom künftigen Sieg der Demokratie« (1938), in: ders., *Essays. Bd. 4*, S. 214-244, hier S. 236, 240.

175 Ebenda, S. 241.

176 Thomas Mann, »Das Problem der Freiheit« (1939), in: ders., *Essays. Bd. 5: Deutschland und die Deutschen 1938-1945*, Frankfurt/M. 1996, S. 54-74, hier S. 71.

phans vorausging«,[177] mag zwar überraschen, da er selbst keinerlei öffentliche Glaubensbezeugungen erkennen ließ.[178] Diese Analogie verdeutlicht aber, wie sehr er den Einsatz für die Demokratie als eine Sache des Glaubens verstand und wie klar für ihn die Unterscheidung zwischen Gut und Böse in den Konstellationen unmittelbar vor dem Zweiten Weltkrieg geworden war. Nicht umsonst sprach Mann rückblickend davon, dass die Jahre des Kampfes gegen Hitler »moralisch gute Zeit« waren.[179]

Dass Mann mit Karl Loewenstein, dem politikwissenschaftlichen Paten der »militant democracy«, gut bekannt war und einen engen Austausch auch über die politische Lage in Europa pflegte, ist eine bemerkenswerte Pointe. Dabei ist es eigentlich unerheblich, ob sich ein Nachweis dafür finden lässt, dass der Repräsentant des deutschen Geistes Loewensteins Aufsätze zum Thema gekannt oder gelesen hatte. Beide dachten jedenfalls ähnlich über die faschistische Bedrohung und die fatale Passivität der westeuropäischen Demokratien.[180] Die Vorstellung von einer »kämpfenden Demokratie« (Th. Mann)[181] war dann spätestens nach Ausbruch

177 Ebenda, S. 70 f.

178 Vgl. zu diesem Aspekt vor allem Heinrich Detering, *Thomas Manns amerikanische Religion.*

179 Thomas Mann, »Die Entstehung des Doktor Faustus« (1949), in: ders., *Rede und Antwort. Über eigene Werke. Huldigungen und Kränze: Über Freunde, Weggefährten und Zeitgenossen*, Frankfurt/M. 1984, S. 130-288, hier S. 240. Vgl. dazu auch Kurzke, *Thomas Mann*, S. 447-450.

180 Dies geht aus dem aufschlussreichen Briefwechsel der beiden hervor: Thomas Mann/Karl Loewenstein. Briefwechsel. Erster Teil: 1933-1938, hg. von Eva Schiffer, in: *Blätter der Thomas Mann Gesellschaft Zürich* 18 (1981), S. 5-37. »Das grösste Leiden«, schreibt Thomas Mann am 14. Februar 1935 an Loewenstein, »ist beständig die Apathie und der moralische Stumpfsinn der Welt gegenüber den Abscheulichkeiten des deutschen Regimes und namentlich die geradezu albern wirkende englische Bereitschaft zum Entgegenkommen und zur Verständigung von Gleich zu Gleich.« (S. 22) Loewenstein – ebenfalls charakteristisch für den Geist der Zeit – sah den Abschied von alten Formen der liberalen Demokratie als unausweichlich an, denn »auch die neue Demokratie wird autoritär sein[,] und es handelt sich nur darum, sie mit einem Inhalt zu füllen, der die Opferung der Selbstentscheidung für die Massen wertvoll macht« (S. 30).

181 Thomas Mann an Karl Loewenstein (30. Oktober 1939): »Es mag schwach und unvernünftig sein, dass man heute mit seinem Herzen bei den kämpfenden Demokratien ist, deren regierende Schichten so sehr den Hitlerismus großgezogen haben.« Siehe Thomas Mann/Karl Loewenstein. Briefwechsel. Zweiter Teil:

des Weltkrieges in Emigrantenkreisen selbstverständlich geworden – und das Reden von der militanten Demokratie hatte sich vor allem als ein Vorgriff auf die erwartete kriegerische Auseinandersetzung erwiesen.

Der ebenfalls mit Thomas Mann korrespondierende österreichische Schriftsteller Hermann Broch verfasste im amerikanischen Exil eine Bestandsaufnahme mit dem Titel »Zur Diktatur der Humanität innerhalb einer totalen Demokratie«. Auch darin finden sich alle Metaphern eines existentiellen Überlebenskampfes: Die Demokratie war mehr als eine Regierungs- oder Lebensform, sie trug »Verantwortung für die Menschheit und für die Menschlichkeit«, und ihr war »die Pflicht auferlegt, ihre Grundprinzipien aufrecht zu halten und für sie zu kämpfen«.[182] Es galt also nicht nur, »die technische Selbstzersprengung der Demokratie nach zentraleuropäischem Muster zu verhüten«, sondern mit der Demokratie die Prinzipien von Humanität und Freiheit insgesamt »geschlossen zu verteidigen«. Dazu müssten die verbliebenen Demokratien und Demokraten freilich »endlich einsehen, daß sie, ob sie nun wollen oder nicht, sich bereits im Kriegszustand befinden« und »daß ein Kriegszustand besondere Maßnahmen erfordert«. Brochs Plädoyer war ebenso radikal wie unpräzise: Die »Wendung zur totalen Demokratie« mache es notwendig, dass der Staat »nicht nur über die physischen, sondern auch über die geistigen Waffen das volle Verfügungsrecht« erhalten sollte,[183] wozu es besonderer Anstrengungen in Volksaufklärung und Propaganda bedürfe; an anderer Stelle regte er ohne genauere Erläuterungen an, die parlamentarische Form »durch geeignetere modernere Instrumente« zu ersetzen.[184]

Dies führte vor Augen, dass das mit der militanten Demokratie verbundene semantische Feld in erster Linie als Aufmerksamkeitsverstärker diente, um in den westlichen Demokratien den Ernstfall der Bedrohung durch Gewalt und Krieg zu illustrieren und in der

1939-1955, hg. von Eva Schiffer, in: *Blätter der Thomas Mann Gesellschaft Zürich* 19 (1982), S. 5-40, hier S. 6 f.

182 Hermann Broch, »Zur Diktatur der Humanität innerhalb einer totalen Demokratie« (1939), in: ders., *Politische Schriften. Kommentierte Werkausgabe*, Bd. 11, Frankfurt/M. 1978, S. 24-71, hier S. 25.

183 Ebenda, S. 64-67.

184 Siehe Hermann Broch, »Theorie der Demokratie« (1938/39), in: ders., *Politische Schriften*, S. 72-80, hier S. 77.

Unausweichlichkeit des demokratischen Existenzkampfes an die Moral zu appellieren. Dass die liberale Demokratie der Gewaltbereitschaft ihrer Gegner nicht gewachsen sein könnte, gehörte zu den allenthalben geäußerten Feststellungen ihrer Schwäche. Die liberale, auf bürgerliche und parlamentarische Ordnung setzende Variante der Demokratie vermochte es aus Sicht ihrer Kritiker eben nicht, angesichts instabiler gesellschaftlicher Verhältnisse einen Zusammenhalt gegen ihre Gegner zu stiften und die ihr zugrundeliegenden Werte integrierend zu mobilisieren. Die Metaphern des Kampfes, der Militanz und Wehrbereitschaft lagen im Geist einer Zeit, die massendemokratische Parteiformationen und paramilitärische Organisationsformen hervorbrachte und damit die Politik in Analogien zu kriegerischen Auseinandersetzungen deuten musste. Mit denselben Argumenten und dem Rekurs auf »militant democracy« begegneten auch amerikanische Liberaldemokraten und Fürsprecher des New Deal wie Max Lerner den Krisenerscheinungen der 1930er Jahre und warben für »collective democratic action«, um den »real test of democracy« zu bestehen.[185]

Wie verbreitet und selbstverständlich im bürgerlich-liberalen Milieu des Exils die Überzeugung war, dass die westlichen Demokratien für ihre geistigen Grundlagen wehrhaft einstehen müssten, belegen auch die Äußerungen eines weiteren guten Bekannten von Thomas Mann: Moritz Julius Bonn. Dieser forderte ebenfalls eine kämpferische Bewährung der liberalen Demokratie, die offensiv ihre Werte verteidigt. Er formulierte es in einem Aufsatz über »Limits and Limitations of Democracy« aus dem Jahr 1938 folgendermaßen: »Kein politisches System kann Bestand haben, wenn seine Vertreter und Zugehörige nicht einen leidenschaftlichen Glauben an seine Überlegenheit gegenüber anderen Systemen besitzen. [...] Der Wahrheit muss ins Auge geblickt werden, so unangenehm sie auch sein mag. Die Demokratie kann ihre Begrenztheit nicht überwinden, indem sie lediglich diejenigen um die Duldung ihrer schwachen Überzeugung bittet, die ein demokratisches Bekenntnis geradheraus verweigern und die Notwendigkeit jeder Duldung obendrein.«[186] Das Problem, dass die Demokratie Grenzen zu zie-

185 Siehe Max Lerner, *It is later than you think. The Need for a Militant Democracy* (1938/1943), New Edition, New Brunswick/London 1989, S. 101-104 (dieser Abschnitt, übertitelt »What is militant«, nimmt auch Bezug auf Thomas Mann).

186 Moritz Julius Bonn, »Limits and Limitations of Democracy«, in: Ernest Simon

hen habe und in der Lage sein müsse, Freiheiten einzuschränken, d. h. das liberale Gebot der Toleranz zu beschneiden, berührte den Kern demokratischer Wehrhaftigkeit also ganz unmittelbar. So war es kaum verwunderlich, dass ganz verschiedene liberale Exilanten wie der nach Oxford emigrierte Spanier Salvador de Madariaga oder etwa der in Neuseeland an seinem Hauptwerk arbeitende Österreicher Karl Popper verwandte Gedanken formulierten, die einen antitotalitären Konsens ausdrückten.[187]

Es blieb allerdings offen, auf welche Weise und wie grundsätzlich die liberale Demokratie ihre Strukturprinzipien und ihren Charakter ändern musste bzw. konnte, ohne sich gegebenenfalls selbst zu einem neuen Ordnungsmodell zu transformieren. Der emigrierte Sozialist und erste bedeutende Historiker der Weimarer Republik Arthur Rosenberg, vom marxistischen Standpunkt durchaus ein vehementer Kritiker der liberalen Demokratie, beschrieb deren Krise und Herausforderungen in mancherlei Hinsicht strukturanalog und zeitgleich mit Loewenstein, vermutlich ohne dessen Arbeiten zu kennen.[188] Für die Epoche nach dem Ersten Weltkrieg

u. a., *Constructive Democracy*, London 1938, S. 215-247, hier S. 246 (Übers. v. J. H.).

187 Salvador de Madariaga, der als Diplomat für die Spanische Republik wirkte, beklagte die Blindstelle des Liberalismus, dass er den Staatsfeinden nicht entschieden begegne. Falls »Parteien ihre Anhänger in Kampfverbänden zusammenfassen oder Gewalt als politische Methode propagieren, muss der Staat Halt rufen, weil die Freiheit eine seiner Säulen ist und jede Partei, die die Freiheit unterdrücken will, gegen sein inneres Gesetz verstößt«. (Salvador de Madariaga, *Anarchie oder Hierarchie?*, Bern/Leipzig o. J. [1935], S. 76 f.) Freilich hatten Madariagas Lob der Hierarchie, sein nebliger Entwurf einer »organisch einmütigen Demokratie« (S. 94) und seine elitären Überlegungen zu einer »politischen Eignungsprüfung« (79) der Bürger nicht mehr viel mit einem demokratischen Liberalismus zu tun. Gleichwohl wandte er sich mit deutlichen Worten gegen die neuen autokratischen Regime. Deshalb bleibt es erstaunlich, dass seine Schrift überhaupt in Deutschland erscheinen konnte. Das Buch war allerdings auch ein Symptom einer Krise des liberalen Denkens, und die konzeptionellen Ansätze zu ihrer geistigen Überwindung blieben vage. Rückblickend gestand Madariaga die Nähe zu ständisch-korporativen Konzepten, die im Umfeld Francos (dem er die Schrift sogar selbst sandte!) diskutiert wurden, selbstkritisch ein. Siehe dazu Salvador de Madariaga, *Morgen ohne Mittag. Erinnerungen 1921-1936*, Frankfurt/M./Berlin 1972, S. 473. – Siehe weiterhin Karl R. Popper, *Die offene Gesellschaft und ihre Feinde* (1944), 2 Bde., München 1980, 6. Aufl.

188 Vgl. die im Jahr 1938 in kleiner Auflage erschienene, sehr klarsichtige demokratiegeschichtliche Studie: Arthur Rosenberg, *Demokratie und Sozialismus. Zur*

diagnostizierte er die Zuspitzung einer »moralische[n] Krise der Demokratie«, die als liberale Demokratie »in eine unheilvolle Pufferstellung unter dem haßerfüllten Ansturm der Imperialisten von rechts und der Kommunisten von links« geraten war. Mit ihrem einseitigen Beharren auf »friedlichen Methoden«, auf »Völkerversöhnung« und der Verteidigung des demokratischen Prinzips unter allen Umständen ließ sie sich als allzu zögerlich, skeptisch und vorsichtig wirkende, vermeintlich realitätsferne Idee in die Defensive drängen.[189]

Rosenberg, ein ehemaliger kriegsbegeisterter Nationalist und späterer KPD-Reichstagsabgeordneter, war mit antiliberalen Ressentiments aufs Intimste vertraut. Gleichwohl entdeckte er unter dem Eindruck von Faschismus, Nationalsozialismus und Stalinismus den Wert des liberalen Gedankens, den er »zu den wertvollsten Besitztümern der menschlichen Kultur« zählte. Allerdings sei »eine ganz bestimmt umgrenzte Form der bürgerlichen Demokratie, die mit Frieden, freier Konkurrenz, Freihandel und parlamentarischer Legalität alle Konflikte der Zeit zu lösen hoffte [...], endgültig zusammengebrochen«.[190] Nach dem Abschied von eigenen revolutionären Illusionen hatte Rosenberg in Roosevelts »New Deal« eine neue Vitalisierung der sozialen Demokratie ausgemacht. Sein Interesse galt der eingeübten politischen Kultur von stabilen Demokratien, die Anlass zur Hoffnung auf den Widerstand gegen totalitäre Bedrohungen gaben: »Wo die demokratische Selbstverwaltung nicht mechanisch durch Proklamation der Republik oder des allgemeinen Stimmrechts dekretiert, sondern historisch aus dem Leben des werktätigen Volkes herausgewachsen ist, da zeigt sie eine großartige Widerstandskraft. In der Neuzeit ist eine Demokratie, die wirklich eine ist, bisher noch nicht zugrunde gegangen.«[191]

Die Distanzierung vom historischen Materialismus und deterministischen Entwicklungsmodellen artikulierte Rosenberg, indem er die Rolle der politischen Kultur besonders heraushob.

politischen Geschichte der letzten 150 Jahre, Frankfurt/M. 1962. – Leider keine Verortung dieses Werkes im zeitgenössischen Demokratiediskurs nimmt vor die biographische Studie von Keßler, *Arthur Rosenberg*, S. 208-216.

189 Rosenberg, *Demokratie und Sozialismus*, S. 290-293.

190 Ebenda, S. 308.

191 Ebenda, S. 308.

Seine Maxime, dass die liberale Demokratie – er dachte wohl vor allem an Deutschland und Österreich – ihre relativistischen und pazifistischen Grundprinzipien überwinden müsse, um ihre Wehrhaftigkeit unter Beweis zu stellen, pointierte er so: »Nur wenn die Gemeinschaft der Friedensfreunde eine physische Gewalt aufbringen kann, die stärker ist als jede mögliche Kombination der Friedensstörer, wird der Friede wirklich gesichert sein.«[192] Rosenberg sprach an dieser Stelle zwar über die »Mehrheit der sozialistischen Arbeiter Europas« und ihre Befürwortung einer Sanktionspolitik des Völkerbundes gegen Italien wegen des Abessinienkrieges. Aus seiner Argumentation geht jedoch hervor, dass er zeittypisch die Motive außen- und innenpolitischer Selbstbehauptung der Demokratie verschränkte.

So wenig konkret Rosenberg darin blieb, die innenpolitisch zu ergreifenden Maßnahmen einer verteidigungsbereiten Demokratie genauer zu skizzieren, so unmissverständlich geriet seine politisch-moralische Parteinahme für die Erbwalter der vermeintlich untergegangenen liberalen Demokratie. Angesichts eines existentiellen Überlebenskampfes der Demokratie verzichtete er auf früher getroffene Differenzierungen zwischen bürgerlicher, sozialer oder sozialistischer Demokratie. Mittlerweile ging es nur noch darum, die Gegner der bestehenden demokratischen Staatsformen wirksam zu bekämpfen: »Wenn der Staat gewaltsam angegriffen wird, dann wird er sich auch mit Gewalt verteidigen müssen. Das gilt für den demokratischen Staat wie für jeden anderen, und eine Sonderstellung der Demokratie existiert in dieser Hinsicht nicht.«[193] Demokratie, Kultur und Humanität – in den 1920er Jahren noch kraftlose Begriffe, die es nicht vermochten, die Jugend zu erreichen geschweige denn politische Opferbereitschaft bei ihr zu erwecken[194] – schienen auch für Rosenberg angesichts eminenter Freiheitsbedrohung wieder einen neuen Sinn zu entfalten.

192 Ebenda, S. 296 f.
193 Ebenda, S. 307.
194 Vgl. dazu ebenda, S. 293.

Liberale Lehren aus der Krise: Auf dem Weg zu einer robusten Demokratie?

Mit der Frage, wie sich die Demokratie gegen ihre Gegner und vor einem absichtsvollen Missbrauch politischer Freiheit mit dem Ziel ihrer Abschaffung schützen konnte, ist ein Kernthema der zeitgenössischen Debatte benannt. Sehr allgemein hatte Wilhelm Röpke das Dilemma eines Liberalismus, der den totalitären Massenbewegungen begegnen musste, rund eine Woche nach der nationalsozialistischen »Machtergreifung« (in einem Vortrag vom 8. Februar 1933) formuliert und dabei die Denkfiguren von John Stuart Mill und Alexis de Tocqueville aktualisiert: »Kein Konservativer kann den Liberalen in der Überzeugung übertreffen, daß die Masse niemals aufbauen, sondern nur zerstören kann und daß die Tyrannei der Masse die ärgste von allen ist, weil es ihrem Wesen entspricht, für die Individualität auch nicht einen Funken des Verständnisses aufzubringen. Wenn der Liberalismus daher die Demokratie fordert, so nur unter der Voraussetzung, daß sie mit Begrenzungen und Sicherungen ausgestattet wird, die dafür sorgen, daß der Liberalismus nicht von der Demokratie verschlungen wird. [...] Diesem Ziele dienen alle heute so verständnislos geschmähten Institutionen der liberalen Demokratie, deren Sinn und Ursprung in weitesten Kreisen in Vergessenheit geraten sind. Der Massenmensch bekämpft die liberale Demokratie, um die illiberale Demokratie an ihre Stelle zu setzen.«[195]

Röpkes kämpferischer Standpunkt, sein Eintreten für die Freiheiten des Einzelnen, die die liberale Demokratie als Rechtsstaat zu schützen hatte, verwies sehr deutlich darauf, dass ein wesentliches Problem in der Definition der Demokratie verborgen lag, da der Demokratiebegriff verschiedenen Vereinnahmungen ausgesetzt war. Die liberale parlamentarische Demokratie hatte in der Weimarer Republik zwar Verfassungsrang. Aufgrund der Interpreta-

195 Wilhelm Röpke, »Epochenwende?« (1933), in: ders., *Wirrnis und Wahrheit. Ausgewählte Aufsätze*, Zürich/Stuttgart 1962, S. 105-124, hier S. 124. Möglicherweise finden wir hier eine der ersten Verwendungen des seit den 1990er Jahren gängigen Begriffs der »illiberalen Demokratie«, die vor allem für die postsozialistischen Regime in Osteuropa verwendet wird, nicht zuletzt in der Selbstbeschreibung Viktor Orbáns. Vgl. dazu Jan-Werner Müller, *Was ist Populismus? Ein Essay*, Berlin 2016, S. 75 ff.

tionsoffenheit des Demokratiebegriffs und seiner ideenpolitischen Instrumentalisierbarkeit war die liberale Lesart jedoch nur eine mögliche. Dennoch gilt es festzuhalten, dass das liberale Individuum noch nicht von allen demokratisch gesinnten Intellektuellen der Weimarer Republik preisgegeben worden war.[196] Für diejenigen, die die Idee demokratischer Wehrhaftigkeit verfolgten, blieb der Schutz persönlicher Freiheits- und Bürgerrechte der Dreh- und Angelpunkt.

Die Selbstgefährdungen und Degenerationsrisiken der Demokratie waren von jeher ein Kernthema der politischen Theorie: Tocquevilles oder Mills düstere Szenarien einer Tyrannei der Mehrheit, Robert Michels' Diagnose einer unvermeidlichen Oligarchisierung demokratischer Organisationen stehen exemplarisch für die kritischen Theoretiker der Demokratie, die das immer mögliche Scheitern politischer Selbstregierung problematisieren. Dementsprechend enthält die Forderung nach »wehrhafter Demokratie« nicht so viel Neues, wie oft behauptet worden ist. Das angesprochene Problem, wie sich Demokratien vor einer systeminhärenten Selbstabschaffung schützen können, d. h. einerseits vor dem Missbrauch ihrer Organe und Rechtsmittel sowie andererseits vor der prinzipiellen demokratisch-legitimierten Aufhebung ihrer Verfassungsform, ist als eine Universalie zu begreifen.

Optimistischer gewendet: In Zeiten rechtsstaatlicher Stabilität kehrt das demokratische Dilemma in der sogenannten Böckenförde-Doktrin zurück, die an dieser Stelle ausführlich zitiert werden soll: »*Der freiheitliche säkularisierte Staat lebt von Voraussetzungen, die er selbst nicht garantieren kann. Das ist das große Wagnis, das er, um der Freiheit willen, eingegangen ist.* Als freiheitlicher Staat kann er einerseits nur bestehen, wenn sich die Freiheit, die er seinen Bürgern gewährt, von innen her, aus der moralischen Substanz des einzelnen und der Homogenität der Gesellschaft, reguliert. Andererseits kann er diese inneren Regulierungskräfte nicht von sich aus, das heißt mit den Mitteln des Rechtszwanges und autoritativen Gebots, zu garantieren suchen, ohne seine Freiheitlichkeit aufzuge-

196 Dies mit Blick auf die kluge Tendenzbeschreibung bei Llanque, der sich allerdings weniger um die standfesten Liberalen kümmert. Siehe Marcus Llanque, »Der Untergang des liberalen Individuums. Zum fin de siècle des liberalen Denkens in Weimar«, in: Karsten Fischer (Hg.), *Neustart des Weltlaufs? Fiktion und Faszination der Zeitwende*, Frankfurt/M. 1999, S. 184-202.

ben und – auf säkularisierter Ebene – in jenen Totalitätsanspruch zurückzufallen, aus dem er in den konfessionellen Bürgerkriegen herausgeführt hat.«[197] Böckenfördes Begriff des »freiheitlichen säkularisierten Staates« lässt sich in diesem Kontext ohne weiteres mit der liberalen Demokratie gleichsetzen, weil damit das Dilemma der Freiheitsgewährung und der Schwierigkeit ihrer Bestandsgarantie prägnant beschrieben wird. Man könnte Böckenfördes berühmte These deshalb zugleich als Anknüpfung wie auch als Relativierung von Konzepten wehrhafter Demokratie verstehen, d. h. als einen Rekurs auf Kelsen und seine Erinnerung an die zentrale Rolle der politischen Kultur, deren Pflege der demokratische Staat zwar fördern, deren demokratiefreundliche Wirksamkeit er aber nicht garantieren kann.

So gesehen überrascht es kaum, dass die Reflexion über die wehrhafte Selbsterhaltung, über »militant democracy«, von der Erfahrung der unmittelbaren Bedrohung der Ordnung und des Ausnahmezustands geprägt wurde. Der demokratische Staat war der Verteidigung wert, weil er seinen Zweck in der Gewährung von individueller und politischer Freiheit besaß. Die Hinwendung zur »Militanz« war einerseits eine Abkehr von einem moralischen Idealismus, teilweise in Gestalt eines demokratischen Pazifismus, und zugleich die Hinwendung zu einer neuen Opferbereitschaft, die sich vom liberalen Dogma eines ungeschützten, die Pluralität und Konfliktivität von Werten nicht verteidigenden Relativismus verabschiedete. Theoretisch bedeutete eine solche Thematisierung der Wehrhaftigkeit freilich die Reduktion elaborierter systematischer Anstrengungen auf die Bewährung in einer Ausnahmesituation, welche die Demokratie mit völlig neuen Bedrohungskonstellationen bekannt machte. Anknüpfend an die Weltkriegserfahrung, in der sich der »demokratische Westen« als Legitimationsverband gegen die Autokratien der Mittelmächte erst bildete (Woodrow Wilson: »Make the world safe for democracy!«), formierten sich im Zuge der revisionistischen nationalsozialistischen Außenpolitik und der faschistischen Imperialpolitik in Äthiopien liberale Verteidigungsstrategien. So nimmt es kaum wunder, dass erst die

197 Ernst-Wolfgang Böckenförde, »Die Entstehung des Staates als Vorgang der Säkularisation« (1967), in: ders., *Staat, Gesellschaft, Freiheit. Studien zur Staatstheorie und zum Verfassungsrecht*, Frankfurt/M. 1976, S. 42-64, hier S. 60 (Hervorhebungen im Original).

internationale Bedrohungslage eine Situation schuf, in der das republikanische Pathos für die Demokratie mit der Pflicht zur »militanten Bewährung« nach außen wirkungsvoll verbunden werden konnte.

Wichtig ist darüber hinaus, noch einmal auf die Entstehungsbedingungen dieser Denkfigur aufmerksam zu machen. Es wäre zu kurz gegriffen, in der »wehrhaften« oder »streitbaren« Demokratie nur ein bestimmtes Ensemble von Verfassungsbestimmungen zu sehen, die den Schutz des demokratischen Staates vorsehen. Relevanter als formale Rechtsakte zur Abwehr der Demokratiegegner war der moralische Selbstbehauptungswille, der einen Großteil der liberalen Denker nun erfasste. Rationalismus, Relativismus und die Gewährung von Freiheiten konnten nicht mehr allein als konstitutive Merkmale des demokratischen Rechtsstaates verstanden werden. Neben dem Beharren auf einer normativen und rechtlichen Selbstbindung der Herrschenden in der Demokratie, die die Rechte der jeweils unterlegenen Minderheit zu achten hatten, setzte sich zunehmend das Bewusstsein durch, dass auch die Bürger im Sinne einer staatlich zu fördernden politischen Kultur den selbstverpflichtenden Charakter einer demokratischen Gesellschaft zu erfahren hätten. Im Blick auf Weimar wurde deshalb das Defizit politisch-kultureller Demokratiepraxis allenthalben moniert.

Die spezifische Problematik des liberalen Diskurses bestand im Weiteren aber auch darin, dass es für viele Weimarer Liberale lange gar nicht klar war, welche Art von Demokratie sie denn schützen wollten. Auch innerhalb der DDP gab es widerstreitende Positionen. Ihr Reichspräsidentschaftskandidat von 1925, Willy Hellpach, war beispielsweise in der Lage, emphatische Demokratierhetorik mit harscher Parlamentarismuskritik zu koppeln, die ihn schließlich in philofaschistische Gefilde führte. Auch hier zeigte sich die Unbestimmtheit des Demokratiebegriffs, der zwar mit bestimmten Werten und einer demokratischen Kultur verbunden wurde, gleichzeitig aber dem Parlamentarismus skeptisch und distanziert gegenüberstand.[198]

198 Siehe dazu exemplarisch Willy Hellpach, *Politische Prognose für Deutschland*, Berlin 1928, S. 143-237, sowie ders., »Parlamentsdämmerung«, in: *Die Neue Rundschau* 38 (1927), S. 337-349. – Zum politischen Denken Hellpachs siehe Christian Jansen, »Willy Hellpach. Ein antiliberaler Demokrat kommentiert den Niedergang der Weimarer Republik«, in: Walter Schmitz/Clemens Volln-

Kelsens auf die Spitze getriebene Prinzipienfestigkeit mit der Bereitschaft, die Selbstaufhebung der Demokratie aus Gründen theoretischer Stringenz hinzunehmen, wurde zum Schlüsselreiz für neue Überlegungen zu einer »robusten« Demokratietheorie. Die überbordende Kritik an Kelsen lässt sich rückwirkend nicht allein an einem vermeintlichen Skandalon seiner Haltung festmachen, sondern auch an der Provokation, den Verzicht auf Selbstverteidigung zum Identitätskriterium für ein wahrhaft demokratisch verfasstes Gemeinwesen zu machen. Sicherlich unterschätzte Kelsen die normative Prägekraft des Staates und seiner Institutionen, wenn es um die Festigung einer demokratischen Kultur ging. Aber er machte auch die Grenzen jeder normativen Demokratietheorie deutlich, die stets auch mit dem Unverfügbaren zu tun hat: mit sozialpsychologischen Dynamiken, Hoffnungen und Ängsten, Utopien und Schreckensbildern der Bürger, die sich schwer berechenbar auf den demokratischen Prozess auswirken. So war es gerade der formalistische und rechtspositivistische Kelsen, der Staatsrechtler und Politikwissenschaftler daran erinnerte, dass Verfassungen den Gegebenheiten der sozialen und politischen Wirklichkeit in unvorhersehbarer Weise ausgeliefert bleiben mussten.

In gewisser Weise zeigt die Aufgabe, eine »Demokratie in Gefahr« wirksam zu verteidigen, eine Strukturanalogie zum Problem des Widerstandsrechts: Man kann ein solches Recht zwar als Ausnahmefall postulieren – aber mit dem Ausnahmezustand, der die Aktion rechtfertigen soll, verliert man den festen Boden prozeduralen Handelns unter den Füßen. Das Widerstandsrecht bleibt damit der vergebliche »Versuch einer verfassungsmäßigen Positivierung des Überpositiven« (Münkler), und es ist eine Auslegungssache, ob die schleichende Verwandlung des Rechtsstaates in einen Unrechtsstaat den Widerstand der Bürger legitimiert oder besondere Maßnahmen einer republikanischen Gesetzgebung. Denn es gilt einzuschätzen, ob die Gegner des demokratischen Rechtsstaates bereits der Mittel zur Transformation der Staatsordnung habhaft geworden sind.[199] Sobald die Demokratie durch innere und äu-

hals (Hg.), *Völkische Bewegung – Konservative Revolution – Nationalsozialismus. Aspekte einer politisierten Kultur*, Dresden 2005, S. 209-226.

199 Siehe zu diesem Problem die Überlegungen von Herfried Münkler, Art. »Widerstand«, in: Dieter Nohlen/Florian Grotz (Hg.), *Kleines Lexikon der Politik*, München 2007, 4. Aufl., S. 638-640.

ßere Feinde bedroht wird, sobald antirepublikanische und antiliberale Parteien bei Wahlen Mehrheiten finden und der demokratische Konsens in der Bevölkerung erodiert, kommen rechtliche Maßnahmen in der Regel zu spät. Das wussten auch die liberalen Staatsrechtler und Intellektuellen, die sich für die Verteidigung der Demokratie in prekärer Lage einsetzten. Zu bedenken ist schließlich auch, dass sich »aus dem Bewußtseinshorizont von 1919« die Lage noch ganz anders darstellte, denn »an eine abwehrbereite Demokratie, die ihren Feinden vorsorglich den Kampf ansagte«, war in dieser Situation »gar nicht zu denken«, wie Heinrich August Winkler urteilt: »Wenige Monate nach dem Zusammenbruch des Kaiserreiches wäre jeder Versuch, die Entscheidungen der Wähler an konstitutionelle Vorgaben zu binden, als Rückfall in den Obrigkeitsstaat erschienen.«[200]

Insofern lassen sich die vielkritisierte Offenheit und Unentschiedenheit der Weimarer Verfassung eher als republikanischer Integrationsversuch und als Wechsel auf liberaldemokratische Entwicklungschancen begreifen denn als Versäumnis. Die vielbeschworenen Lehren aus Weimar dürfen nicht dazu verleiten, die vermeintlichen Konstruktionsmängel der Verfassung von 1919 für das Scheitern der Republik verantwortlich zu machen. Die Möglichkeit zur Verfassungsänderung durch eine parlamentarische Zweidrittelmehrheit nach Art. 76 und die Auslegung führender Staatsrechtler, dass die Verfassung bei Einhaltung des Verfahrensrechts »nicht über der Legislative, sondern zur Disposition derselben« stehe, sowie das Fehlen einer »Ewigkeitsklausel« haben zwar Anlass dazu gegeben, das Grundgesetz als gelungene Korrektur einstmaliger Versäumnisse zu interpretieren.[201] Allerdings hieße es, die Macht des Staats- und Verfassungsrechts zu überschätzen, wollte man die »Wehrhaftigkeit« der parlamentarischen Demokratie allein aus der Rechtsform ableiten.

Das Erbe der Weimarer Debatte um die Bestandsvoraussetzungen der Demokratie, die in verschiedene Proklamationen einer »militant democracy« unter Exilanten mündete, ist zu komplex für simple Zuordnungen und Schlussfolgerungen.[202] Zum einen soll-

200 Winkler, *Weimar*, S. 108.

201 Siehe dazu Hans-Jürgen Papier/Wolfgang Durner, »Streitbare Demokratie«, in: *Archiv des öffentlichen Rechts* 128 (2003), S. 340-371, hier S. 343 f.

202 Dazu neigt – trotz aller Scharfsicht – Udi Greenberg, der die Ideenwelt Wei-

te man die verfassungstechnischen Lerneffekte aus vermeintlichen Defiziten der Weimarer Reichsverfassung nicht überschätzen, denn die Verfassung von 1919 hatte bereits umfassende Maßnahmen zum Republik- und Staatsschutz vorgesehen, die durch das Republikschutzgesetz von 1922 noch ergänzt worden waren.[203] Zum anderen sind die Folgewirkungen intellektueller Defensivarbeit gegenüber neuen demokratiegefährdenden politischen Extremismen immens gewesen. Sie betrafen aber eher das allgemeine politische Bewusstsein und führten zu Erkenntnisprozessen, in deren Verlauf die Reziprozität von liberalen Werten, Parlamentarismus, Gewaltenteilung und demokratischer Kultur nachhaltiger begründet wurde. So war es im Hinblick auf eine geteilte politische Kultur weitaus wichtiger, den Boden für einen robusten und defensivbereiten demokratischen Verfassungsstaat zu bereiten, als theoretische Neuerungen zum Republikschutz vorzulegen. Dementsprechend ist die existentielle Dimension einer »militanten Demokratie« vom kulturalistisch aufgeladenen weicheren Konzept einer späteren streitbaren Demokratie, das das bundesrepublikanische Verfassungsverständnis bestimmen sollte, zu unterscheiden.[204]

Es ist nur folgerichtig, dass Demokratietheoretiker von Kelsen bis Loewenstein in der entscheidenden Frage um die Stabilität der Demokratie immer auf die politische Kultur als Bestandsvoraussetzung zurückkommen. Welche Wandlungs- und Entwicklungsmöglichkeiten für die Ausbildung einer demokratischen Kultur in Deutschland bestanden, darüber herrschte zwar auch nach Gründung der Weimarer Republik keine Einigkeit. Es hatte anfangs aber durchaus Anlass zu Optimismus gegeben. So ist in Vergessenheit geraten, dass das üblicherweise auf Weimar gemünzte Diktum »Republik ohne Republikaner, Demokratie ohne Demokraten« die Intention seines Schöpfers Ernst Troeltsch auf den Kopf stellte. Für Troeltsch stand nämlich im Jahr 1919 fest, »daß ein seit lange[m]

mars vermutlich allzu sehr singularisiert und dazu tendiert, einzelnen exilierten Intellektuellen, insbesondere Karl Loewenstein, zu viel operativen Einfluss zuzuschreiben. Siehe Greenberg, *The Weimar Century*, S. 169-210.

203 Vgl. Gusy, *Weimar – die wehrlose Republik?*, S. 139-171. Siehe weiterhin Alexander Graf zu Dohna, »Die staatlichen Symbole und der Schutz der Republik«, in: Gerhard Anschütz/Richard Thoma (Hg.), *Handbuch des deutschen Staatsrechts*. Erster Band, Tübingen 1930, S. 200-208.

204 In diesem Sinne auch Simard, »Das Erbe von Weimar in transatlantischer Perspektive«, S. 259, 264.

sich vorbereitendes Schicksal unabänderlich die Demokratisierung gebracht« habe. Aus seiner Sicht hatte die Rede, »die man so oft hören kann«, gar nichts zu bedeuten: »wir seien nun einmal ein autoritativ gewöhntes, zur Selbstregierung nicht befähigtes oder nicht gewilltes Volk, eine Demokratie ohne Demokraten, eine Republik ohne Republikaner, und die psychologischen Voraussetzungen wahrer und erfolgreicher Demokratie fehlten uns vollständig.«[205] Troeltsch war genau gegenteiliger Auffassung und sah die Deutschen als politisch-kulturell zum Westen gehörig.[206]

Dass diese Diagnose gut ein Jahrzehnt später kaum jemand mehr zu teilen bereit gewesen war, ist kein Beleg für Troeltschs Irrtum, zeigt aber die Fragilität der Demokratie, die auf politisch-kulturelle Anerkennung, auf die eingeübte demokratische Prozeduren und Vertrauen in ihre Institutionen angewiesen bleibt. Angesichts der fundamentalen Krisen und der sich anbietenden radikalen Alternativen zerrann die Verteidigungsbereitschaft einer politischen Mitte, und verständlicherweise wuchs damit unter den wenigen verbliebenen Theoretikern der liberalen Demokratie kompensatorisch die Sehnsucht nach einer tragenden politischen Kultur und nach der »militanten« Bewährung gegen die wahrhaftig mit harten Bandagen kämpfenden Gegner der Demokratie. Die Unübersichtlichkeit und Verschwommenheit politischer Ordnungsentwürfe, die die Grenzen zwischen Demokratie und Diktatur, zwischen massendemokratischen und autoritären Elementen so durchlässig werden ließ, wich spätestens in den 1930er Jahren einer neuen, sehr viel schlichteren Entgegensetzung von westlicher Demokratie und Totalitarismus, die eindeutige Parteinahme ermöglichte. Dass dieses Erbe der Zwischenkriegszeit im Kalten Krieg nützliche Stabilisierungsfunktionen erfüllte, kann nicht überdecken, dass damit auch intellektuelle Kosten verbunden waren.

205 Ernst Troeltsch, »Aristokratie«, in: *Kunstwart und Kulturwart* 33 (1919), 2. Oktoberheft, S. 49-57, hier S. 50 f.

206 Ähnlich optimistisch sah dies übrigens bereits im Mai 1919 Heinrich Mann. Zwar dürfe man sich nicht wundern, »daß eine so plötzlich ausgerufene Demokratie zunächst nur Demokraten wider Willen enthalten werde«, registrierte er nüchtern: »Aber es wird mehr werden. Eine wahre und reine Demokratie wird heranwachsen trotz unserer tiefen Not [...]. Das einmal erwachte Gewissen fällt nicht wieder in Schlaf.« (H. Mann, »Kaiserreich und Republik«, S. 214)

V. Einhegung des Kapitalismus? Die liberale Reformdiskussion in der Zwischenkriegszeit und die Suche nach dritten Wegen

Dass Liberalismus und Kapitalismus untrennbar zusammengehörten, dieses Bewusstsein prägte von jeher die Sicht auf den Liberalismus als Idee. Für seine Gegner erschien der Liberalismus – daran hat sich bis heute wenig geändert – als die Ideologie eines Bürgertums, das sich mithilfe der erfolgreichen kapitalistischen Wirtschaftsweise eine gesellschaftlich dominierende Position sicherte. Die Termini, die für diese Verbindung im 19. Jahrhundert im Anschluss an Marx gebraucht wurden, waren variabel: »Bourgeoisökonomie« (Ferdinand Lassalle), »ökonomischer Liberalismus« (Albert Schäffle), »ökonomisches System des Liberalismus« (August Bebel), »liberaler Ökonomismus und Doktrinarismus« (Heinrich Contzen). Sie zielten aber auf einen allgemeinen Zusammenhang zwischen liberaler Ökonomie und Ideologie, der für Zeitgenossen angesichts sozialer Klassenkonflikte evident wirkte.[1] Bürgerlicher Liberalismus als besitzstandswahrender Kapitalismus, diese Gleichung prägte das 19. Jahrhundert, als die faszinierende Geschwindigkeit, aber eben auch die sozialen Kosten der Industrialisierung sichtbar wurden.

Als wissenschaftlicher Begriff oder als Bezeichnung einer ökonomischen Ordnung war der Kapitalismus noch nicht lange gebräuchlich, jedenfalls außerhalb des marxistischen Denkens. Friedrich Naumann beobachtete 1907 in seinem umfangreichen Werk über *Neudeutsche Wirtschaftspolitik*, dass der Kapitalismusbegriff erst mit den Studien von Werner Sombart zum *Modernen Kapitalismus* (1902/1908) und mit Max Webers Aufsätzen zum Thema *Protestantische Ethik und der Geist des Kapitalismus* (1904/1905) in die Debatte eingeführt worden war.[2] Naumanns allgemeinverständliche Deutung betonte zum einen die Emergenz des Kapitalismus

1 Siehe Rudolf Walther, Art. »Exkurs: Wirtschaftlicher Liberalismus«, in: *Geschichtliche Grundbegriffe. Historisches Lexikon zur politisch sozialen Sprache in Deutschland*, Stuttgart 1982, Bd. 3, S. 787-815, hier S. 808 f.

2 Friedrich Naumann, »Neudeutsche Wirtschaftspolitik« (1906/1917), in: ders., *Werke*, Bd. 3, Köln 1964, S. 71-534, hier S. 435.

als Epochenbruch, nämlich als Überwindung des Feudalsystems, und beobachtete zum anderen – durch die Brille des parteipolitischen Sozialismus, also der Sozialdemokratie – eine theoretische Annäherung zwischen Kapitalisten und Sozialisten, die nicht nur ähnliche Vorstellungen vom Produktionsregime hätten, sondern beide »den Staat als Hintergrund« bräuchten, um das Vertragsrecht und Sicherheit zu garantieren. Konsequenterweise verabschiedete der Sozialliberale Naumann Vorstellungen vom »freien Spiel der Kräfte«, da mittlerweile »der Streit der Syndikate, Genossenschaften und Verbände an die Stelle der alten Einzelkämpfe getreten« sei. Diese neuen Akteure, die den klassischen Kapitalisten als Unternehmer ersetzten, fürchteten nun »die Zügellosigkeit der Konkurrenz« und sahen neuen Regulierungsbedarf. Der Kapitalismus, so Naumann, sei »durch seine zentralistische Organisationstendenz zunächst nicht schwächer, sondern stärker geworden und besitzt heute etwas, was er früher als Gesamtheit überhaupt nicht hatte: er wird regiert, er hat industrielle und finanzielle Könige«.[3]

Diese auf den ersten Blick unscheinbare Äußerung Naumanns impliziert zweierlei: Zum einen erblickte er in der neuen »industriellen Aristokratie« seiner Zeit mächtige Akteure, die gesellschaftlichen und politischen Einfluss ausübten; diese Form der Einflussnahme stützte sich auf ein Regime selbstgeschaffener Herrschaftsstrukturen und versuchte, »die Staatsgewalt ihren volkswirtschaftlichen Zwecken dienstbar zu machen«.[4] Zum anderen ließ sich Naumanns Deutung entnehmen, dass eine solche Entwicklung der demokratischen Korrektur bedurfte: »Das ist das ungeheuer Schwere in der Politik der Demokratie, daß sie grundsätzlich und mit aller Kraft für Industriefortschritt, Regelung der Produktion und Steigerung des Ertrages eintreten muß, und daß sie gleichzeitig gezwungen ist, sich der heutigen Industrieleitung entschieden entgegenzustellen.«[5] Naumann registrierte dabei moderne Demokratisierungstendenzen und nahm Abschied von einem benevolenten Kathedersozialismus, um zu einem wirklichen sozialen Interessenausgleich mit der Arbeiterbewegung zu gelangen. Seine Konzeption des »Industriestaates« sah den Tarifvertrag, sozialstaat-

3 Ebenda, S. 438 f.

4 Naumann, *Demokratie und Kaisertum*, S. 117.

5 Ebenda, S. 122.

liche Elemente und demokratische Reformen vor.[6] Sie bewegte sich auf ein Konvergenzmodell zu, das mit einer Tendenz zu staatssozialistischen Gedankengängen Kapitalismus und Sozialismus miteinander zu verbinden strebte. Es liege nämlich, so Naumann, »in der Ironie der Welteinrichtung, daß ein großgewordener Kapitalismus von selbst sozialistische Züge aufweist, indem er Betriebe herstellt, die nur zum Schein noch Privatbetriebe sind«.[7]

Naumanns Kritik des herkömmlichen Liberalismus reagierte bereits um die Jahrhundertwende auf zweierlei: zum einen auf die Transformation eines Kapitalismus, der mittlerweile von Monopolbildung, Zentralisierung und Rationalisierung geprägt war; zum anderen auf die Starrheit einer liberalen Orthodoxie, die in puncto Sozialpolitik, Industrialisierung und notwendige Demokratisierung den Anschluss an gesellschaftliche Entwicklungen verpasst hatte. Die »Eingemeindung« der Sozialdemokratie in den Liberalismus und sein Plädoyer für eine moderne klassenübergreifende Industrie- und Wirtschaftspolitik erwuchsen aus dem Bewusstsein, dass eine Erneuerung des Liberalismus unumgänglich sei. Die eigene Entwicklung vom Christsozialen hin zum Reformliberalen zeigte an, dass der kritische Impuls Naumanns nicht einer innerliberalen Debatte entsprang, sondern von außen erfolgte – und vor allem sozialpolitisch motiviert war. Ihm ging es keinesfalls um die grundsätzliche Infragestellung des herrschenden Wirtschaftssystems. Naumanns liberaler Etatismus nahm jedoch einige Motive vorweg, die die Reform- und Krisendebatte der Zwischenkriegszeit bestimmen sollten.[8]

Vor allem aber artikulierte Naumann einen neuen liberalen Gestaltungswillen, indem er die Liberalen dazu aufforderte, aktiver Parteipolitik zu betreiben und die Politik endlich als »Kampf um die Macht und den Einfluß im Staat« anzuerkennen.[9] In ei-

6 Friedrich Naumann, »Der Industriestaat« (1909), in: ders., *Werke*, Bd. 3, S. 42-70.

7 Ebenda, S. 67.

8 Zum liberalen Etatismus und zu Naumanns Wirkungen allgemein vgl. die hervorragende Studie von Thomas Hertfelder, *Von Naumann zu Heuss. Über eine Tradition des sozialen Liberalismus in Deutschland* (Stiftung Bundespräsident-Theodor-Heuss-Haus, Kleine Reihe Bd. 29), Stuttgart 2013, hier S. 24 f.

9 Friedrich Naumann, »Die Zukunft unseres Vereins« (1903), in: ders., *Werke*, Bd. 5, Köln 1964, S. 306-320, hier S. 313. Bekanntlich betonte Naumanns Weggefährte Max Weber, dass »alle Politik dem Wesen nach Kampf« sei – »Kampf, Werbung von Bundesgenossen und freiwilliger Gefolgschaft« (Weber, »Parla-

ner Zeit, als der deutsche »freisinnige« Liberalismus mit seiner Führungsfigur Eugen Richter im Wesentlichen negativ auf Kritik und parlamentarische Kontrollfunktionen konzentriert blieb, war dies ein neuer Ton.[10] Überhaupt ist daran zu erinnern, dass der im Kaiserreich politisch weitgehend glücklose, aber publizistisch durchaus erfolgreiche Naumann in der Übergangszeit zur Weimarer Republik noch kurzzeitig als erster Parteivorsitzender der DDP wirkte und eine wichtige Integrationsfigur war, weil sein Streben nach programmatischer Erneuerung bereits im Kaiserreich einige Wege geebnet hatte, die in den Diskussionen der 1920er Jahre ausgebaut werden konnten.[11] Naumanns Nimbus und sein Charisma als liberaler Reformer hatten sicherlich mit zum beeindruckenden Ergebnis bei den Wahlen zur Nationalversammlung am 19. Januar 1919 beigetragen, als die DDP über 18 Prozent der Stimmanteile erzielte. Die Anregungen Naumanns, dessen liberaler Revisionismus praktisch scheiterte, sollten die weiteren programmatischen Diskussionen innerhalb des Liberalismus beeinflussen. Denn »er nahm Ideen vorweg«, wie Dieter Langewiesche urteilte, »die erst

ment und Regierung im neugeordneten Deutschland«, S. 265, 232). Weber hatte damit die Kampfmetapher im Sinne Naumanns insofern domestiziert, als er nicht mehr – wie noch in seiner berühmten Freiburger Antrittsrede – sozialdarwinistisch vom »ewigen Kampf um die Erhaltung und Emporzüchtung unserer nationalen Art« (Weber, »Der Nationalstaat und die Volkswirtschaftspolitik«, S. 14) sprach, sondern Parteienwettstreit und Konkurrenz meinte, wenngleich er den diabolischen Charakter der Macht gerade in seiner wohl bekanntesten Schrift »Politik als Beruf« noch einmal betonte. Vgl. zum Weberschen Verständnis von Politik als Machtkampf weiterhin Mommsen, *Max Weber und die deutsche Politik*, S. 42-51. – Freilich war die Auffassung der Politik als Kampf bei Zeitgenossen einigermaßen gängig. Auch in Jellineks Staatslehre hieß es: »Das politische Parteileben ist somit, vom Standpunkte der Gesellschaftslehre betrachtet, der Kampf der Gesellschaft um die staatliche Herrschaft.« (Georg Jellinek, *Allgemeine Staatslehre*. Zweite, durchgesehene und vermehrte Auflage, Berlin 1905, S. 111 f.)

10 Zu Eugen Richter und Friedrich Naumann siehe Gerd Fesser, »Friedrich Naumann als Antipode Eugen Richters«, in: *Jahrbuch zur Liberalismus-Forschung* 19 (2007), S. 101-111.

11 Ähnlich urteilen überzeugend Jürgen Frölich, »›Wirklich staatsmännisch veranlagter Kopf‹ oder eher ›Prophet und Lehrmeister‹«? Friedrich Naumann als liberaler Politiker im Kaiserreich, in: *Jahrbuch zur Liberalismus-Forschung* 23 (2011), S. 81-93, hier S. 92, sowie Peter Theiner, »Friedrich Naumann und der soziale Liberalismus im Kaiserreich«, in: Karl Holl/Günter Trautmann/Hans Vorländer (Hg.), *Sozialer Liberalismus*, Göttingen 1986, S. 72-83, hier S. 75.

nach dem Zweiten Weltkrieg umgesetzt werden konnten«, und führte »den Liberalismus aus der politischen Erstarrung«.[12]

Was Naumann wusste, bestimmte auch die Debatte um die Wirtschaftsordnung in der Zwischenkriegszeit: Der Kapitalismus war ein fluider Begriff, dessen wirtschaftswissenschaftliche und ordnungspolitische Konzeptualisierung stete Neuanpassung erforderte. Das galt insbesondere nach dem Ersten Weltkrieg, der als Katalysator für beschleunigte Wandlungsprozesse wirkte. »Man brauchte kein Marxist zu sein«, schrieb Eric Hobsbawm, »um feststellen zu können, wie stark sich der Kapitalismus des freien Wettbewerbs in der Zwischenkriegszeit von der Wirtschaft des 19. Jahrhunderts unterschied.«[13] Dieser Wandel der ökonomischen Ordnung, maßgeblich durch die Anstrengung der Kriegswirtschaft beschleunigt, ist nicht erst den Historikern aufgefallen, sondern stand bereits den Zeitgenossen klar vor Augen.[14] Der begriffsprägende Befund des Sozialdemokraten Rudolf Hilferding der Transformation zum »organisierten Kapitalismus« stammte aus dem zweiten Kriegsjahr 1915. Damit meinte Hilferding eine »organisiert-kapitalistische Wirtschaftsordnung«, »an deren Spitze die vereinigten Mächte der kapitalistischen Monopole und des Staates« standen.[15] Diese Analyse führte ihn in der Folge zur Forderung nach einer Wirtschaftsdemokratie, deren Sinn es sei, die »von den Kapitalisten geleitete und organisierte Wirtschaft in eine durch den demokratischen Staat geleitete Wirtschaft umzuwandeln«.[16] Ein solches auf staatliche Planung angelegtes Konzept, das die vorhandenen evolutiven Kräfte nutzte bzw. sich an deren Spitze setzte, wurde für sozialistische Denker attraktiv.

12 Langewiesche, *Liberalismus in Deutschland*, S. 221 f.

13 Eric Hobsbawm, *Das Zeitalter der Extreme. Weltgeschichte des 20. Jahrhunderts*, München 1995, S. 137.

14 So z. B. Johann Plenge, *Der Krieg und die Volkswirtschaft*, Münster 1915. Zur Bedeutung Plenges und zum Kontext eines »nationalen Sozialismus« im Rahmen der »Ideen von 1914« siehe Bruendel, *Volksgemeinschaft oder Volksstaat*, S. 102-132.

15 Neun Jahre später fixierte Hilferding diese epochale Wende als »Übergang von dem Kapitalismus der freien Konkurrenz zum organisierten Kapitalismus«. Zitiert nach Heinrich August Winkler, »Zu Hilferdings Theorie des Organisierten Kapitalismus«, in: ders., *Liberalismus und Antiliberalismus. Studien zur politischen Sozialgeschichte des 19. und 20. Jahrhunderts*, Göttingen 1979, S. 252-263, hier S. 252 f.

16 Zitiert nach ebenda, S. 254.

Liberale registrierten ähnliche Tendenzen, wollten ihnen aber selbstverständlich anders begegnen. Moritz Julius Bonn sah in dem ökonomischen Paradigmenwechsel nicht weniger als eine »Weltrevolution«. »Die gesellschaftliche Ordnung, die wir als kapitalistische bezeichnen«, konstatierte der Nationalökonom, »hat als technische Produktionsmethode im Krieg einen gewaltigen Aufschwung genommen.«[17] Dass dieser Aufschwung nicht als Fortschritt, sondern als Problem verstanden werden musste, machte der Autor schnell deutlich. Eine »enge Verschwisterung zwischen Krieg und Industrie« brachte nämlich einen »innerlich ›gewalttätigen‹ Kapitalismus« hervor – »sehr verschieden von dem ängstlichen auf Überredung beruhenden Finanzkapitalismus«. »Als ›autoritärer‹ Kapitalismus«, so diagnostizierte Bonn, »war der Kapitalismus in der Kriegszeit zu einer Macht gekommen, wie er sie früher nie besessen hatte.«[18]

Uneinig blieben die Interpreten in der Frage, wie diese Entwicklung des neuen Produktionsregimes zu beurteilen und wie mit dieser durch den Krieg vorangetriebenen Zentralisierung und staatlichen Planung umzugehen sei. Klarheit herrschte aber darüber, dass ein zeitgemäßer demokratischer Liberalismus neue politische Gestaltungsmöglichkeiten nutzen sollte. Dieser Neuansatz wird greifbar im Gründungsmanifest der Deutschen Demokratischen Partei vom 16. November 1918, das »die Gestaltung einer neuen sozialen und wirtschaftlichen Politik« forderte. Es war nicht nur davon die Rede, »für monopolistisch entwickelte Wirtschaftsgebiete die Idee der Sozialisierung aufzunehmen, die Staatsdomänen aufzuteilen und zur Einschränkung des Großgrundbesitzes zu schreiten«, sondern es wurden Aktionsfelder künftiger liberaler Politik benannt, um soziale Kohäsion zu gewährleisten: Vermögensabgaben, »tiefgreifende Steuermaßnahmen«, »gesetzliche Garantierung der Arbeiter-, Angestellten- und Beamtenrechte«, »Sicherung der Ansprüche der Kriegsteilnehmer, ihrer Witwen und Waisen« u. a.[19]

17 Moritz Julius Bonn, *Das Schicksal des deutschen Kapitalismus*, Berlin 1926, S. 7.

18 Ebenda, S. 7 f.

19 »Die große demokratische Partei. Männer und Frauen des neuen Deutschland!«, in: *Berliner Tageblatt*, 16. November 1918, S. 1. Zu den Unterzeichnern zählten u. a. Moritz Julius Bonn, Albert Einstein, Heinrich Herkner, Rudolf Mosse, Hugo Preuß, Hjalmar Schacht, Alfred Weber, Marianne Weber, Theodor Wolff. Einige mit der DDP verbundene prominente Namen fehlen unter diesem Aufruf

Insbesondere die breit geführten Debatten über eine sogenannte Gemeinwirtschaft und über die Sozialisierung von Schlüsselindustrien dokumentierten die Suche nach neuen Wegen; die Umstellung von einer totalen Kriegsökonomie auf eine Friedenswirtschaft bedeutete eine bislang ungekannte politische Herausforderung; die gewachsenen Aufgaben des Staates, die Kriegsheimkehrer zu reintegrieren sowie Veteranen zu versorgen, schufen einen ganz neuen sozialpolitischen Regulierungsbedarf. Zwar mochten sich einige Liberale die »Rückkehr zu den politischen und gesellschaftlichen Zuständen vor der totalen Mobilisierung« erhofft und den Ersten Weltkrieg lediglich für »eine kurze Unterbrechung der Fortschritte des langen 19. Jahrhunderts« gehalten haben.[20] Den meisten war jedoch spätestens nach den durch die Friedensverträge geschaffenen Fakten klar, dass es kaum ein Zurück in die *belle époque* geben konnte. Die Glaubenssätze, nach denen der ökonomische Liberalismus sich von jeher für den Freihandel einsetzte und im Ausbau der internationalen Handelsbeziehungen noch vor dem Ersten Weltkrieg das wichtigste pazifizierende Element der Weltpolitik sah, waren nachhaltig erschüttert. Dass überdies der neugeschaffene europäische Flickenteppich der Nationalstaaten, die volatilen neuen politischen Ordnungen junger Staaten ohne eigene Demokratie- und Verwaltungstradition, die durch den Krieg ausgezehrten Volkswirtschaften sowie die erheblichen, den ökonomischen Wettbewerb verzerrenden Reparationslasten der Verliererstaaten jede Rückkehr zum Status quo ante nicht nur erschwerten, sondern zahlreiche neue Probleme schufen, wurde schnell sichtbar. Zugleich führte jede Verteidigung des Kapitalismus in die Defensive, gab es doch »in der neueren Geschichte des Abendlandes [...] wahrscheinlich keine Epoche, in der der wirtschaftliche Liberalismus Gegenstand einer so allumfassenden Verurteilung war«.[21]

noch, z.B. Friedrich Naumann, Walther Rathenau, Ernst Troeltsch oder Max Weber. Zum Kontext des Gründungsaufrufs siehe Albertin, *Liberalismus und Demokratie am Anfang der Weimarer Republik*, S. 54-59; Stephan, *Aufstieg und Verfall des Linksliberalismus*, S. 13-17, sowie Bruce B. Frye, *Liberal Democrats in the Weimar Republic. The History of the German Democratic Party and the German State Party*, Carbondale/Edwardsville 1985, S. 46-48.

20 Raphael, *Imperiale Gewalt und mobilisierte Nation*, S. 81.

21 Furet, *Das Ende der Illusion*, S. 200. – Vgl. auch das sehr gelungene Kapitel zur »Krise des Kapitalismus« in der Zwischenkriegszeit bei Mazower, *Der dunkle Kontinent*, S. 157-205.

Es wäre vermessen, im Folgenden die Diskussionen um die vielfältigen Krisenfaktoren, die eine ökonomische Neuordnung so schwierig machen, auch nur im Entferntesten angemessen abbilden zu wollen. Auch wäre es irreführend, angesichts der eingetretenen Katastrophenszenarien – allen voran die Inflation und die Weltwirtschaftskrise – die Standardfrage nach dem Scheitern des Liberalismus ein weiteres Mal mit der Fahndung nach ungenutzten Patentrezepten zu belasten. In der Gemengelage von strukturellen Entwicklungen, politischen Konflikten, kontingenten Entscheidungssituationen, strategischen Kalkülen der Akteure und unvermuteten Handlungsnebenfolgen fällt es dem Historiker nach wie vor schwer, Spielräume und Handlungsalternativen realistisch auszuloten. Dass es diese gab, bleibt unbestritten – auf welche Weise jedoch präventive politische Maßnahmen eine Krise verhindert hätten bzw. wie ihre Folgen politisch hätten abgefedert werden können, darauf gibt es weiterhin keine überzeugenden Antworten. Denn zum Wesen der Weltwirtschaftskrise seit 1929 gehörten ihre multifaktorielle Bedingtheit, die Verflochtenheit internationaler Entwicklungen und ihre unvorhersehbare Eskalation.[22]

Wenn Christian Meier für die Zustände der späten römischen Republik das Szenario einer »Krise ohne Alternative« bemühte, meinte er damit nicht, dass die Geschichte nicht auch hätte anders verlaufen können, sondern dass die politischen Strukturprobleme den bis dato bekannten kategorialen Rahmen der handelnden und reflektierenden Akteure sprengte und dass es – anders als bei neuzeitlichen Revolutionen – keine an die Macht drängende alternative Elite gab.[23] Auch für die Krisenlage der Zwischenkriegszeit hilft eine solche Denkfigur: Die Verkettung von ganz verschiedenen Problemlagen, strategischen Erwägungen, unbeabsichtigten Handlungsfolgen machten einfache Lösungen hochgradig unwahrscheinlich, und die Machteliten bewegten sich noch im Denkrahmen der alten Welt. Der Wirtschaftshistoriker Adam Tooze hat diese Gemengelage mit einem Gespür für Dramatik (aber wohl im Ganzen treffend) metaphorisch als »Sintflut« beschrieben,

22 Vgl. als kundigen Überblick jetzt Jan-Otmar Hesse/Roman Köster/Werner Plumpe, *Die große Depression. Die Weltwirtschaftskrise 1929-1939*, Frankfurt/M. 2014.

23 Christian Meier, *Res publica amissa. Eine Studie zu Verfassung und Geschichte der späten römischen Republik*, Frankfurt/M. 1997, 3. Aufl., S. 201-205.

um den radikalen ordnungs- und wirtschaftspolitischen Umbruch des durch Welt- und Nachkrieg bewirkten Paradigmenwechsels herauszustellen. Der Erste Weltkrieg war aus dieser Perspektive eben nicht ausschließlich die oft beschworene »Urkatastrophe« des 20. Jahrhunderts, sondern gleichfalls der Katalysator für die weltpolitischen Entwicklungen, die eine globalisierte Ökonomie in einem Zeitalter durchlief, als die europäisch-imperialistische Hegemonie im Zerfallsprozess begriffen war, sich aber noch keine Neuordnung des internationalen Systems etabliert hatte. Dabei variiert Tooze die Frage nach dem Scheitern des Liberalismus in origineller Weise: Wie war dieses Scheitern möglich, »wenn man sich vor Augen führt, wie dominant die Sieger des Ersten Weltkriegs mit Großbritannien und den Vereinigten Staaten an der Spitze wirklich waren«? Warum spielte der Westen seine Trümpfe nicht besser aus, und wie konnte die liberale Hegemonie so schnell zerbrechen – machtpolitisch und weltökonomisch?[24]

Die liberale Hegemonie – im Hinblick auf die internationalen Beziehungen, das Recht auf demokratische Selbstbestimmung sowie die Anerkennung und Förderung kapitalistischer Wirtschaftsweise und Eigentumsverhältnisse in den Pariser Friedensverträgen festgeschrieben – entsprach dem allgemeinen Erwartungshorizont der Zeitgenossen nach dem Ersten Weltkrieg. Auch in Deutschland hatte sich realiter die Gefahr einer sozialistischen Revolution als Strohfeuer erwiesen; ein Übergreifen des »Bolschewismus« war bereits Anfang 1919 unwahrscheinlich. Die Regeneration des kapitalistischen Wirtschaftssystems, die Reflexion über eine neue politische Einbettung der Marktwirtschaft und über die notwendigen Maßnahmen, den Kapitalismus sozial verträglich und mit der Demokratie kompatibel zu gestalten – diese Aufgaben standen auf der Agenda liberaler Denker. Es ist zwar nicht zu unterschätzen, dass auch die Auseinandersetzung mit dem Sozialismus und mit korporativistisch-ständischen Ordnungsmodellen eine gewisse Rolle spielen sollte. Dominanter waren aber doch jene Diskussionsstränge, die sich in der Tradition einer liberalen Selbstverbesserung und im Bewusstsein des adaptiven Lernens angesichts neuer sozioökonomischer Lagen bewegten.

24 Adam Tooze, *Sintflut. Die Neuordnung der Welt 1916-1931*, München 2015, S. 27, 29. Toozes Krisenbeschreibung liest sich in vielen Passagen wie ein Paradebeispiel für Christian Meiers Konstellation einer »Krise ohne Alternative«.

Keynes' berühmte Rede vom *Ende des Laissez-faire*, aber auch andere zeitgenössische Stimmen der 1920er Jahre dramatisierten den Bruch mit dem klassischen Liberalismus.[25] Die Karikatur eines Manchester-Liberalismus, den es zu überwinden galt, hatte in Wahrheit keinen besonders starken Rückhalt in der gesellschaftlichen Wirklichkeit, schon gar nicht in der Theorie: Weder war die Wirtschaft in den 1920er Jahren ein von der Politik unangetasteter Raum, noch konnte man davon sprechen, dass in der Nationalökonomie oder in den Wirtschaftswissenschaften allgemein die Vertreter einer reinen Lehre des Marktliberalismus den Ton angaben. Gleichwohl traf die Rede vom Ende des *Laissez-faire* und vom Abschied der klassischen ökonomischen Doktrin eine Grundstimmung, die die Debatte um einen Kapitalismus beherrschte, dessen Wahrnehmung zwischen Phantom, Schreckensszenario und krankem Patienten oszillierte.[26] Die Reflexion über die Krise und die Transformation des Kapitalismus diente allerdings zunächst einmal der Bestandsaufnahme, nicht unbedingt der Ausarbeitung einer aktiven intervenierenden Wirtschaftspolitik. Zwar wusste die Nationalökonomie auch vor 1914/18 von Krisen und Konjunkturen. Die Vorstellung von einer Wirtschaftspolitik jedoch, »die den Zweck verfolgte, durch aktive Eingriffe das Wirtschaftsleben zu fördern und zu gestalten, war kaum verbreitet und auch wenig naheliegend«.[27] Sozialliberale hatten sich (z. B. als Kathedersozialisten) bis dato eher darauf konzentriert, die sozialpolitischen Folgen des Kapitalismus abzumildern, betrachteten die Lenkung der kapitalistischen Wirtschaftsweise oder ihre konjunkturpolitische Kontrolle aber noch nicht als Aufgabe der Politik. Gleichwohl ist es keinesfalls zu unterschätzen, dass die Sozialpolitik mit der Zeit als ein zur Wirtschaftspolitik gehöriges Mittel angesehen wurde, um die Rahmenbedingungen des Kapitalismus zu gestalten.

Es kann in diesem Zusammenhang nicht darum gehen, die

25 John Maynard Keynes, *Das Ende des Laissez-faire. Ideen zur Verbindung von Privat- und Gemeinwirtschaft*, München 1926.

26 Vgl. dazu auch die zeitgenössische Bestandsaufnahme bei Ruggiero, *Geschichte des Liberalismus in Europa*, S. 403-410.

27 Roman Köster, *Die Wissenschaft der Außenseiter. Die Krise der Nationalökonomie in der Weimarer Republik*, Göttingen 2011, S. 82. – Auch Edmund Fawcett betont: »The notion of ›managing‹ or ›rescuing‹ peacetime economies was new in the 1930s.« (Fawcett, *Liberalism*, S. 247)

vielfältigen ökonomischen Kontroversen eingehend zu behandeln, um die Handlungsspielräume und Alternativen politischer Akteure oder die Angemessenheit bestimmter theoretischer Konzeptionen zu beurteilen. Es soll auch ausdrücklich kein weiterer Beitrag zur Rolle der Nationalökonomie in der Weimarer Republik geleistet werden, selbst wenn viele Wirtschaftswissenschaftler naturgemäß dem Liberalismus zuneigten.[28] Es muss nicht verwundern, dass sich neben vielem anderen die Nationalökonomie (und mit ihr viele Liberale) in der Krise oder in einem »schlechten Zustand« befand. Selten stand eine Profession auf so schwankendem Grund und hatte mit so komplexen Konstellationen zu kämpfen wie damals. Nie schien es schwieriger, in Theorien und Ideen die Blaupausen für tagespolitische Lösungen zu finden. Auch deshalb wirkt es überzogen, wenn man – wie Claus-Dieter Krohn – die Nationalökonomie in wirtschaftsliberalen Ideologien verfangen sieht, die sie daran hinderten, vernünftige Auswege aus der Krise zu finden.[29] Einer solchen Auffassung liegt die Vorstellung einer in sich einigermaßen konsistenten marktliberalen Denkweise zugrunde – oder aber das Bestreben, unterschiedliche »Irrwege« ganz verschiedenen, vermeintlich liberalen Bestrebungen zuzuordnen. Die Verteidigung einer Austeritätspolitik in der Weltwirtschaftskrise mit dem Verzicht auf sozialpolitische Abfederung ihrer Folgen oder das Plädoyer für den starken Staat eines »autoritären Liberalismus« exemplifizieren dann konsequenterweise den Niedergang eines überforderten und demokratieskeptischen Liberalismus, der auf verlorenem Posten stand, wenn es galt, einen dem Untergang geweihten Kapitalismus reformerisch wiederzubeleben.

Diese Art der Negativbilanz, die mit unbestreitbarer Evidenz das Scheitern des politischen Liberalismus illustriert, ruft zumeist das Idealbild einer keynesianischen Konjunkturpolitik auf, die den wirtschaftspolitisch intervenierenden demokratischen Staat zum aktiven Krisenbewältiger modelliert. Roosevelts New Deal oder auch die Etablierung des schwedischen Wohlfahrtsstaates während der 1930er Jahre können so als Kontrastfolie für Lösungswege dienen, die in der Weimarer Republik versäumt worden seien und die im Nachhinein auf den Einfluss von Keynes zurückgeführt werden.

28 Vgl. dazu Köster, *Die Wissenschaft der Außenseiter.*

29 Claus-Dieter Krohn, *Wirtschaftstheorien als politische Interessen. Die akademische Nationalökonomie in Deutschland 1918-1933*, Frankfurt/M. 1981.

Eine solche Sichtweise begibt sich auf schwieriges Terrain und läuft Gefahr, unhistorisch zu werden, weil sie die Bedeutung von Keynes rückdatieren würde.[30] Zwar war Keynes in den 1920er Jahren auch in Deutschland ein bekannter Mann, dessen Ideen zur Konjunktursteuerung durch aktive Zentralbankpolitik durchaus diskutiert wurden, aber eben vor dem Hintergrund relativ »normal« verlaufender Krisen. Auch ein Keynes-Sympathisant der ersten Stunde wie Moritz Julius Bonn, der die deutsche Ausgabe von *The Economic Consequences of the Peace* initiiert hatte,[31] blieb skeptisch und hielt neoklassisch an der Unvermeidlichkeit von Konjunkturzyklen fest; er hielt es für illusorisch, »durch geschickte Manipulierung der Währung und des Kredits eine konjunkturlose Wirtschaft zu schaffen«. Keynes, dem er zugestand, das Wesen des Kapitalismus wirklich zu kennen und an ihn zu glauben, hätte *contra intentionem* diesen selbst innerlich bereits überwunden: »Denn ein Kapitalismus, der in der ganzen Welt der autoritären Regelung zentraler Kreditorganisationen zugänglich wäre, ist nichts anderes als ein Sozialismus, der zeitweilig mit kapitalistischer Technik arbeitet.«[32] Darum bezweifelte Bonn die theoretischen Grundlagen von Keynes' »in ihrer Geschlossenheit imponierenden Gedanken« und hielt »ihre praktische Durchführung« für »einstweilen gescheitert«.[33]

Trotz dieser zwar interessierten, aber teilweise durchaus skeptischen Rezeption ist nicht zu verkennen, wie sehr der bis dato präzedenzlose Vorgang der Weltwirtschaftskrise die Reflexion wirtschaftspolitischer Maßnahmen dynamisierte.[34] Gerade in Bezug

30 Vgl. zu Keynes' Bedeutung in den 1920ern Roman Köster, »Vor der Krise. Die Keynes-Rezeption in der Weimarer Republik«, in: *Mittelweg 36*, 22. Jg., 2013, Heft 3, S. 32-46. – Anders urteilt Wehler, der davon ausgeht, dass Keynes' Rezepturen schon in der Krise bereitgelegen hätten. Siehe Hans-Ulrich Wehler, *Deutsche Gesellschaftsgeschichte. Bd. 4: Vom Beginn des Ersten Weltkrieges bis zur Gründung der beiden deutschen Staaten 1914-1949*, München 2003, S. 523 f.

31 John Maynard Keynes, *Die wirtschaftlichen Folgen des Friedensvertrages*, München/Leipzig 1920.

32 Zur Kritik an Keynes siehe Bonn, *Das Schicksal des deutschen Kapitalismus*, S. 50-52, hier S. 50 f.

33 Ebenda, S. 52.

34 Eine globale Finanzkrise hatte es zwar auch schon 1857 gegeben, aber sie hatte weniger Auswirkungen auf die europäische Politik und wurde schneller überwunden. Vgl. Werner Plumpe, *Wirtschaftskrisen. Geschichte und Gegenwart*, München 2011, 2. Aufl.

auf die Gestaltung der ökonomischen Ordnung bieten die Debatten der 1920er und frühen 1930er Jahre in theoretischer Hinsicht ein differenziertes und lebendiges Bild, das sich sehr gut in den thematischen Kontext einer Reformierbarkeit des Kapitalismus einpasst. Die Suche nach einem Mittelweg zwischen Kapitalismus und Sozialismus – später häufig als »dritter Weg« apostrophiert – oder nach alternativen Möglichkeiten, wie Demokratie und Kapitalismus in ein balanciertes Verhältnis gebracht werden können, erreichte in dieser Epoche vermutlich ihren Höhepunkt.[35] »Soziale Demokratie«, »sozialer Liberalismus«, »demokratischer Kapitalismus« – diese Leitbegriffe fanden bei einer beträchtlichen Anzahl progressiver Theoretiker und Intellektueller Anklang und Anwendung. Darüber hinaus begannen sie, in den Bereich der praktischen Politik einzudringen, und konstituierten neue Erwartungen im Hinblick auf die demokratische Gestaltung der Sozial- und Wirtschaftspolitik.[36]

Die Epoche der Zwischenkriegszeit war für Liberale der schmerzhafteste, aber denkerisch produktivste Abschnitt im Prozess der Akzeptanz und Anerkennung gesellschaftlicher Demokratisierung. Wenn Edmund Fawcett in der langen Phase von 1880 bis 1945 die historische Herausbildung eines Kompromisses zwischen Liberalismus und Demokratie erkennt,[37] so liegt der dramatische Höhepunkt dieser Entwicklung fraglos in der Zwischenkriegszeit. Die Annäherung an die Massendemokratie, die Überwindung des Klassenstandpunktes, die Einsicht in die Notwendigkeit sozialer Integration und Kohäsion sowie die Neudefinition staatlicher Lenkungs- und Steuerungsfunktionen – all diese Aspekte bestimmen die Reflexionen und Debattenbeiträge von Intellektuellen, die die »liberale Demokratie« als neues Paradigma erst entwerfen werden. Es wäre unzureichend, die Lage dieser im Entstehen begriffenen demokratisch-kapitalistischen Ordnung mitsamt ihrer ökonomischen Krisen nur aus wirtschaftswissenschaftlicher Warte zu reflek-

35 In diesem Sinne argumentiert auch Müller, *Nach dem Ersten Weltkrieg*, insbesondere S. 74-113. Vgl. weiterhin Köster, *Die Wissenschaft der Außenseiter*, S. 295-302, sowie insgesamt Marc Lüdders, *Die Suche nach einem Dritten Weg. Beiträge der deutschen Nationalökonomie in der Zeit der Weimarer Republik*, Frankfurt/M. 2004.

36 Vgl. zu den neuen Erwartungshorizonten demokratischer Politik jetzt die Beiträge in Müller/Tooze (Hg.), *Normalität und Fragilität*.

37 Fawcett, *Liberalism*, S. XIII.

tieren, weil es im Sinne demokratischer Wirtschaftspolitik ohnehin nicht mehr um die Implementierung von Modellen und um reine Theorie gehen konnte. Aus diesem Grund werden in diesem Kapitel differenzierte Erörterungen der ökonomischen, finanz- und sozialpolitischen Detailprobleme weitgehend ignoriert. Stattdessen soll im Folgenden anhand von drei Bereichen die Makroebene einer grundsätzlichen Reflexion über die Gestalt des Kapitalismus unter demokratischen Bedingungen thematisiert werden: 1. der Strukturwandel des Kapitalismus in einer sich modernisierenden Gesellschaft, 2. das Vorbild der Vereinigten Staaten und das Leitbild eines demokratischen Kapitalismus und 3. die wirtschaftliche Lenkung und Steuerung durch den Staat.

Strukturwandel im Verhältnis von Liberalismus und Kapitalismus

Die Nachkriegsdiskussion um die ökonomische Ordnung in der Weimarer Demokratie, aber auch um die Vereinbarkeit von Demokratie und Kapitalismus im Allgemeinen lässt sich nicht auf eine spezifisch liberale Perspektive beschränken. Vielmehr gab es angesichts einer relativ offenen Umbruchsituation allerlei Sondierungen und Orientierungsbemühungen, die ein weites Spektrum von Auffassungen und theoretischen Explorationen erkennen ließen. Auf der einen Seite haben wir es besonders in den unmittelbaren Nachkriegsjahren mit Äußerungen in einer ungewissen politischen Situation zu tun, die angesichts der Ereignisse in Russland und der zeitweiligen revolutionären Situation in Deutschland entweder Verunsicherung zeigten oder strategisch-taktische Zugeständnisse an politische Konstellationen enthielten. Immerhin hatte vom November 1918 bis Februar 1919 zunächst der aus Sozialdemokraten (und anfangs auch aus Vertretern der weiter links stehenden USPD) bestehende Rat der Volksbeauftragten die politische Macht inne und schien Richtungsentscheidungen treffen zu können. Dies galt vor allem für die allenthalben diskutierte Frage, ob, wie und welche Schlüsselindustrien »sozialisiert« werden sollten. Diese omnipräsente Forderung bahnte sich bekanntlich ihren Weg in die Weimarer Reichsverfassung, um dann schließlich rasch an Dringlichkeit zu verlieren. Staatssozialismus und Gemeinwirtschaft wurden häufig als Begriffe gebraucht, um eine Ökonomie der Zukunft zu beschreiben, von der man freilich noch keine besonders klaren Vorstellungen hatte.[38] Auf der anderen Seite muss es bisweilen erstaunen, wie wenig Aufmerksamkeit die politische Theorie und Ideengeschichte den sozioökonomischen Aspekten und dem Bereich wirtschaftlicher Ordnungsfragen bislang gewidmet hat.[39] Das mag damit zusammenhängen, dass bei den repräsentativen politischen Denkern jener Zeit, vor allem bei den Staatsrechtlern, die Ökonomie konzeptionell eine eher randständige Rolle spielte.[40] Dabei gehörten die Kategorie des Sozialen, die Reflexion über den Wandel des Kapitalismus und – auf liberaler Seite – die Auseinandersetzung mit Ideologien berufsständischer Repräsentation zu den wesentlichen Signaturen des Zeitalters, ebenso wie die Reflexion über das Verhältnis von Staat, Demokratie und Kapitalismus.

Liberale Denker sahen sich im Hinblick auf die Gestaltung der sozioökonomischen Ordnung vor multiple Herausforderungen gestellt: die Bewerkstelligung der Rückkehr zu einer Friedenswirtschaft, die Auseinandersetzung mit neuen antiliberalen und antikapitalistischen Ideologien, die Bewältigung massiver systemischer und akuter Krisen, die vor allem einem liberalen Kapitalismus zugeschrieben wurden – Inflation, Weltwirtschaftskrise, Massenarbeitslosigkeit. Das beste Argument für den Kapitalismus war aus liberaler Sicht immer sein Erfolg. Er hatte den technischen, industriellen und den zivilisatorischen Fortschritt verkörpert, für die Hebung des Wohlstandsniveaus und damit auch für gesellschaftliche Kohäsion gesorgt. In der unüberbietbaren Diktion von Max Weber war der Kapitalismus der entscheidende Faktor der Moderne, weil die »rational-kapitalistische Betriebsethik« Bürokratisierung, Sachlichkeit und Rentabilität gewährleistete. Es bestand für Weber (und viele andere) kein Zweifel daran, dass »die höchstmögliche Rationalisierung der wirtschaftlichen Arbeit, also die ökonomi-

38 Vgl. als Überblick: Hans Schieck, »Die Behandlung der Sozialisierungsfrage in den Monaten nach dem Staatsumsturz«, in: Kolb (Hg.), *Vom Kaiserreich zur Weimarer Republik*, S. 138-164; Albertin, *Liberalismus und Demokratie am Anfang der Republik*, S. 261 ff.; Winkler, *Von der Revolution zur Stabilisierung*, S. 191 ff.

39 Auf die Berücksichtigung der ökonomischen Konzeptionen in der Zwischenkriegszeit verzichtet bspw. Müller, *Contesting Democracy*.

40 Keine gesonderten Ausführungen zum ökonomischen Denken und zur kapitalistischen Wirtschaftsordnung sind zu finden in der ansonsten hervorragenden Studie von Groh, *Demokratische Staatsrechtslehrer in der Weimarer Republik*.

sche Prämierung der rationalen Wirtschaftlichkeit der Produktion, also ›des Fortschritts‹ in diesem technisch-ökonomischen Sinn« eine Lebensfrage für die Nation und unentrinnbares Schicksal des Menschen zugleich war.[41] Diese Bindung des Kapitalismus an Fortschritt und Erfolg, eine frühe Theorie des Sachzwangs,[42] hatte auf moralische Begründungen verzichtet, und deswegen war der Liberalismus für Positivisten und Advokaten von nutzenorientierten Anwendungslehren besonders attraktiv – als Erbe der traditionellen utilitaristischen Ausrichtung liberalen Denkens.[43]

Wenn der Kapitalismus in freier Entfaltung Rationalisierungserfolge und Leistungssteigerung versprach, so musste man aus Webers Sicht nur noch die ihn einschränkenden Hindernisse aus dem Weg räumen, vor allem die Dominanz einer agrarischen Elite brechen, und die Bahn frei machen für ein von Rationalität und Wettbewerb geprägtes politisches System. Das bedeutete für ihn Parlamentarisierung und Demokratisierung. Es ist vor diesem Hintergrund auch auffällig, dass Weber gern strukturelle Analogien zwischen der von den Anteilseignern quasi demokratisch kontrollierten Aktiengesellschaft und dem rationalen Anstaltsstaat zog, der seinen Bürgern für politische Entscheidungen in ähnlicher Weise rechenschaftspflichtig war.[44]

Weber hatte in seinen Kriegsschriften stets argumentiert, dass die Beseitigung des staatlichen Kriegskapitalismus wieder zum »bürgerlichen rationalen Betrieb der Friedenszeit« führen müsse.[45] Konträr zu den Eigenschaften, die Weber mit dem »Wesen des Kapitalismus« assoziierte – Rationalität, Berechenbarkeit, Rentabilität, Ehrbarkeit –, begann der Kapitalismus in seinen Krisen der 1920er und 1930er Jahre allerdings ganz andere irrationale, wenig vorhersehbare und in ihren Nebenwirkungen kaum absehbare Effekte zu zeigen, die einer unüberschaubaren Interdependenz von

41 Weber, »Wahlrecht und Demokratie in Deutschland«, S. 159-161.

42 Prägnant wurde später im Anschluss an Weber die Position des von Sachzwängen geprägten technischen Staates entwickelt bei Helmut Schelsky, »Der Mensch in der wissenschaftlichen Zivilisation« (1961), in: ders., *Auf der Suche nach Wirklichkeit. Gesammelte Aufsätze*, Düsseldorf 1965, S. 439-480.

43 Vgl. u. a. Jerry Z. Muller, *The Mind and the Market. Capitalism in Modern European Thought*, New York 2002.

44 Siehe etwa Weber, »Parlament und Regierung im neugeordneten Deutschland«, S. 222 f.

45 Ebenda, S. 161.

Ursachen geschuldet waren und die Weber in seinen idealtypischen Entwürfen vernachlässigt hatte.[46] Auch konnte die völlige Freisetzung kapitalistischer Wirtschaftsweise zum Wohle der Allgemeinheit, wie sie Weber vorschwebte, schwerlich einen gangbaren Weg in einer mit Kriegsfolgelasten und sozialen Verwerfungen hadernden Gesellschaft bieten. Weber schien die Zweckrationalität des kapitalistischen Unternehmers ebenso zu überschätzen wie die Prägekraft einer kapitalistischen Ethik. Mit der politischen Rahmung des Kapitalismus, mit wirtschafts- und sozialpolitischer Steuerung, hatte er sich außerdem noch kaum beschäftigt, wenngleich er verschiedentlich seine grundsätzlichen Sympathien für die Arbeiterbewegung geäußert hatte.[47]

Es ist natürlich nicht zu unterschlagen, dass bereits in der Nationalökonomie vor dem Ersten Weltkrieg der epochale Wandel des Kapitalismus vom innovativen Unternehmertum hin zu Großkonzernen, Trusts und Kartellen, die von einem neuen Typus des Managers geführt wurden, breit diskutiert worden war.[48] Auch stand die Frage, wie der Staat interventionistisch und dirigistisch ins Wirtschaftsleben eingreifen sollte, seit längerer Zeit auf der Tagesordnung.[49] Aber dieses Problem wurde offenkundig noch nicht unter den Bedingungen demokratischer Politik erörtert und blieb im Wesentlichen von einem technokratisch-elitären Zugriff geprägt, selbst wenn es sozialliberale Nationalökonomen wie Lujo Brentano gab, der – vom englischen Liberalismus beeinflusst – bereits sehr früh, nämlich im Reichsgründungsjahr 1871, für ein neues Staatsverständnis geworben hatte: »Der Staat ist die Organisation

46 Wolfgang J. Mommsen spricht von einem »idealtypischen Schema, welches Weber von einer kapitalistischen Verkehrswirtschaft mit maximaler Rationalität entwirft«. Dieses könne »ebenso zur Verteidigung einer uneingeschränkten Unternehmerherrschaft herangezogen werden wie zur Rechtfertigung dirigistischer Staatseingriffe im Interesse bestimmter materialer Ideale, z. B. einer fortschrittlichen Sozialpolitik, insbesondere dann, wenn diese der Systemerhaltung« diene. (Mommsen, *Max Weber und die deutsche Politik*, S. 465)

47 Siehe dazu Wolfgang J. Mommsen, »Kapitalismus und Sozialismus. Die Auseinandersetzung mit Karl Marx«, in: ders., *Max Weber*, S. 144-181, hier S. 177 ff.

48 Diesen Strukturwandel im Kapitalismus hat auf eindrucksvolle Weise geschildert Werner Plumpe, *Carl Duisberg 1861-1935. Anatomie eines Industriellen*, München 2016.

49 Einen guten Überblick gibt Dieter Krüger, *Nationalökonomen im wilhelminischen Deutschland*, Göttingen 1983, S. 74-96.

des Volks und die Regierung nichts als der natürliche Brennpunkt des Volkslebens. [...] Das Volksleben äussert sich aber keineswegs nur in dem gemeinsamen Bedürfnisse [sic] nach Rechtsschutz. Die Gemeinsamkeit seiner Bedürfnisse erstreckt sich vielmehr auf sein ganzes Culturleben und nimmt mit fortschreitender Civilisation fortwährend zu.«[50] Brentano kritisierte an dieser Stelle nicht nur obrigkeitsstaatlichen Etatismus, sondern stellte die scharfe Trennung von Staat und Gesellschaft an sich in Frage, denn: »Sobald der Staat wirklich die Organisation des Volks ist und die Regierung das natürliche Centrum des Volkslebens, kann, wenn der Staat den Willen des Volkes erfüllt, von Staatseinmischung gar nicht die Rede sein. Denn man kann von Niemanden [sic], der seinem eigenen Willen gemäss handelt, sagen, er greife unberechtigt in seine Angelegenheiten. Das ganze Wort Staatseinmischung setzt daher schon einen Zustand des Staats voraus, wie er nicht sein soll; einen Staat, der etwas Anderes ist, als die Organisation des Volkes, eine Regierung, die nicht der natürliche Mittelpunkt seines Lebens; beide etwas dem Volke Fremdes.«[51]

Brentano machte damit frühzeitig deutlich, dass die Ideologie eines *Laissez-faire* an den politischen Realitäten vorbeiging, da die staatliche Rahmung und Reglementierung des Wirtschaftslebens zu den wichtigsten politischen Fragen gehören müsse. Freilich hatte er – dies war fortschrittlich zu seiner Zeit – das Feld der Sozialpolitik und die Rechte der Arbeitnehmer im Sinn, aber noch nicht konjunkturpolitische Maßnahmen. Er erinnerte jedoch an die Gemeinpflichtigkeit des Eigentums und plädierte für Verteilungsgerechtigkeit, um wachsende soziale Ungleichheiten zu mildern.

Ähnliche Gedanken ließen sich in den englischen Debatten um einen New Liberalism finden, am deutlichsten und nachhaltigsten vermutlich im Liberalismus-Manifest von Leonhard Trelawny Hobhouse, der Abstand von herkömmlichen wirtschaftsliberalen Vorstellungen nahm und dem Staat als einer »association of citizens« ganz neue politische Handlungsspielräume zumaß. Chancen-

50 Lujo Brentano, *Die Arbeitergilden der Gegenwart. Bd. 1: Zur Geschichte der englischen Gewerkvereine*, Leipzig 1871, S. 126. Den Hinweis auf diese Stelle verdanke ich Detlef Lehnert, »Lujo Brentano als politisch-ökonomischer Klassiker des Sozialliberalismus«, in: ders. (Hg.), *Sozialliberalismus in Europa*, S. 111-134, hier S. 118 f.

51 Brentano, *Die Arbeitergilden der Gegenwart, Bd. 1*, S. 127.

gleichheit, Geschlechtergleichheit, Notwendigkeit des Konflikts, »soziale Freiheit und lebendige Gleichheit des Rechts«, Pluralismus, die Anerkennung der gesellschaftlichen Bedingtheit von Vermögen und die berechtigte politische Entscheidung über Besteuerung – die Reformvorschläge, die Hobhouse beeindruckend klar ausarbeitet, waren Brentano größtenteils vertraut.[52] Brentanos sozialliberaler Zugriff, seine angelsächsische Prägung und die betont antinationalistische Ausrichtung seines Denkens prädestinierte ihn für die Leitfigur eines reformerischen Liberalismus. Seine Spur zog sich folgerichtig durch die nationalökonomischen Debatten der 1920/30er Jahre. Zum Kreis seiner Schüler und Bewunderer gehörte nicht nur der bereits mehrfach erwähnte Moritz Julius Bonn, sondern ein breites Spektrum liberaler, sozialliberaler und sozialdemokratischer Nationalökonomen und Soziologen, u. a. Götz Briefs, Karl Brinkmann, Heinrich Herkner, Julius Hirsch, Carl Landauer, Franz Oppenheimer, Melchior Palyi, Gerhart von Schulze-Gaevernitz, Alfred Weber, Leopold von Wiese. Sie alle trugen zu einer vielbeachteten Festschrift bei, die 1925 als zweibändiges Kompendium unter dem Titel *Wirtschaftswissenschaften nach dem Kriege* erschien und als wegweisendes »wissenschaftliches Manifest des Liberalismus« wahrgenommen wurde.[53]

Brentano selbst blieb zwar auch im hohen Alter publizistisch aktiv, aber in die eigentlichen Debatten der Weimarer Republik griff er nicht mehr entscheidend ein. Er war als »Freisinniger« im Kaiserreich eine liberale Stimme des Fortschritts gewesen und hatte selbst noch Kontroversen mit Karl Marx geführt.[54] Zwar war er ein vä-

52 L.T. Hobhouse, *Liberalism (1911) and Other Writings*, edited by James Meadowcroft, Cambridge 1994. – Es ist aber insgesamt bezeichnend für die deutsche Rezeption von Hobhouse, dass dessen Liberalismusschrift bis heute nicht übersetzt worden ist. Mehr Interesse brachte man seiner Kritik von Hegels Staatsvorstellung entgegen. Siehe L.T. Hobhouse, *Die metaphysische Staatstheorie. Eine Kritik*, Leipzig 1924. – Zur Bedeutung von Hobhouse vgl. Bellamy, *Liberalism and Modern Society*, S. 49-57.

53 Moritz Julius Bonn/Melchior Palyi (Hg.), *Wirtschaftswissenschaft nach dem Kriege. Neunundzwanzig Beiträge über den Stand der deutschen und ausländischen sozialökonomischen Forschung nach dem Kriege. Festgabe für Lujo Brentano zum 80. Geburtstag*, 2 Bde., München/Leipzig 1925. – Siehe auch die *Neue Freie Presse* (Wien) vom 18. Mai 1926.

54 Siehe Lujo Brentano, *Mein Leben im Kampf um die soziale Entwicklung Deutschlands*, Jena 1931. Zu Brentano vgl. insgesamt Moritz Julius Bonn, »Lujo Brentano

terlicher Freund und zeitweiliger Mitstreiter Friedrich Naumanns, an dessen nationaler Ausrichtung er sich immer wieder rieb, und agierte oftmals als Korrektiv für seinen Münchener Lehrstuhlnachfolger Max Weber, mit dem ihn ebenfalls ein gutes kollegiales Verhältnis verband.[55] Aber Brentanos Lehre und sein Einfluss boten doch eine Alternative zu den dominant erscheinenden spezifisch deutschen, d. h. national eingefärbten Varianten des Liberalismus.

Dass es sich bei Brentanos Schülerschaft um eine heterogene Gruppe von Denkern handelte, bleibt unbestritten. Eine übergreifende politische Orientierung wurde ihr vor allem von ihren orthodox-liberalen Gegnern zugeschrieben, die – wie Ludwig von Mises – in dieser Form des Sozialliberalismus eine Fortführung des Kathedersozialismus sahen und vor etatistischen Tendenzen warnten.[56] Mises bekämpfte den Reformliberalismus als den theoretisch unzureichenden Versuch, die aus seiner Sicht wahre und reine Lehre durch eine »Ideologie des Wohlfahrtsstaates« zu verwässern: »Entweder Kapitalismus oder Sozialismus. Tertium non datur.«[57] Damit erteilte er jeder Debatte um den »dritten Weg«, der in der Zwischenkriegszeit die Reformvorstellungen liberaler Intellektueller stimulierte, eine Absage.[58] Aus orthodox-wirtschaftsliberaler Perspektive wurden folglich jede als sozialliberal apostrophierte Ausgleichsbemühung um die Balance zwischen Kapitalismus und sozialer Gerechtigkeit, späterhin auch eine keynesianisch begrün-

(1844-1931)«, in: *The Economic Journal* 61 (1931), S. 657-660. Zum Streit zwischen Brentano und Marx um ein von Marx verwendetes Gladstone-Zitat siehe Wilfried Nippel, *Fußnoten, Zitate, Plagiate. Wissenschaftsgeschichtliche Streifzüge*, Heidelberg 2014, S. 44 ff.

55 Zum Verhältnis von Brentano zu Naumann siehe Theodor Heuss, *Friedrich Naumann. Der Mann, das Werk, die Zeit*, Stuttgart/Tübingen 1949, 2. Aufl., S. 174 f., 256 f.; zu Brentano und Weber siehe Mommsen, *Max Weber und die deutsche Politik*, S. 122 ff.

56 Ludwig von Mises, »Sozialliberalismus«, in: *Zeitschrift für die gesamte Staatswissenschaft* 81 (1926), S. 242-278.

57 Ebenda, S. 265, 269.

58 Eine umfassende Widerlegung des Sozialismus als ökonomisches Prinzip hatte Ludwig von Mises bereits zu Beginn der 1920er Jahre vorgelegt (*Die Gemeinwirtschaft. Untersuchungen über den Sozialismus*, Jena 1932, 2. Aufl. [zuerst 1922]). Diese Schrift wurde einflussreich und prägend für eine ganze Reihe junger Nationalökonomen, die sich vom Sozialismus ab- und dem Liberalismus zuwandten. Siehe dazu Philip Plickert, *Wandlungen des Neoliberalismus. Eine Studie zur Entwicklung und Ausstrahlung der »Mont Pelerin Society«*, Stuttgart 2008, S. 54-56.

dete interventionistische Wirtschaftspolitik oder die staatlichen Programme des New Deal unter Sozialismusverdacht gestellt.

Der Angriff Ludwig von Mises' auf die Sozialliberalen zeigte, worum es im Kern ging: um die Klärung des Verhältnisses von Kapitalismus und Liberalismus. Während Mises die Identität von Kapitalismus und Liberalismus verteidigte, weil er jedes Abweichen vom Grundsatz des Rechts auf Eigentum und von der Garantie des Sondereigentums an Produktionsmitteln als illiberal geißelte, wollten die sozialliberal orientierten Nationalökonomen den Liberalismus aus seiner Angewiesenheit auf den Kapitalismus befreien bzw. die Beziehung zwischen beiden lockern. Heinrich Herkner beklagte, dass »sich das edle Wort Liberalismus mit Kapitalismus, Mammonismus, volksfeindlicher Ausbeutung, Manchestertum und Profitgier zu decken« schien. Es komme »zunächst darauf an«, verlangte Herkner, »das Antlitz des Liberalismus von diesen Entstellungen zu befreien«. Er erinnerte stattdessen, auch aus sozialökonomischer Perspektive, an den Liberalismus als Weltanschauung, die den »Glaube[n] an die natürliche Würde und Güte des Menschen, an seine hohe Bestimmung, an seine Verbesserungsfähigkeit durch die Mächte der natürlichen Vernunft und Freiheit, an den Sieg der Gerechtigkeit und Wahrheit« beinhalte. Den Liberalismus verstand er ethisch; er sollte, anstatt sich klassischerweise »um die Beseitigung hemmender Fesseln« zu bemühen, »ein positives, konstruktives Programm anstreben«.[59] Leopold von Wiese ging sogar so weit, dass Liberalismus »mit Kapitalismus innerlich nichts gemein« habe, ja »das Wesen des Liberalismus« wurde aus seiner Perspektive vielmehr »durch sein geschichtliches Zusammentreffen mit dem Hochkapitalismus verdunkelt«.[60] Damit schloss Wiese an Überlegungen an, die er bereits während des Ersten Weltkrieges entwickelt hatte, als er – wie so viele andere – verschiedene Ideen miteinander versöhnen wollte, um Modernisierung, Liberalisierung und (in Maßen) Demokratisierung im Kaiserreich voranzutreiben.[61] Dabei ließen sich liberal-parlamentarische und demokratische Gedanken mit kapitalismuskritischen Motiven und der

59 Heinrich Herkner, »Sozialpolitischer Liberalismus«, in: Bonn/Palyi (Hg.), *Wirtschaftswissenschaft nach dem Kriege*, Bd. 1, S. 31-52, hier S. 38, 47.

60 Wiese, »Gibt es noch Liberalismus?«, S. 22 f.

61 Siehe vor allem Wiese, *Staatssozialismus*; ders., *Der Liberalismus in Vergangenheit und Zukunft*.

Idee der Volksgemeinschaft verbinden; was nicht zuletzt von der Überzeugung gestützt wurde, dass die soziale Wirklichkeit stets von Mischformen geprägt sei.[62]

Um die strategische Stoßrichtung des Sozialliberalismus zu beschreiben, fallen vier Momente ins Gewicht, die eine Absetzung von der wirtschaftsliberalen Orthodoxie und vom Kapitalismus als Identifikationsbegriff begünstigten: *erstens* der Anspruch auf einen soziologischen Realismus, der sich sensibel für die gesellschaftlichen Kosten des Kapitalismus zeigte; *zweitens* die Erinnerung an die emanzipativen und altruistischen Elemente eines demokratischen Liberalismus, der nicht einseitig als individualistisch beschrieben werden konnte; *drittens* mündete eine solche liberale Selbstkritik in das Programm eines komplexen Liberalismus, der sich nicht allein auf abstrakte ökonomische und moralische Prinzipien zurückführen lasse, sondern in pragmatischer Weise zu Sozialkritik und Sozialreform fähig sei und die Sozialpolitik des Staates als ein Gestaltungsmittel der Politik erkenne;[63] *viertens* ist schließlich an den Umstand zu erinnern, dass der Sozialstaat – durchaus im Sinne der liberalen Verfassungsväter – in der Weimarer Republik zum ersten Mal Verfassungsrang erlangt hatte, denn in Artikel 151 hieß es ausdrücklich: »Die Ordnung des Wirtschaftslebens muß den Grundsätzen der Gerechtigkeit mit dem Ziele der Gewährleistung eines menschenwürdigen Daseins für alle entsprechen. In diesen Grenzen ist die wirtschaftliche Freiheit des Einzelnen zu sichern.«[64]

Der Sozialliberalismus konnte nominell seine *raison d'être* auf die Verfassung zurückführen. Gleichzeitig stand er personell und

62 Siehe etwa Wiese, *Staatssozialismus*, S. 26.

63 Eine umfassende Kritik des sog. »klassischen Liberalismus«, die in der Stoßrichtung des hier vorgestellten liegt, bietet Götz Briefs, »Die sozial- und wirtschaftsphilosophischen Ideen des kapitalistischen Zeitalters: Der klassische Liberalismus«, in: ders. (Hg.), *Die Wandlungen der Wirtschaft im kapitalistischen Zeitalter. Ein Sammelwerk der Internationalen Vereinigung für Rechts- und Wirtschaftsphilosophie,* Berlin 1932, S. 1-35.

64 Den wegweisenden Charakter des Schrittes, den Sozialstaat in der Verfassung zu verankern, betont Wehler, *Deutsche Gesellschaftsgeschichte*, Bd. 4, S. 351 f. Zur epochalen Bedeutung der Neuschöpfung einer demokratischen Sozialverfassung in der Weimarer Republik mit Blick auf das Arbeitsrecht und die Sozialpolitik vgl. besonders Anselm Doering-Manteuffel, »Weimar als Modell. Der Ort der Zwischenkriegszeit in der Geschichte des 20. Jahrhunderts«, in: *Mittelweg 36*, 21. Jg. (2012), S. 23-36.

ideell in der Kontinuität des Kaiserreiches, freilich nicht mehr in der apostrophierten Rolle einer intellektuellen Avantgarde, sondern als staatstragende Doktrin. Allerdings galten die Grundsätze, die Heinrich Herkner in seinem klassischen Werk über die Arbeiterfrage formulierte, nach wie vor: »Gegenüber dem kapitalistischen Liberalismus unterscheidet sich der Sozialliberalismus vor allem durch die praktische Anerkennung der Koalitionsfreiheit und der Arbeiterberufsvereine. Dazu tritt eine tatkräftigere Propaganda für gesetzlichen Arbeiterschutz. Trotz aller Konzessionen, welche der Sozialliberalismus in bezug auf die gesellschaftliche Kontrolle der Arbeitsbedingungen dem Sozialismus macht, hält er doch an dem Privateigentum, an der kapitalistischen Unternehmung, an der Selbstbestimmung und Selbstverantwortlichkeit grundsätzlich fest.« Zudem favorisiere der Sozialliberale »demokratische Lösungen«.[65] Diese einstmals progressive, aber in Fragen der Sozialisierung, der Umverteilung und der Gestaltungsmöglichkeiten des Staates unspezifische Haltung konkurrierte weiterhin mit der Sozialdemokratie, aber auch mit neuen Überlegungen zu einem sozialen Kapitalismus oder liberalen Sozialismus, die in der Nationalökonomie um Franz Oppenheimer und in der Soziologie um Paul Tillich vertreten wurden.[66] Die vorher relativ übersichtliche Debatte, die im Wesentlichen um Sozialpolitik kreiste – also um Korrekturen und Reparaturen innerhalb eines für stabil gehaltenen Systems –, hatte sich innerhalb kurzer Zeit zugleich verbreitert und ausdifferenziert. Für die Gestaltung der politischen und wirtschaftlichen Ordnung schienen sich neue Räume zu öffnen.

Es ist nicht ganz leicht, die innerliberale Auseinandersetzung um die Wirtschaftsordnung und um den Kapitalismus im Allgemeinen klar einzugrenzen. Wie andere Formen liberaldemokratischer Institutionalisierung – der Parlamentarismus, die Demokratie insgesamt, das internationale System – geriet auch der Kapitalismus bald unter kollektiven Krisenverdacht. Krisenhaft schien plötzlich fast alles, was – jedenfalls cum grano salis – noch zu den Bestandsvoraussetzungen der bürgerlichen Welt der *belle époque* gehört hatte.

65 Heinrich Herkner, *Die Arbeiterfrage. Eine Einführung. Bd. 2: Soziale Theorien und Parteien*, Leipzig/Berlin 1921, siebte, erweiterte und umgearbeitete Auflage, S. 180.

66 Viel diskutiert wurde Eduard Heimann, *Soziale Theorie des Kapitalismus. Theorie der Sozialpolitik*, Tübingen 1929.

Dabei schien es keine Rolle zu spielen, dass man bereits seit dem *fin de siècle* allenthalben Dekadenz- und Niedergangsdiskurse hätte beobachten können und dass sich für das Gros der Problemdebatten umfangreiche Belege aus der Zeit vor 1914 finden ließen.[67] Der revolutionäre Umbruch der Jahre 1918/19 stellte alle bisherigen Ordnungsvorstellungen auf den Prüfstand, und die Krise wurde zu einem unentrinnbaren Lebensgefühl, insbesondere im Ökonomischen. Wenn man sich vor Augen führt, dass zwischen dem Zusammenbruch des Kaiserreiches und der Hyperinflation des Jahres 1923 weniger als fünf Jahre lagen und dass die Weltwirtschaftskrise bereits nach sechs weiteren Jahren ausbrach, wird dem Betrachter die Virulenz dieser Krisenerfahrung bewusst.

In diesem Kontext sei auch daran erinnert, dass der Interpret des modernen Kapitalismus Werner Sombart im dritten Band seines Hauptwerkes zum *Modernen Kapitalismus* (1927) sowie noch einmal prominent und weitaus stärker zugespitzt in einem Vortrag von 1928 den »Spätkapitalismus« als epochalen Krisenbegriff einer Übergangsphase zu etablieren versuchte, um den Abschied vom Hochkapitalismus des heroischen individualistischen Unternehmertums zu markieren. Diese Epochenschwelle vom Hoch- zum Spätkapitalismus datierte Sombart mit dem Beginn des Weltkrieges 1914.[68] Sombarts Bestandsaufnahme erfuhr breite Aufmerksamkeit, auch weil er die historischen Stadien des Kapitalismus mit geschichtsphilosophischer Gewissheit verkündete. Es ist nicht weiter verwunderlich, dass das Spätkapitalismus-Theorem des kulturkonservativen Sombart seitens der Linken durchaus wohlwollend zur

67 Siehe als Überblick etwa Philipp Blom, *Der taumelnde Kontinent. Europa 1900-1914*, München 2009.

68 Werner Sombart, *Der moderne Kapitalismus. Historisch-systematische Darstellung des gesamteuropäischen Wirtschaftslebens von seinen Anfängen bis zur Gegenwart. Dritter Band: Das Wirtschaftsleben im Zeitalter des Hochkapitalismus*, 2 Halbbände, München/Leipzig 1927; ders., »Die Wandlungen des Kapitalismus«, in: *Verhandlungen des Vereins für Sozialpolitik in Zürich 1928* (Schriften des Vereins für Sozialpolitik, Bd. 175), Leipzig/München 1929, S. 23-41; in weiterer Zuspitzung schließlich ders., »Die Zukunft des Kapitalismus« (1932), in: Bernhard von Brocke (Hg.), *Sombarts ›Moderner Kapitalismus‹. Materialien zur Kritik und Rezeption*, München 1987, S. 394-418. Vgl. zum Kontext Friedrich Lenger, *Werner Sombart 1863-1941. Eine Biographie*, München 1995, S. 332-357, und weiterhin Michael Appel, *Werner Sombart. Theoretiker und Historiker des modernen Kapitalismus*, Marburg 1992, S. 79-88.

Kenntnis genommen wurde, wenn man auch seine Rezepturen zur Krisenlösung ablehnte. Sombart plädierte nämlich für eine Reagrarisierung und setzte sich für wirtschaftliche Autarkie ein, verstärkt unter dem Eindruck der Weltwirtschaftskrise, die er als Zusammenbruch des Freihandelsmechanismus interpretierte.[69] Von Liberalen erfuhr er hingegen scharfen Widerspruch, denn sie machten ihm gegenüber die Dynamik, das Entwicklungspotential und die Adaptionsfähigkeit des Kapitalismus geltend.[70]

In Sombarts Diagnose vom Ende des Hochkapitalismus, auf die der Ausbruch der Weltwirtschaftskrise später keinen erkennbaren Einfluss hatte, stachen vier Aspekte hervor, die zur allgemein diskutierten Krisensymptomatik zählten: *erstens* die zunehmenden »Einschränkungen und Eingriffe abseiten [sic! – sinngemäß »vonseiten«, J. H.] der öffentlichen Gewalten«; *zweitens* eine innere Umbildung des Kapitalismus, die einem Dynamikverlust aufgrund des gebremsten Bevölkerungswachstums geschuldet sei; *drittens* eine Bürokratisierung und Erstarrung des Kapitalismus (die Sombart 1927 noch als »immer größere Stabilität« mit Tendenz zur Schwerfälligkeit missdeutete), einhergehend mit der fortschreitenden Gebundenheit des Unternehmertums; *viertens* schließlich ein Vordringen planwirtschaftlicher Elemente und insgesamt eine Parallelexistenz verschiedener Wirtschaftsformen, die die Vorherrschaft des modernen Kapitalismus ablösten.[71] Dies alles führte aus Sombarts Sicht dazu, dass der Kapitalismus seine fundamentalen Prinzipien preisgab und dass die geistige Krise des kapitalistischen Liberalismus sichtbar wurde. Als Symptome des Niedergangs identifizierte er »die Durchsetzung der rein naturalistischen Daseinsweise des Kapitalismus mit normativen Ideen«, »die Entthronung des Gewinnstrebens als des allein bestimmenden Richtpunkts wirtschaftlichen Verhaltens« sowie »die Ersetzung der freien Konkurrenz durch das Prinzip der Verständigung«. Damit formulierte er eine Maxime, die

69 Siehe Sombart, »Die Zukunft des Kapitalismus«, S. 412 ff.

70 Vgl. als Kritik an Sombart aus liberaler Sicht u. a. Karl Muhs, »Die Chance des Kapitalismus«, in: *Weltwirtschaftliches Archiv* 31 (1930), S. 1-34; Christian Eckert, »Glück und Glanz des Kapitalismus. Betrachtung und Beurteilung von Werner Sombarts großem Werk« (1928), in: Bernhard vom Brocke (Hg.), *Sombarts ›Moderner Kapitalismus‹. Materialien zur Kritik und Rezeption*, München 1987, S. 275-302.

71 Sombart, *Der moderne Kapitalismus, 3. Bd.*, S. 1012-1014.

eine sozialliberale Reform des Kapitalismus eigentlich unmöglich erscheinen ließ: »wo die Grundsätze normativer Ordnung anfangen, bestimmenden Einfluß zu gewinnen, schwindet der Kapitalismus langsam dahin«.[72] Mit diesem apodiktischen Befund hatte Sombart ein Kernproblem seiner Epoche formuliert, nämlich die Frage, ob die normativen Elemente einer liberalen Sozialphilosophie mit dem Kapitalismus überhaupt in Einklang zu bringen seien. Für den antiliberalen Sombart, der in den Reihen einer Konservativen Revolution gegen die Republik Stellung bezog, musste jede sozialliberal gedachte Reform des kapitalistischen Wirtschaftssystems illusorisch bleiben – eine Haltung, die symptomatisch für den virulenten Antiliberalismus der Epoche war.[73]

Doch eben in dieser neuen Verschränkung von normativen Grundsätzen mit kapitalistischen Strukturprinzipien sahen liberale Nationalökonomen die Aufgabe, die anzugehen war, um der Krisenanfälligkeit des ökonomischen Systems zu begegnen. Es ging darum, den Liberalismus aus dem engen und untergeordneten Verständnis einer Legitimationsideologie für den Kapitalismus zu befreien und die kapitalistische Ordnung auf Prinzipien und regulative Ideen zurückzuführen, die wandel- und formbar waren. Krise und Chance bedingten sich demzufolge aus liberaler Perspektive gegenseitig, weil es genügend Ansätze für Reform und Verbesserungen zu geben schien, mit denen es gelingen konnte, sich von der vermeintlichen Naturgesetzlichkeit des Kapitalismus zu verabschieden, um die Wirtschaftsordnung in politisch und sozial gestaltbare Bahnen zu lenken.

Ein so nüchterner Betrachter wie Moritz Julius Bonn führte den Krisenbegriff permanent im Titel seiner Arbeiten;[74] und auch

72 Ebenda, S. XIIf.

73 Siehe auch Rolf Peter Sieferle, *Die Konservative Revolution. Fünf biographische Skizzen*, Frankfurt/M. 1995, S. 74-105. – Zur Struktur des Antiliberalismus siehe weiterhin die Beiträge in: Ewald Grothe/Ulrich Sieg (Hg.), *Liberalismus als Feindbild*, Göttingen 2014, sowie allgemein die mittlerweile klassische Studie von Stephen Holmes, *Die Anatomie des Antiliberalismus*, Hamburg 1995.

74 Um neben Moritz Julius Bonns bekanntester Schrift über *Die Krisis der europäischen Demokratie* einige Kostproben zu geben: ders., »Die Krise des deutschen Staates«, in: *Die Neue Rundschau* 33 (1922), S. 561-572; ders., »Die dritte Krise des Kapitalismus« (I. und II.), in: *Berliner Tageblatt*, 8./11. November 1925, MA, S. 1-2; ders., »Die Krise des Kapitalismus. Preispolitik und Lohnpolitik«, in: *Neue Freie Presse* (Wien), 11. April 1926, S. 1-2; ders., »Sinn und Bedeutung der amerikani-

andere bekennende Liberale konnten den Staatsgedanken (Alfred Weber) oder den Historismus (Ernst Troeltsch) – um nur einige prominente Beispiele zu nennen – in der Krise wähnen.[75] Das heißt nicht, dass es den Akteuren an Zukunftsvertrauen gefehlt hätte oder dass Liberale sich in Fatalismus oder Skeptizismus flüchteten, denn es gehörte für viele von ihnen zum Wesen der Krise, dass in ihr der Keim zu Neuem steckte und nach einer Phase kritischer Anspannung der Durchbruch zu einer verbesserten Ordnung gelingen konnte.[76] Insofern war mit jeder Krisenbeschwörung die Suche nach Lösungswegen verbunden, denn auch wenn das Ende des Kapitalismus zu den verbreiteten Untergangsszenarien der Zwischenkriegszeit gehörte,[77] so überwog doch im liberalen Lager naturgemäß das grundsätzliche Vertrauen in seine Adaptions- und Reformfähigkeit.

Auf die Frage, wie sich Liberalismus und Kapitalismus künftig verbinden ließen, gab es insbesondere in den deutschen Debatten mehrere mögliche Antworten, die sich noch einmal idealtypisch zuspitzen lassen: 1. eine Sozialliberalisierung, die neue Lenkungsmethoden des Wohlfahrtsstaates und der konjunktursensiblen Wirtschaftspolitik favorisierte und sich teilweise neuen Planungskonzepten öffnete; 2. eine Wendung zum starken Staat, der zum Garanten einer funktionierenden kapitalistischen Wirtschaft avancierte und damit vor allem drohende Klassen- und Interessenkonflikte stillstellte; 3. das Eintreten für einen demokratischen Kapitalismus, der sich Partizipation, gleiche Chancen und faire Wettbewerbsbedingungen auf die Fahnen schrieb und zugleich eine Durchsetzung der Politik durch Verbands- und Unternehmerinteressen abzuwehren suchte; 4. das Festhalten am *laissez faire,*

schen Krise«; ders., »Der Aufstand der Kapitalisten. Zur englischen Krise«, in: *Die Neue Rundschau* 42 (1931), S. 577-585.

75 A. Weber, *Die Krise des modernen Staatsgedankens*; Ernst Troeltsch, »Die Krisis des Historismus«. in: *Die Neue Rundschau* 33 (1922), S. 572-590.

76 Vgl. zur Kritik am Krisenparadigma Moritz Föllmer/Rüdiger Graf (Hg.), *Die »Krise« der Weimarer Republik. Zur Kritik eines Deutungsmusters*, Frankfurt/M. 2005, sowie Rüdiger Graf, *Die Zukunft der Weimarer Republik. Krisen und Zukunftsaneignungen in Deutschland 1918-1933*, München 2008.

77 Die Untergangsszenarien und Kassandrarufe in der englischen intellektuellen Debatte während der Zwischenkriegszeit schildert eindrucksvoll (im Kapitel »The Death of Capitalism«) Richard Overy, *The Morbid Age. Britain and the Crisis of Civilization, 1919-1939*, London 2009, S. 50-92.

laissez aller mit der Vorstellung, dass die Marktkräfte und der freie Wettbewerb weitgehend ohne politische Interventionen und Steuerung auskommen.

Es wurde zusehends deutlicher, dass die alte Nationalökonomie, die wirtschaftliche, soziologische, staatstheoretische, historische und politische Problemstellungen verband, immer weniger in der Lage war, eine theoretische Synthese oder ein Gesamtsystem zur modernen Ökonomie zu entwickeln. Im Zuge der Verwissenschaftlichung und Spezialisierung, die neue komplexe Anforderungen an Statistik und mathematische Methoden stellten, aber auch angesichts der zunehmenden Politisierung des ökonomischen Denkens wäre dieser Anspruch maßlos gewesen. So hatte ein liberales Denken, das das künftige Schicksal und die Ordnung des Kapitalismus imaginierte, am ehesten die politische Praxis zu problematisieren, und es musste die Umstände demokratischer Legitimation jeder Wirtschaftspolitik mit einbeziehen, anstatt sich auf dogmatische Positionen zurückzuziehen.[78] Anders gewendet: Das liberale ökonomische Denken stand, um politisch relevant zu bleiben, vor der Herausforderung, die gesellschaftlichen Akteure, die verschiedenen Interessengruppen, sozialpolitische Notwendigkeiten und die normativen Gegebenheiten einer demokratischen Verfassung zu berücksichtigen, anstatt abstrakte Theorien zu entwerfen. Deshalb ist es nicht weiter verwunderlich, dass die umsichtigen Interpreten eine unbedingte Festlegung auf bestimmte dogmatische ökonomische Positionen in aller Regel vermieden und Wirtschaftswissenschaft als eine »Erfahrungswissenschaft« (Hirsch) begriffen.[79]

78 Vgl. in diesem Sinne auch Julius Hirsch, »Deutsche Wirtschaftswissenschaft und -praxis im letzten Menschenalter«, in: Bonn/Palyi (Hg.), *Wirtschaftswissenschaft nach dem Kriege*, Bd. 2, S. 147-197. – Die Bedeutung von Hirschs wirtschaftspolitischen Konzeptionen für die Weimarer Demokratie unterstreicht Tim B. Müller, »Demokratie und Wirtschaftspolitik in der Weimarer Republik«, in: *Vierteljahrshefte für Zeitgeschichte* 62 (2014), S. 569-601.

79 Hirsch, »Deutsche Wirtschaftswissenschaft und -praxis im letzten Menschenalter«, S. 151.

Probleme des deutschen Kapitalismus: Moritz Julius Bonns Defizitanalyse

Moritz Julius Bonn war ein solcher Erfahrungswissenschaftler und eben kein liberaler Dogmatiker. Sein wirtschaftswissenschaftliches Werk geriet wohl auch deswegen weitgehend in Vergessenheit, weil es quer zu den verschiedenen wissenschaftlichen Schulen liegt und weil sich Bonn, der keinen ordentlichen Lehrstuhl bekleidete, sondern an Handelshochschulen lehrte, in einer akademischen Außenseiterposition befand.[80] Zugleich agierte er als Berater der

80 Es ist erstaunlich, dass auch Roman Köster in seiner hervorragenden Arbeit über die Wirtschaftswissenschaften in der Weimarer Republik Bonn lediglich als politischen Kommentator behandelt. Köster hat Bonns Nachlass mitsamt Korrespondenzen zwar herangezogen, seine keineswegs entlegen publizierten Schriften aber völlig ignoriert. Hier hätte er den eingeforderten Praxisbezug finden können. Sogar Bonns wichtige Rolle beim Aufbau und bei der Weiterentwicklung der Handelshochschulen wird nicht thematisiert, obwohl er auf die Institution selbst zu sprechen kommt (Köster, *Die Wissenschaft der Außenseiter*, S. 73 f.). Krohn ignoriert Bonns Grundsatzschriften weitgehend, vermutlich weil sie nicht ins Bild seiner These vom antidemokratischen Wirtschaftsliberalismus passen. Stattdessen hält er ihm vor, keine Patentrezepte für die Lösung der Weltwirtschaftskrise gehabt zu haben. In Bonns Diagnose einer politischen Vertrauenskrise erkennt Krohn lediglich »Leerformeln« und »analytische Unschärfen« und unterstellt ihm obendrein, sich »autoritären Ordnungsmodellen« und der Hoffnung auf den »starken Staat« angenähert zu haben. Zu diesem Fehlschluss kann Krohn vermutlich nur kommen, weil er vorher Bonns Klage über mangelnde »Führerqualitäten« (in der deutschen Wirtschaft wohlgemerkt) in anachronistischer Weise überinterpretiert, nämlich als Sehnsucht nach einem Führer (siehe Krohn, *Wirtschaftstheorien als politische Interessen*, S. 148 f.). Dieser Eindruck erhärtet sich, wenn man den von Krohn zitierten Artikel im Zusammenhang liest. Darin heißt es lediglich: »Die Ergebnisse der beiden letzten Jahre haben gezeigt, dass den wirtschaftlichen Führern, von dem Standpunkte des Ganzen aus gesehen, die eigentlichen Führerqualitäten vollkommen gefehlt haben, nämlich die Fähigkeit, kommende Ereignisse rechtzeitig vorauszusehen und sich ihnen gegenüber zu rüsten. Die Krise ist in erster Linie auf Fehlleitungen von Kapital zurückzuführen [...].« Schließlich machte Bonn deutlich, warum er die Austeritätspolitik Brünings unterstützte: »Wenn Deutschland in den wirtschaftlichen Beziehungen zur westlichen Welt bleiben will, muss es Vertrauen erwerben[,] und zu diesem Vertrauen gehört der Wille, Schulden zu bezahlen, auch, wenn es dem Schuldner wehtut. Ehrbare Kaufmannsmoral ist heute wichtiger als alles andere. Misstrauen kann man auch durch Notverordnung unter dem Diktaturparagraphen nicht erfolgreich verbieten, insbesondere nicht im Ausland [...].« (Moritz Julius Bonn, »Deflation der Panik«, in: *Berliner Tageblatt*,

Reichsregierung und von Ministerien, als Sachverständiger und Mitglied zahlreicher Konferenzdelegationen (Versailles, Spa, Genf) in engem Kontakt mit der Politik.[81] Die oft beklagte Wirklichkeitsfremdheit und der Erfahrungsmangel, die als Krisensymptome der Weimarer Nationalökonomie diagnostiziert worden sind, konnten für ihn also kaum gelten. Anders als Ludwig von Mises war es nie sein Bestreben, die Grundsätze einer »reinen« Lehre des Liberalismus auf Ökonomie und Politik gleichermaßen zu übertragen. Weder als Nationalökonom noch als politischer Denker hatte er die Ambition, eine systematische Theorie zu entwickeln. Daher ist es nachvollziehbar, dass Ludwig von Mises in Bonn keinen schulbildenden Vertreter des Sozialliberalismus sah und ihn in seiner Kritik an der Brentano-Schule nur am Rande erwähnte, obgleich Bonn der Herausgeber der betreffenden Festschrift und der in der Öffentlichkeit bekannteste Vertreter dieses Kreises war.[82] Bonn identifizierte sich zweifellos mit einem modernisierungsbereiten Liberalismus, der verstanden hatte, dass eine kapitalistische Wirtschaftsordnung nur eine Chance besaß, wenn sie demokratisch legitimiert war und die sozialen Bedürfnisse der abhängig Beschäftigten befriedigen konnte. Er erkannte auch den erhöhten politischen Regulierungsbedarf und die gewachsene Rolle des Staates an – die Notwendigkeit steigender Steuerabgaben und eines auszugestaltenden Wohlfahrtsstaates. Allerdings lehnte Bonn staatlichen Interventionismus, staatliche Wirtschaftsplanung und aktive Konjunktur- oder Subventionspolitik rundheraus ab. Da er den Staat als Organisationsstatut eines gesellschaftlichen Pluralismus begriff, konnte er aber ebenso wenig mit wirtschaftsliberalen Positionen anfangen, die mit einem autoritären Staat sympathisierten,

4. Oktober 1931, S. 1-2, hier S. 2) – Eine knappe, aber eindrucksvolle Würdigung von Bonns Kritik des Weimarer Kapitalismus findet sich hingegen bei Heinrich August Winkler, *Der Schein der Normalität. Arbeiter und Arbeiterbewegung in der Weimarer Republik 1924 bis 1930*, Bonn 1988, 2. Aufl., S. 39 f.

81 Nicht wenige seiner Fachpublikationen gingen aus Gutachten und Denkschriften hervor. Vgl. z. B. Moritz Julius Bonn, *Die Stabilisierung der Mark*. Berlin 1922; ders., *Befreiungspolitik oder Beleihungspolitik*, Berlin 1928; ders., *Der neue Plan als Grundlage der deutschen Wirtschaftspolitik*, München/Leipzig 1930; ders., *Währungsprojekte – und warum?*, Berlin 1932.

82 Bonn wurde von ihm nur peripher kritisiert, weil er einseitig Brentanos Lebens- und Praxisnähe gelobt habe, Mises hingegen für die Volkswirtschaftslehre auf dem Primat der Theorie bestand. Siehe Mises, »Sozialliberalismus«, S. 260 f.

der für den Kapitalismus vermeintlich unzuträgliche Partei- und Gruppenkonflikte ruhigstellen sollte.

Bonns Ansatz war der eines problembezogenen, interventionistischen und eklektizistisch operierenden Intellektuellen, der situationsspezifische Lösungen suchte und sich dabei von einigen normativen Grundsätzen und den Tugenden des Skeptikers leiten ließ – Vorsicht, Abwägung, kleine Schritte, realistische Zielsetzung. Als Ökonom widersprach er dem Diktum Rathenaus, dass die Wirtschaft »unser Schicksal« sei – vielmehr sei dieses durch die Politik bestimmt.[83] Für Bonn stand die Politik, d.h. die politische Verantwortung und der politische Gestaltungswille, an erster Stelle. »Die Organisation des Wirtschaftslebens als solche ist nur ein Mittel zur Freiheit, nicht Inhalt der Freiheit«, schrieb Bonn. Jede Epoche, jede Stufe der sozioökonomischen Entwicklung stellte seiner Ansicht nach eine neue Herausforderung dar, »die Frage des Schutzes der persönlichen Freiheit auf wirtschaftlichem Gebiet mit neuen Methoden« zu lösen. Bonn blieb aber bei der Auffassung, dass »ohne wirtschaftliche Freiheit [...] wirkliche persönliche Freiheit unmöglich« sei.[84] Vor dem Hintergrund dieser pragmatischen Grundsätze analysierte er den Zustand des deutschen Kapitalismus, den er in vielerlei Hinsicht als einen Sonderfall auffasste. Da Bonn die politischen, gesellschaftlichen und kulturellen Bedingungen, unter denen sich der Kapitalismus zu bewähren hatte, vergleichend betrachtete und die Besonderheiten der preußisch dominierten staatlichen Struktur herausarbeitete, können seine Studien, im Anschluss an Hugo Preuß und Max Weber, als frühe Beiträge zu einer im Blick auf Demokratie, Klassengesellschaft und Wirtschaftsverfassung negativen Sonderwegsthese gelesen werden, die eine selbst-

83 Moritz Julius Bonn, *Kapitalismus oder Feudalismus?*, Berlin 1932, S. 21ff.

84 Bonn, »Die Zukunft des deutschen Liberalismus«, S. 263f. – Die historische Bedingtheit des Freiheitsbegriffs hatte bereits Friedrich Naumann unterstrichen. Naumann umschrieb die Historizität jedes Freiheitsverständnisses mit der Gewissheit, dass die Freiheit nichts sei, »was zu allen Zeiten und an allen Orten genau die gleiche Form und Farbe« habe: »Jede Zeit hat ihre Freiheiten, die sie sucht.« Siehe Naumann, »Das Ideal der Freiheit«, S. 366. Diesen Naumannschen Grundsatz stellt in den Mittelpunkt seiner Überlegungen Jürgen Frölich, »›Jede Zeit hat ihre Freiheiten, die sie sucht.‹ Friedrich Naumann und der Liberalismus im ausgehenden Kaiserreich«, in: Detlef Lehnert (Hg.), *Sozialliberalismus in Europa. Herkunft und Entwicklung im 19. und frühen 20. Jahrhundert*, Wien/Köln/Weimar 2012, S. 135-157.

bewusste »Ideologie des deutschen Weges« (Faulenbach) gleichsam umkehrte.[85]

Keinen Zweifel ließ Bonn daran, dass die kapitalistische Wirtschaftsweise des Marktes und des freien Wettbewerbs das herrschende Paradigma in der Ökonomie bleiben würde. Dazu benötigte er freilich keine ausführlichen theoretischen Begründungen, sondern verwies pragmatisch auf zwei Bestandsvoraussetzungen des Kapitalismus: zum einen auf seine Leistungsfähigkeit, zum anderen auf die weltwirtschaftliche Lage, die den Kapitalismus sanktionierte und die durch die Weltmächte, den Völkerbund und die internationale Ordnung nach Versailles garantiert wurde.[86] Bonn besaß allerdings eine ausgeprägte Sensibilität für den historischen Wandel des Kapitalismus, der sich aus seiner Sicht allein schon aufgrund seiner verschiedenen Entwicklungsstadien kaum für eine theoretische Fixierung eignete.

Die Systemfrage stand also für Bonn nicht auf der Tagesordnung. Er hielt die Aussicht für illusorisch, sich den Sachzwängen der kapitalistischen Weltwirtschaftsordnung entziehen zu können. Sogar im Fall der Sowjetunion war er der Auffassung, dass dort de facto eine gewaltsame, aber in gewisser Weise den Kapitalismus imitierende Industrialisierung stattfinde. Die sowjetische Abschließung von Weltmarktmechanismen funktioniere eben nur so lange, wie dieses Riesenreich noch auf natürliche Ressourcen zurückgreifen könne und westliche Unterstützung erhalte.[87] Bonns Festlegung auf den Kapitalismus, sein Werben für dessen Kraft und Dynamik

85 Zu dieser Einschätzung kommt man, wenn man Bonns politische Schriften der frühen 1920er Jahre betrachtet, insbesondere Bonn, *Die Auflösung des modernen Staats*; ders., »Die Krise des deutschen Staates«. – Siehe weiterhin Bernd Faulenbach, *Ideologie des deutschen Weges. Die deutsche Geschichte in der Historiographie zwischen Kaiserreich und Nationalsozialismus*, München 1980; vgl. zum Problem ebenfalls die instruktive Studie von Rudolf Vierhaus, »Die Ideologie des eigenen deutschen Weges der politischen und sozialen Entwicklung«, in: Rudolf von Thadden (Hg.), *Die Krise des Liberalismus zwischen den Weltkriegen*, Göttingen 1978, S. 96-114.

86 Siehe dazu auch Moritz Julius Bonn, *Herrschaftspolitik oder Handelspolitik*, München/Leipzig 1919; ders., »Völkerbund und Weltwirtschaft«, in: Deutsche Weltwirtschaftliche Gesellschaft e.V. (Hg.), *Der Friedensvertrag und Deutschlands Stellung in der Weltwirtschaft*, Berlin 1921, S. 211-224.

87 Diese Gedankengänge finden sich in Moritz Julius Bonn, *Prosperity. Wunderglaube und Wirklichkeit im amerikanischen Wirtschaftsleben*, Berlin 1931, S. 156-168.

sowie seine vehemente Ablehnung aller »staatssozialistischen« Tendenzen lassen ihn vorderhand als einen orthodoxen Wirtschaftsliberalen erscheinen. Gleichwohl enthielt sich Bonn jeder für den Wirtschaftsliberalismus so typischen Attacke gegen den Staat, gegen die Arbeiterbewegung oder gegen einen vermeintlich dilettantischen (weil falschen Mehrheiten gehorchenden) Parlamentarismus. Bonn wusste, dass Wirtschafts-, Finanz- und Handelspolitik auf nationaler und internationaler Ebene hochkomplex geworden waren und dass die Interdependenzen verschiedener Politikfelder einen Rückzug auf die berühmte Nachtwächterfunktion des Staates und auf das Dogma des Freihandels den Anforderungen des Tages längst nicht mehr genügten. Was ihn von vielen Kollegen in der Nationalökonomie unterschied, war die Verkopplung der kapitalistischen Grundsätze des Liberalismus mit seinem politisch-normativen Gehalt; d. h., er bemühte sich darum, die ökonomische Leistungsfähigkeit mit sozialen, demokratischen und freiheitlichen Motiven eng zu verzahnen.[88] Er wollte zeigen, dass nicht der Kapitalismus generell das Problem für soziale und politische Verwerfungen, für Klassenspaltung und Ungerechtigkeit war, sondern dass das, was in Deutschland unter Kapitalismus verstanden wurde, in Wahrheit kaum etwas mit positiven liberalen Prinzipien zu tun hatte.

Im Blick auf die deutschen Verhältnisse konnte Bonn im *Laisser-faire* weder ein existierendes Phänomen noch eine akute Gefahr erkennen. Zum einen waren Staat, Wirtschaft und Verbandsinteressen in prekärer Weise verflochten, zum anderen war es politisch mittlerweile unmöglich, sich gegen die vermeintlichen Zumutungen der parlamentarischen Demokratie abzuschirmen. Man hörte in Bonns Analysen das Echo von Max Webers Diktum über die »Fachmenschen ohne Geist« heraus,[89] wenn er die Autoritätshö-

88 Dies wird besonders sichtbar in Bonn, *Die Krisis der europäischen Demokratie*; ders., »Die Zukunft des deutschen Liberalismus«.

89 Zuerst von Weber in den Schriften zur protestantischen Ethik verwendet, aber später vielfach variiert. Siehe Max Weber, *Protestantische Ethik und der Geist des Kapitalismus*. Vollständige Ausgabe. Herausgegeben und eingeleitet von Dirk Kaesler, München 2006, 2. Aufl., S. 201. Bei der vielfach Weber zugeschriebenen Wendung »Fachmenschen ohne Geist« und »Genußmenschen ohne Herz« (die Weber bereits in Anführungszeichen verwendet) handelt es sich in Wirklichkeit um eine Paraphrase aus Gustav Schmollers *Grundriss der allgemeinen Wirtschaftslehre* (1900). Allerdings spricht Schmoller dort von »Genussmenschen ohne Liebe«. Dies hat jüngst nachgewiesen Hans-Christoph Kraus, »Dieses Nichts von

rigkeit und die Politikfeindlichkeit in Deutschland kritisierte, wo die ökonomischen Entscheidungen den Experten überlassen wurden. Es war durchaus konsequent, wenn er den Kapitalismus stets mit der parlamentarischen Demokratie verbunden sehen wollte. Dieser Hintergrund machte seine zahlreichen Invektiven gegen die ständestaatlichen und feudalistischen Bestrebungen verständlich, denen er in publizistischen Auseinandersetzungen erhebliche Energien opferte. Im Lichte der vornehmlich an Modernisierungsphänomenen interessierten Forschungen zur Zwischenkriegsepoche macht Bonns leidenschaftlicher publizistischer Kampf noch einmal deutlich, welches Gewicht die Ideologien des Ständestaats in Wirtschaftskreisen besaß, und erinnert daran, wie tief die Kluft zwischen Unternehmerschaft und Demokratie zum Teil war. Hier befanden sich der ökonomische und der politische Liberalismus, Kapitalismus und Demokratie in einem ungeklärten Verhältnis, wenn nicht im offenen Konflikt miteinander.

In einer Reihe von Schriften griff Bonn – in scharfem Gegensatz zum industrienahen politischen Liberalismus, der besonders in der DVP zu finden war – die Versuche der Schwerindustrie an, wirtschaftspolitische Richtlinien zu bestimmen oder separate außenpolitische Ziele zu verfolgen.[90] Der Antiparlamentarismus mächtiger Großindustrieller gehörte für Bonn zu den kritischen Dispositionen des deutschen Kapitalismus.[91] Charakteristisch für

Fachmensch und Genussmensch«, in: *Frankfurter Allgemeine Zeitung*, 30. März 2016, N 3.

90 Ein markantes Erlebnis, das Bonn einige Male erwähnte, blieb für ihn das Verhalten von Hugo Stinnes, der sich innerhalb der deutschen Delegation in Spa 1920 durch undiplomatische Meinungsäußerungen gegenüber den Alliierten hervortat und damit den Erfolg der deutschen Verhandlungen sabotierte. Siehe etwa Bonn, *Die Krisis der europäischen Demokratie*, S. 81; Bonn, *So schreibt man Geschichte?*, S. 245 ff. – Das Beispiel Stinnes wurde natürlich auch von anderen kritischen Beobachtern herausgestellt, siehe etwa die novellistische Verarbeitung der Figur Stinnes bei Heinrich Mann, »Kobes«, in: *Die Neue Rundschau* 36 (1925), S. 235-266. – Zum Rechtsliberalismus der DVP vgl. die akribische Studie von Ludwig Richter, *Die Deutsche Volkspartei 1918-1933*, Düsseldorf 2002.

91 Zwar betont die jüngere Forschung die Einseitigkeit der alten These, dass die Schwerindustrie das Ende Weimars und den Aufstieg Hitlers mitverursachte. Aber Bonns Argument von der Schwäche eines demokratischen Kapitalismus bleibt doch schwer zu widerlegen, trotz vereinzelter vernunftrepublikanischer Stimmen innerhalb der deutschen Unternehmerschaft. Vgl. dazu Werner Plumpe, »Der Reichsverband der Deutschen Industrie und die Krise der Weimarer

Bonns Analyse der Weimarer Politik war deshalb seine Warnung vor wirtschaftlicher Gruppenbildung oder – wie man heute formulieren würde – korporatistischer Interessenkonzentration. Bonn kritisierte die Art und Weise, wie sich die Wirtschaftsverbände der demokratischen Kontrolle und dem Einfluss der Politik weitgehend zu entziehen suchten – oder selbst an den parlamentarischen Mehrheiten vorbei ihre Interessen verfolgten. Seine Sorge galt dem Gebaren von Industriellen, deren Strategie darin bestand, fundamentale Fragen der Wirtschaftsordnung einer öffentlichen Diskussion zu entziehen und somit unzulässige Entscheidungsinstanzen neben der Staatsgewalt und den parlamentarischen Entscheidungsgremien zu schaffen. Bonn wandte sich gegen zweierlei: zum einen gegen eine vorgebliche Entpolitisierung der Wirtschaft, die sich aus seiner Perspektive auch in den verbreiteten ständestaatlichen Tendenzen zeigte; zum anderen gegen virulent wettbewerbsfeindliche Tendenzen innerhalb der Großindustrie, die die Sozialisierungsdebatte dazu nutzen wollte, »den privaten Kapitalismus auf monopolistische Grundlage mit genossenschaftlichen Hilfskonstruktionen zu verankern«.[92]

Erschwerend kam aus der Sicht Bonns hinzu, dass der Vertrauensverlust des Kapitalismus in Deutschland mit der destruktiven Rolle der Inflation zusammenhing. Diese sei zwar von niemandem bewusst herbeigeführt worden, es unterblieben jedoch »die Sicherheitsmaßnahmen«, die »den Umfang des Schadens hätten mindern können«. Die Verantwortlichen sahen nicht, »daß sie den sanftmütigen Kapitalismus der kleinen Leute, die nicht herrschen, sondern nur leben wollen, zerstörten und deren Einkommen auf den gewalttätigen Kapitalismus umlegten, der zu herrschen und zu monopolisieren sucht«.[93] Auf die desaströsen Auswirkungen der Inflation für die gesellschaftliche Mitte und damit die potentielle Trägerschicht einer liberalen Demokratie kam Bonn immer wieder zurück. Sie symbolisierte eine verfehlte Mittelstandspolitik und blieb das zentrale Krisenereignis mit langfristigen Folgen für die Weimarer Republik.

Wirtschaft«, in: Andreas Wirsching (Hg.), *Herausforderungen der parlamentarischen Demokratie. Die Weimarer Republik im europäischen Vergleich*, München 2007, S. 129-157.

92 Bonn, *Die Auflösung des Staates*, S. 42.

93 Bonn, *Das Schicksal des deutschen Kapitalismus*, S. 14 f.

Bonn wurde nicht müde, die strukturellen Defizite des Kapitalismus in Deutschland hervorzuheben. Vor allem in seiner Schrift *Kapitalismus und Feudalismus?* (1932) entwickelte er die These, dass die Mängel des deutschen Kapitalismus »weniger in der Übertreibung seiner Grundsätze als in ihrer mangelhaften Anwendung zu suchen seien«.[94] Es sei »ein eigenartig starrer, autoritativer Kapitalismus entstanden, dem die Ordnung die Freiheit ersetzt, dem das Monopol natürlicher erscheint als der freie Wettbewerb, der nur in Substanzen und nicht in Wertvorstellungen zu denken pflegt und dem überhaupt viele Elemente fehlen, die man anderswo als Kennzeichen des Kapitalismus betrachtet«.[95]

Die deutschen Desiderata lassen sich Bonns Mängelanalyse klar entnehmen. *Erstens* kritisierte er die unzureichende Freisetzung unternehmerischer und mittelständischer Kreativität. Der kollektive deutsche Hang zum Organisiertwerden hatte aus seiner Sicht zu einem bürokratischen Immobilismus der Funktionäre und Syndici geführt und einseitig die Großindustrie privilegiert. Dies gab ihm Anlass zu einer düsteren Prognose: »Wenn der Kapitalismus hierarchisch erstarrt und nur die Inhaber gehobener Positionen schützt, nicht aber einer Masse von Menschen den Aufstieg ermöglicht, wird er erledigt sein.«[96] Deswegen sei es unerlässlich, sich die Flexibilität, das innovative Potential und die »Wendigkeit der Kleinunternehmer« zunutze zu machen. *Zweitens* monierte Bonn das in Deutschland vorherrschende »Ideal der kundenfreien Wirtschaft«. Indem sich die deutsche Industrie einseitig auf die Produktion konzentrierte und den Konsumenten »beinahe als unwillkommenen Störer« missachtete, untergrub sie nach Auffassung Bonns jede vernünftige Preisentwicklung, versäumte notwendige Marktanpassungen und verlor damit ihre Wettbewerbsfähigkeit.[97] Außerdem musste man sich nach seiner Überzeugung von einem

94 Bonn, *Kapitalismus oder Feudalismus?*, S. 38.

95 Ebenda, S. 13. Als Direktor der Berliner Handelshochschule hielt Bonn am 27. Oktober 1931 eine Rede anlässlich ihres 25-jährigen Bestehens, in der er die gegenwärtige Krise nicht als »Krise der freien Kräfte«, sondern der »gebundenen Wirtschaft« interpretierte. »Wirklich freien Wettbewerb gibt es in Deutschland nur im Sport«, ergänzte er ironisch. (Moritz Julius Bonn, Wirtschaftsgestaltung und Hochschulziele. Rede zum 25-jährigen Jubiläum der Berliner Handelshochschule, 27. 10. 1931, Bundesarchiv Koblenz NL 1082/10d, MS, 8 Seiten, hier S. 4).

96 Bonn, *Kapitalismus oder Feudalismus?*, S. 44.

97 Ebenda, S. 39.

Trugbild »risikoloser Wirtschaft« befreien,[98] da Risiken und Krisen zum Wesen des Kapitalismus gehörten. *Drittens* schließlich warb er für die gesellschaftliche Verantwortung des Kapitalismus, der »ohne sozialen Gedanken und ohne inneren Sinn« als »eine Art Riesenpolyp erscheinen« müsse, »dessen Arme alles ergreifen und abwürgen«.[99] Bonn blieb zwar vage hinsichtlich der zu ergreifenden Maßnahmen, doch indem er die »Führer der kapitalistischen Wirtschaftsordnung« zum Adressaten seiner Kritik machte und ihnen Versagen vorwarf,[100] distanzierte er sich von den verbreiteten altliberalen Argumentationsmustern, nach denen ein expandierender Sozial- und Steuerstaat die wesentlichen Fehlentwicklungen verursacht hatte.

Für Bonn hatte das Modernisierungsversprechen des Kapitalismus weiterhin Bestand, wenn sich dieser in Deutschland endlich den politischen Bedingungen anpasste – und wenn sowohl Unternehmer- als auch Arbeitnehmerschaft einsahen, dass ein demokratischer Kapitalismus in beiderseitigem Interesse lag. »Politische und wirtschaftliche Macht klaffen heute auseinander«, konstatierte Bonn: »Die Masse hat den Wahlzettel, die Klasse die Besitztitel. Keine romantische Ideologie, sei sie auch noch so geschickt verbrämt, wird die Masse dazu bringen, diese Macht wieder aufzugeben. Die Politik ist demokratisch geworden. [...] Da der Weg der Entrechtung der Masse nicht gangbar ist und da es ein Zurück von der Demokratie nicht gibt, muß der Kapitalismus demokratisch werden.«[101] Diese apodiktischen Sätze, die einen nüchternen Realismus vorgaben, waren immer noch einem liberalen Fortschrittsdenken geschuldet, welches implizit davon ausging, dass emanzipatorische Errungenschaften nicht mehr rückgängig zu machen seien. Zwar gab er zu bedenken, dass in der Entwicklung des Kapitalismus Rückbildungen und Brüche genauso möglich seien wie seine Reifung oder »Vollendung«, aber die fast chiliastisch zu nennende Hoffnung auf die Entfaltung der Vernunft im Kapitalismus offenbarte die urliberale Prägung. Insofern argumentierte

98 Bonn, *Das Schicksal des deutschen Kapitalismus*, 2. Aufl., S. 95 ff. »Ein Kapitalismus, der nicht verlieren kann, ist lebensunfähig, weil überflüssig«, pointierte Bonn an anderer Stelle (ebenda, S. 51).

99 Bonn, *Kapitalismus oder Feudalismus?*, S. 43 f.

100 Ebenda, S. 11.

101 Bonn, *Das Schicksal des deutschen Kapitalismus*, S. 31.

Bonn mit stärkerer normativer Emphase, als seine meist durchweg nüchterne Rhetorik suggerieren mochte.

Analog zu der staatsrechtlichen Kritik an der Weimarer Republik, die den politischen Ordnungsentwurf in mehrerlei Hinsicht als »Verfassung ohne Entscheidung« (Kirchheimer) oder »dilatorischen Formelkompromiß« (Schmitt) deuten,[102] erkannte Bonn das Problem des herrschenden wirtschaftlichen Systems in einem Nebeneinander von Unvereinbarem. Feudale, zünftlerische, kapitalistische und kollektivistische Elemente seien »in diesem völlig grundsatzlos zusammengesetzten Monstrum vorhanden«, wie er in Anlehnung an Samuel Pufendorfs Charakterisierung deutscher Verfassungszustände im 17. Jahrhundert schrieb.[103] Bonn ließ keinen Zweifel daran, dass die kapitalistischen Bestandteile gestärkt werden müssten, verband dies aber mit der Aufforderung zu einem grundsätzlichen Sinneswandel im Lager der kapitalistischen Eliten. Dem »autoritären Kapitalismus« in Deutschland warf er vor, er habe nie »mitverdienen lassen wollen«, also die Arbeiter und Angestellten nicht ausreichend am Gewinn beteiligt.[104]

Mit Nachdruck plädierte Bonn für einen »demokratischen Ka-

102 Otto Kirchheimer, »Weimar – und was dann? Analyse einer Verfassung« (1930), in: ders., *Politik und Verfassung*, Frankfurt/M. 1964, S. 9-56; Schmitt, *Verfassungslehre*, S. 28-36. Während Kirchheimer sich eindeutig auf die Unklarheiten eventueller Sozialisierungsmöglichkeiten bezog, hatte Schmitt freilich eher das Verhältnis von Staat und Kirche sowie Staat und Schule im Sinn. Schmitt betonte allerdings, dass die WRV sich klar für einen »liberalen Rechtsstaat mit demokratischer Staatsform« entschieden habe, also für die Gewährleistung von Privateigentum und persönlicher Freiheit (S. 35-37).

103 Bonn, *Kapitalismus oder Feudalismus?*, S. 45. – Siehe Samuel Pufendorf, *Die Verfassung des deutschen Reiches* (1667), Stuttgart 1976, S. 106 f.: »Es bleibt uns also nichts anderes übrig, als das deutsche Reich, wenn man es nach den Regeln der Wissenschaft von der Politik klassifizieren will, einen irregulären und einem Monstrum ähnlichen Körper zu nennen, der sich im Laufe der Zeit durch die fahrlässige Gefälligkeit der Kaiser, durch den Ehrgeiz der Fürsten und durch die Machenschaften der Geistlichen aus einer regulären Monarchie zu einer so disharmonischen Staatsform entwickelt hat, daß es nicht mehr eine beschränkte Monarchie, wenngleich der äußere Schein dafür spricht, aber noch nicht eine Föderation mehrerer Staaten ist, vielmehr ein Mittelding zwischen beiden. Dieser Zustand ist die dauernde Quelle für die tödliche Krankheit und die inneren Umwälzungen des Reiches, da auf der einen Seite der Kaiser nach der Wiederherstellung der monarchischen Herrschaft, auf der anderen die Stände nach völliger Freiheit streben.«

104 Bonn, *Das Schicksal des deutschen Kapitalismus*, S. 33.

pitalismus«, zu dessen Daseinsberechtigung gehöre, »daß er in nie erlahmender Beweglichkeit sich jeder neuen Lage anpaßt«, um »durch Verbilligung des Produktionsprozesses immer größere Gütermengen zu schaffen und immer breiteren Schichten, auch wenn ihr Einkommen ein geringes blieb, durch Preisfall steigenden Anteil an den materiellen Gütern des Lebens zu geben«.[105] Kurzum: Der Kapitalismus müsse nicht nur innerhalb der parlamentarischen Demokratie funktionieren, sondern vor allem »in seinen Leistungen demokratisch werden«, um »den Vorteil, den er dank seiner ökonomisch technischen Beweglichkeit besitzt, so aus[zu]nutzen, daß der Nutzen des Kapitalisten des Nutzens der Allgemeinheit wegen ertragen wird«.[106]

Bonn setzte den Kapitalismus also einer doppelten Legitimationspflicht aus: in seiner Rolle als Wohlstandsgenerator für alle Bevölkerungsschichten und in Übereinstimmung mit den Regeln der parlamentarischen Demokratie, innerhalb deren Grenzen er zu agieren hatte. Es ging »um das alte Grundproblem der menschlichen Freiheit«, und deshalb stand Bonn »neuen Forderungen der Dezentralisation« und der »wirtschaftlichen Selbstverwaltung« offen gegenüber, solange sie einem politisch, d. h. parlamentarisch artikulierten Gemeinschaftswillen entsprachen.[107] Dabei machte er unmissverständlich klar, dass eine Trennung von Wirtschaft und Politik, wie sie noch manchen wirtschaftsliberalen Doktrinären vorschwebte, nicht nur unzeitgemäß, sondern wirklichkeitsfern war. Eine neue Art Manchester-Doktrin, die den demokratischen Einfluss auf den Staat verhindern wollte, sah Bonn zum Scheitern verurteilt, und er dekonstruierte dabei die unter Liberalen gängige Gegenüberstellung von ökonomischer Vernunft und politischer Leidenschaft. Interventionsfähigkeit und wirtschaftliche Einflussnahme des Staates waren für ihn unabdingbare Tatsachen, denn die entscheidenden politischen Konflikte und somit auch die wichtigsten politischen Maßnahmen der Gegenwart betrafen die Ökonomie, wie er in seiner Schlüsselschrift *Economics and Politics* (1932) darlegte: »Unser Ziel muss ein Zustand sein, in dem die Wirtschaft – die Arbeit der Geschäftseigner wie diejenige der Arbeiter – vor unkluger und ungerechter politischer Intervention geschützt wird;

105 Ebenda, S. 30.
106 Ebenda, S. 31.
107 Bonn, *Die Auflösung des Staates*, S. 44.

umgekehrt soll die Politik freigehalten werden von ökonomischen Partikularinteressen, die gesichtslose Korruption und Klassen- oder Gruppenausbeutung mit sich bringen. Ein System gegenseitiger Kontrolle wird zu entwickeln sein, dem zufolge politische und ökonomische Macht, beides sich ständig verändernd und verlagernd, balancierend aufeinander wirken.«[108]

Bonns Beharren auf *checks and balances*, Rationalität und Vernunft konnte nicht bei einer Apologie kapitalistischer Verhältnisse stehenbleiben, sondern verpflichtete den Liberalismus darauf, die Handlungskontexte einer demokratischen Gesellschaft zu akzeptieren. Zu ihnen gehörte die Anerkennung des gesellschaftlichen und parteipolitischen Pluralismus ebenso wie die Bereitschaft zur liberalen Selbstkritik und zur Modifikation der Politikentwürfe innerhalb des bürgerlich-liberalen Diskursmilieus.[109] Bonns Verdienst und Stärke war das aufrechte Bestreben, liberale Prinzipien mit einem demokratischen Kapitalismus zu verknüpfen; die Schwäche seiner Position lag freilich darin, dass sein situativer und kontextabhängiger Argumentationsansatz wenig systematische Anhaltspunkte bot und als theoretischer Entwurf eher allgemein und appellativ blieb, während der Resonanzraum seines pragmatisch-vernünftigen Rationalismus stetig schrumpfte. Hinzu kam, daß Bonn auch in seinen Äußerungen nach Ausbruch der Weltwirtschaftskrise einen kühlen makroökonmischen Blick auf ihre Ursachen und Wirkungen beibehielt sowie im Sinne der Staatsräson dem Problem der Reparationen und der deutschen Auslandsschuld weiterhin die größte Aufmerksamkeit zubilligte.[110] Ebenso wie er die wirtschaftliche Krise nicht monokausal, sondern aus einem komplexen Geflecht von Ursachen zu erklären suchte, lehnte er Patentrezepte zu ihrer Lösung rundheraus ab. Er blieb ebenfalls skeptisch gegenüber neuen interventionistischen Konzepten, wie sie der jüngere Keynes vertrat, mit dessen Schriften er früh vertraut war.[111] So berechtigt Bonn die Zweifel an der Weisheit eines durch

108 Moritz Julius Bonn, *Economics and Politics*, Cambridge 1932, S. 36 (Übersetzung von J. H.).

109 Vgl. zur Problematik der Selbstkritik auch Jens Hacke, »Selbstkritik und Selbstzweifel. Zur Krise des liberalen Denkens in der Zwischenkriegszeit«, in: Grothe/Sieg (Hg.), *Liberalismus als Feindbild*, S. 153-182.

110 Siehe etwa Bonn, *Der Neue Plan als Grundlage der deutschen Wirtschaftspolitik*.

111 Bonn, *Das Schicksal des deutschen Kapitalismus*, S. 51 f., 57.

Wettbewerb und Markt hergestellten natürlichen Gleichgewichts schienen, so zurückhaltend beobachtete er den zunehmenden Regulierungs-, Planungs- und Interventionsoptimismus seiner Epoche: »Intervention kann vernünftig sein, aber sie ist nur vernünftig, wenn diejenigen, die sie ins Werk setzen, reich an Vernunft sind. Und da dies keineswegs gewiss ist, sollte die Intervention nicht zu leicht gemacht werden.«[112]

Die materielle Not und die daraus resultierende politische Radikalisierung waren ihm zwar bewusst, aber er blieb auf Distanz zu sozialpolitischen Maßnahmen, die wohlfahrtsstaatliche Linderung anstrebten.[113] Wenn Bonn auch klarmachte, dass die Gewährleistung einer ausreichenden Arbeitslosenunterstützung für die soziale Sicherung der kapitalistisch-bürgerlichen Gesellschaft eine zentrale Rolle spielen müsse, so schloss er doch aus, dass in Krisenzeiten an eine Erweiterung der Sozialausgaben gedacht werden könne. Vorschläge zu interventionistischen oder konjunkturfördernden Regierungsinitiativen legte er nicht vor. Stattdessen nahm er die Verschwendung innerhalb einer wirtschaftlichen Subventionspolitik ins Visier, die Erfolglosigkeit perpetuiere und damit Steuergelder verbrenne.[114] Bonn hatte damit früh einen Modus industrieller Interessenpolitik identifiziert, der dazu führte, ökonomische Gewinne zu privatisieren und Verluste zu verstaatlichen.[115] Sein Plä-

112 Moritz Julius Bonn, »Economic Policy«, in: *Encyclopaedia of the Social Sciences*, Vol. V, New York 1931, S. 333-344, hier S. 344 (Übersetzung von J. H.).

113 In einem Memorandum, das Bonn für den Staatssekretär im Finanzministerium Hans Schäffer im Herbst 1931 verfasste, riet er dazu, die Krise im Wesentlichen »ausbrennen« zu lassen (siehe Bundesarchiv Koblenz, NL 1082/52).

114 Siehe dazu Moritz Julius Bonn, »Erwerbslosen-Fürsorge und Erfolglosen-Fürsorge«, in: *Berliner Tageblatt*, 24. Juni 1931, S. 1-2.

115 Diese Denkfigur tauchte erstmals auf bei Bonn, *Das Schicksal des deutschen Kapitalismus*, S. 38: »Wenn zur Erzielung des Gewinns der Privatkapitalismus nötig ist, kann man die Tragung des Verlusts nicht zur Gemeinschaftssache machen.« Bonn wies in der Wirtschaftskrise mit Genugtuung darauf hin, dass seine Kritik an dieser Form »risikoloser Wirtschaft« inzwischen Gemeingut geworden sei. (Siehe Bonn, »Erwerbslosen-Fürsorge«, S. 2.) Der strukturelle Widerspruch eines Kapitalismus, der nach dem Staat ruft, sobald er in die Krise gerät, bestimmte auch die Debatten nach dem Ausbruch der Finanzkrise 2008. Siehe dazu vor allem Colin Crouch, *Das befremdliche Überleben des Neoliberalismus*, Berlin 2011. Auch die amerikanische Politikwissenschaftlerin Wendy Brown beschrieb als ein Merkmal des Neoliberalismus »die Sozialisierung von Risiken, die die

doyer für hohe Löhne, ja sogar seine Anregung von Mindestlöhnen zur Steigerung der Kaufkraft[116] zeigten außerdem an, dass er sich deutlich jenseits der rein wirtschaftsliberalen Konzeptionen bewegte. Aber er richtete seine Kritik hauptsächlich an die Adresse der wirtschaftlichen und politischen Führungseliten, die er zu verantwortlichem und klugem Handeln erziehen wollte.

Insofern war Bonn wider Willen nur noch mit einer dezimierten bürgerlich-liberalen Elite im Gespräch, die er seit Jahren scharf kritisiert hatte, und versuchte zunehmend vergeblich, hinter den Kulissen als Experte Einfluss auszuüben. Als öffentlichkeitswirksamer Publizist, Intellektueller, Wissenschaftler und Politikberater hatte ihn die Staatskrise in eine Außenseiterposition gedrängt, die *contra intentionem* alte Vorwürfe eines klassenhermetischen Honoratiorenliberalismus zu bestätigen schien. Bonns Kapitalismusschriften stachen jedoch – jenseits aller Krisenrhetorik – aus den gängigen Untergangsszenarien und Abgesängen auf den Kapitalismus heraus, weil er im Gegensatz zu manchen Fachkollegen keine historischen Gesetzmäßigkeiten erkennen wollte, aus denen ein Entwicklungstrend abzuleiten sei. Strukturwandlungen des Kapitalismus verleiteten ihn nicht dazu, voreilig evolutive oder geschichtsphilosophisch grundierte Etappenfolgen anzunehmen, die unweigerlich in den Staatssozialismus führten.[117] Er perhorreszierte auch keineswegs die Gefahr des Bolschewismus oder die Virulenz einer sozialistischen Massenbewegung. Stattdessen hielt er daran fest, dass sich eine politische Gesellschaft mit der kapitalistischen Wirtschaftsordnung in staatlicher Selbstorganisation auseinandersetzen müsse.

Das amerikanische Vorbild

Die kulturelle, ökonomische und politische Faszination, die Amerika auf das Europa nach dem Ersten Weltkrieg ausübte, ist vielfach beschrieben und untersucht worden. Es war unübersehbar, dass

Privatisierung der Gewinne begleitet«. Siehe Wendy Brown, *Die schleichende Revolution. Wie der Neoliberalismus die Demokratie zerstört*, Berlin 2015, S. 83.

116 Bonn, *Das Schicksal des deutschen Kapitalismus*, S. 60 f.

117 Zu einer solchen deterministischen Sicht neigten phasenweise Max Weber oder Joseph Schumpeter.

das weltpolitische und weltwirtschaftliche Gewicht der USA nach Kriegsende rapide zugenommen hatte. Im Guten wie im Schlechten schienen die Vereinigten Staaten den Weg in die Zukunft zu weisen – ob als zivilisatorische Verheißung oder, alteuropäisch-kulturpessimistisch, als Schreckensszenario für drohende Vermassung, Mechanisierung und Ökonomisierung aller Lebensbereiche.[118] Es kann im Folgenden nicht darum gehen, die Komplexität dieser Rezeptionsprozesse im Blick auf das liberale Denken auch nur annähernd darzustellen.[119] Für die Überlegungen zu einer Modernisierung, Reformierung und Demokratisierung des Kapitalismus unter den Bedingungen der Weimarer Republik erhielt der Bezug auf Amerika aber eine ganz neue Relevanz. Als neue Führungsmacht zog die Entwicklungsdynamik der Vereinigten Staaten, die auch während des Kaiserreichs schon Soziologen wie Max Weber fasziniert hatte,[120] nicht lediglich wissenschaftliches Interesse auf sich, sondern die neue finanzielle und ökonomische Abhängigkeit Europas von Amerika machte eine intensive Beschäftigung mit den USA zwingend.

Amerika gab von jeher den Anlass zu »Selbstbetrachtungen aus der Ferne« (Claus Offe), da man die Begegnung mit der amerikanischen Gesellschaft, Wirtschaft und Kultur nicht nur als Erfahrung der Andersartigkeit verarbeitete, sondern auch glaubte, dort die Trends künftiger Entwicklungen beobachten zu können, bevor diese Europa unvermeidlich erreichen würden. Die Auseinandersetzung mit Amerika eröffnete zudem die Perspektive für die zi-

118 Zur mit Amerika verbundenen Kulturkritik in der Weimarer Republik siehe Christian Schwaabe, *Antiamerikanismus. Wandlungen eines Feindbildes*, München 2003, S. 62-90.

119 Vgl. für weitere Hinweise Mary Nolan, *Visions of Modernity. American Business and the Modernization of Germany*, New York 1994; Egbert Klautke, *Unbegrenzte Möglichkeiten. »Amerikanisierung« in Deutschland und Frankreich (1900-1933)*, Stuttgart 2003; Doering-Manteuffel, *Wie westlich sind die Deutschen?*; Daniel T. Rodgers, *Atlantiküberquerungen. Die Politik der Sozialreform, 1870-1945*, Stuttgart 2010. – Eine originelle Deutung der Amerika-Rezeption in liberalen Milieus legt vor Marcus Gräser, »Charisma, ›Führung‹ und Demokratie. Amerika-Bild und Amerika-Rezeption im liberalen Milieu der Weimarer Republik«, in: *Jahrbuch zur Liberalismus-Forschung* 28 (2016), S. 263-285.

120 Siehe etwa Lawrence A. Scaff, *Max Weber in America*, Princeton 2011, sowie Radkau, *Max Weber*, S. 346-360; Kaube, *Max Weber*, S. 190-219; Claus Offe, *Selbstbetrachtung aus der Ferne. Tocqueville, Weber und Adorno in den Vereinigten Staaten*, Frankfurt/M. 2004.

vilisatorischen Möglichkeiten eines demokratischen Kapitalismus, dessen Kraft Moritz Julius Bonn rühmte. Da die USA unzweifelhaft die größte und leistungsfähigste Volkswirtschaft der Welt waren, werde sich in diesem Land das Schicksal des Kapitalismus entscheiden – dort müsse er zeigen, »was er zu leisten vermag«.[121] Amerika erschien zugleich wegen seiner Größe, seiner Vielgestaltigkeit, seiner kulturellen und ethnischen Vielfalt beispielgebend für die integrative Kraft der liberalen Demokratie, weil die amerikanische Entwicklung zeigte, auf welche Weise Klassen- und Nationalitätenkonflikte durch demokratische Lebensform und individuelles Freiheitsstreben überwunden werden konnten. Bonn verband soziale, ethnographische, kulturelle, politische und ökonomische Aspekte zu einer Gesellschaftsbetrachtung, die an Modalitäten, Funktionsbedingungen und Entwicklungsgesetzen interessiert war. Demokratie und Kapitalismus waren für Bonn dabei die entscheidenden Phänomene, deren Zusammenhang er immer wieder problematisierte. Seine vier Amerika-Studien der Weimarer Jahre ragten aus der verbreiteten Reportage- und Reiseberichtsliteratur auch deswegen heraus, weil er über mehrere Jahre in den USA gelebt (1914-1917), den Kontinent mehrfach ausgiebig bereist hatte und beste Kontakte zum akademischen und politischen Establishment besaß.[122] Vor allem verstand er es, historische, soziale und ökonomische Elemente seiner Analyse zu verzahnen, und er bezog die amerikanischen Entwicklungen stets auf die europäische Lage. Das taten andere Liberale wie Julius Hirsch oder Arthur

121 Moritz Julius Bonn, *Amerika und sein Problem*, München 1925, S. 152.

122 Als Bonn im Sommer 1914 in die Vereinigten Staaten reiste, um dort eine Gastprofessur anzutreten, fiel seine Ankunft in New York am 3. August mit dem Ausbruch des Ersten Weltkriegs zusammen. Daher blieb ihm eine ungefährdete Rückreise zunächst verwehrt, und er dehnte seinen Amerika-Aufenthalt auf zweieinhalb Jahre aus, bis er wegen des Abbruchs der diplomatischen Beziehungen im Februar 1917 und des absehbaren amerikanischen Kriegseintritts als Deutscher das Land verlassen musste. Bonn lehrte während dieser Zeit in Berkeley, Madison und an der Cornell University in Ithaca, bereiste das Land, baute wichtige Kontakte auf und bemühte sich um politische Verständigung zwischen den USA und dem Deutschen Reich. Sein Debüt als Amerika-Experte gab er gleich nach seiner Rückkehr: Bonn, *Amerika als Feind*. Später folgten dann weitere USA-Aufenthalte und ausführlichere Studien: Bonn, *Amerika und sein Problem*; ders., *Geld und Geist. Vom Wesen und Werden der amerikanischen Welt*, Berlin 1927; ders., *Die Kultur der Vereinigten Staaten von Amerika*, Berlin 1930; ders., *Prosperity*.

Feiler, Redakteur der *Frankfurter Zeitung*, die in vielerlei Hinsicht ganz auf der Linie Bonns argumentierten, in ähnlicher Weise, sie konnten aber seiner Bestandsaufnahme kaum wesentliche Facetten hinzufügen.[123] Bonn verstand sich vor allem in den Weimarer Jahren als werbender und erklärender Interpret amerikanischer Entwicklungen. Der Rang seiner Diagnosen wurde nicht zuletzt dadurch dokumentiert, dass sich seine Amerikastudien sogar auf dem angloamerikanischen Buchmarkt bewährten.[124] Harold Laski rühmte ihn (vielleicht etwas übertrieben) als den besten Amerika-Interpreten seit Tocqueville,[125] und auch Ernst Fraenkel – selbst ein renommierter Amerika-Experte – sah in Bonn rückblickend den »vielleicht beste[n] sozialwissenschaftliche[n] Amerika-Kenner der Weimarer Periode«, der überdies berufen gewesen wäre, »die große deutsche Wilson-Biographie zu schreiben«.[126]

123 Siehe etwa Arthur Feiler, *Amerika–Europa. Erfahrungen einer Reise*, Frankfurt 1926; Julius Hirsch, *Das amerikanische Wirtschaftswunder*, Berlin 1926. – Diese Schriften gehörten zur Vielzahl der Bücher, die anlässlich des 150. Jahrestages der Unabhängigkeitserklärung erschienen. Vgl. auch den zeitgenössischen Literaturüberblick von Charlotte Lütkens, »Europäer über Amerika«, in: *Archiv für Sozialwissenschaft und Sozialpolitik* 62 (1929), S. 615-630.

124 Übersetzungen erschienen in kurzer Folge: Moritz Julius Bonn, *Prosperity. Myth and Reality in American Economic Life*, London 1931; ders., *The Crisis of Capitalism in America*, New York 1932; ders., *The American Experiment. A Study of Bourgeois Civilisation*, London 1933.

125 Harold Laski, »America in Perspective«, in: *The New Statesman and Nation*, 26. Dezember 1931, S. 817. – Bonn erwiderte die Sympathie des Sozialisten Laski, der später sein Kollege an der LSE werden sollte, allerdings nicht in gleicher Weise.

126 Ernst Fraenkel, »Amerika im Spiegel des deutschen politischen Denkens« (1959), in: ders., *Gesammelte Schriften. Bd. 4: Amerikastudien*, Baden-Baden 2000, S. 333-373, hier S. 362; ders., »Das deutsche Wilsonbild« (1960), in: ebenda, S. 374-440, hier S. 407. Bonns Sympathie für Wilson kommt zum Ausdruck in: Moritz Julius Bonn, *Was will Wilson?*, München o. J. [1918], sowie in zahlreichen Zeitungsartikeln, darunter herausragend: ders., »Wilson«, in: *Neue Freie Presse* (Wien), 25. Dezember 1918, S. 2-4. – Ein Rezensent der *Vossischen Zeitung* hielt Bonns Arbeiten für »das Lehrreichste […], was über Amerika von deutscher Seite bisher geschrieben wurde. Wer Bonns Stil kennt, braucht sich an dem Ausdruck ›lehrreich‹ wahrhaftig nicht zu stoßen. Geistreicher und amüsanter für den Geistreichen schreibt keiner unter den Zünftigen.« (*Vossische Zeitung*, 16. 10. 1927) Auch der Rezensent des *Times Literary Supplement* (24. 5. 1928) lobte den Essay *Geld und Geist*: »The book is rich in fascinating details, some of which are new and some original.«

Aufgrund der amerikanischen Erfahrung kam Bonn zu der Überzeugung, dass liberale Demokratie in modernen Massengesellschaften möglich sei. In der amerikanischen Gesellschaft sah Bonn den »Versuch, die Leitgedanken zu verwirklichen, die dem europäischen Liberalismus in seiner großen Zeit vorgeschwebt haben«.[127] In Amerika konnten sich diese Leitgedanken, zu denen Bonn ganz offensichtlich den Kapitalismus und die Demokratie zählte, in ihrer Reinheit entfalten, ohne »mit der schweren Last feudaler Erbschaft und traditionellen Denkens belastet« zu sein. So müsse sich in der neuen Welt zeigen, was der Kapitalismus »wirklich vermag, ob er an seinem inneren Wesen oder an dem Erbe seiner Vorgänger krankt«.[128] Bonn konnte deshalb Amerika zum Testfall des demokratischen Kapitalismus erklären, wo sich gleichsam unter besten Laborbedingungen dessen Überlebensfähigkeit zu erweisen hatte.[129] Insofern idealisierte er die politische, ökonomische und soziale Ordnung in den USA als Hervorbringung eines demokratischen Liberalismus, der seinen immanenten Prinzipien praktische Geltung verschaffte: Individualismus, Freiheitsstreben, egalitäres Staatsbürgerverständnis, Altruismus und vor allem Optimismus und Zukunftsvertrauen. Man sei in den Vereinigten Staaten »nicht gewohnt, die Entwicklung der Dinge den immanenten Gesetzen zu überlassen. Was man will, das tut man selber.«[130] Diese Mentalität hatte für Bonn in politischen und ökonomischen Belangen gleichermaßen vorbildlichen Charakter, und er beschrieb den amerikanischen Optimismus, das Vertrauen in die eigene Tatkraft und Handlungsfähigkeit, ohne sich auf staatliche Unterstützung zu

127 Bonn, *Geld und Geist*, S. 188 f.

128 Bonn, *Das Schicksal des deutschen Kapitalismus*, S. 52.

129 Die Vorstellung von der modernen »Reinheit« des Kapitalismus in Amerika war verbreitet und findet sich auch bei Schumpeter im Kontext seiner Soziologie des Imperialismus: »Unter allen kapitalistischen Wirtschaften ist die der Vereinigten Staaten am wenigsten mit vorkapitalistischen Elementen, Tatbeständen, Reminiszenzen und Machtfaktoren belastet. Zwar können wir auch dort nicht völliges Fehlen imperialistischer Tendenzen zu finden erwarten, weil die Leute von Europa geformt hinüberkamen und das Milieu zum Aufleben von Kampfinstinkten gewiß Anlaß bot. Aber wir werden vermuten, daß von allen Ländern die Vereinigten Staaten den schwächsten Imperialismus aufweisen. Und so ist es auch.« (Joseph A. Schumpeter, »Zur Soziologie der Imperialismen« [1919], in: ders., *Aufsätze zur Soziologie*, Tübingen 1953, S. 72-146, hier S. 125 f.)

130 Bonn, *Prosperity*, S. 120.

verlassen, mit Bewunderung – und gewiss mit der Intention, ein Gegenbild zu deutschen Befindlichkeiten aufzuzeigen.

Bonn war in vielerlei Hinsicht ein Künder amerikanischer Modernität, wenn er auch keineswegs die Schattenseiten der Prosperität und die Missstände in der amerikanischen Gesellschaft unterschlug. Amerika konnte aus mehreren Gründen als Lehrbeispiel für die junge deutsche Republik dienen: *Erstens* strich Bonn den Egalitarismus einer klassenlosen Gesellschaft heraus; die Abwesenheit sozialer Barrieren und die vor allem in der Arbeitswelt zu beobachtenden flachen Hierarchien hoben sich wohltuend vom milieu- und berufsständisch geprägten Klassenbewusstsein in Deutschland ab. Soziale Durchlässigkeit, Aufstiegschancen, eine offene Gesellschaft – diese Merkmale des amerikanischen Soziallebens fand Bonn nachahmenswert, nicht ohne idealisierenden Überschwang: »Es gibt in Amerika keine Stände, es gibt nur Stufen. Der einzelne steigt, seinen Fähigkeiten und seinem Glück entsprechend, hinauf und hinab. Er hat keine Rechte auf eine einmal erworbene Lebenshaltung.«[131] *Zweitens* schätzte Bonn die breite Verankerung des Kapitalismus in einer Gesellschaft der Anteilseigner und kaufkräftigen Konsumenten, da so die Profite und der gesamtgesellschaftliche Wohlstand besser verteilt würden. In Amerika werde sichtbar, so argumentierte er immer wieder, dass die Dynamik des Kapitalismus eben doch eine Hebung des Lebensniveaus aller Bevölkerungsschichten bewerkstelligen könne, auch wenn die ökonomische Entwicklung mit Krisen verbunden bleibe, die nun einmal zum Wesen der freien Marktwirtschaft gehörten. *Drittens* meinte Bonn in Amerika den wahren »Triumph des Liberalismus« zu sehen, denn die amerikanische Zivilisation beginne »sich in eine altruistisch-soziale umzubiegen, ohne die individualistischen Grundlagen zu verlassen. Sie erstrebt eine Gesellschaft, die nicht länger durch Furcht, sondern durch Gemeinschaftsstreben zusammengehalten wird.«[132] Bonns Hoffnung auf die Lösung der »großen Probleme der materiellen Welt« gründete sich darauf, »den privaten Kapitalismus als soziales System im *Interesse der Volksgemeinschaft* zu verwenden«.[133] Diese für Liberale überraschende Gemeinschaftssemantik bietet einen weiteren Beleg für den von ihm unternommenen Versuch, über-

131 Bonn, *Geld und Geist*, S. 72.

132 Ebenda, S. 185 f.

133 Ebenda, S. 189. (Hervorhebung i. O.)

kommene Vorstellungen von Individualismus und Kapitalismus zu überwinden.[134] Residuen von Smiths »unsichtbarer Hand«, die zum Wohle des Ganzen wirke, verbanden sich bei Bonn mit einer Faszination für die amerikanischen »communities«, wie sie auch schon Tocqueville ausgedrückt hatte.[135]

Es ist bemerkenswert, in welcher Weise die Begeisterung für Amerika Bonn, der in seiner Analyse der deutschen Politik stets als skeptischer Realist auftrat, zu einem Idealisten machte, der an die Macht der politischen Idee glaubte. Auf den Spuren Tocquevilles vermochte er den egalitär-demokratischen Charakter des amerikanischen Lebens seinen Lesern vor Augen zu führen, indem er die von Europa abweichenden Sitten und Gebräuche, die deutlich unterscheidbaren Umgangsformen und Auffassungen in Arbeits- und Alltagswelt in ihren Effekten schilderte. Gerade weil Bonn um die unausweichliche politische Steuerungsfunktion des modernen Staates wusste, war es ihm wichtig, auf die Tradition der amerikanischen Demokratie zu verweisen, die stets die Macht der Regierung in Schranken zu halten suchte. Die in Amerika verbreitete staatsskeptische Befürchtung, »eine mächtige Regierung müsse despotisch sein und unter dem Vorwand, die Menschen zu beglücken, sie zu versklaven suchen«, hielt Bonn zumindest für ein wichtiges Regulativ im Zeitalter eines etatistischen Machbarkeitsdenkens.[136] Er sah die amerikanische Demokratie durchaus als ein stetig im Wandel begriffenes, dynamisches Gebilde an. Sein komplexer Demokratiebegriff akzentuierte drei Dimensionen: die politische Demokratie (die er als »unerschütterlich« bezeichnete), die wirtschaftliche Demokratie (deren »Grundlagen« sich verschoben, aber deren »Grundstimmung« sich erhalten habe) und die gesellschaftliche Demokratie (die er vor dem Hintergrund von Klassenbildung und sozialen Schranken gefährdet sah).[137]

134 Zur verbreiteten Verwendung des Begriffs »Volksgemeinschaft« im liberalen und demokratischen Lager der 1920er Jahre vgl. Wolfgang Hardtwig, »Volksgemeinschaft im Übergang. Von der Demokratie zum rassistischen Führerstaat«, in: Detlef Lehnert (Hg.), *Gemeinschaftsdenken in Europa. Das Gesellschaftskonzept »Volksheim« im Vergleich 1900-1938*, Köln 2013, S. 227-253.

135 Siehe etwa Tocqueville, *Über die Demokratie in Amerika*, Bd. 1, Kap. 5, hier S. 67 ff.

136 Moritz Julius Bonn, »Zum 150. Jubiläum der Unabhängigkeitserklärung«, in: *Frankfurter Zeitung*, 4. Juli 1926, S. 1-3, hier S. 1.

137 Bonn, *Die Kultur der Vereinigten Staaten von Amerika*, S. 191.

Der Blick auf Amerika verdeutlichte für Bonn, in welcher Weise sich die herkömmliche Arbeitsgesellschaft wandelte und was der demokratische Nutzen, aber auch die gesellschaftlichen Risiken sein würden, wenn wirtschaftliche Prosperität allein zum Ziel und Zweck der Politik avancierte. Einerseits würdigte er die emanzipatorische Kraft des ökonomischen Fortschritts in den USA, da die Hebung des Lebensstandards samt technischen Innovationen für eine Befreiung von harter Arbeit und für eine Befriedigung der alltäglichen Bedürfnisse sorgte. Andererseits erkannte er, dass mit einer solchen Entlastung, mit Arbeitszeitverkürzung und steigendem Wohlstand sich für eine Gesellschaft die Frage stellte, was denn mit der gewonnenen Muße und der neuen Freiheit anzustellen sei.[138] Auf den Spuren der klassischen politischen Ökonomie problematisierte er also durchaus die ethischen Legitimationsgründe der Politik und das gute Leben.

Die Vereinigten Staaten wurden für Bonn gewissermaßen zum Testfall eines krisenanfälligen demokratischen Kapitalismus, der sich über seine eigenen Bestandsvoraussetzungen aufzuklären hatte, insbesondere unter dem Eindruck der Weltwirtschaftskrise. Er neigte hier bisweilen zur dramatischen Tonlage, und es ist nicht immer klar, inwiefern er eigene wirtschaftsliberale Positionen revidierte oder seine Formulierungen auf rhetorische Effekte hin anlegte. Zweifelte er wirklich die Überlebensfähigkeit des Kapitalismus an, wenn er den Sinn und die Bedeutung der amerikanischen Krise darin sah, »daß heute nicht etwa nur die gegenwärtige amerikanische Wirtschaftsführung oder die herrschende amerikanische Wirtschaftspolitik, sondern daß das ganze kapitalistische System als solches in Frage gestellt« würde?[139] Immerhin stellte Bonn gleich im nächsten Absatz klar, dass es sich eben nicht um eine »Gedankenkrise«, sondern um eine »Empfindungskrise« handle – dies implizierte, dass eigentlich keine grundsätzliche Revision der Prämissen eines demokratischen Kapitalismus nötig war. In Bonns Auseinandersetzung mit den USA finden sich jedoch Ansätze einer Reformagenda, die in mehrerlei Hinsicht Elemente des New Deal vorwegnahmen und wohlfahrtsstaatliche Aspekte betonten. Er regt ein »soziales System« an, das hohe Löhne und kürzere Arbeitszeiten ebenso ermöglicht wie die Versicherung der Arbeitnehmer »ge-

138 Siehe dazu vor allem Bonn, *Geld und Geist*, S. 101-104.

139 Bonn, *Prosperity*, S. 145 f.

gen die Risiken des kapitalistischen Lebens«.[140] Dies zeigte einmal mehr, dass Bonn als undogmatischer Liberaler den Sozialstaat als unerlässlichen politischen Rahmen ansah. Wenn er auch als Ökonom die Prinzipien der Marktwirtschaft verteidigte, wusste er um die Notwendigkeit sozialpolitischen Ausgleichs.

Die amerikanische Demokratie hatte dementsprechend in der Krise des Kapitalismus in mehrerlei Hinsicht ihre Leistungsfähigkeit unter Beweis zu stellen: *Erstens* musste sie weiterhin das Versprechen erfüllen, alle Schichten gleichermaßen an Wohlstand und Fortschritt zu beteiligen. Sie musste *zweitens* die Segregation überwinden und die Rassendiskriminierung beenden, d. h. die Aussicht auf Gleichberechtigung lebendig halten. »Amerikanisierung«, das bedeutete für Bonn »das Zusammenleben aller Völker und Völkermischungen unter rechtlich gleichen Bedingungen, das zu einer Angleichung durch gemeinsame Institutionen, gemeinsame Schule und gemeinsames Schicksal mittels der englischen Sprache führt«.[141] Die amerikanische Demokratie musste *drittens* ihrer gewachsenen internationalen Verantwortung politisch und ökonomisch gerecht werden, um als Weltmacht besonders in Europa für die Stabilisierung der westlichen Demokratie zu wirken, die auch einem wirtschaftlichen Eigeninteresse entsprach; sie konnte sich nach Auffassung Bonns keinen Isolationismus mehr leisten, weil sie zu sehr mit dem internationalen Wirtschaftssystem verflochten und mittlerweile zur größten Gläubigernation geworden war. Der Primat internationaler Kooperation führte Bonn *viertens* im Sinne einer Systemkonkurrenz zu einer konsequent ablehnenden Haltung gegenüber dem kommunistischen Russland und zur Kritik an den Handelsbeziehungen mit der Sowjetunion. Der amerikanische Kapitalismus vergesse dabei, »daß man Arbeiter verbürgerlichen kann, deren Ideal der Aufstieg in die bürgerliche Welt ist, daß man aber Fanatiker, die der bürgerlichen Weltauffassung den Krieg angesagt haben, nur die Kriegführung erleichtert, wenn man sie mit den Waffen bürgerlicher Technik ausstattet«.[142]

Bonns Haltung zu Amerika war durchaus auch von Enttäuschungen und Zweifeln durchsetzt. Bereits der linkskatholische

140 Bonn, *Die Kultur der Vereinigten Staaten von Amerika*, S. 181.

141 Bonn, *Amerika und sein Problem*, S. 164 f.

142 Bonn, *Prosperity*, S. 168. Diese Passage lässt bereits den *Cold Warrior* nach 1945 erkennen.

Nationalökonom Götz Briefs erkannte in einem Rezensionsaufsatz, dass bei Bonn »hohe Erwartungen und Skepsis miteinander« rangen. Briefs wies auch auf ein Paradoxon von Bonns Analyse des amerikanischen Kapitalismus hin, das die Widersprüchlichkeit der kapitalistischen Ökonomie insgesamt betraf: »Wirtschaftliche Prosperität ist die Wurzel der politischen Erstarrung; der amerikanische politische Idealismus ›zieht sich besorgt auf das eigene Ich zurück‹ – im Augenblick stärkster kapitalistischer (und moralischer) Verflechtung des Landes mit den Geschicken der alten Welt! Dieselbe Prosperität, die politisch erschlaffend wirkt, befriedet die sozialen Verhältnisse; die Demokratisierung der Bedürfnisse hat unerhörte Fortschritte gemacht.«[143] Der Erfolg eines demokratischen Kapitalismus wirkte also ambivalent, d. h., er konnte kontraproduktiv werden, wenn soziale Pazifizierung und Zivilisierung mit einer gewissen »politischen Erschlaffung«, dem Verlust von Entwicklungsdynamik und dem Rückzug auf eine isolationistische Position einhergingen.[144]

Stellt man in Rechnung, dass auch die rasanten Entwicklungen in den USA nach dem Ersten Weltkrieg ungeheuren Schwankungen unterworfen waren, so wird Bonns zwiespältige Position verständlich: Wilsons mangelndes Vermögen, seine hochfliegenden Pläne für die Friedensordnung und den Völkerbund auch nur ansatzweise zu verwirklichen; die kulturelle Dominanz der Temperenzler während der Zeit der Prohibition; der Einfluss des Kreationismus und insgesamt die geistige Macht der protestantischen Sekten; der Rassismus in den Südstaaten und die Ausbreitung des Ku-Klux-Klans in den 1920er Jahren, die Auswirkungen des Börsencrashs 1929, die Grenzen der sozialen Assimilation im amerikanischen »melting pot« – all diese Faktoren trübten Bonns Amerikabild.[145] Doch waren seine Beschäftigung mit Amerika und sein Werben für den demokratischen Kapitalismus am Ende von der Überzeugung getragen, dass die Vereinigten Staaten nicht nur beispielgebend für die europäischen Demokratien wirken sollten, sondern real-

143 Götz Briefs, »Amerika und sein Geheimnis. Zu Bonns Buch ›Geld und Geist‹«, in: *Berliner Tageblatt*, 11. Oktober 1927, S. 1-2, hier S. 2.

144 Siehe Bonn, *Geld und Geist*, S. 50 ff.

145 Einen Blick auf amerikanische Gesellschaftskrisen werfen auch die sehr instruktiven Kapitel bei Philipp Blom, *Die zerrissenen Jahre. 1918-1938*, München 2014, S. 79-104, 126-145, 193-215.

politisch der Garant für das Überleben der liberalen Demokratie insgesamt zu sein hatten. Nichts zeigte Bonns Treue zur demokratischen Verheißung Amerikas deutlicher als seine Erinnerung an die Unabhängigkeitserklärung, als er angesichts neuer Bedrohungen der Freiheit den Geist der Founding Fathers beschwor: »Und wenn neue Mächte heute an der Arbeit sind, neue Ketten zu schmieden, die den menschlichen Willen bändigen und das menschliche Freiheitssehnen töten wollen, so ist der Same, der damals ausgestreut worden ist, in die Herzen aller Völker zu tief eingesunken, als daß er nicht immer wieder von neuem aufgehen werde.«[146]

Wenn bestimmte Züge des amerikanischen Kapitalismus modellgebend sein konnten, dann hatte dies auch mit seinen kulturellen Bedingtheiten zu tun. Dazu zählte Bonn auf ökonomischem Gebiet die hoffnungsfrohe Mentalität, die sich in »sunshine campaigns« artikuliere: »Wie man in den Straßen einer Großstadt zur Überwindung der Staubplage einen Park von Sprengwagen verwendet, so sprenkelt man Optimismus auf den Wegen, die zum Markte führen.«[147] Diese Haltung kam Bonns Bestreben entgegen, nicht im Kapitalismus an sich das Problem zu sehen, sondern ihn vielmehr mit Ethos, Zuversicht und Kreativität zu erfüllen. Zwar finden sich auch bei Bonn kulturkritische Akzente, wenn er zeittypisch vom Kapitalismus verursachte Monotonie, Konformismus und Standardisierung beklagt. Im Ganzen überwiegt jedoch deutlich eine positive Sichtweise, die in Deutschland für die modernisierenden, demokratisierenden und wohlstandsfördernden Aspekte des amerikanischen Lebens werben möchte.

Faszination und Ambivalenz prägten die Gemütslage vieler Amerikabeobachter, die versuchten, Amerika als Vorbild für europäische Modernisierungsprozesse zu benutzen. Natürlich stießen alle interessierten Idealisierungen an Grenzen: *Erstens* war die amerikanische Gesellschaft nicht entfernt so egalitär, wie es die demokratische Verfassung suggerierte; ethnische Diskriminierung und soziale Abschottung von Eliten waren ernüchternder Alltag. *Zweitens* waren die Ökonomisierung, Technisierung und Rationalisierung des gesellschaftlichen Lebens im Massenkonsum zwar deutlich wahrnehmbar. Diese Modernisierungsphänomene wurden aber konterkariert durch den Irrationalismus von Glaubenslehren,

146 Bonn, »Zum 150. Jubiläum der Unabhängigkeitserklärung«, S. 3.
147 Bonn, *Geld und Geist*, S. 92.

Ressentiment und Rassismus, die sich in rechts- und staatsfernen Räumen weitgehend ungehemmt entfalten konnten. Rezeptionsprozesse sind stets von Interessen und bestimmten Haltungen geleitet, und dementsprechend war eine »wohlwollend-kritische« Haltung, wie sie von Moritz Julius Bonn, aber auch von Julius Hirsch oder Arthur Feiler vertreten wurde,[148] charakteristisch für einen modernisierungsoffenen demokratischen Liberalismus, der sich vor allem von der Dynamik eines »demokratischen Kapitalismus« faszinieren und sich sogar nach dem Ausbruch der Weltwirtschaftskrise in den Grundzügen nicht wesentlich beirren ließ. Während sich wesentliche Teile der Öffentlichkeit nach den Folgen des *Black Thursday* von den Vereinigten Staaten abwandten und die Amerikabegeisterung einen gehörigen Dämpfer erhielt, optierten pragmatische Liberale wie Bonn für eine differenzierte Betrachtung der Weltwirtschaftskrise, der ein Geflecht von ganz verschiedenen strukturellen Ursachen zugrunde lag. Die Schuld dem US-amerikanischen Finanzmarkt allein zuzuschieben, kam für ihn nicht in Betracht.

Politik und Ökonomie im Angesicht der Staatskrise

Die Krisenlage des Liberalismus und damit derjenigen, die sich als Liberale verstanden, verschärfte sich auf unvorhergesehene Weise nach dem Ausbruch der Weltwirtschaftskrise, deren Auswirkungen erst schleichend, dann mit ungeheurer Dynamik sichtbar wurden. Zwar war der parteipolitische Liberalismus schon in der zweiten Hälfte der 1920er Jahre eine marginalisierte Erscheinung, aber im Zuge des für die Zeitgenossen nun manifest erscheinenden Untergangs des Kapitalismus war seine Legitimationsgrundlage kaum noch zu retten. Dass die Staatskrise der Weimarer Republik vor allem als Krise des Kapitalismus begriffen werden musste, war links und rechts Konsens. Insofern mehrten sich die Stimmen, die wie der für die Weltbühne schreibende Ökonom Fritz Sternberg vom *Niedergang des deutschen Kapitalismus* sprachen oder – wie im rechtsnationalen »Tat«-Kreis – das *Ende des Kapitalismus* (Ferdi-

148 Zur Skizzierung dieser »wohlwollend-kritischen« Position siehe Klautke, *Unbegrenzte Möglichkeiten*, S. 325.

nand Fried) gekommen sahen.[149] Der Soziologe Theodor Geiger kam in seiner Studie *Die soziale Schichtung des deutschen Volkes*, die auch die Mentalitäten und Überzeugungen in den verschiedenen Sozialmilieus untersuchte, zu folgendem Ergebnis: »Die jüngsten Ereignisse im deutschen Parteienwesen offenbaren diese ›Krisis des kapitalistischen Denkens‹ drastisch: es gibt heute keine große und starke Partei mehr, die den Gedanken der freien kapitalistischen Wirtschaft vertritt.«[150]

In einer solchen sich weiter zuspitzenden Lage war es nahezu unmöglich, eine rationale Argumentation über die Normen und politischen Grundsätze eines liberalen oder demokratischen Kapitalismus einzufordern. Deutlich war aber auch, dass die Steuerungsfähigkeiten staatlicher Politik im ökonomischen Bereich wie niemals zuvor benötigt wurden. Fragen, die in der Unbestimmtheit der Staatsgründungssituation und späterhin bei einem leichten Konjunkturaufschwung noch dilatorisch behandelt werden konnten, schienen nun eine existentielle Dimension erreicht zu haben. Die Krise gab dazu Anlass, alle Möglichkeiten politischen Handelns intensiver zu reflektieren, und bot damit ein Musterbeispiel anlassbezogener Theorieproduktion, denn auffälligerweise bringen Zeiten politischer Umbrüche stets neue und oft nachhaltige Deutungsversuche hervor. Dementsprechend beeindruckend war die Flut der Publikationen, die aus ökonomischer und politischer Perspektive versuchten, die Ursachen und Auswirkungen zu verstehen sowie Rezepte zur Überwindung bereitzustellen.

Zwar überwiegt in der Forschung die Auffassung, dass Konzepte, Theorien oder praktische Rezepte gefehlt hätten, um zu verhindern, dass die ökonomische und soziale Krise nicht zur Endkrise des politischen Systems würde.[151] Aber da der Weg von der Theorie zur Implementierung in die politische Praxis auch unter günstigeren Bedingungen stets ein unsicherer und schwieriger ist, hätte

149 Fritz Sternberg, *Der Niedergang des deutschen Kapitalismus*, Berlin 1932; Ferdinand Fried, *Das Ende des Kapitalismus*, Jena 1931. Siehe dazu auch Bracher, *Die Auflösung der Weimarer Republik*, S. 191.

150 Theodor Geiger, *Die soziale Schichtung des deutschen Volkes. Soziographischer Versuch auf statistischer Grundlage*, Stuttgart 1932, S. 84.

151 So vor allem die Auffassung von Krohn, *Wirtschaftstheorien als politische Interessen*, S. 142 ff. Weitaus differenzierter, aber *contra intentionem* implizit die fehlende Einheit innerhalb der Nationalökonomie und ihre Programmlosigkeit beklagend: Köster, *Die Wissenschaft der Außenseiter*, insbesondere S. 307-318.

womöglich auch der beste ökonomisch-politische Sanierungsplan eines Theoretikers kaum etwas genützt. Allein die Unwahrscheinlichkeit, mit derlei Plänen bei den politisch Verantwortlichen Gehör zu finden, lässt es verkürzt erscheinen, die vermeintliche Konzept- und Hilflosigkeit damaliger Liberaler zu monieren. Überdies ist einzuwenden, dass Krisen in den seltensten Fällen dadurch bewältigt wurden, weil die »richtige« Theorie zur Verfügung gestanden hätte. Ökonomen können lediglich bestimmte wirtschaftspolitische Maßnahmen empfehlen oder deren Folgewirkungen skizzieren; über die politische Durchsetzbarkeit, ihre Vermittlung und Begründung in einer demokratischen Öffentlichkeit ist damit aber noch wenig gesagt.

Vom grundsätzlichen Problem der Handlungsmacht von Theorien abgesehen kann jedes Denken nur auf vorhandene Erfahrungsbestände rekurrieren; es ist ein Tasten in einer unübersichtlichen Lage, die von Kontingenzen und Reperkussionen unterschiedlichster Art bestimmt wird. Auch wenn die Weltwirtschaftskrise sehr bald als ein neuartiges, präzedenzloses und daher epochales Ereignis identifiziert wurde, überstiegen doch die sozialen und politischen Auswirkungen die Vorstellungskraft der Zeitdiagnostiker. Dies hatte auch damit zu tun, dass bereits in den 1920er Jahren die Krisensrhetorik bereits höchste Amplituden erreicht hatte und man nach kurzen Jahren der Stabilisierung (1925-1929) schnell in den vertrauten Duktus zurückgefallen war.[152]

Gerade Liberale taten sich im Bemühen um eine sachliche und rationale Analyse der Situation schwer, die gesellschaftliche Dynamik und die Zuspitzung der politischen Situation in ihren möglichen Konsequenzen angemessen zu erfassen. In der zeitgenössischen Krisendiagnostik steht die klare Herausarbeitung der Ursachen und ökonomischen Fehlentwicklungen, die zum Zusammenbruch führten, einer merkwürdigen Hilflosigkeit in der Beurteilung der politischen Folgen gegenüber. Zu einer umsichtigen Aufarbeitung der katastrophalen weltwirtschaftlichen Entwicklung gehörte für Liberale eine multidimensionale und differenzierte Erörterung der Ursachen: Absatzkrise der Landwirtschaft, strukturelle Überproduktion in der Industrie, Krise des Goldstandards, amerikanische Spekulationsblase, europäische Abhängigkeit vom amerikanischen

152 Siehe dazu auch Köster, *Die Wissenschaft der Außenseiter*, S. 265.

Finanzmarkt. Wenn der Ausbruch der Weltwirtschaftskrise auch keineswegs einer unvorhergesehenen Naturkatastrophe gleichkam, so verbot es sich aus liberaler Sicht dennoch, nach einem einzigen Hauptschuldigen zu suchen oder den Kapitalismus an sich für die Misere verantwortlich zu machen.[153] Diese Haltung war naturgemäß defensiv geprägt, weil mit der Weltwirtschaftskrise die kapitalistische Ordnung, deren Fürsprecher liberale Ökonomen waren, in existentielle Rechtfertigungsnöte geraten war.

Moritz Julius Bonn kritisierte am deutschen Kapitalismus die Gebundenheit, Reglementierung und Feudalisierung. Nicht die Dominanz des *Laisser-faire*, sondern die unzureichende Ausnutzung der freien Marktkräfte war nach seiner Ansicht das Problem gewesen. Wie andere Zeitgenossen wusste Bonn allerdings, dass die ökonomischen Rahmenbedingungen keineswegs allein von den Maßgaben nationaler Regierungen abhingen; sie unterlagen vielmehr den internationalen politischen Konstellationen, die sich nach den Pariser Vorortverträgen etabliert hatten, und waren in starkem Maß geprägt von der Angewiesenheit auf US-amerikanische Investitionen. Vor allem die Reparationsfrage und die durch Zoll- und Einfuhrschranken behinderte Handelspolitik wurden von den meisten liberalen Theoretikern thematisiert, die ex negativo schon lange begriffen hatten, dass der Markt etwas Herzustellendes und nichts Naturwüchsiges ist. Wie diese Herstellung von günstigen Marktbedingungen politisch zu bewerkstelligen war, an dieser Frage schieden sich die Geister.

Genese des Ordoliberalismus

Die für die liberale Ökonomie in Deutschland folgenreichste Debatte um das neu auszutarierende Verhältnis von Staat und Wirtschaft fand unter denjenigen Denkern statt, die gemeinhin mit dem Label des Ordoliberalismus versehen werden. Zu dieser Denkströmung zählten junge Nationalökonomen wie Alexander Rüstow, Walter Eucken und Wilhelm Röpke,[154] die politisch ur-

153 Vgl. dazu beispielhaft Julius Hirsch, *Die Wirtschaftskrise*, Berlin 1931; Wilhelm Röpke, *Der Weg des Unheils*, Berlin 1931.

154 Die Trias Eucken, Röpke, Rüstow gilt gemeinhin als Gründungsensemble der sog. Freiburger Tradition der Ordnungsökonomik. Siehe etwa Nils Gold-

sprünglich aus unterschiedlichen Richtungen kamen: Rüstow begann als Sozialist, arbeitete von 1918-1924 als Referent im Reichswirtschaftsministerium und war schließlich als Syndikus für die Maschinenbauindustrie tätig; Eucken gehörte ursprünglich der nationalkonservativen DNVP an und legte in der Zeitspanne der Weimarer Republik den Weg zum Vernunftrepublikaner zurück; Röpke war Überzeugungsliberaler, bereits im Alter von 24 Jahren Professor an der Universität Marburg und damit reichsweit der jüngste Hochschullehrer. Der ideelle Zusammenhang dieser Ordoliberalen mit der Formierung eines Neoliberalismus, dessen Genese in der Endphase der Weimarer Republik zu situieren ist, hat aus ökonomisch-theoretischer Sicht gerade deshalb Interesse hervorgerufen, weil sich mehrere Linien zu kreuzen scheinen: der Abschied vom neoklassischen Paradigma, der Wille zur Modernisierung im Zeitalter der Massendemokratie, die Neuvermessung des Verhältnisses zwischen Liberalismus und Staat.[155]

Die Aufmerksamkeit, die sich auf den Ordoliberalismus und seine prominenten Vertreter richtete, hängt mit seiner Wirkungsgeschichte zusammen, die im Mythos einer bundesrepublikanischen Gründungserzählung von Wirtschaftswunder und sozialer Marktwirtschaft mündet. Die Unklarheit über die Beziehung des Ordoliberalismus zum liberalen Denken allgemein nimmt zu, wenn man sich zwei völlig gegenläufige, aber sehr einflussreiche Deutungen vergegenwärtigt:

schmidt/Michael Wohlgemuth, »Entstehung und Vermächtnis der Freiburger Tradition der Ordnungsökonomik«, in: dies. (Hg.), *Grundtexte zur Freiburger Tradition der Ordnungsökonomik*, Tübingen 2008, S. 1-16, hier S. 1-3. Als wichtigste biographische und werkgeschichtliche Studien sind hervorzuheben: Kathrin Meier-Rust, *Alexander Rüstow. Geschichtsdeutung und liberales Engagement*, Stuttgart 1993; Hans Jörg Hennecke, *Wilhelm Röpke. Ein Leben in der Brandung*, Stuttgart 2005; Götz Aly, »Wilhelm Röpke gegen Volk und Führer. Liberale Kritik am nationalen Sozialismus«, in: ders., *Volk ohne Mitte. Die Deutschen zwischen Freiheitsangst und Kollektivismus*, Frankfurt/M. 2015, S. 109-137; Uwe Dathe, *Walter Euckens Weg zum Liberalismus (1918-1934)*, Freiburger Diskussionspapiere, Freiburg 2010; ders., »Walter Eucken – von der liberalen Krisendeutung zum Widerstand gegen den Nationalsozialismus«, in: Hans Maier (Hg.), *Die Freiburger Kreise. Akademischer Widerstand und Soziale Marktwirtschaft*, Paderborn 2014, S. 85-112.

155 Vgl. Haselbach, *Autoritärer Liberalismus und soziale Marktwirtschaft*; Ralf Ptak, *Vom Ordoliberalismus zur Sozialen Marktwirtschaft. Stationen des Neoliberalismus in Deutschland*, Opladen 2004.

Auf der einen Seite hat Philip Manow mit guten Gründen die Grundierung des Ordoliberalismus in vormodernen und stark christlich geprägten Sittlichkeitsvorstellungen hervorgehoben.[156] Diese Argumentation spielt absichtsvoll mit der Nähe zu Webers berühmter These vom protestantischen Geist des Kapitalismus und wirft gleichzeitig die Frage auf, inwiefern der Ordoliberalismus in seinen antiliberalen Charakterzügen überhaupt noch als Liberalismus verständlich zu machen ist. Manow hat überzeugend auf die ausgeprägt ordnungstheologischen Züge eines protestantischen Weltbilds aufmerksam gemacht, das in vielerlei Hinsicht den Vorstellungen des klassischen Liberalismus entgegengesetzt war. Ordnung statt Freiheit, Kulturkritik statt Modernisierung, starker Staat statt pluralistische Gesellschaft – diese Pauschalisierungen treffen fraglos eine wichtige Komponente des frühen ordoliberalen Denkens, die sich nicht hagiographisch wegerzählen lässt.

Auf der anderen Seite hat Michel Foucaults konträre Interpretation die Originalität des Ordoliberalismus darin gesehen, einen neuen Begriff der Legitimität hervorgebracht zu haben: Der Staat, so Foucault, gründe seine Legitimität fortan »auf die garantierte Ausübung einer wirtschaftlichen Freiheit«. Er konstatiert: »Die Wirtschaft erzeugt Legitimität für den Staat, der ihr Garant ist.«[157] Das Revolutionäre sah Foucault in einer Neubestimmung des Liberalismus, der sich dem Staat gestaltend zuwandte, um eine »liberale Regierungskunst« zu entwickeln.[158] Der Zentralgedanke des Ordoliberalismus bestand laut Foucault darin, nicht lediglich einen Raum wirtschaftlicher Freiheit zu schaffen und durch den Staat zu sichern, sondern »die Freiheit des Marktes als Organisations- und Regulationsprinzip ein[zu]richten«. Es handelte sich also »vielmehr um einen Staat unter der Aufsicht des Marktes [...] als um einen Markt unter der Aufsicht des Staats«.[159] Diese absichtsvolle Zuspitzung entsorgt kurzerhand alle soziomoralischen Aspekte im

156 Philip Manow, »Ordoliberalismus als ökonomische Ordnungstheologie«, in: *Leviathan* 2001, S. 179-198. Manows These wird aber brüchig, wenn man seine selektive Zitatenlese in den weiteren Kontext der behandelten Theoretiker einbettet (der frühe Röpke kommt gar nicht vor!) und die Modernitätsskepsis bzw. den Kulturpessimismus historisierend relativiert.

157 Michel Foucault, *Die Geburt der Biopolitik. Geschichte der Gouvernementalität II. Vorlesungen am Collège de France 1978-79*, Frankfurt/M. 2006, S. 122-124.

158 Ebenda, S. 151.

159 Ebenda, S. 168.

Ordoliberalismus, und wenn Foucault den Liberalismus aus der Perspektive der Gouvernementalität nur noch als Regierungspraxis begreift, dann werden die normativen Anliegen des Liberalismus ebenso pulverisiert wie das Kernproblem, Kapitalismus und Demokratie zueinander in Beziehung zu setzen.[160]

Die beiden gegensätzlichen Thesen von Manow und Foucault signalisieren bereits, dass das mittlerweile schwer überschaubare Forschungsfeld zum Ordoliberalismus ganz unterschiedlich bestellt wird. Jede pointierte Deutung läuft Gefahr, den Ordoliberalismus als Ideologie und Untersuchungsgegenstand vorschnell zu einer homogenen Einheit zu modellieren, obwohl in Wahrheit ganz verschiedene Konzepte in unterschiedlichen Stadien und mit divergierenden politischen, gesellschaftstheoretischen und kulturphilosophischen Vorstellungen darunter gefasst wurden. Wenn sich schon für den Ordoliberalismus der 1950er Jahre eine »ideologische Doppelbödigkeit« (Paul Nolte) feststellen ließ,[161] so war die Lage in seiner konstituierenden Phase der Zwischenkriegszeit noch weitaus komplizierter.

Allerdings erscheint es wenig fruchtbar, auf die Debatte einzugehen, inwiefern die Vordenker des Ordoliberalismus – oder besser: die Kreise derer, die ihm zugeschrieben werden – mit Verweis auf

160 Dass Foucault den Ordoliberalismus für die treffendste Theorie zeitgenössischer Gouvernementalität (am Ende der 1970er) hält, unterstreicht nicht nur die Tatsache, dass er ihm in seinen Vorlesungen breiten Raum widmet. Er versteigt sich in diesem Zusammenhang zu der provokanten Feststellung, dass in der zweiten Hälfte des 20. Jahrhunderts »die Freiheit, oder sagen wir genauer: der Liberalismus, ein Wort ist, das aus Deutschland zu uns kommt« (ebenda, S. 44). – Eine abgewogene Beurteilung von Foucaults Interpretation des Ordoliberalismus nimmt vor: Jan-Otmar Hesse, »›Der Mensch des Unternehmens und der Produktion‹. Foucaults Sicht auf den Ordoliberalismus und die ›Soziale Marktwirtschaft‹«, in: *Zeithistorische Forschungen* 3 (2006), S. 291-296; ders., »›Der Staat unter der Aufsicht des Marktes‹ – Michel Foucaults Lektüren des Ordoliberalismus«, in: Susanne Krasmann/Michael Volkmer (Hg.), *Michel Foucaults »Geschichte der Gouvernementalität« in den Sozialwissenschaften. Internationale Beiträge*, Bielefeld 2007, S. 213-237. Zum weiteren Kontext vgl. auch Matthias Bohlender, »Die historische Wette des Liberalismus. Die Geburt der Sozialen Marktwirtschaft«, in: *Ästhetik & Kommunikation* 36 (2005), Heft 129/130, S. 121-129. – Zur Kritik an Foucault siehe auch jetzt Brown, *Die schleichende Revolution*, S. 51-131.

161 Paul Nolte, *Die Ordnung der deutschen Gesellschaft. Selbstentwurf und Selbstbeschreibung im 20. Jahrhundert*, München 2000, S. 383.

die in der Weimarer Republik bezogenen Positionen politisch belastet waren. Die Tatsache, dass bestimmte ordnungsökonomische Vorstellungen mit dem Nationalsozialismus für vereinbar gehalten wurden und dass verschiedene Denker wie Erwin von Beckerath, Leonhard Miksch oder Alfred Müller-Armack, die dem Umfeld der Freiburger Schule zugerechnet werden, sich zeitweise durchaus auf einer Linie mit dem NS-Regime sahen, ist ebenso bekannt wie die spätere Zugehörigkeit einiger Assoziierter zum Widerstand.[162] Umgekehrt steht außer Zweifel, dass die Erfahrungen der Zwischenkriegszeit formativ für ihre theoretischen Positionen waren und dass die Denkbewegungen in dieser Krisenzeit nicht das sichere Geländer einer funktionsfähigen und stabilen Demokratie voraussetzen konnten. Der Ordoliberalismus ist damit in all seinen Schattierungen ein Produkt der existentiellen Krise, die das liberale Denken in den 1920/30er Jahren durchlief.[163] Er ist Ausdruck liberaler Selbstreflexion angesichts des Scheiterns der liberalen Demokratie in einer Zeit, als das Verhältnis von Liberalismus und Demokratie ungeklärt war. Offen schien auch die Frage nach einer wirtschaftlichen Ordnung, die Kapitalismus und Sozialstaat integrieren musste bzw. Methoden zur Einhegung des Kapitalismus suchte, um ihn sozialverträglich zu gestalten und gleichzeitig seine dynamische Produktivität zu bewahren. Man kommt dabei nicht umhin, sowohl die ökonomischen als auch die politischen Implikationen dieser Denker zu beleuchten, die sich selbst als Liberale verstanden. Denn Alexander Rüstow, Wilhelm Röpke oder Walter Eucken legten in der Krise Weimars Schriften vor, mit denen sie sich auch politisch exponierten. Sie verstanden sich dabei als Liberale, aber in ihren politischen Äußerungen wird die spezifische Problematik liberaler Politik deutlich, eine rationale Wirt-

162 Siehe vor allem Maier (Hg.), *Die Freiburger Kreise.* – Vgl. aus der Vielzahl der Einzelstudien: Schieder, »Faschismus für Deutschland«; Uwe Dathe, »Leonhard Miksch (1901-1950): Leben und Werk. Ein Überblick«, in: Lars P. Feld/ Ekkehard A. Köhler (Hg.), *Wettbewerbsordnung und Monopolbekämpfung. Zum Gedenken an Leonhard Miksch*, Tübingen 2015, S. 7-35; Dieter Haselbach, »Nation, Gott und Markt – Mythos und gesellschaftliche Integration bei Alfred Müller-Armack«, in: Michael Th. Greven/Peter Kühler/Manfred Schmitz (Hg.), *Politikwissenschaft als kritische Theorie. Festschrift für Kurt Lenk*, Baden-Baden 1994, S. 215-230.

163 Sehr abgewogen über diese Formationsphase ordoliberalen Denkens Hesse, »Der Staat unter Aufsicht des Marktes«, S. 217 f.

schaftspolitik mit den Handlungsbedingungen einer parlamentarischen Demokratie in Einklang zu bringen – oder zumindest die Handlungseinschränkungen, die daraus erwachsen, hinreichend zu reflektieren.

Bereits ein oberflächlicher Blick auf einige ihrer Aufsätze der Weimarer Zeit macht deutlich, wie sehr sie sich in ihren jeweiligen Herangehensweisen unterschieden: Wilhelm Röpke konnte wohl als entschieden liberaler Denker gelten, der vor allem das normative Erbe, die Werthaltungen (zentral: den Freiheitsbegriff) und die zivilisatorische Modernität des liberalen Kapitalismus stets betonte; bei Walter Eucken dominierte ein kulturkritischer Ton, und sein Rekurs auf den starken Staat ließ in der Nähe zu Carl Schmitt deutliche Reserven gegenüber der demokratischen Ordnung einer pluralistischen Gesellschaft erkennen; Alexander Rüstow war vermutlich der schillerndste Intellektuelle, der von Franz Oppenheimer und dem Sozialismus her kommend schließlich zum Schattenminister eines Kabinetts Schleicher avancierte, was ihn ins Fahrwasser autoritärer Konzeptionen geraten ließ.[164] Dass diese drei Wissenschaftler gemeinsam das Projekt liberaler Reform verfolgten, sprach für die zerfließenden Grenzen zwischen den politischen Lagern im Weimarer Diskurs. Legt man nämlich einige der grundlegenden Texte des späteren Ordoliberalismus nebeneinander, beispielsweise Euckens mittlerweile kanonischen Aufsatz »Staatliche Strukturwandlungen und die Krisis des Kapitalismus«[165] und Röpkes »Die säkulare Bedeutung der Weltkrisis« (aus dem Januar 1933) oder seine vehemente Kritik am rechtsrevolutionären »Tat-Kreis« (als Artikelfolge unter dem Pseudonym Ulrich Unfried 1931 in der *Frank-*

164 Das wird vor allem deutlich in: Alexander Rüstow, »Die staatspolitischen Voraussetzungen des wirtschaftspolitischen Liberalismus« (1932), in: ders., *Rede und Antwort. 21 Reden und Diskussionsbeiträge aus den Jahren 1932 bis 1962 als Zeugnis eines ungewöhnlichen Gelehrtenlebens und einer universellen Persönlichkeit*, Ludwigsburg 1963, S. 249-258. – Rüstow war in den politischen Kreisen Berlins bestens vernetzt und pflegte einen sehr freundschaftlichen Kontakt zu Carl Schmitt. Siehe dazu auch Carl Schmitt, *Tagebücher 1930 bis 1934*. Herausgegeben von Wolfgang Schuller in Zusammenarbeit mit Gerd Giesler, Berlin 2010, S. 38, 97, 136 u.ö.

165 Walter Eucken, »Staatliche Strukturwandlungen und die Krisis des Kapitalismus«, in: *Weltwirtschaftliches Archiv* 36 (1932), S. 297-321. – Zur Bedeutung dieses Textes als Gründungsdokument des Ordoliberalismus siehe Dathe, *Walter Euckens Weg zum Liberalismus*, S. 27-33.

furter Zeitung erschienen), so lassen sich – neben einer allgemein geteilten Gegenwartsdiagnose des überforderten »Wirtschaftsstaates« (Eucken) – doch recht unterschiedliche Akzente ausmachen, die (konsequent ins Politische übersetzt) eher Differenzen zu signalisieren scheinen.[166]

Um mit den Gemeinsamkeiten zu beginnen: Sowohl Eucken als auch Röpke betonten die Heteronomie und die Kontingenz der Kapitalismuskrise, denn die liberalen Demokratien seien keineswegs durch die dem Kapitalismus immanenten Widersprüche in eine soziale und politische Krise geraten. »Die gegenwärtige Krisis«, schrieb Röpke 1931, dürfe »als eine besondere Konstellation aufzufassen sein, nämlich als Zusammenprall einer sehr heftigen, konjunkturellen Reaktion mit einer Reihe von historisch zufälligen, einmaligen Unglücksfällen«.[167] Zudem habe eine Kette von Ursachen seit dem Ersten Weltkrieg dazu geführt, dass die Prinzipien des Kapitalismus verwässert worden seien und dieser seine Leistungsfähigkeit nicht mehr zur Geltung bringen könne. Der Kapitalismus, so Röpke, sei mittlerweile »fast bis zur Unkenntlichkeit durch wesensfremde Eingriffe« wie Preismanipulationen, Schutzzölle, Formen politischer Lohnbildung, Subventionen und Aufblähung der Staatsausgaben »entstellt und verzerrt«.[168] Röpke folgte später ausdrücklich Euckens Interpretation von einem staatlichen Strukturwandel hin zum schwachen Staat, einer »Umwandlung des liberalen Staates zum Wirtschaftsstaat«, der von diversen wirtschaftlichen Interessengruppen dominiert und schließlich instrumentalisiert werde.[169] Die damals prominente These von einer Verflechtung des Staates mit der Wirtschaft, die zum einen die staatliche Willensbildung unterhöhle und Richtungslosigkeit zur Folge habe, zum anderen aber die Leistungsansprüche der Bürger gegenüber dem Staat und den Glauben an seine Gestaltungsmacht steigere, wurde in ihrem paradoxen Befund von vielen geteilt –

166 Wilhelm Röpke, »Die säkulare Bedeutung der Weltkrisis«, in: *Weltwirtschaftliches Archiv* 37 (1933), S. 1-27; ders., »Die Intellektuellen und der Kapitalismus« (1931), in: ders., *Gegen die Brandung. Zeugnisse eines Gelehrtenlebens unserer Zeit.* Gesammelt und herausgegeben von Albert Huhnhold, Stuttgart 1959, 2. Aufl., S. 87-107.

167 Röpke, »Die säkulare Bedeutung der Weltkrisis«, S. 100.

168 Röpke, »Die Intellektuellen und der Kapitalismus«, S. 93.

169 Eucken, »Staatliche Strukturwandlungen und die Krisis des Kapitalismus«, S. 307.

auch von Carl Schmitt, auf den sich Eucken und Rüstow explizit bezogen und von dem sie den Begriff des »Wirtschaftsstaates« ebenso übernahmen wie die Diagnose von einer »Wendung zum totalen Staat«.[170]

Totaler oder starker Staat? Carl Schmitt und der Ordoliberalismus

»Wirtschaftsstaat«, »totaler Staat«, »starker Staat« – diese Bezeichnungen können nicht lediglich als Signalworte für eine vermeintliche staatsautoritäre Überwindung von Pluralismus und politischer Handlungsschwäche verstanden werden, sondern sie sollten dazu dienen, eine Analyse der Gegenwartsprobleme zu liefern. Dazu muss man sich vor Augen führen, dass Schmitts Definition des »totalen Staates« zunächst eindeutig negativ gemeint war und ein Phänomen rein quantitativer Staatsausdehnung zu beschreiben suchte. Schmitts Begriffsbestimmung ist dabei keineswegs widerspruchsfrei. Zunächst bezeichnete er mit der Wendung zum totalen Staat die Aufhebung des Dualismus von Staat und Gesellschaft. Indem der Staat seit dem 19. Jahrhundert zur »Selbstorganisation der Ge-

170 Schmitt gilt als Urheber der Formel vom »totalen Staat«, die er wohl zuerst im Dezember 1930 in einem Vortrag vor dem Reichswirtschaftsrat benutzte und die er dann detaillierter ausarbeitete – vor allem in seiner Schrift über den »Hüter der Verfassung« (die Eucken zitiert). Prominent auch in: Carl Schmitt, »Wendung zum totalen Staat« (1931), in: ders., *Positionen und Begriffe*, S. 166-178. Dabei handelte es sich um einen leicht veränderten Auszug aus Schmitts Schrift *Der Hüter der Verfassung* (S. 72 ff.), der im Dezemberheft der *Europäischen Revue* veröffentlicht worden war. Der »totale Staat« avancierte zu einer ebenso unklaren wie häufig verwendeten Formel, vor allem im Lager konservativ-revolutionärer Liberalismuskritiker, die allerdings ganz unterschiedliche Vorstellungen davon besaßen. Eine weitere Übernahme Schmittscher Überlegungen findet sich bei Heinz O. Ziegler, *Autoritärer oder totaler Staat*, Tübingen 1932. – Zur philologischen Genese des »totalen Staates« siehe den Kommentar von Günter Maschke in: Carl Schmitt, *Staat, Großraum, Nomos. Arbeiten aus den Jahren 1916-1969*. Herausgegeben, mit einem Vorwort und mit Anmerkungen versehen von Günter Maschke, Berlin 1995, S. 66 f., sowie ders., »Zum ›Leviathan‹ von Carl Schmitt«, in: Carl Schmitt, *Der Leviathan in der Staatslehre des Thomas Hobbes. Sinn und Fehlschlag eines politischen Symbols*. Mit einem Anhang sowie einem Nachwort des Herausgebers, Stuttgart 1995, 2. Aufl., S. 179-244, hier S. 227-242.

sellschaft« wurde und, so Schmitts Zuspitzung, »Staat und Gesellschaft grundsätzlich identisch sein« sollten, wurden »alle sozialen und wirtschaftlichen Probleme unmittelbar staatliche Probleme«, und man konnte »nicht mehr zwischen staatlich-politischen und gesellschaftlich-unpolitischen Sachgebieten unterscheiden«: »Die zum Staat gewordene Gesellschaft wird ein Wirtschaftsstaat, Kulturstaat, Fürsorgestaat, Wohlfahrtsstaat, Versorgungsstaat; der zur Selbstorganisation der Gesellschaft gewordene, demnach von ihr in der Sache nicht mehr zu trennende Staat ergreift alles Gesellschaftliche, das heißt alles, was das Zusammenleben der Menschen angeht.«[171] Dieser »totale Staat« war gleichzeitig Schmitts Chiffre für das lähmende Nebeneinander vielfältiger »totaler Gebilde«, die nahezu jeden Bereich der Gesellschaft erfassten, vorneweg Parteienpluralismus und ein Parlamentarismus, der nur noch Gegensätzliches und Unvereinbares handlungsunfähig abbilden konnte, aber keine Ordnung oder Wege zur Kompromissfindung mehr bot.

Die vermeintlich vollzogene liberale Identität von Staat und Gesellschaft trieb Schmitt so weit, dass er schließlich die »totale Gesellschaft« nennen konnte, was er eigentlich als ein Verschwinden des Staates hätte bezeichnen müssen. Die definitorischen Probleme hatte er selbst gesehen, als er sich bemühte, die »sonderbare Verbindung von totalem und schwachem Staat« in Deutschland von wahrlich anders gearteten Varianten totaler Staatlichkeit im faschistischen Italien und bolschewistischen Russland abzugrenzen.[172] Die Weimarer Republik als reine Herrschaft der Gesellschaft und als »Staat totaler Schwäche« – eine solche Interpretation musste für Walter Eucken in mancherlei Hinsicht stimmig wirken. Schmitt nahm diesen Gedanken auch in einem Vortrag auf, dessen programmatischer Titel »Starker Staat und gesunde Wirtschaft« zumindest eine gewisse Nähe zu den späteren Ordoliberalen suggeriert, aber doch falsche Erwartungen weckte, denn von Ökonomie oder Wirtschaftspolitik war darin kaum die Rede.[173] Eher pauschal

171 Schmitt, »Die Wendung zum totalen Staat«, S. 172.

172 Carl Schmitt, »Konstruktive Verfassungsprobleme« (1932), in: ders., *Staat, Großraum, Nomos*, S. 55-70, hier S. 59. Ähnlich auch Carl Schmitt, »Die Weiterentwicklung des totalen Staates in Deutschland« (1933), in: ders., *Positionen und Begriffe*, S. 211-216, hier S. 212 f.

173 Carl Schmitt, »Starker Staat und gesunde Wirtschaft« (1932), in: ders., *Staat, Großraum, Nomos*, S. 71-91, hier S. 75. – Etwas anders sieht dies Haselbach,

handelte Schmitt vom schwachen Staat als »Ausbeutungsobjekt«, in dem sich »Machtunfähigkeit und Machtzerstörung« verbanden.[174] Schmitts Rezepte zur Überwindung dieses quantitativ totalen Staates hin zu einem qualitativ starken Staat blieben freilich nebulös. »Der Staat soll wieder Staat werden«, mit einem um Neutralität und Effizienz bemühten Beamtentum, forderte Schmitt. Ein »sehr starker Staat« sollte die »furchtbare Verfilzung mit allen möglichen, der Sache nach nicht staatlichen Angelegenheiten und Interessen lösen«. Ein dazu notwendiger »schmerzhafter chirurgischer Eingriff« konnte eigentlich nur im Rahmen einer Diktatur des Reichspräsidenten erfolgen, um durch eine schrittweise Verschiebung das Legalitätssystem der parlamentarischen Demokratie, wie sie die Weimarer Verfassung vorsah, hinter sich zu lassen.[175] Schmitts etatistisches Programm deklamierte allerdings eher Entschiedenheit als konkrete Ziele: »Wir brauchen zuerst einmal einen starken, handlungsfähigen, seinen großen Aufgaben gewachsenen Staat. Haben wir ihn, so können wir neue Einrichtungen, neue Institutionen, neue Verfassungen schaffen.«[176]

Abgesehen davon, dass die Weltwirtschaftskrise und die Lage des Kapitalismus in Schmitts Schriften gar keine Rolle spielen, gibt es nur einige vage Äußerungen zum Verhältnis von Staat und Wirtschaft, die Euckens Aufmerksamkeit hätten finden können. Zunächst einmal hatte der Strukturwandel des Staates dazu geführt, dass das »alte liberale Prinzip unbedingter Nichteinmischung, absoluter Nichtintervention« Makulatur geworden war. Der Staat war Akteur in der Wirtschafts- und Sozialpolitik, seine Entwicklung zum Wohlfahrts- und Fürsorgestaat, zum Steuer- und Abgabenstaat war aus Schmitts Sicht unumkehrbar. »In einer solchen Lage«, so Schmitt, werde »die Forderung der Nichtintervention zu einer Utopie, ja, zu einem Selbstwiderspruch. Denn Nichtintervention würde bedeuten, daß man in den sozialen und wirtschaftlichen Gegensätzen und Konflikten, die heute keineswegs mit rein wirtschaftlichen Mitteln ausgekämpft werden, den verschiedenen

Autoritärer Liberalismus und Soziale Marktwirtschaft, S. 42 f., der eine »Annäherung Schmitts an die wirtschaftspolitischen Vorstellungen jenes ›neuen‹ Liberalismus von Rüstow und Eucken« meint belegen zu können.

174 Carl Schmitt, »Starker Staat und gesunde Wirtschaft«, S. 75, 78.

175 Ebenda, S. 77.

176 Ebenda, S. 83.

Machtgruppen freie Bahn läßt.« Kurz: Nichtintervention wäre nichts anderes als die »Intervention zugunsten des jeweils Überlegenen und Rücksichtslosen«.[177] Wenn Schmitt darüber hinaus im Blick auf die Ökonomie »ein Zwischengebiet zwischen Staat und Einzelindividuum« forderte und erklärte, dass »gewisse Betätigungen wirtschaftlicher Art [...] in die Hand des Staates« gehörten, blieb dies ebenso undeutlich wie sein Plädoyer für mehr »wirtschaftliche Selbstverwaltung«.[178] Ganz abgesehen davon machte sich Schmitt nicht die Mühe, das im Vortrag angesprochene Ideal einer »gesunden Wirtschaft« näher zu umreißen, geschweige denn erst einmal eine Pathologie der Krise zu geben oder die »Krankheitssymptome« überhaupt zu erläutern. Der Verdacht, dass er sich für die Frage der Wirtschaftsordnung eigentlich gar nicht sonderlich interessierte,[179] erhärtet sich, wenn er auf die eigentlichen Aufgaben zu sprechen kommt: »Arbeitsdienstpflicht, Siedlungswesen, Wehrsport und Wehrhaftmachung der Jugend«[180] – nicht unbedingt zwingende Postulate, um den Weg zu einer neuen staatlichen Wirtschaftspolitik zu weisen.

Was Schmitt im Sinn hatte, war die Transformation des lediglich quantitativen »totalen Staates« in einen autoritären und handlungsfähigen, qualitativ »totalen Staat«, der sich offenbar an einem idealisierten italienischen Faschismus orientierte. Ein solcher von ihm imaginierter starker Staat sollte Homogenität herstellen und die Identität von Führung und Geführten schaffen, die »volonté de tous« eines unverbundenen Nebenanders gewissermaßen in eine »volonté générale« umschmieden. Schmitt postulierte bekanntlich die »Pflicht zum Staate«.[181] Sein Ziel war es, »den Staat als absolutistische, der Gesellschaft übergeordnete Macht zu restaurieren« (H. Hofmann). Inwiefern ihn dabei die Vorstellung leitete, »durch die

177 Schmitt, »Die Wendung zum totalen Staat«, S. 174 f.

178 Schmitt, »Starker Staat und gesunde Wirtschaft«, S. 79-81.

179 Am 2. Juni 1931 notierte Schmitt unvermittelt in sein Tagebuch: »erschrak vor dem verzweifelten Zustand des Kapitalismus« (Schmitt, *Tagebücher 1930 bis 1934*, S. 113). Es ist verwunderlich, dass Schmitt, der immerhin eine Professur an der Berliner Handelshochschule bekleidete, sich nie näher mit ökonomischen Fragen beschäftigte, obwohl er mit Moritz Julius Bonn oder Werner Sombart renommierte Kollegen hatte, mit denen er gute Beziehungen pflegte.

180 Schmitt, »Starker Staat und gesunde Wirtschaft«, S. 84.

181 So vor allem in Carl Schmitt, »Staatsethik und pluralistischer Staat« (1930), in: ders., *Positionen und Begriffe*, S. 151-165, hier S. 165.

Wiederherstellung einer starken Staatsgewalt [...] die herkömmlichen bürgerlichen Freiheiten« vor dem vermeintlich drohenden Bolschewismus (oder vor dem Nationalsozialismus) zu bewahren und zu retten, blieb auch in der Forschung stets der Spekulation überlassen.[182] Schmitt reklamierte jedenfalls mit Nachdruck alle technischen und medialen Machtmittel für den Staat und scherte sich dabei weder um Presse- und Meinungsfreiheit noch um die Möglichkeiten des Einzelnen zur freien politischen Betätigung.[183] Wenn es seine Absicht gewesen war, die Verstaatlichung der Produktionsmittel zu verhindern und den Kapitalismus zu bewahren, dann wird konzeptionell nicht recht deutlich, worin sich in diesem Fall die geforderte totale Kontrolle der Wirtschaft durch den Staat von einem Staatssozialismus unterscheiden sollte.[184]

Insofern darf die gemeinsame Begrifflichkeit vom »totalen« oder »starken Staat« keineswegs dazu verleiten, Rüstow oder Eucken mit den politischen Intentionen Schmitts zu identifizieren. Der

182 Siehe die mittlerweile klassische, sehr abwägende, aber doch auch leicht apologetische Deutung von Hasso Hofmann, *Legitimität gegen Legalität. Der Weg der politischen Philosophie Carl Schmitts*, Neuwied/Berlin 1964, S. 120-124, hier S. 122 f. (Zitate).

183 »Die moderne Technik der Bewaffnung macht jeden Gedanken an Widerstand unmöglich und führt zu ganz neuen Mitteln der staatlichen Herrschaft sowohl wie des Widerstandes. Die moderne Technik der Massenbeeinflussung, Instrumente wie der Rundfunk oder der moderne Film mit allen ihren Möglichkeiten der Massensuggestion, muß notwendig, wenn nicht in die Hand, so doch sicher unter die Kontrolle des Staates kommen; und es gibt heute auf der ganzen Welt keinen noch so liberalen Staat, der nicht in der Sache sehr intensive Kontrolle über das früher so freie Gebiet der ›Meinungsbildung‹ ausübt.« (Schmitt, »Konstruktive Verfassungsprobleme«, S. 58 f.)

184 Dies als Einwand gegen Hofmann, *Legitimität und Legalität*, S. 123. – Dass Schmitt realpolitisch ein unbedingter Verfechter des Kapitalismus war und das Privateigentum an Produktionsmitteln erhalten wollte, steht außer Frage, war aber für seine Leser – wie etwa aus dem antikapitalistischen rechten »Tat-Kreis« – nicht unbedingt erkennbar. Es spricht einiges für die Interpretation von Stefan Breuer, *Carl Schmitt im Kontext*, S. 165: »Was dem Staat nach der Seite der Wirtschaft an Interventionstiefe genommen werden sollte – und das war einiges, wenn man an die Pläne zur Senkung der Steuerlast, der Sozialabgaben und der Staatsausgaben denkt, die der mit Schmitt befreundete Minister Johannes Popitz ventilierte –, mußte ihm deshalb nach der Seite der medialen Kontrolle der Gesellschaft, der Fähigkeit zur ›Bildung einer öffentlichen, genauer: kollektiven Meinung‹ wieder gegeben werden.« Dies erklärt nach Breuer auch Schmitts »Faible für Mussolini«.

Verweis auf die geteilte Demokratieskepsis und auf eine ähnlich kulturpessimistische Haltung gegenüber einer gesellschaftlichen Vermassung führt kaum weiter und wäre eine sehr oberflächliche Lesart[185] – denn wer hätte sich in der Weimarer Endkrise 1930/32 noch zu Optimismus und Zuversicht aufraffen können? Auch die allfällige Berufung auf José Ortega y Gassets gerade erschienenes einflussreiches Buch *Der Aufstand der Massen* war kein hinreichender Beleg für eine prinzipielle Demokratiefeindschaft oder für autoritäre Neigungen, handelte es sich hier doch um die Bestandsaufnahme eines Liberalen.[186]

So ist es denn auch kein Wunder, dass gerade Wilhelm Röpke die Analyse Ortegas ernst nimmt, um gegen den Konformitätsdruck der Masse Individualismus und liberale Werte aufzurichten. Der »totale Staat« war für Röpke ein Schreckensszenario der Zukunft, jedoch keine determinierte Entwicklung. Vielmehr sah Röpke »für den Bestand unserer Kultur keine größere Gefahr als den totalen Machtanspruch des modernen Staates, dessen Verwirklichung schließlich zur Verdorrung alles geistigen Lebens und damit auch zur Verschüttung der letzten Kraftquelle des Staates selbst führen« müsse. Wenn er schließlich »die Illiberalen in ihrem Servilismus« anprangerte, die fatale »Sehnsucht nach dem Staatssklaventum«, »nach Bevormundung und Kommando«, und den »Götzendienst am Staate« beklagte, so sollte deutlich werden, dass er sich in großer Distanz zum Etatismus Schmitts befand, zumal er einer der wenigen war, der den Liberalismus als positiven normativen Begriff ins Zentrum stellte.[187] Übrigens sprach Röpke im Kontext seiner Kritik an den Konzeptionen eines »totalen Staates« im Schmitt-nahen »Tat-Kreis« vom »Termitenstaat«, ein Begriff, der nach 1945 im Kreis um Ludwig Erhard als »Metapher für die drohende Gefahr einer kulturlosen und unfreien kollektivistischen Ordnung« gebraucht wurde.[188] Dieses Schlagwort, häufig pauschal

185 Zu dieser etwas simplifizierenden Identifikation neigt Ptak, *Vom Ordoliberalismus zur sozialen Marktwirtschaft*, S. 36-38.

186 Ortega y Gasset, *Der Aufstand der Massen.* Vgl. zum »authentischen«, aber »unvollständigen« (weil kapitalismuskritischen) Liberalismus bei Ortega die kritische Würdigung von Mario Vargas Llosa, »Europa wird die Ultranation sein. Buch der Prophezeiungen: José Ortega y Gasset und ›Der Aufstand der Massen‹«, in: *Frankfurter Allgemeine Zeitung*, 25. Januar 2006, S. 40.

187 Röpke, »Epochenwende?«, S. 120 f.

188 Paul Nolte, *Die Ordnung der deutschen Gesellschaft*, S. 285.

als Beleg für Röpkes antimoderne kulturpessimistische Haltung angeführt,[189] richtete sich also ursprünglich ausdrücklich gegen die antikapitalistische und antiliberale politische Rechte, deren Dilettantismus man, wie Röpke 1931 betonte, »nicht scharf genug brandmarken« konnte – »ein Dilettantismus, verwoben mit schwärmerischer Begeisterung für die politische Diktatur«.[190]

Zu einer ähnlichen Dystopie gelangte Eucken, der aus nationalökonomischer Perspektive den Glauben an den Staat und dessen Planungskompetenz verwarf. Im »totalen Staat der Zukunft« werde »heute von vielen Deutschen ein übermenschliches, alles vermögendes Wesen gesehen, demgegenüber der einzelne keine Rechte besitzt, und mit Leidenschaftlichkeit wird aus dieser Haltung heraus vom heutigen Staate verlangt, daß er die Ordnung gerade der Wirtschaft in die Hand nehme, eine totale Planung der Volkswirtschaft entwerfe und durchführe«, konstatierte Eucken.[191] Anders als Schmitt hatten Eucken und Röpke vor allem das Gegenbild wirtschaftlicher Planung durch den totalen Staat im Sinn und argumentierten für den Rückzug des Staates aus bestimmten ökonomischen Bereichen – Fragen, die Schmitt weniger interessierten.[192]

Eucken argumentierte klassisch wirtschaftsliberal, dass eine Wirtschaftslenkung zwangsläufig scheitern müsse, weil jede zentrale Planung auf unzureichenden Kenntnissen eines komplexen

189 Siehe etwa Angelo Maiolina, *Politische Kultur in Zeiten des Neoliberalismus. Eine Hegemonieanalyse*, Bielefeld 2014, S. 226; Hesse, »Der Mensch des Unternehmens und der Produktion«, S. 296.

190 Röpke, »Die Intellektuellen und der Kapitalismus«, S. 105. – Verfehlt scheint es mir, die vorgeblich »tiefgreifenden Gemeinsamkeiten« zwischen Röpke und dem von ihm kritisierten »Tat-Kreis« herauszustellen, vor allem weil der Begriff des »starken Staates« bei Röpke gar keine Rolle spielt. Dies gegen Haselbach, *Autoritärer Liberalismus und Soziale Marktwirtschaft*, S. 63-66, hier S. 65.

191 Eucken, »Staatliche Strukturwandlungen und die Krisis des Kapitalismus«, S. 306.

192 Wie überhaupt jeder Anhaltspunkt dafür fehlt, dass Schmitt sich mit den Schriften von Eucken oder Röpke auseinandersetzte. Etwas anders war es mit Rüstow, mit dem er das Interesse am Diktaturbegriff teilte und eine freundschaftliche Beziehung pflegte, die vermuten lässt, dass er dessen wirtschaftspolitische Konzeptionen eher kannte. (Zum Verhältnis von Rüstow zu Schmitt vgl. Meier-Rust, *Alexander Rüstow*, S. 28-30, 51.) Gleichwohl ist es symptomatisch für das einseitige Interesse der Nationalökonomen an Schmitt, dass keiner der drei Gründungsfiguren des Ordoliberalismus in seiner Biographie auch nur erwähnt wird. Siehe Mehring, *Carl Schmitt*.

Systems beruhe und zudem aufgrund der »weitreichenden außen- und innenpolitischen Bindungen« der Volkswirtschaft heillos überfordert sei.[193] Um den mit den gesellschaftlichen Kräften allzu eng verflochtenen »Wirtschaftsstaat« zu überwinden, plädierte Eucken – zumindest in dieser Hinsicht etwas konkreter als Schmitt – für einen starken Staat, der die Entwicklungskräfte des Kapitalismus wieder freisetze. Wenn ihm eine »Entfaltung des Kapitalismus in neuartiger Gestalt« vorschwebte, so verlangte er vom Staat nicht nur, vom Gedanken einseitiger Bedarfsdeckung Abstand zu nehmen und stattdessen den Konsumenten in seinen Bedürfnissen ernst zu nehmen.[194] Der gleichsam übergeordnete Staat musste sich, und hier fand sich der Berührungspunkt zu Carl Schmitt, vom »Einfluss der Massen« frei machen. Wie dies politisch funktionieren sollte, blieb unklar, weil Eucken die Weimarer Republik als politischen Erfahrungshintergrund ebenso wie die Fragen der Verfassungsordnung völlig ausblendete. Es gibt allerdings genügend Indizien dafür, dass Eucken, der den Weg vom Nationalkonservativen zum Nationalliberalen zurückgelegt hatte und sich gegenläufig zum Trend und zu vielen Zeitgenossen langsam dem liberalen Denken angenähert hatte, den Rechtsstaat und die bürgerlichen Freiheiten weitaus wichtiger nahm als Schmitt. Er war zwar Vernunftrepublikaner, aber kein Demokrat, auch weil – wie Uwe Dathe herausgearbeitet hat – Demokratie für ihn lediglich in der rousseauistisch-identitären Variante denkbar war, nicht jedoch parlamentarisch-repräsentativ.[195] Im Gegensatz zu Schmitt besaß er allerdings keine Sympathie für ein solches identitäres Modell der Demokratie.

Gegen jede voreilige Parallelisierung mit Schmitt, bei dem der Antiliberalismus im Zentrum seiner politischen Theorie stand, gilt

193 Vgl. Eucken, »Staatliche Strukturwandlungen und die Krisis des Kapitalismus«, S. 318 ff.

194 Ebenda, S. 318.

195 Die intellektuelle Entwicklung und seinen Weg zum Liberalismus wird von Uwe Dathe überzeugend belegt. Auch Dathe stellt fest, dass sich Eucken aus wirtschaftspolitischen Erwägungen »vehement gegen die Demokratisierung« wandte: »Wie so viele Zeitgenossen kennt Eucken nur das Identitätskonzept der Demokratie, aber anders als viele erkennt er aufs Genaueste dessen Gefahren – nämlich die Aufhebung der individuellen Persönlichkeit in einer gemeinschaftlichen Masse und die Tendenz des Umschlagens der Identität von Regierenden und Regierte in die von Führer und Volksgemeinschaft.« (Dathe, *Walter Euckens Weg zum Liberalismus*, S. 32)

es zu betonen, dass Eucken nicht nur eine begriffspolitische Entscheidung für den Liberalismus getroffen hatte, sondern sich im Kontrast zu Schmitt mit einem umfassenden bürgerlich-liberalen Denken identifizierte. Diese Haltung kam vor allem in seiner Publizistik für die Zeitschrift des Euckenbundes zum Ausdruck, wo er einen politisch-weltanschaulichen Liberalismus dafür lobte, »die freie private Sphäre des Einzelnen auszuweiten und gegen Staatseingriffe zu verteidigen«.[196] Gerade weil sich Eucken 1932 noch als restaurativer Liberaler verstand, der die Blütezeit des Liberalismus im 19. Jahrhundert idealisierte und an alten Prinzipien festhielt, um sie unter modernen Bedingungen neu zur Geltung zu bringen, vernebelte die oberflächliche Nähe zu Schmitt, die im Bild des schwachen, »totalen« Wirtschaftsstaates gesehen werden konnte, wichtige Anschauungsunterschiede.[197]

Die normative Verankerung in der altliberalen Ideenwelt war bei Wilhelm Röpke sehr viel deutlicher zu erkennen. Während Eucken lediglich die Aufgabe formulierte, »an die Stelle des heutigen, durch die Friedensverträge geschaffenen außenpolitischen Chaos ein ausgeglichenes gesichertes Staatensystem zu setzen«,[198] bekannte sich Röpke nicht nur schlagwortartig zum »Weg des Friedens, der Wohlfahrt, der Zivilisation und der Erhaltung und Erhebung Europas«. Für ihn war es »der Bellizismus und Nationalismus unserer Zeit, der – wiederum von erhitzten Massen getragen – gerade heute eine auf die Dauer unerträgliche Inkongruenz zwischen dem wirtschaftlich und dem politisch integriertem Raum geschaffen« hatte.[199]

196 Walter Eucken, »Religion – Wirtschaft – Staat. Zur Problematik des Gegenwartsmenschen«, in: *Die Tatwelt* 8 (1932), S. 82-89, hier S. 87. Diesen Hinweis verdanke ich Dathe, »Walter Eucken«, S. 101. – Der Euckenbund widmete sich dem Werk und Erbe von Walter Euckens Vater, dem Philosophen und Literaturnobelpreisträger Rudolf Eucken.

197 Uwe Dathe spricht sogar von einer eindeutigen politischen Gegnerschaft zu Schmitt und bezeichnet die Ordoliberalen als de facto »Anti-Schmittianer«, deren Rede vom starken Staat mit Schmitt nichts zu tun hatte, zumal jemand wie Eucken nichts von einer totalen Politisierung im Sinne des Freund/Feind-Schemas hielt und stattdessen auf Persönlichkeit, Religion und Weltanschauung Wert legte. Siehe Dathes Diskussionsbeitrag in: Maier (Hg.), *Die Freiburger Kreise*, S. 227 f.

198 Eucken, »Staatliche Strukturwandlungen und die Krisis des Kapitalismus«, S. 318.

199 Röpke, »Die säkulare Bedeutung der Weltkrisis«, S. 104.

Diese Beobachtung der Inkongruenz zwischen wirtschaftlicher und politischer Ordnung wird unterstrichen durch Röpkes Zugriff im Sinne der traditionellen Nationalökonomie, die Wirtschaft nur als einen Teil des gesamten Sozialsystems zu verstehen.[200] Inkongruent war die gesellschaftspolitische Entwicklung vor allen Dingen deshalb, weil sich der ideologische Antikapitalismus dem vom Kapitalismus bewirkten Modernisierungsprozess entgegenstellte und damit die politische Ordnung sabotierte. Dass Röpkes Liberalismusverständnis demokratisch grundiert war, ging aus seinen Interventionen während der Weimarer Krisenzeit klar hervor. Anders als bei Eucken, der mit dem Prozess der Demokratisierung die politischen Leidenschaften und die »chaotischen Kräfte der Masse« assoziierte,[201] mündete für Röpke »der liberale Gedanke in den demokratischen Gedanken«. Er votierte klar für die positive Freiheit zur »politischen Selbstbestimmung«.[202] Die liberale Demokratie verkörperte seiner Ansicht zufolge »den höchsten Willen zur Gemeinschaft«, weil sie dem Friedensprinzip diene. Zu ihren Bestandsvoraussetzungen gehörten allerdings der Respekt vor der Rechtsordnung, die Einhaltung der parlamentarischen Spielregeln und eine politische Kultur, die von einer »Gesinnung« geprägt war, »die dem liberalen Weltgefühl entspricht«.[203] Röpke sah keinen Anlass, das Werteensemble der liberalen Demokratie in Zweifel zu ziehen, und machte die Ursachen für die Existenzkrise Weimars, die zugleich als eine Legitimationskrise des Staates und des Kapitalismus aufgefasst werden konnte, an den Nachwirkungen des Ersten Weltkrieges fest, »auf den ja schließlich alles Unglück« zurückzuführen sei.[204]

Angesichts der manifesten Staats- und Demokratiekrise erstaunt Röpkes Verzicht darauf, strukturelle Faktoren für das Versagen des politischen Systems und der Ökonomie zu benennen. Wie Hans Kelsen oder Moritz Julius Bonn war er von der prinzipiellen Vernünftigkeit und Richtigkeit der liberalen Demokratie überzeugt, deren Funktionieren soziale und politische Kräfte sabotierten, die

200 Ebenda, S. 102.

201 Eucken, »Staatliche Strukturwandlungen und die Krisis des Kapitalismus«, S. 311 f.

202 Röpke, »Epochenwende?«, S. 114.

203 Ebenda, S. 119.

204 Ebenda, S. 105 f.

lediglich den Willen zur Destruktion besaßen, aber keine konstruktive Alternative aufbieten konnten. Das politische System und der Kapitalismus gerieten unter den Beschuss des Irrationalismus und befanden sich in einer »Vertrauenskrise«, waren für Röpke jedoch alternativlos. Ein solcher Befund war nicht widerspruchsfrei, wenn Röpke gleichzeitig die Chancen für die breite gesellschaftliche Verankerung liberaler Werte in der »Masse« generell gering taxieren musste und dem verlorenen Führungsanspruch einer liberalen Elite nachtrauerte.[205] Dennoch: Der Kapitalismus habe seine wohlstandsschaffende Kraft bewiesen, und aller Unvollkommenheiten des gegenwärtigen Wirtschaftssystems zum Trotz gebe es kein besseres.[206] In bemüht abgeklärter Manier wollte Röpke zur Deeskalation beitragen; er erinnerte daran, dass Krisen grundsätzlich zum Kapitalismus dazugehörten, und betonte dessen »erstaunliche Lebenskraft«, die zur Erwartung berechtigte, »daß der Liberalismus schließlich die Belastungsprobe dieser Krisis ebenso überstehen wird, wie er auch die noch größere Belastungsprobe des Weltkrieges überstanden hat«.[207]

Röpke fand in seinen Krisenschriften keinen Weg aus dem Dilemma, zwar eine liberale Weltanschauung, die von Rationalität, Vernunft, Humanität, Diskursivität und friedlichen Verhandlungsformen geprägt war, standhaft zu vertreten, aber keinen Ansatzpunkt für deren Durchsetzung ausweisen zu können. Dass ihm autoritäre Modelle eines starken Staates fernlagen, gab er deutlich zu erkennen. Ihm war mit Blick auf das faschistische Italien bewusst, dass »Wirtschaftsfreiheit sehr wohl mit einem illiberalen

205 Das wird in der folgenden Passage deutlich, in der Röpke bedauert, daß sich die Massen »von der Führung durch eine geistige Elite emanzipieren«: »Niemals ist die Welt stärker durch stumpfe Schlagworte regiert worden, die von den Stimmungen und Gefühlen der Masse getragen werden und diejenigen zu Führern erheben, die diese Massengefühle am besten zu interpretieren wissen. Nie ist der Liberismus [sic] eine wirkliche Angelegenheit der Masse gewesen; Toleranz, Diskussion, Humanität, Vernunft und Fair Play gedeihen hier schlecht, um so besser Gewalt, Ressentiment, Gefühlsnebel und zerstörerische Aktion.« (Röpke, »Die säkulare Bedeutung der Weltkrisis«, S. 26).

206 Röpke, »Die Intellektuellen und der Kapitalismus«, S. 89 f. An anderer Stelle schrieb Röpke: »Man kann aber nicht Wettrüsten, Weltkrieg, Friedensverträge, Inflation, Revolution und politische Massenepidemien aller Art gleichfalls dem Kapitalismus in die Schuhe schieben.« (Ebenda, S. 92).

207 Röpke, »Die säkulare Bedeutung der Weltkrisis«, S. 25.

Gesellschaftssystem vereinbar« sein konnte. Insofern setzte er eher auf politische Freiheit, da es ihm als bekennendem Liberalen unwahrscheinlich erschien, »daß ein liberales Land die Wirtschaftsunfreiheit zum Prinzip erheben könnte«.[208] Alexander Rüstows scharf formulierte Volte gegen den Pluralismus, sein Plädoyer für Autorität und Führertum lagen rhetorisch kaum auf der Linie von Röpkes »Idealliberalismus«; dieser verteidigte noch im Februar 1933 kämpferisch das »Spiel von Meinung und Gegenmeinung«, Diskussion und Verhandlung im Parlament sowie die »völlige Freiheit der Meinungsäußerung«.[209]

Gegen den zögerlichen Röpke und den mit der demokratischen Politik fremdelnden Eucken hatte der Altphilologe und Soziologe Rüstow bekanntlich den Anspruch und das vage Programm eines neuen Liberalismus mit markigen Worten formuliert: »Der neue Liberalismus jedenfalls, der heute vertretbar ist und den ich mit meinen Freunden vertrete, fordert einen starken Staat, einen Staat oberhalb der Wirtschaft, oberhalb der Interessenten, da wo er hingehört.«[210] Zu den Aufgaben dieses Staates zählten »die bloße Garantie der Marktfreiheit« und »die Garantie fairer Konkurrenz mit gleichen Spielregeln für alle«. Rüstows starker Staat sollte sich gleichzeitig über den Parteien und Interessengruppen als neutrale Instanz etablieren und sich doch auf wenige Aufgaben beschränken, um Unabhängigkeit und Stärke zu gewinnen.[211] Was retrospektiv mit den Weihen ordoliberaler Gründungsprogrammatik ausgestattet worden ist, war ein ebenso engagiertes

208 Röpke, »Epochenwende?«, S. 113.

209 Siehe Rüstow, »Die staatspolitischen Voraussetzungen des wirtschaftspolitischen Liberalismus«, S. 257, sowie Röpke, »Epochenwende?«, S. 119. – Eine Merkwürdigkeit von Rüstows Antipluralismus lag darin, dass er weniger an die politischen Parteien zu denken schien, sondern wohl in erster Linie die »pluralistischen und destruktiven Kräfte« im Wirtschaftsleben meinte: Arbeitgeber und Industrieverbände auf der einen Seite, Gewerkschaften und Sozialisten auf der anderen Seite verstünden den Staat als Beute und hätten jedes Interesse am Gemeinwohl aus den Augen verloren. Siehe dazu Meier-Rust, *Alexander Rüstow*, S. 28 f. Rüstow wusste übrigens, wovon er sprach, wenn er diese staatszersetzenden Interessengruppen geißelte, war er doch selbst als Lobbyist und Verbandsfunktionär tätig gewesen.

210 Rüstow, »Die staatspolitischen Voraussetzungen des wirtschaftspolitischen Liberalismus«, S. 258.

211 Ebenda, S. 257.

wie unkonkretes Plädoyer für einen »liberalen Interventionismus« im Sinne der vermuteten Marktgesetzlichkeiten. Es war zwar von der »Herbeiführung eines neuen Zustandes« und der »Beschleunigung des natürlichen Ablaufes« die Rede.[212] Wie dies allerdings politisch durchsetzbar war, insbesondere im Hinblick auf die Arbeitnehmerrechte und den sozialstaatlichen Rahmen der Weimarer Reichsverfassung, blieb im Dunkeln.

Rüstows neuer wirtschaftsliberal begründeter Etatismus, sein allgemein gehaltener Appell an Staatsethos und Gemeinwohlbewusstsein sowie sein endgültig vollzogener Abschied von früheren sozialistischen Idealen lösten bei ehemaligen Weggefährten wie Adolf Löwe und Eduard Heimann, die am Projekt eines liberalen Sozialismus oder eines sozialen Kapitalismus arbeiteten, Irritationen aus.[213] Weder fanden sich bei Rüstow Überlegungen zur künftigen Rolle der Gewerkschaften oder der Arbeitnehmerrechte, noch konnte er die Trägergruppen eines über den Parteien stehenden Staates benennen. Insofern war Rüstows Invektive, die aus einem Diskussionsbeitrag bei den Verhandlungen des Vereins für Sozialpolitik zum Thema »Deutschland und die Weltkrise« im September 1932 hervorgegangen war, zunächst nur als programmatische Absichtserklärung zu verstehen, dem eine theoretische Ausarbeitung erst noch hätte folgen müssen.[214] Die schillernde Karriere Rüstows, der im Eiltempo die Stationen vom religiösen Sozialisten, der als Referent im Wirtschaftsministerium wirkte, zum Industriefunktionär durchlief und schließlich als Schattenminister einer Regierung Schleicher im Gespräch war, macht es plausibel, dass für ihn zu diesem Zeitpunkt die politische Wirksamkeit im Vordergrund stand. Seinen (weit ausgreifenden) wissenschaftlichen Beitrag zur Sozialökonomie und die eigentliche Auseinandersetzung mit dem »Versagen des Wirtschaftsliberalismus« begann er erst im Exil und erreichte dann in den 1940er Jahren großen Einfluss in-

212 Ebenda, S. 252f.

213 Den befreundeten Kollegen, die ihm einen »Rückfall in den deutschen Idealismus« (Löwe) und »reine Staatsmystik« (Heimann) vorwarfen, blieb er in Briefwechseln klärende Antworten schuldig, versicherte ihnen aber, den alten Zielen weiter die Treue zu halten. Siehe dazu Meier-Rust, *Alexander Rüstow*, S. 53. – Vgl. Heimann, *Soziale Theorie des Kapitalismus*.

214 Von einem Gelegenheitstext, der plakativ und in seinen politischen Schlussfolgerungen eindeutiger sei als Euckens »Staatliche Strukturwandlungen«, spricht Haselbach, *Autoritärer Liberalismus und Soziale Marktwirtschaft*, S. 23.

nerhalb der ordoliberalen Schule. Insgesamt vollzog sich die Hinwendung zur Gesellschaftsdiagnose bei Rüstow und Röpke nach dem Scheitern Weimars und mündete in voluminösen Studien, die zu den »großen Büchern« der Emigration zu zählen sind.[215]

Auf der Suche nach Ordnung

Wie soll man nun diese »Suchbewegung nach einer erneuerten Basis für den wirtschaftlichen Liberalismus« (Ptak) einordnen?[216] Zunächst ist kaum von der Hand zu weisen, dass die Krisenerfahrung der Weimarer Republik einen konstitutiven Zusammenhalt unter jungen wirtschaftsliberalen Nationalökonomen stiftete, der den Nationalsozialismus und das Exil (Röpke und Rüstow) überdauerte und deshalb in die Gründungsgeschichte des Ordoliberalismus gehört. Die eher triviale Erkenntnis, dass die Geschichten wissenschaftlicher Schulen stets mit dem Verweis auf die Heterogenität der ihr zugehörigen Mitglieder dekonstruiert werden können, kann zunächst einmal vernachlässigt werden.[217] Dass Interessenschnittmengen und ein gemeinsames Anliegen keine totale Übereinstimmung, weder im Ökonomischen noch im Politischen, bedeuteten, liegt ebenfalls auf der Hand, wenn man sich die Karrieren und Lebenswege der Ordoliberalen und der mit ihnen Assoziierten vergegenwärtigt. Insofern sind umfassende Thesen zu autoritären

215 Wilhelm Röpke, *Die Gesellschaftskrisis der Gegenwart*, Erlenbach-Zürich 1942; Alexander Rüstow, *Ortsbestimmung der Gegenwart. Eine universalgeschichtliche Kulturkritik*, 3 Bde., Erlenbach-Zürich 1950-1957. – Eine Aufzählung der »großen Bücher«, die in der Emigrationszeit entstanden sind, findet sich bei M. Rainer Lepsius, »Die sozialwissenschaftliche Emigration und ihre Folgen«, in: ders. (Hg.), *Soziologie in Deutschland und Österreich 1918-1945* (*Kölner Zeitschrift für Soziologie und Sozialpsychologie*, Sonderheft 23), Opladen 1981, S. 461-500, hier S. 472 f.

216 Ptak, *Vom Ordoliberalismus zur Sozialen Marktwirtschaft*, S. 34.

217 Trotzdem scheint es immer wieder notwendig, auf die unterschiedlichen politischen Konzeptionen im Lager des Ordoliberalismus hinzuweisen, zumal Haselbach weiterhin eine sehr kompakte gemeinsame Ideologie nahelegt, wenngleich er sich zumeist nur auf Eucken und Rüstow bezieht und Röpke erst mit dessen Werk seit den 1940er Jahren eingemeindet. Siehe Dieter Haselbach, »Lehren aus Weimar in den Wirtschaftswissenschaften nach 1945: Der Ordoliberalismus«, in: Gusy (Hg.), *Weimars lange Schatten*, S. 118-147.

(Rüstow, Eucken), faschistischen oder nationalsozialistischen Affinitäten (Müller-Armack, Beckerath, Miksch, Dietze) ohnehin wenig überzeugend, wenn sie zur grundsätzlichen Delegitimation des Ordoliberalismus ins Feld geführt werden. Vielmehr spiegeln die hier etwas ausführlicher behandelten (später so apostrophierten) »Gründungstexte« das Dilemma liberalen Denkens angesichts eines wirtschaftlichen Kollapses in einer dysfunktional gewordenen parlamentarischen Demokratie wider. Nicht nur fehlte der Referenzrahmen einer erlebten oder zumindest vorgestellten Normallage, sondern generell der Ansatzpunkt zum wirtschaftspolitischen Handeln: Weder gab es die Aussicht auf politische Mehrheiten für die Etablierung eines Ordnungsmodells, noch eröffneten sich Spielräume, um durch einige gezielte Maßnahmen ökonomische Stabilität herzustellen und eine Aussicht auf das Ende der Krise zu gewinnen. Ein konstruktiver theoretischer Entwurf der »besten« Ordnung konnte sich kaum sinnvoll entfalten lassen, wenn schon die Aussicht auf irgendeine Form von Ordnung gering war.[218] Dass sich in dieser Situation nominelle Liberale dazu hinreißen ließen, vom Ausnahmezustand her zu denken, eine temporäre Installierung der Diktatur in Erwägung zu ziehen, und sich nach einem »starken Staat« sehnten, der ökonomische Vernunft verkörpern und planvolle Strukturmaßnahmen umsetzen sollte, ist eigentlich nicht überraschend. Dieses Streben nach Ordnung lief zwangsläufig Gefahr, die politischen und normativen Grundsätze eines demokratischen Liberalismus zu missachten, indem individuelle Selbstbestimmung, freie Meinungsäußerung und demokratische Gestaltungsspielräume der Bürger zugunsten eines starken Staates aufs Spiel gesetzt wurden.

Was diese späteren Ordoliberalen zu einer eigenständigen und interessanten Gruppierung werden ließ, war dreierlei: *Erstens* scheuten sie sich nicht, den Liberalismus auf dem Tiefstand seiner öffentlichen und intellektuellen Wertschätzung begriffspolitisch offensiv zu besetzen und ihn in einer reformierten Variante als Lösung anzubieten – zu einer Zeit, als er, gleichgesetzt mit dem Kapitalismus, gemeinhin als die Krisenursache der Epoche galt.

218 Siehe dazu die Überlegungen von Roman Köster, *Die Wissenschaft der Außenseiter*, S. 299. Köster betont den raschen Umschlag vom gestalterischen Utopismus der unmittelbaren Nachkriegszeit zu Desillusionismus und Hilflosigkeit bei (überwiegend) liberal gesinnten Ökonomen.

Zweitens beschränkten sie sich nicht, wie Ludwig von Mises und in abgeschwächter Form Moritz Julius Bonn, den ökonomischen Liberalismus als altes Rezept neu zu verschreiben, sondern problematisierten – wenigstens in Ansätzen – die »geistig-moralische« Krise liberalen Denkens. *Drittens* schließlich thematisierten sie ausdrücklich das Verhältnis zwischen Staat und Wirtschaft, d. h., sie setzten die politische Rahmung der kapitalistischen Marktwirtschaft auf die Agenda. Als Gedanke war dies zwar nicht eigentlich originell – sozialdemokratische Theoretiker sprachen ganz selbstverständlich von »Marktordnung« und diskutierten die verschiedenen Möglichkeiten, die dem Staat zur Verfügung standen, um, wie Franz Neumann 1931 formulierte, »in die Marktfreiheit zu intervenieren im Interesse der Marktfreiheit selbst«.[219] Aber aus dem Mund von Liberalen hatte diese Fixierung auf die ordnende Kraft des Staates durchaus Neuigkeitswert. In diesem Kontext bleibt allerdings festzuhalten, dass sich bei Neumann ein deutliches Bekenntnis zu Pluralismus, Gewaltenteilung und Parlamentarismus fand und seine Betonung der demokratischen Grundwerte um einiges klarer ausfiel als bei Rüstow oder Eucken.[220]

Freilich war die Sehnsucht nach Ordnung und stabilen Strukturen eine direkte Reaktion auf eine Erfahrung der Anomie und der ideologischen Bürgerkriegssituation. In dieser unübersichtlichen Lage, die zugleich eine Verfassungskrise war, fiel es Liberalen schwer, nach links und rechts politische Grenzen zu ziehen. Es mag einerseits ein klares Indiz für das ungeklärte Verhältnis des Liberalismus zur parlamentarischen Demokratie sein, wenn Liberale Pluralismus (Rüstow, Eucken) und Demokratisierung (Eucken) als krisenverschärfende Faktoren hervorheben. Insbesondere die harsche und undifferenzierte Gegnerschaft zum vermeintlich zersetzenden Pluralismus ruft Irritationen hervor, wenn man spätestens

219 Franz L. Neumann, »Über die Voraussetzungen und den Rechtsbegriff einer Wirtschaftsordnung« (1931), in: ders., *Wirtschaft, Staat, Demokratie. Aufsätze 1930-1954*, hg. von Alfons Söllner, Frankfurt/M. 1978, S. 76-102, hier S. 94.

220 Neumann knüpfte in seiner Deutung der kapitalistischen Verhältnisse explizit an Moritz Julius Bonn an, hielt aber die Entwicklung hin zum Monopolismus für unumkehrbar und sah darin die Chance, einen neuen Zustand zu erreichen. Er sah es als Aufgabe für eine künftige Wirtschaftsverfassung an, »die rechtliche Formulierung für eine Situation zu finden, die nicht mehr rein kapitalistisch, aber auch nicht sozialistisch ist« (ebenda, S. 97).

seit John Stuart Mill gewohnt ist, Konkurrenz, Wettbewerb und Konflikt als konstitutive Bestandteile liberaler Theorie zu sehen.[221] Andererseits war es zeittypisch, dass auch die prinzipiellen Verteidiger Weimars, die Demokraten und Vernunftrepublikaner, nicht mit scharfer Kritik am politischen System sparten, die in der äußeren Form oft kaum von den Attacken der wahren Republikgegner zu unterscheiden war.[222] Begriffe wie Individualismus, Pluralismus oder Demokratisierung konnten von bekennenden Liberalen dann pejorativ, andere wie Volksgemeinschaft, starker Staat oder Autorität überraschend positiv verwendet werden.

Dass das Wirtschaftssystem in eine staatliche Ordnung eingebettet sein musste und also auch der Kapitalismus den Staat brauchte, war eine Einsicht, die Eucken, Röpke und Rüstow in ihr Denken zu integrieren versuchten und jeweils unterschiedlich akzentuierten. Symptomatisch (und zugleich programmatisch) für die zeitgenössische Debatte im politischen Liberalismus war deswegen auch im November 1930 die Gründung der Deutschen Staatspartei, die dem grassierenden neuliberalen Etatismus Rechnung trug, ohne damit freilich neue Wählerschaften zu erschließen.[223] Was dieser starke

221 Demgegenüber reklamierte Moritz Julius Bonn bekanntlich einen »sozialen Pluralismus« als Leitidee des liberalen Gesellschaftsbildes. Siehe Bonn, *Die Krisis der europäischen Demokratie*, S. 150 f. – Zur Klassizität liberaler Vorstellungen von Freiheit, Pluralismus und Meinungsstreit siehe Mill, *Über die Freiheit*. Vgl. ebenfalls Holmes, *Passions and Constraint*.

222 Vgl. zu diesem Aspekt schon Sontheimer, *Antidemokratisches Denken in der Weimarer Republik*, S. 150.

223 Die Deutsche Staatspartei war die Erbin der untergegangenen DDP und hatte mit Erich Koch-Weser, Gustav Stolper oder Theodor Heuss durchaus noch Liberale in ihren Reihen. Das Dilemma dieser Neugründung wurde allerdings schon in den programmatischen Äußerungen des Gründungsparteitages deutlich, als der neue Vorsitzende Hermann Dietrich in seiner Rede am 9. November 1930 verkündete, dass die Partei »auf dem Staatsgedanken aufgebaut wird«. Dietrich ging davon aus, »daß das Zeitalter des Liberalismus hinter uns liegt«, und beklagte »die völlige Entartung der Meinungs- und Pressefreiheit, in der die Seele des Volkes immer mehr verwirrt wird«. Sicherlich wird man dieser verzweifelten bürgerlichen Sammlungsbewegung zugutehalten, dass sie danach strebte, »die Partei des heutigen Staates« sein zu wollen, sich also auf die Republik verpflichtete. Aber der Verzicht auf »veraltete Ideologien« und mithin auf wesentliche Kernelemente liberalen Denkens wurde so weit getrieben, dass die Programmatik in liberalen Leitbegriffen kaum mehr darzustellen war. Siehe dazu Stephan, *Aufstieg und Verfall des Linksliberalismus*, S. 482 ff.

Staat wirtschaftspolitisch unternehmen sollte, blieb weitgehend unklar. Zunächst einmal waren sich die ordoliberalen Reformer darin einig, dass sich das Aktionsfeld des »totalen« (aber schwachen) Staates zwar ausgeweitet hatte, aber dieser, zerrieben zwischen den Interessegruppen, die den Staat als »Beute« betrachteten, planlos und ineffizient blieb. Ein krakenhafter und sich überall einmischender Staat wurde seiner Aufgabe nicht gerecht, so die Auffassung der angehenden »Neoliberalen«, weil er die kapitalistische Entwicklung hemmte. Ziel war deshalb eine Bündelung der staatlichen Kräfte, um zu gewährleisten, dass der Kapitalismus wieder produktive Wirkungen entfaltete. Es ist für unsere Belange nicht im Detail entscheidend, welche Debattenpositionen bezogen wurden, wenn es um Monopole/Kartelle, Konjunkturpolitik, Lohnpreispolitik oder die Gestaltung der Sozialausgaben ging. Die Ordoliberalen hielten am Idealbild des schöpferischen Unternehmers fest und bekämpften die Monopolbildung, weil sie zweierlei erreichen wollten: die Stärkung des Unternehmers und die Verhinderung einer Lenkung des Marktes durch Kartelle. In der Einschätzung, ob und inwieweit eine aktive Konjunkturpolitik die Wirtschaft aus der Krise führen könnte, variierten allerdings die Positionen ebenso wie in Fragen der Geld-, Sozial- oder Reparationspolitik. Zumindest Röpke gab sich 1931 ordnungsökonomisch als »Keynesianer für einen Augenblick« (Hennecke) zu erkennen.[224] Unabhängig von der komplexen

224 Röpkes Haltung im September 1931 war dadurch gekennzeichnet, dass er sich unter Vorbehalten bereitfand, keynesianisch gefärbten Maßnahmen für eine Kreditexpansion zuzustimmen, um für eine »Reiztherapie« bzw. »Initialzündung« zur Überwindung der Wirtschaftskrise zu sorgen. Trotzdem blieb er weit davon entfernt, die Nachfrage antizyklisch und finanzpolitisch stimulieren zu wollen, glaubte vielmehr weiterhin an die Selbstheilungskräfte in der Krise. Diese Haltung wird deutlich in einem Artikel für die *Frankfurter Zeitung* aus dem Jahr 1931, als Wiederabdruck siehe Wilhelm Röpke, »Ein Weg aus der Krise«, in: ders., *Gegen die Brandung. Zeugnisse eines Gelehrtenlebens unserer Zeit.* Gesammelt und herausgegeben von Albert Huhnhold, Stuttgart 1959, 2. Aufl., S. 54-60, sowie in Wilhelm Röpke, »Praktische Konjunkturpolitik. Die Arbeit der Brauns-Kommission«, in: *Weltwirtschaftliches Archiv* 34 (1931), S. 423-464. – Vgl. dazu Hennecke, *Wilhelm Röpke*, S. 81-84 (Zitat S. 84); Aly, »Wilhelm Röpke gegen Volk und Führer«, S. 116 f.; Nils Goldschmidt, »Ein widersprüchlicher Geist. Wilhelm Röpke gilt als Wegbereiter der sozialen Marktwirtschaft. Aber mit seinem Kulturpessimismus eckte er auch an. Heute, 50 Jahre nach seinem Tod, hat ihn die Wissenschaft wiederentdeckt«, in: *Süddeutsche Zeitung*, 12. Februar 2016, S. 18.

Diskussion über einzelne wirtschaftspolitische Maßnahmen scheint mir wichtig zu sein, dass unter diesen Denkern die Vorstellung des Staates als *pouvoir neutre* wirksam war. Dieser ideale Staat, mit Weisheit und Umsicht ausgestattet, sollte ein Regelwerk für die kapitalistische Wirtschaft entwerfen und sie anleiten, um die produktive Kraft des Kapitalismus für die Gesellschaft zur Geltung zu bringen und nutzbar zu machen.

Es war ein Etatismus, der sich nach Staatsvernunft sehnte, ohne allerdings Akteure und politische Legitimationsgrundlagen zu benennen. Demokratie und Interessenkonflikte spielen zumindest bei Eucken und Rüstow keine herausgehobene Rolle. Bei der Lektüre ihrer Bestandsaufnahmen erhärtet sich der Eindruck, dass die Realität des Parlamentarismus und des Parteienstaates lediglich als letzte Stufe einer Verfallsgeschichte wahrgenommen wurde. Röpke hingegen hatte vermutlich eher erkannt, dass die Mängel nicht generell im System liegen müssen, sondern dass der Vertrauensverlust in Bezug auf demokratische Politik und bestehende staatliche Institutionen eine vergiftete Atmosphäre schuf, in der rationale politische Lösungen ebenso unrealistisch wurden wie Verfassungsreformen. Er ist damit Moritz Julius Bonn am nächsten, den demokratischen Kapitalismus aufgrund seiner Leistungen – also outputorientiert – zu bewerben und in seinem gesamtgesellschaftlichen Nutzen zu plausibilisieren.

Das Legitimationsproblem eines demokratischen Kapitalismus

Ein solcher »demokratischer Kapitalismus« unterschied sich aber deutlich von den Vorstellungen einer Wirtschaftsdemokratie, wie sie zeitgleich in der reformistischen Sozialdemokratie und der Gewerkschaftsbewegung entwickelt worden waren.[225] Das Konzept der Wirtschaftsdemokratie sah vor, die in der Weimarer Reichsverfassung enthaltenen normativen Ansätze zu einer sozialen Demo-

225 Siehe Fritz Naphtali (Hg.), *Wirtschaftsdemokratie. Ihr Wesen, Weg und Ziel*, Berlin 1928. An dieser Programmschrift wirkten auch Rudolf Hilferding und Hugo Sinzheimer mit. Darin wurde ein »organisierter Kapitalismus« skizziert und die »Demokratisierung der Wirtschaft auf dem Weg zum Sozialismus« perspektiviert.

kratie auszubauen und als Fernziel die klassenlose Gesellschaft zu verwirklichen. Für Franz Neumann und andere sozialdemokratische Juristen konnte dies nur im Rahmen des bestehenden Rechtssystems, also legal, in kleinen Schritten geschehen. Das hieß, wie Alfons Söllner zusammenfasst, zunächst einmal war »die durch die faktische ökonomische Entwicklung eingetretene Form des Kapitalismus zu realisieren«, um ihr später »unter Berufung auf das Sozialstaats- und Demokratiepostulat der Verfassung eine eigene Rechtsform vorzuschreiben«.[226] Als Schüler von Hugo Sinzheimer stellte Neumann bekanntlich arbeitsrechtliche Absicherungen, betriebliche Mitbestimmung und die Rolle der Gewerkschaften als »personelle Träger einer modernen kollektiven Selbstverwaltung« heraus. Für Neumann war klar, »daß eine demokratische Marktkontrolle unter Mitwirkung des Staates ausgeübt wird von den marktfähigen Parteien und den Gewerkschaften«.[227] Während Demokratisierung für Neumann und andere reformistische Sozialdemokraten zugleich Mittel und Zweck zur Umgestaltung des Kapitalismus waren, betonte der »demokratische Kapitalismus«, den

226 Alfons Söllner, »Franz L. Neumann – Skizzen zu einer intellektuellen und politischen Biographie«, in: Neumann, *Wirtschaft, Staat, Demokratie*, S. 7-56, hier S. 17.

227 Neumann, »Über die Voraussetzung und den Rechtsbegriff einer Wirtschaftsverfassung«, S. 98. – Die noch zu Weimarer Zeiten prominente Vorstellung der »Wirtschaftsdemokratie« nahm Neumann später zurück bzw. verortete sie im Lichte seiner Erfahrungen in den Vereinigten Staaten klarer im umfassenden Horizont demokratischer Politik: Die Forderung, die politische Demokratie in eine »Wirtschaftsdemokratie« zu verwandeln und demokratische Prinzipien in Wirtschaftsunternehmen und Behörden einzuführen, übersehe, »daß die Theorie der Demokratie nur für den Staat und seine territorialen Untergliederungen gilt, niemals hingegen für eine spezifische Funktion«. Es gebe »nur eine Demokratie, die politische Demokratie«, in der »die Grundsätze der Gleichheit wirksam werden« können. Alle möglichen Ansprüche »auf ›Mitbestimmung‹ in der Wirtschaft mögen nützlich sein, sie lassen sich jedoch nicht als demokratisch legitimieren« (Franz Neumann, »Zum Begriff der politischen Freiheit« [1943], in: ders., *Demokratischer und autoritärer Staat. Studien zur politischen Theorie.* Herausgegeben und mit einem Vorwort von Herbert Marcuse. Eingeleitet von Helge Pross, Frankfurt/M. 1986, S. 100-141, hier S. 131). Auf Neumanns Skepsis hinsichtlich wirtschaftsdemokratischer Konzeptionen weist nachdrücklich hin: Wilhelm Hennis, »Demokratisierung. Zur Problematik eines Begriffs«, in: Gerhard Lehmbruch/Klaus von Beyme/Iring Fetscher (Hg.), *Demokratisches System und politische Praxis der Bundesrepublik. Für Theodor Eschenburg*, München 1971, S. 68-97, hier S. 86, 95.

Bonn oder Röpke im Sinn hatten, die emanzipative Kraft einer Beteiligung am Wohlstand, die eine funktionierende Marktwirtschaft in Aussicht stellte, weil sie das Konsum- und Lebensniveau breiter Bevölkerungsschichten zu heben versprach.

Um es noch einmal zuzuspitzen: Der Demokratie wurde von den meisten Liberalen ihr (im Wortsinne) beherrschender Charakter im Hinblick auf eine operative Dimension im ökonomischen Bereich abgesprochen, denn der Kapitalismus funktionierte nach einer Eigenlogik, die politische Mitbestimmung und Gestaltung nicht vorsah. Die Massendemokratie in ihren affektuellen und emotiven Elementen konnte dementsprechend nur als eine Bedrohung wahrgenommen werden, weil sie die ökonomische Vernunft durch irrationale Bedürfnisse gefährdete. Denker wie Röpke und Bonn, die die demokratischen Effekte des Kapitalismus (im Sinne seiner egalitären, den kollektiven Lebensstand fördernden Wirkungen) würdigten, versuchten in erster Linie, Überzeugungsarbeit für die Akzeptanz des Kapitalismus als produktivste Wirtschaftsform zu leisten und seine gemeinwohlfördernden Potentiale herauszustellen. Demokratie unter den Bedingungen des Kapitalismus sowie gleichzeitig Kapitalismus unter den Bedingungen der parlamentarischen Demokratie, diese Maximen bestimmten eine liberaldemokratische Haltung, die es für das Beste hielt, dass Politik und Ökonomie zwar aufeinander angewiesen, aber zu einem gewissen Grad voneinander getrennt blieben. Diese Trennung mochte im Hinblick auf das Kapital und die Wirtschaftseliten, deren Einfluss auf die Politik, wie Bonn und andere betonten, zu beschneiden sei, zwar plausibel und konsensfähig sein; sie ging aber ebenso an den Kernthemen der Krise vorbei wie die Fixierung auf die Monopol- und Kartellproblematik. Auf welche Weise der Staat in der ökonomischen Krise hingegen seine normative Autorität durchsetzen konnte, die an seiner wohlfahrtsstaatlichen Leistungsfähigkeit sowie an seiner Begründungsfähigkeit einer Politik unter Druck und mit eingeschränkten Mitteln hing, dazu fehlten genauere Überlegungen.

Liberale verschiedener Schattierung hielten daran fest, für die Einsicht in die Vernünftigkeit kapitalistischer Wirtschaftsform zu argumentieren. Sie stellten die psychologischen Faktoren der Krise heraus, plädierten für Vernunft und Augenmaß ausgerechnet bei denjenigen, die am meisten unter den Folgen der Wirtschaftskrise litten: den Mittelschichten und der Arbeiterschaft. Das ordoliberale Eintreten für den starken Staat offenbarte dabei mehrere Unstimmigkeiten. Der kritisierten Staatsgläubigkeit der Massen, die vom Sozialstaat Sicherheit erwarteten, setzte man eine nicht minder etatistische Haltung entgegen, die auf einem übersteigerten Glauben an die neutrale Staatsvernunft im Sinne einer wirtschaftspolitischen Grundlegung des Konkurrenzkapitalismus und einer Verhinderung von Monopolstrukturen basierte. Die Exponenten dieses »starken Staates« verkörperten nach ordoliberaler Vorstellung eher eine technokratische Elite, als dass in ihnen eine Konzession an aktuelle Vorstellungen von »Führer« und »Bewegung« gesehen werden konnte.[228] Aber gerade dieser rational-technische Zugriff wirkte angesichts der politischen Verhältnisse seltsam weltfremd, zumal es – wie bereits ausgeführt – keinerlei Überlegungen zum Problem der Legitimationsbeschaffung für einen solchen starken technischen Staat gab.

Überdies war in der bis dahin schwersten Krise des Kapitalismus eine Rezeptur nur schwer vermittelbar, die zu einer Freisetzung seiner produktiven Kräfte aufrief, als allenthalben klar schien, dass die kapitalistische Verkehrswirtschaft final gescheitert sei. In diesem Moment hatten es auch demokratische Liberale wie Röpke und Bonn schwer, für das Vertrauen in eine Wirtschaftsform zu werben, die weltweit für die gegenwärtige Misere verantwortlich gemacht wurde. Zwar hatte man erkannt, dass Krisen in erster Linie auf Vertrauensverlust, Bedrohungsgefühlen und Ängsten basierten, aber rational war dem Krisenbewusstsein kaum zu begegnen, und für liberale Systemkorrekturen konnte man ohnehin keine Aufmerksamkeit erwarten. Erschwerend kam hinzu, dass die tiefgreifenden ökonomischen Krisenursachen von den liberalen Ökonomen exogen verortet wurden: Börsencrash, Kreditkrise, Umstellung des Finanzsystems nach dem Ende des Goldstandards und Reparationslasten beließen der Weimarer Republik nur begrenzte Handlungsspielräume, während die vielfach beklagten Defizite der deutschen Wirtschaftsordnung sowie die Frage der Monopolstrukturen und Kartelle nicht unbedingt ausschlaggebend für die Krise waren.

228 Dies konzediert von seinem kritischen Standpunkt aus im Hinblick auf Eucken, Röpke und Rüstow auch Haselbach, *Autoritärer Liberalismus und soziale Marktwirtschaft*, S. 62 f. Bei Beckerath und Müller-Armack gab es klar erkennbare faschistische Neigungen.

Die wesentlichen Defizite, die im liberalen Denken während der Staats- und Wirtschaftskrise erkennbar wurden, lagen vor allem in der fehlenden Berücksichtigung gesellschaftspolitischer Faktoren. Sosehr die psychologischen Auswirkungen der Krise problematisiert und die Konsequenzen politischer Irrationalität beklagt wurden, so wenig schien man in der Lage, mehr als »Seelenmassage« (Haselbach) anbieten zu können (oder zu wollen).[229] Denn diese Seelenmassage schien sich darin zu erschöpfen, weiterhin die Selbstheilungskräfte des Marktes unter gestärkter staatlicher Aufsicht zu propagieren, ansonsten sahen Liberale aber keine politischen Maßnahmen zur Überwindung sozialer Notlagen vor. Die Fixierung auf makroökonomische Grundsätze ließ eine gewisse theoretische Starrheit erkennen, die Konjunkturzyklen quasi naturgesetzlich in Kauf nahm, ohne die verheerenden politischen Folgen ausreichend in Betracht zu ziehen, die der Verzicht auf Sozialpolitik und auf die Bekämpfung des unmittelbaren Elends bedeutete. Es fehlte an Sensibilität, um die motivationalen Ressourcen des demokratischen Versprechens, das im Wohlfahrtsstaat lag, zu nutzen und zu mobilisieren.[230] Zwar hatten die reformbereiten Liberalen erkannt, dass die Legitimation des modernen Staates in der Gewährleistung von Prosperität und sozialer Sicherheit lag, aber sie hatten nicht hinreichend verstanden, dass der demokratische Staat selbst Schritte unternehmen kann, um sich die Loyalität und Unterstützung der Bürgerinnen und Bürger zu verdienen. Die einseitige Verpflichtung des Einzelnen auf ein Staatsethos versprach wenig Erfolg in einer Lage, da der Staat insgesamt Vertrauen verspielt hatte, weil er nicht im Sinne der sozial Depravierten handelte. Die Möglichkeiten staatlicher Krisenintervention wollten sie jedoch nur begrenzt ausschöpfen, denn eine aktive Konjunkturpolitik im Sinne von Keynes betrachteten sie reserviert bis kritisch, wenngleich das wesentliche Argument, das auch Bonn gegen Keynes anführte, die ordoliberalen Advokaten eines »starken Staates« in analoger Weise treffen musste: Im selben Maße, wie man einer vernünftigen zentralen Ausbalancierung der Konjunkturverläufe durch Kredit- und Währungspolitik misstraute, hätte man dem Staat als neutraler

229 Haselbach, *Autoritärer Liberalismus und Soziale Marktwirtschaft*, S. 69.

230 Vgl. zu diesem Aspekt auch die konzise Problembeschreibung der Krise bei Müller, *Nach dem Ersten Weltkrieg*, S. 114-123.

Instanz einer ökonomischen Rahmensetzung Vorbehalte entgegenbringen können.

Die Schwäche einer Konzeption, die sich für die ordnende Kraft eines »starken Staates« einsetzte, lag dementsprechend in der mangelnden Rückkopplung dieses Staates an gesellschaftliche und politische Prozesse. Der Staat wurde zwar als Instrument sozioökonomischer Gestaltung angesehen, aber das Element demokratischer Selbstorganisation – oder weniger idealistisch: die Abhängigkeit von den Interessenkämpfen einer pluralistischen Gesellschaft – war von den selbsterklärten Reformliberalen noch nicht zureichend in Betracht gezogen worden. Walter Eucken gestand nach 1945 selbstkritisch ein, in der Endphase der Weimarer Republik »das Unbedingte« angestrebt zu haben, anstatt an die gesellschaftlichen »Bedingungszusammenhänge« anzuknüpfen. Zu seinem intellektuellen Läuterungsprozess, der eine Öffnung hin zur liberalen Demokratie nach 1945 bedeutete, gehörte die Anerkennung der »Öffentlichkeit als ordnende Potenz«, denn gegen die öffentliche Meinung, so Euckens Einsicht nach den Erfahrungen der Weimarer Republik und des Nationalsozialismus, könne keine Wirtschaftsordnung durchgesetzt werden.[231] Diese nüchtern-realistische Selbsteinschätzung deckt sich mit einer notwendigen Kritik an der ordoliberalen Formationsphase aus politiktheoretischer Sicht, ohne dass eine solche Defizitanalyse sich zwanghaft mit einer Zuschreibung von Verantwortung für Weimars Scheitern verbindet. Wenn die Suche nach einem neuen ökonomischen Ordnungsmodell die politischen Rahmenbedingungen der Weimarer Demokratie weitgehend ignorierte, so zeigt dies hingegen ein weiteres Mal, dass das Verhältnis von Liberalismus und Demokratie in vielerlei Hinsicht unklar geblieben war: Die liberale Demokratie und das Leitbild einer demokratischen Gesellschaft waren in den 1920/30er Jahren eben noch keine Selbstverständlichkeit für alle Ökonomen, die sich als Liberale verstanden.

231 Euckens Gelehrtenbiographie als Geschichte seiner Läuterung zum demokratischen Liberalen erarbeitet überzeugend Uwe Dathe, dessen Vortrag »Franz Böhm und Walter Eucken: Liberale Politikberater der ›Stunde Null‹?« anlässlich der Tagung »Zur Heterogenität ordoliberalen Denkens 1930-1960« am 28. November 2014 in Freiburg ich den Hinweis auf Euckens unveröffentlichtes Manuskript »Öffentlichkeit als ordnende Potenz« verdanke.

Die Tatsache, dass die parlamentarische Demokratie Weimars in der zeitgenössischen Debatte auch unter nominell Liberalen nicht als unangefochtener politischer Rahmen für ein ökonomisches Ordnungsmodell angesehen worden war, verdeutlichte noch einmal das ungeklärte Verhältnis des Liberalismus zur Demokratie insgesamt. Die Reformdebatte unter Liberalen stellte unter dem Eindruck der Krise überlieferte Denktraditionen auf den Prüfstand – politisch und ökonomisch. Es war bezeichnend für den vielgeschmähten liberalen Relativismus (der sich nicht zuletzt in der Weimarer Verfassung niederschlug, die bekanntlich sowohl Spielräume hinsichtlich der Ausdeutung der Wirtschaftsverfassung als auch des politischen Systems ließ), dass es keine Denkverbote oder normativen Festlegungen gab. Die Kehrseite dieser diskursiven Offenheit schien aber hinsichtlich einer innerliberalen Selbstverständigung eine besondere Rigidität zu sein, mit der die unterschiedlichen liberalen Ansätze ihre Positionen und ihr Terrain zu behaupten versuchten. In der Auseinandersetzung um den »richtigen« und zeitgemäßen Liberalismus stritten sich insbesondere im Hinblick auf ökonomische Fragen orthodoxe Hardliner des *Laisser-faire* (z. B. Ludwig von Mises), pragmatische Realisten (Moritz Julius Bonn), Vertreter einer neuliberalen Ordnungsökonomik (spätere Ordoliberale), Sozial- und Linksliberale in erbitterter Gegnerschaft. In einer Zeit, als sich der parteipolitische Liberalismus auflöste und als die Weltwirtschaft ein Krisenstadium erreicht hatte, das nicht wenige für die Existenzkrise des Kapitalismus hielten, stellten nicht nur Kritik und Gegner den Liberalismus als politische Idee generell in Frage; vielmehr schien in der »internen« Debatte um Reform und Wandel des Liberalismus eine neue Starrheit Einzug gehalten zu haben. Jedenfalls fehlte ein Gespür dafür, dass den Liberalismus eine Pluralität von Auffassungen kennzeichnet, auf die man sich – eben nicht relativistisch – in unterschiedlicher Weise und im Sinne liberaler Werte berufen kann.

Es ist naheliegend, den liberalen Ökonomen zum einen mangelnde ideelle Flexibilität vorzuhalten, zum anderen ihre unzureichende Reflexion auf die politischen Rahmenbedingungen des wirtschaftlichen Systems zu kritisieren. Ein Seitenblick auf Keynes' berühmte Bestandsaufnahmen liberalen Denkens macht jedenfalls deutlich, dass denkerische Neuansätze im Liberalismus der 1920er Jahre viel deutlicher artikulierbar waren. Wenn Ludwig von Mises dem Briten vorwarf, nur allgemein Bekanntes aus dem Repertoire des Sozialliberalismus zu präsentieren und de facto protektionistische Gegenwartstendenzen zu stärken,[232] so verkannte er dessen Impuls, den Liberalismus nicht nur ökonomisch, sondern auch gesellschaftspolitisch neu zu entwerfen. Keynes hatte überdies – anders als Mises ihm unterstellte – dem Freihandel gar keine Absage erteilt, sondern nur bezweifelt, dass er das Zentrum einer politischen Theorie bilden könne.[233]

In seiner klassischen politischen Positionsbestimmung »Am I a Liberal?« aus dem Jahr 1925 umriss Keynes das Verständnis eines umfassenden »neuen Liberalismus«, der sich aus drei Gründen von klassisch-wirtschaftsliberalen Doktrinen lösen musste: *Erstens* fehle dem herkömmlichen Kapitalismus ganz offensichtlich »die Fähigkeit zur geistigen Selbstverteidigung«, auch weil er keinen politischen Appeal mehr besitze. *Zweitens* meinte Keynes, dass die Welt nach den Epochen von Knappheit (bis ins 15./16. Jahrhundert) und Fülle (bis zum Beginn des 20. Jahrhunderts) nun ins Zeitalter des Gleichgewichts eintrete und dies eine komplexe »Lenkung der wirtschaftlichen Kräfte im Sinne gesellschaftlicher Gerechtigkeit und gesellschaftlichen Gleichgewichts« erfordere, die eine neue Politik und neue Mittel voraussetze.[234] *Drittens* schließlich müsse der Liberalismus nicht nur ökonomisch argumentieren, sondern neue Antworten für »die Aufgaben des Tages« finden: in Friedens-

232 Mises bemängelte, dass Keynes das »Problem der Freizügigkeit« aussparte: »Hätte Keynes vom Ende des Laissez faire et laissez passer gesprochen, dann hätte er nicht verkennen können, daß die Welt heute gerade daran erkrankt, daß seit Jahrzehnten eben nicht mehr nach dieser Maxime regiert wird. Wer heute über die Abkehr der Völker vom Liberalismus frohlockt, sollte nicht vergessen, daß Krieg und Revolution, Massenelend und Arbeitslosigkeit, Tyrannei und Diktatur nicht zufällige Begleiterscheinungen, sondern notwendige Folgen des die ganze Welt beherrschenden Antiliberalismus sind.« (Ludwig von Mises, »Rez. Keynes, Das Ende des Laissez-Faire«, in: *Zeitschrift für die gesamte Staatswissenschaft* 82 [1927], S. 190 f.)

233 John Maynard Keynes, »Bin ich ein Liberaler?« (1925), in: ders., *Politik und Wirtschaft. Männer und Probleme. Ausgewählte Abhandlungen*, Tübingen 1956, S. 245-254, hier S. 246. – Vgl. zu dieser Rede auch Charles H. Hession, *John Maynard Keynes*, Stuttgart 1986, S. 307-310.

234 Keynes, »Bin ich ein Liberaler?«, S. 252-254.

fragen, im Hinblick auf eine neue dezentrale und effiziente Regierung, auf ökonomischem Gebiet sowie auf gesellschaftspolitischem Feld hinsichtlich der »geschlechtlichen Fragen« (Stellung der Frau, Verhütung, Heiratsgesetze, sexuelle Orientierung) und des Drogenkonsums. Keynes plädierte – ganz entgegengesetzt zur unüberhörbaren Kulturkritik vieler deutscher Liberaler – dafür, dass sich der Liberalismus dem gesellschaftlichen Wandel stärker öffnen und sich an die Spitze sozialer Entwicklungen stellen müsse. Die von ihm selbst eingestandene Vagheit politischer Programmatik wollte er aufgewogen wissen durch eine neue Freiheit des Denkens, die den fortschrittlichen Liberalen unabhängig von jedem Dogmatismus machte, solange er sich auf die Freiheit berufen konnte.[235]

Keynes avancierte zum schillerndsten ökonomischen Denker der 1930er Jahre, der die Diskussion um den Liberalismus polarisierte. Die einen betrachteten ihn als Erneuerer, die anderen als Totengräber einer liberalen Ökonomie. Dass Keynes in vielerlei Hinsicht situativ dachte – und die seiner *General Theory* folgenden Keynesianer weitaus dogmatischer in ihren Ansichten waren als ihr Inspirator –, ist immer wieder betont worden, auch als Beleg seines liberalen Habitus, den ihm auch wirtschaftsliberale Kritiker mit Bewunderung attestierten.[236] Aber der Umgang mit Keynes zeigte die Konfliktlinien innerhalb des in sich zerstrittenen liberalen Lagers, vor allem wenn man in Betracht zog, dass sich in Deutschland in erster Linie Antiliberale und Sozialdemokraten für seine Methoden interessierten, während klassische Liberale seine makroökonomischen und gesellschaftspolitischen Überlegungen überwiegend ablehnten.[237]

Eine Sollbruchstelle liberaler Selbstverständigung lag in der

235 Siehe dazu John Maynard Keynes, »Liberalismus und Arbeiterpartei« (1926), in: ders., *Politik und Wirtschaft*, S. 255-258, hier S. 256.

236 So etwa sein bekanntester Gegenspieler Friedrich A. Hayek, der freilich erst nach Keynes' Tod als ein solcher wahrgenommen wurde und ihm zu Lebzeiten freundschaftlich zugetan war, aber auch der ältere, mit Keynes in guter Verbindung stehende Moritz Julius Bonn. Vgl. ihre grundsätzlich sympathisierenden Deutungen: Friedrich August Hayek, *Hayek on Hayek. An Autobiographical Dialogue*, edited by Stephen Kresge and Leif Wenar, London 1994, S. 88-97; Moritz Julius Bonn, »John Maynard Keynes (1883-1946)«, in: *Schmollers Jahrbuch für Gesetzgebung, Verwaltung und Volkswirtschaft* 72 (1952), S. 1-24.

237 Vgl. zu diesem Rezeptionsphänomen Robert Skidelsky, *John Maynard Keynes 1883-1946. Economist, Philosopher, Statesman*, London 2003, S. 503.

Frage, inwiefern eine Transformation des Kapitalismus historischen Gesetzmäßigkeiten folgte, die eine Unumkehrbarkeit der Entwicklung einschlossen. Die Überzeugung, dass der Kapitalismus unweigerlich einen Formwandel durchlaufe, sich vom klassischen Unternehmertum entferne und (staats-)sozialistische Züge annehme, war weithin geteilt, sei es in der Schumpeterschen pessimistisch-fatalistischen Variante, im Sinne von Sombarts deterministischer Prognostik oder aus Keynes' pragmatisch-konstruktiver Perspektive. Keynes betonte »die Tendenz der Großunternehmungen, sich selbst zu sozialisieren«, und sah darin »eine natürliche Entwicklungsrichtung«: »Der Kampf des Sozialismus gegen den unbeschränkten Privatprofit erringt im Einzelfall Sieg auf Sieg.«[238] Während die sich formierende liberale Ordnungsökonomik mithilfe eines starken Staates wieder Bedingungen schaffen wollte, unter denen die vermeintlich segensreichen Prinzipien des freien Wettbewerbs innerhalb eines von gesellschaftlichen Konflikten befreiten Bereiches wieder Wirkung entfalten sollten, war Keynes der Auffassung, dass eine tiefere und unumkehrbare Transformation im Gang war. Diesem Strukturwandel wollte er nicht allein mit dem Staat, sondern mit einer ganzen Reihe neuer institutioneller Innovationen und kollektiver Handlungsweisen begegnen. Er plädierte dafür, in komplexer gewordenen ökonomischen Verhältnissen mit avancierteren technischen und wissenschaftlichen Mitteln zu agieren. Und er hielt es für die Aufgabe des Staates, weitere Kontroll- und Steuerungsmechanismen zu erarbeiten – in Fragen der Währungs- und Kreditpolitik, aber auch in der Bereitstellung statistischer Daten und makroökonomischer Übersichten. Kurz: Der Staat sollte das tun, was keine andere Instanz übernehmen konnte.[239] Dass Keynes gleichzeitig den quasi naturgesetzlichen Glauben an das wirtschaftliche Dogma der freien Marktkonkurrenz destruierte, stellte die Frage, was denn noch als leitendes Prinzip des Kapitalismus aufzufassen sei.

Keynes' Ansichten fanden durchaus Widerhall in linksliberalen Kreisen, die sich ebenfalls an der Unterkomplexität der liberalen Marktdoktrin abarbeiteten. Symptomatisch liest sich die Kritik am klassischen Liberalismus, die der Nationalökonom Götz Briefs im Jahr 1932 übte. Briefs nahm vor allem den »providentiellen Finalis-

238 Keynes, *Das Ende des Laissez-Faire*, S. 44 f.
239 Ebenda, S. 47 f.

mus« des Marktglaubens aufs Korn. Ein aus seiner Sicht haltloses Vertrauen in »prästabilierte Harmonie« habe dazu geführt, dass der »Liberalismus [...] aus dem Stadium der geglaubten Prophetie in das des Mythos getreten« sei. Seine Folgerung war vernichtend: »So mündet der klassische Liberalismus, das erste umspannende System einer modernen Sozialphilosophie, in eine Anzahl von Faustregeln für Börsenjobber und Cottonspinner«, in »Faustregeln für die Starken im Spielfeld gegen jeden Schwachen«.[240] Briefs' Sicht der Dinge korrespondierte mit Keynes' ideengeschichtlicher Kritik am liberalen Heilsglauben. Beide machten moralphilosophische Argumente und Überlegungen zur sozialen Gerechtigkeit gegen die reduzierte marktwirtschaftliche Version des Liberalismus geltend; der in der katholischen Soziallehre wurzelnde Briefs, der zum Brentano-Kreis zählte und das Wirtschaftssystem hin zu einem »sozial temperierten Kapitalismus« weiterentwickeln wollte, wandte sich ebenso von einem puristischen Liberalismusverständnis ab wie Keynes.[241]

Zur moralischen Kritik am *Laissez-faire* gehörte vor allem der Vorwurf, dass die Marktideologie gleichsam darwinistisch den Blick für die Kosten, die Vergeudung und die Opfer des kapitalistischen Wettbewerbs verstellte. Die Verlierer und Benachteiligten der Marktprozesse, das war den unterschiedlichen Befürwortern eines sozialen Liberalismus klar, dürften nicht von politischen und gesellschaftlichen Prozessen abgekoppelt werden. Deshalb musste, wie Keynes betonte, jeder wirtschaftspolitische Ordnungsversuch »letzten Endes der Souveränität der Demokratie, die sich im Parlament verkörpert, unterstehen«.[242] Keynes' Demokratierhetorik und die moralische Volte seiner populären Ansprachen mag den eigenen Elitismus und den Glauben an Expertenplanung nur wirksam verkleidet haben – sein Biograph Robert Skidelsky spricht von einem antipluralistischen »anti-market, anti-democratic bias« in seinem Denken, das eher auf den »managerial state« zulief[243] –,

240 Briefs, »Die sozial- und wirtschaftsphilosophischen Ideen des kapitalistischen Zeitalters«, S. 28 f.

241 Zu Briefs vgl. die konzise Darstellung von Nils Goldschmidt, *Ein »sozial temperierter Kapitalismus«? Götz Briefs und die Begründung einer sozialethisch fundierten Theorie von Markt und Gesellschaft*, Freiburger Diskussionspapiere, Freiburg 2006.

242 Keynes, *Das Ende des Laissez-Faire*, S. 44.

243 Skidelsky, *John Maynard Keynes*, S. 364-375, hier S. 368. Immerhin spielten bei Keynes normative Erwägungen (unabhängig von der eigenen inneren Haltung)

aber unabhängig von seinen Intentionen sind im Hinblick auf seine Wirkungsgeschichte liberale und demokratische Motive eher verknüpft als getrennt betrachtet worden.

Die Debatten über die Vereinbarkeit von Kapitalismus, Liberalismus und Demokratie wurden nach dem Scheitern Weimars im Exil unter völlig neuen Bedingungen fortgesetzt. Zum einen verflüchtigte sich die Illusion, dass ein autoritärer starker Staat sich als Hüter der kapitalistischen Ordnung dauerhaft profilieren konnte, ohne zentrale liberale Werte zu verletzen. Im Grunde genommen war es doch eindeutig, dass diejenigen Nationalökonomen, die sich auf den NS einließen, sich de facto von liberalen Leitgedanken verabschiedeten; andere, die in der Krise Weimars Pläne zum Staatsumbau und zur Revision der wirtschaftspolitischen Ordnung gehegt hatten wie Rüstow oder Eucken, überdachten ihre Konzeptionen und entwickelten sie weiter – Rüstow im türkischen Exil, Eucken als Vertreter der »inneren Emigration«, denn seine Studie zu den »Grundlagen der Nationalökonomie« (1940) zeigte sich weitgehend unberührt von der Realität des NS-Staates. Zum anderen schien es angesichts des Siegeszuges autoritärer und totalitärer Regime zunehmend opportuner, die liberale Demokratie unter allen Umständen gegen den drohenden »Kollektivismus« zu verteidigen. Gleichzeitig öffnete sich der Reflexionsraum hinsichtlich der wirtschafts- und konjunkturpolitischen Handlungsmöglichkeiten im demokratischen Staat, weil Roosevelts New Deal die Antwort zu geben schien, wie ein »dritter Weg« zwischen Sozialismus und Kapitalismus aussehen könnte. Nicht nur reagierte der New Deal auf die Erwartungshaltung, dass der Staat den Bürgern in der Krise zu helfen hatte; er artikulierte gleichzeitig den Anspruch einer umfassenden Neugestaltung: *relief*, *recovery* und *reform* avancierten zu Kernbegriffen einer Politik, die sich dem Kampf für das Überleben der Demokratie verschrieben hatte.[244] Dass in Theorie und Pra-

eine wichtige Rolle, wenn es um die politische Einbettung der Ökonomie ging. Sein Kontrahent Joseph Schumpeter maß der ethischen Dimension weder in seiner »realistischen Demokratietheorie« noch in seinen Überlegungen zum Kapitalismus Bedeutung zu. Vgl. dazu auch Thomas K. McGraw, *Joseph A. Schumpeter. Eine Biographie*, Hamburg 2008, S. 434 f.

244 Die globale und transnationale Dimension des New Deal, der neue Instrumente der Demokratie zur Reform des Kapitalismus ausprobierte, zeigt neuerdings Kiran Klaus Patel, *The New Deal. A Global History*, Princeton/Oxford 2016. Patel betont die epochale Bedeutung und letztlich den Erfolg der neuen

xis des New Deal vielfach die liberalen Reformdiskurse der 1920er Jahre kulminieren und dass der New Deal inklusive seiner intellektuellen Kontroversen ganz wesentlich in die Ideengeschichte des Liberalismus gehört, wird bereits durch einen begriffsgeschichtlichen Befund offensichtlich. Denn zumindest im amerikanischen Kulturraum verbindet sich seither das Verständnis von »liberal« mit einer nach europäischem Verständnis eher sozialdemokratischen Politik, die den Staat als Träger progressiver Sozialmaßnahmen begreift.[245]

Inwiefern die Themen der Weimarer Debatte als Teil eines internationalen Krisendiskurses, an dem sich viele der exilierten deutschen Demokraten und Liberalen weiterhin beteiligten, zu begreifen sind, zeigen die verschiedenen Fortsetzungen und Anknüpfungen im Exil: Die London School of Economics nahm einige bedeutende deutsche Ökonomen und Soziologen auf;[246] die New School for Social Research in New York bot einer ganzen Anzahl von demokratischen und liberalen Gelehrten neue Arbeitsmöglichkeiten, um die Weimarer Erfahrung zu verarbeiten und die Debatte um die Vereinbarkeit von Kapitalismus und Demokratie fortzusetzen.[247] Zwar hatten sich die Stimmen verflüchtigt, die eine Vereinbarkeit von »starkem« respektive »autoritärem Staat« und kapitalistischer Wirtschaftsordnung ohne demokratische Partizipa-

Konzepte: »Until the war broke out in Europe in 1939, the New Dealers were primarily concerned with issues of political economy: Could capitalism be saved? How much state interventionism was needed to overcome the crisis? At a very general level, the answers they found helped to save capitalism and reform democracy.« (Ebenda, S. 5).

245 Das markante theoriebildende Statement war John Dewey, »Liberalism and Social Action« (1935), in: ders., *The Later Works, 1925-1953. Volume II: 1935-1937*, edited by Jo Ann Boydston, Carbondale/Edwardsville 1987, S. 1-65.

246 Siehe Ralf Dahrendorf, *A History of the London School of Economics and Political Science 1895-1995*, Oxford 1995, S. 293-296.

247 Siehe etwa Joachim Radkau, *Die deutsche Emigration in den USA. Ihr Einfluß auf die amerikanische Europapolitik 1933-1945*, Düsseldorf 1971, S. 35-39; Claus-Dieter Krohn, *Wissenschaft im Exil. Deutsche Sozial- und Wirtschaftswissenschaftler in den USA und die New School for Social Research*, Frankfurt/M. 1987; ders., »Deutsche Exil-Ökonomen in den USA nach 1933. Das Beispiel der New School for Social Research«, in: Ilja Srubar (Hg.), *Exil, Wissenschaft, Identität. Die Emigration deutscher Sozialwissenschaftler 1933-1945*, Frankfurt/M. 1988, S. 142-163; Christian Fleck, *Etablierung in der Fremde. Vertriebene Wissenschaftler in den USA nach 1933*, Frankfurt/M./New York 2015, S. 64-74.

tion für möglich hielten, aber das Ausmaß staatlicher Lenkungsmaßnahmen blieb ebenso umstritten wie die Beurteilung des New Deal. Während einzelne Theoretiker wie Karl Mannheim die Politik der Zukunft in freiheitlich-demokratischer Planung sahen und weiterhin das Ende des Konkurrenzkapitalismus prognostizierten, fürchteten andere unter dem Eindruck der Roosevelt-Administration ganz neue Gefahren eines Kollektivismus, der sich in einem Übermaß an staatlichen Eingriffen zeigte. Ein totalitarismustheoretisches Bias führte dazu, dass Formen der Planung und zentralen Steuerung schnell als unwiderrufliche Abkehr von markwirtschaftlichen Prinzipien kritisiert wurden.

Walter Lippmanns Buch *The Good Society* (1937) artikulierte diese andauernde Krise liberalen Denkens. Auch er war ein Befürworter Roosevelts gewesen, zeigte sich aber nach den ersten Jahren skeptisch, ob der eingeschlagene Kurs die Probleme lösen könne.[248] Lippmann legte eine Standortbestimmung des Liberalismus vor, die zum einen die Inventur der liberalen Idee vornahm, zum anderen im Sinne einer Erbauungsschrift für eine »Wiedergeburt des Liberalismus« warb.[249] In Lippmanns voluminöser Philippika schlugen sich die wesentlichen Denkfiguren liberaler Krisendiagnostik aus der Zwischenkriegszeit nieder: die Wendung gegen den Kollektivismus, dessen linke und rechte Variante er vergleichend analysierte, nicht ohne vor den Gefahren einer schleichenden kollektivistischen Verformung im Westen zu warnen; die Kritik an der Trägheit und Einfallslosigkeit liberaler Theorie, die sich zu lange der Schimäre des *Laisser-faire* hingab, aber keine Rezepte zur Sozialreform entwickelte und stattdessen in der »Gefühllosigkeit doktrinären Denkens« verharrte;[250] das Plädoyer für einen »demokratischen Liberalismus«, der eine Erziehung zur Demokratie und eine »demokratische Lebensweise« voraussetzte.[251]

Lippmann gelang sicherlich kein großer theoretischer Wurf – dazu fehlte es dem Buch an Klarheit und Stringenz. Die auf den

248 Walter Lippmann, *Die Gesellschaft freier Menschen*, Bern 1945. Es ist bemerkenswert, dass ein Liberaler die »gute Gesellschaft« und damit soziale Ordnung zum Ausgangspunkt macht, also bereits einen komplexen Begriff der Freiheit voraussetzt.

249 Ebenda, S. 276.

250 Ebenda, S. 277.

251 Ebenda, S. 342, 354.

»Irrweg des Liberalismus« bezogenen kritischen Passagen fielen überzeugender aus als der programmatische zweite Teil des Werks, der im Wesentlichen eine Morallehre liberaler Werte und relativ unpräzise Vorschläge zur Reformierung der rechtsstaatlichen Rahmenbedingungen des Kapitalismus in der Demokratie bot. Vor allem Lippmanns Begriff des Kollektivismus lief aus dem Ruder, wenn er unter dem Eindruck des New Deal davon auszugehen schien, dass jede Form ökonomischer Planung die Tendenz zum Totalitarismus barg. Er konnte kaum plausibel machen, dass auch wohlfahrtsstaatliche Maßnahmen und wirtschaftspolitische Eingriffe demokratisch legitimierbar waren und keineswegs dem Totalitarismus den Weg ebnen mussten. Ähnlich wie Hayek unterlag er mit dieser Interpretation einem quasi historisch-materialistischen Determinismus, der den politischen Totalitarismus als Folge eines ökonomischen Kollektivismus fürchtete, während die Entwicklungen der Zwischenkriegszeit doch genau in umgekehrter Weise verliefen. Es gab eben keinen schleichenden Übergang, sondern korporatistische, planwirtschaftliche und kollektivistische Formen wurden in Russland, Italien oder Deutschland erst nach dem jeweiligen Regimewechsel implementiert.[252]

Gleichwohl erlangte Lippmanns ausufernde Streitschrift eine besondere Bedeutung. Nicht nur beschrieb hier einer der bedeutenden Journalisten und Publizisten seiner Epoche die Erneuerung des Liberalismus als wichtigste Aufgabe der Gegenwart und verlieh diesem Projekt die nötige rhetorische Verve. Lippmanns zwischen Wirtschafts- und Wohlfahrtsstaatsliberalismus lavierende Position bot auch den Verständigungsraum für eine liberale Mitte, um Kompromisse und neue Wege auszuloten. Seine eklektische, auf große Linien angelegte Herangehensweise führte vor, dass die moderne arbeitsteilige Industriegesellschaft in kein festes Schema zu pressen war. Lippmanns Liberalismus lag jeder Systemgedanke und jede Großtheorie fern. Er betonte die nötige Akzeptanz von Komplexität, den Vorrang des Individuums und die Freiheit

252 Zur Kritik an Lippmann siehe Ronald Steel, *Walter Lippmann and the American Century*, Boston/Toronto 1980, S. 322-326, sowie die harsche, aber in vielerlei Hinsicht treffende zeitgenössische Erörterung seiner theoretischen Inkonsistenzen bei William W. Crosskey, »Review Lippmann, The Good Society«, in: *University of Chicago Law Review* 5 (1938), S. 707-713.

des Einzelnen. Im Liberalismus sah er die politische Idee, die, zugleich wertegeleitet und flexibel, mit den Mitteln demokratischer Gesetzgebung auf den ökonomischen Fortschritt reagiert, um die Gesellschaftsordnung immer neu an die Wirtschaftsform anzupassen.[253] Die Inkonsistenzen seiner Argumentation, die auf der einen Seite staatliche Eingriffe ins Eigentums- und Erbrecht für nötig hielt, auf der anderen Seite aber den Interventionismus des New Deal als graduellen bzw. gemäßigten Kollektivismus kritisierte, fielen vermutlich weniger ins Gewicht als die integrative Kraft seines Ansatzes, der den liberal orientierten Wirtschaftswissenschaftlern eine neue gesellschaftliche und politische Dimension eröffnete, die ihnen die Errungenschaften der Demokratie plausibler machte.

Die Quintessenz von Lippmanns mobilisierender Botschaft bestand in drei wesentlichen Punkten: Da es *erstens* keinen »vom Staat unabhängigen Bereich der Freiheit« gebe, müsse sich auch der Liberalismus der Mittel von Recht und Sozialpolitik bedienen, um die Beweglichkeit des Kapitals zu erleichtern und für soziale Kohäsion durch eine gestärkte gesellschaftliche Mitte zu sorgen.[254] Lippmann betonte *zweitens* die Gestaltbarkeit der politischen Ordnung und nahm Abschied von liberalen Naturgesetzlichkeiten; weder könne man sich – im Positiven – auf die prästabilierte Harmonie verlassen, die die Denkfigur der »invisible hand« prägte, noch gebe es – im Negativen – eine natürliche Tendenz zu Monopolbildungen. Einzig das Prinzip der Arbeitsteilung und die globale Ausweitung von Handel und Märkten seien verlässliche Parameter, für die immer neue Organisationsformen gefunden werden müssten.[255] Dem die Epoche dominierenden Vorwurf, dass der Liberalismus eine abgelebte Ideologie des 19. Jahrhunderts sei, setzte Lippmann *drittens* den Glauben an die Unwiderstehlichkeit und Überlegenheit liberalen Denkens entgegen.[256] Er machte deutlich, dass der Liberalismus als unvollendete Aufklärung zu verstehen sei und dass seine Aufgabe darin liege, »die Leitsätze für diese revolutionäre Neuanpassung der Menschheit zu entdecken«.[257] Die Lehre des Liberalismus war

253 Vgl. Lippmann, *Die Gesellschaft freier Menschen*, S. 313.
254 Siehe ebenda, S. 257, 286, 307.
255 Vgl. ebenda, S. 224 ff., 293 ff.
256 Ebenda, S. 417 f.
257 Ebenda, S. 261.

für Lippmann das »Produkt einer langen Entwicklung«, die von Lernprozessen und flexibler Reaktion auf neue Herausforderungen geprägt war.[258]

Lippmanns Traktat traf – womöglich auch wegen seines Hangs zur Generalisierung und wegen des Verzichts auf die Erörterung amerikanischer Politik – den Nerv der in Europa verbliebenen liberalen Intellektuellen.[259] Das ihm zu Ehren veranstaltete Kolloquium vom 26. bis 30. August 1938 in Paris avancierte zur mittlerweile mythisch verklärten Geburtsstunde des Neoliberalismus, auch weil aus den Teilnehmern die Keimzelle der Mont Pelerin Society hervorging.[260] Zu den begeisterten Lesern Lippmanns und Teilnehmern zählten Wilhelm Röpke und Alexander Rüstow ebenso wie Raymond Aron, Friedrich August Hayek und Ludwig von Mises. Sie alle versammelten sich – trotz teilweise ganz konträrer ökonomischer Auffassungen –, um gemeinsam über die Zukunft und Erneuerung des Liberalismus mit Lippmann zu diskutieren. Mises' berüchtigtes Schweigen, als der Abschied vom *Laissez-faire* erklärt wurde, signalisierte zwar, dass man fern davon war, eine einheitliche neue liberale Programmatik zu vertreten.[261] Aber angesichts der Tatsache, dass der neoliberale Aufbruch als »Krisenprodukt« (Plickert) begriffen werden muss, fiel vor allem die Rückbesinnung auf fundamentale Normen und politische Überzeugungen ins Gewicht, mit deren Hilfe so etwas wie eine liberale Internationale begründet werden konnte. Anstatt sich in innerliberalen ökonomischen Kontroversen über Konjunktursteuerung, Interventionismus, Monopolismus und Währungspolitik aufzureiben, schien allgemein akzeptiert, dass der Staat als wesentliches Instrument zur rechtlichen Rahmung und sozialpolitischen Flankierung der Marktwirtschaft anzusehen sei. Lippmanns egalitäre Ideale, sein unbedingtes Eintreten für die Demokratie als Regierungs- und

258 Ebenda, S. 401.

259 Davon zeugte auch noch Wilhelm Röpkes Vorrede zur deutschen Übersetzung von »The Good Society« im Jahr 1945. Siehe Lippmann, *Die Gesellschaft freier Menschen*, S. 27-33. Zum Kontext vgl. Hennecke, *Wilhelm Röpke*, S. 118 f.

260 Zur Bedeutung des Lippmann-Kolloquiums siehe Plickert, *Wandlungen des Neoliberalismus*, S. 87-106.

261 In der Tat pflegten insbesondere Röpke und Rüstow weiterhin ihre Gegnerschaft zu Mises und Hayek. Siehe dazu vor allem Meier-Rust, *Alexander Rüstow*, S. 69 f.

Lebensform sowie seine Verpflichtung des Liberalismus auf soziale Gerechtigkeit forcierten und stärkten die vormals bisweilen brüchige Bindung liberaler Ökonomen an die Demokratie. Eine solche positive Politisierung, kombiniert mit einer totalitarismustheoretisch grundierten, kämpferischen Ablehnung des Kollektivismus bestimmte fortan das *mindset* eines neuen Liberalismus, der sich auf den Krieg vorbereitete. Sein Inventar sollte auch den *Cold War Liberalism* prägen.

Ernüchterung und Erneuerung – zum liberalen Denken im 20. Jahrhundert

Bei einer ausführlichen Anamnese der »twenty years' crisis« (E. H. Carr) nahm der Liberalismus (und mit ihm die parlamentarische Demokratie) die Rolle des schwerkranken Patienten ein.[1] Carrs klassische Studie über die Krise der internationalen Politik, die er kurz vor Ausbruch des Zweiten Weltkriegs abschloss, beleuchtete einen Aspekt der liberalen Misere, der deutliche Parallelen zum europaweiten innenpolitischen Scheitern der Liberalen aufwies. Der »Wilsonian Moment« von 1918/19 war vom Optimismus erfüllt, dass liberaler Internationalismus und demokratische Selbstbestimmung der Nationalstaaten zum beherrschenden Paradigma einer neuen Weltordnung würden.[2] Im Kontrast zum alsbald grassierenden Nationalismus und zu den autoritär-faschistischen Bewegungen hielten die intellektuellen Vertreter einer liberalen Internationale am Gedanken des Völkerbundes und an der Hoffnung auf europäische Versöhnung und supranationale Kooperation ebenso fest wie am Leitbild der parlamentarischen Demokratie. Sie waren vor allem von ihrer normativen Überlegenheit und der Evidenz ihrer besseren Argumente überzeugt.

Auch wenn die Zeitdiagnostiker der Epoche im Großen Krieg die entscheidende Zäsur erkannten, die den Abschied von alten Gewissheiten, vom liberalen bürgerlichen 19. Jahrhundert und seinem Fortschrittsoptimismus deutlich machte, schlug sich dieser Bewusstseinswandel erst mit Verzögerung im politischen Denken nieder. Es war durchaus zeittypisch, dass die wichtigsten liberalen Intellektuellen noch fest in der alten Welt verwurzelt waren und einer in der Vorkriegswelt sozialisierten Generation angehörten. Aus den Jahrgängen der Kriegs- und Nachkriegsgeneration, also bei den nach 1890 Geborenen, gab es wiederum nur wenige, die sich für den Liberalismus erwärmen konnten. Die sogenannten »Vernunftrepublikaner« und die Verteidiger der parlamentarischen

1 Edward H. Carr, *The Twenty Years' Crisis: 1919-1939. An Introduction to the Study of International Relations* (1939), New York 2001.

2 Siehe Erez Manela, *The Wilsonian Moment. Self-Determination and the International Origins of Anticolonial Nationalism*, New York 2007.

Demokratie fanden sich ganz überwiegend unter den Älteren. So ist es symptomatisch, dass ein Liberaler wie Moritz Julius Bonn, Jahrgang 1873, ungeachtet seines ausgeprägten Krisenbewusstseins und seines Skeptizismus letztlich doch von der Alternativlosigkeit einer progressiven liberalen Moderne ausging. Der von ihm gepflegten ironischen Abgeklärtheit zum Trotz trug Bonns Denken ausgeprägte idealistische Züge. Der Ironiker fühlte sich in seinem Fall der eigenen Sache sicher (zumindest bis 1933) und urteilte immer noch im festen Glauben an die unbedingte Richtigkeit liberaldemokratischer Grundsätze. Erst nach und nach setzte ein Prozess der Ernüchterung ein und reifte die Einsicht in die Notwendigkeit, sich nicht auf die Überlegenheit eigener Ideen zu verlassen, sondern die demokratischen Institutionen und die Verfassungsordnung mit robusten Mitteln zu verteidigen.[3] Diese Entwicklung lässt sich gleichermaßen in außenpolitischen wie auch in demokratietheoretischen Konzeptionen nachzeichnen. Anhänger der Völkerbundidee hatten nach dem Ersten Weltkrieg unablässig für die »Parlamentarisierung« der internationalen Politik geworben, um im Medium des Verhandelns berechenbare Interessenpolitik anstatt »Herrschaftspolitik« zu betreiben. Sie setzten auf Rationalität und die pazifizierende Wirkung einer Politik des Ausgleichs und der allseitigen Kompromissbereitschaft, weil Liberale weiterhin mit der Staatsraison und der Vernunft der Akteure rechneten. Dieser Vorstellung lag die Idee zugrunde, dass die westlichen Siegermächte die Grundzüge einer neuen Weltordnung bestimmen könnten.[4]

Ein solches Modell fiel in den 1930er Jahren ebenso in sich zusammen wie das Vertrauen in die Stabilität und in die Selbststeuerungskapazität der parlamentarischen Demokratie. Hatten die liberalen Auseinandersetzungen mit dem Totalitarismus noch darauf gezielt, die Überlegenheit des repräsentativen Systems gegenüber einer auf Akklamation basierenden Diktatur herauszustellen, so bekämpften exilierte Liberale nun die Illusionen der Appeasementpolitik und registrierten einen existentiellen Machtkampf um

3 Siehe z. B. Bonn, »Limits and Limitations of Democracy«.

4 So auch die These von Tooze, *Sintflut*. Zur liberalen Konzeption internationaler Politik vgl. Jens Hacke, »Liberale Alternativen für die Krise der Demokratie. Der Nationalökonom Moritz Julius Bonn als politischer Denker im Zeitalter der Weltkriege«, in: *Jahrbuch zur Liberalismus-Forschung* 26 (2014), S. 295-318, hier S. 305-312.

weltpolitische Hegemonie zwischen westlicher Zivilisation und den totalitären Mächten. Sie rückten ab vom früher vertretenen liberalen Internationalismus und beschäftigten sich im Vorgriff auf die realistische Schule mit den Machtstrategien der neuen Imperien; die Fortschrittsperspektive wich einem desillusionierten Muster vom zyklischen Aufstieg und Fall der Reiche.[5]

Wenngleich eine solche Denkbewegung in ihrem Reduktionismus nicht repräsentativ für den Liberalismus der Epoche ist, so veranschaulicht sie doch eine Problemlage, die Konservative weitaus nüchterner diagnostizierten. Leo Strauss etwa empfahl den verbliebenen Liberalen im Jahr 1933 die Lektüre von Thomas Hobbes, den er zum eigentlichen Begründer des Liberalismus modellierte und dessen »nie wieder erreichte Radikalität« den Sinn für den Feind und die Abgründe der menschlichen Natur in notwendiger Weise zu schärfen in der Lage sei. Strauss erkannte die existentielle Bedrohungssituation der liberalen Demokratie, die mit einer neuen Art der Infragestellung konfrontiert war. Es handelte sich nicht einfach um reaktionäre oder sozialistische Kräfte, sondern das Register bisheriger politischer Vorstellungen wurde außer Kraft gesetzt: »Der Liberalismus ist also, wenn er sich behaupten will, nunmehr zu einer so radikalen Begründung gezwungen wie noch niemals in seiner Geschichte.«[6] Was Strauss vorschwebte, war die Rückbesinnung auf einen »militanten Liberalismus *in statu nascendi*«, der im Sinne von Hobbes noch keine liberalen Grundsätze als politische Rahmenbedingungen voraussetzte, sondern bereit war, sich gegen eine Welt zu verteidigen, in der die Gefahr überall lauern konnte.[7] Wie voraussetzungsreich die Straussianische Konzeption der Neubegründung des politischen Denkens als Traditionsbruch bei Hobbes aus philosophischer Perspektive ist, braucht an dieser Stelle nicht gesondert diskutiert zu werden.[8] Entscheidend ist etwas anderes: Strauss, dessen kühler Blick auf den Liberalismus keinerlei Sympathie oder innere

5 Moritz Julius Bonn, *The Crumbling of Empire. The Disintegration of World Economy*, London 1938.

6 Leo Strauss, »Einige Anmerkungen über die politische Wissenschaft des Hobbes« (1933), in: ders., *Gesammelte Schriften Bd. 3: Hobbes' politische Wissenschaft und zugehörige Schriften – Briefe*, Stuttgart/Weimar 2008, 2. Aufl., S. 243-261, hier S. 243 f.

7 Ebenda, S. 245.

8 Siehe dazu Harald Bluhm, *Die Ordnung der Ordnung. Das politische Philosophieren von Leo Strauss*, Berlin 2002, S. 100-109.

Verbundenheit erkennen ließ, hatte ein Gespür für die praktischen Unzulänglichkeiten eines Liberalismus, dem als philosophische Idee individueller Freiheit die ordnungsstiftende Kraft fehlte und dessen Toleranzgebot selbstzerstörerisch wirken musste.

Auch der konservative englische Philosoph Michael Oakeshott erklärte in seinen jungen Jahren den klassischen Liberalismus für erledigt; er sei wahrscheinlich tot, jedenfalls verbreite die »Leiche der Freiheit« bereits Gestank. In der von ihm herausgegebenen und kommentierten, vielfach aufgelegten Quellensammlung über *Social and Political Doctrines of Contemporary Europe* aus dem Jahr 1939 fand der Liberalismus, den er mit einem »kruden und negativen Individualismus« und mit Materialismus identifizierte, gar keinen eigenen Platz mehr.[9] Die kommunistischen und faschistischen Angriffe auf das moralische Ideal der liberalen Demokratie waren aus seiner Sicht gut begründet und trafen sie an ihrer schwächsten Stelle. Diese Attacken hatten – hier war er mit Strauss einig – die theoretischen und praktischen Defizite des Liberalismus offenbart: den Ökonomismus, die einseitige Konzentration auf den Schutz des Privateigentums und auf die Abwehr des absoluten Monarchen oder Tyrannen. Vor allem hatten Liberale versäumt, neue Formen des Antiliberalismus zu erkennen und sich rechtzeitig auf sie einzustellen. Diese Weltfremdheit hatte nach Oakeshotts Auffassung desaströse Konsequenzen: »Dem Liberalismus fehlte es offenbar an entsprechender geistiger Wehrhaftigkeit, um die ihn bedrohenden Kräfte wirksam zu bekämpfen.«[10] Weil Oakeshott glaubte, dass Philosophie oder Ideologie in der Politik nur sehr begrenzten Einfluss hätten, sprach er nüchterner von »Doktrinen«. Als eine solche hatte die »repräsentative Demokratie« den Liberalismus abgelöst, denn sie war nicht auf eine Programmatik oder ein geschlossenes Gedankensystem angewiesen, sondern hatte Wandlungen und Anpassungsprozesse durchlaufen, in England als eine lebendige Tradition. Für Oakeshott besaß sie eine lange und eindrucksvolle Ideengeschichte, während sie zugleich die überzeugendste politische Form der modernen Zivilisation darstellte.[11]

9 Michael Oakeshott (Hg.), *Social and Political Doctrines of Contemporary Europe*, London 1940, S. XI-XXIII, hier S. XVI f.

10 Ebenda, S. 3 f.

11 Ebenda, S. XVIII. – Auf Oakeshotts Parteinahme für die repräsentative Demokratie in dieser oft übersehenen Gelegenheitsschrift weist ebenfalls hin George

Oakeshotts Beobachtungen sind aus mehreren Gründen interessant. Zum einen musste man, jedenfalls aus britischer Perspektive, kein nomineller Liberaler sein, um für die repräsentative Demokratie einzutreten; massive Liberalismuskritik vertrug sich also durchaus mit einer Parteinahme für die Demokratie. Zum anderen akzentuierte Oakeshott auf eine spezifische Weise den epochalen Wandel im Verhältnis von Liberalismus und Demokratie. Man mag seine umstandslose Entsorgung des Liberalismus zweifelhaft finden, aber letztlich ist es ein bloßer Streit um Worte, ob wir mit Oakeshott von repräsentativer Demokratie oder eben von liberaler Demokratie sprechen. Jedenfalls war die repräsentative Demokratie für ihn nicht lediglich eine Regierungsmethode, sondern eine eigenständige »Doktrin«, die Gewaltenteilung, *rule of law* und einen friedlichen politischen Führungswechsel durch Wahlen ermöglichte.

Die beiden sehr unterschiedlichen konservativen Denker, der Platoniker Strauss und der skeptische Rationalismuskritiker Oakeshott, sollten zwar erst im Kalten Krieg Bekanntheit erlangen und größere Wirkung entfalten.[12] Sie erkannten aber bereits in der Zwischenkriegszeit die entscheidenden Sollbruchstellen des politischen Liberalismus: Nach der Deutung von Strauss hatte dieser lediglich dann eine Überlebenschance, wenn er den für ihn vermeintlich konstitutiven Relativismus im Sinne einer »militanten« Selbstbehauptung überwinde. Oakeshott wiederum registrierte, dass der Liberalismus noch kein zureichendes Verhältnis zur repräsentativen Demokratie gewonnen hatte; ihm fehlte die Praxistauglichkeit für die Moderne. Beide Befunde rückten praktische Erfordernisse ins Blickfeld. Liberale sollten lernen, ihre Politik in widrigen Konstellationen zu begründen, um demokratische Mehrheiten offensiv zu umwerben und den Gegner zu bekämpfen. Dabei galt es vor allem, für die institutionelle Ordnung der repräsentativen Demokratie einzutreten und sie zur liberalen Sache zu machen.

Dass eine solche Defizitanalyse nicht pauschal auf liberale The-

Feaver, »Regimes of Liberty. Michael Oakeshott on Representative Democracy«, in: Corel Abel/Timothy Fuller (Hg.), *The Intellectual Legacy of Michael Oakeshott*, Exeter 2005, S. 132-159, hier S. 133-136.

12 Siehe etwa die kritische vergleichende Betrachtung von Perry Anderson, »The intransigent Right: Michael Oakeshott, Leo Strauss, Carl Schmitt, Friedrich von Hayek«, in: ders., *Spectrum. From Right to Left in the World of Ideas*, London 2005, S. 3-28.

oretiker in der Zwischenkriegszeit zu übertragen ist, zeigen die Interventionen der verschiedenen Weimarer Intellektuellen. Zwar besitzt die in letzter Zeit verstärkt vertretene These, die 1920/30er Jahre als Formationsphase der »liberalen Demokratie« zu begreifen, aufs Ganze gesehen Plausibilität, denn in der Tat war dieses Kompositum bis dahin noch keine allgemein akzeptierte Währung.[13] Aber dass bereits unmittelbar mit dem Ende des Weltkrieges unter Liberalen die Vereinbarkeit von Massendemokratie und parlamentarischem System angestrebt wurde, zeigen die demokratietheoretischen Konzeptualisierungen von Max Weber, Richard Thoma, Hans Kelsen oder Moritz Julius Bonn. Der zeittypischen Inflationierung rousseauistischer Demokratieideale und dem Missbrauch des Demokratiebegriffs für Diktaturmodelle, die sich durch gelenkte Akklamation legitimierten, setzten sie die Überzeugung entgegen, dass eine stabile demokratische Ordnung nur im parlamentarischen Repräsentativsystem zu realisieren sei.[14]

Es war wohl weniger die »Genese der liberalen Demokratie als Idee« (Bell), die am Ende der Zwischenkriegszeit stand und die dann für die Ära nach 1945 im Westen kanonisch wurde, denn die Idee war bereits vorher bekannt. Vielmehr handelte es sich um einen Prozess hin zur alternativlosen Anerkennung der liberalen Demokratie im Lager derer, die sich fortan als Liberale begriffen. Anders gesagt: Seit dem Zweiten Weltkrieg dürften kaum mehr Liberale zu finden sein, die die parlamentarische Demokratie nicht akzeptierten. Dass sich mit der liberalen Demokratie kein trennscharfes Konzept verbinden ließ, weil sie ein Bündel vager und auslegungsbedürftiger Eigenschaften mitführte, musste am Ende kein Nachteil sein. »Parlamentarische«, »repräsentative«, »mittelbare« oder »westliche Demokratie« waren teils synonyme, teils verwandte Bezeichnungen für eine Regierungsform, die als Ausgleich und Verbindung von Liberalismus und Demokratie vielfältig konzipiert wurde – und nicht auf elitistische Führungskonzeptionen reduziert werden darf.[15]

13 Siehe etwa Fawcett, *Liberalism*, S. 21 u.ö., sowie Duncan Bell, »What is Liberalism?«, in: *Political Theory* 42 (2014), S. 682-715, hier S. 703.

14 Anderer Auffassung ist Christoph Schönberger, der auch Kelsen eine rousseauistische Demokratieauffassung unterstellt. Siehe Christoph Schönberger, »Demokratisches Denken in der Weimarer Republik – ein kurzes Fazit«, in: Gusy (Hg.), *Demokratisches Denken in der Weimarer Republik*, S. 664-669, hier 664 f.

15 Zu diesem Problem Straßenberger, *Politische Führung*, S. 18-110.

In der Rückschau fällt es leicht, an den für die Massengesellschaft gedachten liberalen Demokratiebegründungen erhebliche Residuen elitären bürgerlichen Klassendenkens zu kritisieren, die Fixierung auf Führung zu monieren und das Eintreten für egalitäre Staatsbürgerrechte als strategisches Zugeständnis zur Wahrung der kapitalistischen Wirtschaftsordnung zu werten. Eine solche Sichtweise läuft jedoch Gefahr, die komplexen Impulse zu einer liberalen Selbstkorrektur und Erneuerung zu verkennen. Einerseits trugen Liberale von jeher schwer an der Bürde, in der praktischen Politik hinter den universalistischen Prinzipien zurückzubleiben, die progressive Liberale seit der Aufklärung formuliert hatten. Die Ideengeschichte des Liberalismus kommt in dieser Hinsicht einer ewigen Aufholjagd gleich, in der politische Programmatik Anschluss an moralische Grundsätze sucht. Andererseits gaben die gesellschaftspolitische Wirklichkeit und neue ideologische Herausforderungen dringenden Anlass, bisher erreichte institutionelle, rechtliche und politisch-kulturelle Errungenschaften vehement zu verteidigen und vor Angriffen zu schützen.

Die Aporien dieser Krisensituation sind uns heute klar ersichtlich: Wie konnte überzeugend für eine freie Bürgergesellschaft und ihre verantwortliche Selbstregierung geworben werden, wenn das Fehlen moderater zivilgesellschaftlicher Akteure offensichtlich war? Auf welche Weise war eine Gesellschaft zu integrieren, die durch Klassenspaltung, Interessengegensätze und ideologische Verfeindung breiter Gruppen geprägt war? Wie konnte ein Parlamentarismus verteidigt werden, dessen Funktionstüchtigkeit und Integrationskraft beständig nachzulassen schienen? Waren den Zeitgenossen die Vorzüge der pluralistischen Gesellschaft in einer Zeit plausibel zu machen, als übermächtige irrationale Losungen von Gemeinschaft, Homogenität und nationaler Einheit dominierten? Und schließlich: Was sprach noch für die Leistungsfähigkeit des Sozialstaates in einem kapitalistischen Wirtschaftssystem, das durch nie zuvor gekannte Massenarbeitslosigkeit und Konjunktursturz geprägt war?

In dieser krisengeschüttelten Lage war es ein nahezu aussichtsloses Unterfangen, die liberale Demokratie aus sich heraus zu rechtfertigen und theoretisch zu begründen. Betrachtet man die Entwicklung des Liberalismus als »Geschichte einer dauernden Neuerfindung« (Bell),[16]

16 Bell, »What is Liberalism?«, S. 705

so lässt sich die liberale Reflexion eher als Praxis im Licht konstellationsabhängiger Herausforderungen und Problemlagen begreifen. Dies zeigte sich bereits, als der Zusammenbruch des Kaiserreiches neue Denk- und Handlungsspielräume ermöglichte. Denn die Weimarer Staatsgründung, ins Werk gesetzt mit einer wesentlich sozialliberal geprägten Verfassung, ging unter dem Druck der Novemberrevolution noch weit über die Reformagenda des progressiven Liberalismus vor 1918 hinaus. Die Infragestellung der parlamentarischen Demokratie durch den Faschismus und der damit verbundene Angriff auf den Liberalismus zeigten die Notwendigkeit, das Bestehende zu sichern. Liberale Prinzipien mussten nicht mehr theoretisch abgeleitet werden, sondern es galt, ihre praktischen Vorzüge zu erläutern. Frühe liberale Kritiker des Faschismus nahmen dessen Theorie und Praxis sowie die antiliberale Affinität seiner bürgerlichen Sympathisanten zum Anlass, die unteilbaren Güter der liberalen Demokratie ex negativo zu würdigen, nämlich in Absetzung vom faschistischen Unrechtsstaat und von den verbreiteten autoritär-ständestaatlichen Modellen seiner *fellow travellers*. Rechtsstaat, Gewaltenteilung, parlamentarische Kompromissbereitschaft, Toleranz und Pluralismus gewannen an normativer Kraft, sobald zu demonstrieren war, wie desaströs sich ihre Außerkraftsetzung bemerkbar machte.

Die sichtbare Konsequenz der Krisendebatten war die langfristige Pragmatisierung eines Liberalismus, der fortan vom aufklärungsoptimistischen »Projekt der Zivilisierung der Menschheit« (M. Freeden) Abstand nahm und skeptischer mit den eigenen Ideenbeständen rechnete, um das Erreichte gegen Rückfälle zu sichern.[17] Dabei führte die Auseinandersetzung mit dem Faschismus vor Augen, dass die Situierung als moderate Vernunft zwischen demokratisch-sozialistischem Emanzipationsstreben und konservativer Reaktion keine hinreichende Orientierung mehr bot. Die extreme Rechte faschistischer (und später nationalsozialistischer) Provenienz reklamierte für sich, alternative Wege in die Moderne zu eröffnen, ohne sich im Unterschied zum moderateren Konservatismus an Verfassungsrecht und die bestehende institutionalisierte Staatsordnung gebunden zu fühlen. Wenn die Politik einem Liberalen wie Weber bereits als Kampf um Macht galt, so wandelte sich

17 Freeden, »Europäische Liberalismen«, S. 1037.

der politische Konflikt nun zu einem existentiellen Kampf, in dem die rechtsradikalen Kräfte gar nicht mehr gewillt waren, Regeln einzuhalten. Im Gegenteil: Die Regelverletzung wurde zur Strategie, und die parlamentarischen Formen für die Domestizierung und Austragung politischer Gegensätze verloren immer weiter an Akzeptanz. Der dramatische Niedergang der liberalen Parteien in Weimar und die Wankelmütigkeit bürgerlich-liberaler Intellektueller in Deutschland, die angesichts der Staatskrise seit 1930 vielfach resignierten oder sich autoritären politischen Ordnungsmodellen annäherten,[18] sollte jedoch nicht dazu verleiten, die kritischen und diagnostischen Qualitäten der Debatte um die liberale Demokratie insgesamt zu unterschätzen. Von zwei verbreiteten Vorurteilen gilt es sich zu lösen:

Erstens sollte von einer auf die großen Theoretiker beschränkten Ideengeschichte Abstand genommen werden, um den trügerischen Eindruck zu vermeiden, dem Liberalismus in Weimar habe es allein an repräsentativen Erscheinungen gefehlt. Der Überfigur Max Weber wurden mitunter derart charismatische und seherische Fähigkeiten zugeschrieben, dass sein früher Tod als tragischer und folgenschwerer Verlust für den Liberalismus gedeutet wurde.[19] Dass Weber als DDP-Politiker bereits gescheitert war und dass seine Überzeugungen keineswegs singulär waren, wird dabei ebenso geflissentlich ignoriert, wie die Prägekraft von originellen Ideen überschätzt wird. Auch das Ableben von Ernst Troeltsch und Hugo Preuß, besonders aber die Ermordung Walter Rathenaus und der Tod Gustav Stresemanns schienen den Eindruck zu erhärten, dass der Weimarer Liberalismus den Verlust seiner besten Köpfe nicht verkraftet habe.

Zweitens sollte die Krisengeschichte des Liberalismus und die darin deutlich werdende Erosion der politischen Mitte keinen gleichsam unumkehrbaren Prozess suggerieren, an dessen Ende der Zusammenbruch der Weimarer Demokratie nahezu unvermeid-

18 Symptomatisch für diese liberale Resignation Alfred Weber, *Das Ende der Demokratie? Ein Vortrag*, Berlin 1931.

19 Der Weber-Mythos wurde bereits von seiner Frau Marianne sowie von Ernst Troeltsch oder Karl Jaspers genährt. Vor allem innerhalb des Hilfe-Kreises wurde der Verlust der großen »geistigen Führer« Max Weber und Friedrich Naumann immer wieder betrauert. Siehe Gräser, »Charisma, ›Führung‹ und Demokratie«, S. 284.

lich erscheint. Insbesondere die Beschäftigung mit den standfesten Vertretern eines demokratischen Liberalismus erinnert daran, das Moment der Kontingenz wieder stärker zu berücksichtigen, welches der Machtübertragung an Hitler innewohnte. Auch wenn Teile der politischen Eliten und eine Vielzahl von Intellektuellen die Republik bekämpften und ihre Zerstörungsabsichten kaum verbargen, folgte das Ende Weimars weder einem Plan noch einer rekonstruierbaren Intention. Trotz aller offenkundigen Funktionsstörungen der Weimarer Demokratie hegten Liberale die zu diesem Zeitpunkt durchaus plausible Hoffnung auf eine Überwindung der Wirtschaftskrise und die Rückkehr zu parlamentarischen Regierungsformen.[20] Das demokratische Legitimationsdefizit der Präsidialkabinette musste nicht als Überwindung der Republik, sondern konnte auch als transitorischer Notbehelf gedeutet werden. 1931 stellte Richard Thoma fest, »daß sich das durchdachte und elastische Gesamtsystem unserer Verfassung in der gegenwärtigen Krisis bewährt«. »Die nahezu verzweifelte Lage«, erläuterte er, »entspringt nicht daraus, daß am parlamentarischen System oder seiner demokratischen Basis etwas schlecht wäre, sondern unser großes Unglück ist die Summierung von Wirtschaftskrisen.«[21]

Die Verwerfungen der politischen Kultur und der Erfolg der extremistischen Parteien waren zweifellos (auch) konjunkturabhängig. So sahen es viele Liberale, die wie Thoma »Hoffnung auf bessere Zeiten« hegten.[22] Die Diktatur war in ihren Augen keine Lösung, denn es hatte sich mit Blick auf Italien gezeigt, dass sie sich zu neuen Formen wandelte, die keine Aussicht auf Rückkehr in einen rechtsstaatlichen Zustand boten. Für den Berliner Chefkorrespondenten der *Frankfurter Zeitung* Rudolf Kircher stand außer Frage, dass jede Diktatur »im zivilisierten europäischen Umkreis (erst recht darüber hinaus)« nur ein Ziel habe: »die Ausrottung der

20 Diese Stimmungslage überliefert mit Blick auf die liberale Publizistik Bernd Sösemann, »Periode des Übergangs oder ›Ende des Systems‹? Liberale Publizistik im Weimar der Präsidialkabinette«, in: Thomas Koebner (Hg.), *Weimars Ende. Prognosen und Diagnosen in der deutschen Literatur und in der politischen Publizistik 1930-1933*, Frankfurt/M. 1982, S. 143-181.

21 Richard Thoma, »Diskussionsbeitrag«, in: *Veröffentlichungen der Vereinigung der Deutschen Staatsrechtslehrer*, Heft 7: Verhandlungen der Tagung der Deutschen Staatsrechtslehrer zu Halle am 28. und 29. Oktober 1931, Berlin/Leipzig 1932, S. 200-201, hier S. 201.

22 Ebenda, S. 201.

Andersdenken, die Vernichtung der Minderheiten«. Wie viele andere war sich Kircher auch 1932 noch sicher, dass »[e]in undemokratischer, das heißt alles anders Geartete und anders Denkende gewaltsam zerstörender Diktator« in Deutschland unvorstellbar sei.[23] In Kirchers Aufsatz zur »Zukunft der Demokratie« lassen sich noch einmal musterhaft die Positionen eines krisengeprüften Liberalismus ausmachen, der sich auf die grundlegenden Elemente der »westlichen Demokratie« besinnt: die demokratische Führerauslese, die Kontrollfunktion der öffentlichen Meinung, die rechtsstaatliche Sicherheit der Bürger, eine repräsentative parlamentarische Regierung und eine lebendige politische Kultur der Demokratie. Dass dieser gutinformierte »second-hand dealer of ideas« in seinem Neujahrsartikel 1933 den »gewaltigen nationalsozialistischen Angriff auf den demokratischen Staat [...] abgeschlagen« sah, lässt sich dann nicht als Irrtum eines Einzelnen verbuchen, sondern als Indikator für das Unvorhersehbare.[24]

Inwiefern mit dem Krisenbewusstsein in Weimar tatsächlich die Erwartung einherging, dass die Republik scheitern müsse, bleibt schwer zu bestimmen. Der heutige inflationäre Gebrauch der Krisensemantik und die Visionen von allen möglichen Untergangsszenarien, hinsichtlich des Wohlfahrtsstaats, Griechenlands, Europas, des Westens etc., mag vor Augen führen, dass trotz allem die Fortsetzung des Bestehenden – wie modifiziert auch immer – in der Regel die Erwartungshaltung dominiert. So bekannte der politisch durchaus wache Zeitgenosse Golo Mann in seinen Erinnerungen: »Meine Generation war in die parlamentarische Republik hineingewachsen und nahm ihre Dauer für selbstverständlich.«[25]

Die Debatten über die Gefährdung der Demokratie und die Möglichkeit ihrer Selbstabschaffung, die in aller theoretischen Konsequenz geführt wurden, bleiben auch dann lehrreich, wenn sie die Machtübertragung an die Nationalsozialisten als Ergebnis gezielter

23 Rudolf Kircher, »Die Zukunft der Demokratie«, in: *Krisis. Ein politisches Manifest*, hg. von Oscar Müller, Weimar 1932, S. 62-74, hier S. 71.

24 Kirchers Leitartikel wird zitiert nach Gillessen, *Auf verlorenem Posten*, S. 86. Die Stimmenverluste der NSDAP bei den Novemberwahlen 1932 ließen es für Zeitgenossen in der Tat so aussehen, als hätte die Partei ihren Höhepunkt überschritten.

25 Golo Mann, *Erinnerungen und Gedanken. Eine Jugend in Deutschland*, Frankfurt/M. 1986, 2. Aufl., S. 377.

Intrigen nicht vorhersehen, geschweige denn verhindern konnten. Das Szenario, das die Zerstörung der Republik einleitete, erwies sich als eine Melange aus misslungener Elitenverschwörung und anschließender pseudolegaler Revolution mit Rechtsbrüchen und Terror, die sich den systematischen Erörterungen von Staatsrechtlern und anderen intellektuellen Interpreten größtenteils entzog.[26] Demgegenüber hatten liberale Republikaner bereits früh erkannt, dass alle Anstrengungen um Verfassungsreform, Wahlrechtsänderung oder Modifikation der parlamentarischen Geschäftsordnung fruchtlos bleiben würden, solange es nicht gelang, Mehrheiten für solche Unterfangen zu organisieren.

Vor diesem Hintergrund liegt die Bedeutung des Diskurses um die »wehrhafte Demokratie« möglicherweise nicht so sehr darin, dass das Verfassungsrecht bestimmte Schutzmechanismen zur Verteidigung der parlamentarischen Demokratie und ihrer Institutionenordnung ersonnen hat. Vielmehr identifizierten die (unterlegenen und exilierten) Liberalen eine demokratische politische Kultur und eine robuste Verteidigung der demokratischen Institutionen als notwendige Bestandsvoraussetzungen des freiheitlichen Staates. Sie reagierten damit auf den Standardvorwurf gegen einen staatsskeptischen, individualistischen und ökonomisch orientierten Liberalismus, der nicht in der Lage sei, die moralischen Ressourcen für soziale Kohäsion und notwendiges politisches Engagement der Bürger zu erneuern. Diesem konstitutiven Widerspruch eines Liberalismus, der Relativismus, Offenheit und Toleranz ohne Einschränkung gelten lassen wollte, konnten Liberale nur begegnen, wenn sie die parlamentarische Ordnung selbst für unantastbar erklärten, politische Freiheits- und Partizipationsrechte unter den Schutz des Staates stellten sowie bei den Bürgern für die Identifikation und die Mitwirkung im Gemeinwesen warben.[27]

26 Carl Schmitt hatte in seinen Schriften *Legalität und Legitimität* und *Der Hüter der Verfassung* die überlegalen und informellen Prämien auf den Machterwerb, die im fingierten Ausnahmezustand die Verfassungsordnung außer Kraft setzen konnten, am deutlichsten gesehen.

27 Eine solche liberale Lernerfahrung, die sich vor allem auf ein positives Staatsverständnis, sozialstaatliche Verantwortung, die »Gleichursprünglichkeit von Liberalismus und Demokratie« und auf die zentrale Rolle des Rechts erstreckte, akzentuierte bereits in herausragender Weise Jürgen von Kempski, »Über den Liberalismus« (1953), in: ders., *Recht und Politik*, S. 300-320.

Es reichte fortan nicht mehr, Demokratie reduktionistisch als Instrumentarium zur Auslese politischer Eliten zu akzeptieren und sich darauf zu verlassen, dass eine demokratisch legitimierte Führung für Wohlfahrt, Sicherheit und generell die Leistungsfähigkeit des Staates sorgen würde. Max Weber hatte in den Grundzügen noch ein solchermaßen kalkuliertes Demokratieverständnis aus Top-down-Perspektive für den Liberalismus in Anspruch genommen. Aber die Verteidigung der Demokratie aus instrumentellen und rationalen Gründen wurde zusehends schwieriger, als das Argument der Effizienz angesichts eines blockierten Parlamentarismus kaum mehr zu halten war. Der liberale Flirt mit Modellen autoritärer Demokratie und die Fixierung auf starke Führung dokumentierten die Unsicherheit, ob parlamentarische Demokratien mit einem pluralistischen Parteiensystem überhaupt die erforderliche Regierbarkeit gewährleisten können. Generell schien der Sündenfall des parteipolitischen Liberalismus, die Zustimmung zum Ermächtigungsgesetz am 23. März 1933, das vernichtende Urteil über den Liberalismus insgesamt zu bestätigen: die normative Rückgratlosigkeit, der fehlgeleitete Etatismus, das realpolitisch begründete Sich-Fügen ins Unvermeidliche, die Illusion der Volksgemeinschaft.[28] Aber es wäre doch voreilig, das verzweifelte Abstimmungsverhalten der wenigen verbliebenen Abgeordneten der Deutschen Staatspartei – unter ihnen bekanntlich Theodor Heuss – als repräsentativ für den Liberalismus insgesamt zu betrachten. Zum einen gab es den Liberalismus niemals als in sich geschlossene Entität. Zum anderen widersprach diese Abkehr von der parlamentarischen Demokratie ganz erheblich den früheren Bemühungen um die Stabilisierung der Republik und um die Etablierung der »Demokratie als Lebensform« (Heuss). Moritz Julius Bonn hatte den Trend zur Delegation der Gesetzgebung an die Exekutive schon in der Frühphase der Weimarer Republik kritisiert. Er sah darin eine Strategie der Parteien, sich gegenüber den Wählern aus der Verantwortung für unpopuläre Gesetzgebungsvorhaben zu flüchten. Bereits 1925 deutete für ihn einiges darauf hin, dass »das

28 Vgl. zum Ermächtigungsgesetz besonders Ernst Wolfgang Becker, »Die utopische Kraft der Realpolitik. Linksliberalismus und Ermächtigungsgesetzgebung in der Weimarer Republik«, in: *Jahrbuch zur Liberalismus-Forschung* 28 (2016), S. 91-118; ders., *Theodor Heuss. Bürger im Zeitalter der Extreme*, Stuttgart 2011, S. 67-79.

letzte Stündlein der Demokratie, zum mindesten des demokratischen Parlamentarismus geschlagen habe«. Zwar diskutierte er zu diesem Zeitpunkt die Diktatur noch als ein Instrument wirtschaftlicher Interessengruppen, warnte aber mit Blick auf die italienische Erfahrung vor ihrer Verselbständigung, die außer Kontrolle geraten müsse: »Denn der Diktator, der wirklich ein Mann ist, und nicht bloß eine Attrappe« wäre der Herr über Staat und Wirtschaft, keinesfalls »ihr Diener«.[29]

Die Erfahrung des Faschismus und des Nationalsozialismus führte schließlich zu einer strengen kategorialen Trennung von Diktatur und Demokratie. Weder konnte die Diktatur als Verfassungsinstitut der Demokratie inkorporiert noch die Vorstellung aufrechterhalten werden, dass eine kombinatorische Lösung möglich sei, die den Diktator jenseits von ihm selbst initiierter Plebiszite wirklich demokratisch legitimierte. Gegen Rechtsbrüche, Terror und die Suspendierung bürgerlicher Freiheiten gab es keinen Schutz mehr, sobald der Weg des demokratisch verfassten Rechtsstaats verlassen war.[30]

Die linksliberale Erkenntnis, dass die demokratische Lebensform besonderen Schutz benötigte und kontinuierlicher Pflege bedurfte, war von der Peripherie ins Zentrum liberalen Denkens gerückt. Auch dies zeigten die vielfältigen Beiträge zur notwendigen Wehrhaftigkeit und Verteidigungsbereitschaft der Demokratie in den 1930er Jahren. Sie signalisierten die Renormativierung der Demokratietheorie, weil sie angesichts existentieller Bedrohung die demokratische Lebensform als zivilisatorische Errungenschaft der Moderne neu herausstellten. Charakteristisch dafür war der neuerliche Rekurs auf den Humanismus und die Menschenrechte; das Bekenntnis zu Werten und die Frontstellung gegen den Totalitarismus schufen den neuen *common ground* für einen demokratischen Liberalismus. Die klare Feindbestimmung erlöste Liberale davon,

29 Bonn, *Die Krisis der europäischen Demokratie*, S. 137, 139.

30 Dieser Prozess der Dichotomisierung lässt sich an unterschiedlichen Publikationen nachvollziehen. Vgl. etwa Martin, *Demokratie oder Diktatur?*; Heller, »Rechtstaat oder Diktatur?« – Zur Debatte insgesamt Llanque, »Die Diktatur im Horizont der Demokratieidee«. Unter totalitarismustheoretischen Vorzeichen entwickelte sich dementsprechend ein expansiver liberaler Begriff der Diktatur. Siehe dazu auch Ernst Nolte, Art. »Diktatur«, in: *Geschichtliche Grundbegriffe. Historisches Lexikon zur politisch sozialen Sprache in Deutschland*, Stuttgart 1972, Bd. 1, S. 900-924, hier S. 924.

Toleranz und Relativismus als konstitutive Eigenschaften der eigenen Weltanschauung verteidigen zu müssen. Vielmehr war es zwingend geworden, die Grenzen der Toleranz zu bestimmen, und diese Grenzziehung war angesichts der massiven Bedrohungslage nicht mehr nur eine theoretische, sondern eine praktische Operation. Dolf Sternberger hat diesen Lernprozess kurz nach dem Zweiten Weltkrieg schließlich in folgende prägnante Formeln gefasst: »Keine Freiheit für die Feinde der Freiheit! Kein Kompromiß mit den Feinden des Kompromisses! Kein gleiches Recht für die Feinde des gleichen Rechts!«[31]

Im Moment des Verlusts und der Bedrohung wesentlicher zivilisatorischer Standards, die mit der Etablierung des Rechtsstaats selbstverständlich geworden waren, wurde es einfacher, die essentiellen Elemente des demokratischen Verfassungsstaates zu benennen und für sie einzutreten. Das vorher diagnostizierte liberale Defizit, in der Politik mit Pathosformeln zu operieren, nachhaltig an die Emotionen der Bürger zu appellieren und kollektiv identitätsbildend zu wirken, war im Zuge der nun möglichen Feindbestimmung gegenstandslos geworden. Für diese Besinnung auf Gemeinsamkeiten war die liberale Demokratie auf einmal vom Problemfall zum Integrationsfaktor geworden.

Dass dem Weimarer Liberalismus, oder vorsichtiger formuliert: der Vielheit dessen, was sich als liberal verstand, ein integratives Moment fehlte, hatte sich in der Topographie der Parteienlandschaft bereits früh in der Konkurrenz zwischen DVP und DDP abgezeichnet. Die staatstragende Zugehörigkeit zur Weimarer Koalition konnte nicht übertünchen, dass in zweifacher Hinsicht ein Riss durch den Liberalismus ging: erstens im Hinblick auf das demokratische Selbstverständnis, welches die DDP zu weiten Teilen jedenfalls verinnerlicht hatte, während die DVP als Interessenpartei von Industrie und Selbständigen ihre Reserven gegenüber der »Massendemokratie« nie verbarg, und zweitens in Bezug auf die ökonomische Ordnung, die nach 1918 zum ersten Mal im umfassenden Maße als Gestaltungsaufgabe der Politik begriffen wurde und deren Konzeption sich keinerlei parteipolitischer Zuordnung fügen sollte.[32]

31 Dolf Sternberger, *Dreizehn politische Radio-Reden*, Heidelberg 1947, S. 42 f.

32 Die Pluralität der wirtschaftspolitischen Auffassungen quer durch die beiden liberalen Parteien DDP und DVP arbeitet heraus Albertin, *Liberalismus und Demokratie am Anfang der Republik*, S. 256-264.

Hier zeigte sich die große Varianz verschiedener Liberalismen, die das Verhältnis von Staat und Kapitalismus jeweils unterschiedlich entwarfen. Ein orthodoxer Marktliberalismus, wie Mises ihn vertrat, wollte die Eingriffe des Sozialstaats verhindern; der aufkommende Ordoliberalismus wollte den starken Staat zum Hüter und Pfleger einer erst herzustellenden gerechten Marktordnung machen; Pragmatiker wie Moritz Julius Bonn warben für einen leistungsfähigen demokratischen Kapitalismus, während in sozialliberalen Kreisen Ideen eines planenden Wohlfahrtsstaates kursierten, die Schnittmengen zu den revisionistischen Reformen der Sozialdemokratie aufwiesen. Die Debatte um den Kapitalismus vermag deswegen noch besonderes Interesse auf sich zu ziehen, weil sie offen und ohne Denkverbote geführt wurde. Auch Liberale konnten angesichts der bis dato tiefsten Krise des Kapitalismus nicht von dessen Alternativlosigkeit ausgehen – und erkannten überdies, dass man es mit einem historisch wandelbaren und politisch gestaltbaren Sujet zu tun hatte. Die Fragilität der politischen Ordnung und die scheinbare Ausweglosigkeit bzw. Unbeherrschbarkeit der wirtschaftlichen Lage hingen unmittelbar miteinander zusammen. Aus diesem Dilemma der Simultankrise zogen Liberale theoretisch ganz unterschiedliche Konsequenzen. Liberale Ökonomie war damals nur in der Pluralität von Positionen zu verstehen und keineswegs als einseitige Marktfixierung. Freilich blockierten sich diese konkurrierenden Auffassungen darin, dass sie für den eigenen Standpunkt den Geltungsanspruch formulierten, den »wahren« Liberalismus zu vertreten. Darin spiegelte sich möglicherweise ein zeittypisches Unbedingtheitsdenken, das sich gegen Vermittlung und Kompromissfindung abschottete und stattdessen nach der »reinen Lehre« suchte.

Ein weiteres Manko bestand in der weitgehenden Unverbundenheit von ökonomischen und politischen Konzeptionen. Während in der politischen Theorie und im Staatsrecht das Verhältnis von Demokratie und Kapitalismus kaum thematisiert wurde, ignorierte die liberale Ordnungsökonomik die Realitäten der demokratischen Mitbestimmung und verkannte, dass sich staatliche Steuerung kaum ohne demokratische Legitimation bewerkstelligen ließ. In dieser Hinsicht stach der liberale Pragmatismus Bonns heraus, der für einen demokratischen Kapitalismus mit ausgebauten sozialen Sicherungssystemen warb. Aber auch Bonn blieb in der

Endphase der Republik in einem entscheidenden Punkt unflexibel. Er erkannte zwar, dass die Legitimität der Demokratie von ihrer Fähigkeit abhing, Wohlstand und Sicherheit der Bürger zu garantieren. Jedoch verkannte er die desaströsen sozialen und politischen Auswirkungen von Brünings Austeritätspolitik, die am Tiefpunkt der Wirtschaftskrise aus Gründen der Staatsräson die Frage der Reparationen und der internationalen Handlungsfähigkeit wichtiger nahm als die Bewältigung oder zumindest die Abfederung sozialen Elends.

Das Drama Weimars bescherte Liberalen die Einsicht, dass die wirtschaftliche Ordnung nicht ohne Berücksichtigung demokratischer Politik und die liberale Demokratie nicht ohne Rahmensetzung für den Kapitalismus gedacht werden können. Ideale Modelle dienen lediglich der Orientierung; die politische Praxis erfordert hingegen langwierige Aushandlungsprozesse und die Berücksichtigung aller Interessengruppen. Die bei vielen Liberalen noch übliche dichotomische Auffassung vom Klassengegensatz zwischen Bürgertum und Arbeiterschaft hatte eine politische Konzeption der Mitte verhindert, die auf die soziale Differenzierung und die Fragmentierung der herkömmlichen Milieus flexibler eingegangen wäre.[33] Der Sozialliberalismus war zwar nach 1918 ganz wesentlich vom Projekt getrieben, die gesellschaftliche Mitte zu stabilisieren und zu vergrößern, und damit wirkte er als wichtige intellektuelle Triebkraft in demokratischen Debatten, die den Weg in den Wohlfahrtsstaat ebnen wollten. Er geriet allerdings zusehends in die Minderheit als nur eine unter vielen gegenläufigen Strömungen im Liberalismus, der in der sogenannten Massendemokratie nach Orientierung suchte.

Abwägende Gesellschaftsgestaltung am Maßstab individueller Freiheit, rationale Diskussion, wissenschaftliche Politik, planende Modernisierung – solche Ansätze und Entwürfe hat es in diesen Jahren reichlich gegeben. Modernisierungswillige Liberale und liberale Sozialdemokraten hatten die Weimarer Republik als Staat eines sozialliberalen Zukunftsversprechens interpretiert. Doch angesichts der ausbleibenden wirtschaftlichen Konsolidierung verwandelte sich dieser als sozialer Leistungsträger visionierte Staat in

33 Zur Problematik der zerfallenden Mitte in der Weimarer Republik siehe Münkler, *Mitte und Maß*, S. 205-215.

einen Sündenbock, der für die Enttäuschung der geweckten Erwartungen herhalten musste. Die Kernforderung des Liberalismus, bürgerliche Selbstverantwortung in Freiheit zu ermöglichen, schien vor dem Hintergrund der grassierenden antiindividualistischen Gemeinschaftsideologien aussichtsloser denn je.

Erschwerend kam hinzu, dass der Begriff der Freiheit für die Belange nationaler Freiheit reserviert schien und auch von Liberalen relativ zurückhaltend im Hinblick auf Grundrechte und Bürgerfreiheiten verwendet wurde. Deutlich sichtbar wird diese Schieflage zum einen, wenn man sich den Begründungsaufwand von Kelsen oder Bonn vergegenwärtigt, die Freiheitsrechte von Minderheiten oder von bei Abstimmung unterlegenen Minoritäten zu verteidigen. Zum anderen verlor das an sich moderne Grundrechtsverständnis der Weimarer Reichsverfassung, das die soziale Bedingtheit der individuellen Freiheitsrechte betonte, immer mehr an Bedeutung. Das Stichwort von der sozialen Demokratie oder vom sozialen Rechtsstaat ließ erklärte Liberale und Demokraten von Thomas Mann bis Hermann Heller die Verfassung als Mittel zur Verwirklichung eines Zwecks ansehen. Hier verlief ein schmaler Grat zwischen sozialliberalem Fortschrittsstreben und einer Delegitimierung des Bestehenden, wenn der provisorische und stets ausbaufähige Charakter einer Verfassungsordnung derart betont wurde, zumal die Forderungen nach der sozialen Demokratie hinter der entschiedenen Rhetorik wenig inhaltliche Konkretion erkennen ließen.

Erst nach dem Zweiten Weltkrieg konnte sich ein Konsensliberalismus etablieren, der auf eine übergreifende letztgültige theoretische Fixierung verzichtete sowie den Primat politischer Gemeinsamkeiten und das Verbindende der Demokratie als Lebensform herausstellte. Dies fiel umso leichter, weil man das sogenannte Böse im Totalitarismus ausgemacht hatte und die politische Systemfrage für beantwortet hielt. Die Lektion aus Weimar hatte auch gelehrt, Menschen- und Freiheitsrechte nicht mehr als Idealismus anzusehen, sondern ins Zentrum eines liberalen Politikverständnisses zu stellen. Dieser Konsensliberalismus, der nicht mehr an eine liberale Partei gebunden war, sondern im Spektrum der demokratischen Parteien insgesamt zu finden war, trägt erst einmal im Rahmen einer »vorbehaltlosen Öffnung der Bundesrepublik gegenüber der politischen Kultur des Westens« (Habermas) alle Merkmale einer

Erfolgsgeschichte.[34] Die »geglückte Demokratie« (Wolfrum) und die »Ankunft im Westen« (Schildt) wirkten in der Bundesrepublik als Ausdruck einer festen Verankerung der liberalen Demokratie, die zwar kleinere Akzeptanzkrisen durchlief, im Großen und Ganzen aber Lernerfahrungen produktiv verarbeitete, Kritik absorbierte und Kritiker auf lange Sicht integrierte. Statt vergeblich die demokratische oder nationale Volksgemeinschaft zu schmieden und Homogenität herzustellen, sah die Politik ihre Aufgabe nun darin, gesellschaftlichen Pluralismus zu organisieren und auszugleichen.

Es wäre aber voreilig, die Weimarer Debatte und die Kriseninventur des Liberalismus in der Zwischenkriegszeit lediglich zu historisieren, die Akteure ihrer Institutionenfremdheit und Differenzierungsfeindlichkeit zu überführen und sich auf der sicheren Seite der nun etablierten liberalen Demokratie zu wähnen. Der *Cold War Liberalism* profitierte von der Eindeutigkeit der Feindbestimmung, von der Stabilität der bipolaren Welt und der Konkurrenz der Systeme, die die Vorzüge westlicher Gesellschaften relativ klar erkennen ließen. Lang anhaltende Prosperität und weitgehende internationale Stabilität schufen die Illusion eines relativ störungsfreien liberalen Äquilibriums. Diese integrative Klammer wirkt ebenso hinfällig wie die lange Zeit gültige Voraussetzung der nationalstaatlichen Ordnungsperspektive sowie die daran anschließende alternativlos scheinende Perspektive einer interessenbasierten und automatisch fortschreitenden europäischen Integration. In mancherlei Hinsicht scheinen also die Hoffnungen des demokratischen Liberalismus nach 1989 nicht weniger illusionär als diejenigen rund sieben Jahrzehnte zuvor. Doch wenngleich die Ideengeschichte des Liberalismus im 20. Jahrhundert keine Patentrezepte bereithält, wie man mit Krisen umzugehen hat und welches die geeigneten Maßnahmen sind, um Gefährdungen der liberalen Demokratie zu begegnen, so gibt sie Hinweise auf bestimmte Charakteristiken liberalen Denkens, die seither ins Blickfeld getreten sind.

Anstatt nach einer letztgültigen und verbindlichen Theorie für den politischen Liberalismus zu suchen, ist es *erstens* um einiges sinnvoller, den Widerstreit zwischen Ideal- und Realpolitik, zwischen positiver und negativer Freiheit, zwischen Markt und Regulierung als konstitutiv für ein liberales Denken auszuzeichnen, das

34 Jürgen Habermas, *Eine Art Schadensabwicklung. Kleine politische Schriften VI*, Frankfurt/M. 1987, S. 135.

sich nur als Ganzheit konkurrierender Liberalismen begreifen lässt. Die Diffusion liberaler Ideen in alle demokratischen Parteien – bereits in der Zwischenkriegszeit beobachtet – macht deutlich, dass eine Pluralität liberaler Überzeugungen und Praktiken zur Verfügung steht, um politische Herausforderungen zu bewältigen. Die Einsicht in die Vielfalt liberaler Theoreme und ihre konstellationsabhängige Anwendungsmöglichkeit dementiert nicht die Anstrengungen einer normativen politischen Philosophie des Liberalismus. Aber sie macht darauf aufmerksam, dass durch das theoretische Reinheitsgebot von liberalen Gerechtigkeits-, Vertrags- und Deliberationstheorien die situativ-korrigierende Praxis und das ausgleichende Balancedenken des Liberalismus ebenso aus dem Blick geraten ist wie seine stabilitätspolitische Plausibilität und normative Attraktivität. Indem liberales Denken die Grenzen einheitlicher Theoriebildung aufzeigt und auf den Anspruch verzichtet, eine in sich geschlossene politische Ideologie zu sein, präsentiert es sich als eine Kombination aus leitenden Wertvorstellungen, akzeptierten Verfahren und Regeln, die sich der Bereitschaft zur Selbstverbesserung verpflichtet sehen.

Diese Erkenntnis bedingt *zweitens*, dass der Liberalismus nicht auf die ökonomische Doktrin verengt werden kann, monothematisch freien Markt und weniger Staat zu fordern. Aus der unausweichlichen Einsicht, dass die wirtschaftliche Ordnung nur als *mixed market economy* politisch gestaltbar ist, folgt, dass ein »reiner« Kapitalismus für Liberale weder wünschbar noch realisierbar ist. Bereits nach dem Ersten Weltkrieg betonten liberale Ökonomen die historische Wandlungsfähigkeit des Kapitalismus und hoben die Notwendigkeit seiner staatspolitischen Rahmung hervor. Zwar überschätzten Ordoliberale dirigistische Staatskompetenzen und verkehrten die traditionelle liberale Staatsskepsis in ihr Gegenteil, nämlich in den Glauben an den starken Staat als neutrale Instanz. Aber insgesamt demonstriert der heterogene Diskurs über das Verhältnis von Kapitalismus und Politik, dass man sich jedenfalls keiner Logik kapitalistischer Sachzwänge ergab, denen alternativlos Folge zu leisten war. Die ökonomischen Debatten der Zwischenkriegszeit ließen den demokratischen Staat als Akteur hervortreten, dessen soziale Verantwortung und Gestaltungsspielraum hoch eingeschätzt wurde.

Diese Erwartung an einen im sozialliberalen Sinne gestaltenden

Staat lässt *drittens* das normative Anliegen des Liberalismus erkennbar werden. Liberales Denken kann nicht darauf reduziert werden, in utilitaristischer Weise für den relativ größten Wohlstand der größtmöglichen Zahl zu sorgen. Vielmehr zielt es in seiner reformistischen Variante darauf, den Einzelnen zu befähigen, persönliche Freiheitsräume zu nutzen und sein Glück zu finden. Abseits der distributiven Anstrengungen des Wohlfahrtsstaates geht es darum, die Gesellschaft durchlässiger und offener zu machen, Klassen- und Herkunftsschranken zu beseitigen. Ralf Dahrendorf beschrieb das liberale Anliegen im Jahr 1968 als eine »Politik der Offenheit, der aktiven Reform unserer Gesellschaft für die Lebenschancen des einzelnen Menschen, die sich gleichermaßen von den Tendenzen vormoderner Zufriedenheit wie von denen technokratischer Formierung abhebt«.[35] Diese Offenheit als ein attraktives zivilisatorisches Modell zu verstehen und sie gegen ideologisch geschlossene unfreie Gesellschaften zu verteidigen, begriffen die Liberalen der Zwischenkriegszeit zum ersten Mal als existentielle Herausforderung.

Viertens sollte die liberale Idee weiterhin als essentielles Komplement zur Demokratie ernst genommen werden. Es war die Erkenntnis von Liberalen in der Weimarer Demokratiedebatte, dass Demokratie nur als repräsentative und damit liberale Demokratie praktikabel sei und dass identitäre Demokratiekonzepte notwendig freiheitseinschränkend wirken müssten. Die vordemokratischen Quellen der parlamentarischen Institutionen und der Gewaltenteilung wurden nicht zum Argument gegen den parlamentarischen Verfassungsstaat, solange er sich liberalen Werten von Freiheit und Rechtsgleichheit verschrieb und sich emanzipativen Entwicklungen nicht verschloss. Eine einseitige Thematisierung demokratischer Legitimation, welche das spannungsvolle Wechselverhältnis von liberaler Idee und Demokratie unberücksichtigt lässt, tendiert dazu, den Missbrauch demokratischer Formen durch autoritäre Regime zu verkennen – auch diese Problematik ist in Auseinandersetzung mit dem Faschismus bereits in den 1920er Jahren gesehen worden.

Fünftens schließlich ist die konservative Deutung, die Geschich-

35 Ralf Dahrendorf, *Für eine Erneuerung der Demokratie in der Bundesrepublik. Sieben Reden und andere Beiträge zur deutschen Politik 1967-1968*, München 1968, S. 160. Er arbeitete sein Konzept später aus in: Ralf Dahrendorf, *Lebenschancen. Anläufe zur sozialen und politischen Theorie*, Frankfurt/M. 1979.

te des Liberalismus als eine »Geschichte des Sich-Verzehrens« plausibel zu machen, korrekturbedürftig.[36] Dass der Liberalismus in dem Maße an Relevanz verlor, wie seine Forderungen durchgesetzt und zum Allgemeingut wurden, gehört zu den gepflegten Interpretamenten eines auf Ausgleich bedachten Konservatismus, der das Sich-zu-Tode-Siegen des Liberalismus konstatiert. Dessen moralische Ressourcen befinden sich nach dieser Lesart außerhalb seiner selbst im vorpolitischen Raum von Tradition und Religion, deren Abbau Liberale gezielt betrieben. Abstrakte Ideale von Freiheit und Gleichheit sowie die Zweckrationalität eines ökonomischen Materialismus und der Werterelativismus vermögen demnach weder soziomoralische Integration zu generieren noch die notwendigen utopischen Energien freizusetzen. Dieser Vorwurf konstatiert einen unwiederbringlichen Metaphysikverlust und den Makel der »transzendentalen Obdachlosigkeit« (Georg Lukács). Dem Liberalismus gelang es nach ersten Emanzipationserfolgen nicht mehr, emotive Energien zu binden und Politik als Sache des Glaubens und der Sinnstiftung zu betreiben.

Diese Defizitanalyse traf auch den Liberalismus nach dem Ersten Weltkrieg, und Liberale begegneten ihr im Wesentlichen mit zwei Gegenargumenten: Zum einen waren die liberalen Freiheitsgewinne von neuen Feinden bedroht, so dass die angenommene Diffusion liberaler Werte entweder verpuffte oder starke Gegenkräfte herausforderte, die ihrerseits aufs Neue überzeugt bzw. bekämpft werden mussten. Zum anderen waren in der komplexen modernen Gesellschaft die Wege zu einfachen Sinnstiftungen und Erlösungshoffnungen verstellt. Politik war demnach ohnehin nicht dafür verantwortlich, Sinnfragen zu beantworten, sondern hatte ihre Aufgabe darin, Bedingungen zu schaffen, die es dem Einzelnen ermöglichten, nach seiner Fasson ein gutes Leben zu führen und in Freiheit seinen Bedürfnissen nachzugehen. Grundlage dafür konnte nur – dies war die Einsicht dieser Krisenepoche – eine politische Kultur der Demokratie sein. Demokratische Lebensform, die Gleichheit der Staatsbürger und die politischen Institutionen der Demokratie duldeten keine Relativierung, vielmehr benötigten sie die Akzeptanz und tätige Mitarbeit der Bürgerinnen und

36 Siehe Reinhart Koselleck, »Liberales Geschichtsdenken«, in: ders., *Vom Sinn und Unsinn der Geschichte. Aufsätze und Vorträge aus vier Jahrzehnten*, Frankfurt/M. 2010, S. 198-227, hier S. 208.

Bürger. Insofern ließ sich die liberale Demokratie nicht als ein rationales und kaltes politisches Ordnungsmodell begreifen, sondern beruhte auf den republikanischen, verfassungspatriotischen und solidarischen Anstrengungen ihrer Subjekte.[37] Wie anspruchsvoll die Ausbildung und Pflege eines solchen demokratischen Staatsbewusstseins war und wie viel Verteidigungsbereitschaft es verlangte, mussten die Weimarer Liberaldemokraten leidvoll erfahren. Der Ernstfall der Bedrohung, die Schwäche der politischen Eliten und der Untergang der Demokratie erwiesen nicht die praktische Untauglichkeit des liberaldemokratischen Modells, sondern lediglich den Mangel an Glauben und Willen, den demokratischen Staat lebensfähig zu halten.

Wolfgang Kersting hat jüngst noch einmal darauf hingewiesen, dass insbesondere das liberale Denken dem Schicksal der ethischen Autarkie ausgesetzt bleibt: »Wenn der Liberalismus nach Integrationsleistungen eines vorpolitischen Ethos verlangt, wenn die Demokratie, ja die ganze Gesellschaft einer neuen Bürgerlichkeit bedarf, dann muss die liberale Ordnung sich selbst damit versorgen. [...] Sie muss sich als gemeinschaftliches Gutes, als kollektiv sinnstiftendes Projekt selbst neu erfinden.«[38] Die Bedingungen mögen schwierig sein, aber diese Form liberaler Selbsterhaltung innerhalb einer funktionierenden Demokratie ist sehr wohl möglich. Wenn die liberale Demokratie »der Loyalität ihrer Bürger, ihrer affektiven Bejahung und aktiven Mitarbeit bedarf«, dann muss der Liberalismus laut Kersting »in ethischer Parteilichkeit und aus politischem Selbstinteresse durch engagiertes Eintreten für die Belange der Freiheit und durch couragierte politische Erziehung für seinen Fortbestand« sorgen.[39]

37 Für Ralf Dahrendorf waren »Demokratie und Marktwirtschaft eben darum wünschenswert, weil sie kalte Projekte sind, die keinen Anspruch erheben auf die Herzen und Seelen von Menschen«. Er sah allerdings auch ein, »dass dies für menschliche Gesellschaften nicht genug ist«, und brachte deswegen immer wieder die für die Bürgergesellschaft erforderlichen republikanischen Tugenden ins Spiel. Siehe Ralf Dahrendorf, *Der Wiederbeginn der Geschichte. Vom Fall der Mauer zum Krieg in Irak*, München 2004, S. 86. Vgl. zum republikanischen Liberalismus bei Dahrendorf auch Herfried Münkler, »Sozio-moralische Grundlagen liberaler Gemeinwesen. Überlegungen zum späten Ralf Dahrendorf«, in: *Mittelweg 36*, 19. Jg. (2010), Heft 2, S. 22-37

38 Kersting, *Verteidigung des Liberalismus*, S. 199.

39 Ebenda, S. 204.

Die Lesart, die Ideengeschichte des Liberalismus als Abfolge von Lernprozessen und Anpassungsleistungen versteht, darf man gewiss nicht überstrapazieren, zumal das Lernen aus der Geschichte eine heikle Angelegenheit bleibt – erst recht, wenn man in aufgeklärt-historistischer Tradition die Einzigartigkeit historischer Konstellationen berücksichtigt. Aber die Krise des Liberalismus, seine enttäuschten Hoffnungen und die politischen Niederlagen in der Zwischenkriegszeit bewirkten unstreitig eine umfassende Neujustierung liberalen Denkens, die erst, wenn sie als solche erkannt wird, ihr analytisches, zeitdiagnostisches und prognostisches Potential entfaltet. Zur Signatur dieser »zweiten Sattelzeit« des Liberalismus gehörten – neben der unumkehrbaren Hinwendung zur Demokratie – ein neues Kontingenzbewusstsein, eine Wende zur Skepsis und der geschärfte Sinn für politische Gewalt. Das Wissen um die dauerhafte Gefahr, dass demokratische Gesellschaften nicht davor gefeit sind, in zivilisatorische Regression und eine Herrschaft des Unrechts abzugleiten, prägte zunächst einen in seinen normativen Ambitionen ernüchterten Liberalismus.[40] Nach und nach bezogen Liberale jedoch Kraft aus der »Erfolgsgeschichte« des Kalten Krieges, die nach der kompletten politischen und moralischen Desavouierung von Nationalsozialismus und Faschismus auch die Überlegenheit gegenüber dem Sowjetkommunismus demonstrierte und das zivilisatorische Modell eines liberalen Westens zu bestätigen schien. Zwar signalisierten die Kulturkrisen der 1960/70er Jahre, dass Sicherheit und Stabilität noch keine Bestandsgarantien für liberale Demokratien sind. Aber wirklich existenzgefährdende Infragestellungen des politischen Systems schienen ein für alle Mal der Vergangenheit anzugehören.

Diese Gewissheiten sind in den letzten Jahren merklich geschwunden. Die periodisch ausgerufene Parteienverdrossenheit und die immer wieder beklagte Krise der Repräsentation scheinen zwar den Routinen einer politischen Ordnung zu entsprechen, zu deren Selbstverständnis Kritik und Opposition gehört. Auch der in Europa grassierende Rechtspopulismus, der neue Zulauf für nationale Ideologien und die mit der Migrationskrise einhergehenden Xenophobien gehorchen vertrauten Mustern. Das Schicksal der liberalen Demokratie in der Zwischenkriegszeit führt jedoch vor Au-

40 Vgl. die Bestandsaufnahme aus den 1950er Jahren von Judith Shklar, *After Utopia. The Decline of Political Faith* (1957), Princeton 1969, 2nd Edition.

gen, dass die Kontingenz von Krisendynamiken, aus denen neue, bis dato unvorhergesehene Bedrohungen erwachsen können, nie unterschätzt werden sollte – genauso wenig wie die damit verbundene Aufforderung zu aktiver politischer Gestaltung.

Zu den unsicheren und krisenträchtigen Variablen zählt weiterhin das mit dem Liberalismus verbundene kapitalistische Ordnungsmodell. Es bleibt nach wie vor offen, ob – wie Ulrich Herbert in seiner monumentalen Deutschen Geschichte vermutet[41] – der liberale Kapitalismus bei Abwesenheit einer ideologischen Herausforderung seinerseits eine selbstzerstörerische Dynamik entwickelt, die sich allerdings nur noch schwer im Raster ideologiepolitischer Muster beschreiben lässt, weil der aufgrund globaler Zusammenhänge hyperkomplexe Krisencharakter schwer entzifferbar wird. Zudem stellt sich die alte Frage neu, inwiefern der demokratische Staat in unübersichtlicher Lage Steuerungskompetenz bewahren und normative Ansprüche durchsetzen kann, um seine Legitimität mit den Anforderungen an effiziente Regierbarkeit zu verbinden.[42] Auch hier bieten die Diskurse der Zwischenkriegszeit eine kontroverse und tiefgreifende liberale Ideeninventur und eröffnen Einsichten in die Fragilität demokratischer Ordnung, um den Horizont des heutigen politischen Denkens zu weiten.

41 Siehe Ulrich Herbert, *Geschichte Deutschlands im 20. Jahrhundert*, München 2014, S. 1250 f.

42 Vgl. etwa Helmut Willke, *Demokratie in Zeiten der Konfusion*, Berlin 2014.

Danksagung

Auf dem Weg zu diesem Buch, das in leicht überarbeiteter Form meine im April 2016 an der Humboldt-Universität zu Berlin eingereichte Habilitationsschrift ist, habe ich von unzähligen Gesprächen, Diskussionen und Begegnungen profitiert. Viele Personen haben mir dabei geholfen, die eigenen Ideen zu entwickeln und zu präzisieren.

Der erste Dank geht an meinen langjährigen akademischen Lehrer Herfried Münkler, der den Vorsitz der Habilitationskommission innehatte, die Begutachtung übernahm und auf dessen Rat, Unterstützung und Inspiration ich in allen Phasen der Arbeit bauen konnte. Harald Bluhm danke ich nicht nur für die Mitwirkung in der Habilitationskommission und für die Gutachtertätigkeit, sondern für Beratung, Ermutigung und intellektuelle Anstöße in den letzten Jahren. Ebenso danke ich Wilfried Nippel, dessen unbestechlicher Blick mich seit mehr als zwei Jahrzehnten trifft und der den Fortgang meiner Arbeit durch kontinuierliche kritische Nachfragen befördert hat. Dafür, dass er schließlich die Rolle des Gutachters übernommen hat, bin ich sehr dankbar.

Heinz Bude hat mich im Sommer 2008 ans Hamburger Institut für Sozialforschung gelotst und die Entstehung des Forschungsprojekts zum Liberalismus mit großer Anteilnahme, intellektuellem Engagement und nie erlahmender Diskussionsbereitschaft begleitet. Für die hervorragenden Arbeitsbedingungen im Institut danke ich ihm ebenso wie dem ehemaligen Vorstand Jan Philipp Reemtsma. In der Bibliothek des HIS hat mich Chistoph Fuchs bei der Beschaffung von Literatur kompetent unterstützt.

Für ihre Unterstützung, ihre Kommentare und für ihren kritischen Blick auf das Manuskript danke ich meinen ehemaligen Hamburger Kollegen Martin Bauer, Tim B. Müller und Klaus Naumann; ebenfalls danke ich Grit Straßenberger und Thomas Meyer für ihre sorgfältige Lektüre und ihren Zuspruch.

Mein erster Leser war Hans-Christoph Schröder. Ihm danke ich sehr für die intensive Beschäftigung mit meiner Arbeit, für wichtige Hilfestellungen und freundschaftliche Ermunterung.

Ein weiterer besonderer Dank gilt meinen alten Berliner Freunden Alexander Cammann, Albrecht von Lucke, Kiran Patel, Hilmar Sack und Stephan Schlak, die immer Anteil nahmen, Rückhalt boten und die nicht nur die Entstehung des Manuskripts begleitet haben, sondern das Leben. Trotzdem bin ich auch froh, dass sie den Text am Ende noch gelesen und in jeder Hinsicht hilfreich kommentiert und verbessert haben!

Michael Gaeb danke ich für sein Engagement, einen Ort für dieses Buch zu finden, Eva Gilmer für die Aufnahme in das Programm des Suhrkamp Verlages und die ebenso professionelle wie angenehme Betreuung, Philipp Hölzing für das sorgfältige Lektorat und die exzellente Kooperation. Meine Hallenser Mitarbeiterin Nora Kreis half bei der Erstellung des Registers – auch dafür vielen Dank.

Weiterhin möchte ich meiner Familie danken: Meine Eltern Christel und Christian Hacke haben die Entstehung dieses Buchs mit großer Zuversicht unterstützt, meinem Vater danke ich überdies für die geduldige Lektüre und die vielfältigen Anregungen. Meiner Schwester Vera Hacke danke ich wieder einmal für ausdauerndes Korrekturlesen und die Eliminierung vieler Fehler. Der abschließende und wichtigste Dank geht an meine Frau Stefanie Hummel für die Motivation, die unermüdliche Besprechung von Ideen und generell für das Vertrauen in meine Bemühungen.

Hamburg, im Dezember 2017 Jens Hacke

Bibliographie

Quellen

Astrow, Wladimir: *Grenzen der Freiheit in der Demokratie. Zur geistigen Neuorientierung des Liberalismus*, Zürich 1940.

Bäumer, Gertrud: *Grundlagen demokratischer Politik*, Karlsruhe 1928.

Baumgarten, Hermann: *Der deutsche Liberalismus. Eine Selbstkritik* (1866), hg. und eingeleitet von Adolf M. Birke, Frankfurt/M./Wien/Berlin 1974.

Beckerath, Erwin von: *Wesen und Werden des fascistischen Staates*, Berlin 1927.

Benda, Julien: *Der Verrat der Intellektuellen* (1927), Frankfurt/M. 1988.

Bernhard, Ludwig: *Das System Mussolini*, Berlin 1924.

Bernhard, Ludwig: *Der Staatsgedanke des Faschismus*, Berlin 1931.

Bernhard, Ludwig: »Nationalsozialismus«, in: *Krisis. Ein politisches Manifest*, hg. von Oscar Müller, Weimar 1932, S. 209-216.

Bonn, Moritz Julius: »Edmund Burke (Gestorben am 9. Juli 1797)« (I und II), in: *Frankfurter Zeitung*, 10./12. Juli 1897.

Bonn, Moritz Julius: *Amerika als Feind*, München/Berlin 1917, 2. Aufl.

Bonn, Moritz Julius: *Was will Wilson?*, München o.J. [1918].

Bonn, Moritz Julius: »Wilson«, in: *Neue Freie Presse* (Wien), 25. Dezember 1918, S. 2-4.

Bonn, Moritz Julius: *Herrschaftspolitik oder Handelspolitik*, München/Leipzig 1919.

Bonn, Moritz Julius: »Die drei Gefahren. Der deutsche Bürger und der Bolschewismus« (I. und II.), in: *Berliner Tageblatt*, 2./3. Juni 1920, jeweils S. 1-2.

Bonn, Moritz Julius: »Völkerbund und Weltwirtschaft«, in: Deutsche Weltwirtschaftliche Gesellschaft e.V. (Hg.), *Der Friedensvertrag und Deutschlands Stellung in der Weltwirtschaft*, Berlin 1921, S. 211-224.

Bonn, Moritz Julius: *Die Auflösung des modernen Staats*, Berlin 1921.

Bonn, Moritz Julius: *Die Stabilisierung der Mark*, Berlin 1922.

Bonn, Moritz Julius: »Die Krise des deutschen Staates«, in: *Die Neue Rundschau* 33 (1922), S. 561-572.

Bonn, Moritz Julius: *Die Krisis der europäischen Demokratie*, München 1925.

Bonn, Moritz Julius: »Die dritte Krise des Kapitalismus« (I. und II.), in: *Berliner Tageblatt*, 8./11. November 1925, MA, S. 1-2.

Bonn, Moritz Julius: »Zur Krise der Demokratie«, in: *Die Neue Rundschau* 36 (1925), S. 337-351.

Bonn, Moritz Julius: *Amerika und sein Problem*, München 1925.
Bonn, Moritz Julius: *Das Schicksal des deutschen Kapitalismus*, Berlin 1926.
Bonn, Moritz Julius: »Die Krise des Parlamentarismus. Schwierigkeiten der Mehrheitsbildung und das Problem des Minderheitenschutzes«, in: *Neue Freie Presse* (Wien), 3. Januar 1926, S. 2-4.
Bonn, Moritz Julius: »Die Zukunft des deutschen Liberalismus«, in: *Europäische Revue* 2 (1926), S. 260-268.
Bonn, Moritz Julius: »Die Krise des Kapitalismus. Preispolitik und Lohnpolitik«, in: *Neue Freie Presse* (Wien), 11. April 1926, S. 1-2.
Bonn, Moritz Julius: »Zum 150. Jubiläum der Unabhängigkeitserklärung«, in: *Frankfurter Zeitung*, 4. Juli 1926, S. 1-3.
Bonn, Moritz Julius: *Geld und Geist. Vom Wesen und Werden der amerikanischen Welt*, Berlin 1927.
Bonn, Moritz Julius: *Befreiungspolitik oder Beleihungspolitik*, Berlin 1928.
Bonn, Moritz Julius: »Die Krise des Parlamentarismus«, in: Interparlamentarische Union (Hg.), *Die gegenwärtige Entwicklung des repräsentativen Systems. Fünf Antworten auf eine Rundfrage der Interparlamentarischen Union*, Berlin 1928, S. 95-106.
Bonn, Moritz Julius: »Die Entseelung der Politik«, in: *Frankfurter Zeitung*, 15. Mai 1928, S. 1.
Bonn, Moritz Julius: »Schlusswort«, in: Carl Landauer/Hans Honegger (Hg.), *Internationaler Faschismus. Beiträge über Wesen und Stand der faschistischen Bewegung und über den Ursprung ihrer leitenden Ideen und Triebkräfte*, Karlsruhe 1928, S. 127-150.
Bonn, Moritz Julius: »Die Zukunft der Demokratie in Europa. Das Problem des Verhältnisses von Mehrheit und Minderheit«, in: *Neue Freie Presse* (Wien), 15. Januar 1929, S. 2.
Bonn, Moritz Julius: *Der Neue Plan als Grundlage der deutschen Wirtschaftspolitik*, München/Leipzig 1930.
Bonn, Moritz Julius: *Die Kultur der Vereinigten Staaten von Amerika*, Berlin 1930.
Bonn, Moritz Julius: *Prosperity. Wunderglaube und Wirklichkeit im amerikanischen Wirtschaftsleben*, Berlin 1931.
Bonn, Moritz Julius: *Prosperity. Myth and Reality in American Economic Life*, London 1931.
Bonn, Moritz Julius: »Sinn und Bedeutung der amerikanischen Krise«, in: *Die Neue Rundschau* 42 (1931), S. 145-159.
Bonn, Moritz Julius: »Die Psychologie des Nationalsozialismus. Seine Wurzeln und sein Weg« (I und II), in: *Neue Freie Presse* (Wien), 5. April 1931, S. 5-6; 12. April 1931, S. 3-4.
Bonn, Moritz Julius: »Der Aufstand der Kapitalisten. Zur englischen Krise«, in: *Die Neue Rundschau* 42 (1931), S. 577-585.

Bonn, Moritz Julius: »Erwerbslosen-Fürsorge und Erfolglosen-Fürsorge«, in: *Berliner Tageblatt*, 24. Juni 1931, S. 1-2.

Bonn, Moritz Julius: »Deflation der Panik«, in: *Berliner Tageblatt*, 4. Oktober 1931, Morgen-Ausgabe, S. 1-2.

Bonn, Moritz Julius: Wirtschaftsgestaltung und Hochschulziele. Rede zum 25jährigen Jubiläum der Berliner Handelshochschule, 27. 10. 1931, Bundesarchiv Koblenz NL 1082/10d, MS, 8 Seiten.

Bonn, Moritz Julius: »Lujo Brentano (1844-1931)«, in: *The Economic Journal* 61 (1931), S. 657-660.

Bonn, Moritz Julius: »Economic Policy«, in: *Encyclopaedia of the Social Sciences*, Vol. V, New York 1931, S. 333-344.

Bonn, Moritz Julius: *Economics and Politics*, Cambridge 1932.

Bonn, Moritz Julius: *The Crisis of Capitalism in America*, New York 1932.

Bonn, Moritz Julius: *Kapitalismus oder Feudalismus?*, Berlin 1932.

Bonn, Moritz Julius: *Währungsprojekte – und warum?*, Berlin 1932.

Bonn, Moritz Julius: »Die Radikalisierung der deutschen Jugend. Die Politisierung der Intellektuellen«, in: *Neue Freie Presse* (Wien), 19. Juni 1932, S. 2.

Bonn, Moritz Julius: *The American Experiment. A Study of Bourgeois Civilisation*, London 1933.

Bonn, Moritz Julius: *The Crumbling of Empire. The Disintegration of World Economy*, London 1938.

Bonn, Moritz Julius: »Limits and Limitations of Democracy«, in: Ernest Simon u. a., *Constructive Democracy*, London 1938, S. 215-247.

Bonn, Moritz Julius: »John Maynard Keynes (1883-1946)«, in: *Schmollers Jahrbuch für Gesetzgebung, Verwaltung und Volkswirtschaft* 72 (1952), S. 1-24.

Bonn, Moritz Julius: *So macht man Geschichte? Bilanz eines Lebens*, München 1953.

Bonn, Moritz Julius/Melchior Palyi (Hg.), *Wirtschaftswissenschaft nach dem Kriege. Neunundzwanzig Beiträge über den Stand der deutschen und ausländischen sozialökonomischen Forschung nach dem Kriege. Festgabe für Lujo Brentano zum 80. Geburtstag*, 2 Bde., München/Leipzig 1925.

Bonn, Moritz Julius/Carl Schmitt: »Briefwechsel 1919-1932«, hg. von Jens Hacke, in: *Schmittiana. Neue Folge. Beiträge zu Leben und Werk Carl Schmitts*, Bd. III, Berlin 2016, S. 233-250.

Brecht, Arnold: *Aus nächster Nähe. Lebenserinnerungen eines beteiligten Beobachters 1884-1927*, Stuttgart 1967.

Brentano, Lujo: *Die Arbeitergilden der Gegenwart. Bd. 1: Zur Geschichte der englischen Gewerkvereine*, Leipzig 1871.

Brentano, Lujo: *Mein Leben im Kampf um die soziale Entwicklung Deutschlands*, Jena 1931.

Briefs, Götz: »Amerika und sein Geheimnis. Zu Bonns Buch ›Geld und Geist‹«, in: *Berliner Tageblatt*, 11. Oktober 1927, S. 1-2.

Briefs, Götz: »Die sozial- und wirtschaftsphilosophischen Ideen des kapitalistischen Zeitalters: Der klassische Liberalismus«, in: ders. (Hg.), *Die Wandlungen der Wirtschaft im kapitalistischen Zeitalter. Ein Sammelwerk der Internationalen Vereinigung für Rechts- und Wirtschaftsphilosophie*, Berlin 1932, S. 1-35.

Broch, Hermann: »Zur Diktatur der Humanität innerhalb einer totalen Demokratie« (1939), in: ders., *Politische Schriften. Kommentierte Werkausgabe*, Bd. 11, Frankfurt/M. 1978, S. 24-71.

Broch, Hermann: »Theorie der Demokratie« (1938/39), in: ders., *Politische Schriften*, S. 72-80.

Bryce, James: *Modern Democracies*. Volume 1, New York 1921.

Bryce, James: *Modern Democracies*. Volume 2, New York 1921.

Carr, Edward H.: *The Twenty Years' Crisis: 1919-1939. An Introduction to the Study of International Relations* (1939), New York 2001.

Cassirer, Ernst: »Die Idee der republikanischen Verfassung. Rede zur Verfassungsfeier am 11. August 1928«, in: ders., *Aufsätze und Kleine Schriften. Gesammelte Werke*, Bd. 17, Hamburg 2004, S. 291-307.

Cassirer, Ernst: »Wandlungen der Staatsgesinnung und der Staatstheorie in der deutschen Geschichte. Festansprache aus Anlaß des Verfassungstages am 22. Juli 1930«, in: Pressestelle der Universität Hamburg (Hg.), *Zum Gedenken an Ernst Cassirer (1874-1945). Ansprachen auf der akademischen Gedenkfeier am 11. Mai 1999*, Hamburg 1999, S. 52-72.

Coudenhouve-Kalergi, Richard Nikolaus Graf: *Stalin & Co.*, Leipzig/Wien 1931.

Croce, Benedetto: »Liberalismus«, in: *Europäische Revue* 1 (1925), S. 97-101.

Crosskey, William W.: »Review Lippmann, The Good Society«, in: *University of Chicago Law Review* 5 (1938), S. 707-713.

Curtius, Ernst Robert: »Restauration der Vernunft«, in: *Neue Schweizer Rundschau* 20 (1927), 856-862.

Curtius, Ernst Robert: *Deutscher Geist in Gefahr*, Stuttgart 1932.

Dewey, John: »Liberalism and Social Action« (1935), in: ders., *The Later Works, 1925-1953*. Volume II: 1935-1937, edited by Jo Ann Boydston, Carbondale/Edwardsville 1987, S. 1-65.

Dohna, Alexander Graf zu: »Die staatlichen Symbole und der Schutz der Republik«, in: Gerhard Anschütz/Richard Thoma (Hg.), *Handbuch des deutschen Staatsrechts*. Erster Band, Tübingen 1930, S. 200-208.

Eckert, Christian: »Glück und Glanz des Kapitalismus. Betrachtung und

Beurteilung von Werner Sombarts großem Werk« (1928), in: Bernhard vom Brocke (Hg.), *Sombarts ›Moderner Kapitalismus‹. Materialien zur Kritik und Rezeption*, München 1987, S. 275-302.

Erkelenz, Anton (Hg.): *Zehn Jahre Deutsche Republik. Ein Handbuch für republikanische Politik*, Berlin 1929.

Eucken, Walter: »Religion – Wirtschaft – Staat. Zur Problematik des Gegenwartsmenschen«, in: *Die Tatwelt* 8 (1932), S. 82-89.

Eucken, Walter: »Staatliche Strukturwandlungen und die Krisis des Kapitalismus«, in: *Weltwirtschaftliches Archiv* 36 (1932), S. 297-321.

Feiler, Arthur: *Amerika-Europa. Erfahrungen einer Reise*, Frankfurt 1926.

Fraenkel, Ernst: »Verfassungsreform und Sozialdemokratie«, in: *Die Gesellschaft* 9 (1932), Bd. 2, S. 486-500.

Fraenkel, Ernst: »Der Urdoppelstaat« (1938), in: ders., *Gesammelte Schriften, Bd. 2: Nationalsozialismus und Widerstand*, Baden-Baden 1999, S. 267-473.

Freud, Sigmund: *Das Unbehagen in der Kultur* (1931), Stuttgart 2010.

Freyer, Hans: *Revolution von rechts*, Jena 1931.

Fried, Ferdinand: *Das Ende des Kapitalismus*, Jena 1931.

Geiger, Theodor: »Panik im Mittelstand«, in: *Die Arbeit* 7 (1930), S. 638-654.

Geiger, Theodor: *Die soziale Schichtung des deutschen Volkes. Soziographischer Versuch auf statistischer Grundlage*, Stuttgart 1932.

Goebbels, Joseph: *Der Angriff. Aufsätze aus der Kampfzeit*, München 1935.

Gurian, Waldemar: »Fascismus und Bolschewismus«, in: *Das Heilige Feuer* 15 (1928), 197-203.

Gurian, Waldemar: »Der Faschismus«, in: *Das Heilige Feuer* 16 (1929), S. 507-518.

Gurian, Waldemar: *Der Bolschewismus. Einführung in Geschichte und Lehre*, Freiburg 1931.

Gerhart, Walter [pseudonym von Waldemar Gurian]: *Um des Reiches Zukunft. Nationale Wiedergeburt oder politische Reaktion?*, Freiburg 1932.

Hardt, Fred B.: Art. »Faszismus«, in: *Staatslexikon*, 5. Aufl., Freiburg 1926, S. 1804-1812.

Hasbach, Wilhelm: *Die moderne Demokratie. Eine politische Beschreibung*, Jena 1912.

Hayek, Friedrich August: *The Road to Serfdom*, London 1944.

Hayek, Friedrich August: »The Intellectuals and Socialism«, in: *University of Chicago Law Review* 16 (1949), S. 417-433 [dt.: »Die Intellektuellen und der Sozialismus«, in: *Schweizer Monatshefte* 31 (1949), S. 273-286].

Hayek, Friedrich August: *Hayek on Hayek. An Autobiographical Dialogue*, edited by Stephen Kresge and Leif Wenar, London 1994.
Heimann, Eduard: *Soziale Theorie des Kapitalismus. Theorie der Sozialpolitik*, Tübingen 1929.
Heller, Hermann: »Die Krisis der Staatslehre« (1926), in: ders., *Gesammelte Schriften. Zweiter Band: Recht, Staat, Macht*, Tübingen 1992, 2. Aufl., S. 3-30.
Heller, Hermann: *Die politischen Ideenkreise der Gegenwart*, Breslau 1926.
Heller, Hermann: »Politische Demokratie und soziale Homogenität« (1928), in: ders., *Gesammelte Schriften*, Bd. 2, Tübingen 1992, 2. Aufl., S. 421-433.
Heller, Hermann: »Europa und der Fascismus« (1929/1931), in: ders., *Gesammelte Schriften*, Bd. 2, S. 463-609.
Heller, Hermann: »Rechtsstaat oder Diktatur?« (1929), in: ders., *Gesammelte Schriften*, Bd. 2, S. 443-462.
Heller, Hermann: »Freiheit und Form in der Verfassung« (1929), in: ders., *Gesammelte Schriften*, Bd. 2, S. 371-377.
Heller, Hermann: »Genie und Funktionär in der Politik« (1930), in: ders., *Gesammelte Schriften*, Bd. 2, S. 611-623.
Heller, Hermann: »Bürger und Bourgeois« (1932), in: ders., *Gesammelte Schriften*, Bd. 2, S. 625-641.
Heller, Hermann: »Autoritärer Liberalismus« (1933), in: ders., *Gesammelte Schriften*, Bd. 2, S. 643-653.
Heller, Hermann: *Staatslehre*, hg. von Gerhart Niemeyer, Leiden 1934.
Hellpach, Willy: »Parlamentsdämmerung«, in: *Die Neue Rundschau* 38 (1927), S. 337-349.
Hellpach, Willy: *Politische Prognose für Deutschland*, Berlin 1928.
Herkner, Heinrich: *Die Arbeiterfrage. Eine Einführung. Bd. 2: Soziale Theorien und Parteien*, Leipzig/Berlin 1921, 7. Aufl.
Herkner, Heinrich: »Sozialpolitischer Liberalismus«, in: Bonn/Palyi (Hg.), *Wirtschaftswissenschaft nach dem Kriege*, Bd. 1, S. 31-52.
Heuss, Theodor: *Die neue Demokratie*, Berlin 1920.
Hintze, Otto: »Liberalismus, Demokratie und auswärtige Politik« (1926), in: ders., *Soziologie und Geschichte. Gesammelte Abhandlungen zur Soziologie, Politik und Theorie der Geschichte*, Göttingen 1964, 2. Aufl., S. 200-204.
Hintze, Otto: »Rez. Rudolf Smend, Verfassung und Verfassungsrecht« (1929), in: ders., *Soziologie und Geschichte*, S. 232-238.
Hirsch, Julius: »Deutsche Wirtschaftswissenschaft und -praxis im letzten Menschenalter«, in: Bonn/Palyi (Hg.), *Wirtschaftswissenschaft nach dem Kriege*, Bd. 2, S. 147-197.
Hirsch, Julius: *Das amerikanische Wirtschaftswunder*, Berlin 1926.

Hirsch, Julius: *Die Wirtschaftskrise*, Berlin 1931.
Hobhouse, Leonard T.: *Liberalism (1911) and Other Writings*, edited by James Meadowcroft, Cambridge 1994.
Hobhouse, Leonard T.: *Die metaphysische Staatstheorie. Eine Kritik*, Leipzig 1924.
Horkheimer, Max: »Die Juden und Europa«, in: *Zeitschrift für Sozialforschung* 8 (1939), S. 115-137.

Interparlamentarische Union (Hg.): *Die gegenwärtige Entwicklung des repräsentativen Systems. Fünf Antworten auf eine Rundfrage der Interparlamentarischen Union*, Berlin 1928.

Jaspers, Karl: *Die geistige Situation der Zeit*. Achter Abdruck der im Sommer 1932 bearbeiteten 5. Auflage, Berlin/New York 1979.
Jellinek, Georg: *Allgemeine Staatslehre*. Zweite, durchgesehene und vermehrte Auflage, Berlin 1905.
Jonas, Hans: *Erinnerungen. Nach Gesprächen mit Rachel Salamander*, Frankfurt/M./Leipzig 2003.
Jünger, Ernst: »Der Arbeiter. Herrschaft und Gestalt« (1932), in: ders., *Essays II. Werke*, Bd. 6, Stuttgart 1964, S. 9-329.

Kant, Immanuel: *Zum ewigen Frieden. Ein philosophischer Entwurf* (1794), Stuttgart 1984.
Kelsen, Hans: »Vom Wesen und Wert der Demokratie« (1. Aufl. 1920), in: ders., *Verteidigung der Demokratie. Abhandlungen zur Demokratietheorie*, hg. von Matthias Jestaedt und Oliver Lepsius, Tübingen 2006, S. 1-33.
Kelsen, Hans: *Das Problem des Parlamentarismus*, Wien/Leipzig 1926.
Kelsen, Hans: »Demokratie« (1926), in: ders., *Verteidigung der Demokratie*, S. 115-148.
Kelsen, Hans: »Vom Wesen und Wert der Demokratie (2. Aufl. 1929)«, in: ders., *Verteidigung der Demokratie*, S. 149-228
Kelsen, Hans: *Der Staat als Integration. Eine prinzipielle Auseinandersetzung*, Wien 1930.
Kelsen, Hans: »Verteidigung der Demokratie« (1932), in: ders., *Verteidigung der Demokratie*, S. 229-237.
Kelsen, Hans: *Staatsform und Weltanschauung*, Tübingen 1933.
Kessler, Harry Graf: *Tagebücher 1918-1937. Politik, Kunst und Gesellschaft der zwanziger Jahre*, Frankfurt/M. 1979, 4. Aufl.
Keynes, John Maynard: *Die wirtschaftlichen Folgen des Friedensvertrages*, München/Leipzig 1920.
Keynes, John Maynard: »Bin ich ein Liberaler?« (1925), in: ders., *Politik und*

Wirtschaft. Männer und Probleme. Ausgewählte Abhandlungen, Tübingen 1956, S. 245-254.

Keynes, John Maynard: »Liberalismus und Arbeiterpartei« (1926), in: ders., *Politik und Wirtschaft*, S. 255-258.

Keynes, John Maynard: *Das Ende des Laissez-Faire. Ideen zur Verbindung von Privat- und Gemeinwirtschaft* (1926). Zweite, unveränderte Auflage. Mit einem Vorwort von Peter Kalmbach und Jürgen Kromphardt, Berlin 2011.

Kircher, Rudolf: »Die Zukunft der Demokratie«, in: *Krisis. Ein politisches Manifest*, hg. von Oscar Müller, Weimar 1932, S. 62-74.

Kirchheimer, Otto: »Weimar – und was dann? Analyse einer Verfassung« (1930), in: ders., *Politik und Verfassung*, Frankfurt/M. 1964, S. 9-56.

Laski, Harold: »America in Perspective«, in: *The New Statesman and Nation*, 26. Dezember 1931, S. 817.

Lederer, Ernst: »Probleme des deutschen Parlamentarismus« (1929), in: ders., *Kapitalismus, Klassenstruktur und Probleme der Demokratie in Deutschland 1910-1940*, Göttingen 1979, S. 186-198.

Leibholz, Gerhard: *Zu den Problemen des fascistischen Verfassungsrechts. Akademische Antrittsvorlesung*, Berlin/Leipzig 1928.

Leibholz, Gerhard: *Das Wesen der Repräsentation unter besonderer Berücksichtigung des Repräsentativsystems. Ein Beitrag zur allgemeinen Staats- und Verfassungslehre*, Berlin/Leipzig 1929.

Leibholz, Gerhard: »Die Wahlrechtsreform und ihre Grundlagen«, in: *Veröffentlichungen der Vereinigung der Deutschen Staatsrechtslehrer*, Heft 7: Verhandlungen der Tagung der Deutschen Staatsrechtslehrer zu Halle am 28. und 29. Oktober 1931, Berlin/Leipzig 1932, S. 159-190.

Leibholz, Gerhard: *Die Auflösung der liberalen Demokratie in Deutschland und das autoritäre Staatsbild*, München/Leipzig 1933.

Leidig, Eugen: *Liberalismus und Demokratie. Vortrag, gehalten im Politischen Ausbildungskursus der Deutschen Volkspartei*, Berlin 1919.

Leonhardt, [Vorname nicht zu ermitteln]: »Liberalismus und Demokratie«, in: *Deutsche Stimmen* 37 (1925), S. 325-330.

Lerner, Max: *It is later than you think. The Need for a Militant Democracy* (1938/1943). New Edition, New Brunswick/London 1989.

Lippmann, Walter: *Die Gesellschaft freier Menschen* (1937), Bern 1945.

Loewenstein, Karl: »Diskussionbeitrag«, in: *Veröffentlichungen der Vereinigung der Deutschen Staatsrechtslehrer*, Heft 7: Verhandlungen der Tagung der Deutschen Staatsrechtslehrer zu Halle am 28. und 29. Oktober 1931, Berlin/Leipzig 1932, S. 192-194.

Loewenstein, Karl: »Autocracy versus Democracy in Contemporary Europe« (I + II), in: *American Political Science Review* 29 (1935), S. 571-593, 755-784.

Loewenstein, Karl: »Militant Democracy and Fundamental Rights« (I + II), in: *American Political Science Review* 31 (1937), S. 417-432, 638-658.

Loewenstein, Karl: *Verfassungslehre*, Tübingen 1959.

Löwith, Karl: »Max Weber und Karl Marx« (1932), in: ders., *Hegel und die Aufhebung der Philosophie – Max Weber* (Sämtliche Schriften 5), Stuttgart 1988, S. 324-407.

Löwith, Karl: »Die geistige Situation der Zeit« (1933), in: ders., *Heidegger – Denker in dürftiger Zeit. Zur Stellung der Philosophie im 20. Jahrhundert* (Sämtliche Schriften 8), Stuttgart 1984, S. 19-31.

Löwith, Karl: »Der okkasionelle Dezisionismus von Carl Schmitt« (1935), in: ders., *Heidegger – Denker in dürftiger Zeit*, S. 32-71.

Löwith, Karl: »Der europäische Nihilismus. Betrachtungen zur geistigen Vorgeschichte des europäischen Krieges« (1940), in: ders., *Weltgeschichte und Heilsgeschehen. Zur Kritik der Geschichtsphilosophie* (Sämtliche Schriften 2), Stuttgart 1983, S. 473-540.

Ludwig, Emil: *Mussolinis Gespräche mit Emil Ludwig*, Berlin 1932.

Lütkens, Charlotte: »Europäer über Amerika«, in: *Archiv für Sozialwissenschaft und Sozialpolitik* 62 (1929), S. 615-630.

Madariaga, Salvador de: *Anarchie oder Hierarchie?*, Bern/Leipzig o.J. [1935].

Madariaga, Salvador de: *Morgen ohne Mittag. Erinnerungen 1921-1936*, Frankfurt/M./Berlin 1972.

Mann, Golo: *Erinnerungen und Gedanken. Eine Jugend in Deutschland*, Frankfurt/M. 1986, 2. Aufl.

Mann, Heinrich: *Der Untertan* (1918). Roman, München 1968.

Mann, Heinrich: »Kaiserreich und Republik« (1919), in: ders., *Macht und Mensch. Essays*, hg. von Peter Paul Schneider, Frankfurt/M. 1989, S. 173-230.

Mann, Heinrich: »Kobes«, in: *Die Neue Rundschau* 36 (1925), S. 235-266.

Mann, Heinrich: »Der tiefere Sinn der Republik« (1927), in: ders., *Sieben Jahre. Chronik der Gedanken und Vorgänge*, Berlin/Wien/Leipzig: Zsolnay, 1929, S. 356-364.

Mann, Heinrich: *Das öffentliche Leben. Essays* (1932), Frankfurt/M. 2001.

Mann, Klaus: *Das Wunder von Madrid. Aufsätze, Reden, Kritiken 1936-1938*, Reinbek 1993.

Mann, Thomas: *Betrachtungen eines Unpolitischen* (1918). Große kommentierte Frankfurter Ausgabe, Frankfurt 2009.

Mann, Thomas: »Von deutscher Republik« (1922), in: ders., *Essays. Bd. 2: Für das neue Deutschland 1919-1925*, hg. von Hermann Kurzke und Stephan Stachorski, Frankfurt/M. 1993, S. 126-166.

Mann, Thomas: »Geist und Wesen der deutschen Republik« (1923), in: ders., *Essays*. Bd. 2, S. 217-224.

Mann, Thomas: »Deutschland und die Demokratie. Die Notwendigkeit der Verständigung mit dem Westen« (1925), in: ders., *Essays. Bd. 2*, S. 243-252.
Mann, Thomas: »Lübeck als geistige Lebensform« (1926), in: ders., *Essays. Bd. 3: Ein Appell an die Vernunft 1926-1933*, hg. von Hermann Kurzke und Stephan Stachorski, Frankfurt/M. 1994, S. 16-39.
Mann, Thomas: »Gruß an das Reichsbanner« (1929), in: ders., *Essays. Bd. 3*, S. 161-164.
Mann, Thomas: »Sieg deutscher Besonnenheit« (1932), in: ders., *Essays. Bd. 3*, S. 343-344.
Mann, Thomas: »Achtung, Europa!« (1935), in: ders., *Essays. Bd. 4: Achtung, Europa! 1933-1938*, hg. von Hermann Kurzke u. Stephan Stachorski, Frankfurt/M. 1995, S. 147-160.
Mann, Thomas: »Vom künftigen Sieg der Demokratie« (1938), in: ders., *Essays*. Bd. 4, S. 214-244.
Mann, Thomas: »Das Problem der Freiheit« (1939), in: ders., *Essays. Bd. 5: Deutschland und die Deutschen 1938-1945*, hg. von Hermann Kurzke u. Stephan Stachorski, Frankfurt/M. 1996, S. 54-74.
Mann, Thomas: »Deutschland und die Deutschen« (1945), in: ders., *Essays. Bd. 5*, S. 260-281.
Mann, Thomas: »Die Entstehung des Doktor Faustus« (1949), in: ders., *Rede und Antwort. Über eigene Werke. Huldigungen und Kränze: Über Freunde, Weggefährten und Zeitgenossen*, Frankfurt/M. 1984, S. 130-288.
Mann, Thomas/Karl Loewenstein: »Briefwechsel. Erster Teil: 1933-1938«, hg. von Eva Schiffer, in: *Blätter der Thomas Mann Gesellschaft Zürich* 18 (1981), S. 5-37.
Mann, Thomas/Karl Loewenstein: »Briefwechsel. Zweiter Teil: 1939-1955«, hg. von Eva Schiffer, in: *Blätter der Thomas Mann Gesellschaft Zürich* 19 (1982), S. 5-40.
Mannheim, Karl: *Konservatismus. Ein Beitrag zur Soziologie des Wissens* (1925), hg. von David Kettler, Volker Meja und Nico Stehr, Frankfurt/M. 1984.
Mannheim, Karl: »Die Bedeutung der Konkurrenz im Gebiete des Geistigen« (1928), in: ders., *Wissenssoziologie. Auswahl aus dem Werk*, Berlin 1964, S. 566-613.
Mannheim, Karl: *Ideologie und Utopie* (1929), Frankfurt/M. 1952, 3. Aufl.
Mannheim, Karl: *Diagnosis of our Time. Wartime Essays of a Sociologist*, London 1943.
Mannheim, Karl: *Diagnose unserer Zeit. Gedanken eines Soziologen*, Zürich 1951.
Mannheim, Karl: *Mensch und Gesellschaft im Zeitalter des Umbaus* (1935), Darmstadt 1958.

Marcuse, Herbert: »Der Kampf gegen den Liberalismus in der totalitären Staatsauffassung«, in: *Zeitschrift für Sozialforschung* 3 (1934), S. 161-195.

Martin, Hermann: *Demokratie oder Diktatur?*, Berlin 1926.

Mehring, Reinhard (Hg.): *»Auf der gefahrenvollen Straße des öffentlichen Rechts«. Briefwechsel Carl Schmitt – Rudolf Smend 1921-1961. Mit ergänzenden Materialien*, Berlin 2010.

Meinecke, Friedrich: »Um Freiheit und Vaterland« (1917), in: ders., *Politische Schriften und Reden* (Werke, Bd. II), hg. von Georg Kotowski, Darmstadt 1979, 4. Aufl., S. 213-221.

Meinecke, Friedrich: »Das deutsche Bürgertum im Kriege« (1918), in: ders., *Politische Schriften und Reden*, S. 247-251.

Meinecke, Friedrich: »Bemerkungen zum Entwurf der Reichsverfassung« (1919), in: ders., *Politische Schriften und Reden*, S. 299-312.

Meinecke, Friedrich: »Einleitung«, in: Ernst Troeltsch, *Spektator-Briefe. Aufsätze über die deutsche Revolution und die Weltpolitik 1918/22*, hg. von Hans Baron, Tübingen 1924 (Neudruck Aalen 1966), S. III-VIII.

Meinecke, Friedrich: »Einige Gedanken über Liberalismus« (1927), in: ders., *Politische Schriften und Reden*, S. 414-417.

Meinecke, Friedrich: »Das Reich der Zukunft« (1931), in: ders., *Politische Schriften und Reden*, S. 446-452.

Michels, Robert: »Die oligarchischen Tendenzen der Gesellschaft. Ein Beitrag zum Problem der Demokratie« (1908), in: ders., *Masse, Führer, Intellektuelle. Politisch-soziologische Aufsätze 1906-1933*, Frankfurt/M./New York 1987, S. 133-181.

Michels, Robert: *Soziologie des Parteiwesens in der modernen Demokratie. Untersuchungen über die oligarchischen Tendenzen des Gruppenlebens*, Leipzig 1911.

Michels, Robert: *Soziologie des Parteiwesens in der modernen Demokratie. Untersuchungen über die oligarchischen Tendenzen des Gruppenlebens* (1925), Stuttgart 1989, 4. Aufl.

Michels, Robert: *Sozialismus und Faschismus in Italien*, 2 Bde., München 1925.

Michels, Robert: *Italien heute. Politische und wirtschaftliche Kulturgeschichte von 1860 bis 1930*, Zürich/Leipzig 1930.

Mill, John Stuart: *Über die Freiheit* (1859), Stuttgart 2008.

Mill, John Stuart: *Betrachtungen über die Repräsentativregierung* (1861), Berlin 2013.

Mises, Ludwig von: »Sozialliberalismus«, in: *Zeitschrift für die gesamte Staatswissenschaft* 81 (1926), S. 242-278.

Mises, Ludwig von: *Liberalismus*, Jena 1927.

Mises, Ludwig von: »Rez. Keynes, Das Ende des Laissez-Faire«, in: *Zeitschrift für die gesamte Staatswissenschaft* 82 (1927), S. 190-191.

Mises, Ludwig von: *Die Gemeinwirtschaft. Untersuchungen über den Sozialismus*, Jena 1932, 2. Aufl.

Muhs, Karl: »Die Chance des Kapitalismus«, in: *Weltwirtschaftliches Archiv* 31 (1930), S. 1-34.

Naphtali, Fritz (Hg.): *Wirtschaftsdemokratie. Ihr Wesen, Weg und Ziel*, Berlin 1928.

Naumann, Friedrich: »Die Zukunft unseres Vereins« (1903), in: ders., *Werke, Bd. 5: Kleine politische Schriften. Schriften zur Tagespolitik*, Köln 1964, S. 306-320.

Naumann, Friedrich: »Das Ideal der Freiheit« (1905), in: ders., *Werke*, Bd. 5, S. 351-368.

Naumann, Friedrich: *Demokratie und Kaisertum. Ein Handbuch für innere Politik*, Berlin-Schöneberg 1905, 4. Aufl.

Naumann, Friedrich: »Neudeutsche Wirtschaftspolitik« (1906/1917), in: ders., *Werke, Bd. 3: Politische Schriften. Schriften zur Wirtschafts- und Gesellschaftspolitik*, Köln 1964, S. 71-534.

Naumann, Friedrich: »Der Industriestaat« (1909), in: ders., *Werke*, Bd. 3, S. 42-70.

Naumann, Friedrich: »Auf dem Wege zum Volksstaat« (1917), in: ders., *Werke*, Bd. 5, S. 567-584.

Naumann, Friedrich: »Der Kaiser im Volksstaat« (1917), in: ders., *Werke, Bd. 2: Politische Schriften. Schriften zur Verfassungspolitik*, Opladen 1964, S. 461-521.

Naumann, Friedrich: »Der Weg zum Volksstaat« (1918), in: ders., *Werke*, Bd. 2, S. 521-536.

Neumann, Franz L.: »Über die Voraussetzung und den Rechtsbegriff einer Wirtschaftsverfassung« (1931), in: ders., *Wirtschaft, Staat, Demokratie. Aufsätze 1930-1954*, hg. von Alfons Söllner, Frankfurt/M. 1978, S. 76-102.

Neumann, Franz L.: »Zum Begriff der politischen Freiheit« (1943), in: ders., *Demokratischer und autoritärer Staat. Studien zur politischen Theorie*. Herausgegeben und mit einem Vorwort von Herbert Marcuse. Eingeleitet von Helge Pross, Frankfurt/M. 1986, S. 100-141.

Neumann, Franz L.: *Behemoth. Struktur und Praxis des Nationalsozialismus 1933-1944* (1944), Frankfurt/M. 1984.

Neumann, Sigmund: *Die Parteien der Weimarer Republik* (1932). Mit einer Einführung von Karl Dietrich Bracher, Stuttgart u. a. 1986, 5. Aufl.

Nitti, Francesco: *Bolschewismus, Fascismus und Demokratie*, München 1926.

Oakeshott, Michael (Hg.): *Social and Political Doctrines of Contemporary Europe*, London 1940.

Ortega y Gasset, José: *Der Aufstand der Massen* (1929), Stuttgart/Berlin o.J. [1931].

Plenge, Johann: *Der Krieg und die Volkswirtschaft*, Münster 1915.

Plessner, Helmuth: »Politische Kultur. Vom Wert und Sinn der Staatskunst als Kulturaufgabe« (1921), in: ders., *Politik – Anthropologie – Philosophie. Aufsätze und Vorträge*, hg. von Salvatore Giamusso und Hans-Ulrich Lessing, München 2001, S. 51-56.

Plessner, Helmuth: »Politische Erziehung in Deutschland« (1921), in: ders., *Politik – Anthropologie – Philosophie*, S. 57-70.

Plessner, Helmuth: *Grenzen der Gemeinschaft. Eine Kritik des sozialen Radikalismus* (1924), Frankfurt/M. 2002.

Plessner, Helmuth: »Macht und menschliche Natur. Ein Versuch zur Anthropologie der geschichtlichen Weltsicht« (1931), in: ders., *Macht und menschliche Natur. Gesammelte Schriften V*, Frankfurt/M. 2003, S. 135-234.

Plessner, Helmuth: »Die verspätete Nation. Über die politische Verführbarkeit des bürgerlichen Geistes« (1935/1959), in: ders., *Die Verführbarkeit des bürgerlichen Geistes. Politische Schriften. Gesammelte Schriften VI*, Frankfurt/M. 2003, S. 7-223.

Popper, Karl R.: *Die offene Gesellschaft und ihre Feinde* (1944), 2 Bde., München 1980, 6. Aufl.

Preuß, Hugo: *Das deutsche Volk und die Politik*, Jena 1915.

Preuß, Hugo: »Deutsche Demokratisierung« (1917), in: ders., *Staat, Recht und Freiheit. Aus vierzig Jahren deutscher Politik und Geschichte* (1926), Hildesheim 2006 (unveränderter Nachdruck), S. 335-344.

Preuß, Hugo: »Volksstaat oder verkehrter Obrigkeitsstaat« (1918), in: ders., *Staat, Recht und Freiheit*, S. 365-368.

Preuß, Hugo: »Denkschrift zum Entwurf des allgemeinen Teils der Reichsverfassung vom 3. Januar 1919«, in: ders., *Staat, Recht und Freiheit*, S. 368-394.

Pufendorf, Samuel: *Die Verfassung des deutschen Reiches* (1667), Stuttgart 1976.

Radbruch, Gustav: »Die politischen Parteien im System des deutschen Verfassungsrechts«, in: Gerhard Anschütz/Richard Thoma (Hg.), *Handbuch des deutschen Staatsrechts*. Erster Band, Tübingen 1930, S. 285-294.

Rochau, Ludwig August von: *Grundsätze der Realpolitik. Angewendet auf die staatlichen Zustände Deutschlands* (1853/1869), hg. und eingeleitet von Hans-Ulrich Wehler, Frankfurt/M./Berlin/Wien 1972.

Röpke, Wilhelm: *Der Weg des Unheils*, Berlin 1931.

Röpke, Wilhelm: »Praktische Konjunkturpolitik. Die Arbeit der Brauns-Kommission«, in: *Weltwirtschaftliches Archiv* 34 (1931), S. 423-464.

Röpke, Wilhelm: »Die Intellektuellen und der Kapitalismus« (1931), in: ders., *Gegen die Brandung. Zeugnisse eines Gelehrtenlebens unserer Zeit.* Gesammelt und herausgegeben von Albert Huhnhold, Stuttgart 1959, 2. Aufl., S. 87-107.

Röpke, Wilhelm: »Ein Weg aus der Krise« (1931), in: ders., *Gegen die Brandung*, S. 54-60.

Röpke, Wilhelm: »Die säkulare Bedeutung der Weltkrisis«, in: *Weltwirtschaftliches Archiv* 37 (1933), S. 1-27.

Röpke, Wilhelm: »Epochenwende?« (1933), in: ders., *Wirrnis und Wahrheit. Ausgewählte Aufsätze*, Zürich/Stuttgart 1962, S. 105-124.

Röpke, Wilhelm: *Die Gesellschaftskrisis der Gegenwart*, Erlenbach-Zürich 1942.

Rosenberg, Arthur: *Entstehung und Geschichte der Weimarer Republik* (1928/1935), hg. von Kurt Kersten, Frankfurt/M. 1955.

Rosenberg, Arthur: *Demokratie und Sozialismus. Zur politischen Geschichte der letzten 150 Jahre* (1938), Frankfurt/M. 1962.

Rüstow, Alexander: »Diktatur in den Grenzen der Demokratie« (1929), in: Dokumentation. Zur Frage der Staatsführung in der Weimarer Republik, in: *Vierteljahrshefte für Zeitgeschichte* 7 (1959), S. 87-102.

Rüstow, Alexander: »Die staatspolitischen Voraussetzungen des wirtschaftspolitischen Liberalismus« (1932), in: ders., *Rede und Antwort. 21 Reden und Diskussionsbeiträge aus den Jahren 1932 bis 1962 als Zeugnis eines ungewöhnlichen Gelehrtenlebens und einer universellen Persönlichkeit*, Ludwigsburg 1963, S. 249-258.

Rüstow, Alexander: *Ortsbestimmung der Gegenwart. Eine universalgeschichtliche Kulturkritik*, 3 Bde., Erlenbach-Zürich 1950-1957.

Ruggiero, Guido de: *Geschichte des Liberalismus in Europa*, München 1930.

Schmitt, Carl: »Die politische Theorie des Mythus« (1923), in: ders., *Positionen und Begriffe im Kampf mit Weimar – Genf – Versailles 1923-1939*, Berlin 1994, 3. Aufl., S. 11-21.

Schmitt, Carl: *Die geistesgeschichtliche Lage des heutigen Parlamentarismus*, 8. Aufl., Nachdruck der 1926 erschienenen 2. Aufl., Berlin 1996.

Schmitt, Carl: *Verfassungslehre* (1928). Unveränderter Neudruck, Berlin 1954.

Schmitt, Carl: »Wesen und Werden des faschistischen Staates« (1929), in: ders., *Positionen und Begriffe*, S. 124-130.

Schmitt, Carl: »Staatsethik und pluralistischer Staat« (1930), in: ders., *Positionen und Begriffe*, S. 151-165.

Schmitt, Carl: *Der Hüter der Verfassung* (1931), Berlin 1996, 4. Aufl.

Schmitt, Carl: »Wendung zum totalen Staat« (1931), in: ders., *Positionen und Begriffe*, S. 166-178.

Schmitt, Carl: *Legalität und Legitimität* (1932), Berlin 1996, 8. Aufl.

Schmitt, Carl: *Der Begriff des Politischen*. Text von 1932 mit einem Vorwort und drei Corollarien, Berlin 1996, 6. Aufl.

Schmitt, Carl: »Konstruktive Verfassungsprobleme« (1932), in: ders., *Staat, Großraum, Nomos. Arbeiten aus den Jahren 1916-1969*. Herausgegeben, mit einem Vorwort und mit Anmerkungen versehen von Günter Maschke, Berlin 1995, S. 55-70.

Schmitt, Carl: »Starker Staat und gesunde Wirtschaft« (1932), in: ders., *Staat, Großraum, Nomos*, S. 71-91.

Schmitt, Carl: »Die Weiterentwicklung des totalen Staates in Deutschland« (1933), in: ders., *Positionen und Begriffe*, S. 211-216.

Schmitt, Carl: *Staat, Großraum, Nomos. Arbeiten aus den Jahren 1916-1969*. Herausgegeben, mit einem Vorwort und mit Anmerkungen versehen von Günter Maschke, Berlin 1995.

Schmitt, Carl: *Tagebücher 1930 bis 1934*. Herausgegeben von Wolfgang Schuller in Zusammenarbeit mit Gerd Giesler, Berlin 2010.

Schotthöfer, Fritz: *Sowjet-Russland im Umbau. Eindrücke und Studien von einer russischen Reise*, Frankfurt/M. 1923.

Schotthöfer, Fritz: *Il Fascio. Sinn und Wirklichkeit des italienischen Fascismus*, Frankfurt/M. 1924.

Schotthöfer, Fritz: »Mussolini«, in: *Die Neue Rundschau* 35 (1924), S. 417-427.

Schumpeter, Joseph A.: »Zur Soziologie der Imperialismen« (1919), in: ders., *Aufsätze zur Soziologie*, Tübingen 1953, S. 72-146.

Schumpeter, Joseph A.: »Sozialistische Möglichkeiten von heute« (1920), in: ders., *Aufsätze zur ökonomischen Theorie*, Tübingen 1952, S. 455-510.

Schumpeter, Joseph A.: *Kapitalismus, Sozialismus, Demokratie* (1942), Bern 1950, 2. Aufl.

Smend, Rudolf: »Verfassung und Verfassungsrecht« (1928), in: ders., *Staatsrechtliche Abhandlungen und andere Aufsätze*, Göttingen 1968, 2. Aufl., S. 119-276.

Smend, Rudolf: »Protestantismus und Demokratie« (1932), in: ders., *Staatsrechtliche Abhandlungen*, S. 297-308.

Smend, Rudolf: »Bürger und Bourgeois im deutschen Staatsrecht« (1933), in: ders., *Staatsrechtliche Abhandlungen*, S. 309-325.

Sombart, Werner: *Der moderne Kapitalismus. Historisch-systematische Darstellung des gesamteuropäischen Wirtschaftslebens von seinen Anfängen bis zur Gegenwart. Dritter Band: Das Wirtschaftsleben im Zeitalter des Hochkapitalismus*, 2 Halbbände, München/Leipzig 1927.

Sombart, Werner: »Die Wandlungen des Kapitalismus«, in: *Verhandlungen des Vereins für Sozialpolitik in Zürich 1928* (Schriften des Vereins für Sozialpolitik, Bd. 175), Leipzig/München 1929, S. 23-41.

Sombart, Werner: »Die Zukunft des Kapitalismus« (1932), in: Bernhard von Brocke (Hg.), *Sombarts ›Moderner Kapitalismus‹. Materialien zur Kritik und Rezeption*, München 1987, S. 394-418.

Spengler, Oswald: »Preußentum und Sozialismus« (1919), in: ders., *Politische Schriften*, München/Berlin 1934, S. 1-105.

Spickernagel, Wilhelm: *Der deutsche Liberalismus in Vergangenheit und Gegenwart*, Berlin 1926.

Sternberg, Fritz: *Der Niedergang des deutschen Kapitalismus*, Berlin 1932.

Strauss, Leo: »Anmerkungen zu Carl Schmitt, Der Begriff des Politischen« (1932), in: ders., *Gesammelte Schriften, Bd. 3: Hobbes' politische Wissenschaft und zugehörige Schriften – Briefe*, Stuttgart/Weimar 2008, 2. Aufl., S. 217-238.

Strauss, Leo: »Einige Anmerkungen über die politische Wissenschaft des Hobbes« (1933), in: ders., *Gesammelte Schriften, Bd. 3*, S. 243-261.

Strauss, Leo: »Korrespondenz Leo Strauss – Karl Löwith«, in: ders., *Gesammelte Schriften*, Bd. 3, S. 607-697.

Stresemann, Gustav: »Liberalismus oder Demokratie« (1918), in: ders., *Schriften*. Mit einem Vorwort von Willy Brandt, hg. von Arnold Harttung, Berlin 1976, S. 200-210.

Stresemann, Gustav: »Die Gegenwartsaufgaben des nationalen Liberalismus«, in: *Stimmen der Zeit* 38 (1926), S. 553-558.

Sturzo, Luigi: *Italien und der Fascismus*, Köln 1926.

Thoma, Richard: »Der Begriff der modernen Demokratie in seinem Verhältnis zum Staatsbegriff«, in: Melchior Palyi (Hg.), *Hauptprobleme der Soziologie. Erinnerungsgabe für Max Weber*, München/Leipzig 1923, Bd. 2, S. 37-64.

Thoma, Richard: »Zur Ideologie des Parlamentarismus und der Diktatur«, in: *Archiv für Sozialwissenschaft und Sozialpolitik* 53 (1925), S. 212-217.

Thoma, Richard: »Die juristische Bedeutung der grundrechtlichen Sätze der deutschen Reichsverfassung im allgemeinen« (1929), in: ders., *Rechtsstaat – Demokratie – Grundrechte. Ausgewählte Abhandlungen aus fünf Jahrzehnten*, hg. u. eingeleitet von Horst Dreier, Tübingen 2008, S. 173-230.

Thoma, Richard: »Sinn und Gestaltung des deutschen Parlamentarismus« (1929), in: ders., *Rechtsstaat – Demokratie – Grundrechte*, S. 231-257.

Thoma, Richard: »Das Reich als Demokratie«, in: Gerhard Anschütz/Richard Thoma (Hg.), *Handbuch des deutschen Staatsrechts*. Erster Band, Tübingen 1930, S. 186-200.

Thoma, Richard: »Diskussionsbeitrag«, in: *Veröffentlichungen der Vereinigung der Deutschen Staatsrechtslehrer*, Heft 7: Verhandlungen der Tagung der Deutschen Staatsrechtslehrer zu Halle am 28. und 29. Oktober 1931, Berlin/Leipzig 1932, S. 200-201.

Thoma, Richard: »Die Funktionen der Staatsgewalt. Grundbegriffe und

Grundsätze« (1932), in: ders., *Rechtsstaat – Demokratie – Grundrechte*, S. 301-368.

Tillich, Paul: »Kairos. Ideen zur Geisteslage der Gegenwart« (1926), in: ders., *Hauptwerke, Bd. 4: Religionsphilosophische Schriften*, Berlin/New York 1987, S. 171-181.

Tillich, Paul: *Die sozialistische Entscheidung* (1933). Neuauflage, Berlin 1980.

Tocqueville, Alexis de: *Über die Demokratie in Amerika* (1835/1840). Beide Teile in einem Band, München 1984, 2. Aufl.

Tönnies, Ferdinand: »Zur Soziologie des demokratischen Staates«, in: ders., *Soziologische Studien und Kritiken*, Bd. 2, Jena 1926, S. 304-352.

Tönnies, Ferdinand: »Demokratie und Parlamentarismus« (1927), in: ders., *Soziologische Studien und Kritiken*, Bd. 3, Jena 1929, S. 40-84.

Troeltsch, Ernst: »Demokratie« (1918), in: ders., *Kritische Gesamtausgabe, Bd. 15: Schriften zur Politik und Kulturphilosophie (1918-1923)*, Berlin/New York 2012, S. 211-224.

Troeltsch, Ernst: »Aristokratie«, in: *Kunstwart und Kulturwart* 33 (1919), 2. Oktoberheft, S. 49-57.

Troeltsch, Ernst: *Spektator-Briefe. Aufsätze über die deutsche Revolution und die Weltpolitik 1918/22*, hg. von Hans Baron, Tübingen 1924 (Neudruck Aalen 1966).

Troeltsch, Ernst: »Max Weber. Nachruf vom 20. Juni 1920«, in: ders., *Deutscher Geist und Westeuropa. Gesammelte kulturphilosophische Aufsätze und Reden*, hg. von Hans Baron, Tübingen 1925 (Nachdruck Aalen 1966), S. 247-252.

Troeltsch, Ernst: »Naturrecht und Humanität in der Weltpolitik« (1922), in: ders., *Deutscher Geist und Westeuropa*, S. 3-27.

Troeltsch, Ernst: »Die Krisis des Historismus«. in: *Die Neue Rundschau* 33 (1922), S. 572-590.

Weber, Alfred: *Die Krise des modernen Staatsgedankens in Europa*, Stuttgart 1925.

Weber, Alfred: *Das Ende der Demokratie? Ein Vortrag*, Berlin 1931.

Weber, Max: »Der Nationalstaat und die Volkswirtschaftspolitik. Akademische Antrittsrede« (1895), in: ders., *Gesammelte Politische Schriften*, Tübingen 1988, 5. Aufl., S. 1-25.

Weber, Max: »Zur Lage der bürgerlichen Demokratie in Rußland« (1906), in: ders., *Gesammelte Politische Schriften*, S. 33-68.

Weber, Max: »Wahlrecht und Demokratie in Deutschland« (1917), in: ders., *Zur Politik im Weltkrieg. Schriften und Reden 1914-1918*. MWS I/15, Tübingen 1988, S. 155-189.

Weber, Max: »Parlament und Regierung im neugeordneten Deutschland« (1917/18), ders., *Zur Politik im Weltkrieg*, S. 202-302.

Weber, Max: »Der Sozialismus« (1918), in: ders., *Zur Politik im Weltkrieg*, S. 303-326.
Weber, Max: »Deutschlands künftige Staatsform« (1918), in: ders., *Gesammelte Politische Schriften*, S. 448-483.
Weber, Max: »Der Reichspräsident« (1919), in: ders., *Gesammelte Politische Schriften*, S. 408-501.
Weber, Max: »Politik als Beruf« (1919), in: ders., *Gesammelte Politische Schriften*, S. 505-560.
Weber, Max: *Wirtschaft und Gesellschaft. Grundriss der verstehenden Soziologie*. Studienausgabe, Tübingen 1976, 5. Aufl.
Weber, Max: *Protestantische Ethik und der Geist des Kapitalismus*. Vollständige Ausgabe. Herausgegeben und eingeleitet von Dirk Kaesler, München 2006, 2. Aufl.
Weltsch, Felix: »Organische Demokratie«, in: *Die Neue Rundschau* 29 (1918), S. 433-454.
Weltsch, Felix: *Das Wagnis der Mitte. Ein Beitrag zur Ethik und Politik der Zeit*, Ostrau o.J. [1936].
Wiese, Leopold von: »Liberalismus und Demokratismus in ihren Zusammenhängen und Gegensätzen«, in: *Zeitschrift für Politik* 9 (1916), S. 407-425.
Wiese, Leopold von: *Gedanken über Menschlichkeit*, München 1915.
Wiese, Leopold von: *Staatssozialismus*, Berlin 1916.
Wiese, Leopold von: »Vom Liberalismus der Zukunft«, in: *Die Neue Rundschau* 28 (1917), S. 865-874.
Wiese, Leopold von: *Der Liberalismus in Vergangenheit und Zukunft*, Berlin 1917.
Wiese, Leopold von: »Gibt es noch Liberalismus?«, in: Bonn/Palyi (Hg.), *Wirtschaftswissenschaft nach dem Kriege*, Bd. 1, S. 11-29.
Wiese, Leopold von: »Selbstdarstellung«, in: *Die Volkswirtschaftslehre der Gegenwart in Selbstdarstellungen*, Leipzig 1929, Bd. 2, S. 187-239.

Ziegler, Heinz O.: *Autoritärer oder totaler Staat*, Tübingen 1932.

Sekundärliteratur

Ackermann, Ulrike: *Eros der Freiheit. Plädoyer für eine radikale Aufklärung*, Stuttgart 2008.
Albertin, Lothar: *Liberalismus und Demokratie am Anfang der Republik. Eine vergleichende Analyse der Deutschen Demokratischen Partei und der Deutschen Volkspartei*, Düsseldorf 1972.
Albertin, Lothar: »Die liberalen Parteien in der Weimarer Republik. Etappen ihres Niedergangs«, in: Hans Vorländer (Hg.), *Verfall oder Renais-*

sance des Liberalismus? Beiträge zum deutschen und internationalen Liberalismus, München 1987, S. 57-89.

Albertin, Lothar: »Einleitung«, in: Hugo Preuß, *Gesammelte Schriften. Band 1: Politik und Gesellschaft im Kaiserreich*, Tübingen 2007, S. 1-69.

Albertin, Lothar: »Die Auflösung der bürgerlichen Mitte und die Krise des parlamentarischen Systems von Weimar«, in: Eberhard Kolb/Walter Mühlhausen (Hg.), *Demokratie in der Krise. Parteien im Verfassungssystem der Weimarer Republik*, München 1997, S. 59-111.

Aly, Götz: »Wilhelm Röpke gegen Volk und Führer. Liberale Kritik am nationalen Sozialismus«, in: ders., *Volk ohne Mitte. Die Deutschen zwischen Freiheitsangst und Kollektivismus*, Frankfurt/M. 2015, S. 109-137.

Anderson, Perry: »The Intransigent Right: Michael Oakeshott, Leo Strauss, Carl Schmitt, Friedrich von Hayek«, in: ders., *Spectrum. From Right to Left in the World of Ideas*, London 2005, S. 3-28.

Appel, Karl: »In den zwanziger Jahren. Erinnerungen an die Frankfurter Zeitung«, in: *Archiv für Frankfurts Geschichte und Kunst* 55 (1976), S. 235-253.

Appel, Michael: *Werner Sombart. Theoretiker und Historiker des modernen Kapitalismus*, Marburg 1992.

Arblaster, Anthony: *The Rise and Decline of Western Liberalism*, New York 1984.

Arendt, Hannah: »Waldemar Gurian. 1902-1954«, in: dies., *Menschen in finsteren Zeiten*, hg. von Ursula Ludz, München/Zürich 1989, 2. Aufl., S. 310-323.

Aschheim, Steven E.: »Grenzüberschreitende Kultfiguren. Das Vermächtnis des deutsch-jüdischen Geistes zu Beginn des 21. Jahrhunderts«, in: *Mittelweg 36*, 19. Jg. (2010), Heft 6, S. 3-25.

Aschheim, Steven E.: *At the Edges of Liberalism. Junctions of European, German, and Jewish History*, New York 2012.

Backes, Uwe: *Schutz des Staates. Von der Autokratie zur streitbaren Demokratie*, Opladen 1998.

Bauer, Martin: *Paul Tillichs sozialistische Entscheidung*, 2011, Vortragsmanuskript, 11 Seiten.

Becker, Ernst Wolfgang: *Theodor Heuss. Bürger im Zeitalter der Extreme*, Stuttgart 2011.

Becker, Ernst Wolfgang: »Die utopische Kraft der Realpolitik. Linksliberalismus und Ermächtigungsgesetzgebung in der Weimarer Republik«, in: *Jahrbuch für Liberalismus-Forschung* 28 (2016), S. 91-118.

Beetham, David: »Gaetano Mosca, Vilfredo Pareto und Max Weber. Ein historischer Vergleich«, in: Mommsen/Schwentker (Hg.), *Max Weber und seine Zeitgenossen*, S. 216-241.

Bell, Duncan: »What is Liberalism?«, in: *Political Theory* 42 (2014), S. 682-715.
Bellamy, Richard: *Liberalism and Modern Society. A Historical Argument*, Pennsylvania 1992.
Bellamy, Richard: »An Italian ›New Liberal‹ Theorist – Guido De Ruggiero's History of European Liberalism and the Crisis of Idealist Liberalism«, in: ders., *Rethinking Liberalism*, London/New York 2000, S. 47-66.
Benöhr, Susanne: »Gerhard Leibholz' Parteienstaatslehre im Spiegel des faschistischen Verfassungsrechts«, in: *Quellen und Forschungen aus italienischen Archiven* 81 (2001), S. 504-528.
Bethke, Hannah: *Das politische Denken Arnold Brechts. Eine transatlantische Ideengeschichte des 20. Jahrhunderts*, Berlin 2013.
Beyme, Klaus von: *Liberalismus. Theorien des Liberalismus und Radikalismus im Zeitalter der Ideologien 1789-1945*, Wiesbaden 2013.
Biebricher, Thomas: *Neoliberalismus zur Einführung*, Hamburg 2012.
Bienfait, Agathe: *Freiheit, Verantwortung, Solidarität. Zur Rekonstruktion des politischen Liberalismus*, Frankfurt/M. 1999.
Blasius, Dirk: *Weimars Ende. Bürgerkrieg und Politik 1930-1933*, Frankfurt/M. 2008.
Bleek, Wilhelm: *Geschichte der Politikwissenschaft in Deutschland*, München 2001.
Blom, Philipp: *Der taumelnde Kontinent. Europa 1900-1914*, München 2009.
Blom, Philipp: *Die zerrissenen Jahre. 1918-1938*, München 2014.
Blom, Philipp: *Was auf dem Spiel steht*, München 2017.
Blomert, Reinhard: *Intellektuelle im Aufbruch. Karl Mannheim, Alfred Weber, Norbert Elias und die Heidelberger Sozialwissenschaften der Zwischenkriegszeit*, München/Wien 1999.
Bluhm, Harald: *Die Ordnung der Ordnung. Das politische Philosophieren von Leo Strauss*, Berlin 2002.
Bluhm, Harald/Skadi Krause (Hg.): *Robert Michels' Soziologie des Parteiwesens. Oligarchien und Eliten – die Kehrseiten moderner Demokratie*, Wiesbaden 2012.
Bock, Hans Manfred: »Ernst Robert Curtius und die Aporien des ›unpolitischen Intellektuellen‹«, in: Manfred Gangl/Gérard Raulet (Hg.), *Intellektuellendiskurse in der Weimarer Republik. Zur politischen Kultur einer Gemengelage*, Frankfurt/M. 1994, S. 233-244.
Böckenförde, Ernst-Wolfgang: »Die Entstehung des Staates als Vorgang der Säkularisation« (1967), in: ders., *Staat, Gesellschaft, Freiheit. Studien zur Staatstheorie und zum Verfassungsrecht*, Frankfurt/M. 1976, S. 42-64.
Böckenförde, Ernst-Wolfgang: »Der deutsche Typ der konstitutionellen Monarchie im 19. Jahrhundert« (1967), in: ders., *Staat, Gesellschaft, Freiheit*, S. 112-145.

Böckenförde, Ernst-Wolfgang: »Entstehung und Wandel des Rechtsstaatsbegriffs« (1969), in: ders., *Staat, Gesellschaft, Freiheit*, S. 65-92.

Bohlender, Matthias: »Die historische Wette des Liberalismus. Die Geburt der Sozialen Marktwirtschaft«, in: *Ästhetik & Kommunikation* 36 (2005), Heft 129/130, S. 121-129.

Boldt, Hans: »Demokratie in krisengeschüttelter Zeit«, in: Christoph Gusy (Hg.), *Demokratisches Denken in der Weimarer Republik*, Baden-Baden 2000, S. 608-634.

Borejsza, Jerzy W.: *Schulen des Hasses. Faschistische Systeme in Europa*, Frankfurt/M. 1999.

Bracher, Karl Dietrich: *Die Auflösung der Weimarer Republik. Eine Studie zum Problem des Machtzerfalls in der Demokratie*, Düsseldorf 1978, Nachdruck der 5. Aufl. 1971.

Bracher, Karl Dietrich: *Zeit der Ideologien. Eine Geschichte politischen Denkens im 20. Jahrhundert*, Stuttgart 1982.

Bracher, Karl Dietrich: »Liberalismus im Jahrhundert der Ideologien« (1983), in: ders., *Wendezeiten der Geschichte. Historisch-politische Essays*, München 1995, S. 133-142.

Breuer, Stefan: *Bürokratie und Charisma. Zur politischen Soziologie Max Webers*, Darmstadt 1994.

Breuer, Stefan: *Anatomie der Konservativen Revolution*, Darmstadt 1995, 2. Aufl.

Breuer, Stefan: *Ästhetischer Fundamentalismus. Stefan George und der deutsche Antimodernismus*, Darmstadt 1995.

Breuer, Stefan: *Carl Schmitt im Kontext. Intellektuellenpolitik in der Weimarer Republik*, Berlin 2012.

Brown, Wendy: *Die schleichende Revolution. Wie der Neoliberalismus die Demokratie zerstört*, Berlin 2015.

Bruendel, Steffen: *Volksgemeinschaft oder Volksstaat. Die »Ideen von 1914« und die Neuordnung Deutschlands im Ersten Weltkrieg*, Berlin 2003.

Bullock, Alan/Maurice Shock: »Englands liberale Tradition« (1966), in: Lothar Gall (Hg.), *Liberalismus*, Köln 1976, S. 254-282.

Bussche, Raimund von dem: *Konservatismus in der Weimarer Republik. Die Politisierung des Unpolitischen*, Heidelberg 1998.

Bussmann, Walter: »Politische Ideologien zwischen Monarchie und Weimarer Republik. Ein Beitrag zur Ideengeschichte der Weimarer Republik«, in: *Historische Zeitschrift* 190 (1960), S. 55-77.

Butterwegge, Christoph/Bettina Lösch/Ralf Ptak: *Kritik des Neoliberalismus*, Wiesbaden 2007.

Butterwegge, Christoph/Bettina Lösch/Ralf Ptak (Hg.): *Neoliberalismus. Analysen und Alternativen*, Wiesbaden 2008.

Bütow, Hans: *Spur von Erdentagen. Eine Porträtgalerie*, Frankfurt/M. 1958.

Büttner, Ursula: *Weimar. Die überforderte Republik 1918-1933. Leistung und Versagen in Staat, Gesellschaft, Wirtschaft und Kultur*, Stuttgart 2008.

Capoccia, Giovanni: »Militant Democracy. The Institutional Bases of Democratic Self-Preservation«, in: *Annual Review of Law and Social Science* 9 (2013), S. 207-226.

Clark, Peter: *Liberals und Social Democrats*, Cambridge 1978.

Crouch, Colin: *Das befremdliche Überleben des Neoliberalismus*, Berlin 2011.

Dahrendorf, Ralf: *Für eine Erneuerung der Demokratie in der Bundesrepublik. Sieben Reden und andere Beiträge zur deutschen Politik 1967-1968*, München 1968.

Dahrendorf, Ralf: *Lebenschancen. Anläufe zur sozialen und politischen Theorie*, Frankfurt/M. 1979.

Dahrendorf, Ralf: *Betrachtungen über die Revolution in Europa in einem Brief, der an einen Herrn in Warschau gerichtet ist*, Stuttgart 1991, 2. Aufl.

Dahrendorf, Ralf: *A History of the London School of Economics and Political Science 1895-1995*, Oxford 1995.

Dahrendorf, Ralf: *Der Wiederbeginn der Geschichte. Vom Fall der Mauer zum Krieg im Irak*, München 2004.

Dahrendorf, Ralf: *Versuchungen der Unfreiheit. Die Intellektuellen in Zeiten der Prüfung*, München 2006.

Damm, Matthias: *Die Rezeption des italienischen Faschismus in der Weimarer Republik*, Baden-Baden 2013.

Dathe, Uwe: *Walter Euckens Weg zum Liberalismus (1918-1934)*, Freiburger Diskussionspapiere, Freiburg 2010.

Dathe, Uwe: »Walter Eucken – von der liberalen Krisendeutung zum Widerstand gegen den Nationalsozialismus«, in: Hans Maier (Hg.), *Die Freiburger Kreise. Akademischer Widerstand und Soziale Marktwirtschaft*, Paderborn 2014, S. 85-112.

Dathe, Uwe: »Leonhard Miksch (1901-1950): Leben und Werk. Ein Überblick«, in: Lars P. Feld/Ekkehard A. Köhler (Hg.), *Wettbewerbsordnung und Monopolbekämpfung. Zum Gedenken an Leonhard Miksch*, Tübingen 2015, S. 7-35.

Demm, Eberhard: *Ein Liberaler in Kaiserreich und Republik. Der politische Weg Alfred Webers bis 1920*, Boppard 1990.

Demm, Eberhard: *Von der Weimarer Republik zur Bundesrepublik. Der politische Weg Alfred Webers 1920-1958*, Düsseldorf 1999.

Derman, Joshua: *Max Weber in Politics and Social Thought. From Charisma to Canonization*, Cambridge 2012.

Detering, Heinrich: *Thomas Manns amerikanische Religion. Theologie, Politik und Literatur im kalifornischen Exil*, Frankfurt/M. 2012.

Dietze, Carola: *Nachgeholtes Leben. Helmuth Plessner 1892-1985*, Göttingen 2006.

Diggins, John P.: *Mussolini and Fascism. The View from America*, Princeton 1972.

Döring, Herbert: *Der Weimarer Kreis. Studien zum politischen Bewußtsein verfassungstreuer Hochschullehrer in der Weimarer Republik*, Meisenheim 1975.

Doering-Manteuffel, Anselm: *Wie westlich sind die Deutschen? Amerikanisierung und Westernisierung im 20. Jahrhundert*, Göttingen 1999.

Doering-Manteuffel, Anselm: »Weimar als Modell. Der Ort der Zwischenkriegszeit in der Geschichte des 20. Jahrhunderts«, in: *Mittelweg 36*, 21. Jg. (2012), Heft 6, S. 23-36.

Doering-Manteuffel, Anselm/Lutz Raphael: *Nach dem Boom. Perspektiven auf die Zeitgeschichte seit 1970*, Göttingen 2008.

Doering-Manteuffel, Anselm/Jörn Leonhard: »Liberalismus im 20. Jahrhundert – Aufriss einer historischen Phänomenologie«, in: dies. (Hg.), *Liberalismus im 20. Jahrhundert*, Stuttgart 2015, S. 13-32.

Dreier, Horst: »›Unbeirrt von allen Ideologien und Legenden‹ – Notizen zu Leben und Werk von Richard Thoma«, in: Richard Thoma, *Rechtsstaat – Demokratie – Grundrechte. Ausgewählte Abhandlungen aus fünf Jahrzehnten*, hg. u. eingeleitet von Horst Dreier, Tübingen 2008, S. XIII-LXXXI.

Drescher, Hans-Georg: *Ernst Troeltsch. Leben und Werk*, Göttingen 1991.

Dreyer, Michael: »Weimar als wehrhafte Demokratie – ein unterschätztes Vorbild«, in: *Die Weimarer Verfassung. Wert und Wirkung für die Demokratie*, hg. von der Friedrich-Ebert-Stiftung, Erfurt 2009, S. 161-189.

Düwell, Kurt: »Die geistigen Verteidiger des Weimarer Parteienstaats in der Schlusskrise der Republik«, in: Helmut Berding u. a. (Hg.), *Vom Staat des Ancien Regime zum modernen Parteienstaat. Festschrift für Theodor Schieder zu seinem 70. Geburtstag*, München 1978, S. 423-437.

Durner, Wolfgang: *Antiparlamentarismus in Deutschland*, Würzburg 1997.

Eksteins, Modris: *Tanz über Gräben. Die Geburt der Moderne und der Erste Weltkrieg*, Reinbek 1990.

Encke, Julia: *Charisma und Politik. Warum unsere Demokratie mehr Leidenschaft braucht*, München 2014.

Epstein, Klaus: *Vom Kaiserreich zum Dritten Reich. Geschichte und Geschichtswissenschaft im 20. Jahrhundert*, Frankfurt/M./Berlin/Wien 1973.

Erdmann, Karl Dietrich/Hagen Schulze (Hg.): *Weimar. Selbstpreisgabe einer Demokratie. Eine Bilanz heute*, Düsseldorf 1980.

Eßbach, Wolfgang/Joachim Fischer/Helmut Lethen (Hg.): *Plessners »Grenzen der Gemeinschaft«. Eine Debatte*, Frankfurt/M. 2002.

Faber, Richard: »Autoritärer Liberalismus. Von Thomas Hobbes zu Carl Schmitt«, in: ders. (Hrsg.), *Liberalismus in Geschichte und Gegenwart*, Würzburg 2000, S. 59-77.

Faulenbach, Bernd: *Ideologie des deutschen Weges. Die deutsche Geschichte in der Historiographie zwischen Kaiserreich und Nationalsozialismus*, München 1980.

Fawcett, Edmund: *Liberalism. The Life of an Idea*, Princeton 2014.

Feaver, George: »Regimes of Liberty. Michael Oakeshott on Representative Democracy«, in: Corel Abel/Timothy Fuller (Hg.), *The Intellectual Legacy of Michael Oakeshott*, Exeter 2005, S. 132-159.

Fest, Joachim: *Die unwissenden Magier. Über Thomas und Heinrich Mann*, Frankfurt/M. 1993.

Federici, Federico (Hg.): *Der deutsche Liberalismus. Die Entwicklung einer politischen Idee von Immanuel Kant bis Thomas Mann*, Zürich 1946.

Fesser, Gerd: »Friedrich Naumann als Antipode Eugen Richters«, in: *Jahrbuch zur Liberalismus-Forschung* 19 (2007), S. 101-111.

Fischer, Joachim: *Philosophische Anthropologie. Eine Denkrichtung des 20. Jahrhunderts*, Freiburg/München 2008.

Flasch, Kurt: *Die geistige Mobilmachung. Die deutschen Intellektuellen und der Erste Weltkrieg*, Berlin 2000.

Fleck, Christian: *Etablierung in der Fremde. Vertriebene Wissenschaftler in den USA nach 1933*, Frankfurt/M./New York 2015.

Flümann, Gereon: *Streitbare Demokratie in Deutschland und den Vereinigten Staaten. Der staatliche Umgang mit nichtgewalttätigem politischem Extremismus im Vergleich*, Wiesbaden 2015.

Föllmer, Moritz/Rüdiger Graf (Hg.), *Die »Krise« der Weimarer Republik. Zur Kritik eines Deutungsmusters*, Frankfurt/M. 2005.

Foucault, Michel: *Die Geburt der Biopolitik. Geschichte der Gouvernementalität II. Vorlesungen am Collège de France 1978-79*, Frankfurt/M. 2006.

Fraenkel, Ernst: »Amerika im Spiegel des deutschen politischen Denkens« (1959), in: ders., *Gesammelte Schriften, Bd. 4: Amerikastudien*, Baden-Baden 2000, S. 333-373.

Fraenkel, Ernst: »Das deutsche Wilsonbild« (1960), in: ders., *Gesammelte Schriften, Bd. 4*, S. 374-440.

Fraenkel, Ernst: »Geleitwort«, in: Karl Löwenstein, *Beiträge zur Staatssoziologie*, Tübingen 1961, S. IX-XVI.

Freeden, Michael: *Liberalism Divided. A Study in British Political Thought 1914-1939*, Oxford 1986.

Freeden, Michael: »Europäische Liberalismen«, in: *Merkur* 65 (2011), S. 1028-1046.

Freeden, Michael: »Social Liberalism in European Perspective since the late

Nineteenth Century«, in: Anselm Doering-Manteuffel/Jörn Leonhard (Hg.), *Liberalismus im 20. Jahrhundert*, Stuttgart 2015, S. 55-67.

Fritzsche, Klaus: *Politische Romantik und Gegenrevolution. Fluchtwege in der Krise der bürgerlichen Gesellschaft: Das Beispiel des ›Tat‹-Kreises*, Frankfurt/M. 1976.

Frölich, Jürgen: »National-sozial versus nationalsozialistisch? Die Hilfe und der Aufstieg des Nationalsozialismus 1923-1933«, in: Philippe Alexandre/Reiner Marcowitz (Hg.), *Die Zeitschrift »Die Hilfe« 1894-1944. Ein Ideenlabor in Deutschland*, Frankfurt/M. u. a. 2011, S. 317-339.

Frölich, Jürgen: »›Wirklich staatsmännisch veranlagter Kopf‹ oder eher ›Prophet und Lehrmeister‹? Friedrich Naumann als liberaler Politiker im Kaiserreich«, in: *Jahrbuch zur Liberalismus-Forschung* 23 (2011), S. 81-93.

Frölich, Jürgen: »›Jede Zeit hat ihre Freiheiten, die sie sucht.‹ Friedrich Naumann und der Liberalismus im ausgehenden Kaiserreich«, in: Detlef Lehnert (Hg.), *Sozialliberalismus in Europa. Herkunft und Entwicklung im 19. und frühen 20. Jahrhundert*, Wien/Köln/Weimar 2012, S. 135-157.

Frye, Bruce B.: *Liberal Democrats in the Weimar Republic. The History of the German Democratic Party and the German State Party*, Carbondale/Edwardsville 1985.

Fukuyama, Francis: *Das Ende der Geschichte. Wo stehen wir?*, München 1992.

Funk, Michael: »Das faschistische Italien im Urteil der Frankfurter Zeitung (1920-1930)«, in: *Quellen und Forschungen aus italienischen Archiven* 69 (1989), S. 255-311.

Furet, François: *Das Ende der Illusion. Der Kommunismus im 20. Jahrhundert*, München 1999, 2. Aufl.

Gall, Lothar (Hg.): *Liberalismus*, Köln 1976.

Gall, Lothar: *Bürgertum in Deutschland*, Berlin 1989.

Gall, Lothar (Hg.): *Bürgertum und bürgerlich liberale Bewegung in Mitteleuropa seit dem 18. Jahrhundert* (Historische Zeitschrift, Sonderheft 17), München 1997.

Gallus, Alexander/Axel Schildt (Hg.): *Rückblickend in die Zukunft. Politische Öffentlichkeit und intellektuelle Positionen in Deutschland um 1950 und um 1930*, Göttingen 2011.

Gangl, Manfred (Hg.): *Das Politische. Zur Entstehung der Politikwissenschaft während der Weimarer Republik*, Frankfurt/M. 2008.

Gay, Peter: *Die Republik der Außenseiter. Geist und Kultur in der Weimarer Zeit 1918-1933*, Frankfurt/M. 1987.

Geiselberger, Heinrich (Hg.): *Die große Regression. Eine internationale Debatte über die geistige Situation der Zeit*, Berlin 2017.

Genett, Timm: *Der Fremde im Kriege. Zur politischen Theorie und Biographie von Robert Michels 1876-1936*, Berlin 2008.

Geuss, Raymond: *Kritik der politischen Philosophie. Eine Streitschrift*, Hamburg 2011.

Gillessen, Günther: *Auf verlorenem Posten. Die Frankfurter Zeitung im Dritten Reich*, Berlin 1986.

Görtemaker, Manfred: *Thomas Mann und die Politik*, Frankfurt/M. 2005.

Goldschmidt, Nils: *Ein ›sozial temperierter Kapitalismus‹? Götz Briefs und die Begründung einer sozialethisch fundierten Theorie von Markt und Gesellschaft*, Freiburger Diskussionspapiere, Freiburg 2006.

Goldschmidt, Nils: »Ein widersprüchlicher Geist. Wilhelm Röpke gilt als Wegbereiter der sozialen Marktwirtschaft. Aber mit seinem Kulturpessimismus eckte er auch an. Heute, 50 Jahre nach seinem Tod, hat ihn die Wissenschaft wiederentdeckt«, in: *Süddeutsche Zeitung*, 12. Februar 2016, S. 18.

Goldschmidt, Nils/Michael Wohlgemuth: »Entstehung und Vermächtnis der Freiburger Tradition der Ordnungsökonomik«, in: dies. (Hg.), *Grundtexte zur Freiburger Tradition der Ordnungsökonomik*, Tübingen 2008, S. 1-16.

Graf, Friedrich Wilhelm: »Fachmenschenfreundschaft. Bemerkungen zu Max Weber und Ernst Troeltsch«, in: Mommsen/Schwentker (Hg.), *Max Weber und seine Zeitgenossen*, S. 313-336.

Graf, Friedrich Wilhelm: »Februar 1932, Party bei den Tillichs. Reale Dialektik in Frankfurt«, in: *Zeitschrift für Ideengeschichte* 9 (2015), Heft 4, S. 111-120.

Graf, Rüdiger: *Die Zukunft der Weimarer Republik. Krisen und Zukunftsaneignungen in Deutschland 1918-1933*, München 2008.

Gräser, Marcus: »Charisma, ›Führung‹ und Demokratie. Amerika-Bild und Amerika-Rezeption im liberalen Milieu der Weimarer Republik«, in: *Jahrbuch zur Liberalismus-Forschung* 28 (2016), S. 263-285.

Greenberg, Udi: *The Weimar Century. German Émigrés and the Ideological Foundations of the Cold War*, Princeton/Oxford 2014.

Greiffenhagen, Martin: *Das Dilemma des Konservatismus in Deutschland*, Frankfurt/M. 1986.

Groh, Kathrin: »Zwischen Skylla und Charybdis. Die streitbare Demokratie«, in: Christoph Gusy (Hg.), *Weimars lange Schatten – »Weimar« als Argument nach 1945*, Baden-Baden 2003, S. 425-454.

Groh, Kathrin: *Demokratische Staatsrechtslehrer in der Weimarer Republik. Von der konstitutionellen Staatsrechtslehre zur Theorie des modernen Verfassungsstaats*, Tübingen 2010.

Gross, Raphael: »Hans Kelsen – Rückkehr unerwünscht«, in: ders./Monika Boll (Hg.), *»Ich staune, dass Sie in dieser Luft atmen können«. Jü-*

dische Intellektuelle in Deutschland nach 1945, Frankfurt/M. 2013, S. 299-316.
Grothe, Ewald: *Zwischen Geschichte und Recht. Deutsche Verfassungsgeschichtsschreibung 1900-1970*, München 2005.
Grothe, Ewald/Ulrich Sieg (Hg.), *Liberalismus als Feindbild*, Göttingen 2014.
Grüner, Stefan: »Zwischen Einheitssehnsucht und pluralistischer Massendemokratie. Zum Parteien- und Demokratieverständnis im deutschen und französischen Liberalismus der Zwischenkriegszeit«, in: Horst Möller (Hg.), *Demokratie in Deutschland und Frankreich 1918-1933/40. Beiträge zu einem historischen Vergleich*, München 2002, S. 219-249.
Günther, Frieder: *Denken vom Staat her. Die bundesdeutsche Staatsrechtslehre zwischen Dezision und Integration 1949-1970*, München 2004.
Günther, Frieder: »›Jemand, der sich schon vor fünfzig Jahren selbst überholt hatte.‹ Die Nicht-Rezeption Hans Kelsens in der bundesdeutschen Staatsrechtslehre der 1950er und 1960er Jahre«, in: Matthias Jestaedt (Hg.), *Hans Kelsen und die deutsche Staatsrechtslehre. Stationen eines wechselvollen Verhältnisses*, Tübingen 2013, S. 67-83.
Günther, Frieder: »›Eine in jede Richtung veränderte Wirklichkeit‹. Gerhard Leibholz und die antiliberale Bewegung«, in: Anna-Bettina Kaiser (Hg.), *Der Parteienstaat. Zum Staatsverständnis von Gerhard Leibholz*, Baden-Baden 2013, S. 23-42.
Gusy, Christoph: *Weimar – die wehrlose Republik? Verfassungsschutzrecht und Verfassungsschutz in der Weimarer Republik*, Tübingen 1991.
Gusy, Christoph: »Vernunftrepublikanismus in der Staatsrechtswissenschaft der Weimarer Republik«, in: Wirsching/Eder (Hg.), *Vernunftrepublikanismus in der Weimarer Republik*, S. 195-217.
Gusy, Christoph (Hg.): *Demokratisches Denken in der Weimarer Republik*, Baden-Baden 2000.
Gusy, Christoph (Hg.): *Weimars lange Schatten – »Weimar« als Argument nach 1945*, Baden-Baden 2003.
Gusy, Christoph (Hg.): *Demokratie in der Krise. Europa in der Zwischenkriegszeit*, Baden-Baden 2008.

Habermas, Jürgen: »Diskussionsbeitrag«, in: Otto Stammer (Hg.), *Max Weber und die Soziologie heute. Verhandlungen des fünfzehnten deutschen Soziologentages*, Tübingen 1965, S. 74-81.
Habermas, Jürgen: *Eine Art Schadensabwicklung. Kleine Politische Schriften VI*, Frankfurt/M. 1987.
Habermas, Jürgen: *Die nachholende Revolution. Kleine Politische Schriften VII*, Frankfurt/M. 1990, S. 179-204.
Habermas, Jürgen: *Einbeziehung des Anderen. Studien zur politischen Theorie*, Frankfurt/M. 1996.

Habermas, Jürgen: *Faktizität und Geltung. Beiträge zur Diskurstheorie des Rechts und des demokratischen Rechtsstaats*, Frankfurt/M. 1998.

Hacke, Jens: »Die Rechte und die Revolution. Erwartung und Deutung der ›Zeitenwende‹ von 1933«, in: Heinrich August Winkler (Hg.), *Griff nach der Deutungsmacht. Zur Geschichte der Geschichtspolitik in Deutschland*, Göttingen 2004, S. 160-184.

Hacke, Jens: *Die Bundesrepublik als Idee. Zur Legitimationsbedürftigkeit politischer Ordnung*, Hamburg 2009.

Hacke, Jens: »Moritz Julius Bonn – ein vergessener Verteidiger der Vernunft. Zum Liberalismus in der Krise der Zwischenkriegszeit«, in: *Mittelweg 36*, 17. Jg. (2010), Heft 6, S. 26-59.

Hacke, Jens: »Staatsrecht und politische Theorie in der Zwischenkriegszeit. Das Erbe der Weimarer Republik«, in: *Politisches Denken. Jahrbuch 2011*, Berlin 2011, S. 321-336.

Hacke, Jens: »Selbsttäuschung aus Enttäuschung. Robert Michels' Parteiensoziologie auf dem Weg von der Demokratie in den Faschismus«, in: Bluhm/Krause (Hg.), *Robert Michels' Soziologie des Parteiwesens*, S. 114-131.

Hacke, Jens: »Wende zur Skepsis. Liberale Ideenverteidigung in der Krise der Zwischenkriegszeit«, in: *Zeitschrift für Ideengeschichte* 7 (2013), Heft 2, S. 35-52.

Hacke, Jens: »Selbstkritik und Selbstzweifel. Zur Krise des liberalen Denkens in der Zwischenkriegszeit«, in: Ewald Grothe/Ulrich Sieg (Hg.), *Liberalismus als Feindbild*, Göttingen 2014, S. 153-182.

Hacke, Jens: »›Volksgemeinschaft der Gleichgesinnten‹. Liberale Faschismusanalysen in den 1920er Jahren und die Wurzeln der Totalitarismustheorie«, in: *Mittelweg 36*, 23. Jg. (2014), Heft 4, S. 53-73.

Hacke, Jens: »Liberale Alternativen für die Krise der Demokratie. Der Nationalökonom Moritz Julius Bonn als politischer Denker im Zeitalter der Weltkriege«, in: *Jahrbuch zur Liberalismus-Forschung* 26 (2014), S. 295-318.

Hacke, Jens: »Einleitung: Moritz Julius Bonn – Liberale Krisendiagnostik in der Weimarer Demokratie«, in: Moritz Julius Bonn, *Zur Krise der Demokratie. Politische Schriften in der Weimarer Republik 1919 bis 1932*, hg. von Jens Hacke, Berlin 2015, S. 1-38.

Hacke, Jens: »Jewish Liberalism in the Weimar Republic? Reconsidering a Key Element of Political Culture in the Interwar Era«, in: Steven Aschheim / Vivian Liska (Hg.), *The German-Jewish Experience Reconsidered: Contested Interpretations and Conflicting Perceptions*, Berlin/New York 2015, S. 155-170.

Haerdter, Robert: »Fritz Schotthöfer« [Nachruf], in: *Die Gegenwart.* Sonderheft zum 100. Geburtstag der Frankfurter Zeitung, 1956, S. 32-34.

Hank, Rainer: *Links, wo das Herz schlägt. Inventur einer politischen Idee*, München 2015.

Hanshew, Karrin: *Terror and Democracy in West Germany*, Cambridge 2012.

Hardtwig, Wolfgang: »Volksgemeinschaft im Übergang. Von der Demokratie zum rassistischen Führerstaat«, in: Detlef Lehnert (Hg.), *Gemeinschaftsdenken in Europa. Das Gesellschaftskonzept »Volksheim« im Vergleich 1900-1938*, Köln 2013, S. 227-253.

Hartz, Louis: *The Liberal Tradition in America. An Interpretation of American Political Thought since the Revolution* (1955). With an Introduction by Tom Wicker, San Diego/New York/London 1991.

Haselbach, Dieter: *Autoritärer Liberalismus und soziale Marktwirtschaft. Gesellschaft und Politik im Ordoliberalismus*, Baden-Baden 1991.

Haselbach, Dieter: »Nation, Gott und Markt – Mythos und gesellschaftliche Integration bei Alfred Müller-Armack«, in: Michael Th. Greven/Peter Kühler/Manfred Schmitz (Hg.), *Politikwissenschaft als kritische Theorie. Festschrift für Kurt Lenk*, Baden-Baden 1994, S. 215-230.

Haselbach, Dieter: »Lehren aus Weimar in den Wirtschaftswissenschaften nach 1945: Der Ordoliberalismus«, in: Gusy (Hg.), *Weimars lange Schatten*, S. 118-147.

Henkel, Michael: *Hermann Hellers Theorie der Politik und des Staates*, Tübingen 2011.

Hennecke, Hans Jörg: *Wilhelm Röpke. Ein Leben in der Brandung*, Stuttgart 2005.

Hennis, Wilhelm: »Demokratisierung. Zur Problematik eines Begriffs«, in: Gerhard Lehmbruch/Klaus von Beyme/Iring Fetscher (Hg.), *Demokratisches System und politische Praxis der Bundesrepublik. Für Theodor Eschenburg*, München 1971, S. 68-97.

Hennis, Wilhelm: »Voluntarismus und Urteilskraft. Max Webers politische Anschauungen im Zusammenhang des Werks«, in: ders., *Max Webers Fragestellung. Studien zur Biographik des Werks*, Tübingen 1986, S. 195-236.

Hennis, Wilhelm: »Integration durch Verfassung? Rudolf Smend und die Zugänge zum Verfassungsproblem nach 50 Jahren unter dem Grundgesetz«, in: Hans Vorländer (Hg.), *Integration durch Verfassung*, Wiesbaden 2002, S. 267-290.

Herbert, Ulrich: *Geschichte Deutschlands im 20. Jahrhundert*, München 2014.

Hertfelder, Thomas: *Franz Schnabel und die deutsche Geschichtswissenschaft. Geschichtsschreibung zwischen Historismus und Kulturkritik (1910-1945)*, Göttingen 1998.

Hertfelder, Thomas: »›Meteor aus einer anderen Welt‹. Die Weimarer Republik in der Diskussion des Hilfe-Kreises«, in: Wirsching/Eder (Hg.), *Vernunftrepublikanismus in der Weimarer Republik*, S. 29-55.

Hertfelder, Thomas: *Von Naumann zu Heuss. Über eine Tradition des sozialen Liberalismus in Deutschland* (Stiftung Bundespräsident-Theodor-Heuss-Haus, Kleine Reihe Bd. 29), Stuttgart 2013.

Herzog, Lisa: *Freiheit gehört nicht nur den Reichen. Plädoyer für einen zeitgemäßen Liberalismus*, München 2014.

Heß, Jürgen C.: »Wandlungen im Staatsverständnis des Linksliberalismus der Weimarer Republik 1930 bis 1933«, in: Karl Holl (Hg.), *Wirtschaftskrise und liberale Demokratie. Das Ende der Weimarer Republik und die gegenwärtige Situation*, Göttingen 1978, S. 46-88.

Heß, Jürgen C.: »Die Desintegration des Liberalismus in der Weimarer Republik«, in: Hans Vorländer (Hg.), *Verfall oder Renaissance des Liberalismus? Beiträge zum deutschen und internationalen Liberalismus*, München 1987, S. 91-116.

Hesse, Jan-Otmar: »›Der Mensch des Unternehmens und der Produktion‹. Foucaults Sicht auf den Ordoliberalismus und die ›Soziale Marktwirtschaft‹«, in: *Zeithistorische Forschungen* 3 (2006), S. 291-296.

Hesse, Jan-Otmar: »›Der Staat unter der Aufsicht des Marktes‹ – Michel Foucaults Lektüren des Ordoliberalismus«, in: Susanne Krasmann/Michael Volkmer (Hg.), *Michel Foucaults »Geschichte der Gouvernementalität« in den Sozialwissenschaften. Internationale Beiträge*, Bielefeld 2007, S. 213-237.

Hesse, Jan-Otmar/Roman Köster/Werner Plumpe: *Die große Depression. Die Weltwirtschaftskrise 1929-1939*, Frankfurt/M. 2014.

Hession, Charles H.: *John Maynard Keynes*, Stuttgart 1986.

Heuss, Theodor: *Friedrich Naumann. Der Mann, das Werk, die Zeit*, Stuttgart/Tübingen 1949, 2. Aufl.

Hobsbawm, Eric: *Das Zeitalter der Extreme. Weltgeschichte des 20. Jahrhunderts*, München 1995.

Hoeges, Dirk: *Kontroverse am Abgrund: Ernst Robert Curtius und Karl Mannheim. Intellektuelle und »freischwebende Intelligenz« in der Weimarer Republik*, Frankfurt/M. 1994.

Hoeres, Peter: *Krieg der Philosophen. Die deutsche und die britische Philosophie im Ersten Weltkrieg*, Paderborn 2004.

Hofmann, Hasso: *Legitimität gegen Legalität. Der Weg der politischen Philosophie Carl Schmitts*, Neuwied/Berlin 1964.

Hofmann, Wilhelm: *Karl Mannheim zur Einführung*, Hamburg 1996.

Holmes, Stephen: *Die Anatomie des Antiliberalismus*, Hamburg 1995.

Holmes, Stephen: *Passions and Constraint. On the Theory of Liberal Democracy*, Chicago/London 1995.

Honneth, Axel: *Die Idee des Sozialismus*, Berlin 2015.

Huber, Ernst-Rudolf: *Deutsche Verfassungsgeschichte seit 1789. Bd. 3: Bismarck und das Reich*, Stuttgart 1963.

Hübinger, Gangolf: »Gustav Stresemann und Max Weber. Interessenpolitik und Gelehrtenpolitik«, in: Mommsen/Schwentker (Hg.), *Max Weber und seine Zeitgenossen*, S. 448-461.

Hübinger, Gangolf: »Liberalismus und Protestantismus im Deutschen Kaiserreich«, in: Richard Faber (Hg.), *Liberalismus in Geschichte und Gegenwart*, Würzburg 2000, S. 115-129.

Hübinger, Gangolf: »Einleitung«, in: Ernst Troeltsch, *Spectator-Briefe und Berliner Briefe. Kritische Gesamtausgabe*, Bd. 14, hg. von Gangolf Hübinger in Zusammenarbeit mit Nikolai Wehrs, Berlin/Boston 2015, S. 1-20.

Hürten, Heinz: »Modernitätskritik und Totalitarismustheorie im Frühwerk Waldemar Gurians«, in: Alfons Söllner/Ralf Walkenhaus/Karin Wieland (Hg.), *Totalitarismus. Eine Ideengeschichte des 20. Jahrhunderts*, Berlin 1997, S. 25-34.

Ikenberry, G. John: *After Victory. Institutions, Strategic Restraint and the Rebuildung of Order after Major Wars*, Princeton/Oxford 2001.

Jäger, Wolfgang: Art. »Mehrheit, Minderheit, Majorität, Minorität«, in: *Geschichtliche Grundbegriffe. Historisches Lexikon zur politisch-sozialen Sprache in Deutschland*, Bd. 3, Stuttgart 1982, S. 1021-1062.

Jansen, Christian: »Willy Hellpach. Ein antiliberaler Demokrat kommentiert den Niedergang der Weimarer Republik«, in: Walter Schmitz/Clemens Vollnhals (Hg.), *Völkische Bewegung – Konservative Revolution – Nationalsozialismus. Aspekte einer politisierten Kultur*, Dresden 2005, S. 209-226.

Jasper, Gotthard: *Die gescheiterte Zähmung. Wege zur Machtergreifung Hitlers 1930-1934*, Frankfurt/M. 1986.

Jaspers, Karl: *Wohin treibt die Bundesrepublik? Tatsachen – Gefahren – Chancen*, München 1966.

Jestaedt, Matthias (Hg.): *Hans Kelsen und die deutsche Staatsrechtslehre. Stationen eines wechselvollen Verhältnisses*, Tübingen 2013.

Jestaedt, Matthias/Oliver Lepsius: »Der Rechts- und Demokratietheoretiker Hans Kelsen – Eine Einführung«, in: Kelsen, *Verteidigung der Demokratie*, S. VII-XXIX.

Judt, Tony (mit Timothy Snyder): *Nachdenken über das 20. Jahrhundert*, München 2013.

Karlauf, Thomas: *Stefan George. Die Entdeckung des Charisma*, München 2007.

Kaube, Jürgen: *Max Weber. Ein Leben zwischen den Epochen*, Berlin 2014.

Keane, John: *The Life and Death of Democracy*, London 2009.

Kempski, Jürgen von: »Über den Liberalismus« (1953), in: ders., *Recht und*

Politik. Studien zur Einheit der Sozialwissenschaft, Frankfurt/M. 1992, S. 300-320.
Kempski, Jürgen von: »Philosophie der Politik« (1959), in: ders., *Recht und Politik*, S. 186-217.
Kershaw, Ian: *To Hell and Back. Europe 1914-1949*, London 2015.
Kersting, Wolfgang: *Verteidigung des Liberalismus*. Mit einem Nachwort von Ludger Heidbrink, Hamburg 2009.
Keßler, Mario: *Arthur Rosenberg. Ein Historiker im Zeitalter der Katastrophen (1889-1943)*, Köln 2003.
Kettler, David/Volker Meja/Nico Stehr: *Politisches Wissen. Studien zu Karl Mannheim*, Frankfurt/M. 1989.
Kinkela, Claudia: *Die Rehabilitierung des Bürgerlichen im Werk Dolf Sternbergers*, Würzburg 2001.
Klautke, Egbert: *Unbegrenzte Möglichkeiten. »Amerikanisierung« in Deutschland und Frankreich (1900-1933)*, Stuttgart 2003.
Kluge, Ulrich: *Die deutsche Revolution 1918/1919. Staat, Politik und Gesellschaft zwischen Weltkrieg und Kapp-Putsch*, Frankfurt/M. 1985.
Knöbl, Wolfgang/Hans Joas: *Kriegsverdrängung. Ein Problem in der Geschichte der Sozialtheorie*, Frankfurt/M. 2008.
Köster, Roman: *Die Wissenschaft der Außenseiter. Die Krise der Nationalökonomie in der Weimarer Republik*, Göttingen 2011.
Köster, Roman: »Vor der Krise. Die Keynes-Rezeption in der Weimarer Republik«, in: *Mittelweg 36*, 22. Jg., 2013, Heft 3, S. 32-46.
Kolb, Eberhard (Hg.): *Vom Kaiserreich zu Republik*, Köln 1972.
Kondylis, Panajotis: *Konservativismus. Geschichtlicher Gehalt und Untergang*, Stuttgart 1986.
Kondylis, Panajotis: *Der Niedergang der bürgerlichen Denk- und Lebensform. Die liberale Moderne und die massendemokratische Postmoderne*, Weinheim 1991.
Korioth, Stefan: *Integration und Bundesstaat. Ein Beitrag zur Staats- und Verfassungslehre Rudolf Smends*, Berlin 1990.
Korioth, Stefan: »Kelsen im Diskurs – die Weimarer Jahre«, in: Jestaedt (Hg.), *Hans Kelsen und die deutsche Staatsrechtslehre*, S. 29-46.
Koselleck, Reinhart: »Einleitung«, in: *Geschichtliche Grundbegriffe. Historisches Lexikon zur politisch-sozialen Sprache in Deutschland*, Bd. 1, Stuttgart 1972, S. XIII-XXVII.
Koselleck, Reinhart: »Demokratie IV.1: Öffnung des geschichtsphilosophischen Horizonts«, in: *Geschichtliche Grundbegriffe. Historisches Lexikon zur politisch-sozialen Sprache in Deutschland*, Bd. 1, Stuttgart 1972, S. 848-853.
Koselleck, Reinhart: »Erfahrungswandel und Methodenwechsel. Eine historisch-anthropologische Skizze«, in: ders., *Zeitschichten. Studien zur Historik*, Frankfurt/M. 2000, S. 27-77.

Koselleck, Reinhart: »Liberales Geschichtsdenken«, in: ders., *Vom Sinn und Unsinn der Geschichte. Aufsätze und Vorträge aus vier Jahrzehnten*, Frankfurt/M. 2010, S. 198- 227.

Kraus, Hans-Christoph: »Dieses Nichts von Fachmensch und Genussmensch«, in: *Frankfurter Allgemeine Zeitung*, 30. März 2016, N 3.

Kriele, Martin: »Hobbes und die englischen Juristen« (1970), in: ders., *Recht, Vernunft, Wirklichkeit*, Berlin 1990, S. 239-290.

Krockow, Christian Graf von: *Die Entscheidung. Eine Untersuchung über Ernst Jünger, Carl Schmitt und Martin Heidegger*, Frankfurt/M. 1990 [zuerst 1958].

Krohn, Claus-Dieter: *Wirtschaftstheorien als politische Interessen. Die akademische Nationalökonomie in Deutschland 1918-1933*, Frankfurt/M. 1981.

Krohn, Claus-Dieter: *Wissenschaft im Exil. Deutsche Sozial- und Wirtschaftswissenschaftler in den USA und die New School for Social Research*, Frankfurt/M. 1987.

Krohn, Claus-Dieter: »Deutsche Exil-Ökonomen in den USA nach 1933. Das Beispiel der New School for Social Research«, in: Ilja Srubar (Hg.), *Exil, Wissenschaft, Identität. Die Emigration deutscher Sozialwissenschaftler 1933-1945*, Frankfurt/M. 1988, S. 142-163.

Krüger, Dieter: *Nationalökonomen im wilhelminischen Deutschland*, Göttingen 1983.

Kuhlmann, Andreas: »Deutscher Geist und liberales Ethos. Die frühe Sozialphilosophie Helmuth Plessners«, in: Eßbach/ Fischer/ Lethen (Hg.), *Plessners »Grenzen der Gemeinschaft«*, S. 15-20.

Kunze, Michael: *Sigmund Neumann. Demokratielehrer im Zeitalter des internationalen Bürgerkriegs*, Berlin 2015.

Kurzke, Hermann: *Thomas Mann. Das Leben als Kunstwerk. Eine Biographie*, München 1999.

Kurzke, Hermann: »Kommentar«, in: Thomas Mann, *Betrachtungen eines Unpolitischen* (1918). Große kommentierte Frankfurter Ausgabe, Frankfurt/M. 2009, Bd. 2, S. 9-144.

Lang, Markus: *Karl Loewenstein. Transatlantischer Denker der Politik*, Stuttgart 2007.

Langewiesche, Dieter: *Liberalismus in Deutschland*, Frankfurt/M. 1988.

Langewiesche, Dieter: »Liberalismus heute – historisch gesehen«, in: ders., *Liberalismus und Sozialismus. Ausgewählte Beiträge*, hg. von Friedrich Lenger, Bonn 2003, S. 206-231.

Lehnert, Detlef: »Der Beitrag von Hans Kelsen und Hugo Preuß zum modernen Demokratieverständnis«, in: Gusy (Hg.), *Demokratisches Denken in der Weimarer Republik*, S. 221-255.

Lehnert, Detlef: »Lujo Brentano als politisch-ökonomischer Klassiker des Sozialliberalismus«, in: ders., *Sozialliberalismus in Europa*, S. 111-134.

Lehnert, Detlef (Hg.): *Sozialliberalismus in Europa. Herkunft und Entwicklung im 19. und frühen 20. Jahrhundert*, Wien/Köln/Weimar 2012.

Lenger, Friedrich: *Werner Sombart 1863-1941. Eine Biographie*, München 1995.

Lenk, Kurt: *Deutscher Konservatismus*, Frankfurt/M./New York 1989.

Leonhard, Jörn: *Liberalismus. Zur historischen Semantik eines europäischen Deutungsmusters*, München 2001.

Leonhard, Jörn: *Die Büchse der Pandora. Geschichte des Ersten Weltkriegs*, München 2014.

Leonhard, Jörn: »Krieg und Krise – Der Liberalismus 1914-18 im internationalen Vergleich«, in: ders./Anselm Döring-Manteuffel (Hg.), *Liberalismus im 20. Jahrhundert*, Stuttgart 2015, S. 69-94.

Lepenies, Wolf: *Kultur und Politik. Deutsche Geschichten*, München 2006.

Lepsius, M. Rainer: »Die sozialwissenschaftliche Emigration und ihre Folgen«, in: ders. (Hg.), *Soziologie in Deutschland und Österreich 1918-1945* (Kölner Zeitschrift für Soziologie und Sozialpsychologie, Sonderheft 23) Opladen 1981, S. 461-500.

Lethen, Helmut: *Verhaltenslehren der Kälte. Lebensversuche zwischen den Kriegen*, Frankfurt/M. 1994.

Llanque, Marcus: »Die Theorie politischer Einheitsbildung in Weimar und die Logik von Einheit und Vielheit (Rudolf Smend, Carl Schmitt, Hermann Heller)«, in: Andreas Göbel/ Dirk van Laak/ Ingeborg Villinger (Hg.), *Metamorphosen des Politischen – Grundfragen politischer Einheitsbildung seit den 20er Jahren*, Berlin 1995, S. 157-176.

Llanque, Marcus: »Der Untergang des liberalen Individuums. Zum fin de siècle des liberalen Denkens in Weimar«, in: Karsten Fischer (Hg.), *Neustart des Weltlaufs? Fiktion und Faszination der Zeitwende*, Frankfurt/M. 1999, S. 184-202.

Llanque, Marcus: *Demokratisches Denken im Krieg. Die deutsche Debatte im Ersten Weltkrieg*, Berlin 2000.

Llanque, Marcus: »Massendemokratie zwischen Kaiserreich und westlicher Demokratie«, in: Gusy (Hg.), *Demokratisches Denken in der Weimarer Republik*, S. 38-70.

Llanque, Marcus: *Politische Ideengeschichte. Ein Gewebe politischer Diskurse*, München/Wien 2008.

Llanque, Marcus: »Der Einfluß von Max Weber auf die Weimarer Politikwissenschaft«, in: Manfred Gangl (Hg.), *Das Politische. Zur Entstehung der Politikwissenschaft während der Weimarer Republik*, Frankfurt/M. 2008, S. 193-215.

Llanque, Marcus: »Die Diktatur im Horizont der Demokratieidee. Zur verfassungspolitischen Debatte der Zwischenkriegszeit«, in: Gusy (Hg.), *Demokratie in der Krise*, S. 52-85.

Loewenstein, Karl: *Max Webers staatspolitische Auffassungen in der Sicht unserer Zeit*, Frankfurt/M./Bonn 1965.

Losurdo, Domenico: *Liberalism. A Counter-History*, London/New York 2011.

Lübbe, Hermann: *Politische Philosophie in Deutschland. Studien zu ihrer Geschichte*, München 1974.

Lübbe, Hermann: »Carl Schmitt liberal rezipiert«, in: Helmut Quaritsch (Hg.), *Complexio Oppositorum. Über Carl Schmitt*, Berlin 1988, S. 427-440.

Lübbe, Hermann: »Die Masse, der Nationalsozialismus und die Atombombe. Karl Jaspers als politischer Moralist«, in: Reinhard Schulz/ Giovanni Bonanni/ Matthias Bormuth (Hg.), *»Wahrheit ist, was uns verbindet«. Karl Jaspers' Kunst zu philosophieren*, Göttingen 2009, S. 391-410.

Lüdders, Marc: *Die Suche nach einem Dritten Weg. Beiträge der deutschen Nationalökonomie in der Zeit der Weimarer Republik*, Frankfurt/M. 2004.

Lundgreen, Peter (Hg.): *Sozial- und Kulturgeschichte des Bürgertums. Eine Bilanz des Bielefelder Sonderforschungsbereichs (1986-1997)*, Göttingen 2000.

Mager, Wolfgang: Art. »Republik«, in: *Geschichtliche Grundbegriffe. Historisches Lexikon zur politisch-sozialen Sprache in Deutschland*, Bd. 5, Stuttgart 1984, S. 549-651.

Maier, Hans: »›Totalitarismus‹ und ›Politische Religionen‹. Konzepte des Diktaturvergleichs«, in: Eckhard Jesse (Hg.), *Totalitarismus im 20. Jahrhundert. Eine Bilanz der internationalen Forschung*, Bonn 1996, S. 118-134.

Maier, Hans (Hg.): *Die Freiburger Kreise. Akademischer Widerstand und Soziale Marktwirtschaft*, Paderborn 2014.

Maiolina, Angelo: *Politische Kultur in Zeiten des Neoliberalismus. Eine Hegemonieanalyse*, Bielefeld 2014.

Malowitz, Karsten: »Was den Staat im Innersten zusammenhält. Rudolf Smend als Antipode Hans Kelsens in der staatstheoretischen Grundlagendiskussion der Weimarer Staatslehre«, in: Manfred Gangl (Hg.), *Die Weimarer Staatsrechtsdebatte. Diskurs- und Rezeptionsstrategien*, Baden-Baden 2011, S. 69-100.

Mandt, Hella: »Demokratie und Toleranz – Zum Verfassungsgrundsatz der streitbaren Demokratie« (1977), in: dies., *Politik in der Demokratie. Aufsätze zu ihrer Theorie und Ideengeschichte*, Baden-Baden 1998, S. 29-56.

Manela, Erez: *The Wilsonian Moment. Self-Determination and the International Origins of Anticolonial Nationalism*, New York 2007.

Manow, Philip: »Ordoliberalismus als ökonomische Ordnungstheologie«, in: *Leviathan* 2001, S. 179-198.

Maschke, Günter: »Zum ›Leviathan‹ von Carl Schmitt«, in: Carl Schmitt, *Der Leviathan in der Staatslehre des Thomas Hobbes. Sinn und Fehlschlag eines politischen Symbols*. Mit einem Anhang sowie einem Nachwort des Herausgebers, Stuttgart 1995, 2. Aufl., S. 179-244.

Mazower, Mark: *Der dunkle Kontinent. Europa im 20. Jahrhundert*, Frankfurt/M. 2002.

McGraw, Thomas K.: *Joseph A. Schumpeter. Eine Biographie*, Hamburg 2008.

Mehring, Reinhard: »Integration und Verfassung. Zum politischen Verfassungssinn Rudolf Smends«, in: *Politisches Denken. Jahrbuch 1994*, S. 19-35.

Mehring, Reinhard: »Das Politikum der Kritik. Geschichtstheorie nach Carl Schmitt«, in: *Die Neue Rundschau* 111 (2000), Heft 3, S. 154-167.

Mehring, Reinhard: *Das »Problem der Humanität«. Thomas Manns politische Philosophie*, Paderborn 2003.

Mehring, Reinhard: *Carl Schmitt. Aufstieg und Fall. Eine Biographie*, München 2009.

Mehring, Reinhard: »Liberale Demokratie als Paradoxon? Carl Schmitts Beisetzung des klassischen Liberalismus«, in: Grothe/Sieg (Hg.), *Liberalismus als Feindbild*, S. 203-227.

Meier, Christian: *Res publica amissa. Eine Studie zu Verfassung und Geschichte der späten römischen Republik*, Frankfurt/M. 1997, 3. Aufl.

Meier-Rust, Kathrin: *Alexander Rüstow. Geschichtsdeutung und liberales Engagement*, Stuttgart 1993.

Meinel, Florian: *Der Jurist in der industriellen Gesellschaft. Ernst Forsthoff und seine Zeit*, Berlin 2011.

Mendelssohn, Peter de: *S. Fischer und sein Verlag*, Frankfurt/M. 1970.

Mergel, Thomas: »Die Bürgertumsforschung nach 15 Jahren. Für Hans-Ulrich Wehler zum 70. Geburtstag«, in: *Archiv für Sozialgeschichte* 41 (2001), S. 515-538.

Meyer, Thomas: »›Vorrede zur Magna Charta der Deutschen Republik‹. Ernst Cassirer, der Kreis um Aby Warburg und der Vernunfrepublikanismus«, in: Wirsching/ Eder (Hg.), *Vernunftrepublikanismus in der Weimarer Republik*, S. 109-128.

Möller, Horst: »Parlamentarismus-Diskussion in der Weimarer Republik. Die Frage des ›besonderen‹ Weges zum parlamentarischen Regierungssystem«, in: Manfred Funke u. a. (Hg.), *Demokratie und Diktatur. Geist und Gestalt politischer Herrschaft in Deutschland und Europa*, Bonn 1987, S. 140-157.

Möllers, Christoph: *Der vermisste Leviathan. Staatstheorie in der Bundesrepublik*, Frankfurt/M. 2008.

Mommsen, Hans: *Die verspielte Freiheit. Der Weg der Republik von Weimar in den Untergang 1918 bis 1933*, München 1989.

Mommsen, Hans: »Die Auflösung des Bürgertums seit dem späten 19. Jahrhundert«, in: ders., *Der Nationalsozialismus und die deutsche Gesellschaft. Ausgewählte Aufsätze*, hg. von Lutz Niethammer und Bernd Weisbrod, Reinbek 1991, S. 11-38.

Mommsen, Wolfgang J.: *Max Weber und die deutsche Politik 1890-1920*, Tübingen 1974, 2. Aufl.

Mommsen, Wolfgang J.: »Ein Liberaler in der Grenzsituation«, in: ders., *Max Weber. Gesellschaft, Politik und Geschichte*, Frankfurt/M. 1974, S. 21-43.

Mommsen, Wolfgang J.: »Zum Begriff der ›plebiszitären Führerdemokratie‹«, in: ders., *Max Weber*, S. 44-71.

Mommsen, Wolfgang J.: »Kapitalismus und Sozialismus. Die Auseinandersetzung mit Karl Marx«, in: ders., *Max Weber*, S. 144-181.

Mommsen, Wolfgang J.: »Wandlungen der liberalen Idee im Zeitalter des Imperialismus«, in: Karl Holl/Günther List (Hg.), *Liberalismus und imperialistischer Staat. Der Imperialismus als Problem liberaler Parteien in Deutschland 1890-1914*, Göttingen 1975, S. 109-147.

Mommsen, Wolfgang J.: »Robert Michels und Max Weber. Gesinnungsethischer Fundamentalismus versus verantwortungsethischer Pragmatismus«, in: ders./ Schwentker (Hg.), *Max Weber und seine Zeitgenossen*, S. 196-215.

Mommsen, Wolfgang J./Wolfgang Schwentker (Hg.): *Max Weber und seine Zeitgenossen*, Göttingen/Zürich 1988.

Mosse, George L.: *The Fascist Revolution. Toward a General Theory of Fascism*, New York 1999.

Müller, Jan-Werner: »Fear and Freedom. On ›Cold War Liberalism‹«, in: *European Journal of Political Theory* 7 (2008), Heft 1, S. 45-64.

Müller, Jan-Werner: *Contesting Democracy. Political Ideas in Twentieth-Century Europe*, New Haven/London 2011.

Müller, Jan-Werner: »Militant Democracy«, in: Michel Rosenfeld/Andras Sajo (Hg.), *The Oxford Handbook of Comparative Constitutional Law*, Oxford 2012, S. 1253-1269.

Müller, Jan-Werner: *Was ist Populismus? Ein Essay*, Berlin 2016.

Müller, Tim B.: *Nach dem Ersten Weltkrieg. Überlebensversuche moderner Demokratien*, Hamburg 2014.

Müller, Tim B.: »Demokratie und Wirtschaftspolitik in der Weimarer Republik«, in: *Vierteljahrshefte für Zeitgeschichte* 62 (2014), S. 569-601.

Müller, Tim B.: *»Öffnung zur politischen Kultur des Westens«? Hugo Preuß' Weltkriegsschrift aus demokratiegeschichtlicher Perspektive*, 2015, Vortragsmanuskript, 22 Seiten.

Müller, Tim B.: »Die liberale und soziale Demokratie als handlungsleitende Ordnungsvorstellung nach dem Ersten Weltkrieg«, in: *Heuss-Forum*,

Theodor-Heuss-Kolloquium 2015, ⟨www.stiftung-heuss-haus.de/heuss-forum_thk2015_müller⟩.

Müller, Tim B./Adam Tooze (Hg.): *Normalität und Fragilität. Demokratie nach dem Ersten Weltkrieg*, Hamburg 2015.

Münkler, Herfried: »Politische Ideengeschichte«, in: ders., *Politikwissenschaft. Ein Grundkurs*, Reinbek 2003, S. 103-131.

Münkler, Herfried: Art. »Widerstand«, in: Dieter Nohlen/Florian Grotz (Hg.), *Kleines Lexikon der Politik*, München 2007, 4. Aufl., S. 638-640.

Münkler, Herfried: »Sozio-moralische Grundlagen liberaler Gemeinwesen. Überlegungen zum späten Ralf Dahrendorf«, in: *Mittelweg 36*, 19. Jg. (2010), Heft 2, S. 22-37.

Münkler, Herfried: *Mitte und Maß. Der Kampf um die richtige Ordnung*, Berlin 2010.

Münkler, Herfried: *Der Große Krieg. Die Welt 1914-1918*, Berlin 2014, 4. Aufl.

Muller, Jerry Z.: *The Mind and the Market. Capitalism in Modern European Thought*, New York 2002.

Neumann, Volker: »Hans Kelsen und die deutsche Staatsrechtslehre«, in: *Humboldt Forum Recht* 2012, S. 149-166.

Nickel, Erich: *Politik und Politikwissenschaft in der Weimarer Republik*, Berlin 2004.

Nippel, Wilfried: *Mischverfassungstheorie und Verfassungsrealität in Antike und früher Neuzeit*, Stuttgart 1980.

Nippel, Wilfried: *Antike oder moderne Freiheit? Die Begründung der Demokratie in Athen und in der Neuzeit*, Frankfurt/M. 2008.

Nippel, Wilfried: »Carl Schmitts ›kommissarische‹ und ›souveräne Diktatur‹. Französische Revolution und römische Vorbilder«, in: Harald Bluhm/Karsten Fischer/Marcus Llanque (Hg.), *Ideenpolitik. Geschichtliche Konstellationen und gegenwärtige Konflikte*, Berlin 2011, S. 105-139.

Nippel, Wilfried: *Fußnoten, Zitate, Plagiate. Wissenschaftsgeschichtliche Streifzüge*, Heidelberg 2014.

Nipperdey, Thomas: »1933 und die Kontinuität der deutschen Geschichte« (1978), in: ders., *Nachdenken über die deutsche Geschichte*, München 1990, S. 225-248.

Nipperdey, Thomas: »War die wilhelminische Gesellschaft eine Untertanen-Gesellschaft?« (1985), in: ders., *Nachdenken über die deutsche Geschichte*, S. 208-224.

Nipperdey, Thomas: *Deutsche Geschichte 1866-1918, Bd. 2: Machtstaat vor der Demokratie*, München 1992.

Nolan, Mary: *Visions of Modernity. American Business and the Modernization of Germany*, New York 1994.

Nolte, Ernst: »Vierzig Jahre Theorien über den Faschismus«, in: ders., *Theorien über den Faschismus*, Köln 1972, 3. Aufl., S. 15-75.

Nolte, Ernst: Art. »Diktatur«, in: *Geschichtliche Grundbegriffe. Historisches Lexikon zur politisch sozialen Sprache in Deutschland*, Stuttgart 1972, Bd. 1, S. 900-924.

Nolte, Ernst: *Die faschistischen Bewegungen. Die Krise des liberalen Systems und die Entwicklung der Faschismen*, München 1977, 6. Aufl.

Nolte, Ernst: *Der Faschismus in seiner Epoche. Action française – Italienischer Faschismus – Nationalsozialismus*, München 1995, 9. Aufl.

Nolte, Paul: *Die Ordnung der deutschen Gesellschaft. Selbstentwurf und Selbstbeschreibung im 20. Jahrhundert*, München 2000.

Nolte, Paul: *Was ist Demokratie? Geschichte und Gegenwart*, München 2012.

Norton, Robert: *Secret Germany. Stefan George and his Circle*, Ithaca/London 2002.

Offe, Claus: *Selbstbetrachtung aus der Ferne. Tocqueville, Weber und Adorno in den Vereinigten Staaten*, Frankfurt/M. 2004.

Ooyen, Robert Chr. van: »Ein moderner Klassiker der Verfassungstheorie: Karl Loewenstein. Eine Skizze«, in: *Zeitschrift für Politik* 51 (2004), Heft 1, S. 68-86.

Ooyen, Robert Chr. van: »Relativismus, Positivismus und Demokratie. Kelsen, Thoma, Radbruch als politische Theoretiker der Wiener und Weimarer Republik – und ihre randständige Rezeption in der deutschen Staatslehre«, in: Manfred Gangl (Hg.), *Die Weimarer Staatsrechtsdebatte. Diskurs- und Rezeptionsstrategien*, Baden-Baden 2011, S. 239-257.

Osterhammel, Jürgen: »Spielarten der Sozialökonomik. Joseph A. Schumpeter und Max Weber«, in: Mommsen/Schwentker (Hg.), *Max Weber und seine Zeitgenossen*, S. 147-195.

Overy, Richard: *The Morbid Age. Britain and the Crisis of Civilization, 1919-1939*, London 2009.

Papier, Hans-Jürgen/Wolfgang Durner: »Streitbare Demokratie«, in: *Archiv des öffentlichen Rechts* 128 (2003), S. 340-371.

Patel, Kiran Klaus: *Soldaten der Arbeit. Arbeitsdienste in Deutschland und in den USA 1933-1945*, Göttingen 2003.

Patel, Kiran Klaus: *The New Deal. A Global History*, Princeton/Oxford 2016.

Payne, Stanley: *Die Geschichte des Faschismus. Aufstieg und Fall einer europäischen Bewegung*, München/Berlin 2001.

Petersen, Jens: »Der italienische Faschismus aus der Sicht der Weimarer Republik« (1976), in: ders., *Italienbilder – Deutschlandbilder. Gesammelte Aufsätze*, Köln 1999, S. 212-248.

Petersen, Jens: »Mussolini: Wirklichkeit und Mythos eines Diktators«, in: Karl Heinz Bohrer (Hg.), *Mythos und Moderne. Begriff und Bild einer Rekonstruktion*, Frankfurt/M. 1983, S. 242-260.

Petersen, Jens: »Die Entstehung des Totalitarismusbegriffs in Italien«, in: Eckhard Jesse (Hg.), *Totalitarismus im 20. Jahrhundert. Eine Bilanz der internationalen Forschung*, Bonn 1996, S. 95-117.

Peukert, Detlev J. K.: *Die Weimarer Republik. Krisenjahre der klassischen Moderne*, Frankfurt/M. 1987.

Plickert, Philip: *Wandlungen des Neoliberalismus. Eine Studie zur Entwicklung und Ausstrahlung der »Mont Pelerin Society«*, Stuttgart 2008.

Plumpe, Werner: »Der Reichsverband der Deutschen Industrie und die Krise der Weimarer Wirtschaft«, in: Andreas Wirsching (Hg.), *Herausforderungen der parlamentarischen Demokratie. Die Weimarer Republik im europäischen Vergleich*, München 2007, S. 129-157.

Plumpe, Werner: *Wirtschaftskrisen. Geschichte und Gegenwart*, München 2011, 2. Aufl.

Plumpe, Werner: *Carl Duisberg 1861-1935. Anatomie eines Industriellen*, München 2016.

Pohl, Karl Heinrich: *Gustav Stresemann. Biografie eines Grenzgängers*, Göttingen 2015.

Poscher, Ralf: »Vom Wertrelativismus zu einer pluralistischen Demokratietheorie. Gustav Radbruchs rechtsphilosophisch begründete Parteienstaatslehre«, in: Gusy (Hg.), *Demokratisches Denken in der Weimarer Republik*, S. 191-220.

Ptak, Ralf: *Vom Ordoliberalismus zur Sozialen Marktwirtschaft. Stationen des Neoliberalismus in Deutschland*, Opladen 2004.

Pyta, Wolfram: »Hugo Preuß und die Parlamentarisierung der Monarchie im Ersten Weltkrieg«, in: Detlef Lehnert (Hg.), *Hugo Preuß 1860-1925. Genealogie eines modernen Preußen*, Köln/Weimar/Wien 2011, S. 257-277.

Radkau, Joachim: *Die deutsche Emigration in den USA. Ihr Einfluß auf die amerikanische Europapolitik 1933-1945*, Düsseldorf 1971.

Radkau, Joachim: *Max Weber. Die Leidenschaft des Denkens* (überarbeitete und aktualisierte Ausgabe), München 2013.

Radkau, Joachim: *Theodor Heuss*, München 2013.

Raphael, Lutz: *Imperiale Gewalt und mobilisierte Nation. Europa 1914-1945*, München 2011.

Raulff, Ulrich: »Wo es langgeht. Geistige Situationen zwischen Heidelberg und Frankfurt«, in: *Zeitschrift für Ideengeschichte* 7 (2013), Heft 1, S. 65-80.

Rawls, John: *Eine Theorie der Gerechtigkeit*, Frankfurt/M. 1979.

Rawls, John: *Politischer Liberalismus*, Frankfurt/M. 2003.

Richter, Emanuel: *Republikanische Politik. Demokratische Öffentlichkeit und politische Moralität*, Reinbek 2004.
Richter, Ludwig: *Die Deutsche Volkspartei 1918-1933*, Düsseldorf 2002.
Riedel, Manfred: Art. »Bürger«, in: *Geschichtliche Grundbegriffe. Historisches Lexikon zur politisch-sozialen Sprache in Deutschland*, Bd. 1, Stuttgart 1972, S. 672-725.
Ringer, Fritz K.: *Die Gelehrten. Der Niedergang der deutschen Mandarine 1890-1933*, München 1987.
Rodgers, Daniel T.: *Atlantiküberquerungen. Die Politik der Sozialreform 1870-1945*, Stuttgart 2010.
Röder, Jan: »Der Volksstaat als Selbstverständlichkeit. Friedrich Naumann und die Begründung der Weimarer Republik«, in: Hans Vorländer (Hg.), *Demokratie und Transzendenz. Die Begründung politischer Ordnungen*, Bielefeld 2013, S. 391-414.
Rosanvallon, Pierre: *Die Gesellschaft der Gleichen*, Hamburg 2013.
Rürup, Reinhard: »Demokratische Revolution und ›dritter Weg‹. Die deutsche Revolution 1918/19 in der neueren wissenschaftlichen Diskussion«, in: *Geschichte und Gesellschaft* 9 (1983), S. 278-301.
Ryan, Alan: *The Making of Modern Liberalism*, Princeton/Oxford 2012.

Sajo, Andras (Hg.): *Militant Democracy*, Utrecht 2004.
Scaff, Lawrence A.: *Max Weber in America*, Princeton 2011.
Schale, Frank: »Die Arbeiten von Richard Thoma zur Parteiforschung«, in: Gangl (Hg.), *Das Politische*, S. 359-385.
Schale, Frank: »Hermann Heller und die Weimarer Faschismusdebatte«, in: Marcus Llanque (Hg.), *Souveräne Demokratie und soziale Homogenität. Das politische Denken Hermann Hellers*, Baden-Baden 2010, S. 137-165.
Schelsky, Helmut: »Der Mensch in der wissenschaftlichen Zivilisation« (1961), in: ders., *Auf der Suche nach Wirklichkeit. Gesammelte Aufsätze*, Düsseldorf 1965, S. 439-480.
Schieck, Hans: »Die Behandlung der Sozialisierungsfrage in den Monaten nach dem Staatsumsturz«, in: Kolb (Hg.), *Vom Kaiserreich zur Weimarer Republik*, S. 138-164.
Schieder, Theodor: »Die Krise des bürgerlichen Liberalismus. Ein Beitrag zum Verhältnis von politischer und gesellschaftlicher Verfassung« (1954), in: ders, *Staat und Gesellschaft im Wandel unserer Zeit*, München 1958, S. 58-88.
Schieder, Wolfgang: »Faschismus für Deutschland. Erwin von Beckerath und das Italien Mussolinis« (1995), in: ders., *Faschistische Diktaturen*, S. 203-221.
Schieder, Wolfgang: »Das italienische Experiment. Der Faschismus als Vorbild in der Krise der Weimarer Republik« (1996), in: ders., *Faschistische*

Diktaturen. Studien zu Italien und Deutschland, Göttingen 2008, S. 149-184.
Schivelbusch, Wolfgang: *Intellektuellendämmerung. Zur Lage der Frankfurter Intelligenz in den zwanziger Jahren*, Frankfurt/M. 1985.
Schivelbusch, Wolfgang: *Die Kultur der Niederlage. Der amerikanische Süden 1865 – Frankreich 1871 – Deutschland 1918*, Berlin 2001, 2. Aufl.
Schivelbusch, Wolfgang: *Entfernte Verwandtschaft. Faschismus, Nationalsozialismus, New Deal 1933-1939*, München 2005.
Schlak, Stephan: *Wilhelm Hennis. Szenen einer Ideengeschichte der Bundesrepublik*, München 2008.
Schluchter, Wolfgang: *Entscheidung für den sozialen Rechtsstaat. Hermann Heller und die staatstheoretische Diskussion in der Weimarer Republik*, Köln/Berlin 1968.
Schluchter, Wolfgang: »Hermann Heller – ein wissenschaftliches und politisches Portrait«, in: Christoph Müller/Ilse Staff (Hg.), *Staatslehre in der Weimarer Republik. Hermann Heller zu ehren*, Frankfurt/M. 1985, S. 24-42.
Schmidt, Carsten: *Kafkas unbekannter Freund. Leben und Werk von Felix Weltsch. Zionist, Journalist und Philosoph*, Würzburg 2010.
Schneider, Hans-Peter: »Positivismus, Nation und Souveränität. Über die Beziehungen zwischen Heller und Radbruch«, in: Christoph Müller/Ilse Staff (Hg.), *Staatslehre in der Weimarer Republik. Hermann Heller zu ehren*, Frankfurt/M. 1985, S. 176-193.
Schönberger, Christoph: »Elitenherrschaft für den sozialen Ausgleich. Richard Thomas ›realistische‹ Demokratietheorie im Kontext der Weimarer Diskussion«, in: Gusy (Hg.), *Demokratisches Denken in der Weimarer Republik*, S. 156-190.
Schönberger, Christoph: »Demokratisches Denken in der Weimarer Republik – ein kurzes Fazit«, in: Gusy (Hg.), *Demokratisches Denken in der Weimarer Republik*, S. 664-669.
Schönberger, Christoph: »Die überholte Parlamentarisierung. Einflußgewinn und fehlende Herrschaftsfähigkeit des Reichstags im sich demokratisierenden Kaiserreich«, in: *Historische Zeitschrift* 272 (2001), S. 623-666.
Schreiner, Klaus: »Wann kommt der Retter Deutschlands? Formen und Funktionen von politischem Messianismus in der Weimarer Republik«, in: *Saeculum* 49 (1998), S. 107-160.
Schreiner, Klaus/Gerhard Besier: Art. »Toleranz«, in: *Geschichtliche Grundbegriffe. Historisches Lexikon zur politisch-sozialen Sprache in Deutschland*, Bd. 6, Stuttgart 1990, S. 445-605.
Schröder, Hans-Christoph: »Ancient Constitution. Vom Nutzen und Nachteil der ungeschriebenen Verfassung Englands«, in: Hans Vorlän-

der (Hg.), *Integration durch Verfassung*, Wiesbaden 2002, S. 137-212.

Schürgers, Norbert J.: *Politische Philosophie in der Weimarer Republik. Staatsverständnis zwischen Führerdemokratie und bürokratischem Sozialismus*, Stuttgart 1989.

Schulz, Gerhard: *Faschismus – Nationalsozialismus. Versionen und theoretische Kontroversen 1922-1972*, Frankfurt/M./Berlin/Wien 1974.

Schulze, Hagen: *Weimar. Deutschland 1917-1933*, Berlin 1994.

Schwaabe, Christian: *Freiheit und Vernunft in der unversöhnten Moderne. Max Webers kritischer Dezisionismus als Herausforderung des politischen Liberalismus*, München 2002.

Schwaabe, Christian: *Antiamerikanismus. Wandlungen eines Feindbildes*, München 2003.

Schwabe, Klaus: *Wissenschaft und Kriegsmoral. Die deutschen Hochschullehrer und die politischen Grundfragen des Ersten Weltkriegs*, Göttingen 1969.

Schwan, Alexander: »Zeitgenössische Philosophie und Theologie in ihrem Verhältnis zur Weimarer Republik«, in: Erdmann/ Schulze (Hg.), *Weimar*, S. 259-285.

Seiberth, Gabriel: *Anwalt des Reiches. Carl Schmitt und der Prozess »Preußen contra Reich« vor dem Staatsgerichtshof*, Berlin 2001.

Sell, Friedrich C.: *Die Tragödie des deutschen Liberalismus*, Stuttgart 1953.

Sheehan, James: *Der deutsche Liberalismus. Von den Anfängen im 18. Jahrhundert bis zum Ersten Weltkrieg 1770-1914*, München 1983.

Shklar, Judith: *After Utopia. The Decline of Political Faith* (1957), Princeton 1969, 2nd Edition.

Sieferle, Rolf Peter: *Die Konservative Revolution. Fünf biographische Skizzen*, Frankfurt/M. 1995.

Sieg, Ulrich: *Geist und Gewalt. Deutsche Philosophen zwischen Kaiserreich und Nationalsozialismus*, München 2013.

Simard, Augustin: »Das Erbe von Weimar aus transatlantischer Perspektive. Der Schutz der Demokratie bei Karl Loewenstein und Carl J. Friedrich«, in: Manfred Gangl (Hg.), *Die Weimarer Staatsrechtsdebatte. Diskurs- und Rezeptionsstrategien*, Baden-Baden 2011, S. 259-287.

Skidelsky, Robert: *John Maynard Keynes 1883-1946. Economist, Philosopher, Statesman*, London 2003.

Skinner, Quentin: *Visionen des Politischen*, Frankfurt/M. 2009.

Söllner, Alfons: »Franz L. Neumann – Skizzen zu einer intellektuellen und politischen Biographie«, in: Franz L. Neumann, *Wirtschaft, Staat, Demokratie. Aufsätze 1930-1954*, Frankfurt/M. 1978, S. 7-56.

Sösemann, Bernd: »Periode des Übergangs oder ›Ende des Systems‹? Liberale Publizistik im Weimar der Präsidialkabinette«, in: Thomas Koebner (Hg.), *Weimars Ende. Prognosen und Diagnosen in der deutschen Literatur und in der politischen Publizistik 1930-1933*, Frankfurt/M. 1982, S. 143-181.

Sösemann, Bernd: *Theodor Wolff. Ein Leben mit der Zeitung*, München 2000.

Sontheimer, Kurt: *Antidemokratisches Denken in der Weimarer Republik. Die politischen Ideen des deutschen Nationalismus zwischen 1918 und 1933*, München 1994, 4. Aufl.

Steel, Ronald: *Walter Lippmann and the American Century*, Boston/Toronto 1980.

Stephan, Werner: *Aufstieg und Verfall des Linksliberalismus 1918-1933. Geschichte der Deutschen Demokratischen Partei*, Göttingen 1973.

Stern, Fritz: *Kulturpessimismus als politische Gefahr. Eine Analyse nationaler Ideologie in Deutschland*, München 1986.

Sternberger, Dolf: *Dreizehn politische Radio-Reden*, Heidelberg 1947.

Sternberger, Dolf: »Jaspers und der Staat« (1963), in: ders., *Staatsfreundschaft. Schriften IV*, Frankfurt/M. 1980, S. 159-170.

Sternberger, Dolf: »Max Weber und die Demokratie« (1964), in: ders., *›Ich wünschte ein Bürger zu sein‹. Neun Versuche über den Staat*, Frankfurt/M. 1967, S. 93-113.

Sternberger, Dolf: »Karl Jaspers. Blicke in seine Existenz und seine Philosophie« (1983), in: ders., *Gang zwischen Meistern. Schriften VIII*, Frankfurt/M. 1987, S. 132-149.

Sternberger, Dolf: *Die Politik und der Friede*, Frankfurt/M. 1986.

Stolleis, Michael: *Geschichte des öffentlichen Rechts in Deutschland. Weimarer Republik und Nationalsozialismus*, München 2002.

Straßenberger, Grit: *Politische Führung. Zu einem Dilemma der modernen Demokratietheorie*, Habilitationsschrift, HU Berlin 2012.

Thadden, Rudolf von: »Das liberale Defizit in den Traditionen des deutschen Konservatismus und Nationalismus«, in: ders., *Die Krise des Liberalismus zwischen den Weltkriegen*, Göttingen 1978, S. 54-68.

Theiner, Peter: »Friedrich Naumann und der soziale Liberalismus im Kaiserreich«, in: Karl Holl/Günter Trautmann/Hans Vorländer (Hg.), *Sozialer Liberalismus*, Göttingen 1986, S. 72-83.

Thiel, Markus (Hg.): *Wehrhafte Demokratie: Beiträge über die Regelungen zum Schutze der freiheitlichen demokratischen Grundordnung*, Tübingen 2003.

Thiel, Markus (Hg.): *The ›Militant Democracy‹ Principle in Modern Democracies*, Farnham 2009.

Thurn, John Philipp: »Ambivalenzen in der Beobachtung. Gerhard Leibholz und das Verfassungsrecht des italienischen Faschismus«, in: Anna-Bettina Kaiser (Hg.), *Der Parteienstaat. Zum Staatsverständnis von Gerhard Leibholz*, Baden-Baden 2013, S. 73-85.

Tooze, Adam: *Sintflut. Die Neuordnung der Welt 1916-1931*, München 2015.

Traverso, Enzo: *Im Bann der Gewalt. Der europäische Bürgerkrieg 1914-1945*, Berlin 2008.

Tyulkina, Svetlana: *Militant Democracy. Undemocratic Political Parties and Beyond*, New York 2015.

Ullrich, Sebastian: *Der Weimar-Komplex. Das Scheitern der ersten deutschen Demokratie und die politische Kultur der frühen Bundesrepublik*, Göttingen 2009.

Vaget, Hans Rudolf: *Thomas Mann, der Amerikaner. Leben und Werk im amerikanischen Exil 1938-1952*, Frankfurt/M. 2011.

Vargas Llosa, Mario: »Europa wird die Ultranation sein. Buch der Prophezeiungen: José Ortega y Gasset und ›Der Aufstand der Massen‹«, in: *Frankfurter Allgemeine Zeitung*, 25. Januar 2006, S. 40.

Vierhaus, Rudolf: »Die Ideologie des eigenen deutschen Weges der politischen und sozialen Entwicklung«, in: Rudolf von Thadden (Hg.), *Die Krise des Liberalismus zwischen den Weltkriegen*, Göttingen 1978, S. 96-114.

Vierhaus, Rudolf: Art. »Liberalismus«, in: *Geschichtliche Grundbegriffe. Historisches Lexikon zur politisch-sozialen Sprache in Deutschland*, Bd. 3, Stuttgart 1982, S. 741-785.

Vorländer, Hans: »Hat sich der Liberalismus totgesiegt? Deutungen seines historischen Niedergangs«, in: ders. (Hg.), *Verfall oder Renaissance des Liberalismus? Beiträge zum deutschen und internationalen Liberalismus*, München 1987, S. 9-34.

Vorländer, Hans: *Hegemonialer Liberalismus. Politisches Denken und politische Kultur in den USA 1776-1920*, Frankfurt/M. 1997.

Walter, Franz: *Vom Milieu zum Parteienstaat. Lebenswelten, Leitfiguren und Politik im historischen Wandel*, Wiesbaden 2010.

Walther, Rudolf: Art. »Exkurs: Wirtschaftlicher Liberalismus«, in: *Geschichtliche Grundbegriffe. Historisches Lexikon zur politisch sozialen Sprache in Deutschland*, Bd. 3, Stuttgart 1982, S. 787-815.

Wehler, Hans-Ulrich: »Das Ende des deutschen ›Sonderwegs‹«, in: ders., *Umbruch und Kontinuität. Essays zum 20. Jahrhundert*, München 2000, S. 84-89.

Wehler, Hans-Ulrich: *Deutsche Gesellschaftsgeschichte. Bd. 4: Vom Beginn des Ersten Weltkrieges bis zur Gründung der beiden deutschen Staaten 1914-1949*, München 2003.

Weichlein, Siegfried: »Robert Michels' Oligarchiethese und die historische Demokratieforschung«, in: Bluhm/Krause (Hg.), *Robert Michels' Soziologie des Parteiwesens*, S. 23-37.

Wiegandt, Manfred: »Zwischen antiliberalen und demokratischen Vorstellungen – Gerhard Leibholz in der Weimarer Republik«, in: Gusy (Hg.), *Demokratisches Denken in der Weimarer Republik*, S. 326-364.

Wildt, Michael: *Generation des Unbedingten. Führungskorps des Reichssicherheitshauptamtes*, Hamburg 2003.

Willke, Helmut: *Demokratie in Zeiten der Konfusion*, Berlin 2014.

Winkler, Heinrich August: »Zu Hilferdings Theorie des Organisierten Kapitalismus«, in: ders., *Liberalismus und Antiliberalismus. Studien zur politischen Sozialgeschichte des 19. und 20. Jahrhunderts*, Göttingen 1979, S. 252-263.

Winkler, Heinrich August: *Von der Revolution zur Stabilisierung. Arbeiter und Arbeiterbewegung in der Weimarer Republik 1918 bis 1924*, Bonn 1984.

Winkler, Heinrich August: *Der Schein der Normalität. Arbeiter und Arbeiterbewegung in der Weimarer Republik 1924 bis 1930*, Bonn 1988, 2. Aufl.

Winkler, Heinrich August: *Weimar 1918-1933. Die Geschichte der ersten deutschen Demokratie*, München 1994, 2. Aufl.

Winkler, Heinrich August: *Der lange Weg nach Westen. Deutsche Geschichte*, 2 Bde., München 2000.

Winkler, Heinrich August: *Geschichte des Westens. Bd. 2: Die Zeit der Weltkriege 1914-1945*, München 2011.

Winock, Michel: *Das Jahrhundert der Intellektuellen*, Konstanz 2007, 2. Aufl.

Wirsching, Andreas: *Die Weimarer Republik. Politik und Gesellschaft*, München 2008, 2. Aufl.

Wirsching, Andreas/Jürgen Eder (Hg.): *Vernunftrepublikanismus in der Weimarer Republik. Politik, Literatur, Wissenschaft*, Stuttgart 2008.

Wolin, Richard: *Heidegger's Children. Hannah Arendt, Karl Löwith, Hans Jonas, and Herbert Marcuse*, Princeton 2001.

Woller, Hans: *Geschichte Italiens im 20. Jahrhundert*, München 2010.

Woller, Hans: *Mussolini. Der erste Faschist. Eine Biographie*, München 2016.

Namenregister

Hauke Brunkhorst/Wolfgang R. Köhler/Matthias Lutz-Bachmann (Hg.). Recht auf Menschenrechte. Menschenrechte, Demokratie und internationale Politik. stw 1441. 352 Seiten

Hauke Brunkhorst/Peter Niesen (Hg.). Das Recht der Republik. stw 1392. 403 Seiten

Judith Butler
- Antigones Verlangen: Verwandtschaft zwischen Leben und Tod. Übersetzt von Reiner Ansén. es 2187. 160 Seiten
- Gefährdetes Leben. Politische Essays. Übersetzt von Karin Wördemann. es 2393. 179 Seiten
- Haß spricht. Zur politischen Performation. es 2414. 263 Seiten
- Körper von Gewicht. Die diskursiven Grenzen des Geschlechts. Übersetzt von Karin Wördemann. es 1737. 400 Seiten
- Kritik der ethischen Gewalt. Übersetzt von Reiner Ansén. Adorno-Vorlesungen 2002. stw 1792. 180 Seiten
- Psyche der Macht. Das Subjekt der Unterwerfung. Übersetzt von Reiner Ansén. es 1744. 260 Seiten
- Das Unbehagen der Geschlechter. Übersetzt von Kathrina Menke. es 1722. 240 Seiten

Christine Chwaszcza/Wolfgang Kersting (Hg.). Politische Philosophie der internationalen Beziehungen. stw 1365. 604 Seiten

Iris Därmann. Figuren des Politischen. stw 1911. 304 Seiten

Nicole Deitelhoff. Überzeugung in der Politik. Grundzüge einer Diskurstheorie internationalen Regierens. stw 1821. 347 Seiten

NF 112/2/10.15

Jacques Derrida
- Das andere Kap. Die vertagte Demokratie. Zwei Essays zu Europa. Übersetzt von Alexander García Düttmann. es 1769. 97 Seiten
- Schurken. Übersetzt von Horst Brühmann. 224 Seiten. Gebunden. stw 1778. 219 Seiten

Andreas Folkers/Thomas Lemke (Hg.). Biopolitik. Ein Reader. stw 2080. 526 Seiten

Michel Foucault
- Geschichte der Gouvernementalität. Band 1: Sicherheit, Territorium, Bevölkerung. stw 1808. 600 Seiten. Band 2: Die Geburt der Biopolitik. stw 1809. 517 Seiten
- Die Regierung der Lebenden. Vorlesungen am Collège de France 1979-1980. Übersetzt von Andrea Hemminger. 496 Seiten. Gebunden

Armin Grunwald. Technik und Politikberatung. Philosophische Perspektiven. stw 1901. 403 Seiten

Rahel Jaeggi/Daniel Loick. Nach Marx. Philosophie, Kritik, Praxis. stw 2066. 518 Seiten

Hans Joas/Martin Kohli (Hg.). Der Zusammenbruch der DDR. es 1777. 325 Seiten

Matthias Kettner (Hg.). Angewandte Ethik als Politikum. stw 1458. 416 Seiten

Ekkehart Krippendorff
- Kritik der Außenpolitik. es 2139. 240 Seiten
- Staat und Krieg. Die historische Logik politischer Unvernunft. es 1305. 436 Seiten

NF 112/3/10.15

Ernst-Joachim Lampe (Hg.). Zur Entwicklung von Rechtsbewußtsein. stw 1315. 520 Seiten

Niklas Luhmann. Die Wirtschaft der Gesellschaft. stw 1152. 356 Seiten

Avishai Margalit
- Politik der Würde. Über Achtung und Verachtung. Übersetzt von Gunnar Schmidt und Anne Vonderstein. stw 2041. 277 Seiten
- Über Kompromisse – und faule Kompromisse. Übersetzt von Michael Bischoff. 251 Seiten. Gebunden

Ingeborg Maus. Menschenrechte, Demokratie und Frieden. Perspektiven globaler Organisation. stw 2113. 238 Seiten

Ulrich Menzel/Dieter Senghaas. Europas Entwicklung und die Dritte Welt. Eine Bestandsaufnahme. es 1393. 295 Seiten

Ulrich Menzel u. a. (Hg.). Die Neue Weltwirtschaft. Entstofflichung und Entgrenzung der Ökonomie. es 1983. 336 Seiten

Julian Nida-Rümelin. Demokratie als Kooperation. stw 1430. 224 Seiten

Peter Niesen/Benjamin Herborth (Hg). Anarchie der kommunikativen Freiheit. Jürgen Habermas und die Theorie der internationalen Politik. stw 1820. 464 Seiten

Martha C. Nussbaum. Politische Emotionen. Warum Liebe für Gerechtigkeit wichtig ist. Übersetzt von Ilse Utz. 623 Seiten. Gebunden

Claus Offe. Selbstbetrachtung aus der Ferne. Tocqueville, Weber und Adorno in den Vereinigten Staaten. Kartoniert. 144 Seiten

NF 112/4/10.15

Bernhard Peters. Der Sinn von Öffentlichkeit. Herausgegeben von Hartmut Weßler. Mit einem Vorwort von Jürgen Habermas. stw 1836. 410 Seiten

Karl Polanyi. The Great Transformation. Politische und ökonomische Ursprünge von Gesellschaften und Wirtschaftssystemen. Übersetzt von Heinrich Jelinek. stw 260. 394 Seiten

John Rawls
- Gerechtigkeit als Fairneß. Ein Neuentwurf. stw 1804. 316 Seiten
- Geschichte der politischen Philosophie. Herausgegeben von Samuel Freeman. Aus dem Amerikanischen von Joachim Schulte. Gebunden. 671 Seiten

Hartmut Rosa. Beschleunigung. Die Veränderung der Zeitstrukturen in der Moderne. stw 1760. 537 Seiten

Dieter Senghaas
- Friedensprojekt Europa. es 1717. 226 Seiten
- Konfliktformationen im internationalen System. Weltpolitische Betrachtungen. es 1509. 230 Seiten
- Rüstung und Militarismus. es 498. 370 Seiten
- Weltwirtschaftsordnung und Enwicklungspolitik. Plädoyer für Dissoziation. es 856. 358 Seiten
- Zivilisierung wider Willen. Der Konflikt der Kulturen mit sich selbst. es 2081. 228 Seiten
- Die Zukunft Europas. Probleme der Friedensgestaltung. es 1339. 273 Seiten

Dieter Senghaas (Hg.). Frieden machen. es 2000. 592 Seiten

NF 112/5/10.15

Quentin Skinner. Freiheit und Pflicht. Thomas Hobbes' politische Theorie. Frankfurter Adorno-Vorlesungen 2005. Institut für Sozialforschung an der Johann Wolfgang Goethe-Universität, Frankfurt am Main. Aus dem Englischen von Karin Wördemann. Broschur. 141 Seiten

Gary Smith/Avishai Margalit (Hg.). Amnestie oder Die Politik der Erinnerung in der Demokratie. es 2016. 243 Seiten

Horst Steinmann/Andreas Georg Scherer (Hg.). Zwischen Universalismus und Relativismus. Philosophische Grundlagenprobleme des interkulturellen Managements. stw 1380. 424 Seiten

Wolfgang Streeck. Gekaufte Zeit. Die vertagte Krise des demokratischen Kapitalismus. 271 Seiten. Gebunden

Cass. R. Sunstein. Gesetze der Angst. Jenseits des Vorsorgeprinzips. Aus dem Amerikanischen von Robin Celikates und Eva Engels. Gebunden. 344 Seiten

NF 112/6/10.15